U0621380

基础设施

投资建设全流程
项目实务与法律风险防控

JICHU SHESHI TOUZI JIANSHE QUANLIUCHENG
XIANGMU SHIWU YU FALÜ FENGXIAN FANGKONG

曹珊

著

中国法制出版社
CHINA LEGAL PUBLISHING HOUSE

前　言

2020 年 10 月 29 日，《中国共产党第十九届中央委员会第五次全体会议公报》发布，此次会议审议通过了《中共中央关于制定国民经济和社会发展第十四个五年规划和二〇三五年远景目标的建议》。① 经深刻学习和体会《中共中央关于制定国民经济和社会发展第十四个五年规划和二〇三五年远景目标的建议》及核心逻辑，我们不难发现基础设施建设在未来的重要性。

对我国现阶段而言，基础设施的内容和范围不再局限于传统的领域，基础设施的投建方式也出现了一些新的变化，基础设施的内涵在横向和纵向上都有了很大的突破，我们称之为再认识、再出发的阶段。为此，通过梳理、学习和研究，展望我国基础设施未来发展的趋势：区域发展更加均衡；顶层设计更加完善；传统基础设施补短板、新型基础设施大发展，基础设施行业发展更加平均；融资方式更加多元；更加重视全面性可持续发展。

正是在这个大背景下，作者专心就基础设施项目建设的全流程重点、难点法律实务和重点领域项目的全流程法律风险防控进行了分析，期待能贡献自己的一份力量。本书从基础设施的概念说起，全面梳理基础设施项目从立项、投融资、土地、招采程序到建设、运营、移交的全流程，对投融资中的不同融资模式的困境与创新、资本金制度问题均有所关注，对新基建项目用地及项目招采中的联合体、暂估价、肢解发包等特殊问题进行了剖析。本书还重点分析了基础设施项目投资建设运营的不同模式，对基础设施项目建设中的难点——工程造价管理也作了专章分析，内容涉及基础设施项目可行性研究、投资估算、投资概算与施工图预算，项目的工程计量与变更签证，工程竣工结算的模式、计价争议的处理和造价鉴定，还特别讨论了基础设施项目工程结算中的财政投资评审、政府审计的风

---

① 参见《中国共产党第十九届中央委员会第五次全体会议公报》，载中国政府网，https：//www.gov.cn/xinwen/2020-10/29/content_5555877.htm，最后访问时间：2023 年 7 月 4 日；《中共中央关于制定国民经济和社会发展第十四个五年规划和二〇三五年远景目标的建议》，载中国政府网，https：//www.gov.cn/zhengce/2020-11/03/content_5556991.htm，最后访问时间：2023 年 7 月 4 日。

险与防范。此外，本书还就若干重点领域［网络通信项目（数据中心）、轨道交通、电力能源、水利、环保、医疗卫生、文化体育］项目的全流程法律风险防控及相关案例进行了详细的分析。

应该说，这既是一本基础设施项目全流程实务操作书，也是一本解决基础设施投建营疑难问题的工具书，更是一本基础设施项目法律风险管理的参考书。特别是对新基建项目操盘的实务人员——政府、社会资本、总承包商、项目咨询机构、法律服务机构等工作人员——本书会有较大帮助。

当然，由于新领域的不断扩充和政策的不断更新，今后或许会有更多本书未能涵盖的内容出现。另，本书虽经作者和出版社编辑们在花费巨大努力出版，但因作者学识和经验所限，书中出现不当之处在所难免，敬请读者朋友们批评指正。

曹　珊

2023 年 8 月

目 录
Contents

第一章 基础设施的概念

第一节 基础设施的起源与发展

作为一个国家和地区经济运行的基础，基础设施对于国家和地区发展及稳定的意义不言而喻，尤其是结合我国近几十年来经济的发展轨迹和脉络，基础设施对社会进步和经济发展提供的巨大拉动力有目共睹。然而，基础设施的概念自正式诞生以来也不过半个多世纪，却成为多个国家和地区经济腾飞的翅膀，这引发了人们大量的关注和思考。作为基础设施概念的初篇，我们将探寻基础设施这一概念的起源，梳理这一概念在国内外的发展史，以加深对基础设施的印象和考量。

一、基础设施概念的起源

基础设施，英文为 infrastructure，是拉丁语"Infra"和"Structura"的组合，在查尔顿·路易斯等人编撰的"A Latin Dictionnary"中前者译为"on the underside, below, underneath"，即在下的、下面的；后者则译为"an arrangement, order, structure"，即排列、顺序和结构，两相结合，即"在下的结构""基础性结构"。《韦氏词典》将其解释为"用于部队军事行动的，由基地和服务训练设施等构成的整个系统"；兰登书屋的《全文辞典》认为基础设施是指"一个国家的军事设施"，包括运送部队时所需要的公路、机场、港口和能源设施、供水系统。[①]

我国 1993 年版的《现代汉语词典》将"基础"一词解释为"建筑物的最下层部分"；将"设施"一词解释为"生产或生活中配备的器械、用具等"。2000年刊印的《现代汉语词典》将"设施"的释义更改为"为进行某项工作或满足

[①] 陈庆保：《基础设施涵义的演化》，载《东南大学学报（哲学社会科学版）》2007 年第 2 期。

某种需要而建立起来的机构、组织和建筑等"。由此可见，在基础设施概念的起源阶段，无论是国内还是国外都集中关注在基础设施的物质属性上，强调"有形化"，但这一观点也随着经济和社会的发展不断发生变化。

二、基础设施概念的发展

（一）国外

真正意义上的对基础设施开展专门深入的研究始于"二战"之后，并且在二十世纪五十到六十年代迎来了一波高潮。

1. 基础设施与社会间接资本

军事领域的很多实践和概念，往往会映射到社会的发展中，并展示出其对社会的积极推动作用，基础设施这一缘起于军事领域的概念，终于在二十世纪五六十年代引起了经济学家的注意。其中，经济学家艾伯特·赫希曼对于基础设施的思考值得关注，赫希曼在其著作《经济发展战略》中，将基础设施称为社会间接资本，并认为社会间接资本是指那些在进行第一、第二及第三产业活动中不可缺少的基本服务。在此基础上，赫希曼认为若想把某一活动包含在社会间接资本（即基础设施的）范围之内至少应当具备下列三项条件：

（1）这种活动所提供的服务有利于其他经济活动或者在某种意义上是其他许多经济活动得以进行的基础。

（2）所有国家中，这些服务实际上都是由公共团体或者受官方控制的私人团队所提供的，它们都是免费服务或者按公共标准收费。

（3）这些服务不能从国外进口。

以上三点属于广义的基础设施，而狭义的基础设施还应具备第四个条件，即这些服务所需的投资具有技术上的不可分性及较高的资本与产出比。这些条件决定了基础设施一般都投资规模大、建设周期长、收益低且慢、投资效率低而受益面广。[①]

根据赫希曼的理论，广义的基础设施包括法律、秩序及教育、公共卫生、运输、动力、供水以及农业间接资本如灌溉、排水系统等所有的公共服务。而狭义

---

① ［美］艾伯特·赫希曼：《经济发展战略》，曹征海、潘照东译，经济科学出版社 1991 年版，第 73~74 页。

的基础设施则主要指港口设备、公路、水力发电等项目的建设。这也在一定程度上构成了欧美经济学家对于基础设施认知的侧写。

除了艾伯特·赫希曼，英国著名经济学家保罗·罗森斯坦·罗丹在其1957年发表的《"大推进"理论笔记》一文中，对基础设施的概念做了进一步的明确。罗森斯坦认为，社会间接资本包括诸如电力、运输或通信在内的所有基础产业，它的服务具有间接的生产性，其最重要的产品就是在其他产业中创造的投资机会。这一点也与其在1943年出版的《东欧和东南欧国家工业化的若干问题》中提出的"大推动理论（The theory of the big-push）"相互印证，该理论的核心是在发展中国家或地区对国民经济的各个部门同时进行大规模投资，以促进这些部门的平均增长，从而推动整个国民经济的高速增长和全面发展，而这些大规模投资主要就是针对基础设施的投资。对于基础设施的内涵和特点，罗森斯坦也有其自身的独特观点：

（1）投资体量大，建设周期长。罗森斯坦认为"在发展中国家的最初阶段，设备能力过剩在所难免，此外，还存在一个无法缩减的不同的公用事业最低限度产业组合，以至于一个发达国家不得不将其总投资的30%～40%投入这一系统中"。罗森斯坦敏锐地察觉到了基础设施领域投资体量巨大这一特点。

（2）基础设施具有先导性。即"这些产业必须居先于那些能够更快生产收益的、具有直接生产性的投资"，罗森斯坦在其论著中视基础设施为其他产业发展的先导条件。

（3）基础设施离不开政府的干预。罗森斯坦认为，"由于要求有全面的观察和对未来发展做一个正确的评价，因此在这个具有集聚性特征的领域无疑要求计划化，通常的市场机制不能提供最适度的供给"。换言之，基础设施的发展需要政府的干预。

通过赫希曼和罗森斯坦对于基础设施内容、内涵和特点的认知可以发现，二人对于基础设施的一些观点是共通的，如认为基础设施是其他经济活动的基础、一定程度上都离不开国家的干预，但罗森斯坦则同时关注了基础设施对于国家尤其是发展中国家的经济发展带来的有利作用，这二人的观点也代表了一定时期欧美经济学家对于基础设施的认知。

2. 基础设施与基础结构

除了欧美经济学家，苏联对于基础设施的定义也有一定研究。与欧美经济学家不同，苏联的经济学家又称基础设施为基础结构，并进一步将其区分为生产性基础结构和社会性基础结构。前者指直接为基本生产过程服务的部门，其中除运输、物资技术供应、修理服务和基础生产辅助服务等传统部门外，还包括干部培训、生产性科研、劳动保护、生产领域的情报提供；后者除一般的科研教育、保健、客运、邮电和为居民服务的商业外，还包括全国范围的管理、非生产领域的情报提供、住房及公用事业、修理服务、非生产性的生活服务。①

但是，通过对苏联学者的观点进行研究后不难发现，其对于基础设施的认识还主要集中在基础设施与生产活动的关系上，但是对于其背后的本质和基础设施本身的特征的认识仍停留在比较浅显的阶段。也就是说，并没有跳脱出其自身社会与时代的局限性，没有给出概括性的总结以及对其特征的认识。

3. 世界银行的"基础设施三部分"

世界银行 1994 年发布的《1994 年世界发展报告——为发展提供基础设施》着重分析了基础设施与经济发展的关系，将基础设施定义为永久性工程构筑、设备、设施，以及它们所提供的为居民所用和企业所用的经济生产条件和服务设施，并将其分为三个部分：

（1）公共设施，包括电力、电信、自来水、卫生设施与排污、固体废弃物的收集与处理，及管道煤气等；

（2）公共工程，包括公路、大坝、灌溉和排水用的渠道工程等；

（3）其他交通部门，包括城市与城市间铁路、市内交通、港口、机场和航道等。②

透过世界银行给基础设施下的定义以及圈定的内容和范围我们不难看出，这一专门性国际组织对于基础设施的认知和经济学家对基础设施的认知存在一定的偏差，其主要的视角集中在基础设施给经济带来的积极作用，展现出的价值取向是为了发挥基础设施的经济性作用。世界银行的这一定义，如果按照赫希曼的观点来看，属于狭义基础设施的范畴。

（二）国内

我国在基础设施方面的实践可以追溯到二十世纪六七十年代，最具代表性的

---

① 刘景林：《论基础结构》，载《中国社会科学》1983 年第 1 期。
② 世界银行：《1994 年世界发展报告——为发展提供基础设施》，中国财政经济出版社 1994 年版。

就是全国各地掀起的农村农业水利建设运动，但是真正意义上开始对基础设施这一概念进行系统、全面的研究，则是始于二十世纪七十年代末八十年代初。这里我们将以年代为参照，将我国对基础设施内涵的认识分为三个阶段，其中第一阶段是二十世纪八十年代，彼时我国对于基础设施的理论研究几乎一片空白，仍处在初步认识的阶段。第二阶段是九十年代，伴随着改革开放的不断深化，我国对于基础设施的研究不再局限于其本身的概念和内涵，开始结合我国基础设施发展滞后和缓慢的实际情况，思考如何破解这一困局，这一阶段我们姑且称之为思索瓶颈与对策的阶段。第三阶段就是现在，伴随着信息技术革命，尤其是 5G 等新的信息技术的涌现，基础设施的内容和范围不再局限于传统的领域，且我国基础设施的投建方式也出现了一些新的变化，对我国而言，基础设施的内涵在横向和纵向上都有了很大的突破，我们遂称之为再认识、再出发的阶段。

1. 二十世纪八十年代——初步认识

二十世纪八十年代，我国才开始在国家层面重视基础设施对社会发展的作用，并且开始加强相关的理论研究。我国经济学家最早接触的实际上是苏联的有关"基础结构"的相关理论研究成果，钱家骏和毛立本在 1981 年开创性地将"基础结构"正式引入我国经济学界，并且将其释义为"向社会上所有商业生产部门提供基本服务的那些部门，如运输、通信、动力、供水以及教育、科研、卫生等部门"[①]。同时，他们进一步认为，基础设施还有广义和狭义之分，不同于欧美经济学家的观点，他们认为"有形性"是区分二者的重要因素，即广义的基础设施除运输、动力、通信和供水这些"有形"的部门外，还包括教育、科研和卫生这些"无形"的部门。

1983 年刘景林在其《论基础结构》（这里的基础结构实际上就是基础设施）一文中，就基础设施的概念、特征、作用以及发展基础设施的对策做了较为全面的研究。刘景林认为，"基础结构是为发展生产和保证生活供应创造共同条件而提供公共服务的部门、设施和机构的总体"[②]。并且按照功能性的不同进一步将其分为生产性基础结构、生活性基础结构和社会性基础结构，其中生产性基础结构主要指的是为发展物质生产创造共同条件和为直接基本生产过程提供公共服务

---

① 钱家骏、毛立本：《要重视国民经济基础结构的研究和改善》，载《经济管理》1981 年第 3 期。
② 刘景林：《论基础结构》，载《中国社会科学》1983 年第 1 期。

的部门、设施和机构，主要涵盖交通、能源、水利、物资、邮电、情报和业务服务七个系统。生活性基础结构则指的是那些专门为人民生活创造一般共同条件而提供公共服务的部门、设施和机构，包括住宅及其公用设施、生活服务、公用事业等。社会性基础结构则指的是那些既能为社会生产又能为人民生活创造共同条件而提供公共服务的部门、机构、设施，包括商业、教育、科研、卫生等部门。

一个有趣的现象是，二十世纪八十年代我国学者对基础设施的研究和思考，体现出了浓浓的时代性，这实际上也与基础设施具有时代性的特点不谋而合，这些学者的研究实际上是在当时我国政治、经济和文化背景下的综合考量，值得敬佩。并且尤为值得注意的是，与欧美经济学家观点不同，我国学者对于基础设施范围的定义更广，更加注重挖掘基础设施背后的社会性特点，并致力于将基础设施搭建成一个系统的、全面的、综合的作为社会发展最基础的存在。

这一阶段不仅是对于基础设施概念研究的起步阶段，也是我国大规模开始基础设施建设的起步阶段，国家开始集中力量加大对重点行业的投入。

2. 二十世纪九十年代到二十一世纪初——思索瓶颈与对策

我国的经济学家们虽对基础设施有了比较清晰的认识，但仍不得不面对当时我国基础设施落后的实际情况。继而，经济理论界的研究重心转到了基础设施的"瓶颈"制约问题，探究我国基础设施瓶颈产生的原因及相应的对策成为热门课题。这一时期的主要研究成果有樊纲的《论"基础瓶颈"》[1]，详细论述基础设施瓶颈的制约及危害。

值得欣慰的是，虽然这一时期对基础设施概念的研究处在思索瓶颈和对策的阶段，但我国基础设施的发展并未停下脚步。《中华人民共和国国民经济和社会发展十年规划和第八个五年计划纲要》对农业、水利、能源、交通、邮电通信、原材料等行业的发展做出了明确的部署，基础设施投资迅猛增长，也从正式意义上拉开了我国基建快速发展的序幕。1990—2002年，基础产业和基础设施基本建设累计完成投资80249亿元，年均增长26%，比1979年至1989年年均增幅高15.3个百分点，比同期全社会投资年均增幅高4.5个百分点。[2]

---

① 樊纲：《论"基础瓶颈"》，载《财经科学》1990年第5期。
② 《新中国60年：基础产业和基础设施建设取得辉煌成就》，载中国政府网，https://www.gov.cn/gzdt/2009-09/15/content_1417876.htm，最后访问时间：2023年7月6日。

3. 二十一世纪的两个十年——深入的体系化研究

我国基础设施实践如火如荼发展的背后是理论研究的不断丰富，在二十一世纪的头两个十年，我国对于基础设施概念的研究日趋深入，并形成了比较立体的理论体系，这一阶段的理论研究可以说是百花齐放、百家争鸣。同时，这些研究的范围更加广泛，既包含技术的普及，也包含理论的探讨，甚至还扩展到基础设施投融资领域。其中值得关注的有唐建新与杨军合著的《基础设施与经济发展：理论与政策》一书，该书除对基础设施的概念有着比较深入和系统的研究外，还结合我国的制度和国情从政策角度对基础设施在我国的发展进行了思考。

这一时期同时出现了一大批对国计民生具有重大影响的基础设施项目，且投资超过百亿元的项目也不在少数，如西气东输管道基建项目、西电东送工程，举世瞩目的三峡工程也在这一阶段完工。

这一阶段对于我国基础设施发展的影响不只是大型项目的相继上马和落地，更重要的是我国基础设施的投建模式发生了巨大的转变，从国家举债转为同时引入社会资本，基础设施建设的资金来源更加丰富，运营主体更加多样。

4. 现在——重新认识，再出发

行至今日，基础设施建设仍是我国经济发展的重要推力，但是正如前文所述，基础设施的内涵和内容受制于时代甚至是国家和地区本身的经济和技术发展程度，本身具有一定的时代性特点。因此，我们应该深刻认识到，伴随着我国经济和技术的不断发展，我国基础设施的内容将不断扩大，内涵也将不断丰富。并且，这种改变也正在以肉眼可见的方式发生，从 2020 年 4 月 20 日国家发展改革委首次明确新基建的概念和范围，以及 2020 年 4 月 24 日证监会、国家发展改革委联合印发《关于推进基础设施领域不动产投资信托基金（REITs）试点相关工作的通知》（证监发〔2020〕40 号）① 这两个事件可以窥见我国基础设施内涵的变化和丰富，其中前者是我们这个时代对于基础设施的一个重新认识，而后者则可以说是我们这个时代对于我国基础设施投建的一个再出发。

---

① 《关于推进基础设施领域不动产投资信托基金（REITs）试点相关工作的通知》，载中国政府网，http://www.gov.cn/zhengce/zhengceku/2020-05/03/content_5508587.htm，最后访问时间：2021 年 5 月 18 日。

第二节　基础设施的特征与意义

一、基础设施的特征

一直以来，经济学家和理论学者在对基础设施的概念进行解读和定义时，也会对基础设施的特征进行剖析。这一点在艾伯特·赫希曼和保罗·罗森斯坦·罗丹的著作和论文中均有体现，赫希曼在其著述的《经济发展战略》一书中就认为基础设施（社会间接资本）具有"基础性"——是其他许多经济活动得以进行的基础，"不可贸易性"——这些服务不能从国外进口，和"政府主导性"——受官方或官方控制的私人团队提供；而罗森斯坦在其论文《"大推进"理论笔记》中则认为基础设施（社会间接资本）的特点包括"先导性"——是其他产业发展的先导条件，"政府干预性"——离不开政府的干预，和"投资体量和建设周期的正相关性"——需要巨额的投资以及较长的建设周期。虽然赫希曼和罗森斯坦的上述研究成果均形成于二十世纪四五十年代，但即便在今日看来，两位学者对于基础设施特征的研究仍具有较大的价值，后人在对基础设施的特征进行研究时也很难绕开二位的观点。本书中对于基础设施特征的研究亦是在前人的经验之上，结合这半个多世纪以来基础设施在世界各国尤其是中国的实际发展路径，试图对基础设施的特征进行全面、细致的梳理。

（一）基础性与先导性

基础设施本质上属于社会先行资本的范畴，而所谓社会先行资本，是在一般的产业投资之前，一个社会应具备的在基础设施方面的积累。其背后的理论支撑在于，基础设施所涉及的产业往往具有很高的感应度与带动度，其他产业的生长与发展在很大程度上由这些产业来支持，如果这些产业不足以支持其他产业的存在和发展，将会降低整个社会发展的"天花板"（上限）。此外，一个国家的基础设施如果没有实现在先发展而是和其他产业在同一起步点上的话，将会形成一个产业结构上的负效应时间差。即便在前期其他产业的扩张速度要比基础设施的扩张速度快得多，但最后也会因为基础设施发展的滞后相继停顿下来，甚至会反弹呈收缩状态。这也是为什么经济学家和理论学者在对基础设施进行研究时，都会强调它的基础性和先导性特征。

（二）大规模初始集聚性

罗森斯坦在《"大推进"理论笔记》中提出基础设施（社会间接资本）具有大规模初始集聚的特性。换言之，基础设施规模大、配套多，只有同时建成才能最大程度地发挥作用，因此在初始阶段就需要由大量投资作为其创始资本，这和我们国家推行的重大项目资本金制度有些相似，通过规定最低比例的项目资本金来确保大型项目的顺利实施。基础设施必须有一定规模的投资才能建成，而且要有相应的辅助设施才能投入使用，如果投资量过小，或者缺乏相应的配套设施，即便项目建成也无法真正投入使用并形成生产能力。

（三）投资与建设周期的正相关性

基础设施所涉及的产业和行业相较于其他产业和行业而言，呈现出一种投资与建设周期正相关性的特征，也就是基础设施项目的投资体量越大，则建设周期越长；而在一些其他行业，尤其是金融行业中，大规模资金的短时间快速流动十分常见。我国轨道交通类项目的最低建设—投产时间都要超过 5 年，再加上前期的准备工作，往往需要 10 年以上，而投资额动辄也在百亿元左右。

当然，投资与建设周期的正相关性这一特征更多集中体现在传统基础设施项目的投建领域。而对于一些新基建项目，尤其是集中在数字信息化领域的新基建项目，这个特征相对来说可能就没有那么明显了。以新基建项目中的大数据中心项目为例，传统数据中心建设周期根据项目建设的实际情况，通常将数据中心的基本建设周期细分为决策阶段、实施准备阶段、实施阶段和投产竣工阶段，整个建设周期在 400 天左右，如果采用了微模块数据中心的方式建设大数据中心，则建设周期还可以再缩短 150 天。[①]

（四）准公共产品性

经济学将公共产品定义为每个人对这种产品的消费，都不会导致其他人对该产品消费减少的产品。而私人产品指的则是一个人对这种产品消费后，其他人便不能再次消费的产品。非排他性、非竞争性是公共产品需求或消费的基本特征。与公共产品的特征相对应，私人产品具有排他性、竞争性的性质。而准公共产品指的是介于以上两类产品之间的、兼具部分公共产品和部分私人产品

---

① 闫伟：《浅谈微模块数据中心的建设与发展》，载《智能建筑与智慧城市》2016 年第 1 期。

性质的某类产品。[①]

虽然目前学界仍有争议，但绝大部分的基础设施被界定为介于公共产品和私人产品之间的准公共产品。而基础设施这一准公共产品项下又可以分为具有排他性和不充分的非竞争性的准公共产品，以及具有非竞争性特征但非排他性不充分的准公共产品两类。比如，教育基础设施就属于前者的范畴，教育基础设施具有非排他性，在一所学校内，学生甲在接受教育时，并不排斥学生乙接受教育。但是，教育基础设施又表现出不充分的非竞争性，主要体现在随着学生的增加，教育基础设施的边际成本将会提高，此时教育基础设施将增加一定程度的消费竞争性。而公路基础设施则属于典型的具有非竞争性但非排他性不充分的准公共产品。公路基础设施的非竞争性主要体现在公路基础设施的车辆通过速度并不取决于某人的出价，一旦发生堵塞，无论出价高低，都会被堵塞在那里。公路基础设施非排他性的不充分则指的是虽然甲司机在使用公路时并不排斥乙司机同时使用该条公路，可公路总归会有宽度限制，在一定时段内，甲、乙司机占据全幅路面时就会排斥其他车辆同时占有这一路段，进而造成交通堵塞。

（五）自然垄断性

在谈论基础设施的垄断性时，人们首先注意到的是其展现出的行政性垄断，即政府通过控制某些行业的市场准入限制行业内竞争，在极端情况下甚至只允许一家企业垄断提供某一领域的全部产品。但是也应该看到，基础设施领域容易产生垄断性行业和企业，主要与其自身在经济学意义上展现出的自然垄断性这一特征息息相关。在自然垄断行业中，企业的边际生产成本持续低于平均生产成本，平均成本随产量的增长而持续下降，以致单一企业生产所有产品的成本小于多个企业分别生产这些产品的成本之和。在自然垄断行业中存在多个生产厂商，将提高企业生产成本，最终损害消费者利益。而自然垄断性行业又可以分为强自然垄断性行业和弱自然垄断性行业，前者的边际成本始终低于平均成本，企业的垄断性地位不容易受到挑战，而后者的边际成本可能会出现高于平均成本的情况，企业的垄断性地位有可能会受到挑战。

基础设施呈现出自然垄断性的特征，与基础设施自身的性质密不可分。基础设施的大规模初始集聚性要求项目有一个最小规模的大额投资，这种大量固定资

[①] 陈其林、韩晓婷：《准公共产品的性质：定义、分类依据及其类别》，载《经济学》2010 年第 7 期。

本的沉淀和相对轻量化的运营投入是大部分基础设施项目的特点之一，直接导致了提供单位产品所增加的边际成本低、固定成本高。持续增加的产量可以不断持续摊薄固定成本，从而持续降低平均成本。因而，基础设施在项目伊始就具备一定的自然垄断性。而且这种自然垄断性在涉及大规模、网络化的基础设施项目，如交通、电力、通讯、水网等领域时体现得就更为明显。这些项目的特点在于自身规模化和网络化程度很高，单个企业在运营这些复杂、统一、完备的产品分配和运输网络显然更具优势。随着技术的不断进步，平均成本的不断下降，基础设施所涉及行业领域的自然垄断性也会不断下降。但就目前而言，区域范围内基础设施自然垄断性这一特征依然比较明显。

（六）不可贸易性

世界上绝大多数国家都难以接受本国的基础设施项目掌控在其他国家的手中，一个国家可以接受自身因矿产资源的不足而通过贸易从国外进口，但不会允许供水、供电和交通系统掌握在别国手中。退一步说，一个国家可以通过对外贸易从国外进口运输设备、通信器材甚至是管理系统，但必须在国内建立交通路网和通信网络，不可能直接从国外进口公路、通信基站等。基础设施的这一特征也得到经济学家和理论学者的广泛认可。

（七）较高的经济活动外部性

经济活动外部性指的是经济主体的经济活动对他人和社会造成的非市场化的影响，分为正外部性和负外部性。正外部性是某个经济行为个体的活动使他人或社会受益，而受益者无须花费代价，负外部性是某个经济行为个体的活动使他人或社会受损，而造成外部不经济的人却没有为此承担成本。经济活动的外部性本意是指一个人或一个企业的活动对其他人或其他企业的外部影响，且该等影响并不是在各方以价格为基础的交换中发生，因此这种影响是外在的。更确切地说，外部经济实际上是一个经济主体对另一个经济主体所产生的福利效果，这种效果确实存在而又很难从市场和货币交易中体现出来。虽然基础设施并非经济主体，但是其对于其他经济主体，乃至整个社会都展现出较高的经济外部性特征。[①]

虽然基础设施所提供的产品或服务有利于直接生产活动的进行，在一定程度上也是后者得以发展的基础，但相比其自身的投入而言，政府或政府指定的私人

---

① 王倩：《经济外部性及其治理对策研究》，中央民族大学 2012 年硕士学位论文，第 19 页。

机构借此换取的经济利益要低得多。也就是说，虽然基础设施会带来极大的经济效益，但自身的资金收益却远低于带来的经济效益。

二、基础设施的意义

以往，经济学家和理论学者在探讨基础设施的意义时，往往从基础设施与经济发展的意义出发，探讨基础设施在一个国家和地区经济发展过程中起到的作用。以罗森斯坦为代表的发展经济学家将基础设施视作一个国家和地区经济腾飞和发展的基础。本书在对基础设施的意义进行研究和探讨时，不仅关注基础设施对经济发展的意义，也从城市发展这个维度出发，探讨基础设施的意义。

（一）基础设施与经济发展

基础设施对一个国家和地区经济的发展到底意味着什么？是否真的会给一个国家和地区的经济发展带来极大的助力？这些问题对二十世纪的发展经济学家而言一直是前沿课题，发展经济学家普遍认为基础设施是一个地区经济腾飞和发展的前提，也就是罗森斯坦所称的"社会先行资本"。但当这一套理论被真正地应用在发展中国家的实践中时，效果并没有发展经济学家们所预期的那样好。这也在一定程度上引发了其他经济学家的思考，即到底是基础设施促进了经济的发展，还是经济发展反哺了基础设施的进步。这一话题直到今天仍存在一定的争议。

结合前人的研究成果，基础设施对于一个国家和地区的经济发展起码存在两个层面的意义，一个是能够带动直接投资，另一个就是存在显著的外部溢出效应。

1. 基础设施带动直接投资

基础设施带动直接投资，集中体现在形成基础设施存量资本之前，需要大量生产要素的投入，从而引起对关联生产要素的需求，在短时间内直接促进经济增长。

理论上认为，资金、劳动力和技术是决定一个地区经济发展的三大要素，基础设施作为总投资的组成部分，带动了社会直接投资，从而带动经济发展。以中国为例，1979 年至 1989 年，国家基础产业和基础设施基本建设累计完成投资5479 亿元，年均增长 10.7%；2008 年，中国境内有效灌溉面积 5847 万公顷、粮食产量 52871 万吨、油料 2953 万吨、原煤产量达到 27.88 亿吨、原油产量 1.9 亿吨、电力生产量达 34669 亿千瓦小时、公路里程 373 万公里、高速公路里程 6.03万公里、民用机场 152 个、民用航线 1532 条、沿海规模以上港口货物吞吐量达42.96 亿吨、管道输油（气）里程 5.83 万公里、移动电话 6.4 亿户、城市道路

26 万公里、城市供水总量 500 亿立方米、城市供气管道长度 25.8 万公里、卫生机构 27.8 万个、各类体育场地 850080 个等。[①]

这种短时间内通过基础设施直接投资推动国家和地区经济发展的模式可以形成"增加投资——拉动需求——促进就业——经济增产"这样一个可持续的循环运行机制。

2. 基础设施的外部溢出效应

基础设施投资一般被认为是社会总需求的一个重要部分，对社会总需求、总供给产生一个双向调节的作用，基础设施通过推动总需求与总供给曲线的不断右移来实现经济的长效发展。当基础设施投资与生产力水平相适应时，增加基础设施的投资可以通过成熟效应放大投资倍数，进而促进国民经济的增长。此外，基础设施也能够促进基础设施部门产业结构的优化和区域经济结构的优化。举例而言，交通基础设施可以通过促进区域经济一体化来实现引导发达地区对落后地区的经济增长溢出；能源基础设施如各类油、气管道的建设和改善，有助于稳定能源的提供水平，从而降低企业的生产成本，提高生产效率；信息基础设施如通信、互联网基站的建设能够最大程度地降低各地之间的信息不对称性，让企业始终能处于信息和技术获取的最前沿。除上述主动的外部溢出效应外，当基础设施投资作为政府调节经济的工具时，也被动承担了保证经济在宏观调控下平稳有序地发展，也是缩小区域经济发展的重要手段。

基础设施对经济发展的意义在现代中国的发展历史进程中体现得淋漓尽致，一方面基础设施的发展为中国经济腾飞并持续保持高增长的态势提供了基础条件；另一方面经济的高速增长也为基础设施的发展创造了经济条件。

（二）基础设施与城市发展

作为城市居民在生产方面、生活方面的保障，基础设施在城市经济发展中占据了很重要的位置，它促进了城市经济的可持续发展，并对城市的健康成长与生存都具有较深刻的影响。我国学者也先后从多个角度和层面就基础设施对城市发展的影响展开研究。

1. 城市规模扩大的助推器

城市规模的扩大离不开基础设施的发展和完善已经成为共识，在世界各国城

---

① 《新中国 60 年：基础产业和基础设施建设取得辉煌成就》，载中国政府网，https://www.gov.cn/gzdt/2009-09/15/content_1417876.htm，最后访问时间：2023 年 7 月 6 日。

市化的过程中，大部分还是以城市中心为辐射中心，伴随着基础设施的不断完善和扩散而实现城市规模的扩大。即便是通过设立开发区来扩大城市规模的模式，也是以规划、建设完成开发区范围内的基础设施为基础和前提的。从某种程度上来说，基础设施是城市触角的延伸，这种现象在城市和农村地区的交界地带尤为明显。

2. 城市经济发展的阶梯

城市经济是一种动态发展的过程，构成城市经济的各要素具有相互联系和作用的特点。作为城市经济要素的一种，基础设施对于其他要素的影响尤为明显，也是城市经济能够长效发展的关键因素，两者的内在联系既紧密又丰富。一方面，基础设施对城市经济发展的速度具有决定作用；另一方面，城市经济发展也反过来决定基础设施的数量、质量和空间布局。基础设施的容量大小和负荷能力，直接关系着城市生产能力的形成和增长。如果一个城市的经济建设超过其自身基础设施的容量和负荷，不仅不会对城市经济增长产生积极影响，反而会降低城市的经济效益。因此，一个城市想要进一步发展，还需要借助好基础设施这个阶梯。

3. 城市规模效应、综合效益实现的发动机

除了决定城市经济发展的上限，基础设施也是规模效应、综合效益实现的发动机。通过提供高速公路、公共设施以及通信设备等，城市地区显著地降低了其辖区范围内所有企业的生产成本。而规模更大、基础设施水平更高的城市，其制造业企业的确有更高的生产率水平。即便是相同大小的城市，也可能因公共设施的规模和质量不同，而产生不同层次的集聚经济，从而形成不同的生产率水平。这种城市规模效应、综合效益的实现很大程度上要仰仗于基础设施的完善程度。

除了上述几点，在城市发展的过程中，一些基础设施已经融为城市的符号和代表，比如卢浮宫博物馆是巴黎最为著名的城市名片；美国纽约第五大道的文化象征也远比其自身作为道路承载的意义要大得多。

第三节　基础设施的分类与比较

前文已经对基础设施内涵有了比较细致的梳理和探讨，但是仍有必要对基础设施的分类进行论述。需要注意的是，本文对基础设施的分类，是站在当前历史维度下，从我国目前基础设施发展的实际情况出发，将基础设施进一步分类为传

统基建项目、海外基建项目和新基建项目。

一、基础设施的分类

（一）传统基建项目

对于何为传统基建项目，不同历史阶段所给出的答案都不相同，回溯到二十世纪八十年代，传统基建项目可能就是交通、水利、能源、农业和林业。到了今天，传统基础设施的内涵和外延已经发生了变化，2016 年国家发改委印发的《国家发展改革委关于切实做好传统基础设施领域政府和社会资本合作有关工作的通知》（发改投资〔2016〕1744 号）[①] 则明确将能源、交通运输、水利、环境保护、农业、林业以及重大市政工程认定为传统基础设施领域的范畴。

1. 能源基础设施

《中华人民共和国能源法（征求意见稿）》[②] 中对于能源和能源基础设施有了明确定义，前者指的是产生热能、机械能、电能、核能和化学能等能量的资源，主要包括煤炭、石油、天然气（含页岩气、煤层气、生物天然气等）、核能、氢能、风能、太阳能、水能、生物质能、地热能、海洋能、电力和热力以及其他直接或者通过加工、转换而取得有用能的各种资源；而后者则指的是保障能源基础公共服务的设施，包括输配电网络、石油天然气输送管网、能源储备设施、能源专用码头、液化天然气接收站、铁路专用线等能源设施。值得注意的是，能源基础设施覆盖领域重点针对的是能源的存储和运输介质，而并非一般意义上认为的出产或生产能源的设施，比如煤矿、油田和电厂等。

2. 交通基础设施

作为经济基础设施的一种，交通运输基础设施是指为了满足人们出行、货物运输等需要而投入建设的一种公共资源，本质上是实现人力和经济资源跨区域配置的一种载体。我国在经济社会发展中一贯坚持交通运输先行理念，"要想富，先修路"不仅是人民生活经验的总结，更是交通基础设施对我国发展所起到巨大作用的一个缩影。

根据我国运输系统的构成，交通运输基础设施可以分为铁路交通运输基础设

---

① 《国家发展改革委关于切实做好传统基础设施领域政府和社会资本合作有关工作的通知》，载中国政府网，http：//www.gov.cn/xinwen/2016-08/30/content_5103647.htm，最后访问时间：2023 年 7 月 6 日。

② 参见《国家能源局关于〈中华人民共和国能源法（征求意见稿）〉公开征求意见的公告》，载国家能源局网站，http：//www.nea.gov.cn/2020-04/10/c_138963212.htm，最后访问时间：2023 年 1 月 8 日。

施、道路交通运输基础设施、水路交通运输基础设施、空中交通运输基础设施和管道运输基础设施；根据交通运输的线路特征则可以分为陆地交通运输基础设施、空中交通运输基础设施和水路交通运输基础设施；按运载导向方式则可以分为轨道交通运输基础设施、管道交通运输基础设施、航道交通运输基础设施和道路交通运输基础设施；根据交通运输作用功能的不同，其又可以分为线路交通运输基础设施、站场交通运输基础设施、枢纽交通运输基础设施和附属交通运输基础设施。

3. 水利基础设施

我国幅员辽阔、河流众多，兴修水利一直以来都是重点关注且难以解决的问题，水利基础设施直接关系到一个地区人民的生活和生产水平。我国一直把水利基础设施建设作为国家发展的重点。水利基础设施项目绝大部分是纯公益性项目，是民生工程，包括水库建设、堤坝加固、河道清淤、农村供水、水土保持等，这些项目既与支撑国民经济发展密切相连，又与保证人民生命财产安全息息相关。

4. 环境保护基础设施

伴随着经济快速发展和环境状况变化，我国对于环境保护的重视程度不断增强，环境保护逐渐成为社会重视、人民关心的一项重大问题。而与之相伴随的，就是环境保护基础设施在我国境内实现了长足发展。作为传统基础设施的一个重要组成部分，实施环境保护基础设施的目的是保护和改善环境质量、治理环境污染和保证公众健康。环境保护基础设施提供的产品和服务大多数与改善和优化城乡居住环境密切相关，如城乡生活垃圾处理设施的建设、生活污水处理设施的建设以及工业废水、废气污染的处理等，除了这些还包括一些城乡环境绿化类的基础设施等。

5. 农业基础设施

如果说交通运输是我国经济腾飞的翅膀，那么农业对于我国而言则一直是立国之本、强国之基，农业基础设施的地位可见一斑。概括来说，农业基础设施指的就是在农业生产活动中所必须投入的物质与社会条件有机整体的总称，也泛指在农业生产活动产前、产中和产后的三个环节中，所使用的农业生产公共要素的总和。具体来说，这些在农业生产活动中必需的物质条件包括农用灌溉、公共水利设施、道路、储藏、运输和销售设施等。

6. 林业基础设施

林业基础设施是林业基本生产要素之一，是提高林业生产力水平的物质保障，是巩固园林绿化造林成果和解决所面临新问题的途径，更是园林绿化建设的重要组成部分。[①] 林业基础设施不仅包含了为一个国家和地区林业生产和林业经济、社会及生态效益功能的实现提供公共服务的物质工程设施，也包含了保证一个国家和地区林业经济功能、生态功能和社会功能正常发挥的公共服务系统。具体来说，包括各种林业道路、林业供电和通信设施、各类林区标志等，当然也包括一些林区监控系统，如火灾和野生动物轨迹监控系统等。

7. 重大市政工程基础设施

市政工程基础设施指的是那些能够直接或间接提高城市的生产水平或生产效率的经济设施和项目，是城市中为了顺利进行各种经济活动而建设的设施的总称。[②] 顾名思义，重大市政工程基础设施指的是大型、基础型的市政工程基础设施。市政工程基础设施的出现和发展离不开城市的兴起，在我国城市化进程中，重大市政工程基础设施的兴建为城市的规模化发展做出了不可磨灭的贡献，同时也给城市管理的系统化提供了不小的助力。作为具有公共产品属性的基础设施，重大市政工程基础设施一般包括大型的城市道路、桥梁和管廊等。

（二）海外基建项目

改革开放以后，我国海外基础设施建设蓬勃发展，规模持续扩大。总的来说，其发展可分为五个阶段：1949—1978 年的援助拉动阶段、1979—1982 年的初创起步阶段、1983—1999 年的稳步积累阶段、2000—2010 年高速增长阶段以及 2011 年至今的转型升级阶段。[③] 在我国海外基建的发展过程中，按照地区不同又可以分为欠发达地区的海外基建和发达地区的海外基建，前者主要是一些发展中国家的基础设施，这也是我国海外基建市场的主要所在地；而后者无需多言，主要指的是发达国家的基础设施。

1. 欠发达地区的海外基建

由于发达国家或地区的基础设施建设已经相对完善，且当地投资竞争者激烈或市场已经基本饱和，因而中国企业在进行海外基础设施项目投资和建设时主要集中在经济发展相对欠发达区域。在这一过程中，涌现了一大批我国企业承建的海外基础设施项目等。欠发达地区的基建项目主要集中在传统基建领域，尤其是

---

① 樊保敏、张德成、张旸等：《城市森林基础设施建设指南：以北京市平原生态林为例》，中国林业出版社 2017 年版，第 19 页。

② 饶会林：《中国城市管理新论》，科学出版社 2003 年版，第 202~203 页。

③ 周家义、王哲：《"一带一路"下中资企业海外基础设施建设可持续发展策略》，载《宏观经济管理》2019 年第 11 期。

在交通运输行业表现得尤为明显。

2. 发达地区的海外基建项目

发达地区不仅在经济发展上有着深厚的积淀，在传统基础设施领域也积攒了丰富的经验，凸显出系统化和专业化的特点。

虽然发达地区在传统基础设施领域积攒了丰富的经验，但是由于目前我国在5G商用领域一定程度上实现了"弯道超车"，因此在新基建项目的海外信息基建板块，中国的一些企业已经占据了一定市场份额。未来我国海外基建项目的数量将不断增多，且范围也有不断扩大的趋势，我们期望在新一轮的信息技术革命中，中国企业能够把握住自身的技术优势，参与到发达国家新一轮的信息基础设施更迭和换代中。

（三）新基建项目

在没有官方正式说明的情况下，新基建一度成为"七大领域""四大行业"的代名词，并且就整个2018年和2019年而言，新基建在我国的发展还是停留在概念化阶段，这种情况直至2019年底、2020年初才发生了新的变化。

2019年底和2020年初，伴随着各省、自治区和直辖市2020年经济计划的抛出，新基建逐渐成为经济领域的一个热词，也被认为是我国经济发展未来的重要推力。但对于新基建到底包含哪些项目，其概念和范围如何确定，一直仅存在于理论界的讨论中。直到2020年4月20日，国家发改委给新基建做了一个明确的定义，"以新发展理念为引领，以技术创新为驱动，以信息网络为基础，面向高质量发展需要，提供数字转型、智能升级、融合创新等服务的基础设施体系"，并首次明确了"新基建"项目的范围——信息基础设施、融合基础设施和创新基础设施三个方面。①

1. 信息基础设施

信息基础设施项目主要指的是基于新一代信息技术演化生成的基础设施，比如，以5G、物联网、工业互联网、卫星互联网为代表的通信网络基础设施，以人工智能、云计算、区块链等为代表的新技术基础设施，以数据中心、智能计算中心为代表的算力基础设施等。新一代的信息技术及其基础设施为提振经济恢复和发展提供重要助力。

---

① 《国家发改委首次明确"新基建"范围》，载商务部网站，http://www.mofcom.gov.cn/article/i/jyjl/e/202004/20200402957398.shtml，最后访问时间：2023年2月1日。

2. 融合基础设施

融合基础设施项目主要指向深度应用互联网、大数据、人工智能等技术，支撑传统基础设施转型升级，进而形成的融合基础设施，如智能交通基础设施、智慧能源基础设施等。我国传统产业融合新一代信息技术的突破性发展为经济逆势发展奠定了基础，涌现出了一大批云制造、云贸易和云展会等，刺激了在线工业和商业采购、供应链管理和数字化城乡一体发展等。

3. 创新基础设施

创新基础设施围绕的是支撑科学研究、技术开发、产品研制的具有公益属性的基础设施，比如，重大科技基础设施、科教基础设施、产业技术创新基础设施等。创新基础设施的提出主要是为新技术的研发和新产品的制造提供平台和载体，致力于打造科技创新重要策源地、自主创新战略高地和全球创新网络重要枢纽。

上海市出台的《上海市推进科技创新中心建设条例》[①]就是对国家力推的创新基础设施的回应，该条例将"最宽松的创新环境、最普惠的公平扶持政策、最有力的保障措施"的理念体现在制度设计之中，加大了对各类创新主体的赋权激励，保护各类创新主体平等参与科技创新活动，最大限度激发创新活力与动力，从主体建设到人才、金融和社会环境建设多个方面为各类创新平台的建设架桥铺路。

二、基础设施的比较

传统基建和新基建在领域上呈现出明显的不同，由于海外基建一定程度上是二者的交叉，因此这里的比较集中在传统基建和新基建两者之间。毋庸置疑，同为基础设施，传统基建和新基建都有着基础设施所共通的特性，比如公共性、通用性和基础性等。但是二者之间的不同也十分明显，主要体现在覆盖领域的科技化差异、参与主体的多元化差异和参与方式的市场化差异三个方面。

1. 覆盖领域的科技化差异

传统基建和新基建在覆盖领域上的不同十分明显，前者集中围绕能源、交通、水利和农业等；而后者重点关注5G、大数据中心、深度应用互联网、人工

---

① 《上海市推进科技创新中心建设条例》，载上海城市法规全书网，https：//law. sfj. sh. gov. cn/#/detail？id＝a32056b955e4d8d8aac0d2272f56591b，最后访问时间：2023年2月1日。

智能和云计算等，这两者覆盖领域的科技化差异十分明显。

新基建重点关注信息化网络型基础设施建设，强调加大消费升级和产业升级领域的基建投资力度，围绕的是经济结构的转型和产业更新的提升，伴随的是新业态、新产业和新服务的发展与壮大。这些基建新领域的拓宽离不开新科技的支持，相较传统基建项目，无论是其行业本身科技含量还是作为项目参建单位的科技门槛都有了一定程度的提高。

2. 参与主体的多元化差异

传统基建项目中参与主体比较单一，而新基建项目中的参与主体相对而言呈现出多元化的特点，并且参与主体的多元化同时反映在项目参建方和投资方两个层面。从项目参建方角度而言，随着新基建项目类型的增加和领域的拓宽，项目参建方扩展到高科技和智能领域的企业，不像传统基建项目中以建筑施工企业为主。从项目投资方角度而言，新基建中的大部分项目仍处于未开发的蓝海，并且给非政府投资主体预留了相当大的空间，特别是具有相应的软硬件生产制造、运营和服务能力的企业，如互联网、物联网、5G 网络、人工智能设施和大数据中心设施的生产商、运营商和服务商正大举"进军"新基建。相较传统基建行业的强政府管制和重国资输出而言，新基建项目投资主体无疑将会更加丰富和多元。

此外，新基建除了参与主体的变化之外，更注重不同主体之间的交互共融。传统基建领域，在按类别条块化管理的体制下，我国建设工程项目长期沿用传统的设计、施工等平行运作模式，在《房屋建筑和市政基础设施项目工程总承包管理办法》（建市规〔2019〕12 号）① 中，对工程总承包企业推行设计、施工"双资质"模式，意在发挥上下游联动效应，突出整合优势。在新基建语境下，不同于传统基建中的按类别条块化管理，将更注重核心技术的深度融合，引发乘数效应。相比传统基建影响特定的垂直领域，新基建不受时空限制，将更直接有效地拉动包括新一代信息技术、装备、人才等各要素的投入，覆盖面更广、参与主体更多，将给产业升级带来更大的空间，推动形成新的产品服务、新的生产体系和新的商业模式。

---

① 《住房和城乡建设部、国家发展改革委关于印发房屋建筑和市政基础设施项目工程总承包管理办法的通知》，载中国政府网，http://www.gov.cn/zhengce/zhengceku/2019-12/31/content_5465928.htm，最后访问时间：2021 年 7 月 5 日。

3. 参与方式的市场化差异

一直以来，传统基建市场环境相对封闭，建设和投资主体比较单一。近几年传统基建中的产能过剩、投资效率低下、政府隐性债务等问题受到广泛关注，随着监管环境变化与融资手段创新，基建市场化的步伐也在加快，例如 PPP 模式①连接了政府和社会资本，由社会资本整合社会资源进行基础设施建设，有效降低了政府负债，提高了公共服务提供效率，成为近年来政府大力支持和推广的投融资模式。

基建市场化的特点在新基建中会更加突出，新基建更加注重调动民间投资积极性。一方面，财政资金用于新基建的投资规模可能会因种种原因受到影响。另一方面，庞大的基建投资需求仅靠政府是不可能实现的。更为重要的是，只有在基建领域发挥市场化作用，借力社会资本在公共服务提质增效上的能力优势，打好政府引导和市场创新的组合牌，代表新兴产业的新基建才能避免债务泡沫、产能过剩，提高投资效率。

也就是说，市场化，一方面，是参与主体多元化的直接结果，另一方面，新的投资方式、参与方式甚至是传统项目发包方式的变革都会给新基建市场注入新的活力，使得整个市场的活跃度和自由度都会获得较大提升。

第四节 问题与展望

我国在基础设施投建领域取得的成就举世瞩目，尤其是改革开放后的四十多年间，我国基础设施无论是在投资规模还是建成体量上都已排在世界前列，给我国经济保持长期、高速和稳定的增长提供了强劲的动力。但是在我国基础设施的发展过程中，也伴随着很多问题，这些问题有的是历史的、有的是现实的，不可避免地给我国基础设施未来的高质量发展埋下了隐患。下面就将对我国基础设施发展过程中存在的问题做一个总结归纳，以此为基础对我国基础设施未来的发展做一个综合的展望。

---

① 即政府和社会资本合作模式，以下不再提示。

一、我国基础设施发展存在的问题

我国在国家层面上正式开展基础设施的实践可以追溯到二十世纪六十年代的大规模开展水利建设活动，但是直到八十年代初，我国基础设施的发展一直处于一个缓慢前进的阶段。从八十年代开始，我国基础设施建设进入举国推动阶段，并一直延续到了二十世纪末，这段时间也是我国基础设施发展速度最为迅猛的一个阶段。进入二十一世纪，我国在基础设施建设的过程中开始有意识地引入民间资本的参与，并先后试水了特许经营、BT（Build-Transfer，即建设-移交）和PPP模式等。当前一个阶段，随着在国家层面上大力推行和主抓新型基础设施建设，我国基础设施的发展又进入了一个新的阶段。在我国基础设施发展的过程中，各类问题也日益凸显，可能为未来一个阶段我国基础设施的长效、高质量发展埋下了隐患。

1. 区域发展不平衡

从总体来看，西部地区资源的开发成本相较于东部地区而言，自然资源的开发难度大、加工成本高是制约西部地区经济发展的重要原因之一。同样，区域经济发展的不平衡也直接反映在了区域基础设施发展不平衡上。西部地区在交通、水利、能源、农业和重大市政工程等传统基础设施的发展上与东部一直存在较大差距。

我国基础设施的区域发展不平衡，不仅仅体现在宏观上的东、西部基础设施发展不平衡，还体现在城乡基础设施发展不平衡，甚至城与城之间基础设施发展不平衡。无论是基础设施的体量还是完备程度上，乡村地区都要远远落后于城市地区。除城乡间基础设施发展的不平衡外，当前也有着延续到城与城之间基础设施发展不平衡的趋势，一些特大城市如北京、上海、广州和深圳等城市的基础设施的发展速度和质量要快于和优于其他城市，这些差距虽然在缩小，但仍存在。

2. 基础设施发展顶层设计需要完善

一方面体现在我国基础设施投建需要更为细化的专门性的法律、法规的指引，主要依靠的是政策的指引；另一方面指的是作为一项体系化、系统化的工程，我国基础设施系统内部需要有效的规划设计和指引。

以近年来我国在基础设施投建领域助推的PPP模式为例，目前直接可用于PPP项目的法律法规，多以部门规章和地方性法规的形式存在，缺少国家层级的法律，且部分现行法律法规并不适用PPP项目。如招标投标法的相关规定仅针对工程及工程相关的货物与服务的采购和招标，并不涉及融资及长期运营管理等内容。此外，项目审批主管部门的有关规定也存在不衔接的情况，如缺乏合理和弹性的定价机制，导致部分项目的暴利或亏损，也束缚了市场配置资源的作用。另外，不同机构之间执行政策的不统一，给项目带来诸多不确定性。因此，PPP项目的各参与方对于能有一部国家层级的法律尤为期盼，希望借此而解决PPP项目运作与现行法律规章之间的冲突，协调相关部门的管理，保障PPP项目各参与方的合法利益。这不仅是当前PPP模式下基础设施投建各参与方关注的问题，也是我国基础设施投建领域各参与方的共同愿望。

基础设施既是一个国家和地区日常运作及发展过程中的一个子系统，其内部也自成一个系统。以我国为例，传统基础设施包括交通运输、能源、水利、农业、林业和重大市政工程等，这些基础设施的规模、结构、空间布局有着特定的衍生关系。我国对于基础设施的外部系统性所给予的关注毋庸置疑，这也是我国基础设施得以高效发展的重要原因，但是对于基础设施的内部系统性缺少关注。最直接的体现就是，缺乏从基础设施内部为各子分类间的协调统一发展进行规划和设计指引，转而偏重推动专业或单项基础设施的建设。交通运输、能源、水利、农业、林业和重大市政工程等基础设施难以实现内外部协调和区域间有效衔接，难以实现统一规划和整体布局，因此往往造成各类基础设施的不匹配、不协调及资源的极大浪费，一定程度上导致发展失衡，综合效益无法得到充分发挥。

3. 须进一步盘活存量资产

据有关研究估算，我国基础设施存量规模超过100万亿元。[①] 与我国在基础设施建设方面的热度和专业相比，我国在基础设施的运营能力上就稍显不足。而建设基础设施的目的就是在项目运营期间提供优质、高效和稳定的公共服务，因此如何实现基础设施的有效运营十分重要。

若想实现基础设施的有效运行，离不开完善的管理体制和运营体制。但是目前我国基础设施仍可能存在重视工程建设而忽视管理运营的问题。以PPP模式为例，参与项目的社会资本大多数为大型的建筑施工类央企或民企，鲜有以项目管理和运营作为主业的企业直接作为社会资本方参与。"以建养建、为建而建"现象时有发生，导致基础设施缺乏全过程的统筹协调及资源整合，其结果是基础

---

① 参见金观平：《聚焦重点领域盘活存量资产》，载中国政府网，https：//www.gov.cn/xinwen/2022-05/29/content_5692903.htm，最后访问时间：2023年7月6日。

设施建设完成后，疏于管理养护，基础设施寿命期急剧缩短，投资效益低于预期，服务效果差强人意，从而造成严重的资源浪费。

4. 融资模式较为单一

从二十世纪八十年代开始，我国开始从国家层面推动基础设施的发展，基础设施的投资和建设主要依赖于地方政府，也就催生了一大批的政府融资平台，承担着大量基础设施项目的投资、融资和运营职能。虽然我国近年来对于地方债务的管控不断加紧，通过推行 PPP 模式等吸引社会资本参与基础设施项目的投资、建设和管理活动中的做法来弱化地方政府融资平台在基础设施投资、建设和运营领域的作用，但不容置疑的是，即便社会资本能够分担一部分的基础设施投资压力，政府的公共投资职能的履行主体除融资平台外也很难找到其他主体替代，城投发债、城投投资的模式在很长一段时间内都无法获得根本改变。

2014 年我国开始在基础设施和公共服务领域正式推广 PPP 模式，希望借此吸引优质的社会资本方参与到我国基础设施的建设和运营管理中来。虽然 PPP 模式是国家在基础设施投资、建设和运营领域引入民间资本的有力尝试，但真正能够吸引到的民间投资比较有限，目前仍主要是以政府为主体的建设运营模式。我国基础设施的融资模式未发生根本性改变，仍旧由政府统筹规划、控制融资、建设、管理的全过程，基础设施领域仍存在投资成本较高、建设资金短缺、投资效益偏低、运营效率低下、公共服务单一等问题，社会资本尤其是民间资本进入基础设施领域的积极性和信心受限。

5. 行业发展不平均

在我国基础设施的发展过程中，交通运输基础设施和能源基础设施一直是发展的重点，也是国家重点支持的行业领域。由于交通运输、能源这两个生产性基础设施对于经济增长的作用明确且直观，在我国重要基础设施投资总额的占比一直居高不下。相较而言，其他的一些社会性基础设施比如环保，因为本身所带来的经济效益间接性和长期性的特点，以及投资效益低、项目可融资性较差的特点，导致项目投资缺口较大，给这类基础设施的发展造成了阻碍。

即便是生产性基础设施，其内部也存在发展不均的现象，尽管我国交通运输基础设施已得到较好发展，但整体上看，目前综合交通运输网络建设和运营仍然处在较低水平。虽然我国交通基础设施建设和运营在互联互通方面有明显改善，在经济发达地区也建立了不少大型综合交通枢纽，但离各种交通运输方式"无缝衔接"的一体化阶段还有一段距离，还有很大发展空间。

6. 高质量发展理念需要进一步落实

就目前而言，我国基础设施建设还未充分认识和形成体现创新、协调、绿色、开放、共享的新发展理念要求的发展模式。虽然我国在国家层面上一直强调的是实现并践行创新、协调、绿色、开放、共享的新发展理念和发展模式，但需要进一步落实。

一方面，由于习惯以经济效益优先的基础设施发展模式和理念，比如重点围绕交通运输和能源生产性基础设施进行建设，从而忽略了在基础设施领域实现协调、创新、开放和共享发展理念；另一方面，由于我国经济和基础设施飞速发展，由此催生出了一系列资源、环境、生态等问题，造成了我国绿色基础设施发展薄弱。

7. 核心竞争力稍弱

科技创新对于基础设施的高质量发展至关重要，也是未来我国基础设施想要更进一步的核心竞争力。尤其是随着近年来资源供需形势变化，如何在基础设施领域培育新的竞争优势就显得尤为重要。

此外，与高速增长阶段"电力瓶颈""交通瓶颈"等制约发展的瓶颈不同，高质量发展阶段的瓶颈主要是创新能力和人力资本不足。必须把创新作为第一动力，提升人员素质，不断增强基础设施创新发展的核心竞争力。

二、我国基础设施未来发展的趋势展望

1. 区域发展更加均衡

虽然我国基础设施在地域上呈现出东西发展不平衡的缺点，但值得欣慰的是，我国一直致力于推动西部地区经济和基础设施的发展。以《中共中央 国务院关于新时代推进西部大开发形成新格局的指导意见》[①] 为例，其既认识到了新型基础设施如大数据、人工智能和工业互联网对西部地区经济发展的重要作用，也明确了传统基础设施如交通、水利、能源和农业等基础设施的"补短板"对西部地区经济发展的重要意义，我国西部地区的基础设施势必会迎来一波新的发展高潮。

除"西部大开发"外，我国目前还在推动东部率先发展、中部崛起、西部

---

① 《中共中央 国务院关于新时代推进西部大开发形成新格局的指导意见》，载中国政府网，http://www.gov.cn/zhengce/2020-05/17/content_5512456.htm，最后访问时间：2023年2月1日。

大开发和东北地区振兴等四大区域经济发展战略，扩展为现今的全国产业转移战略、城市群发展战略以及主体功能区发展战略。而这一发展战略的推动和实施，将给我国基础设施的平衡发展带来积极影响，我国基础设施的发展也必将更加趋于平衡。

2. 顶层设计更加完善

毋庸置疑，我国基础设施领域的法治化进程将不断加快和完善，各部门在后续不同政策间的衔接也会做得更好。尤其是近年来，我国在构建 PPP 模式的法律法规体系已经在积极开展有益的尝试。同时，未来我国基础设施的规划布局将更加合理，尤其是诸如能源、交通、环保、通信等产业基础设施的融合发展将更加密切，呈现结构性协调、内外需协调等发展态势，交通运输、能源、环卫等基础设施子系统相互统筹、联动布局，使基础设施作为整体得以最大限度地呈现其社会、经济、环境及生态效益。

3. 传统基础设施补短板、新型基础设施大发展，基础设施行业发展更加平均

历史上，经济增长的产生都离不开相关基础设施的完善。未来我国经济的增长也离不开基础设施的助力，而基础设施的助力既体现在传统基础设施补短板层面，也体现在新型基础设施大发展层面。之所以提出补短板，是因为我国传统基建项目市场远未饱和，中西部地区传统基建仍有较大上升空间，即便是传统基建发展较快的东南沿海地区，仍有一定的提升潜力。国务院 2018 年印发的《关于保持基础设施领域补短板力度的指导意见》（国办发〔2018〕101 号）①也提出九大传统基建投资的重点补短板领域，包括脱贫攻坚领域，铁路领域，公路、水运领域，机场领域，水利领域，能源领域，农业农村领域，生态环保领域和社会民生领域。其中，铁路和公路建设主要围绕"一带一路"建设、京津冀协同发展、长江经济带发展、粤港澳大湾区建设等重大战略展开；农村基础设施主要包括提升农业综合生产能力和推进村庄综合建设两个方面，而市政基础设施则涉及保障性安居工程、轨道交通和排水防涝设施等。

之所以看好新型基建的大发展则是因为新型基础设施带动设备需求，助力制造业转型升级。人工智能、工业互联网、物联网等新型基础设施建设将带动计算机和电子等相关行业的产品需求，而这些新型基础设施也是制造业转型升级的关

---

① 《国务院办公厅关于保持基础设施领域补短板力度的指导意见》，载中国政府网，http://www.gov.cn/zhengce/content/2018-10/31/content_5336177.htm，最后访问时间：2021 年 7 月 8 日。

键，同时还能激发更多新增需求。尽管短期内这些未必能够马上实现，但是提出加强新型基础设施建设反映出我国在提前布局。我国拥有较完整的制造业产业链和庞大的内需市场，对这些设施建设的投入能够助力我国未来成为智能制造领域的领军者。与此同时，传统基建的补短板和新型基建的大发展也会提高我国基础设施发展的行业平均度，推动不同类型的基础设施均衡发展。

4. 融资方式更加多元

如果说 PPP 模式是对我国基础设施投融资方式丰富和增加的有益尝试，那么 2020 年 4 月 30 日中国证监会、国家发展改革委联合印发的《关于推进基础设施领域不动产投资信托基金（REITs）试点相关工作的通知》（证监发〔2020〕40 号）就是对我国基础设施融资的进一步探索，对于解决中国不动产投融资体制诸多结构性问题和填补中国资产管理市场的产品空白都起到了一定的积极作用。而这些模式的启用和相关文件的出台，也让我们有理由相信，未来我国基础设施的融资方式将更加多元化，脱离以往单一的融资路径。

5. 更加重视全面性可持续发展

目前基础设施领域的可持续发展重点仍主要围绕在与生态环境的和谐共生，强调在基础设施建设过程中避免给生态环保带来压力，并通过环保基础设施的开建，修复和维护区域生态环境。但未来基础设施想得到更加全面的可持续发展，不仅需要从工程、经济、环境等角度进行谋划，还要涉及规划、设计、投资、运营等不同层面、多个利益相关方的筹划，并非局限在基础设施与生态环保的关系。尤其是随着新型基础设施的大力推进，如何做好传统基础设施与新型基础设施之间的新旧衔接和过渡的问题，也是基础设施全面可持续发展需要攻克的一个课题。

第二章　基础设施投资建设运营不同运作模式

第一节　传统的投资、建设、运营三阶段运作模式

一、传统运作模式的内涵

（一）定义与特征

1. 定义

基础设施投资建设的传统运作模式是指在政府主导下，由投资方（政府为主）对基础设施项目进行投资，并通过招投标等方式选取施工单位进行基础设施项目施工建设，项目完工后交由投资方或第三方运营，由投资方承担基础设施全过程风险的运作模式。

2. 特征

从前文的定义可以看出基础设施投资建设传统运作模式三个方面的基本特征，即政府主导性、政府投资为主、所有权与风险单方性。下面就对基本特征进行逐一分析：

（1）政府主导性。政府主导性是传统模式最为典型的特征，是基础设施自身的特征所决定的，基础设施领域不同于其他行业领域，它所提供的产品与服务不仅具有独特的技术属性，还在日常生活中的生存、使用与消费等方面体现出强烈的社会属性与公共属性。因此，作为我国国民经济的支柱型产业与国家经济发展的基础，政府必须在基础设施领域占据主导地位。在基础设施投资建设的传统三阶段运作模式下，政府在各个阶段都发挥着举足轻重的作用：在投资阶段，基础设施项目的前期立项、审批都需要政府决策完成，投资资金政府出资比也占绝大部分；在建设阶段，施工单位的选取与项目施工建设也需要受到政府部门的监督审查；在运营阶段，如若政府为该项目的投资方，则项目的后期运营管理要么

由政府负责，要么由政府委托第三方机构负责。

（2）政府投资为主。根据《政府投资条例》第 2 条的规定，政府投资是指在中国境内使用预算安排的资金进行固定资产投资建设活动，包括新建、扩建、改建、技术改造等。政府投资方式主要包括政府财政直接投资与基于政府信用的债务融资。政府财政直接投资是指政府使用财政拨款、财政收费、财政土地收入及专项资金作为基础设施项目的投资费用。而基于政府信用的债务融资则是基础设施项目建设向政策性银行贷款、商业银行贷款或发布企业债券、地方政府债券进行债务融资。

（3）所有权与风险单方性。基于所有权归属投资人的原则，基础设施项目的所有权在整个过程中应归属投资人。而传统模式的投资主体大多数是政府，且其所有权不因阶段的不同而产生分离，因此政府作为基础设施的所有权主体，既享有所有权，又需要承担全过程中可能产生的风险，即所有权与风险承担均为一体。

（二）优、劣势分析

1. 优势

传统运作模式相比其他模式而言，拥有相对成熟健全的运作机制与配套制度，其在实践操作中更加顺利与高效。政府是基础设施传统模式中最重要的角色，其在整个过程中发挥着举足轻重的作用。在基础设施项目前期，政府利用政府信用进行债务融资，采取财政投资，相较于其他模式而言其融资的成本更低、效率更高。此外，传统运作模式以政府作为项目核心，其他方仅参与项目的一部分，在整个体系中体现出高度的行政属性，相较于其他模式多方主体力量角逐而言，可以集中力量去建设，效率更高，有利于节约时间成本。

2. 劣势

（1）投资主体与建设单位分离。在传统三阶段运作模式下，可能会存在投资方与建设方分离的情形，即由建设单位提出项目建议书与可行性研究方案报政府部门审批，由政府部门确定投资计划并进行资金拨付，交由建设单位负责项目建设。在这个过程中，政府作为投资主体仅负责资金的拨付，而基础设施建设的全过程由建设单位负责，掌握了全部资金的使用权与决策权。由于建设单位无需偿还资金，且政府作为资金的投资者可能缺乏良好的监督机制，可能会导致资金利用率较低、基础设施项目严重超出预算。

（2）缺乏竞争机制。政府与国有企业作为基础设施的拥有者，通过横向与纵向的联系负责基础设施的管理与运营。政府所有体制下的基础设施领域可能呈现出产品与服务效率较为低下、社会资源浪费的局面，缺乏竞争机制的基础设施行业缺乏活力与发展的空间。

（3）投资资金短缺。1994 年分税制改革后，中央财政收入所占比重大幅度上升，地方财政收入增长与快速增长的支出需求相比普遍拮据，预算内安排的投资比重很低，预算外资金因规范管理和税费改革等原因可用于投资的数额也大幅下降，基础设施欠账多建设资金缺乏。[①] 因此，单纯依靠政府财政与债务融资无法满足我国基础设施建设的需要与社会经济发展的需要。我国作为发展中国家与发达国家相比，基础设施覆盖率仍偏低，发展我国基础设施不能仅仅依靠政府投资，需要创新基础设施运作模式，引入社会资本参与投资。

二、传统运作模式的法律风险识别

基础设施项目所历经的时间过程是漫长的，其需要经历前期投资决策、中期施工建设、后期运营管理，这也意味着基础设施项目在整个过程中都可能面临不同的风险。从风险贯穿的时间阶段的不同，可以将其分为全过程法律风险与阶段性法律风险。所谓全过程法律风险是指该风险发生与作用的影响波及基础设施项目的全过程，所谓阶段性法律风险是指该风险发生与作用的影响主要及于基础设施项目的某一个或几个阶段。而风险识别是基础设施项目风险防控的第一步，也是基础设施项目风险防控的基础。下面就法律风险的类型进行分析：

（一）全过程法律风险

1. 权力寻租风险

传统模式下的基础设施项目在全过程中可能更多面临权力寻租的风险。所谓权力寻租是指个人或者利益集团为了牟取自身的经济利益，而采取行贿等不正当手段对权力执掌者施加影响的活动，其实质就是寻求政府的强制性或特权供应，以便获取市场价格与权力价格之间的差额。[②] 除招投标环节，寻租行为的覆盖范围还涉及基础设施项目前期的立项审批，中期的工程建设、发包分包、材料采

---

① 赵全厚、杨元杰、赵璧、孙昊旸：《地方政府投融资管理模式比较研究》，载《经济研究参考》2011 年第 10 期。

② 李昌麟：《经济法学》，法律出版社 2016 年版，第 29 页。

购，后期的运营管理方的选择。寻租行为不仅覆盖范围广，而且其造成的后果也是十分严重的。寻租者所输出的利益自然要在所获取的权力范围内进行收取。权力寻租的现象不仅会造成所建设的基础设施面临质量风险，存在质量隐患，危及社会公共财产与人民生命安全，还会导致国有资产严重浪费，扰乱市场秩序，严重影响政府的公信力。

2. 不可抗力风险

《民法典》第 180 条规定："因不可抗力不能履行民事义务的，不承担民事责任。法律另有规定的，依照其规定。不可抗力是不能预见、不能避免且不能克服的客观情况。"从法律条文规定的内容可以看出，构成不可抗力的情形需要同时具备不能预见、不能避免、不能克服三方面的要素。不可抗力的发生既包括自然灾害，也包括社会事件，其发生既可能会对整个基础设施项目产生严重的影响，也可能为日后产生法律纠纷埋下隐患。在诉讼实践中，尤其在基础设施项目建设阶段，不可抗力经常会被作为工期延误的抗辩理由。

【典型案例】

某风电公司与某建筑公司建设工程施工合同纠纷案

案　　号：（2017）黑民终 567 号[①]

审理法院：黑龙江省高级人民法院

裁判类型：二审民事判决书

案情摘要：某风电公司于 2013 年 11 月 30 日与某建筑公司签订了《电力建设工程施工合同》。某风电公司将风电场风机基础工程发包给某建筑公司。计划开工日期为 2013 年 12 月 1 日，计划竣工日期为 2014 年 2 月 28 日，工期总历天数 90 天。2014 年 2 月 26 日，某风电公司与某建筑公司签订《补充协议》。该协议约定，由于现场气候恶劣工期需顺延，将竣工日期自 2014 年 2 月 28 日顺延至 2014 年 8 月 28 日。后因项目进展产生纠纷，某风电公司诉请之一是要求某建筑公司承担因工期延误所造成的实际损失。

裁判要点：当事人双方签订的《补充协议》系双方真实意思表示，该协议

---

① 黑龙江省高级人民法院（2017）黑民终 567 号民事判决书，载中国裁判文书网，https：//wenshu. court. gov. cn/website/wenshu/181107ANFZ0BXSK4/index. html？docId = 745089fafd2b4fce9328ab0200976e60，最后访问时间：2022 年 3 月 24 日。

将工期顺延至 2014 年 8 月 28 日，且明确了系现场气候恶劣，不可抗力导致工期需顺延，证实此次工期顺延并非某建筑公司原因所致，据此对某风电公司的诉请不予支持。

案例评析：本案是典型的因不可抗力导致工期需顺延的案例。在本案中，因发生气候恶劣的不可抗力因素，双方以签订《补充协议》的方式顺延工期。《补充协议》是双方当事人真实的意思表示，因此法院不支持工期延误损失的诉请，此点值得认可。在实践中，发承包方需要注意工程项目中的不可抗力风险。

（二）阶段性法律风险

1. 投资阶段风险

在基础设施传统的三阶段运作模式下，政府始终是基础设施项目建设投资的中坚力量，经过投融资体制改革后逐步形成政府负债型的投融资模式，其主要方式为银行贷款、企业债券与地方政府债券。上述无论何种方式，都面临着到期还本付息的问题，政府作为基础设施项目的主要投资方，面临着巨大的还债压力与债务风险，这既关系着基础设施项目的后期建设与运营，也关系着政府信用。这里将重点论述地方政府债券的潜在风险。2014 年 10 月 2 日国务院发布《关于加强地方政府性债务管理的意见》①，首次提出地方政府可以发行专项债券。专项债券与一般债券或普通债券相对应，是地方政府或者特定机构为有一定收益的公益事业发行的，以特定项目收益为偿债资金来源的，由机构或者个人投资购买的债券。② 专项债券的出现为我国基础设施的建设发展提供了更强有力的资金支持。但是，地方政府债券所引发的法律风险不仅包括信用风险，还包括监管风险。信用风险，是指地方政府债券发行主体不履行还本付息义务所产生的风险。地方政府债券以地方政府作为发行主体，并以政府财政作为担保，但是同其他债务一样会受到利率波动、投资项目运营管理、宏观经济波动等因素的影响，从而给项目带来无法按约支付的风险。③ 而监管风险，是指在国务院批准、财政部代发并代偿地方政府债券情况下，中央政府既是债券的监督主体也是事实上的发行

---

① 《关于加强地方政府性债务管理的意见》，载中国政府网，http：//www.gov.cn/zhengce/content/2014-10/02/content_9111.htm，最后访问时间：2022 年 2 月 25 日。
② 蒋菊平、李洪侠：《探索中完善专项债制度》，载《中国财政》2015 年第 10 期。
③ 张宪东：《地方政府债券发行的作用及其风险控制》，载《知识经济》2010 年第 9 期。

主体所产生的风险。根据《代理发行 2013 年地方政府债券发行兑付办法》① 第 2 条规定，地方债是指地方政府作为债务人承担按期支付利息和归还本金责任，由财政部代理发行、代为办理还本付息和拨付发行费的可流通记账式债券。第 3 条规定，地方债发行实行年度发行额管理，全年债券发行总额不得超过国务院批准的当年发行额度。按照此办法的规定，地方政府是发债偿债主体，国务院和财政部则是上级监督机构。但实际上，地方债券发行数额与用途皆由中央政府确定、发行与还本付息工作由财政部代理，地方政府没有事实上独立的发债权，出现中央政府既是监督主体也是地方政府背后事实上的发行主体的监管风险。②

2. 建设阶段风险

（1）招标投标风险

招标投标所引起的风险是基础设施建设阶段常见的法律风险之一，其直接关系着建设工程施工合同的效力认定，同时由于其专业性与复杂性，处理结果与当事人的利益息息相关。根据《民法典》第 788 条的规定，建设工程合同是承包人进行工程建设，发包人支付价款的合同。建设工程合同包括工程勘察合同、设计合同、施工合同。一般来讲，建设工程合同的签订有两种方式，一是直接签订，二是采用招标投标的方式进行。但是根据《招标投标法》第 3 条的规定，大型基础设施因关系着社会公共利益、公众安全，因此属于必须进行招标的项目。此外，发改委于 2018 年 6 月 6 日颁布的《必须招标的基础设施和公用事业项目范围规定》③ 第 2 条对必须招标的基础设施项目的范围进行明确化规定。招标投标制度是国家对基础设施项目进行监督规范的一种手段，其目的在于规范工程承发包制度，保护市场规则，防止暗箱操作、恶意串通等扰乱建筑行业秩序的情形。《招标投标法》与《招标投标法实施条例》中针对招标投标行为进行了规范与约束，禁止投标人相互串通投标或者与招标人串通投标或通过行贿的手段谋取中标，也禁止投标人以他人名义投标或者以其他方式弄虚作假骗取中标，同时依法必须进行招标的项目必须进行招标，违反上述行为的，则中标无效，所签订的合同在诉讼中会被认定为无效合同。

---

① 《代理发行 2013 年地方政府债券发行兑付办法》，载中国政府网，http://www.gov.cn/gzdt/2013-06/04/content_2418850.htm，最后访问时间：2022 年 2 月 25 日。

② 陈程：《我国地方政府债券的法律监督研究》，湖南师范大学 2014 年硕士学位论文，第 17 页。

③ 《必须招标的基础设施和公用事业项目范围规定》，载国家发展和改革委员会网站，https://www.ndrc.gov.cn/fzggw/jgsj/fgs/sjdt/201806/W020190910481553974393.pdf，最后访问时间：2023 年 4 月 12 日。

【典型案例】

神某公司云浮分公司、神某公司与华某公司建设工程施工合同纠纷

案　　号：（2021）粤53民终284号①

审理法院：广东省云浮市中级人民法院

裁判类型：二审民事判决书

案情摘要：2013年11月25日，神某公司云浮分公司（乙方）与华某公司（甲方）签订了《道路建设工程合作框架协议书》（以下简称《框架协议》）。签订上述《框架协议》后，神某公司及其云浮分公司应华某公司的要求于2013年12月1日开始进行施工，双方没有签订书面的施工合同。华某公司提供了道路建设工程的施工图（2013年8月版）给神某公司、神某公司云浮分公司作为施工依据。案涉工程于2014年8月10日全部完工并交付给华某公司使用，但至今双方对工程款仍未进行结算，华某公司也没有支付过工程款给神某公司、神某公司云浮分公司。

裁判要点：《招标投标法》第3条第1款第1项规定："在中华人民共和国境内进行下列工程建设项目包括项目的勘察、设计、施工、监理以及与工程建设有关的重要设备、材料等的采购，必须进行招标：（一）大型基础设施、公用事业等关系社会公共利益、公众安全的项目……"案涉工程为道路工程，属于关系社会公共利益、公众安全的项目，且华某公司属于国有控股有限责任公司，其回收本案的施工工程的资金属于国有资金，故案涉工程属于必须进行招标的项目，但案涉工程没有进行招标。案涉建设工程施工合同因违反法律强制性规定而无效。

案例评析：本案是典型的需要经招标程序而未招标进而导致合同被认定为无效的案例。在本案中，由于案涉工程是关系到社会公共利益、公众安全的项目，属于必须进行招标的项目，但案涉工程没有进行招标，因此施工合同因违反法律强制性规定而无效。在实践中，发承包方需要严格遵守法律法规的规定进行招投标程序，避免合同被认定为无效的风险。

---

① 广东省云浮市中级人民法院（2021）粤53民终284号民事判决书，载中国裁判文书网，https：//wenshu. court. gov. cn/website/wenshu/181107ANFZ0BXSK4/index. html？docId＝e8cc436278b14209bdb1ae02007dfaa8，最后访问时间：2022年3月25日。

（2）工程挂靠风险

关于挂靠的含义，住房和城乡建设部 2019 年 1 月 3 日发布的《建筑工程施工发包与承包违法行为认定查处管理办法》①（建市规〔2019〕1 号）第 9 条对挂靠的含义作出规定，本办法所称挂靠，是指单位或个人以其他有资质的施工单位的名义承揽工程的行为。此外，第 10 条还列举出认定为挂靠的行为：没有资质的单位或个人借用其他施工单位的资质承揽工程的；有资质的施工单位相互借用资质承揽工程的，包括资质等级低的借用资质等级高的，资质等级高的借用资质等级低的，相同资质等级相互借用的；"本办法第八条第一款第（三）至（九）项"②规定的情形，有证据证明属于挂靠的。挂靠虽是建筑行业普遍存在的现象，但其不利于建筑行业的健康发展，因此在我国法律层面，对挂靠行为持否定性态度。根据《建筑法》第 26 条的规定，承包建筑工程的单位应当持有依法取得的资质证书，并在其资质等级许可的业务范围内承揽工程。禁止建筑施工企业超越本企业资质或以任何形式用其他建筑施工企业的名义承揽工程。从上述的法律及规范性文件可以看出"挂靠"实质上就是一种借用他人资质承揽工程的行为。③ 在实践中，一旦企业之间被认定为挂靠，那么挂靠企业与被挂靠企业都将承担不利的后果。根据《招标投标法》第 33 条的规定，投标人不得以他人名义投标或者以其他方式弄虚作假，骗取中标。借用他人资质进行投标的行为属于《招标投标法实施条例》第 42 条规定的使用通过受让或者租借等方式获取的资格、资质证书投标，在本质上违反了我国法律法规的强制性规定，根据《民法

---

① 《建筑工程施工发包与承包违法行为认定查处管理办法》，载中国政府网，http://www.gov.cn/zhengce/zhengceku/2019-09/27/content_5434090.htm，最后访问时间：2022 年 3 月 25 日。

② 存在下列情形之一的，应当认定为转包，但有证据证明属于挂靠或者其他违法行为的除外……（三）施工总承包单位或专业承包单位未派驻项目负责人、技术负责人、质量管理负责人、安全管理负责人等主要管理人员，或派驻的项目负责人、技术负责人、质量管理负责人、安全管理负责人中一人及以上与施工单位没有订立劳动合同且没有建立劳动工资和社会养老保险关系，或派驻的项目负责人未对该工程的施工活动进行组织管理，又不能进行合理解释并提供相应证明的；（四）合同约定由承包单位负责采购的主要建筑材料、构配件及工程设备或租赁的施工机械设备，由其他单位或个人采购、租赁，或施工单位不能提供有关采购、租赁合同及发票等证明，又不能进行合理解释并提供相应证明的；（五）专业作业承包人承包的范围是承包单位承包的全部工程，专业作业承包人计取的是除上缴给承包单位"管理费"之外的全部工程价款的；（六）承包单位通过采购合作、联营、个人承包等形式或名义，直接或变相将其承包的全部工程转给其他单位或个人施工的；（七）专业工程的发包单位不是该工程的施工总承包或专业承包单位的，但建设单位依约作为发包单位的除外；（八）专业作业的发包单位不是该工程承包单位的；（九）施工合同主体之间没有工程款收付关系，或者承包单位收到款项后又将款项转拨给其他单位和个人，又不能进行合理解释并提供材料证明的。

③ 黄强光：《建设工程合同纠纷司法前沿问题析解》，法律出版社 2010 年版，第 273 页。

典》第 153 条的规定，违反法律、行政法规的强制性规定的民事法律行为无效。根据《最高人民法院关于审理建设工程施工合同纠纷案件适用法律问题的解释（一）》① 第 7 条的规定，因挂靠人与被挂靠人之间的挂靠行为给建设单位造成损失的，挂靠人与被挂靠人应承担连带赔偿责任。

【典型案例】

陈某与俊某公司、某医院建设工程施工合同纠纷案

案　　　号：（2018）渝 0233 民初 1431 号②

审理法院：重庆市忠县人民法院

裁判类型：一审民事判决书

案情摘要：2016 年 2 月 23 日，某医院与俊某公司签订《合同协议书》，某医院将某医院迁扩建项目污水处理系统及室外管网工程发包给俊某公司施工，合同价为 5341713 元，合同工期为 180 日。陈某作为俊某公司的委托代理人在该合同上签字。2016 年 4 月 6 日，陈某（乙方）与俊某公司（甲方）签订《建设工程内部承包合同》。该合同的主要内容为：1. 甲方成立某医院迁扩建项目污水处理系统及室外管网工程项目部，聘请陈某为项目部负责人，负责项目工程的日常管理、协调和监督工作；2. 本工程由乙方进行内部承包，自主经营、自负盈亏、自担风险。本工程所需资金由乙方负责筹集……7. 甲乙双方约定，因本工程项目产生的一切对外债权由乙方享有，对外所负的一切债务由乙方负责清偿。内部承包合同签订当日，陈某即对案涉工程项目组织实际施工，于 2017 年 11 月 16 日进行竣工验收并确认验收合格后交付某医院使用。2018 年 7 月 16 日，案涉工程经审计后的工程款结算金额为 7288534.30 元。陈某起诉，请求俊某公司向陈某支付工程款 5157906.96 元及利息，并要求俊某公司退还陈某投标保证金 10 万元等。

裁判要点：陈某系挂靠俊某公司对案涉工程进行施工，陈某系实际施工人。认为在挂靠施工的情形下，挂靠人与发包人形成了事实上的建设工程施工合同关

---

① 《最高人民法院关于审理建设工程施工合同纠纷案件适用法律问题的解释（一）》，载最高人民法院网站，https：//www. court. gov. cn/fabu-xiangqing-282111. html，最后访问时间：2022 年 3 月 25 日。

② 重庆市忠县人民法院（2018）渝 0233 民初 1431 号民事判决书，载中国裁判文书网，https：//wenshu. court. gov. cn/website/wenshu/181107ANFZ0BXSK4/index. html？docId=4f10175fda4944ecb087a99100f3caad，最后访问时间：2022 年 3 月 28 日。

系，发包人负有向挂靠人支付工程款的义务。陈某以俊某公司名义与某医院签订的建设工程施工合同无效。在借用资质（挂靠）的场合，被挂靠企业并非真实的合同关系主体，其实质上就是挂靠人与发包人之间建立施工合同关系的工具或媒介。因此，发包人与名义承包人（被借用资质企业，也即被挂靠人）签订的建设工程施工合同无效。该无效情形并未区分发包人是否知晓挂靠，也即无论发包人是否知晓挂靠，其与名义承包人签订的施工合同均应为无效合同，发包人是否知晓仅仅影响是否承担过错责任。对于挂靠人与被挂靠人之间的挂靠合同，也应为无效合同。

案例评析：本案是典型的因挂靠被认定合同无效的案例。在本案中，发包人与名义承包人（实际是被挂靠人）签订建设工程施工合同，在此种情形下，不需区分发包人是否知晓，施工合同皆被认定为无效。因此，在工程项目的建设阶段，需要严格遵守法律法规的规定，严禁挂靠等违法情形。

（3）工程质量风险

质量风险是指建设工程的实际质量与期望发生偏离，此种偏离可能会在未来产生某种损失，该风险贯穿于建设阶段的始终，并对后期运营阶段甚至整个工程产生深远的影响。建设单位、勘察设计单位、施工单位与监理单位在不同的层面上都负有质量责任。虽说施工单位对建设工程的施工质量负责，且施工单位对施工中出现质量问题的建设工程或者竣工验收不合格的建设工程负有返修义务，但并非建设工程出现质量问题，都归咎于施工单位的责任，其可能是质量问题的主要责任方，但并非质量问题的唯一责任方。[1] 建设工程的质量问题受到多方面因素的影响，如施工图纸因素、施工材料因素、机械设备因素、施工人员因素、施工环境因素和施工方法因素等的影响。在基础设施传统三阶段模式下，一旦建设单位与施工单位因建设工程施工合同价款纠纷进入诉讼程序，建设单位往往会将工程质量问题作为抗辩或反诉的依据。

---

[1] 雷涛：《【建纬观点】施工单位应对建设单位工程质量索赔的抗辩要点实务分析》，载"建纬律师"微信公众号，https://mp.weixin.qq.com/s/wbYz-5-Z-R49PnzyDQ2P1w，最后访问时间：2023年2月1日。

【典型案例】

某医院与海某公司建设工程施工合同纠纷案

案　　号：（2016）闽 08 民初 14 号①

审理法院：福建省龙岩市中级人民法院

裁判类型：一审民事判决书

案情摘要：2011 年 5 月 16 日，某医院与海某公司签订一份《建设工程施工合同》，约定某医院将其投资的另一医院发包给海某公司承建，3#楼工程工期为 2011 年 12 月 31 日前竣工，工程质量标准为合格工程，以及其他约定。2011 年 5 月 29 日，双方签订一份《房屋建筑工程质量保修书》。施工期间，某医院出现不同程度的逾期付款行为。海某公司于 2012 年 5 月 15 日停工，3#楼主楼施工至 5 层梁板、裙楼施工至 4 层。后 3#楼工程出现不同程度的水泥砂浆脱落、楼板钢筋裸露等质量问题。为此，某医院以海某公司施工工程存在逾期交工及严重质量问题为由诉至法院，请求法院判令海某公司支付逾期交工违约金、对已鉴定的（2014）岩民初字第 83 号工程造价作为损失进行赔偿并返还已付的工程款等。

裁判要点：依原告的鉴定申请，法院两次委托具备鉴定资质的鉴定机构对被告施工的讼争工程质量进行鉴定，鉴定结论显示 3#楼危险性评级为 B 级，个别结构构件处于危险状态，不符合工程质量验收规范的情形。依照双方签订的合同约定，被告海某公司作为承建方，应对讼争工程出现的质量问题承担全部责任。当事人一方不履行合同义务或者履行合同义务不符合约定的，应当承担继续履行、采取补救措施或者赔偿损失等违约责任。现原告主张不要被告海某公司对讼争工程进行修复，但要求被告以（2014）岩民初字第 83 号案件中经鉴定的工程造价作为损失进行赔偿和返还已付的工程款。对此，鉴定机构已经认定讼争工程的质量问题可通过修复方式得到解决，并且对修复费用进行了计算。因此，该工程由原告另行委托第三方进行修复，所发生的损失费用以鉴定机构出具的意见认定为 2971194 元，该费用由被告承担。由于该工程经鉴定认为维修后可以继续使用，原告要求被告以工程造价 21760763 元作为损失进行赔偿和返还已付的工程

---

① 福建省龙岩市中级人民法院（2016）闽 08 民初 14 号民事判决书，载中国裁判文书网，https：//wenshu. court. gov. cn/website/wenshu/181107ANFZ0BXSK4/index. html? docId = 1a400832db2a4a91bd88a8630096389d，最后访问时间：2022 年 3 月 28 日。

款 9810499 元，缺乏事实和法律依据，不予支持。

案例评析：本案是因工程质量产生纠纷的案例。在本案中，案涉工程施工质量不符合工程质量验收规范，承建方需要对工程质量问题承担全部责任。因此在实践中，发承包方需要关注工程质量问题，严把工程的质量关。

（4）价款结算风险

根据《审计法》第 23 条的规定，审计机关对政府投资和以政府投资为主的建设项目的预算执行情况和决算，对其他关系国家利益和公共利益的重大公共工程项目的资金管理使用和建设运营情况，进行审计监督。关于"政府投资和以政府投资为主的建设项目"，根据《审计法实施条例》第 20 条第 1 款的规定，包括："（一）全部使用预算内投资资金、专项建设基金、政府举借债务筹措的资金等财政资金的；（二）未全部使用财政资金，财政资金占项目总投资的比例超过 50%，或者占项目总投资的比例在 50% 以下，但政府拥有项目建设、运营实际控制权的。"而在实践中，在政府投资和以政府投资为主的建设项目竣工后，建设单位往往会主张"以审计结果作为工程竣工结算依据"进行结算，而承包人认为不应当进行审计或认为审计结论不正确，进而不认可审计结论。

【典型案例】

社会学院、嘉业公司建设工程合同纠纷案

案　　号：（2019）云 01 民终 6636 号[①]

审理法院：云南省昆明市中级人民法院

裁判类型：二审民事判决书

案情摘要：社会学院（隶属于某大学）与嘉业公司（化名）于 2013 年 3 月 18 日就社会学院教学楼综合改造项目水电安装工程施工签署《教学综合楼改造项目水电安装工程施工合同文件》（以下简称《合同文件》），签约合同价为 6658754.24 元。《云南省建筑工程竣工验收报告》载明，本案所涉建设工程已于 2015 年 1 月 30 日验收合格。某工程造价咨询事务所有限公司于 2015 年 9 月出具《教学综合楼改造项目水电安装工程施工工程结算书》（以下简称《工程结算

---

① 云南省昆明市中级人民法院（2019）云 01 民终 6636 号民事判决书，载中国裁判文书网，https://wenshu. court. gov. cn/website/wenshu/181107ANFZ0BXSK4/index. html？docId = 3a67540f50c74e889dc8ab2900 a0f457，最后访问时间：2022 年 3 月 28 日。

书》），审定金额为 8848104.35 元，双方均签章确认。自 2013 年 7 月起至 2017 年 9 月止社会学院向嘉业公司共计支付工程款 7907265.33 元。2014 年 8 月 19 日，双方就投标文件中的电线品种变更达成一致，并制作《会议纪要》，约定材料单价参照嘉业公司与某电缆集团有限公司 2013 年 10 月 22 日签订的《电线电缆产品买卖合同》重新组价，与投标文件的差价部分甲乙双方协商各承担一部分。社会学院于 2014 年 10 月 10 日在《工程材料认价单》上签字盖章，对工程材料的审核单价进行确认。在该份《工程材料认价单》上，施工方嘉业公司于 2014 年 10 月 9 日签字盖章，造价单位于 2014 年 10 月 16 日签字盖章。审计情况如下：1. 附楼加固装修建设项目，多计工程款 1134267.95 元；2. 教学综合楼改造项目水电安装工程施工工程多计工程款 640064.39 元；3. 教学综合楼改造项目装饰装修工程施工（一标段）工程，多计工程款 681479.57 元。后双方针对工程造价等问题产生纠纷，嘉业公司诉至法院，后社会学院不服一审判决，提起上诉。

裁判要点： 本案中，《工程结算书》审定金额为 8848104.35 元，上诉人与被上诉人双方均盖章对于该审定金额予以确认，故双方在本案诉讼前已经对工程价款结算达成了协议。上诉人抗辩认为该结算金额不实，其在工程结算书上盖章系因受被上诉人胁迫，对此，首先，上诉人关于其受胁迫签章的主张并未提交充分证据证实；其次，从双方于 2014 年 8 月 19 日达成的会议纪要、于 2014 年 10 月 10 日签署的工程材料认价单等来看，内容上可以相互印证，故上诉人的现有举证不足以证明双方于 2015 年 9 月的结算存在无效的情形，对于该结算金额予以确认。本案双方在合同中对于工程结算已有明确约定，并未在工程施工合同文件中明确约定以审计结论作为结算依据，在双方已进行结算的情况下，上诉人关于应按照审计结论作为涉案工程造价的抗辩理由不能成立，不予采纳。

案例评析： 本案是因工程价款结算产生纠纷的案例。在本案中，由于双方当事人在合同中对于工程结算已有明确约定，且未明确约定以审计结论作为结算依据，最后法院并未认可按照审计结论作为涉案工程造价的依据。因此，在实践中，发承包方需要重视合同中价款结算条款的约定，避免后期发生争议。

3. 运营阶段风险

传统模式的基础设施运营阶段的风险主要表现为因运营而产生的合同风险、人员风险与侵权风险。所谓合同风险是指该基础设施项目法人为了运营而与其他主体签订合同、履行合同或合同履行完毕后可能发生的法律风险。此系列的风险皆基于合同本身而产生，如在合同签订时因欠缺法定要件而导致合同无法生效，在合同履行时因侵权、违约等事由产生损失，在合同履行完毕后因索赔处理不及时所导致的风险等。[①] 除因合同引起的法律风险外，因基础设施项目的运营需要投入一定的人力资源，人力资源所带来的主要是劳动法律风险，如劳动合同风险、工伤风险等。而侵权风险是指在基础设施运营中因管理维护不当或不及时等原因给基础设施使用者或其他第三方造成人身或财产等损害所带来的法律风险。

三、传统运作模式的法律风险防控

（一）全过程风险防控

在传统模式的全过程中，基础设施项目可能面临权力寻租与不可抗力所引发的法律风险。针对权力寻租行为，一方面，需要完善内部人员管理机制，制定书面的程序规则，完善治理结构；另一方面，加强人员监管措施，进行内部职能监管与外部社会监督，实现监管体系的双轨制。针对不可抗力所引发的风险，需要当事人双方在事前达成书面的风险分担协议，对将来不能预测、不能控制、不能避免的风险进行合理的分担。此外，在该风险发生后应及时采取补救措施，避免风险的扩大化，并于事后及时进行沟通与解决。

（二）阶段性风险防控

1. 投资阶段风险防控

基础设施传统的三阶段运作模式下的投资阶段主要面临因偿债所引发的法律风险，地方政府债券还具备特殊的信用风险与监管风险。为了应对投资阶段的风险，一方面需要建立有效的评级制度，评级制度的核心在于尽力实现市场信息的对称，这不仅有利于保证信息需求者的知情权，更重要的是可以实现对政府发债行为的监管；另一方面需要建立信息披露制度。信息披露应做到向相关监管部门披露与向公众披露，以加强对地方政府债务融资行为的监管。

2. 建设阶段风险防控

在传统的三阶段运作模式下，基础设施在建设阶段主要会面临招标投标风险、工程挂靠风险、工程质量风险与价款结算的风险。纵观全过程，建设阶段的风险是多发的，其影响是重大且深远的，因此加强建设阶段的风险防控是必要的。首先，完善自身法律风险管理制度，明晰不同主体的责任范围，确立内部的

---

① 参见凌兰枝：《浅析高速公路运营管理法律风险防控》，载《法制经济》2018年第5期。

事务执行流程性管理规定，通过执行规章制度来控制法律风险。其次，全面提升领导与工作人员法律风险意识，培养领导者的法律意识有利于在工作中及时意识到潜在的风险点并主动采取措施进行管理，培养工作人员的法律意识有助于员工合法合规地进行工作，并意识到其行为可能引起的法律后果。再次，注重施工合同的签订。施工合同是建设阶段法律风险的源头，建设单位与施工单位应关注施工合同的签订内容，重视合同文本的磋商与谈判，尽量使用施工合同示范文本，以保证合同内容的全面性。最后，重视工程签证制度。建设单位与施工单位应树立证据意识，对潜在、易灭失证据应及时留存，利用工程签证来及时记录施工现场所发生的特殊情况。

3. 运营阶段风险防控

传统三阶段运作模式下，基础设施在运营阶段将主要面临三方面的法律风险，即合同风险、劳动法律风险及侵权风险。针对合同风险，需要基础设施的运营者健全合同管理制度，针对合同相关事宜设置事前、事中及事后的合同管理流程，全过程全方位地对合同风险进行防控，此外，也可以聘请专业的法务人员负责合同的管控事宜。针对劳动法律风险，基础设施的运营者应健全内部的管理体制，依照《劳动法》《劳动合同法》等相关法律制定内部人员管理制度，并严格依照国家法律法规的宗旨、按照书面的人员管理制度进行员工的管理与培训，与员工发生的纠纷应及时合理解决，尽量避免影响的扩大化。针对侵权法律风险，基础设施的运营者应加强基础设施的后期运营与维护，通过完善组织架构体系与设备维修体系，来提高内部的工作效率与质量，降低侵权行为发生的概率。

第二节 特许经营运作模式

一、特许经营运作模式的内涵

（一）定义与特征

1. 定义

特许经营分为商业特许经营（Franchise）和政府特许经营（Concession），前者针对的是私人商品，后者针对的是公共产品和服务。本书主要讨论的是后者，即针对基础设施领域的特许经营。根据《基础设施和公用事业特许经营管理办法》① 第 3 条的规定，基础设施和公用事业特许经营是指政府采用竞争方式依法授权中华人民共和国境内外的法人或者其他组织，通过协议明确权利义务和风险分担，约定其在一定期限和范围内投资建设运营基础设施和公用事业并获得收益，提供公共产品或者公共服务。

2. 特征

特许经营模式具有三方面的特征，即特许协议的核心性、适用范围的特殊性与融资模式的多样性。

（1）特许协议的核心性。特许经营模式从前期立项、投资，到中期建设，后期运营、移交等需要经过漫长的时间，也会有庞大且繁杂的合同体系。而整个特许经营项目的核心在于特许经营协议。《基础设施和公用事业特许经营管理办法》安排了三个章节的内容对特许经营协议从订立、履行到变更、终止进行全方位全过程的规范。所谓特许经营协议是政府授权的实施机构与特许经营者签订权利义务的协议，签订的内容应包括项目的名称、项目内容、特许经营方式、范围和期限，以及项目公司等有关信息、履约担保、特许经营期内的风险分担规则、政府承诺和保障、项目及资产移交、违约责任、争议解决方式等其他事项。特许经营协议所涉及的主体重要、内容复杂、影响广大，其本质便在于政府向特许经营者授予特许权，而这也是整个特许经营模式的核心所在。

（2）适用范围的特殊性。探讨特许经营模式所适用的基础设施的范围，则首先需要探讨我国基础设施的范围，也就是说，并非所有的基础设施都可以适用特许经营模式。第一章已述我国基础设施可以分为传统基础设施项目、海外基础设施项目与新基建项目。而传统基础设施项目根据发改委 2016 年 8 月 31 日发布的《关于切实做好传统基础设施领域政府和社会资本合作有关工作的通知》② 可以分为能源、交通运输、水利、环境保护、农业、林业以及重大市政工程等基础设施领域。而根据《基础设施和公用事业特许经营管理办法》第 2 条的规定，特许经营模式仅适用于能源、交通运输、水利、环境保护、市政工程等基础设施和公用事业领域，可见农业、林业并不在特许经营模式适用范围之内。

---

① 《基础设施和公用事业特许经营管理办法》，载中国政府网，http：//www.gov.cn/zhengce/2015-04/25/content_5713239.htm，最后访问时间：2023 年 4 月 12 日。

② 《关于切实做好传统基础设施领域政府和社会资本合作有关工作的通知》，载中国政府网，http：//www.gov.cn/xinwen/2016-08/31/content_5103801.htm，最后访问时间：2022 年 3 月 25 日。

（3）融资模式的多样性。基础设施投资建设一般面临投资金额大、建设时间长、项目风险高等问题，因此多采取项目融资模式进行资金的筹集。而特许经营模式作为基础设施投资建设的模式之一，其兴起与发展离不开 BOT 模式的技术支持。根据《基础设施和公用事业特许经营管理办法》第 5 条的规定，特许经营模式可以采用 BOT 模式、BOOT 模式、BTO 模式与国家规定的其他方式进行融资建设运营。BOT（Build-Operate-Transfer）模式即建造-经营-移交，是指在一定期限内，政府授予特许经营者投资新建或改扩建、运营基础设施和公用事业，期限届满移交政府。BOOT（Build-Own-Operate-Transfer）模式即建造-拥有-经营-移交，是指在一定期限内，政府授予特许经营者投资新建或改扩建、拥有并运营基础设施和公用事业，期限届满移交政府。BTO（Build-Transfer-Operate）模式即建设-转让-经营，是指特许经营者投资新建或改扩建基础设施和公用事业并移交转让政府后，由政府授予其在一定期限内运营。上述三种模式是中央政策明确的特许经营融资模式，国家还对其他融资模式留有一定的缺口，其他融资模式还包括 BOO 模式、TOT 模式等。BOO（Build-Own-Operate）模式即建造-拥有-经营，此种模式由 BOT 演变而来，在此种模式下项目公司或社会资本方需要拥有该项目的所有权，不再移交转让。TOT（Transfer-Operate-Transfer）模式即转让-经营-转让，是指政府将存量资产所有权或经营权有偿转让给特许经营者，并由其负责运营、维护和用户服务，合同服务期满后资产及其所有权、经营权等移交转让给政府的项目运作方式。[①]

（二）优、劣势分析

1. 优势

特许经营模式作为基础设施投资建设的模式之一，具有以下几方面的优势：首先，特许经营模式引入外资、国内社会资本参与基础设施的建设，为基础设施建设发展提供了充足的资金来源，解决了政府投资基础设施的资金问题，这为外资、社会资本进入基础设施领域与政府利用闲置的民间资本提供了一条合理的途径。其次，特许经营模式所采取的融资模式多样，为政府与社会资本选择融资模式留下了可以自主决策的空间，其可以依据项目的内容、社会资本的资金状况进行自主决策。再次，在传统模式中，政府作为基础设施投资建设中坚力量，需要承担大量的风险，而在特许经营模式中，许多风险转移到特许经营者身上，这不

[①] 曹珊：《政府和社会资本合作（PPP）项目法律实务》，法律出版社 2017 年版，第 5 页。

仅大大降低了政府承担风险的范围，还有利于基础设施的建设与发展。最后，特许经营模式有利于政府职能的转变，政府将一些经营性项目或准经营性项目交由特许经营者承担，不仅可以利用特许经营者先进的技术、丰厚的资金与科学的管理，还可以实现自身从经营者向监管者身份的转变。

2. 劣势

首先，特许经营模式仅适用于特定的基础设施领域，其适用范围有一定的局限性，对于非经营性项目，其并不能发挥其天然的融资优势。其次，特许经营者与政府之间目的的不同必然导致在谈判中存在难以调和的矛盾，特许经营者获取特许权的目的在于趋利、营利，而政府授予特许权的目的则在于提供公共服务，加快基础设施的建设。最后，不论是对特许经营者还是政府，都需要承担较大的风险，尤其特许经营者需要承担项目全过程的风险，为了分散风险往往会要求政府提供承诺和保障，但是政府的承诺与保障不一定能够履行，或其不一定具有法律上的效力。总体而言，特许经营模式难以发挥 PPP 模式政府与社会资本方紧密联合的纽带作用，双方之间的平等合作关系可能较为薄弱。

二、特许经营运作模式的法律风险识别

特许经营运作模式以特许经营协议为核心，而特许协议中需要载明政府的承诺与保障，因此，特许经营模式除具备一般的基础设施所面临的法律风险外，还有自身独特的法律风险，即基于特许经营协议而产生的法律风险与基于政府保证而产生的法律风险，接下来将对该风险进行细致的梳理：

（一）特许协议的法律风险

1. 性质性风险

特许经营协议的性质问题一直是学界与实务界讨论的热点问题，目前关于特许经营协议的性质问题，形成了行政合同说、民事合同说与复合合同说。关于行政合同说，所谓行政合同是指行政主体为实现行政管理目标、行使行政职权，与相对人经协商一致而达成的协议，也称行政契约。[1] 2019 年 11 月 27 日最高人民法院发布《关于审理行政协议案件若干问题的规定》[2]，再次强调政府特许经营

---

① 张树义：《行政法学》，北京大学出版社 2005 年版，第 275 页。
② 《关于审理行政协议案件若干问题的规定》，载全国人大网，http://www.npc.gov.cn/npc/c30834/201912/04879660c0bb466f86cb2001a9a1c950.shtml，最后访问时间：2022 年 3 月 25 日。

协议提起行政诉讼的可诉性。最高人民法院只是单从诉讼路径的选择作出判断，所以我们无法以争议路径的选择去反推协议背后的性质。不过，特许经营协议属于行政合同的观点最根本的原因在于主体的特定性、目的的公益性及适用规则的公法属性。[1] 关于民事合同说，民事合同是指公民或者法人设立、变更、终止民事权利和民事义务的合同。特许经营协议之所以存在民事合同说，主要原因在于自 PPP 模式发展以来，PPP 模式逐渐将特许经营作为其主要的方式并加以运用，与特许经营模式不同的是 PPP 模式更为强调政府与社会资本方之间的平等关系，加之从《基础设施和公用事业特许经营管理办法》第 18 条所规定的特许经营协议的内容看，除项目定价调价机制、政府承诺和保障、应急预案和临时接管、提前终止等事项涉及行政职权的运用外，其他事项均为政府作为普通经济活动主体与相对人建立起的民事权利义务关系。[2] 关于复合合同说，纵观特许经营协议的内容、主体、目的等内容，无法单纯地界定其为行政合同或民事合同，因为特许经营合同的基础在于政府向社会资本方授予特许权，这具有天然的行政授权性质，但是也不能否认其他平等协商所达成的合同内容的民事属性，所以将其界定为兼具民事内容与行政内容的复合合同更为客观与合适。

2. 效力性风险

关于特许经营协议的效力性风险主要是指特许经营协议无效或未生效的风险。无效风险是指政府和特许经营者所签订的特许经营协议，有可能因违反法律或行政法规的相关规定，而被认定为无效的法律风险。根据《民法典》第 153 条规定，违反法律、行政法规的强制性规定的民事法律行为无效。但是，该强制性规定不导致该民事法律行为无效的除外。根据 2019 年 9 月 11 日最高人民法院发布的《全国法院民商事审判工作会议纪要》[3] 规定，人民法院在审理合同纠纷案件过程中，要依职权审查合同是否存在无效的情形。在审理合同效力性纠纷案件时，要依据《民法典》第 153 条第 1 款的规定慎重判断"强制性规定"的性质。但是目前我国关于特许经营模式尚未有专门的法律文件，更多的规范体现在各个部门的政策性文件中。因此，需要重点关注其内容是否与各个部门的规范性文件或部门规章存在冲突，如《基础设施和公用事业特许经营管理办法》第 13 条规

① 参见邢鸿飞：《政府特许经营协议的行政性》，载《中国法学》2004 年第 6 期。
② 谭敬慧、沙姣：《特许经营协议的法律性质及可仲裁性》，载《北京仲裁》2016 年第 2 期。
③ 《全国法院民商事审判工作会议纪要》，载最高人民法院网站，https://www.court.gov.cn/zixun-xiangqing-199691.html，最后访问时间：2022 年 3 月 25 日。

定，特许经营项目需依托政府会同发展改革、财政、城乡规划、国土、环保、水利等有关部门对特许经营项目实施方案进行立项审查；第 15 条规定，实施机构应根据经审定的特许经营项目实施方案，通过招标、竞争性谈判等竞争方式选择特许经营者。但是从《全国法院民商事审判工作会议纪要》来看，违反规章并不当然导致合同无效，但若规章的内容涉及金融安全、市场秩序、国家宏观政策等公序良俗的，应当认定合同无效。未生效，是指在实践中特许经营协议往往附有审批生效的条件，由于条件未成就导致协议未生效的风险。根据《民法典》第 158 条规定，民事法律行为可以附条件，但是根据其性质不得附条件的除外。附生效条件的民事法律行为，自条件成就时生效。附解除条件的民事法律行为，自条件成就时失效。因此，需要关注协议内附生效条件的条款，避免因条件未成就出现合同未生效的后果。

【典型案例】

甲公司、某市政府合同纠纷案

案　　号：（2019）最高法民终 789 号[①]

审理法院：最高人民法院

裁判类型：二审民事判决书

案情摘要：2012 年 6 月 5 日，某公路建设项目立项，建设项目总投资 466652 万元，资金筹措方案为某市政府自筹。2012 年 8 月 14 日，某省政府下文，批复同意某公路采取 BOT 方式建设，公路设置收费站收取车辆通行费。2012 年 9 月 3 日，某市交通局委托某环境工程招标造价咨询有限公司发出某公路工程投资人招标公告。经公开招投标，2012 年 12 月 7 日，某市交通局向乙公司发出《中标通知书》。2012 年 12 月，某市政府（甲方）与第三人乙公司签订《BOT 协议》，约定：某市政府通过招投标形式选择乙公司采取"BOT"方式建设某公路，乙公司必须按照国家有关公路建设项目法人的要求和《公司法》的规定组建成立"甲公司"。2013 年 5 月 30 日，某市政府召开会议，会议纪要载明："一、贷款条件（一）完善 BOT 协议。1. 首先应由某市政府、乙公司、甲

---

① 最高人民法院（2019）最高法民终 789 号民事判决书，载中国裁判文书网，https：//wenshu. court. gov. cn/website/wenshu/181107ANFZ0BXSK4/index. html？docId = 6211bb6fded443aa9cd8ab8a011642b6，最后访问时间：2022 年 3 月 28 日。

公司三方签订某公路 BOT 补充协议，确定甲公司为某公路的项目法人。2. 在签订三方协议的基础上，某市政府与甲公司签订某公路 BOT 补充协议。"2013 年 6 月 7 日，某市政府作出会议纪要，同意某市政府与乙公司、甲公司三方签订"某公路'BOT'投资建设补充协议"；同意某市政府与甲公司签订"某公路'BOT'投资建设补充协议"。2013 年 6 月 18 日，某市政府（甲方）与乙公司（乙方）、甲公司（丙方）签订《BOT 补充协议一》，约定：甲公司全部承接乙公司在某公路项目公开招投标中所作的一切承诺、全部承接并独自享有乙公司于 2012 年 12 月与某市政府所签订的《BOT 协议》涉及的一切权利和义务。同月，某市政府（甲方）与甲公司（乙方）正式签订《BOT 补充协议二》，就甲公司建设的相关事宜进行了补充约定。2014 年 8 月 1 日，某市政府（甲方）与甲公司（乙方）签订《清算交接协议》，载明针对某公路项目建设，因融资贷款、担保等问题导致工程停工，原双方签订的 BOT 工程建设协议履行成为不必要，现就该项目工程清算、交接。后双方就 BOT 协议效力、违约责任、资金占用费与利息等问题发生争议，诉至法院。

裁判要点：根据《招标投标法》第 3 条第 1 款第 1 项、第 2 项"在中华人民共和国境内进行下列工程建设项目包括项目的勘察、设计、施工、监理以及与工程建设有关的重要设备、材料等的采购，必须进行招标：（一）大型基础设施、公用事业等关系社会公共利益、公众安全的项目；（二）全部或者部分使用国有资金投资或者国家融资的项目"之规定，本案某公路项目属于前述规定的关系社会公共利益、公共安全的基础设施项目，且系使用国有资金投资的项目，必须进行招标。而本案中，经招投标程序确定的项目投资建设开发的主体是乙公司，乙公司与某市政府签订的《BOT 协议》有效。但乙公司并未实际投资建设某公路，实际投资建设某公路的是甲公司，某市政府、乙公司与甲公司签订的《BOT 补充协议一》及某市政府与甲公司签订的《BOT 补充协议二》将某公路项目交由甲公司投资建设经营，并未经招投标程序。甲公司也不是某市政府与乙公司签订的《BOT 协议》约定的由乙公司组建的作为某公路项目法人的"某市某公路投资建设有限公司"。乙公司中标某公路项目的投资建设，不能及于甲公司。故本案某市政府、乙公司与甲公司签订的《BOT 补充协议一》及某市政府与甲公司签订的《BOT 补充协议二》因未经招投标，违反法律规定，应认定无效。

案例评析：本案是因 BOT 协议违反法律、行政法规的强制性规定而被认定为无效的案例。在本案中，案涉项目属于关系社会公共利益、公共安全的基础设施项目，且系使用国有资金投资的项目，必须进行招标，而实际中标人非本案的实际施工人，属于未经招投标的项目。因此，在 BOT 运作模式下，需要严格遵守我国关于招投标法律法规的规定。

（二）政府保证的法律风险

在基础设施特许经营项目的投融资中，由于政府一般不参股或提供贷款，或者只较少地参股或提供贷款，特许经营者往往需要承担较多的商业和非商业风险。同时，由于特许经营项目的时间跨度大，特许经营者还必须承担从投资、建设、运营到最后移交过程中的各种风险。特许经营者为降低风险，可能会要求政府对项目中的有关事项做出承诺，来降低自己可能遇到的风险。这就是特许经营模式中的政府保证。[①]

政府保证可以分为政策性承诺与商业性保证。所谓政策性承诺是指政府应特许经营者的要求而做出的有关税收优惠、原材料供应和土地征用等方面的政策性承诺。[②] 而商业性保证主要是特许经营者针对投资回报率等商业内容要求政府作出的保证。《民法典》第 683 条第 1 款规定，机关法人不得为保证人，但是经国务院批准为使用外国政府或者国际经济组织贷款进行转贷的除外。《预算法》第 35 条第 4 款规定，除法律另有规定外，地方政府及其所属部门不得为任何单位和个人的债务以任何方式提供担保。从上述法律法规规定可以看出，除经国务院批准为使用外国政府或者国际经济组织贷款进行转贷外，地方政府不得直接或间接进行担保。虽然一方面从特许经营模式的发展来看，需要政府的承诺来保障特许经营者的利益，另一方面从特许经营协议的内容来看，政府承诺和保障也是内容的一部分，但是政府的商业性保证存在增加政府债务风险的问题，且其无法与我国法律体系相融合，总的来说现行的法律与政策对政府商业性保证仍持否定性态度。在特许经营项目的实践中即使政府作出某些承诺或保证，特许经营者也会面临因该种承诺或保证违反《民法典》等规定而被认定为无效的风险。

---

① 参见杨学英：《基础设施特许经营项目政府保证的价值研究》，载《武汉大学学报（工学版）》2005 年第 4 期。

② 卢亮：《政府保证对 BOT 项目风险的影响分析》，载《现代商业》2009 年第 32 期。

【典型案例】

高管局、高速公路总公司合同纠纷案

案　　号：（2017）最高法民终 353 号①

审理法院：最高人民法院

裁判类型：民事判决书

案情摘要：2006 年 3 月 9 日，宜章县政府作为出让方，与某公司签订《特许合同》，该合同第一章总则中明确：1.1 为加快湖南省交通基础设施建设，进一步完善国家高速公路网络，促进湖南省经济的发展，尽快修建湖南省境内某高速公路，报请湖南省人民政府批准，并授权宜章县政府，通过特许经营方式，授予特许经营者依法投资、建设与经营、养护管理本项目的权利；1.3 出让方同意受让方以特许经营权的方式依法投资、建设与经营、养护管理本项目。2009 年 8 月 10 日，高管局向某行深圳分行出具《承诺函》，内容为："某公司投资建设高速公路项目……该公司自开工以来，尽管银行贷款没有及时到位，工程量完成了 40%之多，支付的款项从未拖欠。经查实，到目前总共支付资本金 8.2 亿元之多，可见其投资诚信度……为贯彻落实招商引资政策，保护投资者利益，体现我局对该公司的信任和支持，我局承诺：贵行对某公司提供的项目贷款，若该公司出现没有按时履行其到期债务等违反借款合同约定的行为，或者存在危及银行贷款本息偿付的情形，出于保护投资商利益，保障贵行信贷资金安全的目的，我局承诺按《特许合同》第 15.6 条之规定全额回购该高速公路经营权，以确保化解银行贷款风险，我局所支付款项均先归还贵行贷款本息。"2016 年 3 月 10 日，某行深圳分行向高管局发出《关于严格履行经营权回购义务的函》，称："截至目前，贵局仍未就回购或参与竞买收费权出具确切的方案，案件久拖不决给银团及我行带来了极大的困扰和损失。望贵局按照向我行出具的《承诺函》，严格履行高速公路经营权回购义务，否则我行将依法对贵局提起诉讼，追究贵局的法律及其他相关责任。"因高管局未能就某公司所欠债务予以处理，某行深圳分行遂向一审法院提起诉讼。另查明，高速公路总公司与高管局系分别于 1993 年 3 月、

---

① 最高人民法院（2017）最高法民终 353 号民事判决书，载中国裁判文书网，https：//wenshu. court. gov. cn/website/wenshu/181107ANFZ0BXSK4/index. html？docId＝f74598839f9347c5a49dab9a00c3169a，最后访问时间：2022 年 3 月 28 日。

1998年4月经湖南省人民政府和湖南省机构编制委员会批准成立的企业法人和事业单位法人，实行"两块牌子、一套班子、合署办公"，属湖南省交通运输厅归口管理，是全省高速公路建设与管理的机构，管理范围为高速公路项目建设、运营管理、经营开发和行业管理。后高速公路总公司与高管局不服湖南省高级人民法院作出的判决，向最高人民法院提起上诉。

裁判要点：关于《承诺函》的性质及效力应如何认定的问题，二审庭审中，高管局及高速公路总公司提出，本案案由定性错误，导致事实认定错误，适用法律不当，本案应发回重审。本案某行深圳分行的诉请基础为《承诺函》，其主张高管局与高速公路总公司应依据《承诺函》之承诺承担赔偿责任。虽双方对《承诺函》的性质存在争议，但高管局与某行深圳分行之间不存在行政管理关系，《承诺函》出具的目的亦非实施行政管理，并非行政机关作出的具体行政行为。故一审判决认定本案为平等主体之间的民事纠纷，且将案由定性为合同纠纷并无不当。

关于《承诺函》的性质，高管局与高速公路总公司上诉主张系安慰函，不具有法律效力。某行深圳分行认为属于单方允诺的民事法律行为，具有法律效力。对此，《承诺函》的性质应当结合文本名称、出具背景、约定内容等事实综合认定。首先，从《承诺函》的名称看，并未直接表述为"安慰函"。其次，综合《承诺函》出具的背景情况及双方当事人的陈述可知，《承诺函》签订于高速公路项目开工建设之后、某行深圳分行作为贷款人之一与借款人某公司签订《人民币资金银团贷款合同》之前。其出具原因是保障某行深圳分行信贷资金安全，化解贷款风险，实质目的则为确保某公司获得贷款。最后，从《承诺函》载明内容分析，《承诺函》系针对特定的银行贷款出具，并已经清楚表明当某公司出现没有按时履行其到期债务等违反借款合同约定的行为，或者存在危及银行贷款本息偿付的情形时，高管局承诺以回购经营权的方式确保某行深圳分行的债权实现。保证人提供保证，目的是保证债权能够得到实现。本案中，高管局并非仅对某公司清偿债务承担道义上的义务或督促履行之责，其通过出具《承诺函》的形式为自身设定的代为清偿义务的意思表示具体明确，故《承诺函》具有保证担保性质。该《承诺函》被某行深圳分行接受，双方成立保证合同。综上，高管局、高速公路总公司上诉主张《承诺函》仅为道义上的安慰函，缺乏事实及法律依据，不能成立。

关于《承诺函》的效力，高管局作为基础设施高速公路的建设、管理事业单位，不得作为保证人。《承诺函》因违反法律强制性规定应认定无效。一审判决关于"高管局单方承诺为自己设定前述义务，没有违反法律法规的禁止性规定"的认定，认定事实及适用法律不当，予以纠正。

案例评析：本案是在 BOT 项目中关于政府保证效力认定的案件。本案中，法院以"高管局作为基础设施高速公路的建设、管理事业单位，不得作为保证人"为由，认定《承诺函》因违反法律强制性规定而无效。因此，在 BOT 运作模式下，参与主体需要具体识别政府保证的效力，避免担保落空。

三、特许经营运作模式的法律风险防控

（一）特许协议的风险防控

前文已述，特许经营模式的一个主要风险点在于特许经营协议，特许经营协议可能面临性质性风险与效力性风险，因此我们需要加强对特许经营协议的风险防控。首先，需要加强对特许经营协议内容的完善，从源头防控风险的发生。严格遵守《基础设施和公用事业特许经营管理办法》第 18 条的规定，政府应当与依法选定的特许经营者主动签订特许经营协议，并依照管理办法的要求将本条所列的内容约定在特许协议中。在遵守内容完整性的基础上，政府与特许经营者还需要根据项目的实际情况，发挥主观能动性，补充约定需要确定的其他事实情况。其次，加强对特许经营项目前期立项的审查与调查。由于特许经营协议签订的前提之一在于该特许经营项目立项通过，如若该项目在立项阶段存在瑕疵，后期不论是对特许经营者还是对政府都存在致命的风险，因此政府应该加强对特许经营项目的审查，严格按照《基础设施和公用事业特许经营管理办法》的规定，对特许经营项目进行可行性评估，并对特许经营项目实施方案进行审查，出具书面审查意见。身为特许经营者则需要加强对特许经营项目的调查，主要针对该项目的合规性、项目发起人的主体资格、资信情况等进行全方位尽职调查。最后，不论是政府还是特许经营者都应该严格遵守国家颁布的法律、法规、规章甚至政策性文件中对特许经营项目的要求，还需要积极主动学习与特许经营模式相关的法律法规，及时关注特许经营模式相关的政策文件的变化。

（二）政府保证的风险防控

政府保证存在的目的是平衡政府与特许经营者之间的风险，因此有关政府保

证风险的防控需要政府与特许经营者双方共同的努力。承诺函作为实践中常见的政府保证的方式，根据其效力不同可分为担保性承诺函与非担保性承诺函。担保性承诺函是指直接或间接对特许经营者提供担保的承诺函。根据国务院发布的《关于加强地方政府融资平台公司管理有关问题的通知相关事项的通知》①，担保性承诺函主要表现为下列形式：为融资平台公司融资行为出具担保函；承诺在融资平台公司偿债出现困难时，给予流动性支持，提供临时性偿债资金；承诺当融资平台公司不能偿付债务时，承担部分偿债责任；承诺将融资平台公司的偿债资金安排纳入政府预算。而非担保性承诺函是指未直接或间接提供担保，而是提供协助、配合、辅助、管理、确认、支持等方面的承诺。常见的非担保性承诺函主要表现为：承诺在融资平台无法偿还债务时协助解决、协助处置抵押、质押物等协助性事项；承诺维持融资平台在融资期间正常经营，监督资金使用；将标的债务列入政府预算管理。② 担保性承诺函可能因违反《民法典》等规定而被认定为无效，但是无效并不意味着不承担任何责任，根据《民法典》第 388 条的规定，担保合同是主债权债务合同的从合同。主债权债务合同无效的，担保合同无效，但是法律另有规定的除外。担保合同被确认无效后，债务人、担保人、债权人有过错的，应当根据其过错各自承担相应的民事责任。因此，政府仍需要承担担保合同被确认无效后的过错责任。而非担保性承诺函因其并不能具有保证的效力，在法律上自然无可执行性，但不履行亦有违约之困。政府必须严格遵守法律、法规、规章乃至政策性文件的要求，在合法的范围内行使自己的权力，不违规进行担保、承诺等行为。特许经营者则需要理性分析政府所出具的《承诺函》的效力，并明确安慰效力与担保效力的不同法律后果，做好事先的应对工作与事后的补救工作。

---

① 《关于加强地方政府融资平台公司管理有关问题的通知相关事项的通知》，载中国政府网，https：//www.gov.cn/gongbao/content/2010/content_1636224.htm，最后访问时间：2023 年 7 月 6 日。

② 赖镇城：《地方政府承诺函效力分析与实务建议》，载"高杉 LEGAL"微信公众号，https：//mp.weixin.qq.com/s/T-NDvQO0tNHI15ZKPsWmCg，最后访问时间：2023 年 4 月 18 日。

第三节 PPP 运作模式

一、PPP 运作模式的内涵

（一）定义与特征

1. 定义

国家发展改革委于 2014 年 12 月 2 日发布《关于开展政府和社会资本合作的指导意见》①中将 PPP 定义为政府和社会资本合作，其是指政府为增强公共产品和服务供给能力、提高供给效率，通过特许经营、购买服务、股权合作等方式，与社会资本建立的利益共享、风险分担及长期合作关系。财政部则在 2014 年 9 月 23 日发布的《关于推广运用政府和社会资本合作模式有关问题的通知》②中将 PPP 同样定义为政府与社会资本合作模式，其认为政府和社会资本合作模式是在基础设施及公共服务领域建立的一种长期合作关系。通常模式是由社会资本承担设计、建设、运营、维护基础设施的大部分工作，并通过"使用者付费"及必要的"政府付费"获得合理投资回报；政府部门负责基础设施及公共服务价格和质量监管，以保证公共利益最大化。由此可见，PPP 运作模式与传统运作模式最大的区别在于 PPP 允许社会资本参与基础设施的投资建设，由政府单方承担风险转变为风险共担的局面。

2. 特征

从国家发展改革委关于 PPP 模式的定义可以看出 PPP 的三个方面的基本特征即利益共享、风险分担与长期合作。除此以外，从《关于开展政府和社会资本合作的指导意见》的基本原则中可以发现国家对 PPP 提出的另一基本特征即平等协商。接下来对其基本特征进行逐一分析：

（1）平等协商。《关于开展政府和社会资本合作的指导意见》对 PPP 模式运

---

① 《关于开展政府和社会资本合作的指导意见》，载中国政府网，http：//www.gov.cn/zhengce/2016-05/22/content_5075602.htm，最后访问时间：2022 年 3 月 25 日。

② 《关于推广运用政府和社会资本合作模式有关问题的通知》，载中国政府网，http：//www.gov.cn/zhengce/2016-05/25/content_5076557.htm，最后访问时间：2022 年 3 月 25 日。

作的基本原则作出相关规定，其中第一项基本原则为"转变职能，合理界定政府的职责定位"，该原则要求政府树立平等意识及合作观念，政府在与社会资本合作中须从公共产品的直接"提供者"转变为社会资本的"合作者"以及 PPP 项目的"监管者"。此外，第四项基本原则为"诚信守约，保证合作双方的合法权益"，该原则要求政府与社会资本方在平等协商、依法合规的基础上，按照权责明确、规范高效的原则订立项目合同。由此观之，平等协商的特征意在强调在 PPP 模式下，政府与社会资本方是平等的合作伙伴关系，应加强彼此的沟通交流，洽谈合作事宜，形成书面的合同文本。

（2）利益共享。从《关于开展政府和社会资本合作的指导意见》文件的两个方面体现出该基本特征。一方面是 PPP 的第二项基本原则"因地制宜，建立合理的投资回报机制"，该原则要求因地制宜地通过授予特许经营权、核定价费标准、给予财政补贴、明确排他性约定等，稳定社会资本收益预期。另一方面是该文件为完善投资回报机制提出的可行举措，如深化价格管理体制改革，对于涉及中央定价的 PPP 项目，可适当向地方下放价格管理权限。依法依规为准经营性、非经营性项目配置土地、物业、广告等经营资源，为稳定投资回报、吸引社会投资创造条件。需要注意的是，PPP 模式下的利益共享并非单纯的利益共享，而是指共同享有 PPP 项目的建设成果，政府代表公众利益，通过 PPP 模式提高公共产品和服务的供给数量、效率和效益，而社会资本方追求利益，要求合理回报。由此观之，利益共享的特征要求运用 PPP 模式的项目需要注意协调政府利益与社会资本方利益之间的平衡。

（3）风险分担。根据《关于开展政府和社会资本合作的指导意见》中所规定的第三项基本原则"合理设计，构建有效的风险分担机制"，该原则要求按照风险收益对等原则，在政府和社会资本间合理分配项目风险。社会资本方承担项目的建设、运营风险，政府承担法律、政策调整风险，而自然灾害等不可抗力风险由双方共同承担。PPP 模式下的风险分担机制是贯穿整个项目始终的，社会资本方与政府方并非仅承担某一时期的风险，而是从项目建设、运营到后期的维护，整个项目全过程的风险都由双方按照风险分担机制承担。

（4）长期合作。根据《关于开展政府和社会资本合作的指导意见》中加强政府和社会资本合作项目的规范管理中第三点"伙伴选择"的规定来看，PPP 模式相比传统模式而言更加重视对合作伙伴的选择，因为运用 PPP 模式的项目，其时间期限十分长，阶段跨度十分大，一个完整的 PPP 项目需经历识别、准备、采购、执行、移交五个阶段，项目运营期限一般在 10 年以上，政府与社会资本方需要做好同甘共苦的准备。

（二）优劣势分析

1. 优势

国家发改委在《关于开展政府和社会资本合作的指导意见》中已说明了运用 PPP 模式的优势，总体体现为"三个有利于"。接下来对每个优势进行逐一梳理：

（1）"有利于创新投融资机制，拓宽社会资本投资渠道，增强经济增长内生动力"。政府基础设施建设项目往往项目周期长、资金需求量大，如若政府单独进行基础设施建设将面临沉重的资金压力，且技术、管理等配套制度相对落后。政府通过 PPP 模式引进社会资本方进行竞争，中标的社会资本方往往拥有雄厚的资金，这一方面不仅减轻了政府的资金压力，也同时减少了政府的融资环节，降低了融资成本。

（2）"有利于推动各类资本相互融合、优势互补，促进投资主体多元化，发展混合所有制经济"。从基础设施项目投资建设运营的角度而言，社会资本方相较于政府而言，拥有明显的优势与丰富的经验。在 PPP 模式下，政府与社会资本方之间是合作伙伴关系，而不再是"监管"与"被监管"的关系，政府可以充分利用社会资本方所提供的先进的技术与管理体系，提高基础设施项目的工作效率，同时成立相对独立的项目公司，将传统意义上的外部矛盾转化为内部矛盾进行协商解决，有效提高项目的运作效率。

（3）"有利于理顺政府与市场关系，加快政府职能转变，充分发挥市场配置资源的决定性作用"。在传统模式下，政府部门在建设公共基础设施项目中往往担当了"运动员"与"裁判员"的双重角色，项目实施缺乏监督，易造成各种问题。但是，在 PPP 模式下，政府与社会资本方负责不同的分工，政府由项目"提供者"向项目"监管者"进行转变，有利于保证工程的进度与质量。

2. 劣势

PPP 模式不同于传统三阶段运作模式，其在融资成本、模式结构、公众成本与制度规制方面存在一定的劣势。首先，PPP 模式的融资成本要比传统模式的融资成本高，融资的利息成本一般高出同等条件公司贷款的 0.3% ~ 1.5%。[①] 私营机构不同于政府机构，其没有政府的信用保证，也没有财政的支持，其融资难度

---

① 姚东旻、李军林：《条件满足下的效率差异：PPP 模式与传统模式比较》，载《改革》2015 年第 2 期。

更大，融资成本更高。其次，PPP 模式的交易结构更为复杂。从参与主体、建设周期、运营结构、合同文件的数量等方面，就可以看出 PPP 模式交易结构的复杂性。再次，在 PPP 模式的定价机制下，私营机构需要补偿项目相关的全部成本并获得合理水平的投资收益，对产品或服务进行市场化的定价，可能增加公众的直接使用成本。① 最后，制度规制不健全。PPP 模式在我国发展时间较短，从 PPP 模式在我国的发展来看，其进行顶层制度设计仅有几年而已，而且，对其规范的更多的是政策性文件，尚未出台正式的法律法规。除此以外，牵头 PPP 模式的部门之间的规定还存在一定的冲突。PPP 模式制度上的缺陷，会在项目的融资、建设、运营等方面造成不同程度的影响。

二、PPP 运作模式与特许经营运作模式的区别

特许经营可分为商业特许经营（Franchise）和政府特许经营（Concession），前者针对的是私人商品，后者针对的是公共产品和服务。根据《基础设施和公用事业特许经营管理办法》的规定，其将特许经营定义为政府采用竞争方式依法授权中华人民共和国境内外的法人或者其他组织，通过协议明确权利义务和风险分担，约定其在一定期限和范围内投资建设运营基础设施和公用事业并获得收益，提供公共产品或者公共服务。对比《关于开展政府和社会资本合作的指导意见》中 PPP 定义可以得知，特许经营仅是 PPP 模式运作方式的一种，PPP 模式还包含购买服务、股权合作等方式。除此以外，二者在适用范围、付费机制、实施期限与法律关系方面也存在区别。

第一，在适用范围方面。根据《基础设施和公用事业特许经营管理办法》第 2 条的规定，特许经营主要适用于我国境内的能源、交通运输、水利、环境保护、市政工程等基础设施和公用事业领域。但是 PPP 模式的适用范围要远远大于特许经营的适用范围，根据 2014 年 12 月 2 日国家发展改革委发布的《关于开展政府和社会资本合作的指导意见》，PPP 模式主要适用于政府负有提供责任又适宜市场化运作的公共服务、基础设施类项目。燃气、供电、供水、供热、污水及垃圾处理等市政设施，公路、铁路、机场、城市轨道交通等交通设施，医疗、旅游、教育培训、健康养老等公共服务项目，以及水利、资源环境和生态保护等项目均可推行 PPP 模式。各地的新建市政工程以及新型城镇化试点项目，应优

---

① 姜启平：《PPP 模式的优缺点》，载《黑龙江科技信息》2017 年第 5 期。

先考虑采用 PPP 模式建设。

第二，在付费机制方面。根据《关于开展政府和社会资本合作的指导意见》，PPP 模式的付费方式根据项目的不同可分为政府付费、使用者付费和可行性缺口补助。而在特许经营中，根据《基础设施和公用事业特许经营管理办法》第 19 条的规定，特许经营协议根据有关法律、行政法规和国家规定，可以约定特许经营者通过向用户收费等方式取得收益。向用户收费不足以覆盖特许经营建设、运营成本及合理收益的，可由政府提供可行性缺口补助，包括政府授予特许经营项目相关的其他开发经营权益。从其规定而言，特许经营的付费方式主要为使用者付费和可行性缺口补助，并不包含政府付费。

第三，在实施期限方面。根据 2016 年 6 月 12 日财政部等部委联合发布的《关于组织开展第三批政府和社会资本合作示范项目申报筛选工作的通知》[1]，采用 PPP 模式的项目合作期限原则上不低于 10 年。而根据《基础设施和公用事业特许经营管理办法》第 6 条的规定，特许经营的项目最长不得超过 30 年，但是针对投资规模大、回报周期长的项目可以由政府或者其授权部门与特许经营者根据项目实际情况约定超过 30 年。

第四，在法律关系方面。特许经营项目中政府与社会资本方之间是授权与被授权的关系，更侧重于行政法律关系，通常是指政府根据一个普遍性的特许权经营法律或者某个特定种类特许权经营的立法来挑选特许权受让人，再根据特许经营权协议对建设和运行设施的细节加以控制规范。[2] 而在 PPP 模式中，前文已述，政府与社会资本方之间并非行政法律关系，也并不是单纯的民事法律关系，而是平等的合作伙伴关系，相比特许经营模式中政府与社会资本方的关系，二者更加强调平等与合作。

三、PPP 运作模式的法律风险识别

PPP 模式下的基础设施投资建设不同于传统模式下的基础设施投资建设。我国依旧处于 PPP 模式发展的初期阶段，在实践中可能会出现各种各样的问题，致使项目面临退库的严重后果。对 PPP 项目风险进行分类，可分为政治风险、

---

[1] 《关于组织开展第三批政府和社会资本合作示范项目申报筛选工作的通知》，载财政部网站，http://jrs.mof.gov.cn/zhengcefabu/201606/t20160612_2320941.htm，最后访问时间：2022 年 3 月 25 日。

[2] 曹珊：《政府和社会资本合作（PPP）项目法律实务》，法律出版社 2017 年版，第 7 页。

建造风险、运营风险、市场和收益风险、财经风险与法律风险，法律风险作为PPP 项目的主要风险之一，应受到政府与社会资本方的重点关注。根据法律风险发生原因的不同，可将其划分为外部法律风险与内部法律风险。接下来将对该风险进行细致的梳理：

（一）外部法律风险

1. 法律法规适用的模糊性

法律法规适用的模糊性主要体现在两个方面：一方面为法律法规之间的冲突。根据统计，影响中国 PPP 项目成功或失败的原因中居首的为顶层制度设计的完善程度。[①] 当前 PPP 模式下的项目并未形成一套自有的且成熟的规制体系，规范 PPP 项目的法律法规散见于不同的法律文件中，这便为开展 PPP 实践埋下潜在的法律风险。如《基础设施和公用事业特许经营管理办法》第 15 条规定，实施机构根据经审定的特许经营项目实施方案，应当通过招标、竞争性谈判等竞争方式选择特许经营者。特许经营项目建设运营标准和监管要求明确、有关领域市场竞争比较充分的，应当通过招标方式选择特许经营者。该条的规定并未对适用《招标投标法》还是《政府采购法》予以确定。另一方面则为国家部委的部门规章与政策性文件之间的冲突。在当前的 PPP 模式发展中形成了两大政策体系，一个是以发改委为核心，另一个是以财政部为核心。财政部认为 PPP 模式属于地方政府新型投融资手段，而发改委则认为 PPP 模式是基础设施领域的新型投资方式。由于两个部门对 PPP 模式的认识存在不同，自然在政策制定上存在分歧，造成 PPP 模式适用时存在潜在的法律风险。如二者在社会资本方的认定上存在差异，依据发改委发布的《政府和社会资本合作项目通用合同指南》[②] 第 7 条第 1 款的规定，签订项目合同的社会资本主体，应是符合条件的国有企业、民营企业、外商投资企业、混合所有制企业，或其他投资、经营主体。

2. 争议解决机制的不确定性

在 PPP 项目运行过程中，如若政府与社会资本方产生纠纷，除协商解决外，究竟适用民事诉讼程序还是适用行政诉讼程序存在争议。此外，发改委与财政部

[①] 杜亚灵、李会玲：《PPP 项目履约问题的文献研究：基于 2008—2014 年间英文文献的分类统计》，载《工程管理学报》2015 年第 4 期。

[②] 《政府和社会资本合作项目通用合同指南》，载国家发展和改革委员会网站，https：//www.ndrc. gov. cn/fggz/gdzctz/tzfg/201412/W020191104862168895162. pdf，最后访问时间：2023 年 7 月 6 日。

在争议解决机制上也存在不同的观点，根据财政部颁布的《PPP 项目合同指南（试行）》① 中第二十节"适用法律及争议解决"的内容，财政部认为 PPP 争议应采用友好协商、专家裁决、仲裁与民事诉讼的方式进行解决。而依据发改委等于 2015 年 4 月 27 日颁布的《基础设施和公用事业特许经营管理办法》第 51 条的规定，特许经营者认为行政机关作出的具体行政行为侵犯其合法权益的，有陈述、申辩的权利，并可以依法提起行政复议或者行政诉讼。它将 PPP 协议认定为特许经营协议，应采用行政复议或行政诉讼方式进行解决。在目前的司法实践中，法院对 PPP 协议的争议救济途径的选择并没有一个明确的统一标准，法官基于自身的自由裁量权，针对具体案件具体分析，选择不同的解决路径。法院的裁判呈现出三种解决路径：第一，将 PPP 争议认定为民事合同，采取民事诉讼的方式进行解决。第二，PPP 协议所产生的争议应采取行政复议或行政诉讼方式进行解决。第三，根据双方当事人所争议的具体法律行为来判断该行为是民事性质还是行政性质，进而选择适用民事救济或行政救济。PPP 争议解决机制的不确定性，一方面，会影响司法的权威性以及判决的统一性；另一方面，也会影响社会资本方参与 PPP 模式的积极性，降低其对 PPP 模式的可期待性。

（二）内部法律风险

PPP 合同是 PPP 运作模式中至关重要的核心文件，是政府方与社会资本方在基础设施领域开展 PPP 模式的基础。PPP 模式的内部法律风险主要集中于 PPP 合同，主要体现在性质性风险、效力性风险、违约性风险与解除性风险四个方面。

1. 性质性风险

关于 PPP 合同性质性风险，理论界认为 PPP 合同的法律性质决定 PPP 争议的救济途径，甚至把 PPP 合同的法律性质和救济途径归为相同的问题。② PPP 合同的法律定性是关乎政府与社会资本方之间的法律地位、关乎 PPP 项目的发展走向、关乎 PPP 争议的解决路径的重要问题。《最高人民法院关于审理行政协议

---

① 《PPP 项目合同指南（试行）》，载财政部网站，http：//www.mof.gov.cn/gp/xxgkml/jrs/201501/P020150119548143802998.pdf，最后访问时间：2023 年 4 月 12 日。

② 刘飞：《PPP 协议的法律性质及其争议解决途径的一体化》，载《国家检察官学院学报》2019 年第 4 期。

案件若干问题的规定》①（以下简称《行政协议案件规定》）未能够从根本上解决 PPP 项目合同的定性问题。虽然特许经营协议早已被《行政诉讼法》第 12 条第 1 款第 11 项纳入行政协议的范围，但是在司法实践中对于特许经营协议纠纷案件也并未全部以行政诉讼的方式处理。况且，《行政协议案件规定》中既未明确将所有的 PPP 项目合同纳入行政协议案件的受案范围，又未对 PPP 项目合同的内涵与外延进行说明。② 因此，在现阶段的司法实践中不应该望文生义地认定 PPP 项目合同均属于行政协议，应当结合个案具体分析确定 PPP 项目合同的定性。在实践中，一旦涉及 PPP 的定性问题，政府方往往会与社会资本方从合作伙伴关系转为完全对立的角色，政府方更倾向于认定为行政合同，通过行政途径来解决问题，而社会资本方则认为是民事合同，通过 PPP 合同管理、民事途径来解决问题。

2. 效力性风险

关于 PPP 合同效力性风险，是指政府方和社会资本方或项目公司所签订的 PPP 合同，因违反法律或行政法规的相关规定，被认定为无效或可撤销的法律风险。而在实践中 PPP 合同主要面临是否存在无效之情形的风险。根据 2019 年 9 月 11 日最高人民法院发布的《全国法院民商事审判工作会议纪要》，人民法院在审理合同纠纷案件过程中，要慎重判断"强制性规定"的性质。由于我国 PPP 现行立法更多集中于各个部门的规范性文件与部门规章之中，因此对于 PPP 合同的效力需要重点关注其内容是否与各个部门的规范性文件或部门规章存在冲突。但是从《全国法院民商事审判工作会议纪要》的规定来看，违反规章并不当然导致合同无效，但若规章的内容涉及金融安全、市场秩序、国家宏观政策等公序良俗的，应当认定合同无效。由于现有 PPP 合同的效力规定为司法实践留存了一定的自由裁量的、个案分析的空间，因此 PPP 合同的效力风险是基础设施领域 PPP 模式的热点问题。

---

① 《最高人民法院关于审理行政协议案件若干问题的规定》，载全国人大网，http://www.npc.gov.cn/npc/c30834/201912/04879660c0bb466f86cb2001a9a1c950.shtml，最后访问时间：2022 年 3 月 25 日。

② 曹珊：《【建纬观点】审慎评价，积极应对——评最高院〈行政协议案件规定〉对 PPP 协议的影响》，载"建纬律师"微信公众号，https://mp.weixin.qq.com/s/6e-Ubiy6PWoAzORPwdksDA，最后访问时间：2023 年 2 月 1 日。

效力	案例名称与裁判观点
有效	**某公司与某政府行政协议上诉案**［（2019）皖行终 1092 号①］ 安徽省高级人民法院：人民法院审查判断行政协议是否为无效协议，应当依法进行综合的审查判断。某县人大通过决议同意《某县政府关于将某县内外环路路网建设工程 PPP 项目资金列入财政预算议案的报告》，批准某县政府授权住建局实施该项目，并将特许经营期内按年度向项目公司支付的运营维护费纳入政府中期财政预算，故某公司上诉认为涉案 PPP 项目协议内容违反了《中华人民共和国预算法》中有关"先预算后支出""未列入预算的不得支出"的强制性规定，该上诉主张与事实不符，且未列入预算不得支出是合同履行问题，并不影响合同的效力。此外，涉案 PPP 项目协议中也约定了运营维护的内容，项目公司承担项目的运营维护义务，享有政府给予运营补贴的权利，合同约定运营维护的目的是使项目设施及建设内容始终保持在正常、有效的可使用状态。某公司上诉认为协议中约定的运营维护内容仅是形式上的约定，但没有实质性的内容，实质上仅是"建设-移交"的 BT 模式，而不是"建设-运营-移交"的 BOT 模式，违反了《招标投标法》和《政府采购法》中禁止更改不可变实质性条件的强制性规定，以及违反《预算法》中有关"地方政府及其所属部门不得以任何方式举借债务"的强制性规定。对此，所谓 BOT 模式和 BT 模式仅是政府和社会资本合作的不同方式，现行的法律、行政法规并不禁止合作双方选择合作模式。即使涉案协议项目名为 BOT 模式实为 BT 模式，也没有违反法律、行政法规的强制性规定从而导致"合同无效"；即使合同部分条款无效，也不影响整个合同的效力。
无效	**甲公司与某市政府等合同纠纷案**［（2013）黔高民商初字第 6 号②］ 贵州省高级人民法院认为：对《委托经营合同》性质的确定，应当依据合同标的加以认定。本案合同标的是某市"三区一湖一河"景区的开发经营权，该景区系国家重点风景名胜区，对于风景名胜资源的开发经营，既是国家利益的体现，也关系到地方社会公共利益，对风景名胜资源的开发经营，应属政府垄断经营的范畴。某政府通过合同的形式，将原本由自己垄断的涉及公益行业的经营权在一定期限内授予非政府形态的甲公司和乙公司，甲公司和乙公司通过经营收回投资和成本、获取回报，在本质上属于《行政许可法》规定的"有限自然资源开发利用、公共资源配置以及直接关系公共利益的特定行业的市场准入等，需要赋予特定权利的事项"，即政府特许经营事项。某市政府和甲公司、乙公司通过签订合同，

---

① 安徽省高级人民法院（2019）皖行终 1092 号行政判决书，载中国裁判文书网，https：//wenshu. court. gov. cn/website/wenshu/181107ANFZ0BXSK4/index. html？docId = a9b703599c17444bafbcab3400a58baf，最后访问时间：2022 年 4 月 5 日。

② 贵州省高级人民法院（2013）黔高民商初字第 6 号民事判决书，载中国裁判文书网，https：//wenshu. court. gov. cn/website/wenshu/181107ANFZ0BXSK4/index. html？docId = ca46eb4aacbc444c82e6a97c010fff24，最后访问时间：2022 年 4 月 5 日。

效力	案例名称与裁判观点
	所形成的是以行政特许经营为主，民事法律关系为辅的复杂的特许经营法律关系。因此，《委托经营合同》虽名为"委托经营"，但就其本质而言，应属政府特许经营合同。 关于合同的效力，应当从以下几个方面进行分析认定。 第一，某政府不具备签订景区类经营合同的主体资格。根据《风景名胜区管理暂行条例》的规定，景区的维护、利用、保护、建设、规划等属景区管理机构的职责，人民政府是其领导机构，可作宏观管理者，不能作为直接的管理者、利用者。本案有关景区当时设有景区管理机构，即便需要签订合同，其主体也应当是景区管理机构而不是该机构的上级人民政府，某政府作为一级人民政府，签订本案合同违反职责法定原则。 第二，景区内的土地属于旅游用地。本案中，某政府和甲公司在《委托经营合同》中约定，甲公司修建的宾馆、停车场、旅游接待中心用地按成本价挂牌出让，事实上是通过协议的方式对土地的价格进行了约定，该约定存在某政府主体不适格、约定的内容违法的问题，应当认定无效。 第三，本案合同履行行为均发生在《行政许可法》实施之后，应当适用《行政许可法》，尤其是某政府作为一级地方政府，从依法行政的基本法治精神出发，应当自觉主动地遵循《行政许可法》的相关规定。根据《行政许可法》第53条的规定，本《委托经营合同》在实施特许经营的程序和实施特许经营的期限上，均违反了相关法律法规。因此，合同中关于景区开发经营权特许经营条款的效力应当认定为无效。 第四，由于合同签订的时间是2004年6月，根据当时实施的《风景名胜区管理暂行条例》第7条第1款"风景名胜区规划，在所属政府领导下，由主管部门会同有关部门组织编制"的规定，风景名胜区的规划应当由风景名胜区主管部门组织编制，此种规定一方面是行政法规对政府及风景名胜区主管部门权力的授予，另一方面也是政府及风景名胜区主管部门应当承担的法定义务和职责，具有不可让渡性。合同中将"三区一湖一河"的控制性详规和修建性详规交由甲公司和乙公司编制完成的约定违反了法律规定，亦应无效。 第五，根据《招标投标法》等规定，景区内的建设工程项目应当通过招投标的方式进行，且投标人应当具备相应资质。本案中，景区内的交通道路建设、基础设施建设、游客接待中心、停车场、宾馆的修建等未经法定的招投标方式和程序进行，而是由某政府与甲公司直接在《委托经营合同》中进行了约定，且甲公司不具有相应的建设资质，该约定的主体和内容均违反了法律规定，应当无效。 由于合同签订的主体、土地出让的方式、合同标的、规划编制、景区建设等主要合同条款无效，而双方的权利义务均是根据这些主要条款进行约定的，其他约定双方权利义务的条款不宜单独认定有效。因此，《委托经营合同》应当认定无效。

3. 违约性风险

违约行为是指合同当事人违反合同义务的行为，是违约责任的基本构成要件，没有违约行为，也就没有违约责任。根据《民法典》第 577 条的规定，当事人一方不履行合同义务或者履行合同义务不符合约定的，应当承担继续履行、采取补救措施或者赔偿损失等违约责任。因此，违约行为包括拒绝履行和瑕疵履行两种行为，拒绝履行，是指"当事人一方明确表示或者以自己的行为表明不履行合同义务"，而瑕疵履行，是指合同履行的内容、方式、时间、地点、履约人等不符合合同约定。一方当事人违约的，应当承担继续履行合同和其他违约责任，只有构成根本违约的才会导致合同解除的后果。

关于 PPP 合同的违约性风险，主要表现为政府方违约与社会资本方违约两个方面。政府违约风险主要是指政府部门未遵照事先的约定或者协议来履行相关的责任和义务，进而使得合作方的利益受损，使 PPP 项目产生直接或者间接的损失。[①] 导致政府方违约的原因是多方面的，如政策法律的变化、政府决策的失误、不合理的政府承诺或不可抗力等其他因素。社会资本方违约是指社会资本方在追求利益的目的下，实施了违反 PPP 项目合同的约定的行为，造成 PPP 项目产生直接或间接的损失。社会资本方与政府方参与 PPP 模式的出发点并不相同，其旨在追求经济利益的最大化，因此在实施 PPP 项目过程中面临成本上涨、市场价格大幅度波动、企业投资能力下降、融资困难等问题时，可能从自身企业利益角度出发而违约。[②]

按照《行政协议案件规定》的规定，对于社会资本方未按照合同约定履行义务的，行政机关虽不能提起诉讼，但可以通过非诉执行向人民法院申请社会资本方强制履约。对于政府方违约的，则应当区分一般违约和行使行政优益权而造成事实违约。对于因行政机关未依法履行、未按照约定履行或明确表示或以自己的行为表示不履行行政协议的一般违约情形，社会资本方可依法诉请被告承担违约责任。而对于行使行政优益权导致的合同解除并造成合同的事实违约，社会资本方可依法提起行政诉讼，根据实际情况诉请撤销解除协议的行政行为、被告继续履行协议、采取补救措施并对造成的损失要求赔偿、补偿等。

对于政府方违约行为进行区分是由于行政优益权是一种权力，是政府方基于

---

① 沈光：《PPP 项目中的政府违约风险分析与防范》，载《门窗》2016 年第 4 期。
② 上海市建纬律师事务所"建纬 PPP 中心"：《【建纬观点】2019 年度 PPP 争议解决观察报告（PPP 项目的争议解决概述）》，载"建纬律师"微信公众号，https://mp.weixin.qq.com/s/CqSGwwWLUyrzh-pOX4Gs6w，最后访问时间：2023 年 2 月 1 日。

行政职权延伸出来的权力，具有强制性和扩张性，其行使不以社会资本方的意志为转移。[1] 若政府方在无合法理由的情况下滥用行政优益权，由此造成社会资本方无法继续履约的，将给社会资本方造成巨大的经济利益损失，也会对社会公共利益产生危害。政府单方违约，将使社会资本方的权益处于极大的不确定状态。不仅影响了社会资本方参与 PPP 项目的积极性，也违背了 PPP 项目的初衷，无法实现公共利益的最大化。[2] 因此，在实践中，社会资本方应当注意在合同中对政府行使行政优益权的界限进行约定。

违约主体	案例名称与裁判观点
政府方违约	**某政府、某公司合同纠纷上诉案〔（2018）最高法民终 1319 号[3]〕** 最高人民法院认为：关于某公路项目回购问题的认定，本案所涉《某公路项目协议书》为 BOT 合同。BOT 合同的基本模式是，由投资单位与政府签订合同，其中投资合同一方投资建设、运营项目，由相关政府部门授予特许经营权，以特许经营项目方式收回项目投资并获得收益。虽然 BOT 合同一方当事人是政府机关，但所缔约合同内容体现的是民商事法律关系性质，属于民商事合同，因履行该合同产生的争议属于民事争议。按照《某公路项目协议书》约定，某公司的主要义务是出资修建、维护运营某公路项目，某政府的主要合同义务是"负责做好项目沿线的拆迁、路段两端的接线等相关问题的协调工作"等。某公司已将某公路项目建设完成，但在取得收费许可证后，由于某公路未与山西省境内公路正常连线，导致某公路通行受阻，项目无法收费。尽管某政府及相关部门协助某公司办理了项目建设审批，逐级报请河南省人民政府批准设置收费站并取得收费许可等，同时在协调某公路项目与山西省连线等方面也做了一些沟通工作，但从实际效果来看，案涉公路连线的目标并没有实现，某公路仍是一条"断头路"，按合同预期通过收取过路费获得投资回报的合同目的不能实现。对此，合同目的不能实现的主要责任在于某政府，某政府构成根本违约。上诉人某政府提出"某公司擅自放弃项目建设，进而造成公路荒废的行为，才是其合同目的无法实现的根本原因"的上诉理由缺乏证据证明，与事实不符。某公司有权解除与某政府签订的《某公路项目协议书》。而某公司请求某政府回购，是合同解除后赔偿守约方损失的一种方式。

① 参见张敏、张世嫚：《PPP 协议履行中行政优益权合法行使的问题与出路》，载《领导科学》2019 年 11 月下期。

② 参见张敏、张世嫚：《PPP 协议履行中行政优益权合法行使的问题与出路》，载《领导科学》2019 年 11 月下期。

③ 最高人民法院（2018）最高法民终 1319 号民事判决书，载中国裁判文书网，https：//wenshu. court. gov. cn/website/wenshu/181107ANFZ0BXSK4/index. html？ docId ＝ ced3d9333c4849e79677aabf00c11374，最后访问时间：2022 年 4 月 5 日。

续表

违约主体	案例名称与裁判观点
社会资本方违约	**某公司、某管委会合同纠纷上诉案** [（2019）皖 15 民终 1419 号①] 六安市中级人民法院认为：关于违约责任确定，案涉项目在原告辖区内项目选址、用地已经过相关部门审批，具备施工条件。合同签订后，某公司仅做了一些前期准备工作，2018 年 3 月 26 日其向政府提交的申请报告中，明确表示"随着政策环境、融资环境和市场环境的变化，项目原实施方案很难实现，若继续按合同执行，不仅将使我公司蒙受巨大亏损，也无法保证工程施工进度和后期运维质量""项目材料价格普遍暴涨，项目材差不予调整导致未开工即亏损"。在 2018 年 4 月 13 日，某公司向原告发出《终止意见通知书》，要求协商解除合同，同时也表明"本项目无法实现融资，最终将无法完整实施，双方合同目的将无法实现"。可以看出，某公司未履行合同的根本原因是未能实现融资及施工原材料价格上涨，原告已经为开工进行了拆迁，完成迁址及用地许可，已履行了合同约定的前期义务，项目具备施工条件，原告没有违约行为。而某公司在签订合同后，未按合同约定的进度按期组织施工，不按监理要求申报施工许可，在做了一些工程前期准备工作后又停工，并不再履行合同，已构成违约。某公司所称的外部环境的变化因素系可以预测的商业风险，不能认定为不可抗力，故其免责理由不能成立。

4. 解除性风险

对于 PPP 合同，其中可能既包含作出行政许可、授权等行政法律行为，又包含订立民事合同等民事法律行为。根据《行政协议案件规定》第 2 条第 5 款规定，对于"符合本规定第一条规定的政府与社会资本合作协议"，公民、法人或者其他组织提起行政诉讼的，人民法院应当依法受理。因此，PPP 合同的解除，也需要准确界定合同解除争议涉及的是因行政法上权利义务内容导致的行政纠纷还是行使合同解除权导致的民事纠纷。

针对 PPP 合同，合同的解除涉及行政法意义上的解除和民法意义上的解除。在行政法意义上，行政机关行使行政优益权可导致 PPP 合同的解除；在民法意义上，合同相对方行使合同解除权亦可导致合同的解除。对于行使行政优益权导致的合同解除，根据《行政协议案件规定》第 11 条，人民法院需对行政行为的

---

① 安徽省六安市中级人民法院（2019）皖 15 民终 1419 号民事判决书，载中国裁判文书网，https：//wenshu. court. gov. cn/website/wenshu/181107ANFZ0BXSK4/index. html？docId = 00d593e3d9b24d74b071aab90177fad1，最后访问时间：2022 年 4 月 5 日。

合法性进行审查，包括"是否具有法定职权、是否滥用职权、适用法律法规是否正确、是否遵守法定程序、是否明显不当、是否履行相应法定职责"等。民法典上的合同解除包括意定解除和法定解除两种情形。根据《民法典》第 562 条的规定，意定解除包括合同双方协商一致解除合同和事先约定一方解除合同的条件，当解除合同的条件成就时，解除权人可以解除合同。根据《民法典》第 563 条的规定，法定解除的情形分为五类，分别是"（一）因不可抗力致使不能实现合同目的；（二）在履行期限届满前，当事人一方明确表示或者以自己的行为表明不履行主要债务；（三）当事人一方迟延履行主要债务，经催告后在合理期限内仍未履行；（四）当事人一方迟延履行债务或者有其他违约行为致使不能实现合同目的；（五）法律规定的其他情形。"因此，当出现上述五类情形之一时，当事人可以解除合同。该条虽未明确规定违约方是否享有法定解除权，但通说认为仅是赋予守约方的法定解除权。不过，违约方也非在任何情况下均无合同解除权，《全国法院民商事审判工作会议纪要》第 48 条规定，"违约方不享有单方解除合同的权利。但是，在一些长期性合同如房屋租赁合同履行过程中，双方形成合同僵局，一概不允许违约方通过起诉的方式解除合同，有时对双方都不利。在此前提下，符合下列条件，违约方起诉请求解除合同的，人民法院依法予以支持：（1）违约方不存在恶意违约的情形；（2）违约方继续履行合同，对其显失公平；（3）守约方拒绝解除合同，违反诚实信用原则。人民法院判决解除合同的，违约方本应当承担的违约责任不能因解除合同而减少或者免除"。

四、PPP 运作模式的法律风险防控

（一）外部风险防控

PPP 运作模式的外部法律风险主要体现为法律法规适用的模糊性与争议解决机制的不确定性。针对法律法规适用模糊性的法律风险，应推进 PPP 模式立法工作，构建 PPP 法律制度体系[①]，完善我国 PPP 运作模式的法律环境。目前我国在 PPP 运作模式方面并未出台一部专门的 PPP 法律。因此，需要制定一部专门的 PPP 法，对 PPP 的概念、性质、流程、争议解决、监督管理等进行明确的规范。明确 PPP 的法律地位，同时也做好 PPP 法与其他部门法律之间的衔接。

---

① 李敏：《PPP 模式的法律风险及其规制》，载《南京理工大学学报（社会科学版）》2019 年第 2 期。

针对争议解决机制不确定的法律风险，应借鉴德国行政法上的"双阶理论"进行调整。所谓"双阶理论"是将过去视同单一的补助关系划分成两个部分：第一阶段为决定阶段，即公权力主体决定是否提供补贴，该行为是政府作出的具体行政行为，应归公法调整；第二阶段为履行阶段，即公权力主体如何向私人提供补贴，该行为属民事性质，应归私法调整。即以 PPP 协议签订作为时间节点进行争议解决途径的划分：在 PPP 协议签订前，因识别、准备以及采购阶段体现出极强的行政管理属性，故该阶段宜适用行政救济途径方式；在 PPP 协议签订后，该阶段更为关注的是 PPP 协议的内容与履行，社会资本方与政府方基于平等的合作伙伴关系而签订合同。进行项目合作发生争议时，宜采取民事救济途径进行解决。但是在该阶段政府仍负有基础设施的担保责任，基于该责任的履行所作出的行政行为，应采取行政救济途径解决。

（二）内部风险防控

1. 关于性质性风险

《行政协议案件规定》出台后，PPP 项目合同可能据此被认定为行政协议。未来在解决 PPP 项目合同纠纷时，应当注意如下几方面的问题：

（1）《行政协议案件规定》赋予政府方申请强制执行权

《行政诉讼法》第 2 条明确规定，公民、法人或其他组织可以针对侵犯其合法权益的行政行为提起行政诉讼。我国行政诉讼法遵循的是被告恒定原则，即行政机关仅能作为行政诉讼案件的被告而不得主动提起行政诉讼。为了解决政府方权利救济问题，《行政协议案件规定》第 24 条赋予政府方申请强制执行的权力。第 24 条规定："公民、法人或者其他组织未按照行政协议约定履行义务，经催告后不履行，行政机关可以作出要求其履行协议的书面决定。公民、法人或者其他组织收到书面决定后在法定期限内未申请行政复议或者提起行政诉讼，且仍不履行，协议内容具有可执行性的，行政机关可以向人民法院申请强制执行。"

在社会资本方违约的情况下，《行政协议案件规定》第 24 条赋予了政府方权利救济的途径。社会资本方应当注意的是，若对政府方所作出的书面决定内容不服，社会资本方应当按照行政诉讼法和行政复议法规定的期限及时提出申请。否则，社会资本方将面临因逾期主张权利导致丧失救济途径的困境。

（2）行政诉讼时效与民事诉讼时效的区别

《行政协议案件规定》第 25 条对行政相对方主张权利的期限进行了分类：对行政机关不依法履行、未按照约定履行行政协议提起诉讼的，诉讼时效参照民事法律规范确定；对行政机关变更、解除行政协议等行政行为提起诉讼的，起诉期限依照行政诉讼法及其司法解释确定。《行政诉讼法》第 46 条和第 48 条规定了行政诉讼的起诉期限为六个月，除非因不可抗力或不属于自身原因耽误起诉期限的，被耽误的时间不计算在起诉期限内。社会资本方应当注意行政诉讼的起诉期限：自行政相对人知道或应当知道行政机关作出的行政行为之日起算的六个月，且不适用诉讼时效中止或中断的情形。适用行政诉讼时效的，社会资本方逾期起诉，人民法院将不予受理。行政诉讼的起诉期限较民事诉讼更短，且逾期起诉的后果更加严苛。因此，在未来实施的 PPP 项目中，一旦社会资本方与政府方在履约过程中产生争议，协商不成的，社会资本方应当及时通过起诉的方式维护自身权益，避免因逾期起诉而丧失权利救济途径。

（3）行政诉讼适用的规范类型更加广泛

《最高人民法院关于裁判文书引用法律、法规等规范性法律文件的规定》[①]第 5 条规定："行政裁判文书应当引用法律、法律解释、行政法规或者司法解释。对于应当适用的地方性法规、自治条例和单行条例、国务院或者国务院授权的部门公布的行政法规解释或者行政规章，可以直接引用。"对比民事案件法院引用规范文件的规定，行政案件所适用规范更多。行政机关在职权范围内对行政协议约定的条款进行解释，对协议双方具有法律约束力，人民法院经过审查，根据实际情况，可以作为审查行政协议的依据。即双方对行政协议解释发生争议的，非当事人的行政机关依据职权作出的解释可能影响法院审查行政协议，而民事诉讼主要由法院对协议争议事项进行解释，与民事诉讼相比，行政诉讼对协议解释的不确定性更高。

（4）慎用仲裁作为争议解决方式

根据《行政协议案件规定》第 26 条的内容，行政协议约定仲裁条款的，除法律、行政法规或者我国缔结、参加的国际条约另有规定的外，人民法院应当确

---

① 《最高人民法院关于裁判文书引用法律、法规等规范性法律文件的规定》，载最高人民法院网站，https：//www.court.gov.cn/fabu-xiangqing-73.html，最后访问时间：2022 年 3 月 25 日。

认该条款无效。若将 PPP 项目合同定性为行政协议，则双方当事人无法再选择仲裁作为争议解决方式。目前对于 PPP 项目合同的定性尚无统一、直接、明确的判断标准，实践中即使在 PPP 项目合同中约定了仲裁条款，仲裁机构也不一定会受理，或是出现仲裁机构与人民法院博弈的情形。为了避免增加双方当事人的诉累，建议政府方和社会资本方在 PPP 项目合同中慎用仲裁作为争议解决方式，而应当选择恰当的争议解决法院，为协议双方解决争议奠定良好的基础。

2. 关于效力性风险

（1）遵守国家部委规范性文件对 PPP 项目的各项要求

通过前文对 PPP 项目合同效力问题分析，目前 PPP 项目合同违反规范性文件的规定并不会在法律层面导致 PPP 项目合同的无效。但是，政府方和社会资本方仍然应当遵守规范性文件的各项要求。例如，政府方应当按规定开展"两个论证"；政府方应当授权合适的签约主体；政府方不得在合同中承诺固定回报或以其他形式违规举债担保；不得将 BT 项目伪装成 PPP 项目等。根据财政部的要求，PPP 项目或拟采用 PPP 模式的项目均须纳入财政部的 PPP 项目库予以管理，一旦 PPP 项目违反相关规定，可能被清退出库，导致项目无法继续采用 PPP 模式。另外，PPP 项目合同出现的违规情形可能导致 PPP 项目合同无法通过政府审批，因而无法继续执行。PPP 项目投资巨大，政府方和社会资本方为签订 PPP 项目合同前期已开展大量工作并投入了相应的资源，一旦 PPP 项目合同涉嫌违规，政府方和社会资本方将承担由此带来的损失。因此，为了避免影响 PPP 项目的实施，避免政府方和社会资本方承担无意义的损失，建议项目参与各方依法合规实施 PPP 项目。

（2）关注社会公共利益对 PPP 项目合同效力的影响

虽然 PPP 项目合同违反规范性文件并不构成《民法典》第 153 条第 1 款中规定的"违反法律、行政法规强制性规定"的情形，但是 PPP 项目合同违反规范性文件将严重影响到社会公共利益的，PPP 项目合同无效。PPP 项目合同与普通民事合同最大的区别就在于 PPP 项目合同的出发点即对公共利益的追求，除了体现合同双方当事人的自由意志之外，PPP 项目合同更体现了国家意志和社会公众的意志。公共利益一词虽然没有明确的内涵和外延，但是置于公共服务配置领域中，则可理解为公共服务的普遍化、社会整体福利的优化以及环境资源的可持续发展。具体到 PPP 项目中来说，公共利益体现在公共服务的价格、质量和安全性等问题上。因此，PPP 项目合同的条款设置应当充分考虑并维护社会公共利益，避免出现 PPP 项目合同无效的法律风险。

（3）关注现行法律法规对 PPP 项目合同效力的影响

虽然目前系统规范 PPP 模式的法律文件大多为国家部委的规范性文件，但是 PPP 参与各方不能因此而忽视了现有法律法规可能对 PPP 项目合同效力产生的影响。例如，在用地问题中，若取得 PPP 项目用地的物权行为违法，则 PPP 项目合同无效。

3. 关于违约性风险与解除性风险

（1）行政协议中的违约责任承担

违约根据原因行为可区分为因行使行政优益权导致的违约和因合同条款未履行或履行不当导致的违约。违约行为根据行为本身的性质可分为履行不能、拒绝履行和瑕疵履行，根据违约的严重程度可分为根本违约、重大违约和一般违约，根据违反义务类型可分为违反主给付义务、违反从给付义务、违反附随义务等。根据合同性质和违约类型的不同，其救济手段又包括解除合同、要求继续履行、采取补救措施、赔偿损失等。对于采取解除合同方式的，或是依据合同约定解除权，或是依据《民法典》第 563 条的法定解除权。合同解除后，守约方仍可向违约方主张赔偿。在争议解决过程中，对于不同的违约行为，应当进行审慎判断，采取合理、相当的应对措施，既维护自身合法权益，也避免因为权利滥用而承担相应的赔偿责任。尤其是 PPP 合同，一方错误行使权利和错误主张违约责任都可能对公共利益造成损害，并最终造成自身的损失。

对于行政协议中的违约责任承担，《行政协议案件规定》一是明确了行政协议的给付判决。第 19 条规定，"被告未依法履行、未按照约定履行行政协议，人民法院可以依据行政诉讼法第七十八条的规定，结合原告诉讼请求，判决被告继续履行，并明确继续履行的具体内容；被告无法履行或者继续履行无实际意义的，人民法院可以判决被告采取相应的补救措施；给原告造成损失的，判决被告予以赔偿"。二是明确了行政协议违约责任。行政机关违约的，应当充分赔偿当事人的实际损失，该实际损失既包括直接损失，也包括预期损失。《行政协议案件规定》第 19 条规定，"原告要求按照约定的违约金条款或者定金条款予以赔偿的，人民法院应予支持"。第 20 条规定，"被告明确表示或者以自己的行为表明不履行行政协议，原告在履行期限届满之前向人民法院起诉请求其承担违约责任的，人民法院应予支持"。三是明确了被告的缔约过失责任。《行政协议案件规定》第 13 条第 2 款、第 15 条第 2 款明确了被告的缔约过失责任："行政协议约定被告负有履行批准程序等义务而被告未履行，原告要求被告承担赔偿责任的，人民法院应予支持。""因被告的原因导致协议被确认无效或者被撤销，可以同时判决责令被告采取补救措施；给原告造成损失的，人民法院应当判决被告予以赔偿。"

（2）细化合同中的违约情形和违约责任

对于合同履行的违约行为，除法律规定的违约情形外，更多是通过合同条款进行约定。尤其是合同解除等消灭合同关系的行为，法律规定了严格的适用条件，而举证满足法定条件的举证责任也较重。为了维护合同双方当事人的合法权益，应当在合同条款中尽量细化违约行为的类型、方式和对应的责任，尤其是明确约定合同变更、解除的条件等内容，避免因约定不清而无法有效行使权利，或者即使进入诉讼程序也不得不承担过重的举证责任。而若履约证据管理存在一定疏漏，则将承担因举证不能而败诉的巨大风险。

（3）设置合同解除的前置程序

PPP 项目从项目识别至最终移交的生命周期长，项目涉及基础设施和公共服务的建设，因政府方违约或社会资本方违约而终止 PPP 项目合同无疑会对公共服务的提供产生较大冲击。而且，在 PPP 项目的前期准备工作过程中，无论是政府方还是社会资本方均为开展 PPP 项目投入了巨大的时间、精力和财力，一旦 PPP 项目终止则可能让双方的前期准备工作付诸东流。因此，虽然合同双方当事人享有法定解除权和约定解除权，但是笔者认为，在合同解除前应当增加一定的程序性条款，如协商、调解、通知等，以确保合同解除是最终的解决办法。

（4）对政府单方解除权的限制

PPP 项目合同的特殊之处体现在政府方享有行政优益权。行政优益权主要表现为政府方对社会资本方的选择权、介入权、单方解除权和变更权、强制执行权和制裁权。行政优益权的行使应当以公共利益为限。财政部《PPP 项目合同指南（试行）》提出，在特定情形下（如 PPP 项目所提供的公共产品或服务已经不再适合或者不再需要，或者会影响公共安全和公共利益），政府方可以单方终止PPP 项目。为了避免因"公共利益"的解释范围扩大化导致合同解除的恣意性，双方宜对涉及"公共利益"的合同解除条件进行尽量明确的界定，或者约定对

"公共利益"的解释程序。

除在 PPP 项目合同中对该政府单方解除权进行限制外,《行政协议案件规定》赋予了社会资本方通过诉讼方式救济权利的途径,要求政府方承担其解除项目合同合法性的证明责任,并要求人民法院主动审查政府方解除项目合同的合法性。

(5)合理设置政府回购条款

笔者认为,政府回购是合同解除的法律效果之一,不应当因社会资本方违约而有所区别。鉴于目前《PPP 项目合同指南(试行)》里有政府选择回购权的规定,建议政府方和社会资本方在签署 PPP 项目合同时避免约定类似"政府方有权但无义务补偿"的内容。这既能避免因政府作出错误决策导致双方当事人将来产生更大的争议,也能避免社会资本方因此而面临巨大的损失。同时,政府方和社会资本方都应当严格按照合同的约定履行各自的义务,避免出现违约行为。

第四节 BT 运作模式

一、BT 模式的内涵

(一)定义与特征

1. 定义

我国关于 BT 模式采取先实践运行再进行法律法规制定的方法,目前尚未在政策层面形成统一的含义界定。探讨 BT 模式的定义需要先从国外含义进行探索。

BT 模式的定义,每个国家都不尽相同。最先推出 BT 模式的国家——菲律宾,将其定义为"建设—转让是一种契约性安排,项目建议人据此承担授予的基础设施或发展设施的融资和建设,并在建成后将它转让给政府机关或地方政府有关单位,后者按商定的分期付款时间表,支付建议人在项目上花费的总投资,加上合理比例的利润。这些设施必须由政府直接经营"[1]。越南也在 2000 年颁布的《越南外国投资法》中将 BT 定义为"BT(建设—转让)合同是指获得授权的越

---

① 姚大鹏:《BT 建设项目政府监管模式研究》,武汉理工大学 2013 年硕士学位论文。

南国家机关与外国投资者为建设基础设施而签署的书面文件；建设完成后，外国投资者将该设施转让给越南当局，而越南政府创造条件给该外国投资者去实施其他投资项目，以偿还投资和获得合理利润"[①]。

我国目前关于 BT 模式的含义只在《关于培育发展工程总承包和工程项目管理企业的指导意见》[②] 中进行了粗略的界定，该意见将 BT 模式定义为建设-转让。基于此文件，本文将 BT 模式定义为项目发起人通过招标的方式选定基础设施项目的投资方，由投资方作为基础设施项目的承包人负责项目的融资、建设，并承担建设期间的风险，待项目竣工验收合格后向发起人进行转让移交，项目发起人按照合同约定的方式对该项目进行回购的一种模式。由此来看，BT 模式是工程总承包外加融资的建设方式，同时也是非政府资金参与基础设施建设的一种融资方式，它能在一定程度上解决政府在非经营性基础设施建设的资金难题，缓解政府短期融资的压力。

2. 特征

从 BT 模式的定义我们可以分析出 BT 模式三方面的特征，即参与主体的复杂性、适用项目的特殊性、所有权与风险的转移性。接下来，将对每一特征进行分析：

（1）参与主体的复杂性。从 BT 模式的组织架构来看，其包含项目的发起人、项目的投资方、成立的项目公司等参与人。在一般情况下，项目的发起人一般为政府或政府成立的国有公司，而项目的投资方既有可能是 BT 项目的投资人，也可能是项目的投资建设人，其可能不仅履行投资职责，在一定情形下还需要成立项目公司负责基础设施项目的施工建设。

（2）适用项目的特殊性。从前文可知，BT 模式是从 BOT 模式中衍生出来的，其运作模式仅负责投资与建设，不参与后期的运营阶段。原因在于 BT 模式满足了国家战略发展的需要，主要适用于关乎国家公共安全的非经营性基础设施项目，此种项目并不适合由私人进行经营与享有。

（3）所有权与风险的转移性。BT 模式与其他模式的区别就在于其所有权与

---

① 李飞：《浅析新型投融资建设模式——BT 模式》，载《经营管理者》2013 年第 5 期。

② 《关于培育发展工程总承包和工程项目管理企业的指导意见》，载住房和城乡建设部网站，https://www.mohurd.gov.cn/gongkai/zhengce/zhengcefilelib/200302/20030217_158614.html，最后访问时间：2023 年 7 月 6 日。

风险的转移性。在 BT 模式中，投资方基于政府授予的特许权对基础设施项目进行投资建设，在此阶段该基础设施项目的所有权归投资方享有，其当然需要承担该阶段可能产生的风险。当基础设施项目竣工验收合格后，项目发起人按照合同的约定对该基础设施项目进行回购，此时所有权转移，归发起人所有，移交后所产生的风险一般也由发起人承担。

（二）优劣势分析

1. 优势

BT 模式作为基础设施投资建设的模式之一，具有以下几个方面的优势：首先，BT 模式基于 BOT 模式衍化而来，其作为新型投融资建设模式，可以缓解政府在基础设施建设方面的资金困难，缓解政府基础设施投资的财政压力，这为民间资本进入基础设施领域与政府利用闲置的民间资本提供了一条合理的途径。其次，有利于发起人与投资方针对基础设施投资建设与运营期的风险进行合理分担。传统三阶段运作模式中，政府作为基础设施投资建设运营的主力，需要承担全过程可能发生的风险，这既不利于基础设施的发展，也不利于国有资产的利用，而 BT 模式作为新型的投资建设模式，投资方可以帮助政府分担其建设期所产生的风险，合理的风险分担既有利于提高资源利用的效率，也有利于基础设施的建设发展。再次，政府通过招投标的方式选取基础设施项目的投资方，由投资方进行基础设施项目的投融资、建设，这样有利于引进先进高效的管理体制与生产技术，提高基础设施项目的建设效率与工程质量。最后，BT 模式可以满足国家对国家安全与国民经济发展的战略性需要，满足我国非经营性基础设施建设的需要。

2. 劣势

我国 BT 模式实践与成长的时间较短，在基础设施投资建设模式中仍属于新生事物，相关的法律法规与政策性文件较少，尚未形成成熟健全的顶层制度设计。BT 模式制度上的缺陷，将导致基础设施适用 BT 模式在实践中存在一定的风险，这不仅会造成建设与投资的成本不可控，还会增加项目的风险。此外，BT 模式的投资方为社会资本方，其参与 BT 模式的目的在于营利，而发起人一般为政府，其目的在于提供公共服务。二者之间目的的不同必然会导致在项目的谈判中进行博弈，这可能会延长项目合同的谈判期限，协调沟通的难度相较于传统三阶段模式而言更大。

二、BT 运作模式的法律风险识别

BT 运作模式既不同于传统的三阶段运作模式，也不同于 PPP 运作模式。它立足于非经营性基础设施建设，致力于满足政府城市化进程与基础设施普及率的需要。但是我国 BT 模式的规范与顶层设计并不健全与完善。在整个运作过程中，其有自身独特的法律风险点，主要分为建设性风险与回购性风险。所谓建设性风险是指在 BT 模式中因基础设施项目的施工建设所可能产生的法律风险，所谓回购性风险是指在 BT 模式中因基础设施项目的项目回购所可能产生的法律风险。接下来本文将对各个风险进行细致的分析阐述。

（一）建设性法律风险

1. 招投标风险

BT 模式是建设-施工一体化的基础设施运作模式，虽然在 BT 模式初期，其资金来源于投资方的投资筹措，但是在后期移交环节，仍需由政府出资进行回购，因此其本质上仍属于政府采购项目，需要符合政府采购项目的相关规定。所谓政府采购是指各级国家机关、事业单位和团体组织，使用财政性资金采购依法制定的集中采购目录以内的或者采购限额标准以上的货物、工程和服务的行为。根据《政府采购法》第 26 条的规定，政府采购主要通过公开招标、邀请招标、竞争性谈判、单一来源采购、询价或国务院政府采购监督管理部门认定的其他采购方式进行，同时公开招标应作为政府采购的主要采购方式。但是 BT 模式项目具有一定的特殊性，其主要面向的是关乎国家公共安全的非经营性基础设施项目，因此基于我国《招标投标法》第 3 条的规定，大型基础设施、公用事业等关系社会公共利益、公众安全的项目，全部或者部分使用国有资金投资或者国家融资的项目，项目的勘察、设计、施工、监理以及与工程建设有关的重要设备、材料等的采购，必须进行招标程序。上述法律规定也是为了规范我国建筑市场未按照招投标程序确定 BT 项目的投资方或施工方的行为。根据《最高人民法院关于审理建设工程施工合同纠纷案件适用法律问题的解释（一）》[①] 第 1 条第 1 款第 3 项的规定，建设工程施工合同具有下列情形之一的，应当根据《民法典》第

---

① 《最高人民法院关于审理建设工程施工合同纠纷案件适用法律问题的解释（一）》，载最高人民法院网站，https://www.court.gov.cn/fabu-xiangqing-282111.html，最后访问时间：2022 年 3 月 25 日。

153 条第 1 款的规定，认定无效：建设工程必须进行招标而未招标或者中标无效的。那么在 BT 模式中，如若发起人、投资方或施工方未遵守我国招标投标的法律规定，将面临合同被认定无效的法律后果。

【典型案例】

甲公司与某区园林局建设工程施工合同纠纷

案　　　号：（2014）民一终字第 302 号[①]
审理法院：最高人民法院
裁判类型：二审民事判决书
案情摘要：2011 年 3 月，某区园林局委托某招标公司将重庆市某区 2011 年东部城区道路整治项目（1 标段、2 标段）通过竞争性谈判方式选择施工单位。甲公司、乙公司及丙公司按照公告规定的时间报名并购买了竞争性谈判文件。2011 年 3 月 24 日，甲公司及乙公司参加了某招标公司组织进行的重庆市某区 2011 年东部城区道路整治项目（1 标段、2 标段）竞争性谈判。经过两轮报价（谈判），评标专家最终认为甲公司满足招标文件的要求，推荐其为中标候选人。2011 年 4 月 8 日，某区园林局向甲公司发出了《重庆市建设工程中标通知书》，载明：该单位拟建的重庆市某区 2011 年东部城区道路整治项目 BT 融资建设（2 标段）确定甲公司为中标人。2011 年 4 月 10 日，某区园林局与甲公司签订一份《重庆市某区 2011 年东部城区道路整治项目 BT 模式第 2 标段融资建设协议书》（以下简称《2 标段融资建设协议书》）。同日，某区园林局与甲公司还签订一份《重庆市某区 2011 年东部城区道路整治项目 BT 模式第 2 标段工程合同》（以下简称《2 标段工程合同》），就工程概况、工程承包范围、合同工期、质量标准等事项进行了约定。上述 2 标段工程于 2012 年 4 月 25 日竣工，并于 2012 年 4 月 28 日通过竣工验收。2012 年 12 月 28 日、2013 年 1 月 5 日，甲公司与某区园林局就本案工程档案进行了移交。因某区园林局未能履行上述支付义务，故甲公司提起诉讼。后某区园林局不服一审判决，又向最高人民法院提起上诉。

裁判要点：关于《2 标段工程合同》及《2 标段融资建设协议书》是否有效

---

① 最高人民法院（2014）民一终字第 302 号民事判决书，载中国裁判文书网，https://wenshu.court.gov.cn/website/wenshu/181107ANFZ0BXSK4/index.html？docId = 68c5ca8ca54249aebfcf6a2050fca9d9，最后访问时间：2022 年 3 月 28 日。

的问题，根据《政府采购法》第 26 条"公开招标应作为政府采购的主要采购方式"之规定，政府采购虽然可以采用竞争性谈判方式，但主要应采用公开招标方式。根据《招标投标法》第 3 条第 1 款之规定，政府采购工程建设项目，尤其是大型基础设施、公用事业等关系社会公共利益、公众安全的项目，必须采取公开招标的方式。本案中，某区园林局采购的系大型基础设施、公用事业等关系社会公共利益、公众安全的工程建设项目，必须采用公开招标的方式。从查明的案件事实来看，某区园林局委托某招标公司于 2011 年 3 月 17 日至 2011 年 3 月 23 日在重庆市建设工程信息网上发布的是竞争性谈判公告，甲公司亦是在某招标公司组织的竞争性谈判中，经过两轮报价（谈判）被有关专家推荐为候选人，后某区园林局向甲公司发出《重庆市建设工程中标通知书》，双方签订了《2 标段工程合同》及《2 标段融资建设协议书》。可见，某区园林局系采取竞争性谈判而非公开招标方式确定甲公司为施工人。对此，一审判决认定《2 标段工程合同》及《2 标段融资建设协议书》无效，并无不当。

案例评析：本案是典型的政府采购项目需要采取公开招标的方式进行，而本案当事人采取竞争性谈判而非公开招标方式确定施工人，违反法律规定，导致本案的合同及协议被认定为无效。因此，在 BT 模式下，项目依照法律规定需要招投标的，应遵守相关法律法规的规定。

2. 产权性风险

BT 模式下基础设施项目在建设阶段的产权归属问题可以依据是否设立项目公司以及是否拥有项目的全部产权进行类别的划分。[①] 主要表现为两个类别：投资方拥有全部产权及投资方不拥有全部产权。在投资方拥有全部产权的情形下，其依据是否设立项目公司可以再分为设立项目公司且项目公司拥有全部产权与不设立项目公司且投资方拥有全部产权。而在投资方不拥有全部产权的情形下，依据是否设立项目公司可以再分为设立项目公司且项目公司不拥有全部产权与不设立项目公司且投资方不拥有全部产权的情形。上述不同的运作模式与不同的产权归属对发起人与投资方而言，在建设阶段都存在不同的法律风险。一方面，是否设立项目公司影响 BT 项目垫资施工的认定。在不设立项目公司且投资方不拥有产权的情况下，投资方在该项目中仅承担垫资的职能，如果投资方同时是该项目

---

① 焦洪宝、何红锋：《BT 项目产权移交模式选择与法律风险分析》，载《改革与战略》2012 年第 6 期。

的施工人，尽管通常会将投资方融资事宜写在 BT 项目合同中，且项目发起人会支付融资的财务费用并提供资金支付担保，但由于在建设阶段的工程款实际由施工人自行承担，因此这种运作模式仍有违规"带资承包"之嫌。[①] 另一方面，产权的归属情况对投资方与发起人之间的合同关系也有深刻的影响。如若产权不归属于投资方所有，不仅会使整个 BT 项目面临垫资承包的嫌疑，还会造成交易双方权利义务上的失衡，投资方面临发起人不按约进行回购的风险。如若产权归属于投资方所有，投资方与发起人因产权移交方式不同所面临的风险则不同，产权移交的方式主要包含资产转让与股权转让，资产转让会加大投资方或施工方的税费负担从而引发纠纷，而股权转让相比资产转让看似便捷，但是项目公司的隐藏债务与股权转让的程序则可能导致国有资产面临流失的风险。

【典型案例】

甲公司与乙公司建设工程施工合同纠纷

案　　号：（2018）最高法民终 557 号[②]

审理法院：最高人民法院

裁判类型：二审民事判决书

案情摘要：2009 年 5 月 19 日，甲公司（系甲方）、乙公司（系乙方）在某管委会见证下签订《投资建设合同一》，约定，为加快江西某开发区行政服务中心项目推进工作，拓宽建设资金渠道，采用招商的方式引入投资人。为加快项目建设速度、降低建设成本，经甲方研究决定，甲方选择乙方为某开发区生物医药创业服务中心项目工程项目的投资人，负责本项目的投资建设和移交。双方就投资某开发区生物医药创业服务中心项目建设工程项目的有关事项协商一致，订立本投资建设合同。合同约定，项目名称为某开发区生物医药创业服务中心项目，投资建设规模约 4000 万元，由两个单项工程项目组成。工程质量为合格，争创优良。如到达优良等级，甲方将按照工程结算价的 1% 给予乙方奖励。投资金额最终以实际完成图纸及签证的工程量和相关预算定额及计费规定计算为准。开工

---

① 沈其明：《BT（建设—转让）项目的合规性分析》，载《技术经济》2007 年第 2 期。

② 最高人民法院（2018）最高法民终 557 号民事判决书，载中国裁判文书网，https://wenshu.court. gov.cn/website/wenshu/181107ANFZ0BXSK4/index.html？docId = e8e50cddfa5a477a8d32a9dd01142733，最后访问时间：2022 年 3 月 28 日。

日在甲乙双方共同认为满足开工条件的情况下，由监理工程师下达开工令开工为准。项目自开工之日起计算，主楼主体工程12个月内竣工，装修工程24个月内竣工。工程结算时间为各单项工程完工验收合格后，乙方应向甲方提供捌份完整的完工验收资料和完工结算报告，验收备案按区市政基础设施工程竣工验收备案管理办法进行办理；审计结算按区财政局审计办管理规定进行办理。乙方应按规定办理招标、择优选择施工单位等各项手续（按照约定甲方负责办理的除外），办理上述手续所涉的各项法定税费，最后进行决算。保修期内的保修工作，由乙方直接对甲方负责，乙方应提供足额正式税务发票给甲方。本合同自乙方履约保证金全额到达甲方账号后生效；对于某开发区生物医药创业服务中心工程项目，在工程竣工验收通过、乙方将工程交付甲方后，除有关清算、保修及有关支付建设投资款条款仍然生效外，其他条款即告终止；保修期满后，有关保修条款终止；单项工程竣工结算审核完，甲方以约定的200亩土地出让金在24个月内付清该项单项工程投资建设款的100%给乙方。如未按期付清，甲方应当支付给乙方未付部分同期银行贷款两倍利息的违约金。后双方因工程价款、违约金及利息等产生争议，乙公司向江西省高级人民法院提起诉讼，后又向最高人民法院提起上诉。

裁判要点：关于案涉合同性质及本案案由的问题，本案《投资建设合同一》虽然约定乙公司为该项目的投资人，全额垫资，负责本项目的投资建设和移交，待竣工结算后支付工程款及投资收益，但不能改变其属于建设工程施工合同的本质。虽然乙公司将案涉项目部分工程通过招投标方式由临川×建施工，但临川×建施工内容只是乙公司与甲公司之间的合同中的一部分，且从《投资建设合同一》的内容来看，基本符合建设施工合同的基本特征，相对甲公司，乙公司仍然是案涉工程的施工方，故乙公司关于其仅是投资人的主张不能成立，本案应定为建设工程施工合同纠纷。本案中，乙公司具有相应建筑装饰施工资质，其与甲公司就某开发区生物医药创业服务中心项目主楼、附楼及其他工程签订了两份投资建设合同，系当事人的真实意思表示，内容不违背法律、行政法规的强制性规定，合法有效。

案例评析：本案的关键在于，在BT模式下所签订的投资建设合同，只要当事人的意思表示真实，内容不违背法律、行政法规的强制性规定，就应该依法被认定为合法有效。

（二）回购性法律风险

1. 付款风险

BT 模式在我国运行时间尚短，很多地区的 BT 模式在立项、审批、融资、建设及回购等环节尚未形成健全的运行体系与监管机制。个别地方政府为了自身政绩，以 BT 模式行融资之便，不顾自身的财政实力与地区经济发展的实际情况，不经项目的可行性论证，盲目采用 BT 模式，导致项目后期政府面临巨大的财政压力，迫使投资方也面临投资风险。在 BT 模式中，政府不仅可能无法付款，还有可能拖延付款。无法付款即政府与投资方约定在 BT 项目竣工验收之前支付回购款，但政府无法按照合同约定的时间节点支付；拖延付款即政府与投资方约定在竣工验收之后支付回购款，但政府以某种方式拖延竣工或竣工后拖延支付回购款的情形。不论何种情形，都会导致投资方陷入被动的境地，面临极大的投资风险，在一定程度上打击了社会资本参与 BT 项目的积极性，不利于 BT 模式的长远发展。

【典型案例】

甲公司、乙公司建设工程施工合同纠纷

案　　号：（2017）最高法民终 148 号①

审理法院：最高人民法院

裁判类型：二审民事判决书

案情摘要：2010 年 1 月 13 日，甲公司（系甲方）与乙公司（系乙方）签订《BT 合同》，由乙公司承建唐山市某区新城区景观工程。甲公司与乙公司分别于 2010 年 8 月 26 日与 2011 年 3 月 9 日签订《唐山市某区新城区景观工程建设－移交（BT）合同补充协议》《唐山市某区新城区景观工程建设－移交（BT）合同景观绿化工程补充协议》。2010 年 1 月 24 日，某区财政局向乙公司出具《承诺函》。上述工程竣工后，乙公司于 2012 年年底按上述合同或补充协议的约定将工程移交给甲公司。2013 年 2 月 6 日，甲公司（甲方）与乙公司（乙方）又签订《工程款拨付协议》。经唐山市某区审计局审计《BT 合同》及补充协议所涉及的

---

① 最高人民法院（2017）最高法民终 148 号民事判决书，载中国裁判文书网，https://wenshu.court.gov.cn/website/wenshu/181107ANFZ0BXSK4/index.html？docId=24a935b306aa4beb8919a85600c424d7，最后访问时间：2022 年 3 月 28 日。

项目审计金额共计 1116276268.34 元。上述审计报告作出后，2014 年 6 月 5 日，甲公司（甲方）与乙公司（乙方）签订《偿债协议书》载明：截至 2014 年 5 月 31 日，甲方已经支付给乙方工程款 551844200 元，甲方尚欠乙方工程款 564432068.34 元，加上按合同约定的建设期融资利息和 2011 年 1 月 1 日至 2014 年 5 月 31 日的回购期利息共计 155949276.07 元，甲方共欠乙方款项 720381344.41 元，经甲乙双方协商，达成如下协议：一、甲方用其名下某皮革城四层、五层抵顶欠款合计 180233640 元。二、甲方用其名下别墅 25 套抵顶欠款合计 231779900 元。三、剩余款项 308367804.41 元，甲方用现金方式支付给乙方：2014 年 12 月 31 日前，甲方支付给乙方 308367804.41 元。四、除非本协议项下全部或部分义务甲方未履行，或被认定为无效、终止履行，自 2014 年 5 月 31 日起，原合同中所规定的建设期融资利息和回购期利息终止，双方不再计算和收付。五、甲方协助乙方办理房产、土地过户取得证件等相关手续，费用由双方按照法律规定各自承担。《偿债协议书》签订后，甲公司陆续将《偿债协议书》约定的现金部分支付给乙公司，但《偿债协议书》确定的房产并未过户给乙公司。2015 年 1 月 6 日、2015 年 1 月 13 日乙公司向甲公司发送《律师函》《通知书》，以书面形式通知解除《偿债协议书》，2015 年 1 月 19 日甲公司向乙公司回函《关于不同意解除的意见》，以半年内向乙公司偿债 16500 万元以及因乙公司未出具房产抵债所需的 412013540 元的工程发票拒绝房产过户为由不同意解除双方签订的《偿债协议书》。2016 年 5 月 16 日，乙公司以甲公司违约为由向河北省高级人民法院提起诉讼。后双方均不服，向最高人民法院提起上诉。

裁判要点： 关于甲公司应否向乙公司支付工程款及利息问题。甲公司与乙公司签订《BT 合同》及补充协议，约定由乙公司融资建设并移交唐山市某区新城区景观工程，甲公司在一定期间内支付回购款及融资利息。乙公司完成了工程建设，甲公司支付部分工程款。甲公司与乙公司先后签订《工程款拨付协议》《偿债协议书》约定，甲公司以部分不动产抵顶工程欠款共计 453857740 元。《工程款拨付协议》《偿债协议书》系当事人的真实意思表示，不违反法律、行政法规的强制性规定，应认定有效。乙公司主张《工程款拨付协议》《偿债协议书》已经解除，甲公司应支付所欠工程款和融资利息；甲公司则主张双方应继续履行《偿债协议书》。法院认为，第一，乙公司与甲公司签订的《偿债协议书》并未产生消灭原工程款和融资利息债权的法律后果。第二，甲公司主张乙公司故意毁约，依据不足。第三，乙公司已经解除《偿债协议书》。据此原审判决甲公司向乙公司支付工程款及利息并无不当。

案例评析：在 BT 模式下签订的协议、合同等文件，若是当事人的真实意思表示，且不违反法律、行政法规的强制性规定，在法院裁判中一般会被认定有效。此时，法院也会承认建设单位依法负有支付工程款及利息给施工单位的义务。因此，在实践中，施工方应注重合同、协议的效力问题，这样会有利于权益的维护。

2. 担保风险

BT 项目的核心在于政府可以如期按照合同约定对投资方进行回购，这不仅是 BT 项目成功的关键环节，也是投资方参与 BT 项目的利益诉求。但是政府是否拥有充足的财政支持，能否按期进行项目回购，直接关系着 BT 项目的成败、投资方诉求能否实现，也关系着政府的信用。在实践中，投资方为了保障自己的投资利益，往往会在合同谈判环节要求政府提供担保，而政府为了招商引资，保证 BT 项目的落地与开展，也会作出一定的承诺。政府在基础设施 BT 模式中提供担保的方式主要有抵押担保、质押担保、银行保函、第三方担保及政府出具的承诺函。抵押担保是指政府在自己财产上设定抵押，但是政府设定抵押，从我国现行法律规定来看，其应属无效。质押担保是指政府将一些已运行不动产项目的收益权作为 BT 项目的担保标的物。银行保函是一种以款项支付为手段所作出的信誉承诺，是一种货币支付保证书，它不是一般的履约担保文件，而是一种货币履约保证书，即银行用书面格式承诺为其被担保方违约所造成的损失负责，银行担保中的规定金额即其承诺赔偿的最高限额[1]，但是银行保函与政府担保之间有着一定的矛盾性。第三方担保是指政府下属的国有公司以自身资产作为政府回购的担保。此种方式在一定程度上解决了政府担保的合法性的问题，但是该国有公司的资产又依赖政府的财政性拨付，从本质上而言，投资方还是面临着"换汤不换药"的风险。政府出具的承诺函是指由政府或所属工作部门出具的承诺函或确认函，承诺本 BT 项目的回购款列入本级人大审议通过的年度财政预算，该承诺函或将作为 BT 协议的附件。[2] 这是目前实践中最为常见的政府担保方式，但是此种方式的最终决定权在于地方人大的决议，地方人大对地方财政的收支享有批

---

① 何波：《担保法焦点·难点·指引》，中国法制出版社 2008 年版，第 121 页。
② 陈爽：《BT 模式下政府担保的法律问题研究》，复旦大学 2011 年硕士学位论文，第 28 页。

准权。但是无论是地方政府的承诺函还是地方人大的决议，其在法律层面上都无法发挥物权担保的效力，其仅能发挥债权上的赔偿请求权。

【典型案例】

甲公司、乙公司等与某县旅游局等建设工程施工合同纠纷

案　　　号：（2017）皖民初38号[①]

审理法院：安徽省高级人民法院

裁判类型：民事判决书

案情摘要：经竞争性谈判程序，2012年8月10日，甲公司成为某县太平文化街区建设BT项目的中标人。2012年8月22日，某县旅游局（甲方）与甲公司（乙方）签订《某县人民政府融资采购BT项目协议书》（以下简称BT协议书），双方对合作规模和合作方式、工程合同价和计算原则、竣工结算、项目回购、权利义务等内容进行了约定。2012年8月29日，负责投资上述BT项目的乙公司设立。2012年9月22日，某县人民政府向甲公司出具《某县文化街区BT项目回购承诺函》，承诺待工程完工验收合格后，严格按照合同约定进行回购。2012年9月23日，某县财政局向甲公司作出《某县文化街区BT项目回购承诺函》，承诺同意为某县太平文化街区BT项目工程回购依据合同提供担保。2012年10月24日，某县旅游局作为发包人（甲方），甲公司作为承包人（乙方），乙公司作为投资人，三方共同签订《建设工程施工合同》，在BT协议书的基础上，对各方的权利义务进行了进一步约定或重申。合同签订后，甲公司进场施工，案涉工程于2014年11月25日通过竣工验收。2015年6月6日，安徽某工程造价咨询事务所有限公司、安徽某工程建设咨询有限公司编制出具《某县太平文化街区BT项目工程施工工程量清单招标控制价》，控制价金额为280943673.81元，某县旅游局、乙公司等在表上加盖公章。甲公司、乙公司与某县旅游局一致认可，某县旅游局已以各种形式支付甲公司、乙公司工程款25509.6万元。后甲公司、乙公司因回购款等事宜将某县旅游局、某县人民政府、某县财政局诉至法院。

---

① 安徽省高级人民法院（2017）皖民初38号民事判决书，载中国裁判文书网，https://wenshu.court. gov.cn/website/wenshu/181107ANFZ0BXSK4/index.html? docId=153373f88f93494aa369aa1a01332afe，最后访问时间：2022年3月28日。

裁判要点： 关于某县财政局和某县人民政府在本案中应否承担民事责任。某县旅游局和甲公司、乙公司在 BT 协议书和施工合同中约定，某县旅游局以位于县城南新区约 150 亩指定地块（以红线图为准）和该项目范围内的部分商业房产作为支付保证，自该项目工程竣工验收合格之日起一个月内支付当期应付回购款。若不能按期支付当期工程回购款，则由县政府对该地块组织公开出让，土地出让收益先期用于支付乙方垫付的前期费用和工程回购款……本协议若遇法律和政策等影响，使得制定地块无法出让或出让收益支配受限时，回购款由某县财政足额按期支付……此后，某县人民政府承诺待工程完工验收合格后，严格按照合同约定进行回购；某县财政局承诺同意为某县太平文化街区 BT 项目工程回购依据合同提供担保。根据以上约定和承诺，某县人民政府在承诺中没有明确其按合同支付回购款还是承担保证责任，但某县人民政府作为 BT 协议和施工合同以外的第三人，向合同的一方作出承诺，其目的是保证合同的履行，该承诺为保证，故某县财政局和某县人民政府应对本案债务承担担保责任。本案中，因某县财政局和某县人民政府为国家机关而导致担保无效，某县财政局、某县人民政府以及甲公司、乙公司对此均有过错。据此，某县财政局和某县人民政府应在某县旅游局不能清偿本案债务部分的二分之一范围内承担连带共同保证责任。

案例评析： 本案的关键点在于，虽然在 BT 模式下，国家机关的保证因违反《民法典》的规定而无效，但是这并不意味着其不承担任何的责任。国家机关对于在 BT 模式下的保证有过错的，依旧需要在不能清偿的范围内承担连带责任。

三、BT 运作模式的法律风险防控

（一）建设性风险防控

前文已述，BT 模式下基础设施建设性法律风险主要包含招投标风险与产权性风险，风险识别的目的便在于风险的有效防控，以保证项目的顺利进行。关于招投标风险，BT 模式的参与者应加强工程建设施工制度管理，树立与增强管理人员的招投标程序性法律意识。此外，发起人在发布 BT 项目时要做好基础设施项目的审查工作，依照程序办事，通过招投标了解 BT 项目主办人的基本情况及项目本身的全方位情况。中标文件直接关系着合同文本的内容，因此要注重中标后的合同内容的磋商工作，做好合同后期的评审工作。

关于产权性风险，产权问题是 BT 模式中投资方与发起人最关心的问题，产权的归属直接关系着该项目的合法性认定与项目移交模式的选择，其风险可谓"牵一发而动全身"。因此，一方面，要选择合法且高效的 BT 项目运作模式，从产权归属与项目公司设立的角度来看，设立项目公司且项目公司拥有产权是最为规范的 BT 项目运作模式。设立项目公司，就不会面临被认定为垫资施工的法律风险；而产权归属于项目公司，则不会导致投资方与发起人之间利益的失衡，同时可以为投资方进行融资贷款行为提供方便，减轻投资方后期回购的担忧，激发其参与BT 项目的热情。另一方面，关于产权移交上的风险，选择资产转让移交模式需要在手续办理与税费负担方面在 BT 合同中做好事先的约定，加强 BT 合同的磋商与谈判工作；选择股权转让移交模式则需要防止出现国有资产流失与隐藏债务的问题，针对国有资产应按相关管理规定做到程序合法、价格公允；项目公司隐藏债务的，可以对项目公司的业务范围、股权结构、转股等事宜加以限制。①

（二）回购性风险防控

BT 模式下的回购性法律风险更多的是投资方所面对的法律风险，而风险都来源于政府，因此做好回购性风险法律防控，需要政府与投资方从不同的维度进行注意。关于付款风险，一方面，政府部门在发起 BT 项目时需要从实际出发，考虑自身的财政支付能力与经济发展情况，对项目作出事先的论证分析，不盲目决策。而投资方需要对政府的资信能力与回购情况进行充分的调查，保障项目后期政府有回购的能力或提供回购的保障。另一方面，投资方需要加强对 BT 合同内容的谈判工作，将项目发起人与投资方的权利义务明晰，确保有明确的合同依据，发生纠纷有理可依。关于担保风险，在基础设施 BT 模式中，担保风险更多是由于政府作出担保行为欠缺合法性依据，一方面政府需要鼓励投资方积极参与BT 项目进行投资，另一方面又需要给予投资方一定的信用保障，二者之间的矛盾造就了现实中政府担保的尴尬境地。因此，一方面，需要从源头健全政府担保行为的相关立法工作，从制度上解决政府担保的困境，保障政府的信用体系，另一方面，投资方需要针对不同的政府担保方式加强自身的防控意识，及时采取担保登记等措施。

---

① 参见焦洪宝、何红锋：《BT 项目产权移交模式选择与法律风险分析》，载《改革与战略》2012 年第 6 期。

第五节　EPC+类运作模式

一、F+EPC 运作模式

1. F+EPC 运作模式的内涵

F+EPC（Finance+Engineer Procure Construction）运作模式是从 EPC 运作模式衍生而来的融资建设模式。所谓 EPC 运作模式是集设计、施工、采购于一体的工程总承包模式，俗称交钥匙总承包；而 F+EPC 运作模式是在传统的 EPC 运作模式的基础上注入融资功能，是指基础设施项目的业主通过招标等方式选定总承包方，由总承包方进行融资或提供融资支持，并负责承揽 EPC 工程总承包的相关工作，待项目建设完成后移交给业主，在项目合作期内由业主按合同约定标准向总承包方支付费用的融资建设模式或者融资代建模式。[①]

F+EPC 运作模式可以区分为政府方作为项目业主及企业作为项目单位两种实施方式。政府方作为项目业主是指由政府方作为项目业主进行 F+EPC 招标，项目承接主体在作为 EPC 主体承接项目的同时需要承担项目的融资责任，提供或者筹措资金用于项目建设。而企业作为项目单位是指出于规避合规风险的目的，大部分项目是由政府方指定或者授权融资平台公司或者地方国有企业作为项目单位，由该项目单位作为 F+EPC 的操作主体。在企业作为项目单位的 F+EPC 模式中，可以分为股权型 F+EPC、债权型 F+EPC 及延付型 F+EPC。

股权型 F+EPC 是总承包商与项目业主共同出资成立项目公司，由项目公司作为融资主体在总承包商的协助下筹措项目建设资金，用于支付总承包商的工程费用。

[①] 参见周月萍、周兰萍：《F+EPC 模式的风险防范》，载《建筑》2018 年第 23 期。

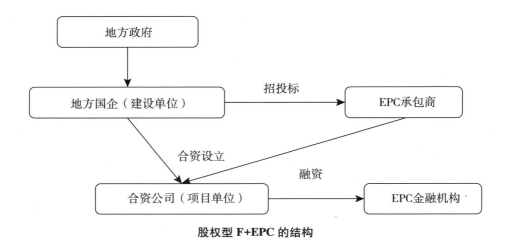

股权型 F+EPC 的结构

债权型 F+EPC 是总承包商以委托贷款、信托贷款或者借款等方式向项目业主提供建设资金,由项目业主用于支付 EPC 工程总承包费用。

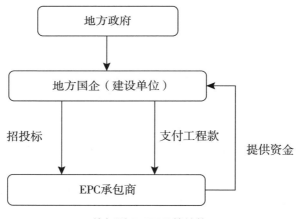

债权型 F+EPC 的结构

延付型 F+EPC 是总承包商先行融资建设,项目业主在建设期支付部分或不支付总承包费用,偿还期内支付总承包费用及资金占用利息(约定部分或者全部总承包费用延期支付属于一种合法的工程款支付方式)。

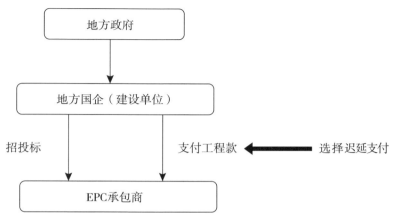

延付型 F+EPC 的结构

2. F+EPC 运作模式与 EPC+F 运作模式之辨析

EPC+F 运作模式是基于国际工程 F+EPC 项目在我国国内逐步衍生出来的一种融资建设模式。EPC+F 运作模式基于其强融资、高效率等属性，得以迅速发展。总体来看，F+EPC 运作模式与 EPC+F 运作模式主要区别在以下两个方面：

第一，融资时间点的不同。F+EPC 运作模式是融资在前，EPC 在后；EPC+F 运作模式则是融资在后，EPC 在前。

第二，融资范围的不同。F+EPC 运作模式的融资范围包含整个项目的开发费用、建设费用、采购费用等；EPC+F 运作模式的融资范围仅包括项目 EPC 总承包费用，即工程款。

EPC+F 运作模式具有融资主体特殊性、参与主体复杂性及适用范围独特性的特征。融资主体特殊性是指项目融资是由总承包商负责融资或为业主提供融资支持，进而满足基础设施项目的资金需求。参与主体复杂性是指参与主体包含项目发起人、平台公司、总承包商、金融机构等参与人。项目发起人一般为政府或政府成立的国有公司，而项目的资金来源则需要项目发起人、平台公司、总承包商、金融机构等助力加以达成。适用范围独特性是指其主要适用于政府投资的基础设施和公共服务领域，既可以适用于非经营性基础设施项目，也可以适用于经营性基础设施项目与准经营性基础设施项目。

EPC+F 运作模式基于其自带融资属性的特点，具有以下几个方面的优势：第一，在地方政府财权事权不匹配的情况下，有助于缓解政府基础设施投资建设的财政压力，也为社会资金进入基础设施领域与政府利用闲置的社会资金提供了一条合理的途径。第二，EPC+F 运作模式是由总承包商负责整个项目的实施过程，有利于对项目总投资的控制，也有利于整个项目的统筹规划和协同运作，可以有效解决设计与施工之间的衔接问题，减少施工与采购的中间环节，顺利解决施工方案中的实用性、技术性与安全性之间的矛盾。第三，有利于发起人与投资方针对基础设施投资建设与运营期的风险进行合理分担。在 EPC+F 运作模式中，总承包商可以帮助政府分担其投资阶段、建设阶段所产生的风险，合理的风险分担既有利于提高资源利用的效率，也有利于基础设施的建设发展。第四，有利于充分利用总承包商自身先进的管理体系与高效的生产技术，提高基础设施项目的建设效率与工程质量。

3. F+EPC 运作模式的法律风险识别

（1）政策性风险

根据国务院 2014 年 10 月 2 日发布的《关于加强地方政府性债务管理的意见》的内容可知，为加强地方政府性债务管理，要加快建立规范的地方政府举债融资机制，地方政府举债可以采取政府债券方式，同时推广使用政府与社会资本合作模式。此外，2017 年财政部等发布《关于进一步规范地方政府举债融资行为的通知》[①]，要求进一步健全规范地方政府举债融资机制，地方政府举债一律采取在国务院批准的限额内发行地方政府债券方式，除此以外地方政府及其所属部门不得以任何方式举借债务。地方政府及其所属部门不得以文件、会议纪要、领导批示等任何形式，要求或决定企业为政府举债或变相为政府举债。从上述规定可以看出，因 F+EPC 运作模式所产生的债务不属于政策所允许的政府债务，政府投资的 F+EPC 项目面临着被认定为违规举债的风险。

政策性风险除表现在违反政策性文件方面外，还表现在违反法律法规规定的方面。根据 2019 年 5 月 5 日发布的《政府投资条例》第 22 条第 2 款的规定，政府投资项目不得由施工单位垫资建设。由于在 F+EPC 运作模式中，是由总承包方进行融资，其本质上仍属于承包人垫资的工程承包合同。[②] 若在政府投资项目

---

① 《关于进一步规范地方政府举债融资行为的通知》，载中国政府网，http：//www.gov.cn/xinwen/2017-05/03/content_5190675.htm，最后访问时间：2022 年 3 月 25 日。

② 曹文衔：《热点评述：〈政府投资条例〉对施工企业的影响 | 建工衔评》，载"天同诉讼圈"微信公众号，https：//mp.weixin.qq.com/s/T1h3bDX6pdetkJGqFwLkdA，最后访问时间：2023 年 2 月 1 日。

中采用 F+EPC 运作模式，即存在违反《政府投资条例》的风险。根据 2018 年修订的《预算法》第 35 条的规定可知，地方各级预算按照量入为出、收支平衡的原则编制，除本法另有规定外，不列赤字。经国务院批准的省、自治区、直辖市的预算中必需的建设投资的部分资金，可以在国务院确定的限额内，通过发行地方政府债券举借债务的方式筹措。举借债务的规模，由国务院报全国人民代表大会或者全国人民代表大会常务委员会批准。省、自治区、直辖市依照国务院下达的限额举借的债务，列入本级预算调整方案，报本级人民代表大会常务委员会批准。举借的债务应当有偿还计划和稳定的偿还资金来源，只能用于公益性资本支出，不得用于经常性支出。除前款规定外，地方政府及其所属部门不得以任何方式举借债务。除法律另有规定外，地方政府及其所属部门不得为任何单位和个人的债务以任何方式提供担保。国务院建立地方政府债务风险评估和预警机制、应急处置机制以及责任追究制度。国务院财政部门对地方政府债务实施监督。由此可知，《预算法》严格限制政府举债的方式，除发行地方政府债券及法律另有规定的方式外，不得以任何方式举债。F+EPC 运作模式并不属于法定的政府举债方式，因此在政府投资项目中，若采用 F+EPC 运作模式，则存在违反《预算法》的风险。

综上所述，采用 F+EPC 运作模式的政府投资项目面临违反法律法规的风险。根据《民法典》第 153 条的规定，违反法律、行政法规的强制性规定的民事法律行为无效。但是，该强制性规定不导致该民事法律行为无效的除外。因此，基于此项目所签订的总承包合同等一系列合同，或面临被认定为无效合同的风险。

（2）融资风险

融资风险主要是针对总承包方而言的，在 F+EPC 运作模式中，总承包方为项目提供资金支持，其采用债权融资或股权融资的方式将所筹资金投入项目建设，而业主则是依据合同约定向总承包方支付费用。因此，总承包方面临融资失败的风险。该风险主要表现在两个方面。一方面，F+EPC 项目中总承包方承担融资的责任，主要分为股权融资与债权融资两种方式。股权融资是指总承包方与业主共同出资成立合资公司，合资公司在总承包方的协助下筹措项目建设资金，用于支付工程总承包费用；而债权融资是指总承包方以委托贷款、信托贷款或者借款等方式向业主提供建设资金，由项目业主用于支付工程总承包费用。[①] 根据

---

① 唐欢：《"F+EPC"参与各方的八大风险》，载《中国招标》2019 年第 36 期。

财政部 2018 年 3 月 28 日发布的《关于规范金融企业对地方政府和国有企业投融资行为有关问题的通知》① 的内容可知，除购买地方政府债券外，不得直接或通过地方国有企事业单位等间接渠道为地方政府及其部门提供任何形式的融资，不得违规新增地方政府融资平台公司贷款。国有金融企业向参与地方建设的国有企业提供融资时，应按照"穿透原则"加强资本金审查，应审慎评估融资主体的还款能力和还款来源。因此，总承包方在进行融资时，若项目本身存在"名股实债"、股东借款、借贷资金等债务性资金，以公益性资产、储备土地等方式违规出资或出资不实的问题，或者经评估不具有自有经营性现金流以覆盖应还债务本息，那么总承包方可能会出现融资失败、资金无法到位的风险。另一方面，F+EPC 项目中总承包方还可能面临还款失败的风险，即项目业主或合资公司无法按合同约定标准向总承包方支付费用。在 F+EPC 运作模式中，总承包方承担融资建设的职责，而业主需要依据合同约定向总承包方支付费用。此时，总承包方的融资回报主要取决于业主的支付能力，因此具有不确定性。

4. F+EPC 运作模式的法律风险防控

F+EPC 运作模式的风险核心在于规避项目被定性为政府投资项目。一旦 F+EPC 项目被定性为政府投资项目，项目便直接面临合规性问题，导致后续存在很多隐患。但是从当下的政策环境来看，为了应对 F+EPC 模式的风险，可以采取 F+EPC 模式向 PPP+EPC 模式转变的方式进行。我国 PPP 模式已经过多年的发展，不论是体系内容还是政策环境都相对健全与完善，而且 PPP 模式可以解决当下基础设施发展的融资困境。PPP+EPC 模式可以规范项目融资、项目建设及运营事项，项目涉及政府方支出责任的，将依法纳入年度财政预算和中长期财政规划管理，最大限度地保证总承包方的投资回报。②

二、投资人+EPC 运作模式

1. 投资人+EPC 运作模式的内涵

在 2019 年《政府投资条例》颁布后，F+EPC 运作模式的违规层面直接上升到行政法规的高度，可能面临大量项目合同无效的风险，此种情形使得建筑企业不

---

① 《关于规范金融企业对地方政府和国有企业投融资行为有关问题的通知》，载财政部网站，http://jrs. mof. gov. cn/zhengcefabu/201803/t20180330_2857297. htm，最后访问时间：2022 年 3 月 25 日。

② 周月萍、周兰萍：《F+EPC 模式的风险防范》，载《建筑》2018 年第 23 期。

得不变更开发策略，进而衍生出投资人+EPC运作模式。投资人+EPC运作模式是指中标企业作为本项目的工程总承包企业进行建设，同时本项目也由中标企业投资并获取投资收益的投资建设模式。① 投资人+EPC运作模式主要是发包人发布招标公告进行招标，确定中标人后，中标人作为投资人以自有资金出资与发包人共同成立项目公司，由项目公司负责项目的投资、建设、运营、产业招商等工作。

投资人+EPC运作模式可以区分为狭义的"投资人+EPC"运作模式与PPP+EPC运作模式。狭义的"投资人+EPC"运作模式特指企业投资项目，一般是由城投公司发布招标公告招标，由中标者与城投公司组建项目公司进行投资、建设、运营的模式。而PPP+EPC运作模式是指EPC总承包商通过与政府方合作的方式介入项目，实施设计、施工、采购、运营等工程总承包工作，通过股权比例、特许经营协议及运营收入等方式获取相应回报，并于运营期限届满将项目移交给政府的模式。

投资人+EPC运作模式具有适用范围独特性、运行期间私有性及投资收益平衡性的特点。适用范围独特性是指投资人+EPC运作模式主要适用于经营性项目，之所以主要适用于经营性项目是因为投资人进行投资的目的并不在于获取工程款，而在于获取项目的经营性收益，这也是与F+EPC模式中政府延期支付的项目相区别之处，这样不会发生政府违规举债的风险；运行期间私有性是指投资人+EPC运作模式下的项目所有权属于投资人，在投资人+EPC运作模式下，投资人作为建设单位能够成为项目的业主，项目资产要成为投资人的资产；投资收益平衡性是指投资人+EPC运作模式更加注重收支的自平衡，只有如此，投资人投资在项目的资本金和融资才能够得以收回和偿还。②

基于投资人+EPC运作模式的特点，其具有以下几个方面的优势：

第一，投资人+EPC模式可以发挥投资人的资金优势，引导投资人参与基础设施投资建设运营，减轻财政在基础设施上的压力。

第二，投资人+EPC模式可以发挥EPC模式的工程建设优势，将设计、采购、施工整合打包，利用总承包商的管理、技术、建设等方面的优势，进行一体化运作，提高工程建设的质量与效率。

---

① 林霆：《"投资人+EPC"模式在片区综合开发中的运用》，载《财会月刊》2022第S1期。

② 薄著：《真假"投资人+EPC"项目辨析》，载"信贷白话"微信公众号，https：//mp.weixin.qq.com/s/lglpxyJM7ZedrGuIZ372Lg，最后访问时间：2023年2月1日。

第三，投资人+EPC 模式可以进行资源之间的优势整合，投资人+EPC 模式下的承包商兼具投资方的身份，因此考虑问题的角度更全面，更具有宏观性。在投资、建设与运营环节更容易进行协调与资源整合利用，减少彼此之间的冲突与矛盾，做到利益的最大化，有助于实现项目的全过程管理。

2. 投资人+EPC 运作模式与股权型 F+EPC 运作模式的区别

从定义上来看，投资人+EPC 运作模式是指发包人发布招标公告进行招标，确定中标人后，中标人作为投资人以自有资金出资与发包人共同成立项目公司，由项目公司负责项目的投资、建设、运营、产业招商等工作。而股权型 F+EPC 运作模式是指总承包商与项目业主共同出资成立项目公司，由项目公司作为融资主体在总承包商的协助下筹措项目建设资金，用于支付项目的开发费用、建设费用等支出。投资人+EPC 运作模式与股权型 F+EPC 运作模式在组织架构、资金支持、建设等层面具有极高的相似性，但是，由于在政府投资项目中 F+EPC 运作模式存在垫资承包与违规政府举债的嫌疑，因此在实践中需要厘清投资人+EPC 运作模式与股权型 F+EPC 运作模式的区别。具体来讲，二者存在以下区别：

（1）负责环节不同。股权型 F+EPC 运作模式下项目公司负责项目的投资、建设环节，而投资人+EPC 运作模式中项目公司负责项目的投资、建设、运营三个环节。

（2）风险承担不同。在股权型 F+EPC 运作模式中，承包商负责为项目公司融资或提供融资支持，其面临的风险之一则为融资风险。融资不同于投资，这意味着项目公司需要按时将所融资金连本带息地偿还给总承包商。而投资人+EPC 运作模式中总承包商是项目的投资人，基于其投资属性，故而更加关注项目的投资收益、项目的自平衡，参与项目后期的运营。因此，其面临的最大的风险便是投资风险。

（3）项目权属的不同。在股权型 F+EPC 运作模式中，承包商只是为项目提供短期融资或融资支持，项目最后还需要移交至业主手中，最终权属为业主所有。而投资人+EPC 运作模式中总承包商本就是项目的投资人，项目资金由总承包商出资完成，权属也并不会发生转移。

3. 投资人+EPC 运作模式的法律风险识别

投资人+EPC 运作模式的主要风险为投资回报风险，该风险主要来自以下三个方面：

第一，投资人承担着较重的出资压力。投资人要成为投资人+EPC 项目的所有权人，那么其要成为本项目的业主，项目资产要成为投资人的资产。因此，投资人需要承担本项目资本金的筹措责任。投资人承担着较大的出资压力，更为考验投资人自身的资金实力。

第二，投资人+EPC 运作模式主要适用于经营性项目，且更加注重项目收支的自平衡。收支自平衡是指项目建成后的经营性收入能够平衡投资人对于建设项目的资金支出，即项目建成后一定年限的经营性收入能够覆盖总投资支出。[①] 投资人的投资回报主要立足于运营期间的市场投资回报，以此期间的运营收入来平衡之前融资、建设期间的投资资金。

第三，投资人+EPC 运作模式还可能面临政府投资补助申请失败的情况。在某些投资人+EPC 项目中，其投资回报的一个方面体现在政府投资补助。根据国家发展改革委 2020 年 4 月 1 日发布的《关于规范中央预算内投资资金安排方式及项目管理的通知》[②] 的规定，投资补助，是指政府安排政府投资资金，对市场不能有效配置资源、确需支持的经营性项目，适当予以补助的方式。但是从《中央预算内投资补助和贴息项目管理办法》的规定来看，使用投资补助的项目，应当严格执行国家有关政策要求，不得擅自改变主要建设内容和建设标准。发生不能开工建设或者建设规模、标准和内容发生较大变化等情况，导致项目不能完成既定建设目标的，项目单位和项目汇总申报单位应当及时报告情况和原因，此时发改委会根据具体情况相应调整投资补助金额。从该文件的规定来看，如果以政府投资补助作为投资回报的一种方式，将面临严格的审核要求与管理监督。

综上，投资人对投资人+EPC 项目的投资回报不再像传统的投资建设运营三阶段模式一样，其投资回报仅立足于工程款的支付，在投资人+EPC 项目中投资人的投资回报面临多重因素的影响。

4. 投资人+EPC 运作模式的法律风险防控

投资人+EPC 运作模式的风险核心在于如何实现投资人投资与回报之间的平衡。据前文所述，投资人+EPC 运作模式面临出资、运营、政府投资补助等多方

---

① 薄著：《真假"投资人+EPC"项目辨析》，载"信贷白话"微信公众号，https：//mp. weixin. qq. com/s/lglpxyJM7ZedrGuIZ372Lg，最后访问时间：2023 年 2 月 1 日。

② 《关于规范中央预算内投资资金安排方式及项目管理的通知》，载国家发展和改革委员会网站，https：//www. ndrc. gov. cn/fggz/gdzctz/tzfg/202004/t20200415_1225744. html？code = &state = 123，最后访问时间：2022 年 3 月 25 日。

面因素的影响，这导致投资人在参与投资人+EPC 项目时面临较大的资金压力。关于此风险，需要从三个方面进行防控。第一，需要国家进一步健全和完善投资人+EPC 模式的运作机制，对个别重大确需投资补助的项目加强资金的支持。第二，投资人在参与投资人+EPC 项目时，需要重视对项目整体的可行性分析，注重对项目进行全面整体的评估，争取使项目后期的经营性收入与项目前期的支出实现自平衡。第三，在投资人+EPC 项目中，工程总承包企业本身就是投资方，项目的投资、建设乃至运营都由所成立的项目公司负责，不存在业主方支付工程款的情况。因此，项目的投资资金、融资资金、利润，都要通过项目自身的运营得以回收，需要关注项目的收入来源。①

三、PPP+EPC 运作模式

1. PPP+EPC 运作模式的内涵

PPP 模式的兴起与发展很好地解决了政府资金困难的问题，其充分地利用了社会资本参与基础设施的投资建设与运营，而 EPC 总承包模式的发展与适用很好地适应了如今基础设施建设工程项目规模与难度逐渐加大的情形，满足了政府、社会资本方对工程建设的高要求。自 2003 年起国家就出台一系列政策来推行工程总承包模式，2003 年 2 月 13 日发布的《关于培育发展工程总承包和工程项目管理企业的指导意见》中就明确了工程总承包模式的基本概念和主要方式，并提出"提倡具备条件的建设项目，采用工程总承包、工程项目管理方式组织建设。鼓励有投融资能力的工程总承包企业，对具备条件的工程项目，根据业主的要求，按照建设—经营—转让（BOT）等方式组织实施"。后国务院办公厅于2017 年 2 月 24 日发布《关于促进建筑业持续健康发展的意见》②，提出加快推行工程总承包，政府投资工程应完善建设管理模式，带头推行工程总承包。2019年 12 月 23 日，住建部与发改委发布《房屋建筑和市政基础设施项目工程总承包管理办法》，从部门规章的制度设计高度推进工程总承包模式的发展，提升工程建设质量和效益。从建筑行业的整体发展趋势来看，EPC 模式作为工程总承包的

---

① 薄著：《真假"投资人+EPC"项目辨析》，载"信贷白话"微信公众号，https：//mp. weixin. qq. com/s/lglpxyJM7ZedrGuIZ372Lg，最后访问时间：2023 年 2 月 1 日。

② 《关于促进建筑业持续健康发展的意见》，载中国政府网，https：//www. gov. cn/zhengce/content/2017−02/24/content_5170625. htm，最后访问时间：2023 年 7 月 6 日。

主要模式，其适用与发展是大势所趋。PPP+EPC 模式的结合，其契机来源于"两标并一标"的制度变化，根据《招标投标法实施条例》第 9 条的规定，已通过招标方式选定的特许经营项目投资人依法能够自行建设、生产或者提供的，可以不进行招标。结合前文所述，本文论述的 PPP+EPC 运作模式仅是指在采购过程中的 PPP+EPC 模式[1]，即 EPC 总承包商通过 PPP 模式投融资的方式介入项目，实施设计、施工、采购、试运行等施工总承包的交钥匙工程，通过股权比例、特许经营协议及运营收入等方式获取相应回报，并于运营期限届满将项目移交给政府的模式。[2]

PPP 运作模式属于一种投融资管理模式，而 EPC 运作模式属于一种承包建设管理模式，在一定程度上二者具有可融合性且能发挥巨大的优势。首先，PPP+EPC 模式可以发挥 PPP 模式的融资优势，吸纳社会资本参与基础设施投资建设，减轻政府在基础设施投资建设上的财政压力。其次，PPP+EPC 模式可以发挥 EPC 模式的工程建设优势，将设计采购施工整合打包，利用总承包商的管理、技术、建设等方面的优势，进行一体化运作，提高工程建设的质量与效率。最后，PPP+EPC 模式可以进行资源之间的优势整合，PPP+EPC 模式下的承包商兼具社会投资方的身份，因此其考虑问题比社会投资方或总承包商的角度更全面，更具有宏观性。

2. PPP+EPC 运作模式的法律风险识别

PPP+EPC 运作模式属于 PPP 模式与 EPC 模式的融合，但是 PPP 模式与 EPC 模式总的来说也属于我国建筑领域的新兴事物，规范 PPP+EPC 模式不是仅依靠 PPP 模式与 EPC 模式的制度规范就可以实现的，这不是单纯的"1+1＝2"的逻辑，而是需要对 PPP 模式与 EPC 模式之间的冲突予以调和。目前来讲，PPP+EPC 运作模式在我国尚缺乏制度上的规范，主要面临以下几个方面的法律风险：

第一，付费机制的冲突。根据 2017 年 11 月 16 日财政部发布的《关于规范政府和社会资本合作（PPP）综合信息平台项目库管理的通知》[3] 的规定，其要

---

[1]　曹珊、李志灵：《【建纬观点】PPP+EPC 模式在我国的研究发展与趋势》，载"建纬律师"微信公众号，https：//mp. weixin. qq. com/s/7bR3tbCkfMeYLJEQxJOG9A，最后访问时间：2023 年 2 月 1 日。

[2]　王迎发、程合奎、程世特：《PPP+EPC 模式在建设领域中应用的探讨》，载《东北水利水电》2018 年第 5 期。

[3]　《关于规范政府和社会资本合作（PPP）综合信息平台项目库管理的通知》，载财政部网站，http：//jrs. mof. gov. cn/zhengcefabu/201711/t20171116_2751258. htm，最后访问时间：2022 年 3 月 25 日。

求建立按效付费的机制。按效付费机制包括通过政府付费或可行性缺口补助方式获得回报，但未建立与项目产出绩效相挂钩的付费机制的；政府付费或可行性缺口补助在项目合作期内未连续、平滑支付，导致某一时期内财政支出压力激增的；项目建设成本不参与绩效考核，或实际与绩效考核结果挂钩部分占比不足30%，固化政府支出责任的。所谓按效付费即绩效付费（Performance Payment），是指政府依据社会资本方所提供的公共产品或服务的质量付费。绩效付费符合物有所值原则的要求，也是对 PPP 项目后期可能发生的不可预测风险进行合理分担的表现。而 EPC 模式往往采取固定总价的方式付费，依据《房屋建筑和市政基础设施项目工程总承包管理办法》第 16 条的规定，企业投资项目的工程总承包宜采用总价合同，政府投资项目的工程总承包应当合理确定合同价格形式。采用总价合同的，除合同约定可以调整的情形外，合同总价一般不予调整。由此可以看出，适用 EPC 模式的项目往往适用固定总价的付费方式，除合同约定可以调整的情形外，合同总价一般不予调整。因此，在 PPP+EPC 运作模式中，其往往属于政府投资类项目，依据《房屋建筑和市政基础设施项目工程总承包管理办法》的规定，其应当采取固定总价的计费方式，但这无疑将使政府承担较大的付费风险，可能会导致国有资产的流失。

第二，招标投标的矛盾。PPP+EPC 运作模式的产生契机与合法基础来源于《招标投标法实施条例》"两标并一标"的规定，即已通过招标方式选定的特许经营项目投资人依法能够自行建设、生产或者提供的，可以不进行招标。但是依据前文所述，特许经营项目并不等同于 PPP 项目，二者在适用范围、付费机制、实施期限与法律关系四个方面存在区别。因此，并非所有的 PPP 项目都可以采用 EPC 模式免除二次招投标程序进行运作。依据 2016 年 10 月 11 日财政部发布的《关于在公共服务领域深入推进政府和社会资本合作工作的通知》① 第 9 条的规定，其要求简政放权释放市场主体潜力。各级财政部门要联合有关部门，加强项目前期立项程序与 PPP 模式操作流程的优化与衔接，进一步减少行政审批环节。对于涉及工程建设、设备采购或服务外包的 PPP 项目，已经依据政府采购法选定社会资本合作方的，合作方依法能够自行建设、生产或者提供服务的，按

---

① 《关于在公共服务领域深入推进政府和社会资本合作工作的通知》，载财政部网站，http：//jrs. mof. gov. cn/zhengcefabu/201610/t20161012_2433695. htm，最后访问时间：2022 年 3 月 25 日。

照《招标投标法实施条例》第9条规定，合作方可以不再进行招标。从本条的规定可以看出，该文件将"两标并一标"的范围从特许经营项目扩展到所有的PPP项目。但是《关于在公共服务领域深入推进政府和社会资本合作工作的通知》仅为政策性文件，其法律位阶低于《招标投标法实施条例》，在实践中，PPP项目的社会资本方直接采用EPC模式进行工程总承包建设而未进行二次招投标的，其存在违法性的法律风险。

第三，工程监理制度的矛盾。工程监理制度是指具有相关资质的监理单位受甲方的委托，依据国家批准的工程项目建设文件，有关工程建设的法律、法规和工程建设监理合同及其他工程建设合同，代表甲方对乙方的工程建设实施监控的一种专业化服务活动。工程监理制度规定在我国《建筑法》第四章中，其内容包括国家推行建筑工程监理制度，监理单位受建设单位委托进行监理活动，监理单位应当依照法律、行政法规及有关的技术标准、设计文件和建筑规模承包合同，对承包单位在施工质量、建设工期和建设资金使用等方面，代表建设单位实施监督。从上述规定可以看出，监理单位是受建设单位委托监理施工单位的工作，但是在PPP+EPC运作模式中，建设单位既是PPP项目中的社会资本方，又是EPC工程的总承包商，会出现"自己监督自己"的局面，监理单位的客观性、公正性、独立性受到极大的影响，很可能导致工程监理制度功能的弱化与缺失。

3. PPP+EPC运作模式的法律风险防控

PPP+EPC运作模式的法律风险产生的原因归根结底在于其缺乏独立、完备的制度设计与规范。从工程总承包模式与政府和社会资本合作模式的发展来看，二者皆是建筑领域未来走向的趋势所在，而PPP+EPC运作模式可以吸纳二者的优势，今后的运用必然也会越来越频繁。对此，国家需要重视PPP+EPC运作模式，加快对其制度的制定与出台，甄别PPP模式与EPC模式之间的矛盾所在，并做好二者之间的调和，最大限度地发挥PPP+EPC运作模式的优势。此外，在缺乏PPP+EPC运作模式制度设计的背景下，应及时学习PPP模式与EPC模式相关的政策性规定，主动识别风险点所在。在面对招投标矛盾时，注意PPP项目与特许经营项目的区分，一方面尽量避免发生二次招标的情形，另一方面要保证项目的合规性。在面对付费冲突时，协调好政府与总承包商/社会资本方之间的利益需要，可以根据项目实际情况有针对性地设计相对灵活的付费机制。

四、EPC+O 运作模式

1. EPC+O 运作模式的内涵

EPC+O 运作模式是近几年主要适用于地下综合管廊项目的建设运营模式。地下综合管廊是指在城市地下用于集中敷设电力、通信、广播电视、给水、排水、热力、燃气等市政管线的公共隧道，是保障城市运行的重要基础设施和"生命线"。我国正处于城市化快速发展的阶段，但是我国的地下基础设施建设不仅难以满足我国城市化进程的需要，还存在反复开挖路面、架空线网密集、管线事故多发，甚至大雨内涝、管线泄漏爆炸、路面塌陷等问题，基于此，国务院办公厅于 2014 年 6 月 14 日发布《关于加强城市地下管线建设管理的指导意见》[①]，该文件提出要全面加强城市地下管线建设管理，并在 36 个大中城市开展地下综合管廊试点工程，探索投融资、建设维护、定价收费、运营管理等模式，提高综合管廊建设管理水平。此外，通过政府发行债券、PPP 模式、企业债券、中期票据、项目收益债券、政府购买服务、特许经营模式等渠道进行多元化融资，鼓励社会资本参与城市基础设施投资和运营。该文件的出台拉开了城市地下综合管廊建设改革的帷幕。财政部发布《关于开展中央财政支持地下综合管廊试点工作的通知》[②]，提出对地下综合管廊试点城市给予专项资金补助，试点城市由省级财政、住房城乡建设部门联合申报，但试点城市需要通过竞争性评审方式选择，并对试点工作开展绩效评价。国务院办公厅于 2015 年 8 月 10 日发布《关于推进城市地下综合管廊建设的指导意见》[③]，再次强调鼓励社会资本参与投资建设和运营管理地下综合管廊。为了规范试点城市地下综合管廊项目的申报工作，财政部发布《2016 年地下综合管廊试点城市申报指南》[④]，提出明确的建设运营模式，有明确的资金筹集渠道和有效的资金整合方案，经过充分的经济可行性论证；积极采取设计采购施工运营总承包（EPCO）等模式，实现地下综合管廊项目建设

[①] 《关于加强城市地下管线建设管理的指导意见》，载中国政府网，https：//www.gov.cn/gongbao/content/2014/content_2707838.htm，最后访问时间：2023 年 7 月 6 日。

[②] 《关于开展中央财政支持地下综合管廊试点工作的通知》，载财政部网站，http：//jjs.mof.gov.cn/tongzhigonggao/201501/t20150113_1179393.htm，最后访问时间：2022 年 3 月 25 日。

[③] 《关于推进城市地下综合管廊建设的指导意见》，载中国政府网，https：//www.gov.cn/zhengce/content/2015-08/10/content_10063.htm，最后访问时间：2022 年 3 月 25 日。

[④] 《2016 年地下综合管廊试点城市申报指南》，载中国政府网，http：//www.gov.cn/xinwen/2016-03/02/content_5048056.htm，最后访问时间：2022 年 3 月 25 日。

运营全生命周期高效管理；各方权利义务边界清晰，激励约束机制能够确保建设施工有序推进，运营管理高效实施。这是 EPC+O 建设运营模式首次出现在政策文件中，这也表明国家支持鼓励 EPC+O 模式在城市地下综合管廊项目的运用。EPC+O 模式不仅在城市地下综合管廊项目中展现出巨大的优势，其逐步也在农村生活垃圾污水处理、"厕所革命"项目中崭露头角。

EPC+O（Engineer Procure Construction+Operate）运作模式是从 EPC 运作模式中衍生而来的建设运营模式，其是在传统的 EPC 运作模式的基础上注入运营功能。所谓 EPC+O 模式即设计、采购、施工外加运营的总承包模式，是指发包人将建设工程的设计、采购、施工等工程建设的全部任务以及工程竣工验收合格后期的运营一并发包给一个具备相应总承包资质条件的总承包人，由该总承包人对工程建设的全过程向发包人负责，直至工程竣工验收合格以及运营期结束后交付给发包人的建设运营模式。[①]

EPC+O 运作模式具有适用范围特殊性、付款方式多样性及绩效考核规范性的特点。适用范围特殊性是指 EPC+O 运作模式不同于其他的基础设施投资建设运营模式，其是在传统的 EPC 运作模式的基础上注入运营功能，因此，其更加适用于强运营属性的项目，集中在污水治理、水环境治理、市政管网等领域。付款方式多样性是指 EPC+O 项目资金主要由业主负责。业主可以选择建设期支付建设资金、运营期支付运营资金的方式；也可以选择建设期支付部分建设资金，将部分剩余的建设资金保留至运营期与运营资金一同支付。绩效考核的规范性是指 EPC+O 项目的建设费用及运营费用均涉及财政性资金支付，因此，项目的运作规范应受财政预算管理及约束，通过设计较为严密的绩效考核条款，体现"按效付费"，以实现对项目全生命周期的管控，保障模式运用的规范性。

基于 EPC+O 运作模式的强运营属性，其具有以下几个方面的优势：第一，EPC+O 运作模式是设计、施工和运营等环节的集成，其解决设计、施工和运营脱节的问题，强化运营责任主体，通过建设运营一体化来实现项目全生命周期的高效管理。第二，EPC+O 运作模式充分利用"两标并一标"的政策，往往只需要一次招投标选定总承包人，其他工作由总承包人自行负责，节约了招投标所需

---

① 黄璟聪：《浅析农村生活污水治理项目采用 EPC+O 模式的优点以及实施中存在的问题》，载《河南建材》2019 年第 3 期。

的时间成本、人力成本与财力成本。第三，采用 EPC+O 运作模式实现投资和建设运营的分离，政府通过专项债和市场化融资方式解决项目资金，而承包商和运营商专门负责项目建设、运营实施，这样能大幅度提高投资效率，促进设计、施工和运营各个环节的有效衔接。

2. EPC+O 运作模式的法律风险识别

EPC+O 运作模式是近几年兴起的基础设施建设运营模式，其尚未出台相关的制度文件加以规范实施，仅是在相关的中央文件中出现并加以鼓励施行。不完善的制度内容、不成熟的实践体系，导致发包人与总承包方承担较大的不可预测的法律风险。首先，法律法规适用的模糊性。根据《招标投标法》第 3 条第 1 款的规定，在中华人民共和国境内进行下列工程建设项目包括项目的勘察、设计、施工、监理以及与工程建设有关的重要设备、材料等的采购，必须进行招标：（一）大型基础设施、公用事业等关系社会公共利益、公众安全的项目；（二）全部或者部分使用国有资金投资或者国家融资的项目。EPC+O 运作模式作为适用于强运营型基础设施与市政工程项目的主要模式，其建设内容必须依照我国法律法规的规定进行招投标程序。但是根据《政府采购法》第 2 条的规定，政府采购的范围包含货物、工程和服务。EPC+O 运作模式的招标范围既包含设计、采购、施工，也包含运营。运营作为典型的服务内容，其应适用《政府采购法》，而设计、采购、施工的工程内容应适用《招标投标法》，造成 EPC+O 运作模式法律法规适用模糊的局面。其次，长期运营服务期限与中期财政规划期限的矛盾性。根据财政部 2014 年 6 月 4 日发布的《关于推进和完善服务项目政府采购有关问题的通知》[①]，要求灵活开展服务项目政府采购活动，采购需求具有相对固定性、延续性且价格变化幅度小的服务项目，在年度预算能保障的前提下，采购人可以签订不超过三年履行期限的政府采购合同。2017 年 5 月 28 日，财政部发布《关于坚决制止地方以政府购买服务名义违法违规融资的通知》[②]，要求严格规范政府购买服务预算管理，政府购买服务期限应严格限定在年度预算和中期财政规划期限内。依据国务院 2015 年 1 月 23 日发布的《关于实行中期财政规划管

---

① 《关于推进和完善服务项目政府采购有关问题的通知》，载财政部网站，http：//gks. mof. gov. cn/ztztz/zhengfucaigouguanli/201404/t20140422_1070486. htm，最后访问时间：2022 年 3 月 25 日。

② 《关于坚决制止地方以政府购买服务名义违法违规融资的通知》，载财政部网站，http：//yss. mof. gov. cn/zhengceguizhang/201706/t20170602_2614514. htm，最后访问时间：2022 年 3 月 25 日。

理的意见》①，我国的财政预算实行的是 1 年财政当期预算和 3 年滚动中期财政规划预算体制。而 EPC+O 运作模式主要适用于强运营的基础设施与市政工程项目，其有着稳定且长期的运营需求，政策文件所规定的 3 年购买服务期限无法满足发包人的运营需求，导致了长期运营服务期限与中期财政规划期限之间的矛盾。最后，项目被认定为垫资的风险。EPC+O 运作模式的合同价款主要包括工程费用和运营费用，通常情况下工程费用会按照工程建设的进度支付，运营费用则在运营期内支付。部分地方政府为缓解财政资金压力或加强运营考核约束效果，会将部分工程费用延期至运营期内平滑支付。但是依据《政府投资条例》第 22 条的规定，政府投资项目所需资金应当按照国家有关规定确保落实到位。政府投资项目不得由施工单位垫资建设。而部分地方政府将部分工程费用延期至运营期内平滑支付的方式存在被认定为垫资的嫌疑。

3. EPC+O 运作模式的法律风险防控

前文已述，EPC+O 运作模式主要存在法律法规适用的模糊性、长期运营服务期限与中期财政规划期限的矛盾性与项目被认定为垫资的法律风险。上述三方面的风险归根结底在于 EPC+O 运作模式尚处于发展初期，属于新兴事物，缺乏制度规范的顶层设计。因此，适用 EPC+O 运作模式，政府、发包人与总承包人需要及时向专业法律工作者咨询项目的潜在违法性风险。此外，政府在鼓励适用 EPC+O 运作模式时，也应及时出台相关政策文件，规范 EPC+O 运作模式的适用。而关于规避被认定为垫资的法律风险，可以依照住建部发布的《建设工程价款结算暂行办法》② 的规定，根据确定的工程计量结果，承包人向发包人提出支付工程进度款申请，14 天内，发包人应按不低于工程价款的 60%，不高于工程价款的 90% 向承包人支付工程进度款。

五、EPC+MC 运作模式

1. EPC+MC 运作模式的内涵

MC 模式又被称为管理承包模式，该模式起源于英国，主要从 CM 模式演变

---

① 《关于实行中期财政规划管理的意见》，载中国政府网，http：//www.gov.cn/zhengce/content/2015-01/23/content_9428.htm，最后访问时间：2022 年 3 月 25 日。

② 《建设工程价款结算暂行办法》，载财政部网站，http：//www.mof.gov.cn/zhengwuxinxi/zhengcefabu/2004zcfb/200805/t20080519_20883.htm，最后访问时间：2022 年 3 月 25 日。

而来。CM 模式即建筑工程管理模式（Construction Management），其是业主委托一个被称为建设经理的人来负责整个工程项目的管理，包括可行性研究、设计、采购、施工、竣工和试运行等工作，负责协调咨询公司、承包商与业主之间的关系。[①] CM 模式缘起于美国，其效率高、成本低等优势使美国的建筑业得以迅速发展，适用的建筑项目规模也越来越大。英国试图借鉴美国 CM 模式以满足本国建筑业发展的需要，但是英国又无法直接移植 CM 模式加以适用，因此在 CM 模式的基础上发展出 CM At-Risk 模式，该模式在英国被称为 MC 模式。MC 模式即管理承包模式（Management Contracting）。在这种管理模式中，业主选择 MC 公司来管理基础设施项目的工程建设，但是 MC 公司自身并不从事任何的项目建设，而是把整个项目划分成合理的工作包，然后将工作包分发给不同的分包商。[②] CM 模式依据是否代理，可分为代理型 CM 模式与非代理型 CM 模式。在代理型 CM 模式中，CM 公司代替业主进行工程的管理工作，监督管理承包公司的施工建设。在非代理型 CM 模式中，由 CM 公司负责项目的全部承包工作，但是 CM 公司并不参与直接的施工建设，而是仅负责工程的管理，其将施工划分为不同的工作包进行逐一的分包，这也就是所谓的 MC 模式。

工程总承包模式具有高效、集成、规模等优势，满足了我国城市化进程与基础设施快速发展的需要，同时也有利于我国建筑企业走出国门开拓国际市场，因此加快工程总承包模式的发展，推进工程总承包是大势所趋。后住建部于 2016 年 5 月 20 日发布《关于进一步推进工程总承包发展的若干意见》[③]，再次强调深化建设项目组织实施方式改革，推广工程总承包制，提升工程建设质量和效益。为进一步规范工程总承包模式的发展，2019 年 12 月 23 日住建部与发改委联合发布《房屋建筑和市政基础设施项目工程总承包管理办法》，该文件首次以部门规章的形式对工程总承包模式加以确认，满足了国家对基础设施建设的需要，有利于实现我国工程总承包模式的规范化运作。

EPC+MC（Engineer Procure Construction+Management Contracting）运作模式是从 EPC 运作模式中衍生而来的工程运作模式，其是在传统的 EPC 运作模式的

---

① 康香萍、郭红英：《国内外常用工程项目管理模式综述》，载《中外公路》2010 年第 2 期。
② 康香萍、郭红英：《国内外常用工程项目管理模式综述》，载《中外公路》2010 年第 2 期。
③ 《关于进一步推进工程总承包发展的若干意见》，载住房和城乡建设部网站，https://www.mohurd.gov.cn/gongkai/zhengce/zhengcefilelib/201606/20160602_227671.html，最后访问时间：2022 年 3 月 25 日。

基础上注入管理、承包的功能。所谓 EPC+MC 模式即对设计、采购、施工进行直接管理的总承包模式，是指发包人将建设工程的设计、采购、施工全部的工程建设任务交由 MC 公司进行管理并由 MC 公司对最大工程费用（Guaranteed Maximum Price，GMP）进行保证，但 MC 公司并不进行任何的项目建设工作，而是将整个项目划分为合理的工作包，将这些工作包分包给不同的分包商进行建设的工程运作模式。①

EPC+MC 模式具有管理模式的协调性、项目实施的分段性及适用范围的特殊性的特征。管理模式的协调性是指其实现了单位对所有分包商管理的全面覆盖，有利于在一个庞大而复杂的施工现场，形成以单位为中心的指挥协调系统和良好的现场秩序，减少业主协调工作量。项目实施的分段性是指设计、招标、施工三者充分搭接，使总包合同价也由传统的一次确定变成分若干次确定，使得合同价款的确定较有依据，对业主方节约投资有利。同时，施工可以在尽可能早的时间开始，与传统模式相比，进行分阶段施工，能大大缩短整个项目的建设周期。适用范围的特殊性是指其主要适用于项目复杂、周期性长且不适合采用传统施工总承包的项目。

EPC+MC 模式基于其自带管理属性的特点，具有以下几个方面的优势：第一，实现了工程总承包公司管理与建设的分离，工程总承包公司不再承担建设职责而主要负责工程的管理，这实现了决策管理的一体化与高效化。第二，将整个工程划分为不同的工作包，可以选取最为合适的社会资源加以利用，有利于充分利用社会资源，实现自身效益的最大化。第三，MC 承包商在项目前期即介入项目，根据其提供的最新市场条件、设备价格、物质来源等各种信息，可以使前期规划、预算工作更具现实性，设计更符合市场需求，充分考虑施工性、进度安排、工程成本等多种因素的影响，更能对项目的实施加以优化设计。

2. EPC+MC 运作模式与代建制的区别

根据《关于投资体制改革的决定》②（国发〔2004〕20 号）的规定，代建制是通过招标等方式，选择专业化的项目管理单位负责建设实施，严格控制项目投资质量和工期，竣工验收后移交给使用单位的政府投资项目模式。

---

① 参见张尚：《建筑工程项目管理模式 CM 模式与 MC 模式的比较研究》，载《工程项目》2005 年第 2 期。

② 《关于投资体制改革的决定》，载中国政府网，http://www.gov.cn/zhengce/content/2008-03/28/content_1387.htm，最后访问时间：2022 年 3 月 25 日。

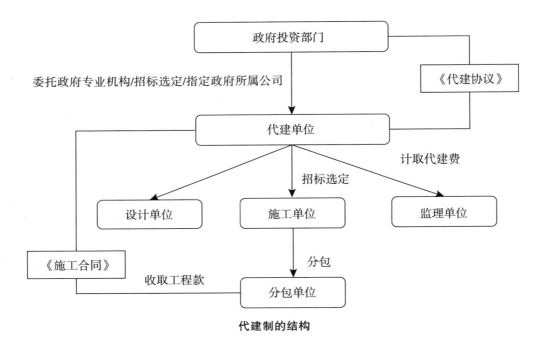

代建制的结构

从定义及结构上来看，二者主要存在以下区别：

（1）适用范围不同。代建制是政府投资部门通过招标、指定或委托等方式选定代建单位，因此主要适用于非经营性政府投资项目。而 EPC+MC 运作模式主要是发挥管理优势，因此适用于项目复杂、周期性长且不适合采用传统施工总承包的项目。

（2）生存环境不同。代建制是参考国外 CM 模式在本土运作下的产物，符合我国现行的法律环境。而在 EPC+MC 运作模式下 MC 公司仅负责分包管理，不承担工程建设的工作，这种情况在我国存在违规风险。

（3）承担角色的不同。在代建制中，代建单位承担发包方的角色。而在 EPC+MC 运作模式下，MC 公司承担总承包方的角色。

3. EPC+MC 运作模式的法律风险识别

EPC+MC 运作模式属于一种新型的运作模式，它具备管理与承包的双重属性。但是 EPC+MC 运作模式在我国属于新生事物，其应用发展与我国政策环境与法治环境有不相容的因素存在，主要将面临以下两方面的法律风险：

第一，总包风险。根据 2016 年 5 月 20 日住建部发布的《关于进一步推进工程总承包发展的若干意见》，要求建设单位应当加强工程总承包项目全过程管理，督促工程总承包企业履行合同义务。建设单位根据自身资源和能力，可以自行对工程总承包项目进行管理，也可以委托项目管理单位，依照合同对工程总承包项目进行管理。项目管理单位可以是本项目的可行性研究、方案设计或者初步设计单位，也可以是其他工程设计、施工或者监理等单位，但项目管理单位不得与工程总承包企业具有利害关系。《房屋建筑和市政基础设施项目工程总承包管理办法》第 11 条第 1 款规定，工程总承包单位不得是工程总承包项目的代建单位、项目管理单位、监理单位、造价咨询单位、招标代理单位。由上述两个规定可以看出，项目管理单位需要与工程总承包单位之间保持独立，两者之间是管理与被管理的关系。但是在 EPC+MC 运作模式中，MC 公司既承担管理职责，也承担总承包职责，其虽然不参与直接的设计、施工或采购等工程建设活动，但是其将项目分割成不同的工作包予以分包，MC 公司与分包单位之间存在直接的合同关系。依据《民法典》第 153 条第 1 款的规定，违反法律、行政法规的强制性规定的民事法律行为无效。但是，该强制性规定不导致该民事法律行为无效的除外。虽然 EPC+MC 运作模式下建设单位与 MC 公司签署的合同不一定被认定为无效合同，但是其运作模式与我国现行的政策规定相悖，有可能面临因违规所导致的法律风险。除此以外，还存在 GMP 风险。所谓 GMP 即最大工程费用，是指在 EPC+MC 运作模式中，由 MC 公司向业主作出最大工程费用的保证，承诺项目费用不超过此费用。若交付时项目费用超过此费用，则超出部分由 MC 公司承担或进行赔偿；若交付时项目费用未超过此费用，则节余部分归业主所有，MC 公司获取一定百分比的奖励。GMP 风险是 EPC+MC 模式独特的风险点，GMP 设置的意义在于其方便业主对工程总价进行控制，防止 MC 公司逐一分包导致工程造价总量难以控制。但是这便将造价控制的难题由业主转移到 MC 公司身上，MC 公司需要依据 GMP 的数值进行合理的分包，同时需要考虑工程建设的变量因素。

第二，分包风险。一方面，EPC+MC 运作模式与我国的分包法律规定存在不相容的矛盾。根据《建筑法》第 29 条的规定，建筑工程总承包单位可以将承包工程中的部分工程发包给具有相应资质条件的分包单位；但是，除总承包合同中约定的分包外，必须经建设单位认可。根据《民法典》第 791 条的规定，承包人不得将其承包的全部建设工程转包给第三人或者将其承包的全部建设工程支解以后以分包的名义分别转包给第三人。建设工程主体结构的施工必须由承包人自行完成。根据《建筑工程施工发包与承包违法行为认定查处管理办法》① 第 12 条第 3 项的规定，存在下列情形之一的，属于违法分包：施工总承包单位将房屋建筑工程的主体结构的施工分包给其他单位的，钢结构工程除外。虽然《房屋建筑和市政基础设施项目工程总承包管理办法》允许工程总承包单位采用直接发包的方式进行分包，但是该分包以符合法律法规的规定为前提，即工程总承包企业自行实施设计的，不得将工程总承包项目工程主体部分的设计业务分包给其他企业；工程总承包企业自行实施施工的，不得将工程总承包项目工程主体结构的施工业务分包给其他企业。② 因此，在 EPC+MC 运作模式中，MC 公司作为工程总承包企业，其仅负责管理、不参与直接的工程建设工作，这与我国法律法规要求的工程总承包企业主体工程不得分包的规定相违背。另一方面，存在业主指定分包的风险。指定分包的情形无论是国际工程还是国内工程都普遍存在。根据《工程建设项目施工招标投标办法》③ 第 66 条的规定，招标人不得直接指定分包人。《房屋建筑和市政基础设施工程施工分包管理办法》第 7 条规定，建设单位不得直接指定分包工程承包人。任何单位和个人不得对依法实施的分包活动进行干预。此外，依据《最高人民法院关于审理建设工程施工合同纠纷案件适用法律问题的解释（一）》第 13 条第 3 项的规定，发包人具有下列情形之一，造成建设工程质量缺陷，应当承担过错责任：直接指定分包人分包专业工程。从上述规定可以看出，我国禁止建设单位指定分包，并且因指定分包导致质量缺陷的，建设单位还会面临承担过错责任的风险。在 EPC+MC 运作模式中，MC 公司承担 GMP 的费用担保，如若存在业主指定分包的局面，其不仅影响了 MC 公司对分包商进行自主管理工作的进行，还可能导致 MC 公司管理成本超出预算，影响到工程的设计、采购、施工等环节或影响项目的总工期，最终导致交付项目的成本超出 GMP 的范围，直接损及 MC 公司的利益。

---

① 《建筑工程施工发包与承包违法行为认定查处管理办法》，载住房和城乡建设部网站，https://www.mohurd.gov.cn/gongkai/zhengce/zhengcefilelib/201901/20190109_239123.html，最后访问时间：2023 年 7 月 6 日。

② 朱树英、曹珊、韩如波：《房屋建筑和市政基础设施项目工程总承包管理办法理解与适用》，法律出版社 2020 年版，第 312 页。

③ 《工程建设项目施工招标投标办法》，载中国政府网，https://www.gov.cn/zhengce/2021-11/30/content_5713206.htm，最后访问时间：2023 年 7 月 7 日。

4. EPC+MC 运作模式的法律风险防控

需要指出的是，在国际工程总承包项目中，业主与工程总承包商以及分包商之间事先签订框架性"桥接协议"（指衔接拆分后的各子合同之间关系的总体协议），其目的主要是避免项目所在国与总承包商所在国的双重征税，进行合法税务筹划。而将一份完整的 EPC 合同拆分为多份相互独立的子合同，在国际工程总承包项目是较为常见的操作情形，并不会影响整个工程总承包合同的完整性。[①] 因此，EPC+MC 运作模式适用于国际项目，其切分为若干个工作包是合理且可行的。但是我国会产生 EPC+MC 运作模式与国内法律环境不相容的局面，依前文所述，主要体现为总包与分包两个方面的风险。在适用 EPC+MC 运作模式时，首先，需要准确判断国家的政策法律环境，明确该模式的适用是否符合该国的政策法律要求，尽量避免出现违法违规的情形。其次，MC 公司需要针对GMP 进行保证，承担了较大的工程造价风险，这便需要 MC 公司在与业主签订总包合同前，进行充分的事前 GMP 论证分析，针对无法控制且危害重大的风险作出合理的风险分担的约定。最后，MC 公司与业主尽量在政策法律规定的要求下进行分包工作，如若发生业主指定分包的情形，MC 公司应通过合同约定、留存证据等手段维护自身的利益，尽量减少因指定分包所导致的不可控风险发生对自身产生的不利影响。

六、EPC+F 运作模式与其他运作模式的区别

为清晰界定各类"EPC+"运作模式与其他模式，在此，对 EPC+F 运作模式与 BT 运作模式、其他"EPC+"运作模式的区别进行分析梳理。

1. EPC+F 运作模式与 BT 运作模式的区别

从两者的定义上来看，BT 模式是指项目发起人通过招标的方式选定基础设施项目的投资方，由投资方作为基础设施项目的承包人负责项目的融资、建设，并承担建设期间的风险，待项目竣工验收合格后向发起人进行移交，项目发起人按照合同约定的方式对该项目进行回购的一种模式。而 EPC+F 模式是指基础设施项目的业主通过招标等方式选定总承包方，由总承包方进行融资或为业主提供

---

① 徐寅哲、耿超：《【建纬观点】工程总承包合同拆分签订及此后对外分包的问题》，载"建纬律师"微信公众号，https：//mp.weixin.qq.com/s/kulhIBGOVzGCeCTmQ40fMg，最后访问时间：2023 年 2 月1 日。

融资支持服务，并负责承揽 EPC 工程总承包的相关工作，待项目建设完成后移交给业主，在项目合作期内由业主按合同约定标准向总承包方支付费用的融资建设模式。EPC+F 运作模式与 BT 运作模式在融资、建设与移交三个层面而言具有较高的相似性，但是由于 BT 模式有垫资承包与违规政府举债的嫌疑，因此在实践中需要厘清 EPC+F 运作模式与 BT 运作模式的区别。具体来讲，二者在融资主体、资质要求、适用范围、价款支付与政策态度上存在区别：

（1）融资主体不同。从 BT 运作模式与 EPC+F 运作模式的定义可以发现，在 BT 运作模式中，由承包人负责 BT 项目的融资工作，而前文已述，在 EPC+F 运作模式中，由于国内与域外运作模式的不同，其融资主体自然不同。在国内 EPC+F 运作模式中，由总承包方负责项目的融资；在域外 EPC+F 运作模式中，则是总承包方为业主提供直接或间接的融资支持，即融资主体为业主或总承包方。

（2）资质要求不同。EPC+F 基于 EPC 模式衍化而来，根据《房屋建筑和市政基础设施项目工程总承包管理办法》第 10 条的规定，工程总承包单位应当同时具有与工程规模相适应的工程设计资质和施工资质，或者由具有相应资质的设计单位和施工单位组成联合体。工程总承包单位应当具有相应的项目管理体系和项目管理能力、财务和风险承担能力，以及与发包工程相类似的设计、施工或者工程总承包业绩。从本条规定可以看出，实施 EPC+F 的企业必须具备施工与设计双资质或者由具有相应资质的设计单位和施工单位组成联合体方能进行 EPC 作业。而在 BT 运作模式中，其并不要求承包方具备设计资质和施工资质或由设计单位和施工单位组成联合体。

（3）适用范围不同。BT 运作模式仅负责投资与建设，不参与项目的后期运营，主要原因在于 BT 运作模式主要适用于关乎国家公共安全的非经营性基础设施项目。而 EPC+F 运作模式不仅适用于国内的基础设施项目投资建设，而且基于其总承包+融资的优越性，其项目范围拓展到海外。既可以适用于非经营性基础设施项目，还可以适用于经营性基础设施项目与准经营性基础设施项目。

（4）价款支付不同。在 BT 运作模式中，一般是项目承包方在建设完成经竣工验收合格移交于项目发起人后，项目发起人再按照合同约定的方式支付价款，进行回购。但是在 EPC+F 运作模式中，业主既可能在建设期支付完全部的工程款，也有可能在建设期仅支付部分工程款或不支付工程款，待偿还期再依据合同约定支付工程款及资金占用利息。

（5）政策态度不同。在不设立项目公司且投资方不拥有产权的 BT 运作模式下，BT 项目有违规"带资承包"之嫌，这与《政府投资条例》第 22 条所要求的政府投资项目不得由施工单位垫资建设的规定相违背。《政府和社会资本合作项目财政管理暂行办法》^① 第 35 条第 2 款规定项目实施不得采用建设−移交方式。从上述规定可以看出，由于 BT 模式涉嫌垫资并造成政府债务压力，政策层面对 BT 模式一直持严格、规范适用的态度。而 EPC+F 运作模式作为国际工程总承包的首选模式，发挥积极且重要的作用。加之《房屋建筑和市政基础设施项目工程总承包管理办法》的出台，国家大力支持工程总承包模式在基础设施领域的发展，这也为 EPC+F 运作模式的实践与适用释放出积极的信号。

2. EPC+F 运作模式与其他"EPC+"运作模式的区别

其他"EPC+"运作模式主要是指 EPC+O 运作模式、投资人+EPC 运作模式及 EPC+MC 运作模式（由于前文已述 EPC+F 运作模式与 F+EPC 运作模式的区别，在此不再赘述）。从上述模式的定义上来看，EPC+F 运作模式与其他"EPC+"运作模式都是在 EPC 的基础上赋予不同的功能定位，因此，在实践中厘清 EPC+F 运作模式与其他"EPC+"运作模式的区别，核心在于鉴别承包商的附加属性。总体来看，在附加属性、适用范围、融资主体上存在区别：

（1）附加属性不同。这是区别"EPC+"运作模式的核心所在，从各种模式的定义看，EPC+F 运作模式是为项目附加融资功能属性；EPC+O 运作模式是为项目附加运营功能属性；投资人+EPC 运作模式是为项目附加融资与运营功能属性；而 EPC+MC 运作模式是为项目附加管理功能属性。

（2）适用范围不同。附加属性的不同则会影响其适用的项目范围。EPC+F 运作模式主要适用于政府投资的基础设施和公共服务领域，既可以适用于非经营性基础设施项目，又可以适用于经营性基础设施项目与准经营性基础设施项目。而 EPC+O 运作模式的应用推广最初是为了解决地下综合管廊项目的建设运营脱节的问题，因此其主要适用于强运营属性的项目，集中在污水治理、水环境治理、市政管网等领域。投资人+EPC 运作模式是投资人资金投入最重的模式，出于收益获取的需要，因此主要适用于经营性项目。而 EPC+MC 运作模式主要适

---

① 《政府和社会资本合作项目财政管理暂行办法》，载财政部网站，http://jrs. mof. gov. cn/zhengcefabu/201610/t20161020_2439665. htm，最后访问时间：2022 年 3 月 25 日。

用于项目复杂、周期性长且不适合采用传统施工总承包的项目，凸显管理的职能优势。

（3）融资主体不同。EPC+F 运作模式是由总承包商负责融资或为业主提供融资支持。而 EPC+O 运作模式是业主负责项目融资，但是建设费用及运营费用均涉及财政性资金支付。在投资人+EPC 运作模式中，一般是由发包人与中标人成立项目公司，资金由项目公司融资自筹。EPC+MC 运作模式是由业主负责项目融资，并为项目提供资金支持，但 MC 公司需要对最大工程费用进行保证。

第六节　TOT 运作模式

一、TOT 运作模式的内涵

（一）定义与特征

1. 定义

TOT（Transfer-Operate-Transfer）模式，即转让—运营—移交，其是指政府将存量资产所有权、存量项目股权或特许经营权有偿转让给社会资本或项目公司，并由其负责运营、维护和用户服务，合同期满后资产及其所有权等移交给政府的项目运作方式。

2. 特征

TOT 运作模式具有两个方面的特征，包括权属的二次转移性、融资载体的独特性。

（1）权属的二次转移性。在 TOT 项目的运行过程中，该项目的基础设施发生了两次权属的转移，第一次是该基础设施的所有权由政府转移到社会资本方或项目公司，第二次是该基础设施的所有权由社会资本方或项目公司转移到政府。所有权的转移伴随着风险的转移与运营收益权的转移，项目公司或社会资本方在完成 TOT 项目第一次移交时，该项基础设施的风险与所有权转移到项目公司或社会资本方，由其承担风险与获取收益。

（2）融资载体的独特性。TOT 运作模式主要适用于我国的存量资产。所谓存量资产，与增量资产相对，其是指政府或企业所拥有的全部可确指的资产，在基础设施领域是指已经建成的现实存在的基础设施。TOT 模式作为项目运作模式，不仅具有运营、维护和用户服务的功能，也具有项目融资的功能。但是 TOT 模式与其他项目模式的融资方式不同，如 BOT 模式往往以在建的基础设施项目为融资载体，进行项目融资，而在 TOT 模式中，其以已建的基础设施项目和基础设施项目的运营收益为载体进行融资，其项目融资方式具有一定的独特性。

（二）优劣势分析

1. 优势

TOT 模式作为基础设施投资建设的模式之一，具有以下几方面的优势：第一，有利于推进我国基础设施领域的建设与发展，一方面 TOT 模式可以盘活我国现有的存量资产，实现我国存量资产的保值与增值，另一方面所筹的资金可以用来发展我国新型基础设施建设，推动我国新型基础设施的建设与普及。从国务院办公厅发布的《关于保持基础设施领域补短板力度的指导意见》可以看出，TOT 模式在回收资金、建设在建项目和补短板重大项目中能够发挥极大的促进作用。第二，TOT 模式也是我国项目融资的一种方式，其是以现存的已建项目与项目的收益权为标的进行融资，这在一定程度上减轻了项目公司与政府的资金压力，既实现了项目的有序运转，也减轻了政府的财政压力。第三，不论是对项目公司还是社会资本方而言，TOT 模式的运作风险都较小。项目公司或社会资本方在 PPP 运作模式、BT 运作模式等其他模式中需要参与基础设施投资建设运营中的某几个阶段；在 TOT 模式中，一方面项目公司或社会资本方参与的基础设施项目已经建好，不存在建设期可能发生的风险，另一方面 TOT 模式的交易结构也相对简单，不像 PPP 运作模式、BT 运作模式等其他模式结构复杂。因此，TOT 模式的实施风险较小。

2. 劣势

TOT 运作模式作为特许经营运作模式的一种，展现出强烈的行政属性，而已建基础设施的主导权原先在政府手中，其从政府移交到社会资本方或项目公司，政府依旧处于主导的地位，这便使得双方难以以平等的身份与地位去参与到项目中，从而弱化二者之间的合作，无法很好地保障双方的权益。此外，TOT 运作模式涉及已建的基础设施的价值评估，资产评估的困难性同时会导致特许经营权价格的不确定性，同时原项下合同义务的承担，也会为社会资本方或项目公司带来一定的履约风险或违约风险，这也是阻碍 TOT 模式发展运用的劣势。

二、TOT 运作模式的法律风险识别

作为特许经营运作模式的一种，TOT 运作模式的法律风险在某些层面和特许经营模式下所存在的法律风险具有相当程度的共性，比如在 TOT 项目的实际操作过程中也会面临基于特许经营协议和政府保证而产生的一系列法律风险。但是，TOT 模式也有自身鲜明的特点，并且集中反映在项目权属的二次转移中。TOT 模式的法律风险识别也是围绕项目权属的转移展开，并且受制于我国对于国有资产转让的相关规定，主要体现在权属转移的程序性法律风险中。当然，除程序性法律风险外，在项目权属转移过程中，还有一些实体性法律风险值得关注。

（一）程序性法律风险

从 TOT 模式的定义不难看出，TOT 项目在运行初始阶段政府需要将国有存量资产转让给社会资本方或项目公司。对于国有资产转让，我国从法律和规章等多个层面进行了规制，《企业国有资产法》确立了国有资产转让的基本原则和需要满足的程序要求；国资委、财政部 2016 年 6 月 24 日发布的《企业国有资产交易监督管理办法》① 则是进一步对国有资产转让的方法和程序作了规定，明确了公开转让企业国有资产产权需要经历可行性研究和方案论证、书面决议、审核批准、财务审计和资产评估、公开交易与办理股权变更登记手续的程序。这些要求也直接映射到 TOT 运作模式中项目权属的转移中，一旦某个环节缺失或者不规范，都可能对 TOT 项目合同的法律效力产生影响。其中值得重点关注的就是未经审批、未经评估和未进场交易三大法律风险。

1. 未经审批的法律风险

未经审批的法律风险其实可以归结为两个层面，一个是政策层面，另一个是法律层面。从政策层面来说，2017 年 11 月 10 日财政部发布的《关于规范政府和社会资本合作（PPP）综合信息平台项目库管理的通知》第 2 条第 2 款对于 PPP 项目不得入库的情形进行了明确，"前期准备工作不到位。包括新建、改扩建项

---

① 《企业国有资产交易监督管理办法》，载中国政府网，https：//www.gov.cn/zhengce/2022-01/12/content_5718608.htm，最后访问时间：2023 年 7 月 6 日。

目未按规定履行相关立项审批手续的；涉及国有资产权益转移的存量项目未按规定履行相关国有资产审批、评估手续的"，均不得入库。因而，对于采用 TOT 模式的 PPP 项目，如果没有履行审批手续，则无法进入财政部 PPP 综合信息平台项目管理库，已经在库的项目还有退库的风险。而无法入库或被退库的直接后果就是原则上不得安排财政支付，项目付款无法得到保障。从法律层面来说，未经审批可能招致项目资产转让行为无效，继而对项目合同的效力产生根本影响。《企业国有资产法》第 53 条规定，国有资产转让由履行出资人职责的机构决定。履行出资人职责的机构决定转让全部国有资产的，或者转让部分国有资产致使国家对该企业不再具有控股地位的，应当报请本级人民政府批准。从本条可以看出，国有资产的转让致使国家对该企业不再具有控股地位的，应当报请本级人民政府批准。《民法典》第 502 条第 2 款规定，依照法律、行政法规的规定，合同应当办理批准等手续的，依照其规定。未办理批准等手续影响合同生效的，不影响合同中履行报批等义务条款以及相关条款的效力。应当办理申请批准等手续的当事人未履行义务的，对方可以请求其承担违反该义务的责任。从本条的规定可以看出，未经审批的合同属于附生效条件的合同，该合同成立但未生效，待履行审批手续后方生效，但是未办理批准等手续影响合同生效的，该效力不影响合同中履行报批等义务条款以及相关条款的效力。《民法典》将未经审批的合同定性为未生效合同并使其与已生效合同、无效合同区别开来，不仅有利于国家管制的实现，也有利于当事人交易安全的保护。[①] 无论是政府方还是社会资本方都不应当怀揣侥幸心理，还是要扎实做好项目审批工作。

2. 未经评估的法律风险

和未经审批一样，未经评估的法律风险也分为政策和法律两个层面，其中政策层面和未经审批一样在此不再赘述，下面重点围绕法律层面的风险进行介绍和论述。

《企业国有资产法》第 55 条规定，国有资产转让应当以依法评估的、经履行出资人职责的机构认可或者由履行出资人职责的机构报经本级人民政府核准的价格为依据，合理确定最低转让价格。《资产评估法》第 3 条第 2 款规定，涉及国有资产或者公共利益等事项，法律、行政法规规定需要评估的（以下称法定评估），应当依法委托评估机构评估。上述两条是从法律层面对国有资产的转让要

---

① 参见崔建远：《合同法总论（上卷）》，中国人民大学出版社 2008 年版，第 246 页。

求评估的规定。《企业国有资产交易监督管理办法》第12条规定，对按照有关法律法规必须进行资产评估的产权转让事项，转让方应当委托具有相应资质的评估机构对转让标的进行资产评估，产权转让价格应以经核准或备案的评估结果为基础确定。《关于在公共服务领域推广政府和社会资本合作模式指导意见的通知》①第三部分第8条规定，存量公共服务项目转型为政府和社会资本合作项目过程中，应依法进行资产评估，合理确定价值，防止公共资产流失和贱卖。项目实施过程中政府依法获得的国有资本收益、约定的超额收益分成等公共收入应上缴国库。从上述规定来看，TOT项目在进行资产转让时也要求履行评估程序。但是评估不同于审批，评估，就字面意思而言，可以理解为评价估量。从上述关于资产评估的规定来看，既存在法律法规层面的规定，也有部门规章、政策性文件的规定，根据《民法典》第153条的规定，违反法律、行政法规的强制性规定的民事法律行为无效，那么合同无效。虽然评估在法律、法规、规章甚至政策性文件中都有规定，但是未经评估也并不当然会使合同无效，是有效还是无效，需要结合具体的案情予以判断，但未经评估程序的，合同的效力仍存在一定的风险。

3. 未进场交易的法律风险

进场交易是指国有资产在产权交易机构公开进行交易的行为，根据《企业国有资产法》第54条的规定，国有资产转让应当遵循等价有偿和公开、公平、公正的原则。除按照国家规定可以直接协议转让的以外，国有资产转让应当在依法设立的产权交易场所公开进行。转让方应当如实披露有关信息，征集受让方；征集产生的受让方为两个以上的，转让应当采用公开竞价的交易方式。《企业国有资产交易监督管理办法》第2条也明确规定，企业国有资产交易应当遵守国家法律法规和政策规定，有利于国有经济布局和结构调整优化，充分发挥市场配置资源作用，遵循等价有偿和公开公平公正的原则，在依法设立的产权交易机构中公开进行，国家法律法规另有规定的从其规定。根据上述规定，可以看出，除协议转让的情形外，国有资产在进行转让时应该在我国规定的产权交易机构进行公开交易，这是国有资产转让的法定程序条件。进场交易的目的在于信息披露，信息披露制度是为保障投资者利益和接受社会公众的监督而依照法律规定必须公开或

---

① 《关于在公共服务领域推广政府和社会资本合作模式指导意见的通知》，载中国政府网，http://www.gov.cn/zhengce/content/2015-05/22/content_9797.htm，最后访问时间：2022年3月25日。

公布其有关信息和资料的制度。关于国有资产未进场的情形，目前在实践中并未形成统一的裁判观点，主要有三种裁判观点：第一种观点认为未进场的国有资产转让合同为未生效的合同，其主要基于审批基础行为加以判断；第二种观点认为关于进场的程序性规定不属于效力性强制性规定，不能因此认定合同无效；第三种观点认为关于进场的程序性规定属于强制性规定，未进场违反了法律法规的规定，继而认定资产转让合同为无效合同。

（二）实体性法律风险

TOT 项目的实体性法律风险集中体现在社会资本方或项目公司从政府方手中接管 TOT 项目时，存在该项目有尚未履行完毕的合同、尚未还款的债务等情况。此时，社会资本方或项目公司不仅需要向政府方给付项目费用，还面临第三方要求其履行原项目义务的困境。在此种情况下，项目公司或社会资本方面临是否履行原项目义务的法律风险。《民法典》第 556 条规定，合同的权利和义务一并转让的，适用债权转让、债务转移的有关规定。第 545 条规定，债权人可以将债权的全部或者部分转让给第三人，但是有下列情形之一的除外：（一）根据债权性质不得转让；（二）按照当事人约定不得转让；（三）依照法律规定不得转让。当事人约定非金钱债权不得转让的，不得对抗善意第三人。当事人约定金钱债权不得转让的，不得对抗第三人。第 547 条第 1 款规定，债权人转让债权的，受让人取得与债权有关的从权利，但是该从权利专属于债权人自身的除外。第 548 条规定，债务人接到债权转让通知后，债务人对让与人的抗辩，可以向受让人主张。第 549 条规定，有下列情形之一的，债务人可以向受让人主张抵销：（一）债务人接到债权转让通知时，债务人对让与人享有债权，且债务人的债权先于转让的债权到期或者同时到期；（二）债务人的债权与转让的债权是基于同一合同产生。第 553 条规定，债务人转移债务的，新债务人可以主张原债务人对债权人的抗辩；原债务人对债权人享有债权的，新债务人不得向债权人主张抵销。第 554 条规定，债务人转移债务的，新债务人应当承担与主债务有关的从债务，但是该从债务专属于原债务人自身的除外。上述规定是对债权债务概括转移的主要法律规定，所谓债权债务概括转移是指把全部或某一特定的债权、债务全部移转给受让人，而不仅仅是权利或义务的移转。在 TOT 项目中，政府方将自己对存量资产的所有权、存量项目股权或特许经营权转移给项目公司与社会资本方，项目公司与社会资本方取得该存量资产的所有权、存量项目股权或特许经营权，作为项目的实施主体参与运营，此时原项目的债权人很可能混淆了原项目与新项目的实施主体，要求项目公司与社会资本方继续履行合同义务。除继续履行外，承接新项目的社会资本方或项目公司与原合同的债权人也可以依据民法典的规定解除合同。根据《民法典》第 563 条的规定，有下列情形之一的，当事人可以解除合同：（一）因不可抗力致使不能实现合同目的的；（二）在履行期限届满前，当事人一方明确表示或者以自己的行为表明不履行主要债务；（三）当事人一方迟延履行主要债务，经催告后在合理期限内仍未履行；（四）当事人一方迟延履行债务或者有其他违约行为致使不能实现合同目的；（五）法律规定的其他情形。因此，承接新项目的社会资本方或项目公司与原合同的债权人依据实际情况决定是否解除原项目的合同，但是此种情况下承接新项目的社会资本方或项目公司面临承担违约责任的法律风险。

三、TOT 运作模式的法律风险防控

（一）程序性法律风险防控

前文已述，TOT 模式适用于政府转让存量资产所有权、存量项目股权或特许经营权的基础设施投资建设运营的项目，从现有法律法规的规定来看，在对国有资产进行产权转让时需要履行审批、评估与进场的程序性规定。审批的目的在于加强对项目可行性的审核，而评估的目的在于对项目标的价值进行客观、中立的估量。评估的结果也关系着后期社会资本方付费的多少，未经评估的项目一方面可能导致国有资产流失，另一方面会致使合同当事人之间的利益失衡。进场的目的则是信息披露，实现公众对项目的监督。因此，为了防范上述程序性法律风险，一方面，政府与社会资本方应在法律、法规、规章的基础上制定合法合规的资产转让程序，严格依照法定程序完成国有资产的转让，TOT 项目的转让程序可参照《企业国有资产法》《企业国有资产监督管理暂行条例》①《企业国有产权转让管理暂行办法》② 等规定进行。另一方面，政府方与社会资本方或项目公司应

---

① 《企业国有资产监督管理暂行条例》，载国有资产监督管理委员会网站，http：//www.sasac.gov.cn/n4470048/n9369363/n9436551/n9438546/n9438580/c9441022/content.html，最后访问时间：2022 年 2 月 25 日。

② 《企业国有产权转让管理暂行办法》，载中国政府网，https：//www.gov.cn/zhengce/2003-12/31/content_5717160.htm，最后访问时间：2023 年 7 月 6 日。

严格按照法律法规规章等政策性规定办事，遵守项目审批、评估与进场的法定程序，不做违反法律规定的事情。同时要加强对相关规范的学习，明晰未经审批、未经评估与未经进场所导致的不利后果，配以相应的救济措施，以降低程序缺漏对 TOT 项目产生的不利影响。此外，评估程序还涉及 TOT 项目的付费问题，因此合同双方可以将评估约定在项目合同中，通过合同约定的方式将评估程序予以落实。遵守现行国有资产转让的规范是防范转让阶段产生风险的前提，不论是政府方还是社会资本方都需要遵守现行法律、法规、规章及政策性文件的规定，保障 TOT 项目的合法性。

（二）实体性法律风险防控

前文已述，TOT 项目的社会资本方或项目公司在接受政府方转让的存量资产后，可能会面临原项目中合同债权人要求社会资本方或项目公司继续履行或解除合同承担违约责任的法律风险。因此，在针对原项目义务风险承担的问题上，一方面，社会资本方或项目公司应加强对项目的前期审查工作，可以委托专门的咨询机构对 TOT 项目进行全方位的审查，出具审查意见书与可行性研究报告。通过项目审查对 TOT 项目进行全方位的熟悉与了解，制定相关的救济措施，尽量避免与降低后期风险发生的不利影响。另一方面，社会资本方或项目公司应重视与政府方 TOT 项目合同的签订，保证 TOT 项目合同内容的全面性，尽量在 TOT 项目合同中针对原项目合同权利义务的承继问题进行明确的约定。此外，可以在 TOT 项目合同中设置合理的风险分担规则，尽量将基于原项目合同产生的债务交由政府方承担与解决。

第七节　XOD 类运作模式

一、XOD 类模式综述

（一）内涵

基础设施是城市化进程的载体与基础，基础设施不仅与经济发展息息相关，也与城市发展紧密相连。城市合理布局的理念，不局限于城市交通规划与城市土地利用规划的范围，基础设施领域也逐步纳入其中，"XOD"的发展理念在此背景下应运而生。"XOD 模式"遵循以人为本、效益统一、多规合一、优化布局、绿色发展等城市规划、建设的理念，通过规划引领，以空间规划为龙头，坚持实现与经济社会发展规划、土地利用规划、基础设施建设规划和环境保护规划的"五规合一"，统筹生产、生活、生态三大布局，坚持集约发展，贯彻"精明增长""紧凑城市"理念，能够切实提高城市发展的宜居性，从而推动城市发展由外延扩张式向内涵提升式转变。XOD 模式将促进基础设施与土地的资源利用整合，形成二者之间互利共赢的局面，切实解决城市化进程中的难题。

（二）相关模式简析

目前在 XOD 类模式下，逐渐出现 EOD、ROD、AOD、SOD、POD 等模式，而 TOD 作为早期导向模式，也属于 XOD 类模式。在此，本文先对上述模式进行简析。

模式	内涵
TOD 模式	TOD（Transit Oriented Development）模式是指以公共交通为导向的城市开发模式。它以公共交通作为城市运行的支持系统，以公共交通节点作为城市用地布局的基础，围绕着公共交通站点布置城市服务设施。[①]
EOD 模式	EOD（Ecology-Oriented Development）模式是以可持续发展为目标，以生态保护和环境治理为基础，以特色产业运营为支撑，以区域综合开发为载体，采取产业链延伸、联合经营、组合开发等方式，推动公益性较强、收益性差的生态环境治理项目与收益较好的关联产业有效融合，统筹推进，一体化实施，将生态环境治理带来的经济价值内部化，是一种创新性的项目组织实施方式。[②]
ROD 模式	ROD（Resource Oriented Development）模式是指以资源利用为导向的城市开发模式，它通过分析该片区可供开发利用的自然资源、环境资源与其他资源，政府引导社会资本进行投资与开发。[③]

---

① 宋敬兴：《以公共交通为导向的城市用地开发模式（TOD）研究》，载《科技创新导报》2010 年第 36 期。

② 翁祥健、郭伟、陈巍：《社会资本投资开发 EOD 模式项目的实施策略研究》，载《中国工程咨询》2022 年第 10 期。

③ 参见丁伯康：《以 ROD 为导向的南京幕燕风貌区综合开发》，载"现代咨询"百度百家号，https://baijiahao.baidu.com/s？id=1671821252039931232&wfr=spider&for=pc，最后访问时间：2022 年 4 月 5 日。

续表

模式	内涵
AOD 模式	AOD（Airport Oriented Development）模式是指以机场为导向，它主张在机场周边地区和进场交通走廊沿线地区进行居住、产业开发，这种点轴式整体开发模式不仅局限于机场这一交通枢纽节点的开发，也衍生出进场交通走廊沿线地区的开发，其具有双重开发的属性。①
SOD 模式	SOD（Service Oriented Development）模式是指以社会服务设施建设引导的城市开发模式，即政府利用行政主导的优势，通过规划将行政或其他城市功能进行空间迁移，使新开发地区的市政设施和社会设施同步形成，同时获得空间要素功能调整和所需资金保障。②
POD 模式	POD（Park Oriented Development）模式是指以城市公园等生态基础设施为导向的城市开发模式，即通过依托自然资源禀赋开发新城或社区，提升区域生活品质和居住环境，形成生态环境与周边地区土地开发的良性互动，进而带动新城的发展。③
HOD 模式	HOD（Hospital Oriented Development）模式是指以医院为导向的城市开发模式，其以医院与社区联动发展的核心动力，基于"服务设施—土地利用"的相互作用关系进行土地开发、设施规划及社区管理。④

二、TOD 运作模式

（一）TOD 运作模式的内涵

TOD 模式主要是指以公共交通为导向进行城市开发，它强调以公共交通站点为核心，在居民步行的基础上建设综合性高密度的城市服务设施，提高对土地空间的利用率。TOD 模式根据规模等级可以分成城市型 TOD 与社区型 TOD，二者从功能角色的定位而言，城市型 TOD 更为强调商业的功能属性，社区型 TOD 则更为强调居住的功能属性。在 TOD 规划设计的理论和实践发展过程中，形成了

---

① 参见欧阳杰：《以机场导向的 AOD 综合开发模式》，载《机场》2013 年 6 月。
② 伏威、周西庆：《浅探以政府为主导的 SOD 新区开发模式的具体策略——以江西省武宁县沙田新区为例》，载《中外建筑》2012 年第 5 期。
③ 张秀桂：《POD 城市公园导向的城市空间开发模式探索——以漳州古塘湿地片区研究为例》，载《福建建材》2022 年第 9 期。
④ 参见朱希等：《图书节选 | 专家谈医院建筑的 HOD 策划与设计》，载"筑医台图书"微信公众号，https://mp.weixin.qq.com/s/iHzDyRultyKNcuU5SB5b0w，最后访问时间：2023 年 2 月 1 日。

著名的"3D原则",即高密度建设原则（Density）、土地混合开发原则（Diversity）、以人为本的空间设计原则（Design）。[①] 从城市化的角度而言，TOD模式具有三方面的优势。首先，TOD模式有利于最大限度地利用土地资源，提升土地使用价值。我国虽然国土辽阔，但是人口众多，伴随着城市化进程的发展，城市面积不断扩大，"摊大饼式"的发展既可能造成土地资源的浪费，也无法满足城市经济发展的需要，而TOD模式可以多维度地利用土地，提升土地的利用率与土地的使用价值，形成高密度的土地开发利用模式，也缓解了城市交通设施的压力与土地资源短缺的压力。其次，TOD模式不仅是城市片区开发的新型模式，同时也是基础设施投资建设的新型模式。近年来，越来越多的房企参与TOD项目的投资开发，对于政府而言，TOD模式可以提升城市公共交通的效率以及土地的利用效率，优化城市结构。对于房企而言，可以通过挖掘轨道交通物业的商业价值，实现区域物业的价值增长、提升项目溢价能力，进而通过沿线商业及土地开发收益反哺轨交建设，构建城市发展良性循环。[②] 最后，TOD模式符合当前国际与国内的发展趋势，体现了以人为本的发展理念。其可以实现经济、社会与自然的可持续发展，在项目交付与区域发展的基础上通过公共项目以实现经济社会的和谐发展。

（二）TOD运作模式的法律风险识别

TOD模式是一种新型的城市发展理念，其旨在以公共交通为导向进行片区化、立体化的城市开发，实现"1+1>2"的效果。而TOD模式的运用也往往离不开两个要素，一个是"地"，另一个则是"钱"，这两个要素便构成了TOD模式独特的法律风险点。

TOD模式在我国的推广与运用的前提之一便是土地使用权如何获取的问题。TOD模式用地兼具公共交通基础设施的公益性功能与开发利用配套服务的经营性功能。根据《城市房地产管理法》第13条第2款的规定，商业、旅游、娱乐和豪华住宅用地，有条件的，必须采取拍卖、招标方式；没有条件，不能采取拍卖、招标方式的，可以采取双方协议的方式。同时依据该法第24条规定，城市基础设施用地和公益事业用地与国家重点扶持的能源、交通、水利等项目用地可

---

① 参见李可夫、武晋晋：《TOD小知识十问十答》，载"济邦咨询"微信公众号，https://mp.weixin.qq.com/s/YZNxIzqWGCNURM5U srGBtA，最后访问时间：2022年4月5日。

② 《房企TOD项目发展现状及开发模式研究》，载凤凰网，https://ishare.ifeng.com/c/s/7wZoWOnNgDs，最后访问时间：2022年4月5日。

以由县级以上人民政府依法批准划拨。由此可以看出，公共交通基础设施的土地应采取无偿划拨方式获取，而开发利用配套服务的土地通过招标、拍卖或协议的方式有偿获取。如何调和土地使用权的"经营性与公益性"是 TOD 模式在土地要素方面最为重要的问题。

目前而言，TOD 模式的土地获取方式主要表现为以下三种：作价出资、协议出让与附条件"招拍挂"。首先，作价出资是指政府以土地使用权的评估值作为资本金注入市属公共交通基础设施集团，由其以此为依托进行公共交通基础设施建设融资，并用物业开发收益偿还债务融资、平衡运营缺口。[①] 2015 年 5 月 22 日，财政部、发展改革委与人民银行联合发布《关于在公共服务领域推广政府和社会资本合作模式的指导意见》[②]，要求通过多种方式保障项目用地。以作价出资或者入股方式取得土地使用权的，应当以市、县人民政府作为出资人，制定作价出资或者入股方案，经市、县人民政府批准后实施。虽然现有政策允许通过作价出资的方式取得土地使用权，但是所获取的土地用途十分有限，根据财政部发布的《关于运用政府和社会资本合作模式推进公共租赁住房投资建设和运营管理的通知》[③] 的规定，对于新建公共租赁住房项目，以及使用划拨建设用地的存量公共租赁住房项目，经市县人民政府批准，政府可以以土地作价入股方式注入项目公司，支持公共租赁住房政府和社会资本合作项目，不参与公共租赁住房经营期间收益分享，但拥有对资产的处置收益权。由此可以看出，通过作价出资获取的土地主要应用于公益性质用途，这无法满足公共交通配套设施的经营性用地的需要。其次，协议出让是指国家在一定年限内以协议方式将国有土地使用权出让给土地使用者，由土地使用者向国家支付土地使用权出让金的行为。根据原国土资源部 2006 年 5 月 31 日发布的《协议出让国有土地使用权规范（试行）》[④] 的规定，协议出让国有土地使用权范围包括供应商业、旅游、娱乐和商品住宅等各

---

① 贺磊、代悦：《浅析轨道交通 TOD 模式土地使用权获取方式》，载"大岳咨询"微信公众号，https：//mp. weixin. qq. com/s/quT5vebiAFmvYa1eWVPVMQ，最后访问时间：2023 年 4 月 12 日。

② 《国务院办公厅转发财政部发展改革委人民银行关于在公共服务领域推广政府和社会资本合作模式指导意见的通知》，载中国政府网，http：//www. gov. cn/zhengce/content/2015-05/22/content_9797. htm，最后访问时间：2023 年 1 月 8 日。

③ 《关于运用政府和社会资本合作模式推进公共租赁住房投资建设和运营管理的通知》，载中国政府网，http：//www. gov. cn/zhengce/2016-05/25/content_5076597. htm，最后访问时间：2022 年 3 月 25 日。

④ 《协议出让国有土地使用权规范（试行）》，载自然资源部网站，http：//gk. mnr. cn/zc/zxgfxwj/202103/t20210303_2615845. html，最后访问时间：2023 年 7 月 6 日。

类经营性用地以外用途的土地，其供地计划公布后同一宗地只有一个意向用地者的。从该规定可以看出，协议出让的土地同样无法应用于经营性用途。最后，附条件"招拍挂"是指政府在招标、拍卖或挂牌公告里要求某种条件，达成该种条件者方可通过"招拍挂"的方式获取土地使用权。附条件"招拍挂"方式虽然符合国家对经营性建设用地使用权出让方式的要求，但是其合规性存疑，且对于参与 TOD 模式的项目公司来说或面临较大的技术与管理能力的考验。

TOD 模式作为基础设施投资建设运营的新型运作模式，其项目的运行、建设、落地、运营都需要大量的资金加以支撑，而单纯依靠政府财政补贴是远远不够的，同时也会制约公共交通与城市基础设施的发展。因此，目前 TOD 模式在向多元化的融资进行转变，主要包含 PPP 融资模式、债券融资模式与专项基金融资模式。PPP 融资模式主要是指在 TOD 项目中，由政府与社会资本方共同参与合作公共交通基础设施的投资、建设与运营，以提高土地的利用效率、减轻政府的财政负担并促进 PPP 模式的高质量发展。PPP 融资模式前文已述，主要面临内部法律风险与外部法律风险，在此不再赘述。债券融资模式是指通过发行债券的方式加以融资，主要表现为专项债券融资与企业债券融资。专项债券融资是指地方政府通过发行专项债券进行融资，用政府性基金或专项收入加以偿还的融资方式。企业债券融资是企业通过发行债券加以融资，ABS 融资作为典型的企业融资方式，被纳入"企业债券"的范围。所谓 ABS 融资是指以项目所属的资产为支撑的证券化融资方式，即以项目所拥有的资产为基础，以项目资产可以带来的预期收益为保证，通过在资本市场发行债券来募集资金的一种项目融资方式。不论是专项债券融资还是企业债券融资，发债人都面临到期无法还本付息的法律风险，专项债券融资作为政府发行债券的一种，其会导致政府债务的产生。近几年，国家对政府债务政策收紧，严厉打击违规产生政府隐性债务的情形，因此专项债券融资会受到政策走向的影响，而 ABS 融资作为市场化运作的典型融资模式，则会受到资产质量与证券市场运行等方面的影响。专项基金融资模式是指专门设立公共交通基础设施发展基金，对公共交通基础设施项目进行专项拨款，以支持公共交通基础设施建设的一种模式。专项基金融资不仅受政策管控的影响，因其进行市场化运作，同时也会受到市场波动的影响。

（三）TOD 运作模式的法律风险防控

前文已述，TOD 运作模式在土地获取方式上面临较大的政策性法律风险，稍有不慎便会踏入违规的深渊。归根结底，TOD 模式用地兼具经营性与公益性的双重性质。要从根本解决，便需要对土地进行分层确权。从现行法律政策文件来看，《民法典》第 345 条规定，建设用地使用权可以在土地的地表、地上或者地下分别设立。原国土资源部发布的《招标拍卖挂牌出让国有建设用地使用权规定》① 第 2 条规定，在中华人民共和国境内以招标、拍卖或者挂牌出让方式在土地的地表、地上或者地下设立国有建设用地使用权的，适用本规定。国务院办公厅发布的《关于支持铁路建设实施土地综合开发的意见》② 中提到，通过市场方式供应土地，一体设计、统一联建方式开发利用土地，促进铁路站场及相关设施用地布局协调、交通设施无缝衔接、地上地下空间充分利用、铁路运输功能和城市综合服务功能大幅提高，形成铁路建设和城镇及相关产业发展的良性互动机制，促进铁路和城镇化可持续发展。虽然上述文件都有土地分层确定使用权的取向，但是并未给予土地分层使用权明确的法律依据。因此，为了确保 TOD 运作模式的良性持续的运用与发展，国家需要从"规划先行、权利为本"的公私法层面加以构建土地分层使用权制度。③ 从现有的政策背景而言，推进 TOD 模式的实践，需要在合法合规的背景下进行，如若采取作价出资的方式，依据《关于在公共服务领域推广政府和社会资本合作模式的指导意见》的规定，其可以在公共交通基础设施上新建公共租赁住房，并规划建设一定比例建筑面积的配套商业服务设施用于出租和经营。若采取附条件"招拍挂"，则需要提升项目公司的竞争实力，做好项目的各项评估工作。

　　TOD 运作模式正在向多元化的融资轨道转变，但是融资方式不同，其所面临的法律风险则不同。为了针对融资风险进行专门的防控，首先，需要甄别 TOD 模式所采取的融资模式，做到"对症下药"，建立事先的风险防控机制与措施。其次，针对受政策影响的融资方式，需要及时了解政策的走向与趋势，避免陷入违规的困境；针对受市场影响的融资方式，则需要及时了解市场的走向与趋势，做好事先的预判。最后，TOD 模式需要更全面的顶层设计加以规范，需要出台更

---

① 《招标拍卖挂牌出让国有建设用地使用权规定》，载中国政府网，http：//www.gov.cn/ziliao/flfg/2007-10/09/content_771205.htm，最后访问时间：2022 年 3 月 25 日。
② 《国务院办公厅关于支持铁路建设实施土地综合开发的意见》，载中国政府网，http：//www.gov.cn/zhengce/content/2014-08/11/content_8971.htm，最后访问时间：2023 年 4 月 12 日。
③ 参见吕翾：《土地分层使用权机制构建研究：规划、权利与协调》，2019 年江苏省法学会房地产法学研究会论文集。

细致的政策文件来引导项目进行融资。

三、EOD 运作模式

（一）EOD 运作模式的内涵

根据《关于推荐生态环境导向的开发模式试点项目的通知》[①] 的规定，EOD 模式是以可持续发展为目标，以生态保护和环境治理为基础，以特色产业运营为支撑，以区域综合开发为载体，采取产业链延伸、联合经营、组合开发等方式，推动公益性较强、收益性较差的生态环境治理项目与收益较好的关联产业有效融合，统筹推进，一体化实施，将生态环境治理带来的经济价值内部化，是一种创新性的项目组织实施方式。

EOD 模式开展总共分为三个阶段：第一阶段为重构生态网络，通过环境治理、生态系统修复、生态网络构建，为城市发展创造良好的生态基底，带动土地增值；第二阶段为城市环境的整体提升，通过完善公共设施、交通能力、城市布局优化、特色塑造等提升城市整体环境质量，为后续产业运营提供优质的条件；第三阶段为通过产业导入、人才引进等手段，激活经济，使整体溢价增值，包括税收、自然资本等。[②]

EOD 模式在经济发展与生态环境之间构建了合作的桥梁。支持与实践 EOD 模式具有以下三个方面的优势：首先，带动生产力的发展仍然是我国发展的重心，EOD 模式从生态角度出发，构建以生态文明为导向的经济圈，推动产业运营，实现综合开发，这有利于继续推进我国经济的发展、城市的建设；其次，EOD 模式在满足经济发展的基础上，实现了经济与环境之间的平衡，它有利于维护城市的生态功能，实现城市生态建设与经济持续发展的双赢；最后，EOD 模式体现了以人为本的发展理念，符合当下国际与国内经济发展的趋势。

（二）EOD 运作模式的法律风险识别

土地是 EOD 运作模式盈利的核心，究其原因在于 EOD 模式的运行以优良的生态基底为前提与基础，而优良的生态基底的实现路径包括生态修复、环境治理

[①] 《关于推荐生态环境导向的开发模式试点项目的通知》，https://www.mee.gov.cn/xxgk2018/xxgk/xxgk06/202009/t20200923_800005.html，载生态环境部网站，最后访问时间：2023 年 4 月 12 日。

[②] 陈静：《EOD 模式解析》，载"中建一局投资运营公司法律合规部"微信公众号，https://mp.weixin.qq.com/s/XJ_8diX bOw9MuUxeyIevtQ，最后访问时间：2022 年 4 月 5 日。

及生态网络构建，这三个部分可以通过河流湖泊、土壤、湿地的治理，城市绿地率的提升等方式得到体现。[①] 从 EOD 项目的施行上我们可以发现，项目公司需要对 EOD 项目所属区域进行土地整理并进行成片开发，因此，土地开发所引起的风险便成为 EOD 运作模式自身独有的风险点。

在我国，土地开发可以分为一级开发与二级开发，在 EOD 项目中，主要表现为土地一级开发。土地一级开发，是指通过对"生地"进行整理、投资与开发，使其达到"熟地"，最终实现土地出让的过程。在整个土地开发的过程中会产生以下三个方面的风险。首先便是资金风险，由土地一级开发的含义我们可以发现，在土地开发过程中，政府通过征地、拆迁等方式建设市政基础设施和社会公共配套设施等，这些项目的进行需要大量的资金基础。一方面，EOD 项目的原生资金不足，另一方面，采取股权融资、债权融资等其他融资手段也面临一定的融资法律风险。其次是土地一级开发所面临的政策风险，政策风险主要包括国家政策和地方政策两个方面。国家政策主要包含城市建设、土地规划、征收、拆迁与补偿等方面；地方政策主要是基于国家政策而产生，结合当地实际情况辅助国家政策施行的政策。[②] 政府出台的政策性文件尤其是地方政策文件具有不稳定性，其可能与中央政策文件或法律法规的规定相冲突，基于政策依据签订的合同文件效力也会受到影响。最后是收益风险，目前全国关于土地一级开发形成三种模式的收益分配模式，分别是固定比例收益模式、土地出让金净收益分成模式与固定收益+净收益分成模式。[③] 上述三种收益分成模式存在一定的问题。就固定比例收益分成模式而言，其是政府按照总建设成本的一定百分比分配利润给项目公司。在这种情况下政府往往是预先估计，划定比例，而项目公司的投资建设运营期往往很长，可能会面临很多突发的情况，有可能发生超额支出的情形。就土地出让金净收益分成模式而言，根据财政部、国土资源部、中国人民银行 2006 年 12 月 31 日发布的《国有土地使用权出让收支管理办法》第 4 条的规定，土地出让收支全额纳入地方政府基金预算管理。收入全部缴入地方国库，支出一律通过地方政府基金预算从土地出让收入中予以安排，实行彻底的"收支两条线"

①　王文娟：《EOD（Ecology-Oriented Development）模式，它是什么？（下篇）》，载"济邦咨询"微信公众号，https：//mp. weixin. qq. com/s/bRnRtkJoehwNnaIE6ooUNw，最后访问时间：2022 年 4 月 5 日。

②　参见宋安成：《土地一级开发的风险与规避》，载《上海房地》2011 年第 11 期。

③　李晨：《如何防范一级土地开发中的法律风险？》，载《上海企业》2012 年第 3 期。

管理。在地方国库中设立专账（即登记簿），专门核算土地出让收入和支出情况。土地出让金的收益需要全额纳入地方政府基金预算管理，项目公司不能收取土地出让金的部分收益，因此该模式存在违法违规的法律风险。就固定收益+净收益分成模式而言，其同样存在企业如何通过合法途径分得土地净收益的法律问题。虽然部分地方政府出台了相应的文件，规定企业可以参与土地净收益的分配，但是在国家立法层面仍然没有法律依据。对于没有出台相关文件的地方政府，欲采用该模式吸引企业参与土地一级开发，则面临一定的障碍。

（三）EOD 运作模式的法律风险防控

前文已述，EOD 运作模式的法律风险主要是基于土地开发而产生的，因此，需要"逐个击破，对症下药"。针对资金风险，政府或项目公司可以采取多元化的融资方式进行融资，但是在融资的同时，也需要注意特定的融资方式所伴随的风险因素，做好事先的防控工作。针对政策风险，一方面需要适时掌握影响土地一级开发的宏观和微观经济政策动向，对土地开发进行全面的项目论证、详细的尽职调查，积极与政府各部门沟通，尽量规避可能发生的政策风险[①]，另一方面要注重与政府部门的合同签订工作，在不违背法律法规的情况下将土地开发的详细规则订立在合同中，保证在今后的纠纷中于法有据。针对收益风险，EOD 运作模式作为城市开发模式的一种，其核心在于土地，目的在于收益，而土地开发作为收益的重心，尚未形成完善且成熟的制度体系，因此在实践中，项目公司需要及时了解当前的法律、法规与政策性文件的规定，谨慎选择收益模式，避免发生违法违规的情形。除此以外，针对固定比例收益模式，不仅需要加强项目论证研究，而且需要在合同中载明补充协议与价款变更权等内容，避免后期可能发生的法律风险。

第八节　其他运作模式

前文已对基础设施投资建设的传统三阶段运作模式、特许经营运作模式、PPP 运作模式、BT 运作模式、TOT 运作模式、EPC+运作模式、XOD 类运作模式

---

① 宋安成：《土地一级开发法律风险与规避》，载《观察》2012 年第 2 期。

从内涵、法律风险与法律防控三个层面进行了分析论述，但是值得注意的是，除上述基础设施投资建设运作模式外，在我国部分地区还兴起了其他类型的运作模式，主要包含 ABO 运作模式与"以租代建"运作模式，因此本节主要对这两种模式进行分析论述。

一、ABO 运作模式

（一）ABO 运作模式的内涵

ABO 模式即授权-建设-运营，其是指地方政府授权下属机构作为项目实施主体，项目实施主体通过采购程序或政府授权程序选定社会资本方，社会资本方与当地政府签订《项目投资协议》，履行该项目的业主职责。社会资本方在项目所在地出资组建项目公司，项目公司和当地政府重新签订《项目授权合作协议》，全面履行社会资本方在合同项下的权利和义务，承担本项目投融资、建设、运营养护等职能，政府按照协议中的支付授权费用的方式，根据项目的投资及运营养护成本，在运营养护期每年按时支付一定的服务费用，合作期满后，项目公司将该项目无偿移交给政府指定机构。[1]

ABO 模式具有以下几个方面的优势：第一，有利于实现政企分开，实现政府角色功能的转变。政府原先对企业采取的是内部财政拨款的方式，但是在运用 ABO 模式后，政府补贴的标准更加透明与规范，有利于企业后期的融资。《授权经营协议书》的签订同时界定了企业的双重身份，其不仅是项目的业主，也是受托经营者，政府依据《授权经营协议书》对被授权的企业进行考核与评定，划清了企业与政府之间的界线。第二，有利于弥补政府购买服务模式与 PPP 运作模式的不足。2017 年，财政部发布《关于坚决制止地方以政府购买服务名义违法违规融资的通知》[2]，该通知规定严禁将铁路、公路、机场、通讯、水电煤气，以及教育、科技、医疗卫生、文化、体育等领域的基础设施建设，储备土地前期开发，农田水利等建设工程作为政府购买服务项目；严禁将建设工程与服务打包作为政府购买服务项目；严禁将金融机构、融资租赁公司等非金融机构提供的融资行为纳入政府购买服务范围；政府建设工程项目确需使用财政资金，应当依照

---

[1]　彭中帅：《ABO 模式应用分析》，载《西部交通科技》2018 年第 5 期。

[2]　《关于坚决制止地方以政府购买服务名义违法违规融资的通知》，载财政部网站，http：//yss. mof. gov. cn/zhengceguizhang/201706/t20170602_2614514. htm，最后访问时间：2022 年 3 月 25 日。

《中华人民共和国政府采购法》及其实施条例、《中华人民共和国招标投标法》规范实施。从上述规定可以看出，国家政策对 PPP 模式与政府购买服务模式予以了一定的融资限制，但是 ABO 模式并未规定在内，在此情况下，其可以弥补政府购买服务模式与 PPP 运作模式的不足。第三，有利于推进我国基础设施的建设与发展。ABO 模式实现了政企分离，将基础设施的投资建设运营交由具有较高的专业管理能力与经营水平的企业去进行，能够更加有效地降低运行成本，更好地提高公共服务水平。[①]

（二）ABO 运作模式的法律风险识别

在前文梳理 ABO 运作模式的定义及优势的基础上，结合当前我国基础设施与公共服务领域的法律法规及政策文件，可分析出 ABO 运作模式存在两方面的法律风险：一方面表现为未经竞争性程序确定社会资本方的风险，另一方面表现为政府方变相融资举债，增加政府性债务的风险。[②]

1. 未经竞争性程序确定社会资本方的风险

从 ABO 运作模式的定义可以得知，社会资本方通过两种方式选定项目实施主体，一种是政府采购程序，另一种则是政府授权程序。根据《政府采购法》第 2 条的规定，政府采购是指各级国家机关、事业单位和团体组织，使用财政性资金采购依法制定的集中采购目录以内的或者采购限额标准以上的货物、工程和服务的行为。在 ABO 运作模式中，社会资本方需要承担本项目投融资、建设、运营养护等职能，同时政府需要按照协议中的约定支付授权费用。从 ABO 模式的内容与付费方式可以看出，ABO 项目属于政府采购项目。根据《政府采购法》第 26 条的规定，政府采购项目主要采用公开招标、邀请招标、竞争性谈判、单一来源采购、询价等方式进行。但是 ABO 模式主要采用授权经营的方式进行，与政府采购项目需要通过公开招标、邀请招标、竞争性谈判等法定的采购方式选择社会资本方的规定产生矛盾，这在一定程度上违反了我国法律法规的规定。根据我国《民法典》第 153 条第 1 款的规定，违反法律、行政法规的强制性规定的民事法律行为无效，则合同无效。根据 2019 年 11 月 28 日最高人民法院发布的《全国法院民商事审判工作会议纪要》的要求，人民法院在审理合同纠纷案件过

---

① 参见黄汉卿：《ABO 模式对 PPP 和政府购买服务的影响》，载《中国招标》2017 年第 36 期。
② 参见周月萍、周兰萍：《ABO 模式合法吗？》，载《中国建筑装饰装修》2018 年第 12 期。

程中，要依职权审查合同是否存在无效的情形，注意无效与可撤销、未生效、效力待定等合同效力形态之间的区别，准确认定合同效力，并根据效力的不同情形，结合当事人的诉讼请求，确定相应的民事责任。违反规章一般情况下不影响合同效力，但该规章的内容涉及金融安全、市场秩序、国家宏观政策等公序良俗的，应当认定合同无效。人民法院在认定规章是否涉及公序良俗时，要在考察规范对象的基础上，兼顾监管强度、交易安全保护以及社会影响等方面进行慎重考量，并在裁判文书中进行充分说理。从上述规定来看，未经竞争性程序确定社会资本方不一定会导致合同被认定为无效，但是对合同的效力而言，仍然会是一个违法性风险点。

2. 政府方变相融资举债，增加政府性债务的风险

政府的收入与开支受到我国《预算法》的约束，根据《预算法》的规定，政府的预算要受到管理与监督。根据国务院 2014 年 10 月 2 日发布的《关于加强地方政府性债务管理的意见》的内容，其要求规范地方政府举债融资机制，地方政府举债的方式仅包含政府债券方式与采用政府和社会资本合作模式方式，并要求地方政府新发生或有债务，要严格限定在依法担保的范围内，并根据担保合同依法承担相关责任。在财政部 2017 年 5 月 13 日发布的《关于进一步规范地方政府举债融资行为的通知》要求进一步健全规范地方政府举债融资机制，地方政府举债一律采取在国务院批准的限额内发行地方政府债券方式，除此以外地方政府及其所属部门不得以任何方式举借债务。地方政府及其所属部门不得以文件、会议纪要、领导批示等任何形式，要求或决定企业为政府举债或变相为政府举债。允许地方政府结合财力设立或参股担保公司（含各类融资担保基金公司），构建市场化运作的融资担保体系，鼓励政府出资的担保公司依法依规提供融资担保服务，地方政府依法在出资范围内对担保公司承担责任。除外国政府和国际经济组织贷款转贷外，地方政府及其所属部门不得为任何单位和个人的债务以任何方式提供担保，不得承诺为其他任何单位和个人的融资承担偿债责任。从上述文件可以看出，ABO 运作模式不在我国政策文件允许的融资举债的范围内，ABO 运作模式所产生的政府债务属于政府隐性债务，在此种情形下，ABO 项目无法列入政府预算，社会资本方可能面临政府无法按照项目合同约定支付费用的风险。

（三）ABO 运作模式的法律风险防控

前文已述，ABO 运作模式主要存在未经竞争性程序确定社会资本方的风险

与政府方变相融资举债增加政府性债务的风险。针对未经竞争性程序确定社会资本方的风险，政府方应遵守国家关于政府采购方面法律法规的规定，通过法定的采购方式确定社会资本方，如采用公开招标、邀请招标、竞争性谈判等方式，待通过竞争性程序确定社会资本方后再通过签署 ABO 协议或授权书的方式，确定社会资本方的权利与义务。针对政府方变相融资举债，增加政府性债务的风险，政府方应主动将 ABO 项目纳入政府预算管理体系，加强政府方对项目支出的评估审查，保证政府方的项目支出在财政可承受的范围内。此外，可将政府付费与项目绩效考核挂钩，提高政府资金的使用效率，规范政府举债的行为，谨防政府隐性债务的产生。总的来讲，ABO 运作模式风险产生的根源在于，目前 ABO 运作模式较新，发展时间较短，尚未形成健全的运作机制与成熟的规范管理体系，因此加快对 ABO 运作模式的顶层设计是进行风险防控最重要的一步。然后，现行的 ABO 项目出现问题导致项目无法继续运作的，可以根据项目的具体情况进行模式之间的转化，如向 PPP 运作模式进行转变，以保证项目的有序运作。

二、"以租代建"运作模式

（一）"以租代建"运作模式的内涵

"以租代建"运作模式是指政府不再投资建设非经营性城市基础设施项目，而是租用社会资本方已建成的非经营性城市基础设施或授权社会资本方（通常为政府指定的城市建设投资公司）负责投资、建设非经营性城市基础设施项目，待非经营性城市基础设施竣工验收合格后，由非经营性城市基础设施的经营者使用社会资本方的基础设施，社会资本方通过收取租金的方式获取收益。从概念可以看出，"以租代建"运作模式根据租赁的基础设施的不同，可以分为已建的非经营性城市基础设施"以租代建"项目与新建的非经营性城市基础设施"以租代建"项目。

"以租代建"运作模式具有以下几个方面的优势：第一，"以租代建"运作模式可以缓解地方政府的财政压力。在以往的学校、医院等非经营性基础设施投资、建设乃至运营中，政府充当着非经营性基础设施项目的主力军，其建设与运营往往以政府财政资金为主，这会导致政府面临巨大的资金压力，且政府投资建设非经营性基础设施项目的速度难以与社会公众对非经营性基础设施项目需求相匹配。而在"以租代建"运作模式中，非经营性基础设施项目的投资建设由政府转交社会资本方负责，政府只需逐年支付补贴，无需一次性下发资金。第二，提升社会资本方的业务能力，促进经济的发展。将新建的非经营性基础设施项目的投资建设交到社会资本方手中，可以发挥社会资本方投融资的能力，社会资本方可以通过创新自身的融资机制、创新基础设施建设项目的运作模式等，来扩大自身的业务领域，提升自身的业务能力，带动整个行业发展。第三，保障非经营性基础设施的公办性质。在"以租代建"运作模式中，非经营性基础设施项目竣工验收后，社会资本方会依据与政府的合作协议将非经营性基础设施交由政府或事业单位加以运营使用，这在一定程度上保证了非经营性基础设施的公办性质。第四，盘活现存的非经营性基础设施的使用效率。政府租用已建的非经营性基础设施，将其进行重新改造并加以利用，可以最大限度地利用城市基础设施资源，尽最大力量满足社会公众对非经营性基础设施项目需求。

（二）"以租代建"运作模式的法律风险识别

在前文梳理"以租代建"运作模式的定义与优势的基础上，结合当前我国基础设施与公共服务领域的法律法规及政策文件，可分析出"以租代建"运作模式存在两方面的法律风险，一方面表现为政府方存在变相融资举债，增加政府性债务的风险，另一方面表现为社会资本方面临政府方违约的风险。

1. 政府方存在变相融资举债，增加政府性债务的风险

"拨改租"模式应用率走低，主要原因在于，2017年6月3日财政部发布《关于坚决制止地方以政府购买服务名义违法违规融资的通知》，该通知要求严格规范政府购买服务预算管理。政府购买服务要坚持先有预算、后购买服务，所需资金应当在既有年度预算中统筹考虑，不得把政府购买服务作为增加预算单位财政支出的依据。还要求严禁利用或虚构政府购买服务合同违法违规融资。地方政府及其部门不得利用或虚构政府购买服务合同为建设工程变相举债，不得通过政府购买服务向金融机构、融资租赁公司等非金融机构进行融资，不得以任何方式虚构或超越权限签订应付（收）账款合同帮助融资平台公司等企业融资。而依据国务院2010年6月13日发布的《关于加强地方政府融资平台公司管理有关问题的通知》，对只承担公益性项目融资任务且主要依靠财政性资金偿还债务的融资平台公司，今后不得再承担融资任务，相关地方政府要在明确还债责任，落实还款措施后，对公司做出妥善处理。"以租代建"运作模式的适用项目为非经

营性基础设施项目，其没有经营性收入，其租金来源主要是财政性资金。因此，"以租代建"运作模式政府方存在变相融资举债，增加政府性债务的违规性风险。

2. 社会资本方面临政府方违约的风险

针对新建的非经营性城市基础设施"以租代建"项目，其运行的基础在于政府与社会资本方签订的合作协议，双方在协议中会约定由社会资本方负责非经营性基础设施项目的投资与建设，政府方协助社会资本方让非经营性基础设施项目落地，社会资本方的投资回报往往也以非经营性基础设施项目使用者所支付的租金为主要来源，而非经营性基础设施项目使用者所支付的租金主要是政府拨付的财政性资金。在整个"以租代建"运作模式中，依据项目阶段可以将基础设施的建设进程分为三个阶段。第一阶段为非经营性基础设施项目建设前，在此阶段，社会资本方与政府需要履行国家的项目审批程序，社会资本方主要负责项目投资资金的筹措，政府方主要负责协助项目手续的办理，该阶段极易因政策变化导致项目审批无法通过，或因政府方不履行自身义务导致项目无法立项。第二阶段为非经营性基础设施项目建设中，建设阶段的风险更多侧重于施工建设的风险，但是建设过程中同样存在因政策变化或政府方不履行自身义务的情形导致项目无法进行的情况。第三阶段为非经营性基础设施项目竣工后的运营期，该阶段政府方的违约主要是因为政府财政性资金发生问题，导致非经营性基础设施项目的使用者无法按约支付租金，从而导致社会资本方无法获取项目的投资回报。针对已建的非经营性城市基础设施"以租代建"项目，其不存在建设阶段面临的投资、建设的风险，其更多面临的是政府因财政性资金发生问题无法按时支付租金的违约风险。

（三）"以租代建"运作模式的法律风险防控

前文已述，"以租代建"运作模式存在两方面的法律风险，即政府方存在变相融资举债增加政府性债务的风险与社会资本方面临政府方违约的风险。针对政府方存在变相融资举债增加政府性债务的风险，政府方应主动将非经营性基础设施项目资金纳入政府预算管理体系，妥善做好项目支出与年度预算、中期财政规划的衔接，同时加强对项目支出的评估审查，保证项目支出在财政可承受的范围内。针对社会资本方所面临的政府方违约的风险，一方面社会资本方应重视与政府方签订的合作协议文本的制定，尽量将双方的权利义务规制在合作协议中，并约定明确的违约责任与风险分担规则，确保违约情形发生时有请求权基础。另一方面，社会资本方应完善自身的风险应对机制，从自身的管理体系着手，聘用专业的法律人才，辅之以管理人员，建立风险应对预案，以减轻风险发生后的不利影响。总的来讲，目前"以租代建"运作模式尚未形成健全的运作机制与成熟的规范管理体系，针对"以租代建"运作模式进行顶层制度设计是风险防控最为关键的一环。

小　结

本章是在第一章的基础上，进一步对基础设施投资建设运营进行广度的剖析。本章以我国现有并实际运行的基础设施投资建设运营的不同运作模式为切入点，在分析阐述不同运作模式的概念与特征、优势与劣势的基础上，依据部分典型案例与典型项目对基础设施投资建设不同运作模式的法律风险进行识别分析，从而有针对性地提出法律风险防控的建议。对我国基础设施投资建设运营的不同运作模式进行一定了解后，本书将对基础设施投资建设运营的不同阶段与不同行业的法律问题进行深入研究。

第三章　基础设施项目的立项

项目立项，是指政府投资主管部门依据投资主体、项目资金来源、项目规模等因素，对投资项目进行分类监督管理的活动；基础设施项目的立项，是指政府投资主管部门对基础设施领域的投资项目进行分类监督管理的活动。

关于现行基础设施项目的立项管理机制，较早的规范依据是《国务院关于投资体制改革的决定》①（国发〔2004〕20号，以下简称《投资体制改革决定》）。《投资体制改革决定》的发布及施行改变了过去不分投资主体、不分资金来源、不分项目性质，一律按投资规模大小分别由各级政府及有关部门审批的投资项目管理机制，规定企业不使用政府资金投资建设的项目一律不再实行审批制，区分项目不同情况实行核准制和备案制。在《投资体制改革决定》的基础上经过不断演进和完善，逐步形成现阶段的项目审批、核准和备案三种基础设施投资项目立项管理机制，其中审批适用于政府投资项目，主要规范依据是《政府投资条例》；核准和备案适用于企业投资项目，主要规范依据是《企业投资项目核准和备案管理条例》和《企业投资项目核准和备案管理办法》②。

第一节　基础设施项目的立项管理机制

为规范政府管理投资项目的方式，合理界定政府投资职能，政府投资主管部门按照"谁投资、谁决策、谁收益、谁承担风险"的原则，主要依据投资项目资金来源、投资项目规模等因素，对基础设施项目的立项分别按照审批、核准或

---

① 《国务院关于投资体制改革的决定》，载中国政府网，http：//www.gov.cn/zwgk/2005-08/12/content_21939.htm，最后访问时间：2022年3月23日。

② 《企业投资项目核准和备案管理办法》，载国家发展和改革委员会网站，https：//www.ndrc.gov.cn/xxgk/zcfb/fzggwl/201703/t20170322_960835.html？code=&state=123，最后访问时间：2022年3月23日。

备案进行分类管理。

一、基础设施项目的立项管理分类

1. 按照项目资金来源和投入方式划分的立项管理机制

实践中按照项目资金来源和投入方式对基础设施项目进行分类，主要目的是区分政府投资项目和企业投资项目。

一是政府投资的概念。根据《政府投资条例》第 2 条规定，政府投资是指在中国境内使用预算安排的资金进行固定资产投资建设活动，包括新建、扩建、改建、技术改造等活动。其中预算安排的资金是指按照《预算法》的规定进行管理的财政资金，凡是涉及财政预算资金安排和使用的，均属于政府投资的范畴。二是政府投资项目的概念。在政府投资的概念下，实践中政府投资中具体使用财政预算资金的方式不尽相同，一般由政府部门根据项目具体情况予以确定，大致的政府投资方式包括直接投资、资本金注入、投资补助和贷款贴息等方式。[1] 因投资方式的差异，《政府投资条例》第 9 条[2]规定采取直接投资、资本金注入方式投资的投资项目属于政府投资项目，因此政府投资项目属于政府投资的一部分。

以项目资金来源和投资方式作为划分依据，参照《国家发展改革委关于规范中央预算内投资资金安排方式及项目管理的通知》（发改投资规〔2020〕518号）[3] 的规定，利用预算安排的资金以直接投资或资本金注入方式投资的项目，为政府投资项目，所涉及的项目立项依据《政府投资条例》等规定，按照审批方式进行管理。而政府投资项目以外的投资项目，则归类为企业投资项目，所涉

---

[1] 《政府投资条例》第 6 条："政府投资资金按项目安排，以直接投资方式为主；对确需支持的经营性项目，主要采取资本金注入方式，也可以适当采取投资补助、贷款贴息等方式。安排政府投资资金，应当符合推进中央与地方财政事权和支出责任划分改革的有关要求，并平等对待各类投资主体，不得设置歧视性条件。国家通过建立项目库等方式，加强对使用政府投资资金项目的储备。"

[2] 《政府投资条例》第 9 条："政府采取直接投资方式、资本金注入方式投资的项目（以下统称政府投资项目），项目单位应当编制项目建议书、可行性研究报告、初步设计，按照政府投资管理权限和规定的程序，报投资主管部门或者其他有关部门审批。项目单位应当加强政府投资项目的前期工作，保证前期工作的深度达到规定的要求，并对项目建议书、可行性研究报告、初步设计以及依法应当附具的其他文件的真实性负责。"

[3] 《国家发展改革委关于规范中央预算内投资资金安排方式及项目管理的通知》，载国家发展和改革委员会网站，https://www.ndrc.gov.cn/xxgk/zcfb/ghxwj/202004/t20200407_1225270.html？code=&state=123，最后访问时间：2022 年 3 月 23 日。

及的项目立项依据《企业投资项目核准和备案管理条例》和《企业投资项目核准和备案管理办法》等规定,按照核准或备案方式进行管理。

因此,以项目资金来源和投资方式作为划分依据,实践中一般按照以下步骤确定基础设施项目的立项管理方式:一是确定基础设施项目是否涉及使用预算安排资金,若不涉及使用预算安排资金,则该项目属于企业投资项目,应按照核准或备案方式进行项目立项管理;二是基础设施项目涉及使用预算安排资金的,则进一步辨别、确定基础设施项目使用预算安排资金的方式,采用直接投资或资本金注入方式投资的基础设施项目,应归类为政府投资项目,按照审批方式进行项目立项管理,若不涉及以直接投资或资本金注入方式使用预算安排资金的基础设施项目,则归类为企业投资项目,按照核准或备案方式进行项目立项管理。

2. 按照项目性质和项目规模的立项管理机制

按照项目性质和规模划分的基础设施项目立项管理机制,是指在以项目资金来源和项目投资方式作为划分依据确定项目不属于政府投资项目的基础上,确定企业投资项目立项管理机制的过程。

企业投资项目,根据《企业投资项目核准和备案管理办法》第2条规定,是指企业在中国境内投资建设的固定资产投资项目,包括企业使用自己筹措资金的项目,以及使用自己筹措的资金并申请使用政府投资补助或贷款贴息等的项目。关于企业投资项目的立项管理机制,《企业投资项目核准和备案管理条例》和《企业投资项目核准和备案管理办法》确定为核准和备案两种方式,其中核准适用于关系国家安全、涉及全国重大生产力布局、战略性资源开发和重大公共利益的项目。实行核准管理的具体项目范围以及核准机关、核准权限,由国务院颁布的政府核准的投资项目目录确定,国务院根据不同阶段经济发展需要可以调整核准目录,现阶段执行的核准目录是《政府核准的投资项目目录(2016年本)》[①]。简单的判断方式是在《政府核准的投资项目目录》以内的企业投资项目实行核准管理,在《政府核准的投资项目目录》以外的企业投资项目实行备案管理。

除上述以《政府核准的投资项目目录》为划分依据进行企业投资项目立项

[①] 《国务院关于发布政府核准的投资项目目录(2016年本)的通知》,载中国政府网,http://www.gov.cn/zhengce/content/2016-12/20/content_5150587.htm,最后访问时间:2022年3月23日。

管理的情形外，实践中应注意企业投资项目的特殊情况，如外商投资项目涉及的立项管理问题。外商投资，根据《外商投资法》第 2 条规定，是指外国的自然人、企业或者其他组织（以下简称"外国投资者"）直接或者间接在中国境内进行的投资活动，包括外国投资者单独或者与其他投资者共同在中国境内投资新建项目。《外商投资法》第 29 条规定，外商投资需要办理投资项目核准、备案的，按照国家有关规定执行。按照《企业投资项目核准和备案管理办法》第 62 条规定，外商投资项目的核准和备案管理办法另行制定，即现阶段外商投资项目的管理方式不同于一般的企业投资项目。目前针对外商投资项目另行制定的规定是《外商投资项目核准和备案管理办法》[①]，根据《外商投资项目核准和备案管理办法》第 3 条规定，外商投资项目管理也分为核准和备案两种方式，其中外商投资项目核准权限、范围按照国务院颁布的《政府核准的投资项目目录》确定，因外商投资项目的特殊性，除《政府核准的投资项目目录（2016 年本）》关于外商投资核准权限和范围的规定外，[②]《外商投资准入特别管理措施（负面清单）（2021 年版）》[③] 以及《鼓励外商投资产业目录（2022 年版）》[④] 等关于外商投资项目范围的规定也应予以遵守。

因此，针对企业投资项目，一般以项目性质和项目规模作为划分依据，除涉及外商投资等特殊情形外，实践中企业投资项目立项管理机制以《政府核准的投资项目目录》作为划分依据，确定企业投资的基础设施项目是实行核准管理还是备案管理。

---

① 《外商投资项目核准和备案管理办法》，载国家发展和改革委员会网站，https：//www. ndrc. gov. cn/fggz/lywzjw/zcfg/201405/t20140521_1046962. html？code＝&state＝123，根据《国家发展改革委关于修改〈境外投资项目核准和备案管理办法〉和〈外商投资项目核准和备案管理办法〉有关条款的决定》进行修订，载国家发展和改革委员会网站，https：//www. ndrc. gov. cn/xxgk/zcfb/fzggwl/201501/t20150115_960792. html？code＝&state＝123，最后访问时间：2022 年 3 月 23 日。

② 《政府核准的投资项目目录（2016 年本）》："《外商投资产业指导目录》中总投资（含增资）3 亿美元及以上限制类项目，由国务院投资主管部门核准，其中总投资（含增资）20 亿美元及以上项目报国务院备案。《外商投资产业指导目录》中总投资（含增资）3 亿美元以下限制类项目，由省级政府核准。前款规定之外的属于本目录第一至十条所列项目，按照本目录第一至十条的规定执行。"

③ 《外商投资准入特别管理措施（负面清单）（2021 年版）》，载国家发展和改革委员会网站，https：//www. ndrc. gov. cn/xxgk/zcfb/fzggwl/202112/t20211227_1310020. html？code＝&state＝123，最后访问时间：2022 年 3 月 23 日。

④ 《鼓励外商投资产业目录（2022 年版）》，载中国政府网，https：//www. gov. cn/gongbao/content/2022/content_5730682. htm，最后访问时间：2023 年 7 月 6 日。

3. 按照市场准入管理划分的立项管理机制

根据《国务院关于实行市场准入负面清单制度的意见》（国发〔2015〕55号）①的规定，国家建立和实行市场准入负面清单制度。市场负面清单制度，是指国务院以清单方式明确列出在中国境内禁止和限制投资经营的行业、领域、业务等，各级政府依法采取相应管理措施的一系列制度安排。市场准入负面清单以外的行业、领域、业务等，各类市场主体皆可依法平等进入。

以市场负面清单适用范围为依据进行划分，市场负面清单主要包括市场准入负面清单和外商投资负面清单。市场准入负面清单是适用于境内外投资者的一致性管理措施，是对各类市场主体市场准入管理的统一要求。外商投资负面清单适用于外国投资者在中国境内的投资经营行为，是针对外商投资准入的特别管理措施。市场准入负面清单适用于各类市场主体基于自愿的初始投资、扩大投资、并购投资等投资经营行为及其他市场进入行为。市场准入负面清单可划分为禁止准入类和限制准入类两个类别。对禁止准入类所涵盖的事项，任何市场主体不得进入，行政机关不予审批、核准，不得办理有关手续。对限制准入类所涵盖的事项，或由市场主体提出申请，行政机关依法依规作出是否予以准入的决定，或由市场主体依照政府规定的准入条件和准入方式合规进入。而对市场准入负面清单以外的行业、领域、业务等，各类市场主体皆可依法平等进入。

目前执行的市场准入负面清单文本为《市场准入负面清单（2022年版）》②。在决定市场准入负面清单的具体行业范围时，市场准入负面清单与《产业结构调整指导目录（2019年本）》③《政府核准的投资项目目录（2016年本）》等相衔接，即《产业结构调整指导目录（2019年本）》《政府核准的投资项目目录（2016年本）》及地方国家重点生态功能区和农产品主产区产业准入负面清单（或禁止限制目录）也被全面纳入市场准入负面清单。

因此，实践中应注意理解市场负面清单制度的内涵，注意市场准入制度与项

---

① 《国务院关于实行市场准入负面清单制度的意见》，载中国政府网，http：//www.gov.cn/zhengce/content/2015-10/19/content_10247.htm，最后访问时间：2022年3月23日。本规定附件《关于开展市场准入负面清单制度改革试点的工作方案》已过有效期。

② 《市场准入负面清单（2022年版）》，载国家发展和改革委员会网站，https：//www.ndrc.gov.cn/xwdt/tzgg/202203/t20220325_1320233.html？code=&state=123，最后访问时间：2022年3月23日。

③ 《产业结构调整指导目录（2019年本）》，载国家发展和改革委员会网站，https：//zfxxgk.ndrc.gov.cn/web/iteminfo.jsp？id=18616，最后访问时间：2022年3月23日。

目立项管理机制的衔接，特别是涉及许可准入事项，包括有关资格的要求和程序、技术标准和许可要求的，投资主体应注意提出申请，由行政机关依法依规作出是否予以准入的决定，确保基础设施项目立项的内容符合市场负面清单制度和项目立项管理的要求。

二、基础设施项目的立项分类管理认定标准

基于上述论述所确定的基础设施项目立项分类管理方式，为便于实践中确定应予以适用的立项管理方式，下面对基础设施项目立项分类管理的认定标准进行梳理。

1. 基础设施项目的立项分类管理的投资主体

关于基础设施项目的立项分类管理的投资主体，核心是辨析政府投资项目和企业投资项目对投资主体的差异性要求。政府投资的方式大致可划分为直接投资、资本金注入、投资补助和贷款贴息四种类型，参照《国家发展改革委关于规范中央预算内投资资金安排方式及项目管理的通知》（发改投资规〔2020〕518号）的规定可知，实践中直接投资一般是指政府安排政府投资资金投入非经营性项目，由政府有关机构或其指定、委托的机关、团体、事业单位等作为项目法人单位组织建设实施的方式。资本金注入是指政府安排政府投资资金作为经营性项目的资本金，指定政府出资人代表行使所有者权益，项目建成后政府投资形成相应国有产权的方式。投资补助是指政府安排政府投资资金，对市场不能有效配置资源、确需支持的经营性项目适当予以补助的方式。贷款贴息是指政府安排政府投资资金，对使用贷款的投资项目贷款利息予以补贴的方式。

分析上述关于政府投资方式的概念可知，政府作为行政机关并不是区分政府投资项目和企业投资项目的核心要素，即政府投资项目中，项目实施的主体可能是政府有关机构，也可能是政府指定、委托的机关、团体、事业单位，实践中应注意避免将是否由政府有关机构负责实施项目作为区分政府投资项目和企业投资项目的核心判断因素。同时，对于企业投资项目中的"企业"，实践中也不应作狭义解释，《企业投资项目核准和备案管理条例》第22条明确规定，除通过预算安排的固定资产投资项目外，事业单位、社会团体等非企业组织在中国境内利用自有资金、不申请政府投资建设的固定资产投资项目，也应按照企业投资项目进行管理。因此，对于企业投资项目中的"企业"，在理解和适用时也应包括事业

单位、社会团体等非企业组织，即应注意避免将企业的组织形式作为区分政府投资项目和企业投资项目的核心判断因素。

当然，实践中也应注意适用企业投资项目的相关规定对非企业组织项目进行管理的例外情形。涉及事业单位、社会团体等非企业组织投资建设的固定资产投资项目的例外情形，《企业投资项目核准和备案管理条例》第 22 条规定的是"但通过预算安排的固定资产投资项目除外"，而《企业投资项目核准和备案管理办法》第 64 条规定的是"不申请政府投资建设的固定资产投资项目"。《企业投资项目核准和备案管理条例》和《企业投资项目核准和备案管理办法》关于例外情形规定的表述并不完全一致。涉及事业单位、社会团体等非企业组织投资建设的固定资产项目时，如何解释前述规范提及的例外情形的范围，实践中存在争议。政府投资是指利用预算安排资金进行固定资产投资建设活动，因此，对规定例外情形的条文进行文义解释，便会得出事业单位、社会团体等非企业组织投资建设的固定资产投资项目凡是涉及预算安排资金的，不考虑预算安排资金的投入方式，均不应适用企业投资项目的相关规定进行管理的结论。但此种文义解释会产生项目立项管理规范适用的漏洞，《政府投资条例》规定并非所有涉及预算资金安排的项目均属于政府投资项目，涉及预算安排资金的项目中只有采用直接投资或资本金注入形式的项目属于政府投资项目。因此，对于涉及预算安排资金采用投资补助或贷款贴息的方式投入的非企业组织投资项目，其既不属于企业投资项目，也不属于政府投资项目。显然此种解释方式不符合我国投资项目按照政府投资项目和企业投资项目进行划分管理的体制。

涉及事业单位、社会团体等非企业组织投资建设的固定资产投资项目的例外情形的正确解释方式，应该是对《企业投资项目核准和备案管理条例》第 22 条和《企业投资项目核准和备案管理办法》第 64 条规定的例外情形进行限缩性解释，即只有在非企业组织投资项目所涉及的预算安排资金以直接投资或资本金注入形式投入的项目，才应被认定为政府投资项目，按照《政府投资条例》的相关规定进行管理。而在非企业组织投资项目所涉及的预算安排资金以投资补助或贷款贴息形式投入的情况下，也应被认定为企业投资项目，适用企业投资项目规范进行立项管理。

2. 基础设施项目的立项分类管理的投资方式

《政府投资条例》规定的政府投资所涉及资金属于预算安排资金。预算安排资金是指财政预算资金，根据《预算法》第 5 条的规定，财政预算的类型包括一般公共预算、政府性基金预算、国有资本经营预算、社会保险基金预算。《政府投资条例》所提及的预算安排资金，也应归入一般公共预算、政府性基金预算、国有资本经营预算或社会保险基金预算进行管理，即按照财政预算管理要求纳入财政预算，在项目实施过程中根据《政府投资条例》第 19 条规定，由财政部门依据经批准的预算，按照法律、行政法规和国库管理的有关规定，及时、足额办理政府投资资金拨付。涉及预算调整或者调剂的，应依照有关预算的法律、行政法规和国家有关规定办理。[①]

涉及预算安排资金的，属于政府投资范畴，是否属于政府投资项目，需依据项目涉及的预算安排资金的投资方式作进一步的辨别。前已述及，涉及预算安排资金的政府投资，大致可划分为直接投资、资本金注入、投资补助和贷款贴息等方式，只有采用直接投资和资本金注入方式实施的政府投资才属于政府投资项目，直接投资和资本金注入的主体可能是政府有关机构或其指定、委托的机关、团体、事业单位，采用其他方式实施的政府投资属于企业投资项目。

应当注意的是，对于政府投资中的直接投资和资本金注入投资方式，《政府投资条例》等规范并未规定直接投资和资本金注入的最低比例要求，因此实践中应注意凡是涉及预算安排资金以直接投资和资本金注入方式实施的投资项目，均应认定为政府投资项目。若因投资建设需要，基础设施项目需要由两个及以上项目法人组织建设实施的，实践中存在分别采取不同的投资资金安排方式的情形，此时应以项目法人作为划分依据，按照上述确定的标准分别确定不同的项目立项管理方式。同一投资项目采取两种及以上资金安排方式的，在明确每一种资金安排方式的适用范围和安排条件的基础上，应判断每一种投资方式的立项管理分类方式，只要其中一种投资方式被认定为属于政府投资项目范畴的，原则上就应通过审批进行项目立项管理，若任意一种投资方式均不属于政府投资项目范畴，则应通过核准或备案进行项目立项管理。

---

① 《政府投资条例》第 23 条："政府投资项目建设投资原则上不得超过经核定的投资概算。因国家政策调整、价格上涨、地质条件发生重大变化等原因确需增加投资概算的，项目单位应当提出调整方案及资金来源，按照规定的程序报原初步设计审批部门或者投资概算核定部门核定；涉及预算调整或者调剂的，依照有关预算的法律、行政法规和国家有关规定办理。"

三、基础设施项目的立项分类的转换

《政府投资条例》和《企业投资项目核准和备案管理条例》等均规定投资项目应当按照投资主管部门或者其他有关部门批准、核准或备案的建设地点、建设规模和建设内容实施，拟变更建设地点或者拟对建设规模、建设内容等作较大变更的，应当按照规定的程序报原审批部门审批、核准，或变更项目备案信息。但对于政府投资项目、企业投资项目之间，或者企业投资中的核准项目和备案项目之间，因投资项目变化导致其适用的立项管理方式发生变化的相关事项，暂无相关规定。

实践中实行审批的政府投资项目，参照《中央预算内直接投资项目管理办法》① 第 4 条第 1 款规定，需要审批项目建议书、可行性研究报告、初步设计等文件，情况特殊、影响重大的项目，还需要审批开工报告。而实行核准的企业投资项目，根据《企业投资项目核准和备案管理条例》的规定，不再实行批准项目建议书、可行性研究报告和开工报告的程序，政府投资主管部门对企业提交的项目申请报告，主要从维护经济安全、合理开发利用资源、保护生态环境、优化重大布局、保障公共利益、防止出现垄断等方面进行核准。实行备案的企业投资项目，在开工建设前通过在线平台将企业基本情况、项目基本情况、项目总投资额和项目符合产业政策的声明等信息告知备案机关即可。依据前述内容可知，投资项目审批、核准和备案，实质是政府逐步放松管制，发挥企业自主决策、自担风险作用的不同管理方式。

若政府投资项目转变为企业投资项目，考虑到政府投资项目所审批的文件已涵盖《企业投资项目核准和备案管理条例》所规定的核准或备案所需材料，从简化流程的角度出发，不应再要求提供编制核准或备案手续所需文件，企业投资核准项目转变为企业投资备案项目的处理方式也应按照相同方式处理。但企业投资项目转变为政府投资项目的，考虑到政府投资项目所审批的文件类型、内容均超过企业投资项目核准或备案的要求，为符合政府投资项目的审批要求，应重新编制审批所需文件，按照要求完成项目审批。企业投资备案项目转变为企业投资核准项目的处理方式也应按照相同方式处理。

---

① 《中央预算内直接投资项目管理办法》，载国家发展改革委网站，https://zfxxgk.ndrc.gov.cn/web/iteminfo.jsp? id=18567，最后访问时间：2023 年 7 月 6 日。

第二节　基础设施项目的立项内容

基础设施项目的立项内容，是指政府投资主管部门依据投资主体、项目资金来源、项目规模等因素，对基础设施项目实行审批、核准或备案的管理方式。具体而言，基础设施项目在正式开工建设前，项目建设单位必须完成相应的审核手续并取得证照文件。因项目的差异导致实践中建设单位在正式开工建设前必须完成的审核手续、证照文件的类型和取得方式也不完全一致。为便于论述，下面将前述审核手续和证照文件的内容分两个部分进行论述：一是项目审批、核准或备案管理方式下的立项文件；二是基础设施项目开工建设前的其他审批手续。而审核手续和证照文件的范围，以国家发展改革委等多部委下发的《关于印发全国投资项目在线审批监管平台投资审批管理事项统一名称和申请材料清单的通知》（发改投资〔2019〕268 号）① 中确定的《全国投资项目在线审批监管平台投资审批管理事项统一名称清单（2018 年版）》和《全国投资项目在线审批监管平台投资审批管理事项申请材料清单（2018 年版）》的内容为依据。

一、项目审批、核准或备案管理方式下的立项文件

基础设施项目审批、核准或备案管理方式下的立项文件，是指建设单位依据《政府投资条例》和《企业投资项目核准和备案管理条例》等规范，确定项目立项管理机制后，建设单位按照审批、核准或备案的方式必须完成的审核手续和取得的证照文件。

一是基础设施项目审批管理方式下的立项文件。根据《政府投资条例》第 9条的规定，政府采用直接投资方式、资本金注入方式投资的项目，项目立项实行审批制。根据《全国投资项目在线审批监管平台投资审批管理事项申请材料清单（2018 年版）》的规定，建设单位应当编写项目建议书、可行性研究报告和初步设计文件，并按照政府投资管理权限和规定的程序，报投资主管部门或者其他有

---

① 《关于印发全国投资项目在线审批监管平台投资审批管理事项统一名称和申请材料清单的通知》，载中国政府网，http://www.gov.cn/xinwen/2019-02/18/content_5366520.htm，最后访问时间：2022 年 3月 23 日。

关部门审批，即建设单位必须完成项目建议书审批、项目可行性研究报告审批和项目初步设计审批。其中，项目建议书需由建设单位编写和提交审批申请文件和项目建议书文本。项目可行性研究报告需由建设单位编写和提交项目建议书批复文件、可行性研究报告审批申请文件、可行性研究报告，并按照国家法律法规的规定附城乡规划行政主管部门出具的选址意见书（仅指以划拨方式提供国有土地使用权的项目）、自然资源（海洋）行政主管部门出具的用地（用海）预审意见（自然资源主管部门明确可以不进行用地预审的情形除外）以及法律、行政法规规定需要办理的其他相关手续。项目初步设计需由建设单位编写和提交可行性研究报告批复文件、项目初步设计报告审批申请文件和项目初步设计文本。

二是基础设施项目核准管理方式下的立项文件。对于关系国家安全、涉及全国重大生产力布局、战略性资源开发和重大公共利益等项目，政府按照《企业投资项目核准和备案管理条例》的规定实行核准管理。具体执行核准管理的项目范围，按照国务院投资主管部门会同国务院有关部门提出的投资项目目录执行，目前执行的是《政府核准的投资项目目录（2016年本）》。针对政府实行核准管理的基础设施项目，根据《企业投资项目核准和备案管理条例》第6条的规定，应由建设单位编写和提报项目申请书，由政府核准机关按照投资管理权限和规定的程序，进行核准。办理核准手续时需按照国家法律法规的规定附具城乡规划行政主管部门出具的选址意见书（仅指以划拨方式提供国有土地使用权的项目）、自然资源（海洋）行政主管部门出具的用地（用海）预审意见（自然资源主管部门明确可以不进行用地预审的情形除外），还要完成法律、行政法规规定需要办理的其他相关手续。

三是基础设施项目备案管理方式下的立项文件。核准目录以外的企业投资项目，实行备案管理。针对政府实行备案管理的基础设施项目，根据《企业投资项目核准和备案管理条例》第13条的规定，建设单位应编写和提报项目备案信息登记表，通过在线平台将项目相关信息告知项目备案机关，依法履行基础设施项目信息告知义务。

二、基础设施项目开工建设前的其他审批手续

基础设施项目立项的文件，涉及项目正式开工建设前的与项目管理相关的审批手续和证照文件。除按照审批、核准和备案管理方式分别完成项目立项所需工

作外,《企业投资项目核准和备案管理办法》第 15 条规定:"企业投资建设固定资产投资项目,应当遵守国家法律法规,符合国民经济和社会发展总体规划、专项规划、区域规划、产业政策、市场准入标准、资源开发、能耗与环境管理等要求,依法履行项目核准或者备案及其他相关手续,并依法办理城乡规划、土地(海域)使用、环境保护、能源资源利用、安全生产等相关手续,如实提供相关材料,报告相关信息。"因此,还需按照法律、行政法规规定办理其他相关手续,即基础设施项目开工建设前的其他审批手续,基于基础设施项目所处行业、投资规模等因素的差异,不同项目开工建设前的其他审批手续不尽相同,下面仅选取部分实践中相对常见的基础设施立项审批手续的内容进行论述。

1. 建设项目用地预审与选址意见书

建设项目用地预审与选址意见书,是按照《自然资源部关于以"多规合一"为基础推进规划用地"多审合一、多证合一"改革的通知》(自然资规〔2019〕2 号)① 的要求,将原有的建设项目选址意见书和建设项目用地预审合并,由自然资源主管部门统一核发的证照文件。虽然建设项目选址意见书和建设项目用地预审意见已经合并,但选址意见书和建设项目用地预审的规范依据并未发生变化,审查过程中所必需的条件和资料也未发生变化。

一是建设项目用地预审。建设项目用地预审,是指自然资源主管部门在建设项目审批、核准、备案阶段,依法对建设项目涉及的土地利用事项进行的审查。根据项目立项管理方式的不同,建设单位申请建设项目用地预审的时间也不尽相同。按照审批管理方式进行管理的基础设施项目,建设单位应在可行性研究阶段提出预审申请。按照核准管理方式进行管理的基础设施项目,建设单位应在申请报告核准前提出用地预审申请。按照备案管理方式进行管理的基础设施项目,建设单位应在办理备案手续后提出用地预审申请。

建设单位申请用地预审的,按照《建设项目用地预审管理办法》② 第 7 条规定,应编写和提报:(1)建设项目用地预审申请表;(2)建设项目用地预审申请报告,内容包括拟建项目的基本情况、拟选址占地情况、拟用地是否符合土地

---

① 《自然资源部关于以"多规合一"为基础推进规划用地"多审合一、多证合一"改革的通知》,载中国政府网,http://www.gov.cn/xinwen/2019-09/20/content_5431591.htm,最后访问时间:2022 年 3 月 23 日。

② 《建设项目用地预审管理办法》,载中国政府网,https://www.gov.cn/zhengce/2016-11/29/content_5711413.htm,最后访问时间:2023 年 7 月 6 日。

利用总体规划、拟用地面积是否符合土地使用标准、拟用地是否符合供地政策等；（3）审批项目建议书的建设项目提供项目建议书批复文件，直接审批可行性研究报告或者需核准的建设项目提供建设项目列入相关规划或者产业政策的文件。

二是选址意见书。《城乡规划法》第36条规定："按照国家规定需要有关部门批准或者核准的建设项目，以划拨方式提供国有土地使用权的，建设单位在报送有关部门批准或者核准前，应当向城乡规划主管部门申请核发选址意见书。前款规定以外的建设项目不需要申请选址意见书。"因此，选址意见书仅适用于审批和核准管理方式，且项目建设用地通过划拨方式提供的基础设施项目，选址意见书的申请与取得应在建设单位报送有关部门批准或者核准前完成。

建设单位申请选址意见书的，根据《全国投资项目在线审批监管平台投资审批管理事项申请材料清单（2018年版）》的规定，通常需编写和提报：（1）建设项目选址意见书申请书；（2）项目建设依据（项目建议书批复文件、项目列入相关规划文件或相关产业政策文件）；（3）选址意向方案，内容包括项目选址方案图件和文字说明，方案文本应分析说明项目拟选用地范围和四至，与有关城市、镇（乡）、村和风景名胜规划区、文物保护单位建设控制地带范围的关系，项目建设控制要求；（4）项目所在地市、县有关主管部门出具的规划选址初审意见。其中，跨市、县的建设项目，应有沿线各市、县有关主管部门分别出具的初审意见；（5）《建设项目规划选址论证报告》及专家审查意见，适用于未纳入依法批准的城镇体系规划、城市总体规划（或城乡总体规划）、相关专项规划的交通、水利、电力、通讯等区域性重大基础设施建设项目，以及因建设安全、环境保护、卫生、资源分布以及涉密等原因需要独立选址建设的国家或省重点建设项目、棚户区改造项目。

《自然资源部关于以"多规合一"为基础推进规划用地"多审合一、多证合一"改革的通知》（自然资规〔2019〕2号）规定，建设项目用地预审与选址意见书有效期为三年，自批准之日起计算。如需对土地用途、建设项目选址等进行重大调整的，应当重新申请。且建设项目用地预审与选址意见书是有关部门审批项目可行性研究报告、核准项目申请报告的必备文件，未经预审或者预审未通过的，不得批复可行性研究报告、核准项目申请报告；不得批准农用地转用、土地征收，不得办理供地手续。

2. 建设项目压覆重要矿产资源审批

《建设项目用地预审管理办法》规定，建设单位应当对单独选址建设项目是否压覆重要矿产资源进行查询核实，建设项目涉及压覆重要矿产资源的，建设单位应根据有关规范办理建设项目压覆重要矿产资源审批，并在办理用地预审手续后完成压覆矿产资源登记。

《国土资源部关于进一步做好建设项目压覆重要矿产资源审批管理工作的通知》（国土资发〔2010〕137号）①规定，建设单位办理建设项目压覆重要矿产资源审批手续的，应提交以下材料：（1）建设项目压覆重要矿产资源审批申请函；（2）建设项目压覆重要矿产资源评估报告，即按照建设项目压覆重要矿产资源的范围，委托具有相应地质勘查资质的单位编制建设项目压覆重要矿产资源评估报告，压覆重要矿产资源评估报告应包括建设项目选址位置图、建设项目压覆矿产资源范围与拟压覆矿区关系叠合图、建设项目压覆矿产资源储量估算结果表、建设项目压覆矿产资源不可避免性论证材料；（3）地方自然资源主管部门初审意见；（4）建设项目压覆重要矿产资源评估报告评审备案证明；（5）若建设项目压覆已设置矿业权矿产资源的，应提供建设单位与矿业权人签订的协议原件、矿业权许可证复印件，协议应包括矿业权人同意放弃被压覆矿区范围及相关补偿内容。补偿的范围原则上应包括：矿业权人被压覆资源储量在当前市场条件下所应缴的价款（无偿取得的除外）；所压覆的矿产资源分担的勘查投资、已建的开采设施投入和搬迁相应设施等直接损失。

在收到同意压覆重要矿产资源的批复文件后45个工作日内，建设单位应到项目所在地自然资源主管部门办理压覆重要矿产资源储量登记手续。45个工作日内不申请办理压覆重要矿产资源储量登记手续的，审批文件自动失效。自然资源主管部门对于涉及压覆重要矿产资源但未办理压覆重要矿产资源审批手续的，一般不予受理其用地申请。

3. 港口岸线使用审批

港口岸线，含维持港口设施正常运营所需的相关水域和陆域。对于港口总体规划区域内建设的码头等港口设施，需要使用港口岸线的，根据《港口岸线使用

---

① 《国土资源部关于进一步做好建设项目压覆重要矿产资源审批管理工作的通知》，载自然资源部网站，http：//f. mnr. gov. cn/202103/t20210309_2616768. html，最后访问时间：2022年3月23日。

审批管理办法》[①] 的规定，需开展岸线使用审批。

需要使用港口岸线的建设项目，《港口岸线使用审批管理办法》第 6 条第 1 款规定，建设单位应当在报送项目申请报告或者可行性研究报告前，向港口所在地港口行政管理部门提出港口岸线使用申请，申请材料包括：（1）港口岸线使用申请表，内容包括岸线长度、使用用途、泊位吨级、通过能力等；（2）申请人情况及相关证明材料；（3）建设项目工程可行性研究报告或者项目申请报告；（4）海事、航道部门关于建设项目的意见；（5）法律、法规规定的其他材料。

《港口岸线使用审批管理办法》第 15 条、第 16 条规定，批准使用港口岸线的建设项目，应当在取得岸线批准文件之日起三年内开工建设。逾期未开工建设，批准文件失效。批准文件失效后，如继续建设该项目需要使用港口岸线，应当重新办理港口岸线使用审批手续。港口岸线使用有效期不超过五十年。超过期限继续使用的，港口岸线使用人应当在期限届满三个月前向原批准机关提出申请。

4. 无居民海岛开发利用申请审核

基础设施项目涉及无居民海岛开发利用的，应当根据《无居民海岛开发利用审批办法》[②] 的规定，办理无居民海岛开发利用审批手续。

建设单位申请开发利用无居民海岛时，《无居民海岛开发利用审批办法》第 6 条、第 7 条规定，需提交以下申请材料：（1）无居民海岛开发利用申请书；（2）无居民海岛开发利用具体方案，具体方案内容包括：依据有关法律法规、规划、技术标准和规范，合理确定用岛面积、用岛方式和布局、开发强度等，集约节约利用海岛资源；合理确定建筑物、设施的建设总量、高度以及与海岸线的距离，并使其与周围植被和景观相协调；明确海岛保护措施，建立海岛生态环境监测站（点），防止开发利用中废水、废气、废渣、粉尘、放射性物质等对海岛及其周边海域生态系统造成破坏。（3）无居民海岛开发利用项目论证报告。无居民海岛开发利用申请经批准后，应当按照财政部和国家海洋局有关规定缴纳无居民海岛使用金，并按照不动产统一登记的有关规定，依法办理不动产登记手

---

① 《港口岸线使用审批管理办法》，载交通运输部网站，https：//xxgk.mot.gov.cn/2020/jigou/fgs/202202/t20220225_3643088.html，最后访问时间：2022 年 3 月 23 日。

② 《无居民海岛开发利用审批办法》，载自然资源部网站，http：//f.mnr.gov.cn/202105/t20210524_2632856.html，最后访问时间：2022 年 3 月 23 日。

续，领取不动产权属证书，无居民海岛使用最高期限，参照海域使用权的有关规定执行。

5. 海域使用权审核

基础设施项目涉及利用海域的，根据《海域使用管理法》的规定，必须依法取得海域使用权，即办理海域使用权审核手续。海域使用权审核包括用海预审和海域使用申请审批。

用海预审，根据《海域使用权管理规定》[①] 第 11 条第 1 款、第 14 条的规定，是指审批、核准的建设项目需要使用海域的，建设单位应当在项目审批、核准前向国家海洋行政主管部门提出海域使用申请，取得用海预审意见。用海预审意见有效期二年，有效期内，项目拟用海面积、位置和用途等发生改变的，应当重新提出海域使用申请。

建设单位办理海域使用申请审批的，应按照《海域使用权管理规定》第 17 条的规定，提交以下资料：（1）海域使用申请书；（2）申请海域的坐标图；（3）资信等相关证明材料；（4）海域使用论证报告；（5）油气开采项目提交油田开发总体方案；（6）国家级保护区内开发项目提交保护区管理部门的许可文件；（7）存在利益相关者的，应当提交解决方案或协议。

海域使用申请经批准后，由审核机关作出项目用海批复，建设单位应当按项目用海批复要求办理海域使用权登记，领取海域使用权证书。海域使用权期限届满需要续期的，建设单位应当至迟于期限届满前两个月向审核机关提交海域使用权续期申请、海域使用权证书以及资信等相关证明材料。

6. 建设项目环境影响评价审批

环境影响评价，根据《环境影响评价法》第 2 条规定，是指对规划和建设项目实施后可能造成的环境影响进行分析、预测和评估，提出预防或者减轻不良环境影响的对策和措施，进行跟踪监测的方法与制度。

《建设项目环境影响报告书（表）编制监督管理办法》[②] 第 2 条规定，建设单位可以自行或委托技术单位开展环境影响评价，编制建设项目环境影响报告书

---

① 《海域使用权管理规定》，载自然资源部网站，http：//f. mnr. gov. cn/201807/t20180705_2019289. html，最后访问时间：2022 年 3 月 23 日。

② 《建设项目环境影响报告书（表）编制监督管理办法》，载生态环境部网站，https：//www. mee. gov. cn/gzk/gz/202112/t20211211_963804. shtml，最后访问时间：2022 年 3 月 23 日。

（表）。《环境影响评价法》第 17 条规定，建设项目的环境影响报告书应当包括下列内容：（1）建设项目概况；（2）建设项目周围环境现状；（3）建设项目对环境可能造成影响的分析、预测和评估；（4）建设项目环境保护措施及其技术、经济论证；（5）建设项目对环境影响的经济损益分析；（6）对建设项目实施环境监测的建议；（7）环境影响评价的结论。

《环境影响评价法》第 24 条规定，建设项目的环境影响评价文件经批准后，建设项目的性质、规模、地点、采用的生产工艺或者防治污染、防止生态破坏的措施发生重大变动的，建设单位应当重新报批建设项目的环境影响评价文件。建设项目的环境影响评价文件自批准之日起超过五年项目未开工建设的，其环境影响评价文件应当报原审批部门重新审核；原审批部门应当自收到建设项目环境影响评价文件之日起十日内，将审核意见书面通知建设单位。第 25 条规定，建设项目的环境影响评价文件未依法经审批部门审查或者审查后未予批准的，建设单位不得开工建设。

7. 节能审查意见

节能审查，根据《固定资产投资项目节能审查办法》①第 2 条规定，是指根据节能法律法规、政策标准等，对项目能源消费、能效水平及节能措施等情况进行审查并形成审查意见的行为。节能审查意见是项目开工建设、竣工验收和运营管理的重要依据。针对政府投资项目，建设单位在报送项目可行性研究报告前，需取得节能审查机关出具的节能审查意见。针对企业投资项目，建设单位需在开工建设前取得节能审查机关出具的节能审查意见。

根据《固定资产投资项目节能审查办法》第 6 条的规定，除年综合能源消费量不满 1000 吨标准煤，且年电力消费量不满 500 万千瓦时的固定资产投资项目，以及用能工艺简单、节能潜力小的行业（具体行业目录由国家发展改革委制定并公布）的固定资产投资项目②外，我国境内建设的固定资产投资项目均应进行节能审查。

建设单位负责编制固定资产投资项目节能报告，根据《固定资产投资项目节

---

① 《固定资产投资项目节能审查办法》，载国家发展和改革委员会网站，https：//www.ndrc.gov.cn/xxgk/zcfb/fzggwl/202304/t20230406_1353307.html，最后访问时间：2023 年 7 月 6 日。

② 具体项目范围见《不单独进行节能审查的行业目录》，载国家发展和改革委员会网站，https：//www.ndrc.gov.cn/xxgk/zcfb/ghxwj/201711/t20171124_960927_ext.html，最后访问时间：2022 年 3 月 23 日。

能审查办法》的规定，通过投资项目在线审批监管平台统一管理，节能审查机关受理节能报告后，应委托有关机构进行评审，形成评审意见，作为节能审查的重要依据。对于未按照规定进行节能审查，或节能审查未获通过，擅自开工建设或擅自投入生产、使用的固定资产投资项目，由节能审查机关责令停止建设或停止生产、使用，限期改造；不能改造或逾期不改造的生产性项目，由节能审查机关报请本级人民政府按照国务院规定的权限责令关闭，并依法追究有关责任人的责任。

8. 重大项目社会稳定风险评估报告及审核意见

建设单位在组织开展重大项目前期工作时，《国家发展改革委重大固定资产投资项目社会稳定风险评估暂行办法》[①] 第 3 条规定，应当对社会稳定风险进行调查分析，征询相关群众意见，查找并列出风险点、风险发生的可能性及影响程度，提出防范和化解风险的方案措施，提出采取相关措施后的社会稳定风险等级建议。社会稳定风险分析应当作为项目可行性研究报告、项目申请报告的重要内容并设独立篇章，主要适用于审批和核准管理方式的基础设施项目。

关于重大项目社会稳定风险评估，《国家发展改革委重大固定资产投资项目社会稳定风险评估暂行办法》第 5 条规定，由项目所在地人民政府或其有关部门指定的评估主体组织对项目单位做出的社会稳定风险分析开展评估论证，根据实际情况可以采取公示、问卷调查、实地走访和召开座谈会、听证会等多种方式听取各方面意见，分析判断并确定风险等级，提出社会稳定风险评估报告。评估报告的主要内容为项目建设实施的合法性、合理性、可行性、可控性，可能引发的社会稳定风险，各方面意见及其采纳情况，风险评估结论和对策建议，风险防范和化解措施以及应急处置预案等内容。

9. 移民安置规划审批

对于涉及移民安置的大中型水利水电工程，根据《大中型水利水电工程建设征地补偿和移民安置条例》第 10 条第 1 款、第 12 条第 1 款的规定，已经成立项目法人的，由项目法人根据经批准的移民安置规划大纲编制移民安置规划；没有成立项目法人的，项目主管部门应当会同移民区和移民安置区县级以上地方人民

[①] 《国家发展改革委重大固定资产投资项目社会稳定风险评估暂行办法》，载国家发展和改革委员会网站，https://www.ndrc.gov.cn/fggz/gdzctz/tzfg/201907/t20190717_1197572.html，最后访问时间：2022 年 3 月 23 日。

政府，根据经批准的移民安置规划大纲编制移民安置规划。移民安置规划应当对农村移民安置、城（集）镇迁建、工矿企业迁建、专项设施迁建或者复建、防护工程建设、水库水域开发利用、水库移民后期扶持措施、征地补偿和移民安置资金概（估）算等作出安排。

编制移民安置规划应当广泛听取移民和移民安置区居民的意见；必要时，应当采取听证的方式。办理移民安置审批，根据《全国投资项目在线审批监管平台投资审批管理事项申请材料清单（2018年版）》[①]，建设单位通常需提交以下材料：（1）移民安置规划审核申请函；（2）移民安置规划报告及附件；（3）移民安置规划大纲批复文件。

经批准的移民安置规划是组织实施移民安置工作的基本依据，应当严格执行，不得随意调整或者修改；确需调整或者修改的，应当依照规定重新报批。未编制移民安置规划或者移民安置规划未经审核的大中型水利水电工程建设项目，有关部门不得批准或者核准其建设，不得为其办理用地等有关手续。

10. 洪水影响评价审批

根据《防洪法》的规定，洪水影响评价审批，按照基础设施项目类型和功能的差异，可划分为：（1）在江河湖泊上新建、扩建以及改建并调整原有功能的水工程的洪水影响评价；（2）建设跨河、穿河、穿堤、临河的桥梁、码头、道路、渡口、管道、蓝线、取水、排水等工程设施的洪水影响评价；（3）在洪泛区、蓄滞洪区内建设非防洪建设项目的洪水影响评价；（4）在国家基本水文监测站上下游建设影响水文监测的工程的洪水影响评价。

根据《全国投资项目在线审批监管平台投资审批管理事项申请材料清单（2018年版）》，不同类型基础设施的洪水影响评价，要求建设单位编写和提报不同类型的资料。

一是在江河湖泊上新建、扩建以及改建并调整原有功能的水工程的洪水影响评价，要求建设单位提交：（1）水工程建设规划同意书申请表；（2）拟报批水工程的（预）可行性研究报告（项目申请报告、备案材料）；（3）与第三者利害关系的相关说明；（4）水工程建设规划同意书论证报告。

---

① 载国家发展和改革委员会网站，https：//www.ndrc.gov.cn/xxgk/zcfb/tz/201902/W020190905514306487521.pdf，最后访问时间：2023年2月2日。

二是建设跨河、穿河、穿堤、临河的桥梁、码头、道路、渡口、管道、蓝线、取水、排水等工程设施的洪水影响评价，要求建设单位提交：（1）河道管理范围内建设项目工程建设方案审批申请书；（2）项目建设依据（项目建议书等批复文件、项目列入相关规划文件或相关产业政策文件）；（3）建设项目所涉及河道与防洪部分的初步方案；（4）占用河道管理范围内土地情况及该建设项目防御洪涝的设防标准与措施；（5）说明建设项目对河势变化、堤防安全、河道行洪、河水水质的影响以及拟采取的补救措施；（6）重大建设项目的防洪评价报告。

三是在洪泛区、蓄滞洪区内建设非防洪建设项目的洪水影响评价，要求建设单位提交：（1）非防洪建设项目洪水影响评价报告审批申请表；（2）洪水影响评价报告；（3）建设项目可行性研究报告或初步设计报告（项目申请报告、备案材料）；（4）与第三者达成的协议或有关文件。

四是在国家基本水文监测站上下游建设影响水文监测的工程的洪水影响评价，要求建设单位提交：（1）国家基本水文监测站上下游建设影响水文监测工程的审批申请书；（2）建设工程对水文监测影响程度的分析评价报告；（3）项目实施进度计划。

11. 航道通航条件影响评价审核

航道通航条件影响评价审核，是指在新建、改建、扩建与航道有关的工程前，建设单位根据国家有关规定和技术标准规范，论证评价工程对航道通航条件的影响并提出减小或者消除影响的对策措施，由有审核权的交通运输主管部门或者航道管理机构进行审核。

根据《航道法》第 28 条和《航道通航条件影响评价审核管理办法》[①] 第 3 条的规定，除临河、临湖的中小河流治理工程，不通航河流上建设的水工程，以及现有水工程的水毁修复、除险加固、不涉及通航建筑物和不改变航道原通航条件的更新改造等不影响航道通航条件的工程外，应当进行航道通航条件影响评价审核的工程包括：（1）跨越、穿越航道的桥梁、隧道、管道、渡槽、缆线等建筑物、构筑物；（2）通航河流上的永久性拦河闸坝；（3）航道保护范围内的临

---

① 《航道通航条件影响评价审核管理办法》，载交通运输部网站，https://xxgk.mot.gov.cn/2020/jigou/fgs/202006/t20200623_3308250.html，最后访问时间：2022 年 3 月 23 日。

河、临湖、临海建筑物、构筑物，包括码头、取（排）水口、栈桥、护岸、船台、滑道、船坞、圈围工程等。

建设与航道有关的工程，建设单位应当在可行性研究阶段，自行或委托具有相应经验、技术条件和能力的机构编制航道通航条件影响评价报告，根据《航道通航条件影响评价审核管理办法》第6条规定，报告应包括下列内容：（1）建设项目概况，包括项目名称、地点、规模、建设单位等；（2）建设项目所在河段、湖区、海域的通航环境，包括自然条件、水上水下有关设施、航道及通航安全状况等；（3）建设项目的选址评价；（4）建设项目与通航有关的技术参数和技术要求的分析论证；（5）建设项目对航道条件、通航安全、港口及航运发展的影响分析；（6）减小或者消除对航道通航条件影响的措施；（7）航道条件与通航安全的保障措施；（8）征求各有关方面意见的情况及处理情况。

建设单位申请航道通航条件影响评价审核时，根据《航道通航条件影响评价审核管理办法》第11条规定，应当提交以下材料：（1）审核申请书；（2）航道通航条件影响评价报告；（3）项目的规划或者其他建设依据；（4）涉及规划调整或者拆迁等措施的应当提供规划调整或者拆迁已取得同意或者已达成一致的承诺函、协议等材料。

审核部门出具审核意见后，根据《航道通航条件影响评价审核管理办法》第18条、第19条规定，建设单位、项目名称和涉及航道、通航的事项发生变化的，建设单位应当向原审核部门申请办理变更手续。建设单位取得审核意见后，未在审核意见签发之日起三年内开工建设的，或者建设项目开工建设前因重大自然灾害、极端水文条件等引起航道通航条件发生重大变化的，建设单位应当重新申请办理审核手续。

12. 生产建设项目水土保持方案审批

水土保持，根据《水土保持法》第2条规定，是指对自然因素和人为活动造成水土流失所采取的预防和治理措施。

对于在山区、丘陵区、风沙区以及水土保持规划确定的容易发生水土流失的其他区域开办可能造成水土流失的基础设施项目，建设单位需按照《水土保持法》的规定，自行或委托具有相应技术条件的机构编制水土保持方案。

根据《全国投资项目在线审批监管平台投资审批管理事项申请材料清单（2018年版）》的规定，建设单位编制的水土保持方案应当包括水土流失预防和治理的范围、目标、措施和投资等内容，生产建设项目水土保持方案审批需建设单位提交下列材料：（1）生产建设项目水土保持方案审批申请；（2）生产建设项目水土保持方案。

水土保持方案经批准后，《水土保持法》第 25 条规定，生产建设项目的地点、规模发生重大变化的，应当补充或者修改水土保持方案并报原审批机关批准。水土保持方案实施过程中，水土保持措施需要作出重大变更的，应当经原审批机关批准。第 26 条规定，依法应当编制水土保持方案的生产建设项目，生产建设单位未编制水土保持方案或者水土保持方案未经水行政主管部门批准的，生产建设项目不得开工建设。第 27 条规定，依法应当编制水土保持方案的生产建设项目中的水土保持设施，应当与主体工程同时设计、同时施工、同时投产使用；生产建设项目竣工验收，应当验收水土保持设施；水土保持设施未经验收或者验收不合格的，生产建设项目不得投产使用。

13. 风景名胜区内建设活动审批

为保护风景名胜区，执行风景名胜区规划，《风景名胜区条例》规定禁止在风景名胜区内设立各类开发区和在核心景区内建设宾馆、招待所、培训中心、疗养院以及与风景名胜资源保护无关的其他建筑物，同时禁止在风景名胜区内实施开山、采石、开矿、开荒、修坟立碑等破坏景观、植被和地形地貌的活动，或者修建储存爆炸性、易燃性、放射性、毒害性、腐蚀性物品的设施。

对于上述禁止范围以外的建设活动，《风景名胜区条例》要求建设单位应当经风景名胜区管理机构审核后，依照有关法律、法规的规定办理审批手续。建设单位办理风景名胜区内建设活动审批时，根据《全国投资项目在线审批监管平台投资审批管理事项申请材料清单（2018 年版）》的规定，应提交下列材料：（1）拟建项目选址方案（主要包括：项目的必要性、合理性、可行性分析；项目的选址比选方案；项目对风景名胜区的资源生态和景观环境影响评价分析；项目的初步设计及其他基础资料；项目用地红线图）；（2）在风景名胜区内实施重大建设工程项目的申请文件；（3）拟建项目所在风景名胜区管理机构出具的审查报告（报告中附专家审查意见）；（4）拟建项目所在风景名胜区的规划文件及批复（经批准的风景名胜区《总体规划》《详细规划》文本及批复文件）。

14. 市政设施建设类审批

根据《城市道路管理条例》的规定，城市道路范围内道路的占用、建设，依附于城市道路建设各种管线、杆线等设施的建设活动，均需得到市政工程行政主管部门的批准，即建设单位实施类似建设活动，应办理市政设施建设类审批。

建设单位办理市政设施类审批时，根据《全国投资项目在线审批监管平台投资审批管理事项申请材料清单（2018 年版）》的规定，应按照规定提交下列材料：（1）市政设施建设类审批申请文件；（2）拟建建筑工程施工许可证和建设工程规划类许可证；（3）市政设施建设的设计文书；（4）施工单位的资质证明（含施工组织设计方案、安全评估报告及事故预警和应急处置方案）；（5）涉及占用城市道路的建设项目，需提供占用城市道路的平面图；（6）涉及挖掘城市道路的建设项目，需提供挖掘影响范围内的地下管线放样资料，挖掘破路设计图和挖掘道路的施工组织设计；（7）对与城镇排水与污水处理设施相连接的建设项目，需提供城市排水指导意见；（8）涉及挖掘城市道路，并需在城市桥梁、隧道的安全保护区域内申请的挖掘项目，需提供对桥梁、隧道的沉降和位移的监测方案，以及对桥梁、隧道影响的分析评估报告，或原设计单位的荷载验算书及安全技术意见；（9）涉及城市桥梁上架设各类市政管线的建设项目，需提供安全评估报告（桥梁、隧道的原设计单位的荷载验算书及技术安全意见、施工组织、事故预警和应急抢险方案、城市桥梁上架设各类市政管线的定期自行检修方案和配合桥梁管理部门做好日常检测、养护作业的承诺书）。

15. 建设用地（含临时用地）规划许可证核发

在城市、镇规划区内的基础设施项目，建设用地（含临时用地）规划许可证的核发，依据国有土地使用权取得的差异而存在不同：一是以划拨方式提供国有土地使用权的基础设施项目，经有关部门批准、核准、备案后，建设单位应当向城市、县人民政府城乡规划主管部门提出建设用地规划许可申请，由城市、县人民政府城乡规划主管部门依据控制性详细规划核定建设用地的位置、面积、允许建设的范围，核发建设用地规划许可证。二是以出让方式提供国有土地使用权的基础设施项目，建设单位在取得建设项目的批准、核准、备案文件和签订国有土地使用权出让合同后，向城市、县人民政府城乡规划主管部门领取建设用地规划许可证。

建设单位依法申请建设用地（含临时用地）规划许可证时，根据《全国投资项目在线审批监管平台投资审批管理事项申请材料清单（2018 年版）》的规定，需要提交下列材料：（1）项目可研审批、核准或备案文件；（2）建设用地规划许可申请表；（3）涉及出让用地的建设项目，提供国有土地使用权出让合同；涉及划拨用地的建设项目，则提供国有土地使用批准文件或书面意见。

建设用地（含临时用地）规划许可证是证明建设用地符合国土空间规划和用途管制要求，准予使用土地的法律凭证，未经发证机关审核同意，建设用地（含临时用地）规划许可证的各项规定不得随意变更，建设用地（含临时用地）规划许可证的附图及附件与建设用地（含临时用地）规划许可证具有同等法律效力。

16. 乡村建设规划许可证核发

乡村建设规划许可证，根据《城乡规划法》第 41 条规定，是指建设单位在乡、村庄规划区内进行乡镇企业、乡村公共设施和公益事业建设的，需要申请核发的证照文件。

建设单位办理乡村建设规划许可证核发的，根据《全国投资项目在线审批监管平台投资审批管理事项申请材料清单（2018 年版）》的规定，需要提交下列材料：（1）乡村建设规划许可证申请表；（2）建设工程设计方案或简要设计说明，其中简要设计说明仅适用于农民自建低层住宅；（3）村民委员会讨论同意、村民委员会签署的意见；（4）乡镇（街办）的初审意见；（5）拟建项目用地的土地权属证明材料；（6）房屋用地四至图（含四邻关系）；（7）若涉及占用农用地的建设项目，需提交农用地转用批复文件。

乡村建设规划许可证是证明在集体土地上有关建设工程符合国土空间规划和用途管制要求，准予使用土地的法律凭证，未经发证机关审核同意，乡村建设规划许可证的各项规定不得随意变更，乡村建设规划许可证的附图及附件与乡村建设规划许可证具有同等法律效力。

17. 建设工程规划类许可证核发

建设工程规划类许可证，根据《城乡规划法》第 40 条规定，是指在城市、镇规划区内进行建筑物、构筑物、道路、管线和其他工程建设，建设单位向城市、县人民政府城乡规划主管部门或者省、自治区、直辖市人民政府确定的镇人民政府申请办理的证照文件。

建设单位申请办理建设工程规划类许可证，应当提交使用土地的有关证明文件、建设工程设计方案等材料，若需要建设单位编制修建性详细规划的建设项目，还应当提交修建性详细规划。根据《全国投资项目在线审批监管平台投资审批管理事项申请材料清单（2018 年版）》的规定，具体包括：（1）建设工程规划许可申请报告和申请表；（2）土地权属证明文件（国有土地使用权证、用地批准书或不动产权证书）；（3）项目可研审批、核准或备案文件；（4）若涉及历史文化街区、名镇、名村核心保护范围内拆除历史建筑以外的建筑物、构筑物或其他设施的，应当提交历史文化街区、名镇、名村核心保护范围内拆除历史建筑以外的建筑物、构筑物或其他设施的申请；（5）若涉及历史建筑实施原址保护的，应当提交历史建筑实施原址保护申请；（6）若涉及历史建筑外部修缮装饰、添加设施以及改变历史建筑的结构或使用性质的，应当提交历史建筑外部修缮装饰、添加设施以及改变历史建筑的结构或使用性质的申请。

建设工程规划类许可证是经城乡规划主管部门依法审核，证明建设工程符合城乡规划要求的法律凭证，未取得建设工程规划类许可证或者未按照建设工程规划类许可证的内容进行建设的，均属于违法建设。未经城乡规划主管部门同意，不得随意变更建设工程规划类许可证的内容。此外，应注意的是除永久性建筑外，在城市、镇规划区内进行临时建筑物、构筑物、道路或者管线建设，且临时建设不影响控制性详细规划和近期建设规划的实施，以及公共卫生、公共安全、公共交通和市容景观的，建设单位也应向城乡规划主管部门申请核发临时建设工程规划类许可证。

18. 建筑工程施工许可证核发

建筑工程施工许可证，根据《建筑法》第 7 条规定，是指除国务院建设行政主管部门确定的限额以下的小型工程外，建设单位在建筑工程开工建设前，按照国家有关规定向工程所在地县级以上人民政府建设行政主管部门申请领取的证照文件。

建设单位申请建筑工程施工许可证，根据《建筑工程施工许可管理办法》①第 4 条的规定，应提交相应的证明文件：（1）依法应当办理用地批准手续的，已经办理该建筑工程用地批准手续。（2）依法应当办理建设工程规划许可证的，已经取得建设工程规划许可证。（3）施工场地已经基本具备施工条件，需要征收房屋的，其进度符合施工要求。（4）已经确定施工企业。按照规定应当招标

---

① 《建筑工程施工许可管理办法》，载住房和城乡建设部网站，https：//www.mohurd.gov.cn/gong-kai/zhengce/zhengceguizhang/202104/20210410_763779.html，最后访问时间：2022 年 3 月 23 日。

的工程没有招标，应当公开招标的工程没有公开招标，或者肢解发包工程，以及将工程发包给不具备相应资质条件的企业的，所确定的施工企业无效。（5）有满足施工需要的资金安排、施工图纸及技术资料，建设单位应当提供建设资金已经落实承诺书，施工图设计文件已按规定审查合格。（6）有保证工程质量和安全的具体措施。施工企业编制的施工组织设计中有根据建筑工程特点制定的相应质量、安全技术措施。建立工程质量安全责任制并落实到人。专业性较强的工程项目应编制专项质量、安全施工组织设计，并按照规定办理工程质量、安全监督手续。

建筑工程施工许可证，是建设行政主管部门核发的准予施工的法律凭证，未经发证机关许可，建筑工程施工许可证的内容不得变更。建设单位应在取得建筑工程施工许可证之日起三个月内予以施工，逾期应办理延期手续，不办理延期或延期次数、时间超过法定时间的，建筑工程施工许可证自行废止。凡未取得建筑工程施工许可证而擅自进行施工的，属于违法建设。此外应注意的是，根据《建筑工程施工许可管理办法》第 2 条规定，建筑工程施工许可证的适用范围是在中国境内从事各类房屋建筑及其附属设施的建造、装修装饰和与其配套的线路、管道、设备的安装，以及城镇市政基础设施工程的施工，对于其他非建筑类型的基础设施项目，实践中应注意按照对应领域的法律、行政法规等规范办理相应的施工许可证照文件。

19. 涉及国家安全事项的建设项目审批

涉及国家安全事项的建设项目审批，是指国家安全机关对在国家安全控制区内新建、改建、扩建的建设项目实施国家安全审批。《国家安全法》第 59 条规定："国家建立国家安全审查和监管的制度和机制，对影响或者可能影响国家安全的外商投资、特定物项和关键技术、网络信息技术产品和服务、涉及国家安全事项的建设项目，以及其他重大事项和活动，进行国家安全审查，有效预防和化解国家安全风险。"基础设施项目涉及国家安全事项的，应当办理涉及国家安全事项的建设项目审批。

建设单位办理涉及国家安全事项的建设项目审批，根据《全国投资项目在线审批监管平台投资审批管理事项申请材料清单（2018 年版）》的规定，应提交相应的证明文件：（1）涉及国家安全事项的建设项目审批申请表；（2）建设单位营业执照正本；（3）规划红线图；（4）项目设计方案；（5）项目总平图；（6）项目控制性详细规划。

对符合国家安全事项许可条件的建设项目，国家安全机关将给予许可批复，并在下一年度的年审换证时，统一颁发《国家安全事项审批许可证》。对不符合国家安全事项许可条件的建设项目，国家安全机关将给予不同意的批复。实施过程中，每年需办理一次国家安全事项年审换证工作，即建设单位应按照国家安全机关统一下发的年审换证通知要求，填写《建设项目涉及国家安全事项审批年审表》，并送交指定地点，国家安全机关将对建设单位执行《维护国家安全事项责任书》情况进行审核，对符合要求的项目颁发《国家安全事项审批许可证》，对不符合要求的项目给予缓发、停发或撤销《国家安全事项审批许可证》。

三、基础设施项目的立项内容变更

基于前述内容可知，按照法律、行政法规等规范要求办理基础设施项目立项手续所取得的证照或审批备案文件，是基础设施项目的合规性证明文件。法律、行政法规等规范不允许建设单位在取得相应证照或审批文件后，擅自改变基础设施项目的立项内容。以政府投资项目为例①，《政府投资条例》第 21 条规定："政府投资项目应当按照投资主管部门或者其他有关部门批准的建设地点、建设规模和建设内容实施；拟变更建设地点或者拟对建设规模、建设内容等作较大变更的，应当按照规定的程序报原审批部门审批。"即基础设施项目取得立项手续后，必须按照立项手续确定的建设地点、建设规模和建设内容实施，需要变更基础设施项目立项内容的，应按照原立项程序重新办理项目立项手续。

此外，部分基础设施项目立项手续项下取得的证照或审批文件存在期限的限制，如《企业投资项目核准和备案管理条例》第 12 条规定："项目自核准机关作出予以核准决定或者同意变更决定之日起 2 年内未开工建设，需要延期开工建设的，企业应当在 2 年期限届满的 30 个工作日前，向核准机关申请延期开工建设。核准机关应当自受理申请之日起 20 个工作日内，作出是否同意延期开工建设的决定。开工建设只能延期一次，期限最长不得超过 1 年。国家对项目延期开工建设另有规定的，依照其规定。"即建设单位应在核准机关出具项目核准文件或同意项目变更决定 2 年内开工建设，其间可以在 2 年期限届满的 30 个工作日

---

① 根据《企业投资项目核准和备案管理条例》第 11 条和第 14 条的规定，企业投资项目核准信息或备案信息发生变更的，也应按照核准或备案手续办理项目信息变更手续。

前向项目核准机关申请延期开工建设一次，延长期限不得超过 1 年。建设单位未在规定期限内开工建设或未向项目核准机关申请延期的，项目核准文件或同意项目变更决定自动失效。其他的立项审批手续，如建设项目用地预审与选址意见书、建设项目压覆重要矿产资源审批、建设项目环境影响评价审批、建筑工程施工许可证核发等立项手续均存在期限限制，因此实践中应注意基础设施项目立项手续的期限限制，及时组织开工建设，必要时申请延长期限或重新办理立项手续，确保基础设施项目满足立项的合规性要求。

第三节　基础设施项目立项的项目法人

前已论及基础设施项目立项管理机制和立项的文件要求，除基础设施项目通过立项程序所确定的建设地点、建设规模和建设内容外，审批证照手续中所确定的基础设施项目的实施主体，即基础设施项目立项中的项目法人，也是论述基础设施项目立项制度应予以关注的重要内容，下面结合我国现有法律规范对基础设施项目立项中的项目法人进行论述。

一、项目法人的制度沿革

项目法人作为基础设施项目领域广为熟知的概念，实践中一般是指具有民事权利能力和民事行为能力，依法独立享有民事权利和承担民事义务的，并以建设项目为目的，从事项目管理的机构或组织，即项目法人是建设项目的所有者、投资者、组织建设者和经营者。

关于项目法人的概念，法律规范层面并无相对统一、完善的界定，仅散见于规范性文件中。规范层面较早出现项目法人内容的是《水利工程建设项目实行项目法人责任制的若干意见》（水建〔1995〕129 号）[①]，该文件出台的背景是"适应发展社会主义市场经济，转换项目建设与经营体制"，要求在"在水利工程建

---

① 《水利工程建设项目实行项目法人责任制的若干意见》，载水利部网站，http://www.mwr.gov.cn/zwgk/gknr/201304/t20130428_1443508.html。该法规已被《水利部关于废止一批规范性文件的公告》废止，载水利部网站，http://www.mwr.gov.cn/zw/tzgg/tzgs/202103/t20210326_1511166.html，最后访问时间：2022 年 3 月 23 日。

设中实行项目法人责任制"。因此，项目法人概念的出现是我国从计划经济逐步向市场经济过渡的过程中出现的产物，目的是改变计划经济下"按指令性计划下达国家投资建设任务，项目运行和亏损全部由国家承担，无人承担项目的投资、工期和质量控制的直接责任"的局面，明确项目法人的主要管理职责，因此引入的项目法人概念主要是围绕项目法人责任制度展开。《关于实行建设项目法人责任制的暂行规定》（计建设〔1996〕673号）① 第3条规定，实行项目法人责任制，由项目法人对项目的策划、资金筹措、建设实施、生产经营、债务偿还和资产的保值增值，实行全过程负责。即《关于实行建设项目法人责任制的暂行规定》跳过"项目法人"的界定，直接指向项目法人责任制，通过项目法人责任制规范和界定项目法人所需具备的职能和应承担的责任。

在我国基础设施领域投资管理体制逐步完善的过程中，《投资体制改革决定》中继续要求的"严格执行投资项目的法人责任制"已从具有代表性意义的《企业投资项目核准和备案管理条例》和《政府投资条例》等行政法规中淡出，即项目法人的概念逐渐退出了基础设施项目领域的规范体系，规范层面承继项目法人责任制度内涵的是"建设单位"② "项目单位"③ 和"企业"④ 等表述。但规范层面表述的变化并不影响实践中继续使用项目法人的概念。以政府投资项目为例，《政府投资条例》第9条规定政府投资项目是采用直接投资和资本金注入方式安排投资资金，《国家发展改革委关于规范中央预算内投资资金安排方式及项目管理的通知》（发改投资规〔2020〕518号）进一步明确直接投资和资本金注入的概念：直接投资是指政府安排政府投资资金投入非经营性项目，并由政府有关机构或其指定、委托的机关、团体、事业单位等作为项目法人单位组织建设实施的方式；资本金注入是指政府安排政府投资资金作为经营性项目的资本金，指定政府出资人代表行使所有者权益，项目建成后政府投资形成相应国有产权的方式。虽然不同情形下针对承担项目投资建设责任主体的描述存在差异，但是涉及

---

① 该法规已被《国家发展改革委关于废止部分规章和规范性文件的决定》废止，载中国政府网，http：//www.gov.cn/gongbao/content/2016/content_5065674.htm，最后访问时间：2022年3月23日。

② 具有代表性意义的规范包括《建筑法》《公路法》等法律，均采用"建设单位"的表述。

③ 具有代表性意义的规范是《政府投资条例》，《政府投资条例》中的项目单位是全过程负责政府投资项目的责任主体。

④ 具有代表性意义的规范是《企业投资项目核准和备案管理条例》，企业是负责企业投资项目的责任主体。

项目立项具体实施的规范性文件中仍在使用项目法人的概念，因此实践中应注意具体情境下不同规范关于项目法人表述上的差异。

二、项目法人的职责

从上述项目法人的制度沿革分析中可知，项目法人是项目投资建设全过程的责任主体，在项目投资建设过程中项目法人具体承担的工作内容，参照《水利工程建设项目实行项目法人责任制的若干意见》（水建〔1995〕129号）的规定，一般包括：（1）负责筹集建设资金，落实所需外部配套条件，做好各项前期工作。（2）按照国家有关规定，审查或审定工程设计、概算、投资计划和用款计划。（3）负责组织工程设计、监理、设备采购和施工的招标工作，审定招标方案。要对投标单位的资质进行全面审查，综合评选，择优选择中标单位。（4）审定项目年度投资和建设计划；审定项目财务预算、决算；按合同规定审定归还贷款和其他债务的数额，审定利润分配方案。（5）按国家有关规定，审定项目（法人）机构编制、劳动用工及职工工资福利方案等，自主决定人事聘任。（6）项目投产前，要组织运行管理班子，培训管理人员，做好各项生产准备工作。（7）项目按批准的设计文件内容建成后，要及时组织验收和办理竣工决算。因此在规范层面，项目法人在基础设施项目投资建设过程中主要承担：（1）基础设施项目的立项职责；（2）基础设施项目的投资建设职责。

1. 基础设施项目的立项职责

基础设施项目立项职责，是指项目法人在正式开工建设前，必须按照法律、行政法规等规范要求，办理项目立项手续。包括以基础设施项目性质分类为基础的审批、核准或备案的立项手续，以及基础设施项目开工建设前需办理的土地、工程方面的其他审批手续。就以基础设施项目性质分类为基础的审批、核准或备案的立项手续而言，若政府投资项目的项目单位未经批准或者不符合规定的建设条件开工建设政府投资项目，或者未经批准变更政府投资项目的建设地点或者对建设规模、建设内容等作较大变更，根据《政府投资条例》第34条规定，行政主管部门有权责令改正，并根据具体情况暂停、停止拨付资金或者收回已拨付的资金，暂停或者停止建设活动。对企业投资实行核准管理的项目而言，若企业未按照《企业投资项目核准和备案管理条例》规定办理核准手续开工建设或者未按照核准的建设地点、建设规模、建设内容等进行建设的，核准机关有权责令停止建设或者责令停产，对企业处项目总投资额 1‰以上 5‰以下的罚款，对直接负责的主管人员和其他直接责任人员处 2 万元以上 5 万元以下的罚款，属于国家工作人员的，依法给予处分。对企业投资实行备案管理的项目而言，若企业未按照《企业投资项目核准和备案管理条例》规定将项目信息或者已备案项目的信息变更情况告知备案机关，或者向备案机关提供虚假信息，由备案机关责令限期改正，逾期不改正的，处 2 万元以上 5 万元以下的罚款。就基础设施项目开工建设前需办理的土地、工程方面的其他审批手续，若项目法人未能按照法律、行政法规的规定取得土地使用权、建设用地规划、建设工程规划和施工许可证等证照，除可能影响项目法人对外签订合同的效力外，[1] 还会面临被认定为违法建筑，被行政主管部门责令停止建设、运营，并处以行政处罚的法律风险[2]。

因此，项目法人应按照法律、行政法规等规范性文件的要求办理对应的立项手续，取得相应的审批证照和文件，即履行基础设施项目对应的立项职责。基础设施项目未按照法律、行政法规等规范的要求办理项目立项手续，将面临无法顺利实施项目投资建设以及潜在行政处罚的法律风险。

2. 基础设施项目的投资建设职责

项目法人办理项目投资建设所需的审批证照，直接目的是确保基础设施项目在合法、合规的条件下完成项目资金筹措和工程建设。因此，项目法人需承担基础设施项目资金筹措和工程建设职责。

一是基础设施项目资金筹措。根据《国务院关于加强固定资产投资项目资本金管理的通知》（国发〔2019〕26 号）[3] 的规定，我国境内的企业投资项目和政府投资的经营性项目适用资本金制度，即按照基础设施项目性质确定不同的资本金比例，资本金作为项目总投资中由投资者认缴的出资额，对投资项目来说必须是非债务性资金，项目法人不承担这部分资金的任何债务和利息。实践中对项目分类实施资本金核算管理，即对于设立独立法人的投资项目，其所有者权益可以

---

① 《最高人民法院关于审理建设工程施工合同纠纷案件适用法律问题的解释（一）》第 3 条规定："当事人以发包人未取得建设工程规划许可证等规划审批手续为由，请求确认建设工程施工合同无效的，人民法院应予支持，但发包人在起诉前取得建设工程规划许可证等规划审批手续的除外。发包人能够办理审批手续而未办理，并以未办理审批手续为由请求确认建设工程施工合同无效的，人民法院不予支持。"

② 《土地管理法》第 74 条、第 84 条，《城乡规划法》第 64 条、第 65 条，《建筑法》第 64 条等，对项目法人未取得对应的审批证照和手续均规定了法律后果和行政部门可采取的措施。

③ 《国务院关于加强固定资产投资项目资本金管理的通知》，载中国政府网，http://www.gov.cn/zhengce/content/2019-11/27/content_5456170.htm，最后访问时间：2022 年 3 月 23 日。

全部作为投资项目资本金。对未设立独立法人的投资项目，项目单位应设立专门账户，规范设置和使用会计科目，按照国家有关财务制度、会计制度对拨入的资金和投资项目的资产、负债进行独立核算，并据此核定投资项目资本金的额度和比例。因此对于政府投资的经营性项目和企业投资的基础设施项目，要求项目法人承担落实项目资本金的责任，对于非资本金部分的资金，则要求项目法人通过债务融资的方式筹集资金。而对于政府投资的非经营性项目，虽不执行资本金制度，但仍涉及使用预算安排资金进行固定资产投资建设活动，相关资金受政府财政预算约束，政府及其有关部门不得通过违法违规举借债务的方式筹措政府投资资金。

二是基础设施项目工程建设。前已论及项目法人需承担基础设施工程建设责任，但并未涉及项目法人承担的建设责任的具体内容。根据《建筑法》和《建设工程质量管理条例》等规定可知，在基础设施工程建设过程中，项目法人应依法组织发包，不得将工程发包给个人或不具有相应资质等级的单位，也不得肢解发包，在项目开工前按照国家有关规定办理工程质量、安全监督手续，申请领取施工许可证，不得迫使承包单位以低于成本的价格竞标，不得任意压缩合理工期。就工程建设质量而言，必须满足法律、行政法规及有关的技术标准、设计文件等关于工程质量的要求，不得以任何理由，要求建筑设计单位或者建筑施工企业在工程设计或者施工作业中，违反法律、行政法规和建筑工程质量、安全标准，降低工程质量。就工程施工安全保障而言，在组织编制工程概算时，应当将建筑工程安全生产措施费用和工伤保险费用单独列支，作为不可竞争费，不参与竞标，即足额列支安全生产保障费用。

针对上述项目法人应承担的立项职责和投资建设职责，现有规范体系对责任内容和违反对应责任应承担的后果都有相对明确的规定，但在特定情形下如何确定项目法人可能存在争议。实践中对于如何确定项目法人并无统一适用的规则或准则，一般是以基础设施项目立项过程中取得审批证照文件为依据，确定相关审批证照文件所列明的投资建设单位为项目法人，但存在办理取得项目立项审批证照文件的主体和承担项目法人职责的主体不一致的情形，较为典型的情形包括：（1）项目法人单位在基础设施项目立项过程中设立，前期办理及取得批复文件的是设立项目法人单位的投资主体，后期办理及取得批复文件的是项目法人，导致基础设施项目不同阶段就项目立项所取得的立项审批文件的主体不一致；（2）以

PPP 项目为典型，即项目立项等前期手续通常由政府有关部门以自身或其指定机构名义进行办理，在立项手续完成后进行 PPP 项目社会资本采购，由社会资本或社会资本组建的项目公司承担 PPP 项目投资建设职责，项目公司（如不涉及组建项目公司的，则为社会资本）实际承担基础设施项目的投资、建设、运营和移交等项目法人的职能，但前期立项报批等环节由政府部门或其指定机构完成并已取得相应批复（包括项目建议书批复、土地预审、选址意见书、用地规划许可、可研批复等），导致前期已完成的多项文件中载明的项目法人与实际履行投资建设责任的社会资本或项目公司不一致。

针对前述实践中存在的办理取得项目立项审批证照文件的主体和承担项目法人职责的主体不一致的情形，实践中应如何处理并无相对统一的规范依据，针对 PPP 项目，《国家发展改革委关于印发〈传统基础设施领域实施政府和社会资本合作项目工作导则〉的通知》（发改投资〔2016〕2231 号）① 规定，纳入 PPP 项目库的投资项目，应在批复可行性研究报告或核准项目申请报告时，根据社会资本方选择结果依法变更项目法人。PPP 项目法人选择确定后，如与审批、核准、备案时的项目法人不一致，应按照有关规定依法办理项目法人变更手续。基于前述政策文件精神，若发生办理取得项目立项审批证照文件的主体和承担项目法人职责的主体不一致的情形，为避免产生责任承担方面的争议，建议按照项目法人变更程序予以调整。若不具备变更法人的条件，则可考虑通过协议方式对基础设施项目投资建设相关的责任承担范围、方式和承担主体予以约定，通过协议方式明确项目法人主体及其应予以承担的责任范围。

---

① 《国家发展改革委关于印发〈传统基础设施领域实施政府和社会资本合作项目工作导则〉的通知》，载国家发展和改革委员会网站，https：//www.ndrc.gov.cn/xxgk/zcfb/tz/201610/t20161027_963249_ext.html，最后访问时间：2022 年 3 月 23 日。

第四章　基础设施项目投融资

第一节　基础设施项目融资模式概况

一、新基建投融资模式特征

（一）什么是新基建

2018 年 12 月中央经济工作会议[①]上，首次提出把 5G、人工智能、工业互联网、物联网定义为"新型基础设施建设"，简称"新基建"。随后，各部委和各级地方政府也相继出台了一系列关于加强基础设施领域补短板的政策文件。进入 2020 年，新基建的内涵也在不断丰富和完善，其中 5G 智能装备、人工智能等项目成为引领新一轮投资的亮点。2020 年 4 月 20 日的国家发改委新闻发布会[②]上，首次明确了"新基建"的范围，包括信息基础设施、融合基础设施、创新基础设施三个方面。

一是信息基础设施。主要是指基于新一代信息技术演化生成的基础设施，比如，以 5G、物联网、工业互联网、卫星互联网为代表的通信网络基础设施，以人工智能、云计算、区块链等为代表的新技术基础设施，以数据中心、智能计算中心为代表的算力基础设施等。

二是融合基础设施。主要是指深度应用互联网、大数据、人工智能等技术，支撑传统基础设施转型升级，进而形成的融合基础设施，比如，智能交通基础设施、智慧能源基础设施等。

[①] 具体内容详见 http：//news. cctv. com/special/2018zyjjgzhy/，最后访问时间：2022 年 3 月 28 日。

[②] 《国家发展改革委举行 4 月份新闻发布会介绍宏观经济运行情况并回应热点问题》，载国家发展和改革委员会网站，https：//www. ndrc. gov. cn/xwdt/xwfb/202004/t20200420_1226031. html？ code = &state = 123，最后访问时间：2022 年 3 月 28 日。

三是创新基础设施。主要是指支撑科学研究、技术开发、产品研制的具有公益属性的基础设施，比如，重大科技基础设施、科教基础设施、产业技术创新基础设施等。

（二）新基建"新"在哪儿

新基建具有投入更大，时间更长的特点。无论是5G、大数据、工业互联网还是人工智能等，都有前期投入巨大、短期见效慢和持续投资时间较长的特点。

新基建具有风险收益双高，项目收益不确定的特点。与传统基建主要领域集中在交通和城建不同，新基建主要的七大领域，除城际高铁和轨道交通这种有老基建属性的新基建外，其他领域的未来市场前景较难预测，很难在建设初期规划出全部的应用场景，亦难以准确计算未来收益，但一旦成功，所获得的项目投资回报和社会福利也不可限量。

新基建所要求的技术门槛高。不同于传统领域粗放的投资方式，新基建是服务于新兴产业发展的，从投入初始就需要严格、专业、高效的规划与统筹，需要更加专业的研发人才和管理人才来保证项目的质量和运转。新基建项目的建设需要全方位的规划、设计与管理，需要政府提高规划、建设、运营、监管等全环节的管理水平，加强相关政策配套设施，完善投融资结构，增强投融资动员能力，提升资金运用的效率与精准性，在实践中不断优化治理水平。

新基建更能优化产业升级，推进新旧动能转换进程，与传统基建相比，更体现数字经济特征。中国经济要加快传统产业转型升级，扩大新兴产业规模，推进新旧动能转换，必然离不开信息化、智能化、数字化、网络化的强大支撑。相较于传统基建，新基建融合5G技术、数字化信息技术、高科技领域先进技术等，瞄准的是未来重要科技进步的领域，不仅能优化供给结构，推进供给侧结构性改革进程，也能进一步引导和促进消费升级。

（三）新基建融资主体

过去的基础设施建设领域具有很强的公共服务属性，投资周期较长，投资收益率较低，具有逐利属性的市场化投融资主体参与积极性不高，政府是传统基建项目的主要投融资主体，采用的投融资模式也是非市场化的。

政府性投融资模式以政府为主导，主要表现为政府通过提供财政资金、发行专项债募集项目资金，政策性银行通过金融债和贷款提供资金，地方政府融资平台通过发行城投债和非标融资等方式补充项目资金。自《国务院关于加强地方政府性债务管理的意见》（国发〔2014〕43号）① 出台以来，地方融资平台在严监管下，依靠融资平台来支持地方公益性项目建设已经越来越困难，一时间存量项目出现缓建、停建、新增项目无法上马的现象，亦拖累了国内基建投资增速。2017年之前，很多伪PPP项目通过出具承诺函、回购函、各种抽屉协议的方式积累了大量债务，2017年11月财政部办公厅发布了《关于规范政府和社会资本合作（PPP）综合信息平台项目库管理的通知》（财办金〔2017〕92号）②，统一了PPP新项目入库标准，整改清理违规旧项目，禁止融资平台作为社会资本参与本级政府PPP项目，为此也影响了PPP项目的落地进度。

与传统基建相比，"新基建"的公共服务属性有所弱化，经营属性增强，领域内的行业发展更加尊重市场规律和产业发展规律，项目普遍强调投资收益和回报，因此"新基建"能够吸引市场化投融资主体的参与。

《政府投资条例》规定，政府投资资金应当投向市场不能有效配置资源的社会公益服务、公共基础设施、农业农村、生态环境保护、重大科技进步、社会管理、国家安全等公共领域的项目，以非经营性项目为主。国家完善有关政策措施，发挥政府投资资金的引导和带动作用，鼓励社会资金投向前款规定的领域。政府投资资金按项目安排，以直接投资方式为主；对确需支持的经营性项目，主要采取资本金注入方式，也可以适当采取投资补助、贷款贴息等方式。

在"十四五"期间，国家将致力于缓解"人民日益增长的美好生活需要和不平衡不充分的发展之间的矛盾"。新基建通过着力提升基础设施水平，改善国计民生，将大概率成为"十四五"的重要发展方向。

鉴于七大领域"新基建"基本上都属于经营性项目，根据《政府投资条例》，笔者预计投资法律主体应该主要是企业，而不太可能是政府直接投资，更可能是"官督商办"模式，适用"对确需支持的经营性项目，主要采取资本金注入方式，也可以适当采取投资补助、贷款贴息等方式"这一条款，给予投资支持，以政府政策扶持、资本补助等方式发挥乘数效应，撬动社会资本大规模参与。

"新基建"七大领域根据不同的风险收益特征可以分为三类。

第一类是特高压与城际高速铁路和城际轨道交通，这两个领域更接近于传统基

---

① 《国务院关于加强地方政府性债务管理的意见》，载中国政府网，http://www.gov.cn/zhengce/content/2014-10/02/content_9111.htm，最后访问时间：2022年3月28日。

② 《关于规范政府和社会资本合作（PPP）综合信息平台项目库管理的通知》（财办金〔2017〕92号），载中国政府网，http://www.gov.cn/xinwen/2017-11/16/content_5240219.htm，最后访问时间：2022年3月28日。

建，公共服务属性较强，行业内的上市公司估值较低，具有显著的低风险和低投资收益特征，因此这两个领域的投融资主体以政府为主，以市场为辅。在投融资模式上以债权融资为主，资金主要来源于自筹资金、财政资金、专项债和银行贷款等。

第二类是新能源充电桩领域，新能源充电桩是新能源汽车行业的重要基础设施，这个领域的技术比较成熟，但仍属于新兴行业，风险和收益均高于传统基建领域。因其不易移动，充电桩项目的投资回报率受到所处地区新能源汽车的普及度、人口密度等影响，故资源禀赋较好的区位基本已经竞争白热化，而禀赋较差的区位，由于投资回报率较低，充电桩项目建设资金需要依靠政府资金予以支持、补贴。

第三类是 5G 基建、大数据中心、工业互联网和人工智能，这四个领域具有典型的高风险和高投资收益回报特征，且行业内掌握核心技术的公司多为上市公司或非上市公司民营企业，因此投融资主要是市场化主体参与。这类"新基建"领域内的行业风险、收益双高，初期投入较大，且项目的现金流难以预测，适合采用精细化的市场化资金，而非粗放的政府性资金。

（四）新基建债务资金来源

1. 权益资本融资

2019 年《国务院关于加强固定资产投资项目资本金管理的通知》（国发〔2019〕26 号）[1] 适用于我国境内的企业投资项目和政府投资的经营性项目，鼓励依法依规筹措重大投资项目资本金：

"（七）对基础设施领域和国家鼓励发展的行业，鼓励项目法人和项目投资方通过发行权益型、股权类金融工具，多渠道规范筹措投资项目资本金。

（八）通过发行金融工具等方式筹措的各类资金，按照国家统一的会计制度应当分类为权益工具的，可以认定为投资项目资本金，但不得超过资本金总额的 50%。

（九）地方各级政府及其有关部门可统筹使用本级预算资金、上级补助资金等各类财政资金筹集项目资本金，可按有关规定将政府专项债券作为符合条件的重大项目资本金。"

基于以上，就"新基建"项目权益资本来源而言，除国有资本可直接作为普通股股本投入外，我们预计市场上已经存在的如优先股、永续债、专项债等融资工具都可以作为权益型资本工具，为新基建投资添柴加油。

---

[1] 《国务院关于加强固定资产投资项目资本金管理的通知》（国发〔2019〕26 号），载中国政府网，http://www.gov.cn/zhengce/content/2019-11/27/content_5456170.htm，最后访问时间：2022 年 3 月 28 日。

2. 债务资金融资

就新基建项目债务资金来源而言，根据具体的项目特点，可以采用市场上成熟的各项融资工具，比如：银行贷款、保险资金投资、信托、资管、基金等非标融资，以及债券、资产支持证券化、股票证券化等标准化融资。

2018 年《国务院办公厅关于保持基础设施领域补短板力度的指导意见》①明确了鼓励地方专项债券、金融机构贷款、公司信用类债券、政府和社会资本合作（PPP）、保险资金等多种融资方式，积极为在建项目和补短板重大项目提供融资。

考虑到基础设施的公共服务属性可能会压制其资本逐利性冲动，且未来一线基础投资主体预计会以国企或国有资本控制或重大程度参与的混合资本企业为主，我们进一步推测，银行贷款、保险资金及债券资金、资产支持证券化资金等较低成本资金或股票融资长期资金将会是"新基建"的主要融资资金来源，而信托、资管、基金等源自社会民间资本的较高成本的非标融资资金将会较少介入一线基础投资，但也有可能会介入下游产业链民营投资主体的融资。

二、新基础设施项目投融资模式分类与概况

（一）专项债模式

根据中共中央办公厅和国务院办公厅于 2019 年 6 月 10 日发布的《关于做好地方政府专项债券发行及项目配套融资工作的通知》（厅字〔2019〕33 号）②的规定，对于"国家重点支持的铁路、国家高速公路和支持推进国家重大战略的地方高速公路、供电、供气项目，在评估项目收益偿还专项债券本息后专项收入具备融资条件的，允许将部分专项债券作为一定比例的项目资本金，但不得超越项目收益实际水平过度融资"。

2021 年 3 月 5 日，第十三届全国人民代表大会第四次会议召开，审议通过了《2021 年政府工作报告》③重申扩大内需、扩大有效投资。该报告再次明确专项债的所涉项目方向：继续支持促进区域协调发展的重大工程，推进"两新一重"建设，实施一批交通、能源、水利等重大工程项目，建设信息网络等新型基础设

---

① 《国务院办公厅关于保持基础设施领域补短板力度的指导意见》（国办发〔2018〕101 号），载中国政府网，http：//www.gov.cn/zhengce/content/2018-10/31/content_5336177.htm，最后访问时间：2022 年 3 月 28 日。

② 《关于做好地方政府专项债券发行及项目配套融资工作的通知》，载中国政府网，http：//www.gov.cn/xinwen/2019-06/10/content_5398949.htm，最后访问时间：2022 年 3 月 28 日。

③ 《2021 年政府工作报告》，载中国政府网，https：//www.gov.cn/guowuyuan/2021zfgzbg.htm，最后访问时间：2023 年 7 月 6 日。

施。专项债现已广泛运用于社会事业、市政及产业园基础设施、交通基础设施、保障性安居工程、农业水利、生态环保、能源冷链物流等行业中。

《2022年政府工作报告》[①] 提出，要用好政府投资资金，带动扩大有效投资。强化绩效导向，坚持"资金、要素跟着项目走"，合理扩大使用范围，支持在建项目后续融资，开工一批具备条件的重大工程、新型基础设施、老旧公用设施改造等建设项目。民间投资在投资中占大头，要发挥重大项目牵引和政府投资撬动作用，完善相关支持政策，充分调动民间投资积极性。

在绿色环保方面，该报告指出结合目前全球热议的碳达峰、碳中和话题，除传统能源项目外，以生态环保为主线的新型能源相关项目也将成为专项债的重点支持对象。

与此同时，新基建方面，该报告提出要积极扩大有效投资。围绕国家重大战略部署和"十四五"规划，适度超前开展基础设施投资。建设重点水利工程、综合立体交通网、重要能源基地和设施，加快城市燃气管道、给排水管道等管网更新改造，完善防洪排涝设施，继续推进地下综合管廊建设；新型城镇化建设方面，报告强调再开工改造一批城镇老旧小区，支持加装电梯等设施，推进无障碍环境建设和公共设施适老化改造。健全常住地提供基本公共服务制度。加强县城基础设施建设。稳步推进城市群、都市圈建设，促进大中小城市和小城镇协调发展。

同时，结合"十四五"规划经济社会发展的主要目标，经济发展将主要聚焦于质而不是速，且对生态文明、民生福祉愈加看重。而专项债作为符合条件的重大项目资本金在厅字〔2019〕33号[②]文中本就是服务于国家重大战略目标，因此作为项目资本金的新增专项债将只多不少，且会更多投向民生领域。

（二）PPP模式

2014年国务院发布《关于创新重点领域投融资机制鼓励社会投资的指导意见》（国发〔2014〕60号）[③]，要求在基础设施等重点领域进一步创新投融资机制，充分发挥社会资本的积极作用。政府通过PPP模式向社会资本开放基础设施项目，一方面拓宽了城镇化建设融资渠道，形成多元化、可持续的资金投入机

① 《2022年政府工作报告》，载中国政府网，https：//www.gov.cn/premier/2022-03/12/content_5678750.htm，最后访问时间：2022年3月29日。

② 《关于做好地方政府专项债券发行及项目配套融资工作的通知》（厅字〔2019〕33号），载中国政府网，http：//www.gov.cn/xinwen/2019-06/10/content_5398949.htm，最后访问时间：2022年3月28日。

③ 《关于创新重点领域投融资机制鼓励社会投资的指导意见》（国发〔2014〕60号），载中国政府网，http：//www.gov.cn/zhengce/content/2014-11/26/content_9260.htm，最后访问时间：2022年3月29日。

制，有利于整合社会资源，激发民间投资活力，拓展企业发展空间，提升经济增长动力，促进经济结构调整和转型升级；另一方面减少了政府对微观事务的过度参与，提高公共服务的效率与质量，实现政府职能转变。同时，有利于深化财政制度改革，建立中长期政府财政规划，构建现代财政制度体系。

就国内目前情况而言，国内主要融资渠道为商业贷款以及上市投资两种模式，企业融资成本高企，选择局限性较大，政府买单现象较严重。尤其是涉及5G、工业互联网、大数据中心、人工智能和智慧交通等信息基础设施建设类PPP项目时，社会资本方往往是具有强大技术驱动力的高科技企业，但除了一些行业龙头的科技企业，大部分科技企业的资本积累程度较低、融资能力较为欠缺，难以满足PPP项目的融资需求。

而我国PPP项目融资市场缺少第三方评级机构风险揭示，金融机构又缺乏对PPP项目风险的判断经验，更多依据投资者的主体信用和外部增信为项目提供债务资金，实质上仍未脱离公司融资，并未真正按照国际上定义的项目融资去为PPP项目融资。目前，国内大部分PPP项目融资都是由母公司向银行贷款或发行企业债券，以母公司的资产基础为支持。这样在相对降低项目风险的同时，无形中也增加了母公司的风险。国内金融机构更青睐于政府付费、大型国有资本牵头等有政府信用背书的项目，不利于PPP项目融资市场化发展，一方面限制了使用者付费模式项目的融资渠道，另一方面金融机构对项目风险的判断容易高估，反而加大了项目的融资成本，使得民营企业项目融资难、融资贵的问题难以得到根本缓解。

2017年11月财政部办公厅发布的《关于规范政府和社会资本合作（PPP）综合信息平台项目库管理的通知》（财办金〔2017〕92号）①规定不允许"以债务性资金充当资本金"。2018年和2019年，市场上一些知名民企不得已转型投靠地方政府、大型金融控股或者大型央企，而即便是资金实力雄厚的央企、国企，也并非步履轻松，纯靠自有资金投资动能也是有限的。

对此，相关部委也高度重视。财政部相继升级PPP综合信息平台，从强化信息公开的角度加强各方对于项目全生命周期的监督；还出台了污水和垃圾处理领域PPP合同示范文本，强化在成熟领域的运用；随后又出台了PPP绩效管理指引，对于社会资本方和政府方的双向绩效考核约束和信息公开等要求，将有助

---

① 《关于规范政府和社会资本合作（PPP）综合信息平台项目库管理的通知》（财办金〔2017〕92号），载中国政府网，http://www.gov.cn/xinwen/2017-11/16/content_5240219.htm，最后访问时间：2022年3月28日。

于增强金融机构对于项目的了解和信任，从而有助于 PPP 项目融资市场的发展。在融资市场方面，当前由于项目多数处于建设阶段，目前需求还没有完全体现出来。财政部 PPP 中心 2019 年推出了 PPP 二级市场交易规则，希望有助于盘活存量 PPP 市场，促进 PPP 股权和债权交易，释放社会资本新动能，目前尚在起步中，对于有资产运营能力的投资者，未来二级市场的投资并购将是新的业务增长点。[1]

（三）城投模式

城投也称为地方融资平台，在不断成长的过程中，成为地方基础设施建设的重要融资渠道，其融资规模也出现阶段性震荡趋势。

政策转折对城投收益率走势有着重大影响。政策经历诸多变迁，也切实影响了城投的融资环境，现阶段的政策讲求相机决策，既要控制不发生系统性风险，也要保障融资平台合理融资需求。

新基建配套新兴产业发展，高新区和经开区城投将再次迎来发展的契机。城投平台也在积极寻求承接新基建相关建设项目。

（四）基础设施领域不动产投资信托基金（REITs）

随着我国城镇化率逐年提高，公共基础设施形成了较大规模存量资产，但目前一方面存量的基础设施资产的金融属性尚未挖掘，另一方面公共基础设施建设资金需求逐年攀升，依靠政府专项债券难以满足，PPP 融资模式在诸多方面仍需进一步完善。由此，盘活存量资产尤为必要。2020 年 4 月，中国证监会、国家发展改革委联合发布了《关于推进基础设施领域不动产投资信托基金（REITs）试点相关工作的通知》[2]，明确了推进基础设施 REITs[3] 是"积极支持国家重大战略实施，深化金融供给侧结构性改革，强化资本市场服务实体经济能力，进一步创新投融资机制，有效盘活存量资产，促进基础设施高质量发展"的迫切需要，详细阐明了基础设施 REITs 试点的基本原则、项目要求和工作安排。

---

[1] 赵新博、王守清：《展望 REIT 之后我国基础设施投融资的发展与创新》，载"王守清 PPP"微信公众号，https：//mp. weixin. qq. com/s/SWgoJx2XDSa_DFM-eete5Q，最后访问时间：2022 年 3 月 29 日。

[2] 《关于推进基础设施领域不动产投资信托基金（REITs）试点相关工作的通知》，载国家发展和改革委员会网站，https：//www. ndrc. gov. cn/xwdt/xwfb/202004/t20200430_1227479. html，最后访问时间：2023 年 7 月 6 日。

[3] REITs（Real Estate Investment Trusts，即不动产投资信托基金）是通过发行股份或收益凭证募集资金，由专门机构进行不动产投资经营管理，并将投资收益按高额比例分配给投资者的信托基金，具有永续、权益型、高分红的特征。持有型房地产和基础设施是 REITs 的两类主要基础资产，其中，主要投资于基础设施的产品被称为基础设施 REITs。

2020 年 8 月，为做好试点项目申报工作，国家发展改革委专门发布《关于做好基础设施领域不动产投资信托基金（REITs）试点项目申报工作的通知》①，指出"各地发展改革委要严格审查把关，确保项目符合国家重大战略、宏观调控政策、产业政策、固定资产投资管理法规制度，促进项目持续健康平稳运营，推动形成良性投资循环，为试点工作顺利开展奠定坚实基础"。

证监发〔2020〕40 号文②同时提出了试点 REITs 要聚集的重点行业，即"优先支持基础设施补短板行业，包括仓储物流、收费公路等交通设施，水电气热等市政工程，城镇污水垃圾处理、固废危废处理等污染治理项目。鼓励信息网络等新型基础设施，以及国家战略性新兴产业集群、高科技产业园区、特色产业园区等开展试点"。

公募 REITs 的发行，有助于降低基建融资成本；对地方政府、城投企业而言，REITs 以权益性为导向，有利于实现项目出表，降低债务和杠杆率；通过 REITs 将基础设施建设需要投入的大量资金分成数个小额的投资份额，降低了中小投资者参与的投资门槛。同时，投资 REITs 可以像买卖股票一样购买一股或多股，也随时可以进行交易，降低了投资者抗风险系数。

基础设施项目自身的流通性和变现性都很低，通过 REITs 将其证券化成为流通性较强的金融产品，投资者可以通过买卖证券提高基础设施项目融资资金的流通，可以有效降低项目法人的债务负担。证监发〔2020〕40 号文③强调"基础设施 REITs 具有流动性较高、收益相对稳定、安全性较强等特点，能有效盘活存量资产，填补当前金融产品空白，拓宽社会资本投资渠道，提升直接融资比重，增强资本市场服务实体经济质效"。

三、未来发展

公共基础设施建设融资经历了从"政府实施，财政投资""政府主导，融资

---

① 《关于做好基础设施领域不动产投资信托基金（REITs）试点项目申报工作的通知》，载中国政府网，http://www.gov.cn/xinwen/2020-08/04/content_5532280.htm，最后访问时间：2022 年 3 月 29 日。

② 《关于推进基础设施领域不动产投资信托基金（REITs）试点相关工作的通知》，载国家发展和改革委员会网站，https://www.ndrc.gov.cn/xwdt/xwfb/202004/t20200430_1227479.html，最后访问时间：2023 年 7 月 6 日。

③ 《关于推进基础设施领域不动产投资信托基金（REITs）试点相关工作的通知》，载国家发展和改革委员会网站，https://www.ndrc.gov.cn/xwdt/xwfb/202004/t20200430_1227479.html，最后访问时间：2023 年 7 月 6 日。

平台融资，财政资金兜底"到"政府监管，政府与社会资本共同实施"再到"依靠公共基础设施项目自身融资"，从间接融资到直接融资，从债务形式到股权形式的转变，是经济发展和公共基础设施建设发展的必然结果。

地方政府发行专项债券，是地方政府依托具有一定收益的项目现金流，为基础设施项目筹措债务性资金，是在补短板、防风险大背景下应运而生的基础设施高效举债工具；该工具本质上属于政府传统投资建设模式下的资金筹措方式。

PPP为广大社会资本尤其是民营资本进入基础设施和公共服务领域提供了规范化的通道，地方政府通过PPP在解决项目建设资金、增加基础设施供给的同时，更加强调"专业人做专业事"，强调通过PPP模式提升项目管理和服务水平，最终实现增加基础设施提质增效的目的。因此，作为一种可选工具，PPP的准确定位应是基础设施的"创新发展"模式。

城投公司近些年发展受政策影响较大，但城投公司与地方政府关系天然紧密，不论是在承接地方政府专项债项目上，还是在贯彻落实地方政府发展措施上都有天然优势，尤其是一些城投公司经过近十年发展已经做大做强，成为地方经济的重要支撑。

而公募基础设施REITs则为沉淀于基础设施中的股权投资提供了资本市场"上市"退出路径，侧重于基础设施存量股权资产盘活和为基础设施发展筹措股权资金，因此从基础设施实现"投建运"可持续发展角度看，REITs明显具有作为基础设施股权资本流通模式的定位特征。

由以上分析可见，PPP、专项债、城投、REITs四种方式，各有特点，各有侧重，各有适用领域，具有鲜明和差异化的定位特征，完全可以发挥其各自优势、相互支撑，实现相互配合和良性互动，共同推进地方经济可持续发展，而非相互否定或相互取代。目前，我国各区域经济发展不平衡，公共基础设施建设发展阶段存在差异，公共基础设施收益机制不同，实践过程中政府和社会资本也在积极探索多种融资方式互相组合产生新的模式，关于"PPP+专项债""PPP+REITs"的呼声和探讨，也体现了业界对充分发挥各种模式不同定位优势、在基础设施领域探索各种创新模式协同的积极诉求和期待。

第二节　专项债融资模式

自 2014 年《预算法》修订以来，地方政府债券正式登上历史舞台。近年来，为了提高地方政府债募集资金使用的准确性和效率，专项债发行规模不断扩大，专项债种类亦不断丰富，地方政府专项债作为法律规定的地方政府唯一合法的举债手段，成为各地方稳基建、补短板的重要工具。

相较于一般债券，地方政府专项债券对应市场化的公益性项目发行投资，适用于自负预算平衡项目。随着国家对于专项债的政策不断优化，如放宽资本金约束、扩大适用范围、鼓励将专项债与 PPP 结合等，地方政府专项债已经成为财政融资的重要着力点。

一、全面认识地方政府专项债

（一）地方政府专项债的定义

国务院发布的《关于加强地方政府性债务管理的意见（国发〔2014〕43号）》① 第 2 条中明确说明："地方政府举债采取政府债券方式。没有收益的公益性事业发展确需政府举借一般债务的，由地方政府发行一般债券融资，主要以一般公共预算收入偿还。有一定收益的公益性事业发展确需政府举借专项债务的，由地方政府通过发行专项债券融资，以对应的政府性基金或专项收入偿还。"

2020 年《地方政府债券发行管理办法》第 2 条对"地方政府债券"作出了定义，即"本办法所称地方政府债券，是指省、自治区、直辖市和经省级人民政府批准自办债券发行的计划单列市人民政府（以下称地方政府）发行的、约定一定期限内还本付息的政府债券。地方政府债券包括一般债券和专项债券。一般债券是为没有收益的公益性项目发行，主要以一般公共预算收入作为还本付息资金来源的政府债券；专项债券是为有一定收益的公益性项目发行，以公益性项目对应的政府性基金收入或专项收入作为还本付息资金来源的政府债券"。

---

① 《国务院关于加强地方政府性债务管理的意见》，载中国政府网，http://www.gov.cn/zhengce/content/2014-10/02/content_9111.htm，最后访问时间：2022 年 3 月 28 日。

该办法对专项债作了两个限定：一是发债主体必须是省级政府或经省级政府批准的计划单列市政府，二是偿债的资金来源是公益性项目对应的政府性基金或专项收入。这样一来，地方政府专项债被限定用于能产生政府性基金收入或专项收入的公益性项目，不能产生收入的公益性项目或商业性项目不能使用专项债筹资。专项债券的发债和偿还主体均为地方政府，由各地按照市场化原则自发自还。市县级政府确需举借相关专项债务的，依法由省级政府代为分类发行专项债券、转贷市县使用。

（二）地方政府专项债的分类

地方政府专项债券可分为普通专项债券与项目收益专项债券。普通专项债券用途包括重大基础设施建设、城镇化项目、公益性事业发展项目、脱贫攻坚等，仅用于公益性资本支出，不得用于经常性支出。

2017 年 6 月 2 日，财政部发布《关于试点发展项目收益与融资自求平衡的地方政府专项债券品种的通知》[①]，推出创新的新型地方政府专项债品种即项目收益专项债。项目收益专项债券直接对应项目资产和收益，实现项目收益融资自求平衡。公开发行的项目收益专项债券，由各地按照相关规定，充分结合项目建设运营周期、资金需求、项目对应的政府性基金收入和专项收入情况、债券市场需求等因素，合理确定专项债券期限。目前，项目收益专项债已广泛运用于土地储备、政府收费公路、棚改及保障房、轨道交通和高等学校等品种中，其中，存量项目中又以土地储备、棚改及保障房项目居多。

（三）地方政府专项债的使用范围

财政部自 2018 年起鼓励地方政府在专项债品种中进行创新，只要能够实现项目的资金自平衡、对地方基建有推动作用，都可以发行。2019 年 6 月 10 日，中共中央办公厅、国务院办公厅联合发布《关于做好地方政府专项债券发行及项目配套融资工作的通知》[②]，对专项债的使用范围作出了明确的界定：鼓励地方政府和金融机构依法合规使用专项债券和其他市场化融资方式，重点支持京津冀

---

① 《关于试点发展项目收益与融资自求平衡的地方政府专项债券品种的通知》，载财政部网站，http://yss.mof.gov.cn/zhuantilanmu/dfzgl/zcfg/201707/t20170724_2656632.htm，最后访问时间：2023 年 7 月 6 日。

② 《关于做好地方政府专项债券发行及项目配套融资工作的通知》，载中国政府网，http://www.gov.cn/xinwen/2019-06/10/content_5398949.htm，最后访问时间：2022 年 3 月 29 日。

协同发展、长江经济带发展、"一带一路"建设、粤港澳大湾区建设、长三角区域一体化发展、推进海南全面深化改革开放等重大战略和乡村振兴战略，以及推进棚户区改造等保障性安居工程、易地扶贫搬迁后续扶持、自然灾害防治体系建设、铁路、收费公路、机场、水利工程、生态环保、医疗健康、水电气热等公用事业、城镇基础设施、农业农村基础设施等领域以及其他纳入"十三五"规划符合条件的重大项目建设。

2019 年 9 月 4 日，国务院常务会议①再次对 2020 年新增专项债用途进行了补充：专项债重点用于铁路、轨道交通、城市停车场等交通基础设施，城乡电网、天然气管网和储气设施等能源项目，农林水利，城镇污水垃圾处理等生态环保项目，职业教育和托幼、医疗、养老等民生服务，冷链物流设施，水电气热等市政和产业园区基础设施。

2021 年 3 月 5 日，第十三届全国人民代表大会第四次会议召开，审议通过了《2021 年政府工作报告》，再次明确 2021 年专项债的所涉项目方向：继续支持促进区域协调发展的重大工程，推进"两新一重"建设，实施一批交通、能源、水利等重大工程项目，建设信息网络等新型基础设施。

2022 年 3 月 5 日，第十三届全国人民代表大会第五次会议召开，审议通过了《2022 年政府工作报告》，提出："今年拟安排地方政府专项债券 3.65 万亿元。强化绩效导向，坚持'资金、要素跟着项目走'，合理扩大使用范围，支持在建项目后续融资，开工一批具备条件的重大工程、新型基础设施、老旧公用设施改造等建设项目。民间投资在投资中占大头，要发挥重大项目牵引和政府投资撬动作用，完善相关支持政策，充分调动民间投资积极性。"

二、地方政府专项债的发行制度

（一）地方政府专项债的审批与发行

根据《试点发展项目收益与融资自求平衡的地方政府专项债券品种的通知》中"各地试点分类发行专项债券的规模，应当在国务院批准的本地区专项债务限额内统筹安排"的要求，地方债发行前一年，市县级政府财政部门会同行业主管

---

① 《李克强主持召开国务院常务会议 部署精准施策加大力度做好"六稳"工作等》，载中国政府网，http://www.gov.cn/premier/2019-09/04/content_5427292.htm，最后访问时间：2022 年 3 月 29 日。

部门上报下一年的一般债和专项债额度需求，由省级财政部门汇总上报财政部，经国务院报全国人大批准全年债务新增限额。

财政部根据《新增地方政府债务限额分配管理暂行办法》（财预〔2017〕35号）①，在全国人大批准的限额内根据债务风险、财力状况等因素提出分地区债务总限额及当年新增债务限额方案，报国务院批准后下发至省级财政部门，省级财政部门在财政部下达的本地区债务限额内，提出省本级及所辖各市县当年债务限额方案，报省级人大批准后下达市县级财政部门。

各市县财政部门拿到下一年的发行额度后，聘请专门机构组织相关债券申报材料的撰写，包括信息披露文件、项目收益与融资资金平衡方案、财务评价报告、法律意见书、信用评级报告等。中介机构包括银行或证券公司、会计师事务所、律师事务所、评级机构等。其中会计师事务所对项目资金平衡情况进行评价，出具项目收益与融资资金平衡方案、财务评价报告两份文件；律师事务所对项目进行合法合规审查，并出具法律意见书；银行机构或者证券公司受财政局委托，为其提供发债的全流程服务，包括政策的咨询，指导会计师事务所、律师事务所开展申报材料制作工作，协调会计师事务所、律师事务所各工作事项，包括发债进度以及对发债材料的质量进行整体把关等。

完成方案制定、材料编写后，各市县财政部门或牵头方（银行或券商）应上报省级财政部门进行审核，省级财政部门报财政部审核通过后，向国库司申请组织发行，通过债券市场完成发行后由省级财政部门转贷给市县。

（二）编制资金平衡方案的内容

由于各市县项目需要的额度增多，而各省额度又有限，目前部分省财政厅要求各市县在申请额度的同时，报送该融资项目的资金平衡方案。财政厅以此来判断项目的质量，把有限的额度分配给质量上佳的项目。"发行专项债券建设的项目，应当能够产生持续稳定的反映为政府性基金收入或专项收入的现金流收入，且现金流收入应当能够完全覆盖专项债券还本付息的规模。"

项目资金平衡方案的主要内容就是："投入资金的资金来源和现金流出计划，项目产生的收入资金来源及现金流入测算，最后总的现金流入能够覆盖现金流出，

---

① 《新增地方政府债务限额分配管理暂行办法》（财预〔2017〕35 号），载中国政府网，http：//www.gov.cn/xinwen/2017-04/01/content_5182868.htm，最后访问时间：2022 年 3 月 29 日。

并且要有一定的盈余，或者叫覆盖倍数。"① 资金覆盖率及资金平衡状况是通过对项目的资产负债表、损益表，特别是现金流量表进行推演，最终计算出本息覆盖倍数和现金流缺口，本息覆盖倍数是省财政审批专项债项目的主要指标，现金流缺口是安排项目其他融资渠道包括市场化融资的依据。本息覆盖倍数的计算方式是：

本息覆盖倍数＝项目收益合计÷债券还本付息合计

资金平衡方案里，测算出项目收益未来能够覆盖债券本息，就可以发行债券，一般要求覆盖倍数在 1.1 以上，有些项目甚至能达到 2 倍甚至 3 倍、4 倍以上。

（三）信息披露

各地应当在专项债券发行定价结束后，通过中国债券信息网和本地区门户网站等媒体，及时公布债券发行结果。同时各地应当将本地区专项债券发行安排、信用评级、信息披露、承销团组建、发行兑付等有关规定及时报财政部备案。专项债券发行兑付过程中出现重大事项应当及时向财政部报告。同时，财政部门及时向当地发展改革、金融管理部门及金融机构提供有关专项债券项目安排信息、存量隐性债务中的必要在建项目信息等。

2020 年 1 月，财政部办公厅下发了《关于启用地方政府新增专项债券项目信息披露模板的通知》②，要求各地自 2020 年 4 月 1 日起，发行新增专项债券时披露该模板，并在债券存续期内，按照模板格式每年披露项目融资来源、分年融资计划、分年预期收益、收益/融资覆盖倍数、项目实际收益、项目最新预期收益等信息，如新披露的信息与上一次披露的信息差异较大，应进行必要说明。

三、专项债使用方式

（一）专项债用作政府投资项目的直投资金

是指专项债收入进入发债收入后，政府以直接投资的方式投入项目；发债主体（同时也是项目单位）作为招标方直接选定项目实施主体，专项债可全额覆盖项目成本；项目实现的收益回到政府性基金或经营性专项收入，归还专项债本

---

① 《地方政府专项债［融资专题］投融资学习分享之（四十三）》，载 "投融建管营" 微信公众号，https：//mp. weixin. qq. com/s/narFoFmVeYdUE4Jm-RGuUg，最后访问时间：2022 年 3 月 29 日。

② 《关于启用地方政府新增专项债券项目信息披露模板的通知》，载财政部网站，http：//gks. mof. gov. cn/guizhangzhidu/202001/t20200115_3459662. htm，最后访问时间：2022 年 3 月 29 日。

息。由于投资方式为政府直接投资，因此这类项目通常没有其他经济主体参股，项目建设资金全部来自专项债，不涉及外部融资。

（二）专项债提供债权资金

是指政府方（包括委托城投企业、融资平台公司、从事公益性项目的地方国有企业，下同）以股东借款（政府控股或参股）或委托贷款（政府不参股）的方式借给项目公司或项目实施主体（不成立项目公司的情况），项目公司或项目实施主体用项目收益归还政府方股东借款或委托贷款，政府方将收到的还款本息计入项目对应的政府性基金收入或专项收入，用以归还专项债本息。① 这种方式适用于 PPP、特许经营等政府不主导只参股，甚至不参股的项目。

（三）专项债提供股权资金（资本金）

《关于做好地方政府专项债券发行及项目配套融资工作的通知》（厅字〔2019〕33号）② 规定："允许将专项债券作为符合条件的重大项目资本金。对于专项债券支持、符合中央重大决策部署、具有较大示范带动效应的重大项目，主要是国家重点支持的铁路、国家高速公路和支持推进国家重大战略的地方高速公路、供电、供气项目，在评估项目收益偿还专项债券本息后专项收入具备融资条件的，允许将部分专项债券作为一定比例的项目资本金，但不得超越项目收益实际水平过度融资。"

除了厅字〔2019〕33号，2019年9月4日的国务院常务工作会议③上提出要扩大专项债的使用范围，"重点用于铁路、轨道交通、城市停车场等交通基础设施，城乡电网、天然气管网和储气设施等能源项目，农林水利，城镇污水垃圾处理等生态环保项目，职业教育和托幼、医疗、养老等民生服务，冷链物流设施，水电气热等市政和产业园区基础设施"，并"将专项债可用作项目资本金范围明确为符合上述重点投向的重大基础设施领域。以省为单位，专项债资金用于项目资本金的规模占该省份专项债规模的比例可为20%左右"。在2020年4月，这一

---

① 《地方政府专项债［融资专题］投融资学习分享之（四十三）》，载"投融建管营"微信公众号，https：//mp.weixin.qq.com/s/narFoFmVeYdUE4Jm-RGuUg，最后访问时间：2022年3月29日。

② 《关于做好地方政府专项债券发行及项目配套融资工作的通知》（厅字〔2019〕33号），载中国政府网，http：//www.gov.cn/xinwen/2019-06/10/content_5398949.htm，最后访问时间：2022年3月28日。

③ 《李克强主持召开国务院常务会议 部署精准施策加大力度做好"六稳"工作等》，载中国政府网，http：//www.gov.cn/premier/2019-09/04/content_5427292.htm，最后访问时间：2022年3月29日。

比例提高到 25%。

地方政府要按照一一对应原则，将专项债券严格落实到实体政府投资项目，不得将专项债作为政府投资基金、产业投资基金等各类股权基金的资金来源，不得通过设立壳公司、多级子公司等中间环节注资，避免层层嵌套、层层放大杠杆。

四、专项债+金融机构融资模式

根据《关于做好地方政府专项债券发行及项目配套融资工作的通知》[1] 中相关内容，要发挥专项债券带动作用和金融机构市场化融资优势，依法合规推进专项债券支持的重大项目建设。该通知同时规定，对没有收益的重大项目，通过统筹财政预算资金和地方政府一般债券予以支持；对有一定收益且收益全部属于政府性基金收入的重大项目，由地方政府发行专项债券融资；收益兼有政府性基金收入和其他经营性专项收入，且偿还专项债券本息后仍有剩余专项收入的重大项目，可以由有关企业法人项目单位根据剩余专项收入情况向金融机构市场化融资。

上述内容明确了两个方面：

（1）专项债的还款来源可以是政府性基金收入+专项收入，此部分资金缴入国库，纳入政府性基金预算管理，确保专项债券还本付息。一个项目仅有政府性基金收入，是不能进行市场化融资的。

（2）只有专项收入，且偿还专项债券本息后仍有剩余专项收入的项目，才能进行市场化融资。项目单位在银行开立监管账户，将此部分收入归集至监管账户，用于市场化融资到期偿付。

该通知明确的其他主要内容还有：

（1）在评估项目收益偿还专项债券本息后专项收入具备融资条件的，允许将部分专项债券作为一定比例的项目资本金，但不得超越项目收益实际水平过度融资。

（2）组合使用专项债券和市场化融资的项目，项目收入实行分账管理。项目对应的政府性基金收入和用于偿还专项债券的专项收入及时足额缴入国库，纳

---

[1] 《关于做好地方政府专项债券发行及项目配套融资工作的通知》（厅字〔2019〕33 号），载中国政府网，http://www.gov.cn/xinwen/2019-06/10/content_5398949.htm，最后访问时间：2022 年 3 月 28 日。

入政府性基金预算管理，确保专项债券还本付息资金安全。

（3）市场化转型尚未完成、存量隐性债务尚未化解完毕的融资平台公司不得作为项目单位；严禁项目单位以任何方式新增隐性债务。

依据上述内容，在决定是否进行市场化融资之前，需要对建设项目的各项收入做出预测，并进行分类——哪些收入进入政府性基金收入，哪些收入进入专项收入——再对偿还专项债后的其他专项收入进行预测，有盈余的，则可筹措相应市场化融资以及决定一定比例专项债是否用于资本金。

五、专项债项目还款来源分析

（一）专项债项目各行业还款来源

专项债领域	还款来源
轨道交通、城际铁路	票务收入：地铁运营收入。 非票务收入：车厢、车体、车站广告收入，站内空间开发、车站冠名权、通信、地铁上盖综合开发二级收益；部分停车位、充电桩等租赁收益；政府提供票价补贴收入、地铁建设基金收入、运营补贴收入。
高速公路项目	车辆通行费收入（不区分客车、货车及其分类）、油品营业收入、便利店和餐饮服务收入（自营或出租）、广告收入及其他路衍收入。
港口类项目	项目运营收入和装卸作业包干费。
园区和产业基地	园区经营收益和平衡地块出让收益。 经营收益：厂房、办公楼、安置房租金收入或出售收入，以及土地、管道、停车位等园区租金、污水及垃圾处理费等。
智慧停车场类项目	停车位、广告位、洗车场、舞台租金等。

高铁、地铁、城际轨交等项目的开发周期长，成本高，回收期长。通常来说，轨道交通、城际铁路项目还款来源分为票务收入和非票务收入。票务收入主要为地铁运营收入，非票务收入包括车厢、车体、车站广告收入，地铁上盖综合开发二级收益（综合管廊入廊费、安置房、平衡地块出让收益），部分轨道交通项目还配套停车场，还有部分停车位、充电桩等租赁收益。此外，还有部分政府提供票价补贴收入、地铁建设基金收入、运营补贴收入。

轨道交通项目中票务收入和地铁上盖综合开发二级收益占收入的比重较大。在票务收入测算方面，票务收入通常由客流量和票价决定。在票价方面，有些项目票价按照里程确定固定值，有些项目按照人均票价确定固定值。

高速公路项目还款来源主要为车辆通行费收入（不区分客车、货车及其分类）、油品营业收入、便利店和餐饮服务收入（自营或出租）、广告收入及其他路衍收入。

港口类项目还款来源为项目运营收入和装卸作业包干费。其中，项目运营收入由货物吞吐量和港口费率决定，内外贸商品港口费率差异较大。

园区和产业基地是培育地方产业的载体，目前发行的园区类专项债多为园区建设专项债、工业园区专项债和产业园区专项债。此类项目还款来源包括园区经营收益和平衡地块出让收益，其中，经营收益包括厂房、办公楼、安置房租金收入或出售收入，以及土地、管道、停车位等园区租金、污水及垃圾处理费等。

智慧停车场类项目还款来源包括停车位、广告位、洗车场、舞台租金等。智慧广电项目还款来源于收视费等。实验室项目还款来源于科研咨询收入。但此类项目发债规模较小。

建议各省发改委和财政局建立统一监管机制，规范专项债发行文件、现金流测算要求，在专项债券存续期内，持续公布对应项目的运营情况，包括项目收入实现情况，以防范专项债发行风险，确保落实到期债务偿还责任。"项目单位依法对市场化融资承担全部偿还责任，在银行开立监管账户，将市场化融资资金以及项目对应可用于偿还市场化融资的专项收入，及时足额归集至监管账户，保障市场化融资到期偿付。严禁项目单位以任何方式新增隐性债务。"[①]

（二）产业园区可发行专项债与建设运营收入来源

2020 年的政府工作报告提出要扩大有效投资，重点支持"两新一重"建设，其中"两新"即新型基础设施建设与新型城镇化建设。报告还指出"加强新型基础设施建设，发展新一代信息网络，拓展 5G 应用……助力产业升级。加强新型城镇化建设，大力提升县域公共设施和服务能力"。产业园区建设尤其是县域产业园区完全符合重点支持的"两新"领域，盘活存量园区资产，补基础设施短板，加强 5G 信息大数据等高端要素助力产业升级。区域产业园区将持续发挥

---

① 《关于做好地方政府专项债券发行及项目配套融资工作的通知》（厅字〔2019〕33 号），载中国政府网，http：//www.gov.cn/xinwen/2019-06/10/content_5398949.htm，最后访问时间：2022 年 3 月 28 日。

投资效益、在推进新型城镇化的进程中发挥重要作用。

关于发行专项债用于产业园区建设的项目范围，目前国家允许的领域是用于"产业园区基础设施"。政府负有供给责任，目的是提升地区产业发展基础能力的投入都可以算作产业园区的基础设施，既包括土地、道路、管网等传统基建，也包括信息、互联网、大数据中心等新基建。

下表梳理了可发行政府专项债的产业园区建设内容：

产业园区建设可发行政府专项债分类

序号	具体专项债种类	用途与收入来源
1	园区建设专项债	用途：园区的基础设施建设，如场地平整、园区道路、标准化厂房建设等
		收入来源：土地出让收入、建设指标流转收入、厂房租售、园区的服务性收入等
2	工业园区专项债	用途：工业园区的定向建设，如园区起步区建设、城镇综合体建设、铁路专用线建设、专用码头建设、创业发展服务平台建设、工业园区基础设施建设等
		收入来源：土地出让收入、供水排水收入、码头及铁路运输收入、工业及办公用房出租收入、仓库及公寓出租收入、停车及加油收入等
3	产业园区专项债	用途：园区的土地整理、环境整治、管网绿化、仓库物流、厂房建设等
		收入来源：土地出让收入、管网运维收入、物流收入、厂房租售收入等
4	生态保护专项债	用途：园区及周边的环境整治、截污管网、污水处理设施、固废处理设施的建设
		收入来源：场地修复收入、供排水收入、固废处理收入等
5	城乡发展专项债	用途：园区及周边村镇的道路建设、基础设施建设、农村人居环境整治等
		收入来源：土地开发收益、园区广告经营收入、村镇的供排水、垃圾处理收入等
6	医疗卫生专项债	用途：园区及新城地区的医疗设施建设和扩改建
		收入来源：医疗服务收入等

续表

序号	具体专项债种类	用途与收入来源
7	流域治理专项债	用途：园区水域周边的环境治理、基础设施建设、土壤修复、供排水设施建设、管网建设等
		收入来源：土地出让收入、供排水运维收入、建设用地指标流转收入等
8	教育专项债	用途：学校的基础设施（教学楼、图书馆、实验室）建设、学生宿舍建设、运动场馆建设等
		收入来源：教育收入、学生宿舍收入、体育场馆运营收入等
9	文旅专项债	用途：文化中心、旅游基础设施、旅游道路、环境整治等
		收入来源：土地增值收入、旅游设施运维收入、广告及商业收入等
10	机场专项债	用途：土地整理、机场及配套设施的建设、配套公路的建设、配套产业园区的建设等
		收入来源：土地出让收入、起降费、旅客服务费、安检费、地面服务费、机场进近指挥费收入、停车费收入、产业园区的厂房租售收入、园区运维收入等
11	人才综合体专项债	用途：园区的人才公寓、科研办公设施、幼儿园等生活配套设施
		收入来源：土地出让收入、公寓租金、办公楼租金、幼儿园运营收入、停车收入、物业管理费收入等
12	园区改造专项债	用途：园区基础设施提质改造、节能改造、污水处理提标、新建废弃物处理中心等
		收入来源：土地出让收入、污水处理收入、节能改造运维收入、工业废弃物处理收入等
13	绿色市政专项债券	用途：园区的基础设施、市政设施建设、绿化景观建设
		收入来源：土地出让收入、市政设施运维收入等
14	地下综合管廊专项债	用途：园区内地下综合管廊的建设
		收入来源：管廊运维收入、入廊费等

续表

序号	具体专项债种类	用途与收入来源
15	停车设施专项债	用途：园区内公共停车场的建设及运维等
		收入来源：停车费收入、广告收入等
16	循环经济专项债	用途：园区内基础设施、供排水设施、固废处理设施、垃圾资源化、建筑垃圾综合处理等
		收入来源：土地出让收入、供排水收入、固废处理收入、建筑垃圾处理收入、垃圾资源化收入、建筑垃圾再生品收入等
17	高铁专项债	用途：高铁场站的建设、高铁园区的土地平整及基础设施建设、配套交通项目建设等
		收入来源：场站的商业收入、土地收入、园区服务收入、交通项目收入等
18	轨道交通专项债	用途：征地拆迁、园区配套的轨道交通线路建设、车辆购置、场站建设等
		收入来源：车票收入、商业收入、沿线土地收益等
19	物流设施专项债	用途：物流仓库、冷链物流设施、物流配套设施建设等
		收入来源：仓库出租收入、物流设施运维收入、商业收入等
20	能源专项债	用途：天然气的管网、储气设施的建设等
		收入来源：天然气运输收入、仓储收入等

产业园区基础设施专项债属于"收益与项目融资自求平衡专项债券"类型，在保证公益性的前提下，对项目收益要求较高。尤其是将专项债券作为项目资本金的重大项目，除项目收益能够覆盖专项债券本息，还需要剩余专项收入具备融资条件。梳理产业园区可能的收入来源，有助于在项目规划阶段设计更符合收益要求的建设及运营内容，以便地方政府规划更优质的项目，提高专项债申请方案的报批通过可能性。

上表以可发行的产业园区专项债为分类基础，归纳了每类专项债的相关收入来源，而下表则以收入主体为分类基础梳理了产业园区建设运营创造的收入：

产业园区建设运营创造的收入

以政府方（包括国有企业）为收入主体，可能获得的收入		以项目公司（社会资本）为收入主体，可能获得的收入	
政府性基金收入、专项债券对应项目专项收入	1. 国有土地使用权出让收入	产业园区运营维护收入（此部分收入主要指基于产业园区项目本身的运营。社会资本获得政府授予的排他性的经营权和收益权，通过运营园区资产获得汇报）	1. 租金收入
	2. 农业土地开发资金收入		
	3. 城市基础设施配套费收入		2. 物业服务收入
	4. 污水处理费收入		
	5. 其他政府性基金收入		
其他专项收入	1. 教育费附加收入、地方教育费附加收入		3. 产业配套服务收入
	2. 文化事业建设费收入		
	3. 城镇垃圾处理费收入		4. 政府支付的可用性付费及运营补贴收入
	4. 其他专项收入		
税收收入	1. 增值税收入		
	2. 企业所得税收入		
	3. 个人所得税收入		
	4. 城市维护建设税		
	5. 房产税		5. 专项资金收入
	6. 城镇土地使用税		
	7. 土地增值税		
	8. 耕地占用税		6. 停车场收入
政府向上级申请的专项资金	1. 各部委鼓励产业发展的相关专项资金		
	2. 支持重大项目建设的中央预算内投资补助		7. 广告收入
	3. 以奖代补类资金		
	4. 其他专项资金		
国有资本经营收入	1. 利润收入		8. 可能提供的供水服务收入
	2. 股利股息收入		
	3. 产权转让收入		
	4. 国有资源（资产）有偿使用收入		9. 其他资产经营收入

通过以上两张表，可以看出：

（1）政府性基金收入与专项收入可用于偿还专项债本金与利息。产业园区项目属于城镇片区综合开发类项目，通常包含土地一二级联动开发内容，土地使用权出让金专项用于专项债的偿还保证了专项债的主要还款来源，是产业园区项目相对其他专项债项目的优势所在。此外，产业园区覆盖多领域的建设内容，入园企业在项目区域内经营都将产生多种专项收入，增加偿债来源。

（2）产业园区运营收入包括通过市场化经营取得的来自第三方的经营收入及纳入政府一般公共预算支出的政府补贴收入。这类收入用于偿还项目专项债融资以外市场化融资的部分及投资方的投资回报。

（3）基于产业园区的产业孵化运营及区域招商引资引智，企业与劳动力流入后增加的企业所得税、房产使用税、耕地占用税等税收收入，国有企业参与产业孵化投资运营获得的国有资本经营收入，地方政府申请到的上级专项资金也是产业园区创造的综合收入来源。虽无法直接用于偿还专项债券本息，但因此增加的地方财政综合收入，也可以作为政府支付 PPP 项目补贴的资金来源，最终实现的是区域经济的整体提升。

六、新基建专项债的风险与对策

（一）专项债的困境与风险

目前专项债的困境与风险主要来源于项目的收益性问题。

专项债券须用于有一定收益的公益性项目。然而，基础设施和公用事业等项目往往由于其专业化程度高造成其建设成本较高，而又因其运营项目的公益属性使得收入较低，许多项目难以实现"自平衡"。通常，为达到专项债的发行要求，地方层面主要通过与附近地块捆绑打包形成项目，以附近地块的土地开发收益作为还款来源等方式实现项目"自平衡"。

通过捆绑地块，以土地开发收益作为还款来源的做法看似能让还款来源得到保障。但是，在经济下行压力及房地产调控政策下，三线、四线等城市土地开发速度已明显下降。因此，除了铁路、公路等对附近地块有明显增幅作用的项目以外，以附近地块的土地开发收益作为项目还款来源的稳定性与增长性已大不如前。此外，从宏观层面来看，土地出让收入作为地方政府收入的重要组成部分，如果依赖土地相关收入还本付息的项目较多，未来可能对地方政府的财政收支造成较大压力。

可见，专项债对于项目收益性的要求决定了符合要求的储备项目并不多。因此，如果过于快速地扩张专项债规模，放松了对项目本身的审核，则有泛化、异化专项债的风险。

另有些地方和部门审核基础设施建设项目把关不严，对举债建设项目现金流评估不够，对项目市场前景和经济效益测算不科学，没有充分考虑地方政府还款能力，存在风险隐患。同时，还有些项目单位未按项目批复要求落实各项建设资金来源，加剧风险隐患。

（二）相应对策与相关建议

1. 坚决遏制隐性债务增量

进一步完善地方建设项目和资金管理。加大财政约束力度，有效抑制地方不具备还款能力的项目建设。有关部门要加强监督管理，从严审核把关，严禁建设形象工程、政绩工程以及脱离当地财力可能的项目。

专项债及其项目最重要的基础是资产、资产性质及质量。在选择专项债项目的时候，首先，应该考虑项目形成什么样的资产，质量如何，资产未来会不会增值，是否容易变现。其次，要看收益率如何。收益除能够覆盖成本外，还要能够维持项目正常运转。要督促金融机构尽职调查、严格把关，对没有稳定经营性现金流作为还款来源或没有合法合规抵质押物的项目，金融机构不得提供融资，严格按商业化原则提供融资。要强化中央企业债务融资管控，严禁违规为地方政府变相举债。

2. 积极稳妥化解存量隐性债务

建立市场化、法治化的债务违约处置机制，依法实现债权人、债务人共担风险，及时有效防止违约风险扩散蔓延。坚持从实际出发，分类审慎处置，继续整改违法担保，纠正政府投资基金、PPP、政府购买服务中的不规范行为，鼓励地方政府合法合规增信，防范存量债务资金链断裂风险。

3. 开好地方政府规范举债融资的"前门"

适度增加地方政府专项债务限额，稳步推进专项债券管理改革，支持有一定收益的公益性项目建设。

支持地方政府合法合规与社会资本合作。鼓励地方政府规范运用PPP、政府投资基金等方式。支持市场化融资和担保。鼓励政府出资的担保公司依法依规提供融资担保服务，地方政府在出资范围内对担保公司承担责任。

4. 稳步推动融资平台公司市场化转型

规范融资平台公司融资管理。推动融资平台公司公开透明、合法合规运作，严禁新设融资平台公司。规范融资平台公司融资信息披露，充分披露企业及项目相关信息，严禁与地方政府信用挂钩的误导性宣传。分类推进融资平台公司市场化转型。妥善处理融资平台公司债务和资产，剥离融资平台公司政府融资职能，支持转型后的国有企业依法合规承接政府公益性项目。

5. 健全监督问责机制

加强监督力度，将风险管理工作纳入日常监督范围。重点加强债券发行前的风险评估，坚决制止项目盲目上马。基层财政在建立政府债券储备项目库体系时，一定要对债券项目进行前置性调查、分析、研究，明确债券项目的公益性以及资金支出的资本性，从源头排查解决债券资金安排的风险隐患。

6. 建立健全长效管理机制，强化项目全生命周期风险管理

深化财税体制、投融资体制、金融改革；全面推进地方政府债务公开；加快编制以权责发生制为基础的政府综合财务报告；充分发挥市场机制激励约束作用，促进市场融资自律机制形成。

在不同的环节上，项目的风险特征各异。为了控制风险，应构建具体的、有针对性的新基建专项债券及项目全生命周期风险管理体系，通过完善相关操作指引和指导性文件、明确各部门在专项债风险控制方面的职责、制定可操作性较强的具体风险管理方案等方式，覆盖项目全生命周期的各个阶段主要事项和要素。

从发行角度讲，应科学设置债券要素，合理确定发行期限和本息偿还时序，精准匹配项目资金需求，优化债务结构，提高债券偿还灵活性和匹配度。从管理角度讲，应加强压力测试和日常监测，利用市场化、法治化方式促进专家共同参与，提高资金使用效率和合规性，落实好偿债资金的来源。

第三节　REITs 融资模式

2020 年 4 月 30 日，中国证监会与国家发展改革委联合发布了《关于推进基础设施领域不动产投资信托基金（REITs）试点相关工作的通知》，标志着中国

公募 REITs 正式落地,并在基础设施领域率先破冰。

一、基础设施 REITs 的定义与分类

(一)基础设施 REITs 的定义

REITs(Real Estate Investment Trusts,即不动产投资信托基金)是通过发行股份或收益凭证募集资金,由专门机构进行不动产投资经营管理,并将投资收益按高额比例分配给投资者的信托基金,具有永续、权益型、高分红的特征。REITs 作为直接融资工具,具有盘活存量资产、降低企业杠杆率、提升资源配置效率、降低项目融资成本、促进金融市场发展等正面作用。持有型房地产和基础设施是 REITs 的两类主要基础资产,其中,主要投资于基础设施的产品被称为基础设施 REITs。

《关于推进基础设施领域不动产投资信托基金(REITs)试点相关工作的通知》提出"优先支持基础设施补短板行业,包括仓储物流、收费公路等交通设施,水电气热等市政工程,城镇污水垃圾处理、固废危废处理等污染治理项目。"同时"鼓励信息网络等新型基础设施,以及国家战略性新兴产业集群、高科技产业园区、特色产业园区等开展试点"。

(二)基础设施 REITs 的主要分类

REITs 的主要分类	
根据资产组成和投资收益来源分类	股权型 抵押型 混合型
根据组织形式和交易结构分类	公司型 信托型 有限合伙型
根据募集和流通特点分类	私募 公募

1. 根据资产组成和投资收益来源,REITs 分为股权型、抵押型和混合型

(1)股权型 REITs

股权型 REITs 是指拥有不动产并对其进行运营以获得收入,投资者的收益不仅来源于租金收入,还来源于不动产的增值收益。股权型 REITs 可直接持有各种

类型的不动产。若一栋构筑物可买卖，就有可能成为股权型 REITs 的资产，具体包括电厂、水厂、高速公路、酒店、医院、购物中心、仓库、住宅、公寓等。

（2）抵押型 REITs

抵押型 REITs，又称为债券型 REITs，是指向不动产所有者、不动产开发企业发放贷款，或投资抵押贷款的二级市场，这类市场上的参与者拥有不动产相关的债权类资产。其收入来源主要是抵押贷款利息和手续费。

大多数抵押型 REITs 仅向现有不动产发放抵押贷款，并利用抵押型证券和对冲型工具管理风险。因为不持有可能增值的实体性不动产资产，抵押型 REITs 不会为投资者提供很高的资产增值收益。事实上，只有在利率水平稳步下降的时期，抵押型 REITs 才会出现显著的市价提升。反之，若利率水平上扬，其市价便有可能下跌。

（3）混合型 REITs

混合型 REITs 试图结合股权型 REITs 和抵押型 REITs 的双重特点，既是权益投资人，也是抵押贷款经营者，同时拥有不动产和抵押贷款的组合型资产组合。

理论上，混合型 REITs 在向股东提供具有增值空间的不动产的同时，也能获得稳定的贷款利息。混合型 REITs 的收益率往往高于股权型，但低于抵押型。同时，混合型 REITs 的增值潜力比股权型低，但高于抵押型。

在美国，医疗行业是混合型 REITs 涉足较多的领域，混合型 REITs 向医疗机构和医院管理者发放抵押贷款，同时收购如医疗产业园之类的不动产，出租给医疗机构。混合型 REITs 倾向于给投资者提供混搭型的投资结果，但这种混搭的价值往往被投资圈质疑，比如其投资可能过于分散。

2. 根据组织形式和交易结构分类，REITs 分为公司型、信托型和合伙型

（1）公司型 REITs

公司型 REITs 由一批具有共同投资理念的投资者依法出资组建，投资于特定类型的不动产资产，是以营利为目的的股份制公司，该类公司通过发行股票的方式募集资金，是具有独立法人资格的经济实体。

在组织形式上，它与股份有限公司相似，该类型的 REITs 的资产为投资者（股东）所有，由股东选择董事会，由董事会选聘运营管理公司，REITs 运营管理公司负责管理日常业务。

公司型 REITs 的设立一般要在工商管理部门和证券监管机构注册或批准，同时还要在股票发行和交易的所在地登记。在美国、比利时、法国、德国、日本、

韩国、土耳其、英国等地，REITs 的典型结构是公司型。

（2）信托型 REITs

信托型 REITs 是指投资者与 REITs 管理人签订信托契约，后者又与 REITs 托管人订立信托契约，通过发行受益凭证而组建的投资信托。REITs 管理人是 REITs 的发起人，通过发行收益凭证将资金筹集起来组成信托，并根据信托契约进行投资；REITs 托管人根据信托契约负责保管信托资产，具体办理证券、现金管理以及有关的代理业务，一般由银行担任。

（3）合伙型 REITs

合伙型 REITs 由有限合伙人（Limited Partner，LP）和普通合伙人（General Partner，GP）共同组成。有限合伙人向 REITs 投资并分享收益，但不参与 REITs 日常事务管理，仅以其投资额对 REITs 的债务承担有限责任。普通合伙人负责 REITs 日常事务管理，对 REITs 的债务承担无限连带责任。

3. 根据募集和流通特点分类，分为公募 REITs 和私募 REITs

（1）公募 REITs

公募 REITs 是以公开发行方式向社会公众投资者募集资金的 REITs，投资者人数一般不受限制，每个投资者的最低投资金额通常也没有限定。公募 REITs 是国际资本市场不动产金融产品的主流形式，与股票一样具有高流动性，可上市交易，一般也称其为标准 REITs。

（2）私募 REITs

私募 REITs 以非公开方式向特定投资者募集资金并以不动产为投资对象。REITs 发起人通过电话、信函、面谈等方式，直接向一些机构投资者或高净值个人推销 REITs 份额来募集资金。私募 REITs 对投资人的风险承受能力要求较高，监管相对宽松，各地的法律法规一般会明确限定私募 REITs 持有人的最高人数（如 50 人、100 人或 200 人）和投资人的资格要求，否则私募 REITs 不得设立。

在中国，2013 年已经开始出现"专项计划+Pre-REITs"的特殊产品形态，称为具有国内特色的准 REITs，实际上是一种债务融资工具，近年发展比较迅速。当前国内的基础设施类 REITs 大多以"私募股权基金+ABS"的形式存在。①

---

① 《深度！REITs"花"开——基础设施公募 REITs 解读（多行业报告）》，载"招商证券多行业"微信公众号，https：//mp.weixin.qq.com/s/KaCMqr_ZF7io-AcUgNlXuw，最后访问时间：2022 年 3 月 29 日。

二、基础设施 REITs 的国内发展探索

1. 中国 REITs 政策推进

2017 年以来，国家明确要求大力实施一批重大基础设施工程，加快构建现代基础设施体系，在金融创新等方面探索更加灵活的政策体系。要进一步提升基础设施建设的质量和水平，必须逐步摆脱靠各类杠杆融资来支撑投资的传统逻辑，发展建设理念的落地应依靠一个多层次、市场化的投融资体制。作为不动产资产定价的"锚"，REITs 对于提升不动产投资的投资效率、优化资源配置至关重要。

2020 年 8 月，为做好试点项目申报工作，国家发展改革委专门发布《关于做好基础设施领域不动产投资信托基金（REITs）试点项目申报工作的通知》[①]，要求"各地发展改革委要严格审查把关，确保项目符合国家重大战略、宏观调控政策、产业政策、固定资产投资管理法规制度，促进项目持续健康平稳运营，推动形成良性投资循环，为试点工作顺利开展奠定坚实基础"。

2. 国内基建 REITs 发展的必要性

（1）基建进入存量时代，新建投资资金受限

国内基础设施公募 REITs 底层资产底蕴足。据光华管理学院的报告《中国基建 REITs 创新发展研究》[②]，至 2017 年末，中国城镇基础设施累计投资额达到 113.68 万亿元。

根据海外经验，基建 REITs 的推出都有着相似的历史背景——不动产市场受挫，经济增长乏力甚至负增长。而国内当前试点基础设施行业资产储备丰富，为公募基建 REITs 的推出奠定了良好的资产基础。由于基础设施资金投入量大，回报周期长，对政府和企业而言，大量的存量资产无法及时变现，沉淀了大量资产。通过推行基础设施公募 REITs，可以盘活基建领域的存量资产。通过将缺乏流动性的基础设施存量资产转化成流动性强的金融产品，提高资金的利用效率，从而形成一个良性循环，基础设施资产的流动性和盈利能力都可以得到较大提高。

---

① 《关于做好基础设施领域不动产投资信托基金（REITs）试点项目申报工作的通知》，载中国政府网，http://www.gov.cn/xinwen/2020-08/04/content_5532280.htm，最后访问时间：2022 年 3 月 29 日。

② 《中国基建 REITs 创新发展研究》，载北京大学光华管理学院网站，https://www.gsm.pku.edu.cn/thought_leadership/info/1072/1294.htm，最后访问时间：2022 年 3 月 29 日。

（2）地方政府债务高企，企业债务融资受限

对基建资产进行 REITs 化相当于将现金流情况好的优质基建项目提前进行变现，来满足未来新建项目的短期融资需求，可以提升资金的使用效率，加快资金流动。过去只能由政府靠发债融资修建基础设施，现在有可能把这些建成的基础设施项目（包括收费公路、桥梁、地下管网等有足够收益权的优质项目）卖给社会基金，实现建设资金的良性循环，用市场化手段解决个别地方债务越积越重的问题，从而在整体上降低宏观杠杆率。

资产证券化后的基础设施并没有脱离当地。把收费道路、桥梁、仓储物流、水电气热管网等资产卖出后，城市并未失去这些资产。这些基础设施仍然由这个城市所使用，但持有人发生改变。未来地方政府可回购这些流通中的基础设施资产，所以不会存在国有资产流失的问题。

对企业来说，REITs 能有效盘活存量资产，形成良性投资循环，提升直接融资比重，降低企业杠杆率。同时，REITs 作为中等收益、中等风险的金融工具，具有流动性高、收益稳定、安全性强等特点，有利于丰富资本市场投资品种，创新投融资体系。

（3）改变中国基础设施传统投融资模式

基建 REITs 的引入，有望改变中国基础设施传统投融资模式。中国基础设施传统投融资模式下，存在投资效益不一、融资渠道狭窄、资本退出困难等问题，导致地方政府债务负担重；而基建 REITs 拥有其他融资方式所不具备的优势和特点，与基础设施领域资金需求非常匹配，无论在宏观经济层面的降杠杆、补短板，还是在基础设施行业的投融资模式改革，以及微观层面的企业竞争力提升等方面，均具有积极的意义。

三、基础设施 REITs 重要新规解读

2020 年 4 月 30 日，中国证监会、国家发展改革委联合发布了《关于推进基础设施领域不动产投资信托基金（REITs）试点相关工作的通知》（以下简称《通知》），拉开了我国在基础设施领域建设公募 REITs 市场的帷幕。

（一）试点方案发展方向

《通知》详述了基础设施公募 REITs 的试点方案。该试点方案体现了中国公募 REITs 的重点发展方向。中国公募 REITs 将依据全球标准化 REITs 基本特点，

以公开发行、公开交易的方式，坚持权益型导向，实现 REITs 穿透持有不动产权益，其中收入结构要求、分红比例、杠杆率及治理结构等具体规则参考成熟市场规则制定，按照有助于实现降低主体杠杆率、盘活存量资产、完善不动产资产定价机制的方向推动实施。

（二）试点项目选择：聚焦基建补短板行业，需具备持续稳定现金流

《通知》列示了基础设施 REITs 试点的项目要求，具体要求包括三个方面，即聚焦重点区域、聚焦重点行业以及聚焦优质项目。

聚焦重点区域：优先支持京津冀、长江经济带、雄安新区、粤港澳大湾区、海南、长江三角洲等重点区域，支持国家级新区、有条件的国家级经济技术开发区开展试点，有助于优化区域协调发展战略布局。

聚焦重点行业：优先支持基础设施补短板行业，包括仓储物流、收费公路等交通设施，水电气热等市政工程，城镇污水垃圾处理、固废危废处理等污染治理项目；鼓励信息网络等新型基础设施，以及国家战略性新兴产业集群、高科技产业园区、特色产业园区等开展试点。划分重点行业有利于传统基建补短板、新型基建调结构的战略方向进一步落实，可盘活建筑企业或 PPP 企业在手的运营资产存量，解放沉淀在项目中的自有资金，提升资金使用效率，从而降低资产负债率，业务更具有持续性。

聚焦优质项目：《通知》中强调"优质"项目。所谓优质项目，核心在于权属清晰，具有市场化经营模式，具有持续、稳定现金流，发起人及运营企业具备持续经营能力。在市场化原则下，优质项目最终要得到投资人的认可。

（三）产品结构设置：公募基金+单一基础设施资产支持证券

《通知》明确了公募 REITs 试点的产品模式，即由符合条件的、具有公募基金管理资格的证券公司或基金管理公司设立封闭式公募基金，公开发售基金份额募集资金，并通过购买基础设施资产支持证券（ABS）的方式完成对标的基础设施资产的收购。这种模式在市场被称为"公募基金+ABS"模式。

"公募基金+ABS"模式充分运用了现有制度框架，具有可操作性。公募基金投资 ABS 证券有效避免了公募基金投资未上市公司股权或不动产可能存在的法律争议，同时借助企业 ABS 的成熟机制与模式进行合理估值，降低交易成本。[1]

---

[1] 张峥：《基础设施公募 REITs 试点的政策解读》，载"北京大学光华管理学院"微信公众号，https：//mp. weixin. qq. com/s/40tCjqt_l4Rn59R7F0a_oA，最后访问时间：2022 年 3 月 29 日。

该模式应用公募基金作为载体实现公开募集和公开上市，以此降低不动产投资门槛，使得广大公众投资者配置不动产资产成为可能，为居民提升财产性收入提供高质量的大类资产。

（四）定价与发售安排：IPO 式，更具权益性

借鉴境外市场公募 REITs 询价发行成熟做法，基础设施基金经中国证监会注册后，采取网下询价的方式确定份额认购价格，由财务顾问受委托办理路演推介、询价、定价、配售等相关业务活动。

在战略配售方面，原始权益人必须参与战略配售，比例不少于基金份额发售总量的 20%，且持有期不少于 5 年；其他专业机构投资者可以参与战略配售。网下询价对象方面，限于证券公司、基金管理公司、保险公司、政府专项基金、产业投资基金等专业投资者。发售比例分配方面，扣除向战略投资者配售部分后，网下发售比例不低于本次公开发行数量的 80%。

（五）加强信息披露，强调公开透明

信息披露是《通知》的另一核心内容，意图充分保护各参与方的利益。综合来看，《通知》点明此次公募 REITs 试点工作的要领，对基础设施 REITs 项目的实施原则、标的要求、后续推进安排进行了阐述，明确了各监管机构的职责分工。

四、基础设施 REITs 面临的问题与挑战

（一）税收政策问题

公募基础设施 REITs 交易结构和交易主体复杂，可能会出现多级、重复征税问题，这样将大大增加交易成本，阻碍其发展。相对于国际 REITs 的税收优惠，中国目前公募 REITs 的税收环节政策仍不清晰，在重组时、交易时的税收会不会影响资产质量和吸引力是值得探讨的问题。

REITs 在境外快速发展的重要因素是税收优惠，不对 REITs 征收企业所得税，只对投资者征收所得税，避免双重征税。税收优惠大大提高了 REITs 的吸引力。我国还没有 REITs 的税收优惠政策，降低了本就较低的基建运营回报率。我国已经出现的类 REITs 产品主要是在交易所市场上以资产支持专项计划为载体的形式设立，依照的是 2014 年证监会出台的《证券公司及基金管理公司子公司资

产证券化业务管理规定》①，对于不动产转让及运营环节涉及的税收无专门规定。与商业地产私募 REITs 一样，基础设施 REITs 项目迫切需要明确避免公司所得税双重纳税等税收问题。更进一步，由于依托公共基础设施项目提供基本公共服务是政府责任，公共基础设施项目本身的主营业务收入主要来自使用者付费或财政付费，这类收入能否豁免征税，也需要相关政策明确。

（二）优质项目筛选问题

试点优质资产项目的筛选上存在一定的难度。试点一般优先支持基础设施补短板行业，包括仓储物流、收费公路等交通设施，水电气热等市政工程，城镇污水垃圾处理、固废危废处理等污染治理等基础设施项目。这些项目普遍具有投资回收期长、持有期收益低等问题。而资产证券化有一个基本要求，就是证券化的资产都要是优质资产，要有较好的收益，收益不佳的资产是很难做成证券化产品的。而且权益型的资产证券化产品除注重稳定的现金流和分红外，对产品价值未来的升值性也有期待，如房地产 REITs 中投资者可能预期其基础资产会有较好的升值空间，而基建资产未来升值的空间一般来说比较有限，并且部分基础设施 REITs 有经营期限，这对 REITs 产品的定价形成挑战。

（三）尚未出台规范 REITs 的专门法律法规

国内尚未出台规范 REITs 的专门法律法规，只能借鉴有关的其他法律法规，如《信托法》《公司法》《证券法》《证券投资基金法》。如果依据这几部法律发展 REITs，尚存在一些障碍。例如，如果以信托为 REITs 的基本模式，建立 REITs 的投资实体并发行上市，投资者持有信托单位或进行转手交易，在实施中会遇到现有法律制度在确定信托收益权凭证是否属于证券范畴的障碍。② 根据《公司法》的规定，公司弥补亏损和提取法定公积金、任意公积金后的剩余税后利润，方可用于向股东分配。而 REITs 的特征之一就是将不动产所产生的当期净现金流尽可能多地分配给投资人。《公司法》关于公司分配的限制将影响 REITs 向投资人分配现金流的能力。

公募基础设施 REITs 在我国属于新生事物，规范、有序的实践离不开接地气

---

① 《证券公司及基金管理公司子公司资产证券化业务管理规定》，载中国证券监督管理委员会网站，http：//www.csrc.gov.cn/csrc/c101802/c1045426/content.shtml，最后访问时间：2023 年 7 月 6 日。

② 罗桂连：《国内发展基础设施 REITs 的分析与建议》，载"中国保险资产管理"微信公众号，https：//mp.weixin.qq.com/s/Q8pnJ9fW67XcD4ftjBk7wg，最后访问时间：2022 年 3 月 29 日。

的规则制度，如何运用好试点项目，建立符合《信托法》《证券法》《证券投资基金法》《公司法》的 REITs 规则，是公募基础设施 REITs 能否在我国行稳致远的关键。

从实操角度，当前的基础设施公募 REITs 产品试点落地还面临着诸多障碍。未来有望出台更多相关的政策，规范并助力公募 REITs 的发展。

第四节　PPP 融资模式的困境与创新

一、我国基础设施融资中 PPP 模式的现状

2014 年 10 月 2 日，国务院发布的《关于加强地方政府性债务管理的意见》①中明确提出推广政府和社会资本合作模式，鼓励地方政府通过 PPP 的模式推进基础设施及公用事业项目建设。从 2014 年开始，我国 PPP 行业的发展呈现出爆发式的增长。目前，我国已成为全球最具影响力、规模最大的 PPP 市场。PPP 项目涉及市政工程、交通运输、生态环保、医疗卫生、农业、林业、科技、能源、教育、养老、旅游、体育、文化、水利建设、城镇综合开发、社会保障、保障性安居工程、政府基础设施等行业。

然而不得不正视的是，在 PPP 模式被大面积推广的这段时间里，混入了一些不符合规范要求、不符合 PPP 模式特点的基础设施建设项目，其以 PPP 之名行变相举债之实。甚至可以说，国内 PPP 模式在一定程度上呈现出了发展的不良苗头，这为经济的发展埋下了风险隐患。

在这样的背景下，2017 年底以来，财政部、国资委、发改委陆续出台了一系列监督管理文件，遏制 PPP 模式的不良发展势头，这也标志着中国 PPP 市场逐渐进入规范发展阶段。按照政策要求，部分已入库的项目面临清库的风险，不规范的市场需求面临压缩的趋势。PPP 模式的融资渠道也面临着收窄的压力，社会资本的参与积极性也因而受到较大影响。如何规范发展 PPP 业务、管控 PPP

---

① 《国务院关于加强地方政府性债务管理的意见》，载中国政府网，http://www.gov.cn/zhengce/content/2014-10/02/content_9111.htm，最后访问时间：2022 年 3 月 29 日。

业务风险、加速融资落地、拓展融资途径、降低融资成本已成为 PPP 社会资本方的重大课题。

二、新基建下 PPP 投融资模式的困境

（一）PPP 项目融资渠道收窄，融资成本上升

涉及 5G、工业互联网、大数据中心、人工智能和智慧交通等信息基础设施建设类 PPP 项目时，社会资本方往往是具有强大技术驱动力的高科技企业，但除了一些行业龙头的科技企业，大部分科技企业的资本积累程度较低、融资能力较为欠缺，难以满足 PPP 项目的融资需求。就国内情况而言，PPP 项目融资渠道较窄，国内主要融资渠道为商业贷款以及上市投资两种模式，企业融资成本高企，选择局限性较大，政府买单现象较严重。

而由于我国 PPP 项目融资市场缺少第三方评级机构风险揭示，金融机构又缺乏对 PPP 项目风险的判断经验，更多依据投资者的主体信用和外部增信为项目提供债务资金，实质上仍未脱离公司融资，并未真正按照国际上定义的项目融资方式为 PPP 项目融资。国内大部分 PPP 项目融资都是由母公司向银行贷款或发行企业债券，以母公司的资产基础为支持。这样在相对降低项目风险的同时，无形中也增加了母公司的风险。国内金融机构更青睐于政府付费、大型国有资本牵头等有政府信用背书的项目，不利于 PPP 项目融资市场化发展，一方面限制了使用者付费模式项目的融资渠道，另一方面金融机构对项目风险容易高估，反而加大了项目的融资成本，使得民营企业项目融资难、融资贵的问题难以得到根本缓解。

2017 年 11 月财政部办公厅发布了《关于规范政府和社会资本合作（PPP）综合信息平台项目库管理的通知》（财办金〔2017〕92 号）[①]，规定不允许"以债务性资金充当资本金"，融资渠道锁紧，融资成本上升。2018 年和 2019 年市场上一些知名民企不得已转向依靠地方政府、大型金融控股或者大型央企，而即便是资金实力雄厚的央企、国企，也并非步履轻松，纯靠自有资金投资动能也是有限的。

---

① 《关于规范政府和社会资本合作（PPP）综合信息平台项目库管理的通知》（财办金〔2017〕92 号），载中国政府网，http://www.gov.cn/xinwen/2017-11/16/content_5240219.htm，最后访问时间：2022 年 3 月 28 日。

再看 PPP 债权融资市场，在库项目经过清理整顿之后融资率依然颇低，说明金融机构对于 PPP 的认可程度依然不高。财政部信息平台的公开化、透明化建设，将在一定程度上加强地方政府对于项目还款履约保障，提高公众监督。这是否会增强金融机构的支持度，还有待市场进一步验证。

（二）相关政策、法律法规有待进一步健全

新基建 PPP 项目的发力，需要国家政策的引导，包括标准的确定，以及实打实的刺激政策。

信息基础设施领域的新基础设施 PPP 项目缺乏统一的行业标准和规范指引。一方面会让人在操作项目时无所适从，给前期实施方案的编制和后期项目的落地带来障碍；另一方面信息基础设施建设的重要目的之一就是通过信息间的互联实现资源的共享，若标准和指引不同，则会带来不同区域甚至同一区域内部不同项目之间无法有效衔接的问题。

此外，政企协作似乎也是新基建建设的一个难点。新基建所涉及的行业中，民营企业参与较多。政府和企业出发点有所差异，如政府可能更倾向于从社会民生的角度去考虑新基建，而企业则可能更多地考虑盈利。

（三）社会资本参与基础设施 PPP 项目的积极性受影响

这一点主要针对的是城际高速铁路和城际轨道交通、新能源汽车充电桩、特高压等传统基建短板领域中的新基础设施 PPP 项目。

作为传统基建领域的短板项目，这一类项目的潜力和需求量是毋庸置疑的。但是由于这些项目投资体量大、建设周期长，不确定性风险大，民营企业受制于资金和技术的压力很难进入，参与 PPP 项目的意愿不高，对参与 PPP 项目较为审慎。社会资本方多以追求短期利益最大化为主，基础设施建设 PPP 项目多以公益性民生项目居多，导致项目收入和盈利缺乏稳定性，社会资本方参与度达不到预期。

此外，在 PPP 项目实施过程中，与政府方相比，社会资本方处于相对劣势地位。比如，政府无法按时保证资金划拨、影响资金的及时回收等，都会让社会资本方有所顾忌，参与积极性受影响。

从融资主体看，地方国有企业普遍面临更加严格的政策限制和融资条件，融资的可获得性、融资成本和盘活存量资产都面临更多挑战。各类民营企业是最活跃的市场主体，在特定领域已经具备相对竞争优势，但由于融资环境和条件的严格限制，难以普遍、持续、大规模开展重资产的 PPP 项目投资。这种过度依赖于所有制背景和强信用主体的融资主体筛选机制，制约着 PPP 项目全生命周期综合运营效率的实质性提升。

这些因素造成了在这些补短板领域新基础设施 PPP 项目中，虽然存在大量的需求，但真正有能力进入实施的社会资本较少，项目的落地仍存在较大疑虑。

三、"PPP+专项债"

在政策的允许下，为了地方的经济和社会发展，地方政府可以考虑在债务限额控制下，充分利用市场化融资。《关于做好地方政府专项债券发行及项目配套融资工作的通知》① 允许将专项债券作为符合条件的重大项目一定比例的项目资本金。

（一）PPP 模式与专项债各自制度设计逻辑与异同

PPP 模式制度的基本逻辑是社会资本获取项目的经营权、收益权，负责项目的投资、建设、运营，政府以一般公共预算对项目进行付费或缺口补助，主要目的是引入民间资本，引入先进的建设运营管理经验，提高公共服务供给和效率。其优势是制度设计完整，责权利清晰，按项目绩效付费，不存在资金沉淀；劣势是受财政承受能力限制规模有限，交易结构和程序复杂导致成本高、落地难。

专项债制度的基本逻辑是项目本身产生的政府性基金收入或者专项收入能够覆盖专项债的本息，所以专项债额度不列入政府赤字，主要目的是作为积极财政政策的重要措施之一，加大基础设施领域补短板，提振经济。其优势是发行速度快，成本低；劣势是项目由政府主导，资金容易沉淀，不利于引入先进的建设运营管理经验。

PPP 与专项债的共同点在于都不属于政府债务范围，都承担促进基础设施投资的使命，使用领域和范围存在较大的重叠。区别一是项目实施主体不同，PPP 以社会资本为主体，专项债以政府或其所属企业为主体；二是资金承担主体不同，PPP 支出责任纳入一般公共预算，专项债由项目本身产生的政府性基金收入

---

① 《关于做好地方政府专项债券发行及项目配套融资工作的通知》（厅字〔2019〕33 号），载中国政府网，http://www.gov.cn/xinwen/2019-06/10/content_5398949.htm，最后访问时间：2022 年 3 月 28 日。

或者专项收入偿还；三是考核机制不同，PPP 按项目实际产出绩效付费，专项债尚无明确考核机制，更多依赖土地收益和政府信用。

（二）PPP 模式与专项债结合的优势

《财政部关于做好地方政府债券发行工作的意见》（财库〔2019〕23 号）[①]放开了专项债的融资期限的规定，专项债的融资期限能与 PPP 合作期完美契合。专项债本息偿付的资金来源于项目收益，PPP 项目支出来源于地方政府一般公共预算；发债金额无法满足项目建设需求的，可以用 PPP 模式解决资金问题。

专项债解决部分项目建设资金后，PPP 项目总投资降低，政府支出责任随之减少。地方政府可以利用腾出的地方财承空间继续开展 PPP 项目。PPP 项目的融资成本远远高于专项债融资利率，PPP+专项债的组合有利于降低项目的融资成本，优化地方政府财承结构。

（三）PPP 如何与专项债结合

将专项债和 PPP 结合，就是一个项目"AB 包"的模式。在当前控制隐性负债的政策环境下，专项债和 PPP 无疑为相对合规的两种项目融资模式，二者各有特点，专项债具有审批快、资金成本低的优势，而 PPP 则有引进社会资本先进经验、转变政府管理职能的特点。考虑到二者适用的项目均为准公共产品，经营现金流完全覆盖项目投资成本较困难，可以采用专项债与 PPP 相结合的方式，把项目拆分为 A、B 包，将一些前期启动部分划为 A 包，由政府发行专项债解决资金来源并先行启动，由于额度或者其他原因专项债资金无法覆盖的，采用 PPP 模式吸引社会资金作为 B 包，同时也可以实现将项目建设、运营管理交给市场，实现政府转变职能、激发市场效力的作用。[②]

在这个逻辑下，对 PPP 与专项债结合进行如下架构设计：

1. 新增项目

对于同时符合 PPP 与专项债领域，具有一定经营收益，且能带来政府性基金收益的项目，可先行申请专项债额度，确定发债规模，但是需要在专项债方案

[①] 《财政部关于做好地方政府债券发行工作的意见》（财库〔2019〕23 号），载财政部网站，http://gks.mof.gov.cn/ztztz/guozaiguanli/difangzhengfuzhaiquan/201904/t20190430_3237973.htm，最后访问时间：2023 年 7 月 6 日。

[②] 杜涛：《PPP 与专项债的交替轮回》，载"经济观察报"微信公众号，https://mp.weixin.qq.com/s/6FFbZ1_wfRi2rQ13S_pC0g，最后访问时间：2022 年 3 月 29 日。

中明确以 PPP 模式落地才开始发行认购，首期规模为项目资本金的 49%，在项目开工后由政府出资代表以项目公司注册资本形式到位；建设期设置重要节点（如融资交割完成、达到关键进度等），由实施机构以专项补助形式进入项目公司并核减合作总投资；运营期由实施机构根据绩效考核结果、项目专项收益、政府性基金收益情况，对不超过项目建设成本 70% 的部分进行支付，保持将项目建设成本的 30% 及所有运营收入、成本与绩效考核全面挂钩。

此种架构设计在 PPP 落地前即明确专项债的规模、使用方式和激励条件，可显著提高社会资本参与项目的积极性，加快项目落地；社会资本先行投入和按重要节点使用的规则，基本可排除专项债资金的沉淀；按项目运行绩效进行激励的手段，可提高社会资本提高建设运营能力的愿望，也可显著加快社会资本回收资金的进度，以便投入新的基础设施项目，盘活基础设施投资市场。[①]

2. 存量 PPP 项目

处于建设期的 PPP 项目，可以立即申请专项债额度，确定发债规模并发行，参照新增项目的方式，首期提高政府方出资代表在项目公司的持股比例到 49%，要求社会资本方加快融资和建设进度，并设置重要节点进行建设期专项补助。

已完工并处于运营期的 PPP 项目，可以立即申请专项债额度，确定发债规模并发行，根据绩效考核结果、项目专项收益、政府性基金收益情况，对不超过项目建设成本 70% 的部分进行提前支付，腾出财政承受能力空间，继续推进新的PPP 项目。[②]

四、"PPP+REITs"

2020 年 4 月 30 日，证监会、国家发改委联合发布《关于推进基础设施领域不动产投资信托基金（REITs）试点相关工作的通知》（证监发〔2020〕40 号，以下简称《通知》）并出台了《公开募集基础设施证券投资基金指引（试行）》[③]（以下简称《指引》），标志着境内基础设施领域公募 REITs 试点工作

---

① 郭树锋：《PPP 与专项债结合破局之逻辑与架构设计》，载"新基建投融圈"微信公众号，https://mp.weixin.qq.com/s/aaLU9tMT-p7NUmHTS-ReLg，最后访问时间：2022 年 3 月 29 日。

② 郭树锋：《PPP 与专项债结合破局之逻辑与架构设计》，载"新基建投融圈"微信公众号，https://mp.weixin.qq.com/s/aaLU9tMT-p7NUmHTS-ReLg，最后访问时间：2022 年 3 月 29 日。

③ 《公开募集基础设施证券投资基金指引（试行）》，载中国证监会网站，http://www.csrc.gov.cn/csrc/c101877/c1029531/content.shtml，最后访问时间：2023 年 2 月 2 日。

的正式起步。

对此，业内多数专家都认为，公募 REITs 试点的开展将对中国基础设施投融资体制带来重大变革，包括对于近年来已被广泛适用并有大量项目即将步入稳定运营阶段的 PPP 模式。随着大量 PPP 项目逐步建设完工进入稳定运营期，探索如何通过 PPP+REITs 有效盘活存量资产，形成投资良性循环，具有非常重要的现实意义。

（一）PPP 与 REITs 相结合的重要意义

1. 盘活存量资产

PPP 项目中有相当一部分属于公路、铁路、保障房及公租房、新型城镇化综合开发等基建领域，这些领域的 PPP 项目一般在建设期面临较大的资金需求，而且项目资产的流动性较差。这些领域都属于 REITs 的投资适用范围，如果将 PPP 与 REITs 相结合，可以选择现金流稳定、风险分配合理、运作模式成熟的 PPP 项目，以能够带来现金流的项目公司股权为基础，形成可投资的金融产品，通过交易流通来盘活存量 PPP 项目资产，增强资金的流动性和安全性。此外，盘活存量资产，还能将实物资产转为份额化交易资产，释放 PPP 项目沉淀资本金，将回收资金继续用于新的基础设施和公用事业建设，有效降低实体经济的经济杠杆，实现良性循环。

2. 优化融资安排

作为一种再融资手段，PPP+REITs 能够优化 PPP 项目全生命周期的融资结构安排，为各类投资者和社会资本提供更加充分的投资选择和融资便利，从而解决信贷市场与 PPP 项目资金需求之间期限错配的矛盾，降低财务杠杆比率。这将在一定程度上解除社会资本参与 PPP 项目的后顾之忧，吸引更多优秀的社会资本参与提供公共服务和产品。

3. 提升稳定运营能力

PPP 与 REITs 相结合，借助 REITs 的风险隔离功能，即通过以真实销售［指发起人（Transferor）向发行人（Special Purpose Vehicle，SPV）转移基础资产或与之相关的权益和风险］的途径转移资产和设立破产隔离的 SPV 的方式来分离基础资产与发起人的财务风险，建立一道坚实而有效的"防火墙"，以确保项目财务的独立和稳定，夯实项目稳定运营的基础。

4. 规范 PPP 项目发展

交易所是公开、透明、统一、有效的市场，流通的主要是标准化的产品。PPP+REITs 产品如果要在交易所市场流通，必须遵照执行证券监管规则，严格履行证券监管机构规定的信息披露义务。此外，也要接受交易场所等其他监管机构监管，更要接受广大投资者的监督。因此，PPP+REITs 将借助资本市场的监管力量和倒逼机制，有效提升 PPP 项目的透明和规范程度，激励 PPP 项目参与方按照资本市场严格的标准和要求来履行 PPP 项目程序，以此规范 PPP 项目运作。

（二）符合 REITs 试点的 PPP 项目要求

根据《通知》"三、基础设施 REITs 试点项目要求"，基础设施 REITs 试点项目应符合的条件有：1. 项目权属清晰，已按规定履行项目投资管理，以及规划、环评和用地等相关手续，已通过竣工验收。PPP 项目应依法依规履行政府和社会资本管理相关规定，收入来源以使用者付费为主，未出现重大问题和合同纠纷。2. 具有成熟的经营模式及市场化运营能力，已产生持续、稳定的收益及现金流，投资回报良好，并具有持续经营能力、较好的增长潜力。3. 发起人（原始权益人）及基础设施运营企业信用稳健、内部控制制度健全，具有持续经营能力，最近 3 年无重大违法违规行为。基础设施运营企业还应当具有丰富的运营管理能力。

《通知》对实施路径的规定为，"四、（一）试点初期，由符合条件的取得公募基金管理资格的证券公司或基金管理公司，依法依规设立公开募集基础设施证券投资基金，经中国证监会注册后，公开发售基金份额募集资金，通过购买同一实际控制人所属的管理人设立发行的基础设施资产支持证券，完成对标的基础设施的收购，开展基础设施 REITs 业务"。

另根据《指引》第 8 条规定，基础设施基金拟持有的基础设施项目应当符合下列要求：（一）原始权益人享有完全所有权或经营权利，不存在经济或法律纠纷和他项权利设定；（二）原始权益人企业信用稳健、内部控制健全，最近 3 年无重大违法违规行为；（三）经营 3 年以上，已产生持续、稳定的现金流，投资回报良好，并具有持续经营能力、较好增长潜力；（四）现金流来源合理分散，且主要由市场化运营产生，不依赖第三方补贴等非经常性收入；（五）中国证监会规定的其他要求。

可见，PPP 项目开展 REITs 大致需符合下列要求：1. 已进入财政部 PPP 中心项目库；2. 已完成规划环评用地等手续并通过竣工验收；3. 回报机制以使用者付费为主；4. 进入运营期不少于 3 年并已产生持续稳定收益及现金流；5. 能够采取"REITs+ABS"路径。

另外，《通知》明确强调了适用行业范围，优先支持基础设施补短板行业，包括仓储物流、收费公路等交通设施，水电气热等市政工程，城镇污水垃圾处理、固废危废处理等污染治理项目；鼓励信息网络等新型基础设施，以及国家战略性新兴产业集群、高科技产业园区、特色产业园区等开展试点。

（三）PPP+REITs 模式面对的问题与挑战

1. 实际能够落地的基础设施 REITs 项目数量和规模远低于预期

（1）进入项目库的项目主要集中在交通运输、市政工程、城镇综合开发、生态建设和环境保护等领域，多为可行性缺口补助或纯政府付费两种模式，如果按照回报机制以使用者付费为主、主要由市场化运营产生、不依赖第三方补贴等非经常性收入的要求，则相当多的 PPP 项目无法开展 REITs。

（2）具备稳定现金流预期的基础资产数量有限，近年来基础设施项目大多集中在可经营性系数较低的领域，在投资运营回报被施工利润"平衡"掉的市场环境下更是如此。对于现金流稳定、利润丰厚的项目，原始权益人通常不愿分享给市场，尤其是上市公司，更不会轻易将能够为自己带来利润的优质资产转让给金融市场中的项目管理者来换取有限的回报。

（3）有相当部分的基础资产在实操中存在合法合规性或产权瑕疵；部分基础资产所有者需要通过持有资产组合的方式维持持续融资能力，而不愿出售优质基础资产。

2. 基础设施 REITs 能否覆盖 PPP 项目的债务性融资存在不确定性

对于通常的 PPP 项目，根据我国固定资产投资项目资本金制度的要求，其融资方案通常采取"资本金出资+债务性融资"的方式，且项目前期通常均会保持较高的资产负债率水平，即呈现"小股大债"的情形。基础设施 REITs 能否覆盖 PPP 项目的债务性融资存在不确定性，如希望通过使用融资成本更低的基础设施 REITs 资金实现对债务性融资置换的目的，仍然需要对可行路径进行进一步设计和论证。

3. 资产转让政策不明

PPP 项目基础设施资产一般归属于政府方，项目公司只有特许经营权，而资产证券化要求原始权益人对资产拥有所有权或特许经营权，如果社会资本来自国有企业的，可能涉及国有资产转让等程序。目前国内基础设施项目的股权转让、资产转让、经营权转让的政策与流程尚未明确，不利于基础设施类资产的有序转让，也难以准确估计。

2014 年 12 月，国家发展改革委印发《关于开展政府和社会资本合作的指导意见》①，将退出机制作为重要一环予以规范，并提出政府要"依托各类产权、股权交易市场，为社会资本提供多元化、规范化、市场化的退出渠道。"2017 年 7 月国家发展改革委印发《关于加快运用 PPP 模式盘活基础设施存量资产有关工作的通知》②，提出"运用 PPP 模式盘活基础设施存量资产，要在符合国有资产管理等相关法律法规制度的前提下……优先推出边界条件明确、商业模式清晰、现金流稳定的优质存量资产，提升社会资本参与的积极性。支持社会资本方创新运营管理模式，充分挖掘项目的商业价值，在确保公共利益的前提下，提高合理投资回报水平"。但是并未明确规定具体的操作流程，有待于政策层面进行完善。

（四）PPP 与 REITs 如何进行具体结合③

PPP 与公募 REITs 要想真正结合就更应该注重两者属性问题。首先，需要强化其自身的合规性要求以规范发展，坚持从全生命周期绩效考核角度，实施对 PPP 与 REITs 的有效打通，进行方案设计和制度预先安排。另外需要关注 REITs 的相关税收问题，由于 REITs 的交易结构比较复杂，因此按照目前的税收政策，可能会导致税负较重甚至重复征税的情况。建议借鉴已经成熟市场的做法，结合我国项目实际，制定具有针对性的税收政策。

其次，有效调动社会资本方、原始权益人、金融机构的参与度。这就需要让市场有合法合规的进入路径，解决现实中 PPP 项目各方在通过 REITs 方式实现

---

① 《关于开展政府和社会资本合作的指导意见》，载中国政府网，http://www.gov.cn/zhengce/2016-05/22/content_5075602.htm，最后访问时间：2022 年 3 月 29 日。

② 《国家发展改革委关于加快运用 PPP 模式盘活基础设施存量资产有关工作的通知》（发改投资〔2017〕1266 号），载中国政府网，http://www.gov.cn/xinwen/2017-07/07/content_5208644.htm，最后访问时间：2022 年 3 月 29 日。

③ 张雨馨：《"PPP+REITs"：一种模式创新》，载中国财经报网，https://h5.newaircloud.com/newse-paper/detail/10257_75890_1068104_12171493_zgcjb.html，最后访问时间：2023 年 2 月 2 日。

与资本市场接轨的问题，释放资本金活性，解除债务权利的再释放，让社会资本、原始权益人有更多的投资冲动，建议尽快研究 PPP 项目退出过程中的税务、法务、行政约束、权益质押等问题。

最后，建议尽快出台相关法律。成熟市场普遍针对 REITs 进行了单独立法。在本次试点基础上，思考 PPP 项目发行基础设施 REITs 应采用的模式、路径，以此推动相关法律的制定，建设一个规范、特色、有韧性的市场，让实施创新各方都有真正的收益。政府方通过引入社会资本进一步提高公共服务的降本增效，社会资本方通过有效参与政府投资项目，进一步提升其投资、建设、运营一体化的管理水平，金融机构能找到有效支持地方经济发展和实体经济的有效路径，财政、央行等部门也应该加大对其政策支持力度，尽快形成政策合力、市场合力、资本合力。

基础设施 REITs 试点的开展，对于盘活我国 PPP 项目存量资产，促进投资资金良性循环具有重要的作用，但我们仍需看到，"PPP+REITs" 仍有一些实操问题尚需进一步研究和论证，同时也亟须通过出台相关配套政策予以支持，从而实现基础设施 REITs 在 PPP 领域的广泛应用。

第五节　基础设施项目资本金制度

一、资本金制度的概念

为改善宏观调控手段、促进结构调整、控制投资风险、保障金融机构稳健经营、防范金融风险，我国自 1996 年起针对经营性投资项目建立了资本金制度。根据《国务院关于固定资产投资项目试行资本金制度的通知》（国发〔1996〕35号①）的规定，投资项目资本金，是指在投资项目总投资中由投资者认缴的出资额，对投资项目来说是非债务性资金，项目法人不承担这部分资金的任何利息和债务。因此，作为投资项目资本金的非债务性资金，针对的是基础设施项目本

---

① 《国务院关于固定资产投资项目试行资本金制度的通知》，载生态环境部网站，https://www.mee. gov. cn/ywgz/kjycw/tzyjszd/tzyjbnljs/201811/t20181129_675672. shtml，最后访问时间：2023 年 4 月 12 日。

身，以判断相关资金是否具有非债务属性。实践中一般是在区分投资项目与项目投资方的前提下，依据不同的资金来源与投资项目的权责关系判定其非债务（权益）或债务属性。与非债务性资金相对的债务性资金，指的是项目总投资中扣除非债务性资金后的剩余资金，一般通过银行或资本市场筹措。

结合前述文件关于资本金的界定和基础设施项目相关政策文件可知，基础设施项目资本金可以用货币出资，也可以用实物、知识产权、土地使用权等可用货币估价并可依法转让的非货币财产作价出资。其中以货币方式认缴的资本金，资金来源包括：政府方投入的财政预算资金、国家批准的各种专项建设基金、中央和上级地方政府可用于项目建设的财政性资金、社会资本（含基金等金融机构）合法所有的资金、政府授权的项目公司的所有者权益（除社会资本认缴的注册资本外，还包括资本公积、盈余公积和未分配利润等）等。而作为非货币财产的作价出资，应注意非货币性财产必须具备可以用货币估价且具备转让的可能性，并注意不得以劳务、信用、自然人姓名、商誉、特许经营权或者设定担保的财产等作价出资。

除项目资本金外，基础设施项目的成功落地还需要引入大量的债务性资金作为支撑。实践中基础设施项目可以采用的债务融资工具包括：国际金融机构、政策性银行及商业银行贷款、资产证券化、保险债权投资计划（资产支持专项计划、资产支持票据等）、PPP 基金、资产管理计划（券商资管、信托计划等）、融资租赁、企业债券、项目收益债券等。但目前国内基础设施项目的债务性资金仍主要来源于银行贷款。随着基础设施项目融资渠道的逐步拓展和完善，可以预见，除银行贷款资金外，银行理财、证券资管、基金、信托、保险等各类金融机构在满足各自适用的政策法规的条件下，也会以不同的方式参与筹措基础设施项目的债务性资金。

二、资本金制度的发展沿革

项目资本金制度是我国促进有效投资、防范风险的重要政策工具，是深化投融资体制改革、优化投资供给结构的重要手段，资本金制度先后历经 1996 年、2004 年、2009 年、2015 年和 2019 年 5 次调整。

1996 年 8 月 23 日出台的《国务院关于固定资产投资项目试行资本金制度的通知》（国发〔1996〕35 号），要求在经营性投资项目中试行资本金制度，并明确投资项目必须首先落实资本金才能建设，个体和私营企业的经营性投资项目参照《国务院关于固定资产投资项目试行资本金制度的通知》（国发〔1996〕35号）的规定执行。并明确公益性投资项目不实行资本金制度。《国务院关于固定资产投资项目试行资本金制度的通知》（国发〔1996〕35号）在综合考虑不同行业和项目的经济效益的基础上，建立了20%及以上、25%及以上和35%及以上的3档资本金比例。

2004年4月26日，为解决"投资增长过快、新开工项目过多、在建规模过大，投资结构不合理，钢铁、电解铝、水泥行业盲目投资、低水平重复建设现象严重，房地产开发投资增幅过高，开发资金过多依赖银行贷款"等问题，国务院发布《关于调整部分行业固定资产投资项目资本金比例的通知》（国发〔2004〕13号①），在《国务院关于固定资产投资项目试行资本金制度的通知》（国发〔1996〕35号）的基础上，对钢铁、电解铝、水泥、房地产开发行业建设项目资本金比例进行调整，其中：（1）钢铁项目资本金比例由25%及以上提高到40%及以上；（2）水泥、电解铝、房地产开发项目（不含经济适用房项目）资本金比例由20%及以上提高到35%及以上。

2009年5月25日，为应对国际金融危机，扩大国内需求，保持国民经济平稳较快增长，国务院出台《关于调整固定资产投资项目资本金比例的通知》（国发〔2009〕27号②），对固定资产投资项目资本金比例进行调整，其中：（1）钢铁、电解铝项目，最低资本金比例为40%；（2）水泥项目，最低资本金比例为35%；（3）煤炭、电石、铁合金、烧碱、焦炭、黄磷、玉米深加工、机场、港口、沿海及内河航运项目，最低资本金比例为30%；（4）铁路、公路、城市轨道交通、化肥（钾肥除外）项目，最低资本金比例为25%；（5）保障性住房和普通商品住房项目的最低资本金比例为20%，其他房地产开发项目的最低资本金比例为30%；（6）其他项目的最低资本金比例为20%。

2015年9月9日，为进一步解决重大民生和公共领域投资项目融资难、融资贵问题，增加公共产品和公共服务供给，补短板、增后劲，扩大有效投资需求，

---

① 《国务院关于调整部分行业固定资产投资项目资本金比例的通知》（国发〔2004〕13号），载中国政府网，http：//www.gov.cn/zhengce/content/2008-03/28/content_1659.htm，最后访问时间：2023年4月12日。后续文件对资本金比例有所调整，该文件已失效。

② 《国务院关于调整固定资产投资项目资本金比例的通知》（国发〔2009〕27号），载中国政府网，http：//www.gov.cn/zwgk/2009-05/27/content_1326017.htm，最后访问时间：2022年3月29日。

促进投资结构调整，国务院出台《关于调整和完善固定资产投资项目资本金制度的通知》（国发〔2015〕51号）①，对固定资产投资项目资本金制度进行调整和完善，其中：（1）城市和交通基础设施项目：城市轨道交通项目由25%调整为20%，港口、沿海及内河航运、机场项目由30%调整为25%，铁路、公路项目由25%调整为20%；（2）房地产开发项目：保障性住房和普通商品住房项目维持20%不变，其他项目由30%调整为25%；（3）产能过剩行业项目：钢铁、电解铝项目维持40%不变，水泥项目维持35%不变，煤炭、电石、铁合金、烧碱、焦炭、黄磷、多晶硅项目维持30%不变；（4）其他工业项目：玉米深加工项目由30%调整为20%，化肥（钾肥除外）项目维持25%不变；（5）电力等其他项目维持20%不变。

2019年11月20日，为更好发挥投资项目资本金制度的作用，国务院出台《关于加强固定资产投资项目资本金管理的通知》（国发〔2019〕26号）②，适当调整基础设施项目最低资本金比例，其中：（1）港口、沿海及内河航运项目，项目最低资本金比例由25%调整为20%；（2）机场项目最低资本金比例维持25%不变，其他基础设施项目维持20%不变。其中，公路（含政府收费公路）、铁路、城建、物流、生态环保、社会民生等领域的补短板基础设施项目，在投资回报机制明确、收益可靠、风险可控的前提下，可以适当降低项目最低资本金比例，但下调不得超过5个百分点。实行审批制的项目，审批部门可以明确项目单位按此规定合理确定的投资项目资本金比例。实行核准或备案制的项目，项目单位与金融机构可以按此规定自主调整投资项目资本金比例；（3）法律、行政法规和国务院对有关投资项目资本金比例另有规定的，从其规定。

从上述内容可以看出，《国务院关于固定资产投资项目试行资本金制度的通知》（国发〔1996〕35号）构建了我国投资项目资本金制度的基础，即确定了资本金制度的适用范围、资本金的性质、资本金最低比例、资本金来源要求等内容。《国务院关于调整部分行业固定资产投资项目资本金比例的通知》（国发〔2004〕13号）和《国务院关于调整固定资产投资项目资本金比例的通知》（国

---

① 《国务院关于调整和完善固定资产投资项目资本金制度的通知》（国发〔2015〕51号），载中国政府网，http：//www.gov.cn/zhengce/content/2015-09/14/content_10161.htm，最后访问时间：2022年3月29日。

② 《国务院关于加强固定资产投资项目资本金管理的通知》（国发〔2019〕26号），载中国政府网，http：//www.gov.cn/zhengce/content/2019-11/27/content_5456170.htm，最后访问时间：2022年3月29日。

发〔2009〕27 号）集中体现了资本金制度作为国家宏观调控手段的运作方式，即针对电解铝等产能过剩行业项目连续两次调升最低资本金比例；针对房地产开发项目，《国务院关于调整部分行业固定资产投资项目资本金比例的通知》（国发〔2004〕13 号）调升最低资本金比例，《国务院关于调整固定资产投资项目资本金比例的通知》（国发〔2009〕27 号）将房地产开发项目分为保障性住房、普通商品住房项目和其他房地产开发项目后，按照不同类型不同程度调降了最低资本金比例，体现了资本金制度通过调升资本金比例抑制投资、通过调降资本金比例促进投资的政策取向。

同时，为进一步"增加公共产品和公共服务供给"，《国务院关于调整固定资产投资项目资本金比例的通知》（国发〔2009〕27 号）、《国务院关于调整和完善固定资产投资项目资本金制度的通知》（国发〔2015〕51 号）和《国务院关于加强固定资产投资项目资本金管理的通知》（国发〔2019〕26 号）的修订内容也反映出国家逐步向基础设施领域倾斜的政策倾向。如在突破最低资本金比例的项目范围和幅度上逐步向基础设施领域倾斜，《国务院关于调整固定资产投资项目资本金比例的通知》（国发〔2009〕27 号）规定"经国务院批准，对个别情况特殊的国家重大建设项目，可以适当降低最低资本金比例要求。属于国家支持的中小企业自主创新、高新技术投资项目，最低资本金比例可以适当降低"。《国务院关于调整和完善固定资产投资项目资本金制度的通知》（国发〔2015〕51 号）规定"城市地下综合管廊、城市停车场项目，以及经国务院批准的核电站等重大建设项目，可以在规定最低资本金比例基础上适当降低"，《国务院关于加强固定资产投资项目资本金管理的通知》（国发〔2019〕26 号）则规定"公路（含政府收费公路）、铁路、城建、物流、生态环保、社会民生等领域的补短板基础设施项目，在投资回报机制明确、收益可靠、风险可控的前提下，可以适当降低项目最低资本金比例，但下调不得超过 5 个百分点"。

梳理资本金制度的发展沿革可知，资本金制度主要通过确定和适时调整资本金的适用范围和最低资本金比例等方式，实现促进有效投资、防范风险的政策目标。

三、资本金制度的适用范围

《国务院关于固定资产投资项目试行资本金制度的通知》（国发〔1996〕35

号）明确资本金制度适用于各种经营性项目，个体和私营企业的经营性投资项目参照本通知的规定执行。但《国务院关于固定资产投资项目试行资本金制度的通知》（国发〔1996〕35 号）将经营性项目的范围界定为"国有单位的基本建设、技术改造、房地产开发项目和集体投资项目"，此时并未严格区分政府投资项目和企业投资项目。随着我国固定资产投资项目管理制度不断完善，固定资产投资项目逐步形成了审批、核准和备案等 3 种方式并存的管理机制，其中审批制度适用于政府投资项目，其规范依据主要是《政府投资条例》①。核准和备案适用于企业投资项目，其规范依据主要是《企业投资项目核准和备案管理条例》②。

为应对固定资产投资项目管理机制变化的情况，《国务院关于加强固定资产投资项目资本金管理的通知》（国发〔2019〕26 号）在《国务院关于固定资产投资项目试行资本金制度的通知》（国发〔1996〕35 号）规定的基础上，对资本金制度的适用范围作了进一步的细化。即按照《国务院关于加强固定资产投资项目资本金管理的通知》（国发〔2019〕26 号）的规定，资本金制度适用于我国境内的企业投资项目和政府投资的经营性项目，其中企业投资项目是指政府投资项目以外的固定资产投资项目，而政府投资项目，根据《政府投资条例》第 9 条规定，是指政府采取直接投资方式、资本金注入方式投资的项目；政府投资的经营性项目，则是指满足政府投资项目的要求且具备营利性特征的项目。

实践中应注意在确定项目是否适用资本金制度时，需确定投资项目是否属于企业投资项目或政府投资的经营性项目。若不属于企业投资项目或政府投资的经营性项目，则不满足资本金制度的适用条件。

四、资本金的核算

通过梳理资本金制度的发展沿革可知，相关文件仅确定了投资项目资本金的最低比例。因此，具体投资项目的资本金比例仍需按照投资项目的性质和规范要求确定。对于适用资本金制度的投资项目，若项目被认定为政府投资项目的，则由有关部门在审批可行性研究报告时对投资项目资本金筹措方式和有关资金来源

---

① 《政府投资条例》，载中国政府网，http://www.gov.cn/zhengce/content/2019-05/05/content_5388798.htm，最后访问时间：2022 年 3 月 28 日。

② 《企业投资项目核准和备案管理条例》，载中国政府网，http://www.gov.cn/zhengce/content/2016-12/14/content_5147959.htm，最后访问时间：2022 年 3 月 29 日。

证明文件的合规性进行审查，并在批准文件中就投资项目资本金比例、筹措方式予以确认。若项目被认定为企业投资项目的，则由负责提供融资服务的有关金融机构对投资项目资本金来源、比例、到位情况进行审查监督。

项目资本金是由投资者认缴的占投资项目总额一定比例的出资额。《国务院关于固定资产投资项目试行资本金制度的通知》（国发〔1996〕35 号）规定，项目资本金依据投资项目概算实行静态控制和动态管理，即项目资本金以投资项目概算为基数按照确定的项目资本金比例进行计算。若超过已批准的投资项目概算的，则项目资本金应以经批准调整后的概算为基数，相应进行调整。因此，在确定项目资本金的投资比例的情况下，仍应注意以投资项目概算为基数，结合确定的资本金比例计算和调整资本金数额。

在确定项目资本金数额的基础上，不同投资实施方式下资本金的核算方式也存在差异。依据《国务院关于加强固定资产投资项目资本金管理的通知》（国发〔2019〕26 号）规定，对于设立独立法人的投资项目，其所有者权益可以全部作为投资项目资本金。对于未设立独立法人的投资项目，则由项目单位设立专门账户，规范设置和使用会计科目，按照国家有关财务制度、会计制度对拨入的资金和投资项目的资产、负债进行独立核算，并据此核定投资项目资本金的额度和比例。

在项目实施过程中，除上述核算投资项目资本金比例和数额外，认定资金是否属于投资项目的非债务性资金也是项目资本金核算的重要环节。对于项目资本金是否属于非债务性资金，《国务院关于加强固定资产投资项目资本金管理的通知》（国发〔2019〕26 号）规定应注意是否存在以下情形：（1）项目资金属于项目借贷资金或不符合国家规定的股东借款、"名股实债"等资金；（2）项目资金属于通过违规增加地方政府隐性债务的方式或违反国家关于国有企业资产负债率相关要求而筹措的资金。若存在前述第（1）项情形的，则相关资金不能被认定为项目资本金；若存在前述第（2）项情形的，则相关单位可能因违反预算法规而被追究法律责任，进而可能影响资金被认定为项目资本金。

若项目资金是通过发行金融工具等方式筹措，且按照国家统一的会计制度应当分类为权益工具的资金，《国务院关于加强固定资产投资项目资本金管理的通知》（国发〔2019〕26 号）规定需确定通过前述方式筹措的项目资金是否超过资本金总额的 50%，并进一步确定是否存在以下情形：（1）存在本息回购承诺、兜底保障等收益附加条件；（2）存在当期债务性资金偿还前，可以分红或取得收益；（3）存在清偿受偿顺序优于其他债务性资金。若存在超过资本金总额50%或其他前述约定情形的，则相关资金不能被认定为项目资本金。

因此，在确定项目适用资本金制度的情况下，实践中应注意结合项目的性质、项目投资概算的情况以及投入项目资金的来源，对项目资本金的比例和数额进行核算。

五、资本金的筹措方式

在项目实施过程中，除确定项目资本金的比例和数额外，通过合法方式和渠道筹集项目资本金也至关重要。政策对资本金的性质作了明确规定，即不得作为投资项目的债务性资金，因此资本金的筹措也主要围绕资本金的性质进行。对非债务性资金性质的常规理解，一般认定资本金为投资人自有的货币资金或非货币性财产。但考虑到基础设施项目投资金额大，核算确定的资本金数额也大，实践中筹措资本金的难度较大。为顺利筹措基础设施项目的资本金，在常规理解资本金性质的基础上，政策层面对资本金的筹措方式和渠道作了进一步的扩展。

一是明确地方各级政府及其有关部门可统筹使用本级预算资金、上级补助资金等各类财政资金筹集项目资本金。《政府投资条例》第2条规定，政府投资是指使用预算安排的资金进行固定资产投资建设活动，包括新建、扩建、改建、技术改造等，自然适用资本金制度的政府投资的经营性项目也涉及使用预算安排的资金，因此允许政府及其部门使用预算资金和上级补助资金作为资本金并未突破《政府投资条例》的规定。但应注意的是，财政预算资金拥有明确的预算用途，不允许政府及其部门挪用。如《国家发展改革委关于规范中央预算内投资资金安排方式及项目管理的通知》（发改投资规〔2020〕518号）①规定："对支持地方项目的中央预算内投资资金，国家发展改革委应当根据投资专项的具体情况，对地方可以采取的资金安排方式提出要求。同一投资专项采取两种及以上资金安排方式的，应当明确每一种资金安排方式的适用范围和安排条件。"因此，地方各级政府及其有关部门在统筹使用财政预算资金筹集资本金时，应注意不得突破财

---

① 《国家发展改革委关于规范中央预算内投资资金安排方式及项目管理的通知》，载中国政府网，http：//www.gov.cn/zhengce/zhengceku/2020-04/07/content_5499818.htm，最后访问时间：2022年3月29日。

政预算资金的用途。

二是资本金筹措方式进一步向基础设施领域和国家鼓励发展的行业倾斜。《国务院关于加强固定资产投资项目资本金管理的通知》（国发〔2019〕26 号）明确规定，对基础设施领域和国家鼓励发展的行业，鼓励项目法人和项目投资方通过发行权益型、股权类金融工具等方式多渠道规范筹措项目资本金。即允许充分利用社会股权投资资金，发挥其作为资本金的撬动、放大作用，切实减轻资本金的筹措压力。但也应注意，项目法人和项目投资方发行金融工具筹措的资金必须符合按照国家统一的会计制度分类为权益工具的要求。此外，对于符合条件的重大项目，《国务院关于加强固定资产投资项目资本金管理的通知》（国发〔2019〕26 号）允许将政府专项债券按有关规定作为资本金，根据《中共中央办公厅、国务院办公厅关于做好地方政府专项债券发行及项目配套融资工作的通知》① 的规定，对于专项债券支持、符合中央重大决策部署、具有较大示范带动效应的重大项目，主要包括国家重点支持的铁路、国家高速公路和支持推进国家重大战略的地方高速公路、供电、供气等项目，在评估项目收益偿还专项债券本息后专项收入具备融资条件的，允许将部分专项债券作为一定比例的项目资本金，目前国家所支持的专项债券作为项目资本金的比例上限为 25%。但应注意的是，专项债券可以作为资本金的项目要求较为严格，如《财政部对十三届全国人大三次会议第 7295 号建议的回复》（财预函〔2020〕124 号）即明确，按照《财政部关于推进政府和社会资本合作规范发展的实施意见》（财金〔2019〕10 号）规定，PPP 项目不得出现以债务性资金充当资本金的行为。因此，实践中若存在利用专项债券作为资本金的需求，应注意识别和认定项目是否属于可以利用专项债券作为资本金的项目类型。

梳理政策规定的内容可知，政策层面进一步拓宽了项目资本金的筹措方式和渠道，随着我国基础设施领域投资建设需求的不断深化，资本金筹集的压力将进一步助推权益型、股权类金融工具的发展，可以预见未来资本金的筹措方式将更加多元化，企业投资项目和政府投资的经营性项目，均可以考虑在政策允许的框架范围内，探索多元化方式筹集项目所需的资本金，以缓解资本金筹措的压力。

---

① 《关于做好地方政府专项债券发行及项目配套融资工作的通知》（厅字〔2019〕33 号），载中国政府网，http：//www.gov.cn/xinwen/2019-06/10/content_5398949.htm，最后访问时间：2022 年 3 月 28 日。

六、资本金制度与金融机构

资本金和债务性资金共同构成投资项目的总投资，项目资本金实行静态控制和动态管理，即以投资项目概算数额为基数计算确定，因此确定投资项目资本金比例和数额后，便可确定投资项目的债务性资金比例和数额，即投资项目的资本金和债务性资金处于相互联动状态。实践中除政府基于投资项目管理机制，对投资项目的资本金比例和数额进行管理和规制外，金融机构对项目资本金的识别和认定，也是保障资本金制度在投资项目领域得以顺利实施的重要因素。现阶段我国投资项目的债务性资金的筹措方式仍以固定资产贷款为主，因此下面仅以固定资产贷款方式筹措债务性资金论述金融机构对落实资本金制度的影响。

《固定资产贷款管理暂行办法》[①] 从 3 个方面对投资项目资本金提出了要求。一是在金融机构受理固定资产贷款申请时，《固定资产贷款管理暂行办法》第 9 条明确要求"符合国家有关投资项目资本金制度的规定"。二是在金融机构拟定贷款合同时，《固定资产贷款管理暂行办法》第 17 条明确要求"贷款人应在合同中与借款人约定提款条件以及贷款资金支付接受贷款人管理和控制等与贷款使用相关的条款，提款条件应包括与贷款同比例的资本金已足额到位、项目实际进度与已投资额相匹配等要求"。三是在贷款使用过程中，《固定资产贷款管理暂行办法》第 28 条明确要求"固定资产贷款发放和支付过程中，贷款人应确认与拟发放贷款同比例的项目资本金足额到位，并与贷款配套使用"。项目实际投资超过原定投资金额的，则按照《固定资产贷款管理暂行办法》第 31 条规定，若金融机构经重新风险评价和审批决定追加贷款的，应要求项目发起人配套追加不低于项目资本金比例的投资和相应担保。

从《固定资产贷款管理暂行办法》的规定可以看出，金融机构在参与提供投资项目债务性资金的过程中，重点关注的内容包括投资项目资本金是否符合政策规定、投资项目的资本金的数额和比例是否符合政策规定、投资项目的资本金到位情况是否符合政策规定。即金融机构通过对投资项目资本金的真实性、合规性和投资收益、贷款风险的全面审查，自主决定是否发放贷款以及贷款数量和比

---

① 《固定资产贷款管理暂行办法》，载中国政府网，http://www.gov.cn/gzdt/2009-07/27/content_1376352.htm，最后访问时间：2022 年 3 月 29 日。

例，进而促使投资项目按照政策规定实施，落实投资项目资本金制度。

七、资本金制度存在的问题及改善建议

投资项目满足资本金制度，是进行建设的前提条件，因此对于基础设施领域适用资本金制度的企业投资项目和政府投资的经营性项目，均需满足政策确定的最低资本金比例要求。一般投资项目的资本金最低比例仍保持20%不变，虽然《国务院关于加强固定资产投资项目资本金管理的通知》（国发〔2019〕26号）中允许公路（含政府收费公路）、铁路、城建、物流、生态环保、社会民生等领域的补短板基础设施项目，在投资回报机制明确、收益可靠、风险可控的前提下，可以适当降低项目最低资本金比例，但下调不得超过5个百分点，即基础设施领域项目的资本金最低比例不低于15%。在项目资本金比例相对固定的情况下，因基础设施项目投资规模大，导致基础设施项目实际所需筹措的资本金数额也较大。

在资本金的核算过程中，适用会计准则进行认定。从会计准则的角度出发，适用资本金制度的整个前提假设是公司的持续经营，资本金沉淀下来的资金可以用于公司的再投资。[1] 但实践中基础设施项目通常通过设立独立的项目公司负责实施，投资人投入和筹集的资金在项目建设期转化为具体的基础设施项目，并根据会计准则在财务报表中体现为固定资产、无形资产或金融资产。[2] 在项目运营期内，除已建成基础设施项目的维护、更新、扩建外，原则上项目公司无法开展公司章程规定范围以外的业务，且基础设施项目大多拥有固定的特许经营期或运营期，因此并不满足资本金制度所需的持续经营假设条件。[3]

在项目运营期内，基础设施项目在财务报表中所记载的固定资产、无形资产或金融资产需进行固定资产的折旧、无形资产或金融资产的摊销，并记载于利润表的营业成本中，[4] 导致财务报表所计算的会计利润和项目公司实际所拥有的现

---

[1]　金微：《基础设施项目资本金比例下调，将激活社会资本投资活力》，载华夏时报网，https：//www. chinatimes. net. cn/article/84563. html，最后访问时间：2020年11月2日。

[2]　金永祥、宋雅琴、秦迪：《提质增效背景下PPP项目资本金制度的反思与重构》，载"大岳咨询"微信公众号，https：//mp. weixin. qq. com/s/D5vohX22_0guDrenVBUgMA，最后访问时间：2023年8月3日。

[3]　金微：《基础设施项目资本金比例下调，将激活社会资本投资活力》，载华夏时报网，https：//www. chinatimes. net. cn/article/84563. html，最后访问时间：2020年11月2日。

[4]　金微：《基础设施项目资本金比例下调，将激活社会资本投资活力》，载华夏时报网，https：//www. chinatimes. net. cn/article/84563. html，最后访问时间：2020年11月2日。

金流量存在差异，出现实际可供分配的现金流高于或低于可供分配的利润，即项目出现资金沉淀或短缺的情况。① 在基础设施项目准备阶段，一般会通过测算使得运营过程中的现金流能够覆盖基础设施项目的还本付息和投资人的投资收益，因此大部分基础设施项目会出现可供分配的现金流高于可供分配的利润的情况，即基础设施项目的资本金沉淀在项目公司财务账面上，既无法用于利润分配，也无法用于基础设施项目以外的投资活动。而基础设施项目投资规模大的特性，导致对应的资本金数额也较大，进一步放大了资本金制度严格落实和实施情形下基础设施领域资本金沉淀浪费的数额。

针对前面论述的资本金制度在落实和实施过程中，基础设施领域普遍面临的资金沉淀浪费问题，可以考虑从如下几个方面予以改善：

一是进一步强化基础设施项目资本金比例的自主权。现阶段政策仅规定了投资项目资本金的最低比例要求，《国务院关于加强固定资产投资项目资本金管理的通知》（国发〔2019〕26号）规定实施过程需按照投资项目的性质，规范确定资本金比例，因此实践中应注意避免肆意提高基础设施项目的资本金比例，不当增加投资项目投入资本金的数额，尊重投资人在项目决策阶段的自主权，由投资人和金融机构结合投资收益、贷款风险进行全面审查，自主决定是否发放贷款以及贷款数量和比例，从源头上降低基础设施项目在运营阶段可能出现的沉淀资金的数额，以提高资金的利用效率。

二是进一步降低基础设施项目资本金的最低比例要求。现阶段明确规定的调整后的资本金最低比例仍为20%。从域外来看，域外基础设施类项目权益类占比一般是10%左右，其他部分以债性资本作为补充，固定收益类产品大量参与。② 结合几次资本金比例调整的背景和内容来看，国家根据经济形势发展和宏观调控需要，适时调整固定资产投资项目最低资本金比例。因此从政策层面进一步降低投资项目资本金的最低比例，也可以从源头上降低基础设施项目在运营阶段出现的资金沉淀的数额，以提高资金的利用效率。

三是调整基础设施项目财务测算的假设前提。现阶段基础设施项目在准备阶

---

① 俞娜、姜妍、林珏：《盘活存量，深化改革——基础设施 REITs 试点涉税问题初探》，载德勤中国网，https://www2.deloitte.com/content/dam/Deloitte/cn/Documents/tax/ta-2020/deloitte-cn-tax-tap3142020-zh-200512.pdf，最后访问时间：2020年11月2日。

② 金微：《基础设施项目资本金比例下调，将激活社会资本投资活力》，载华夏时报网，https://www.chinatimes.net.cn/article/84563.html，最后访问时间：2020年11月2日。

段所进行的财务测算均以持续经营为假设前提，未关注财务报表所计算的会计利润和项目公司实际所拥有的现金流量存在的差异，导致项目在实施过程中无法妥善解决项目存在的资本金沉淀的问题。建议在项目测算阶段将运营期内的资金沉淀问题作为考虑因素，为项目设计减资或公司内部拆借等机制，提供调整公司的资本结构的途径，以增加可分配的现金流，减少财务报表所计算的会计利润和项目公司实际所拥有的现金流量出现差异的程度，以提高资金利用效率。

第五章　基础设施项目的用地

　　基础设施投资是国家经济增长的基础和保障，同时也是生产力发展和社会变革的推动力，大量的事实印证了基础设施建设对于国家经济发展的重要作用。在我国西北欠发达地区，大力发展交通基础设施建设有效提高了地区的交通运输能力，不仅便利了地区居民的出行，更为重要的是带动了地区经济发展从而整体提升了道路覆盖区域内的居民生活水平和消费水平。基础设施建设不仅能够从整体上拉动国家和地区的经济增长，而且可以带动上下游产业链的发展，促进各类部门经济的发展提高生产效率，对于国家经济稳定和发展起到极为重要的保障作用。

　　基础设施建设的能力是国家制造业能力和生产力水平的综合体现。自二十世纪九十年代以来，传统基础设施建设投资在我国经济腾飞中发挥的助力作用有目共睹。然而，随着市场的饱和，传统基础设施建设投资的发展空间不断缩小，基础设施建设项目的效益逐渐降低。[①] 目前我国经济正站在转型升级的重要关口，基础设施建设也应顺势而为，与数字技术紧密结合的基础设施以及传统基础设施的转型升级将成为未来新型基础设施建设的着力点。无论是传统基础设施建设还是新型基础设施建设，其中的"设施"总是要落实到物理实体上的，因此基础设施建设项目必须面临用地取得的问题。在本章中，笔者将围绕基础设施建设项目用地取得和确权问题、新型基础设施建设项目涉及的用地问题进行研究。

第一节　基础设施项目用地的取得

　　基础设施项目用地取得问题是基础设施项目建设中的关键一环，是否能够顺利取得项目用地将直接影响到基础设施建设项目的实施。在探讨基础设施项目用

---

① 李勇坚：《"新基建"若干问题的思考》，载《中国金融》2020 年第 10 期。

地取得问题前应当先从法律制度上对我国建设用地的管理进行明确。由于经济快速发展以及各类建设项目用地需求的不断增加，各类新兴经济形式的产生对土地供给提出了更高要求。因此，除了法律及行政法规之外，国务院各部委以及地方政府以发布规范性文件的方式实现日常的土地管理工作。我国以法律法规为核心和基础，以规章及规范性文件等为具体实施的依据，构建起了建设用地的管理制度。

一、建设用地的管理制度

（一）建设用地的取得方式

《土地管理法》第2条第5款规定："国家依法实行国有土地有偿使用制度。但是，国家在法律规定的范围内划拨国有土地使用权的除外。"按照《土地管理法》的规定，国有建设用地的取得方式分为有偿取得和无偿取得两种。无偿取得方式即指划拨，有偿取得方式包括出让、租赁、作价出资（入股）。

1. 国有建设用地的无偿取得

《土地管理法》第54条中规定了四类可以通过划拨方式取得的国有建设用地类型：国家机关用地和军事用地；城市基础设施用地和公益事业用地；国家重点扶持的能源、交通、水利等基础设施用地；法律、行政法规规定的其他用地。原国土资源部在《土地管理法》第54条规定的基础上制定了《划拨用地目录》（国土资源部令第9号）[①]，将《土地管理法》第54条中规定的类别进行了细化，便于实践中对应具体项目明确是否属于划拨土地范围。对于符合《划拨用地目录》的用地项目，由建设单位提出划拨用地申请，经县级以上人民政府批准后，可以通过划拨方式供应项目用地。

2. 国有建设用地的有偿取得

对于不符合《划拨用地目录》类型的建设项目，则只能采用有偿方式取得国有建设用地使用权。有偿方式分为出让、出租和作价出资（入股）三种形式，实践中广泛采用出让方式有偿供应国有建设用地，出租仅为出让方式的一种补充。出租和作价出资（入股）相对于出让来说有比较严格的条件限制。

[①] 《划拨用地目录》，载自然资源部网站，http://f.mnr.gov.cn/201702/t20170206_1436669.html，最后访问时间：2022年3月27日。

（1）出让方式取得建设用地

出让方式中又可以细分为公开出让和协议出让。公开出让是指通过招标、拍卖、挂牌三种竞争性方式公开出让建设用地，由不特定的意向用地者通过公平竞价方式确定受让人。国家鼓励通过"招拍挂"方式出让建设用地，公开出让的方式可以适用于一切类型的建设用地。根据《招标拍卖挂牌出让国有建设用地使用权规定》①的规定，对于工业、商业、旅游、娱乐和商品住宅等经营性用地以及同一宗地有两个以上意向用地者的，必须以招标、拍卖或者挂牌方式出让。②除了必须采用"招拍挂"出让的建设用地以外，其余建设用地均可以通过协议出让的方式取得。

根据《协议出让国有土地使用权规范（试行）》（国土资发〔2006〕第114号）③的规定，可以适用协议出让的情况主要有：a. 工业、商业、旅游、娱乐和商品住宅等各类经营性用地以外用途的土地，其供地计划公布后同一宗地只有一个意向用地者的；b. 原划拨、承租土地使用权人申请办理协议出让，经依法批准，可以采取协议方式，但《国有土地划拨决定书》、《国有土地租赁合同》、法律、法规、行政规定等明确应当收回土地使用权重新公开出让的除外；c. 划拨土地使用权转让申请办理协议出让，经依法批准，可以采取协议方式，但《国有土地划拨决定书》、法律、法规、行政规定等明确应当收回土地使用权重新公开出让的除外；d. 出让土地使用权人申请续期，经审查准予续期的，可以采用协议方式；e. 法律、法规、行政规定明确可以协议出让的其他情形。

（2）租赁方式取得建设用地

国有土地租赁是指国家将国有土地出租给使用者，由使用者与县级以上自然资源主管部门签订一定年期的土地租赁合同，并支付租金的行为。④原国土资源部对国有土地租赁的定性是土地有偿使用的一种形式，是出让方式的补充。国有土地租赁相对于国有土地出让来说成本较低，且可通过租赁合同自主约定租赁期

---

① 《招标拍卖挂牌出让国有建设用地使用权规定》，载中国政府网，https：//www.gov.cn/zhengce/2007-09/28/content_5711419.htm，最后访问时间：2023 年 7 月 6 日。

② 《招标拍卖挂牌出让国有建设用地使用权规定》第 4 条第 1 款："工业、商业、旅游、娱乐和商品住宅等经营性用地以及同一宗地有两个以上意向用地者的，应当以招标、拍卖或者挂牌方式出让。"

③ 《协议出让国有土地使用权规范（试行）》，载自然资源部网站，http：//f.mnr.gov.cn/202103/t20210303_2615845.html，最后访问时间：2022 年 3 月 27 日。

④ 《国土资源部关于印发〈规范国有土地租赁若干意见〉的通知》（国土资发〔1999〕222 号），载中国政府网，http：//www.gov.cn/gongbao/content/2000/content_60640.htm，最后访问时间：2022 年 3 月 27 日。

限，是一种更为灵活的土地有偿取得方式。除经营性房地产开发只能采用出让方式取得用地外，其他建设项目可以通过租赁方式取得项目用地。国有土地租赁分为短期租赁和长期租赁，短期租赁的期限一般不超过 5 年。国有土地租赁可以与出让方式相结合，通过先租后让或租让结合的方式，实现多种方式供应土地以满足市场和项目需求。

（3）作价出资方式取得建设用地

国有土地使用权作价出资则是指国家以一定年期的国有土地使用权作价，作为出资方式投入新设企业，由新设企业持有建设用地使用权，并可以依法进行转让、出租、抵押。国有土地使用权作价出资或入股被《土地管理法实施条例》规定为国有建设用地有偿取得方式之一。但是，并非任何类型的建设用地均可通过作价出资（入股）方式取得建设用地，只有满足特定条件的建设项目方可通过作价出资（入股）方式供应建设用地。① 尽管国家在 PPP 项目中不断推广采用作价出资（入股）方式供应建设用地，但由于上位法以及政策的缺失，各地对政策把握尺度不一致，项目终止后面临的移交等问题，实践中国有土地作价出资（入股）的方式较难落到实处。

3. 集体经营性建设用地的取得

2019 年修正的《土地管理法》最大的亮点之一就是删除了非农项目建设仅能申请国有土地的规定，允许非农项目使用集体建设用地。根据《土地管理法》第 63 条的规定，土地利用总体规划、城乡规划确定为工业、商业等经营性用途的集体经营性建设用地，可以通过出让、出租等方式交由单位或者个人使用。出让或出租集体经营性建设用地的，应当经本集体经济组织成员的村民会议三分之二以上成员或者三分之二以上村民代表的同意。②

（二）建设用地的交易方式

我国的土地交易市场分为一级市场和二级市场。一级市场是指政府供应土地

---

① 《产业用地政策实施工作指引（2019 年版）》第 17 条，载中国政府网，http://www.gov.cn/zhengce/zhengceku/2019-10/14/content_5439551.htm，最后访问时间：2022 年 3 月 27 日。

② 《土地管理法》第 63 条："土地利用总体规划、城乡规划确定为工业、商业等经营性用途，并经依法登记的集体经营性建设用地，土地所有权人可以通过出让、出租等方式交由单位或者个人使用，并应当签订书面合同，载明土地界址、面积、动工期限、使用期限、土地用途、规划条件和双方其他权利义务。前款规定的集体经营性建设用地出让、出租等，应当经本集体经济组织成员的村民会议三分之二以上成员或者三分之二以上村民代表的同意……"

的市场，二级市场则是指建设用地使用权主体之间转让、出租、抵押形成的市场。以出让方式取得的国有建设用地使用权，土地使用权人可以自由转让、出租、抵押其建设用地使用权。以作价出资（入股）方式取得国有建设用地使用权的，可以参照出让土地使用权的规定转让、出租和抵押土地使用权。以租赁方式取得国有建设用地使用权的，土地使用权人在缴纳租金并按照租赁合同约定完成开发建设后，可以将承租的土地进行转租、转让或抵押。

《城镇国有土地使用权出让和转让暂行条例》中对于划拨取得的国有建设用地使用权转让、出租和抵押有较为严格的条件限制和程序限制。无论土地是何种用途，原划拨土地使用权人均需取得市、县人民政府土地管理部门和房产管理部门批准，并签订土地使用权出让合同，向当地市、县人民政府补交土地使用权出让金或者转让、出租、抵押所获收益抵交土地使用权出让金后，方可转让、出租或抵押原划拨土地使用权。[①]《城镇国有土地使用权出让和转让暂行条例》对划拨用地进入二级市场交易的限制，虽然能够防止土地使用权人通过划拨土地不当获利，但事实上不利于存量土地资源的有效利用。因此，2019年7月6日国务院办公厅发布《关于完善建设用地使用权转让、出租、抵押二级市场的指导意见》（国办发〔2019〕34号）[②]，其中对划拨建设用地使用权的转让、出租和抵押程序进行调整。转让划拨土地的，应当经过市、县人民政府自然资源主管部门批准，土地用途符合《划拨用地目录》的可以不补缴土地出让金，不符合的则应当由受让方补缴土地出让金。出租划拨土地的，应当取得市、县人民政府自然资源主管部门批准，并且上缴土地租金中所含的土地收益，若出租人按照划拨建设用地使用权出租收益年度申报机制依法申报并缴纳土地收益的，则可以不再另行办理划拨用地出租的批准手续。划拨建设用地使用权设定抵押的，不再要求取得自然资源主管部门的批准，只要依法办理抵押权登记即可，抵押权实现时应当优先缴纳土地出让收入。

---

① 《城镇国有土地使用权出让和转让暂行条例》第45条第1款："符合下列条件的，经市、县人民政府土地管理部门和房产管理部门批准，其划拨土地使用权和地上建筑物、其他附着物所有权可以转让、出租、抵押：（一）土地使用者为公司、企业、其他经济组织和个人；（二）领有国有土地使用证；（三）具有地上建筑物、其他附着物合法的产权证明；（四）依照本条例第二章的规定签订土地使用权出让合同，向当地市、县人民政府补交土地使用权出让金或者以转让、出租、抵押所获收益抵交土地使用权出让金。"

② 《关于完善建设用地使用权转让、出租、抵押二级市场的指导意见》（国办发〔2019〕34号），载中国政府网，http://www.gov.cn/zhengce/zhengceku/2019-07/19/content_5411898.htm，最后访问时间：2022年3月28日。

二、基础设施建设项目用地取得

（一）基础设施建设项目的用地范围及取得

基础设施项目的建设奠定了社会经济发展的基础，同时能够带动经济发展和社会进步，改善人均生存环境。基础设施项目建设不仅能够增加国内的生产总值，扩大有效需求，而且基础设施网络建成后能够实现规模经济效应。近年来，我国基础设施投资增速回落，一些领域和项目存在较大投资缺口，亟需聚焦基础设施领域突出短板，保持有效投资力度，促进内需扩大和结构调整，提升中长期供给能力，形成供需互促共进的良性循环。① 保障基础设施持续发力就必须保障基础设施项目用地的供应。

传统基础设施对土地具有极强的依赖性，基础设施项目在用地数量上的需求、在用地结构上的变化、在用地布局上的配置要求，对土地资源的开发利用产生了长远的影响。基础设施建设在社会经济方面会导致人口和经济在空间分布上的改变，在自然环境方面会导致土地资源、地貌等状态的改变，更长远来看会导致区域生产力格局的变化。② 我国人口众多、人均耕地少、耕地后备资源匮乏、资源分布不均衡，导致基础设施建设的用地需求和土地供应量之间出现矛盾，土地资源浪费、重复建设、粗放开发等问题也容易出现。为了缓解土地供应矛盾，我国通过土地管理制度规范了各类建设项目用地的用地类型及供应方式。

世界银行在《1994 年世界发展报告》中将"经济基础设施"定义为：（1）公共设施，包括电力、电讯、自来水、卫生设施与排污、垃圾收集与处理、管道煤气等；（2）公共工程，包括道路、为灌溉和泄洪而建的大坝和运河工程设施等；（3）其他运输设施，包括市区与城市间铁路、市区交通、港口和航道、飞机场等。③《基础设施和公用事业特许经营管理办法》④ 第 2 条明确了基础设施的范围

---

① 参见《国务院办公厅关于保持基础设施领域补短板力度的指导意见》（国办发〔2018〕101 号），载中国政府网，http：//www. gov. cn/zhengce/content/2018 - 10/31/content_5336177. htm，最后访问时间：2022 年 3 月 27 日。

② 邓红蒂、田志强：《基础设施建设与土地资源利用》，载《中国土地科学》2008 年第 3 期。

③ 邓红蒂、田志强：《基础设施建设与土地资源利用》，载《中国土地科学》2008 年第 3 期。

④ 《基础设施和公用事业特许经营管理办法》，载国家发展和改革委员会网站，https：//www. ndrc. gov. cn/xxgk/zcfb/fzggwl/201504/t20150427_960800. html？code = &state = 123，最后访问时间：2022 年 3 月 27 日。

为能源、交通运输、水利、环境保护和市政工程等。国家发改委下发的《传统基础设施领域实施政府和社会资本合作项目工作导则》① 中则提出了传统基础设施的概念，并明确了传统基础设施的范围包括能源、交通运输、水利、环境保护、农业、林业以及重大市政工程。我国实行严格的土地用途管制，因此基础设施建设项目应当按照其用途确定供应的土地类型。《土地利用现状分类》（GB/T 21010-2017)② 中将土地按照不同的用途作出区分。结合基础设施的概念，基础设施建设项目的用地类型集中于公共管理与公共服务用地、交通运输用地、水域及水利设施用地、特殊用地和其他土地。其中，其他土地主要是指空闲地，空闲地是尚未确定用途的建设用地。

基础设施建设项目是服务于社会公众的建设项目，具有公共性和公益性的特征，因此过去大量基础设施建设项目用地是通过划拨方式供应的。但是由于我国存在建设用地供需矛盾，国务院于 2008 年即提出要求深入推进土地有偿使用制度改革，国土资源部要严格限定划拨用地范围，及时调整划拨用地目录。今后除军事、社会保障性住房和特殊用地等可以继续以划拨方式取得土地外，对国家机关办公和交通、能源、水利等基础设施（产业）、城市基础设施以及各类社会事业用地要积极探索实行有偿使用，对其中的经营性用地先行实行有偿使用。③ 2014 年，原国土资源部发布《节约集约利用土地规定》（国土资源部令第 61 号），明确要求减少非公益性用地划拨，国家机关办公和交通、能源、水利等基础设施（产业）、城市基础设施以及各类社会事业用地中的经营性用地，实行有偿使用。④

（二）基础设施项目用地的取得流程

国务院及自然资源主管部门对于建设项目用地审批流程有统一的管理制度，基础设施建设项目用地的取得也应当遵循建设用地审批制度。建设用地审批制度是主管部门对建设用地的申请进行审查、报批和实施的制度。根据现行的《土地

---

① 《传统基础设施领域实施政府和社会资本合作项目工作导则》（发改投资〔2016〕2231 号），载国家发展和改革委员会网站，https：//www.ndrc.gov.cn/xxgk/zcfb/tz/201610/t20161027_963249.html？code=&state=123，最后访问时间：2022 年 3 月 27 日。

② 《中华人民共和国国家标准土地利用现状分类 GB/T 21010-2017》，中国标准出版社 2017 年版。

③ 《国务院关于促进节约集约用地的通知》（国发〔2008〕3 号），载中国政府网，https：//www.gov.cn/gongbao/content/2008/content_881183.htm，最后访问时间：2023 年 7 月 6 日。

④ 《节约集约利用土地规定》（国土资源部令第 61 号）第 21 条，载自然资源部网站，http：//www.mnr.gov.cn/dt/zb/2014/lytdgd/beijingziliao/201406/t20140606_2128857.html，最后访问时间：2022 年 3 月 28 日。

管理法》《建设用地审查报批管理办法》① 及相关规范性文件的要求，基础设施建设项目用地审批应当遵循以下流程：

1. 建设单位应当在建设项目审批、核准、备案阶段，向建设项目批准机关的同级自然资源主管部门提出建设项目用地预审申请，受理预审的主管部门应当依据土地利用总体规划、土地使用标准和国家土地供应政策，进行预审并出具建设项目用地预审意见和选址意见书。使用已经依法批准的建设用地进行建设的，不再办理用地预审。

属于城市建设用地范围外单独选址的项目，建设单位应当向土地所在市、县自然资源主管部门提出用地申请，同时附上建设项目用地预审意见、建设项目批准核准或者备案文件、建设项目初步设计批准或者审核文件。若拟占用耕地的，还应当提出补充耕地方案；建设项目位于地质灾害易发区的，还应当提供地质灾害危险性评估报告。由于基础设施建设项目占地面积较广，尤其是能源类和交通类基础设施项目，因此基础设施建设项目在申请用地时需要格外关注是否属于城市建设用地范围外单独选址项目。

2. 市、县自然资源主管部门对于符合建设用地申请的项目应当受理用地申请，并且在收到申请之日起 30 日内拟定农用地转用方案、补充耕地方案、征收土地方案和供地方案，编制建设项目用地呈报说明书，经同级人民政府审核同意后，报上一级自然资源主管部门审查。

按照修改后的《土地管理法》的要求，涉及土地征收的，市、县人民政府应当按照《土地管理法》第 47 条的规定听取被征地的农村集体经济组织及其成员、村民委员会和其他利害关系人对征收补偿安置方案的意见，并与被征地的土地所有权人、使用权人签订补偿安置协议。只有第 47 条规定的前期工作完成后，市、县人民政府才能够申请征收土地。

若建设只占用国有农用地的，无需拟定征收土地方案；只占用集体所有建设用地的，无需拟定农用地转用方案和补充耕地方案；只占用未利用地的，需由国务院批准用地的只需拟定供地方案，其余建设项目按照省级政府的规定办理即可。

---

① 《建设用地审查报批管理办法》，载自然资源部网站，http：//f. mnr. gov. cn/201702/t20170206_1437110. html，最后访问时间：2022 年 3 月 28 日。

3. 上一级自然资源主管部门在收到建设项目用地呈报说明书和有关方案后，对于符合条件的应当在 5 日内报送同级人民政府审核。同级人民政府审核同意后，应当逐级上报有批准权的人民政府进行审批，并将所需材料报送至该级自然资源主管部门进行审查。

4. 有批准权的自然资源主管部门应当在收到上报的方案并征求有关方面意见后的 30 日内审查完毕。方案符合条件的，自然资源主管部门方可报同级人民政府进行批准。

5. 农用地转用方案、补充耕地方案、征收土地方案和供地方案经批准后，由土地所在地的市、县人民政府组织实施。在土地征收工作完成后，市、县人民政府方能够安排进行土地供应。

6. 建设单位向所在地市、县自然资源主管部门提出建设用地规划许可申请，规划条件经批准后，以划拨方式供地的由市、县自然资源主管部门下发国有土地划拨决定书和建设用地规划许可证，以出让方式供地的由市、县自然资源主管部门于建设单位签订国有建设用地使用权出让合同后核发建设用地规划许可证。

《土地管理法》第 44 条、第 46 条分别规定了农用地转用和土地征收的审批权限。2020 年 3 月，国务院下发了《国务院关于授权和委托用地审批权的决定》（国发〔2020〕4 号）①对于农用地转用和土地征收事项的审批权限进行调整，赋予了省级人民政府更大的自主权。因此，目前农用地转用和土地征收事宜的审批权限如下：

需由国务院批准的事项：（1）永久基本农田转为建设用地的。（2）征收永久基本农田、永久基本农田以外耕地超过三十五公顷的、其他土地超过七十公顷的。国务院批准农用地转用的同时办理征地审批手续，不再另行办理征地审批手续。

需由省级人民政府或省级人民政府授权机关批准的事项：（1）在土地利用总体规划确定的城市和村庄、集镇建设用地规模范围内，为实施该规划而将永久基本农田以外的农用地转为建设用地的，按土地利用年度计划分批次按照国务院规定由原批准土地利用总体规划的机关或者其授权的机关批准。原需由国务院批

---

① 《国务院关于授权和委托用地审批权的决定》，载中国政府网，http://www.gov.cn/zhengce/zhengceku/2020-03/12/content_5490385.htm，最后访问时间：2022 年 3 月 28 日。

准的，国务院授权各省级人民政府批准。（2）在土地利用总体规划确定的城市和村庄、集镇建设用地规模范围外，将永久基本农田以外的农用地转为建设用地的，国务院授权各省、自治区、直辖市人民政府批准。（3）征收永久基本农田、三十五公顷以下耕地和七十公顷以下其他土地的，由省级人民政府批准征收土地方案。

（三）基础设施项目用地取得中可能出现的问题

尽管《土地管理法》中新增了集体经营性建设用地入市制度，但由于基础设施项目的用地类型主要集中于公共管理与公共服务用地、交通运输用地、水域及水利设施用地、特殊用地和其他土地，而非工业或商业用地，因此目前集体经营性建设用地对于增补基础设施项目用地暂时无法发挥出很大的作用。基础设施建设项目用地主要还是需要依靠存量建设用地和征收的新增建设用地。

从宏观的角度来看，目前我国基础设施项目用地上存在对土地资源利用不合理的现象。传统基础设施建设项目占地面积广，大量耕地被占用，耕地占补衡平制度难以贯彻落实。我国基础设施分布明显存在区域差异，东部城市的铁路、公路、机场、水利、能源、环保等基础设施建设领先于中西部城市，而东部地区也是耕地分布较集中且质量较好的区域。因此，基础设施建设项目应当充分做好前期论证工作，从产业规划角度明确各地区应当重点保障的需求，在保障基础设施用地需求的同时保护好相关的生态环境、自然资源。

从用地取得的角度来看，未来基础设施建设项目用地可能面临用地成本上升以及用地审批时限延长的问题。根据国务院的要求，应当推广土地有偿使用制度严格限制土地划拨的范围，基础设施项目中若包含经营性用地的应当通过有偿方式取得，这将增加建设用地的取得难度和建设成本。另外，《土地管理法》实施以后，土地征收制度发生了比较大的变化。过去需要进行土地征收的，在征收土地方案通过后由市、县人民政府组织实施，并根据征收土地方案拟定征地补偿和安置方案，对征地补偿和安置方案的争议并不会影响土地征收的实施。① 也即，

---

① 《土地管理法实施条例》第 25 条第 3 款："市、县人民政府土地行政主管部门根据经批准的征收土地方案，会同有关部门拟订征地补偿、安置方案，在被征收土地所在地的乡（镇）、村予以公告，听取被征收土地的农村集体经济组织和农民的意见。征地补偿、安置方案报市、县人民政府批准后，由市、县人民政府土地行政主管部门组织实施。对补偿标准有争议的，由县级以上地方人民政府协调；协调不成的，由批准征收土地的人民政府裁决。征地补偿、安置争议不影响征收土地方案的实施。"

按照原来土地征收程序的规定，征收土地方案一旦被批准，完成土地征收之后即可安排向建设单位供地。而按照《土地管理法》第47条的规定，在市、县人民政府未能就土地征收补偿安置问题与集体经济组织及其成员达成一致之前，市、县人民政府不得申请征收土地，这实际上拉长了用地预审与征收土地方案审批之间的时限。

三、基础设施项目土地确权

（一）基础设施项目用地土地确权

1. 集体土地确权

基础设施项目用地土地确权问题涉及两个方面的确权问题，一方面是被征收的集体土地的确权问题，另一方面则是基础设施建设项目本身的确权问题。推进集体土地确权工作，是维护集体土地权利人合法权益的必要手段，也是建设统一的城乡土地市场的必然要求。2011年，原国土资源部、财政部、原农业部发布《关于加快推进农村集体土地确权登记发证工作的通知》①，提出要加快集体土地确权登记发证工作，通过开展农村集体土地所有权、宅基地使用权、集体建设用地使用权调查工作，查清农村每一宗土地的权属、界址、面积和用途等基本情况，以地籍调查结果作为土地登记发证的前提。自2011年起，农村集体土地确权工作循序渐进地开展。《关于农村集体土地确权登记发证的若干意见》（国土资发〔2011〕178号）②重点针对集体土地所有权的确认提出了意见，要求把农村集体土地所有权确认到每个具有所有权的农民集体，并且明确农村集体土地所有权的主体代表。该意见同时要求规范确认宅基地使用权的主体，分不同历史阶段对超面积的宅基地进行确权登记发证，使用集体建设用地的均应当依法确权登记发证。

为解决宅基地和建设用地的确权问题，自然资源部印发了《自然资源部关于

---

① 《关于加快推进农村集体土地确权登记发证工作的通知》，载自然资源部网站，http://www.mnr.gov.cn/gk/tzgg/201105/t20110516_1990557.html，最后访问时间：2022年3月28日。

② 《国土资源部、中央农村工作领导小组办公室、财政部、农业部关于农村集体土地确权登记发证的若干意见》，载自然资源部网站，http://g.mnr.gov.cn/201701/t20170123_1429684.html，最后访问时间：2022年3月28日。

加快宅基地和集体建设用地使用权确权登记工作的通知》（自然资发〔2020〕84号）[1]。尤其是针对宅基地中存在的"一户多宅"、缺少权属来源材料、超占面积、权利主体认定等问题，自然资源部要求按照房地一体要求，同意确权登记、统一颁发证书；对于没有符合规划或者建设相关材料的，按照地方规定办理登记。该通知尤其强调了对乱占耕地建房、违反生态保护红线管控要求建房、城镇居民非法购买宅基地、小产权房等，不得办理登记，不得通过登记将违法用地合法化。

2. 基础设施项目确权

由于在进行供地时需要办理建设用地使用权登记，对于大部分基础设施建设项目来说，项目建成后的确权并不存在问题，基础设施项目确权问题在高速公路项目中比较突出。

由于高速公路建设的特殊性，高速公路相对粗放的用地管理模式造成了目前高速公路确权登记存在困难。《不动产登记暂行条例》第17条规定了申请办理不动产登记的应当提供不动产权属来源证明材料、不动产权属证书、不动产界址、空间界限、面积材料。第18条规定了不动产登记机关应当查验不动产界址、空间界限、面积等材料与申请登记的不动产状况是否一致；有关证明材料、文件与申请登记的内容是否一致。部分高速公路存在实际用地范围与审批范围不一致的情形，导致建成的高速公路无法办理不动产登记。高速公路属于典型的线性工程，往往会跨越多个省市。不同省市的地质条件存在差异，在建设高速公路时需要施工单位灵活掌握用地范围。[2] 而且，高速公路项目在立项时只需提供初步设计，而在实际实施过程中出现的设计失误将导致工程用地面积的扩大。为了减少因上述原因导致的高速公路项目登记困难，高速公路建设单位应当在立项初期做好相关的调研工作，以保障公路设计不出现明显的错误。对于高速公路建设中因地质条件无法回避未批先用的情形，应当灵活办理土地权属登记，允许相应调整发证范围。

（二）基础设施移交与土地使用权转移

采用政府与社会资本合作模式建设的基础设施项目，在项目合作期限届满或

---

[1] 《自然资源部关于加快宅基地和集体建设用地使用权确权登记工作的通知》，载自然资源部网站，http://gi.mnr.gov.cn/202005/t20200518_2514094.html，最后访问时间：2022年3月28日。

[2] 于明明、李磊：《高速公路用地确权登记难题的破解思路》，载"中国不动产"微信公众号，https://mp.weixin.qq.com/s/c7_7E-arQ-5GwUZ9e7gDTA，最后访问时间：2022年4月4日。

者提前终止后，项目公司应当将全部基础设施及相关权益按照合同约定移交给政府或政府指定机构。项目公司向政府移交的内容包括基础设施项目占用土地的使用权。项目公司向政府移交土地使用权时应当保证其上无任何其他权利负担，但是在提前终止移交情形下，为项目贷款所设置的权利负担除外。

第二节　综合开发项目中的用地

一、国土空间开发

综合开发是我国国土空间开发政策的一个具体化表现，要正确理解综合开发应当先从宏观上领会国土空间开发的内涵和价值。国土空间合理开发立足于国土空间的统一规划，近年来党中央和国务院作出重大战略部署，将主体功能区规划、土地利用规划、城乡规划等空间规划进行融合，实现"多规合一"编制统一的国土空间规划。国土空间规划并非我国首创，事实上空间规划在发达国家早已形成成熟的体系，建立了目的明确、特色鲜明、配套完善、层级健全的空间规划体系和成熟的规划法律体系。[①]

我国在过去的土地开发利用中暴露出了缺乏国土空间规划的弊端。失衡的国土空间开发造成我国自然环境破坏，环境污染问题严峻，国家经济发展面临踏入中等收入陷阱的危机。不计一切代价地以破坏自然环境的方式发展国家经济，注定不是国家发展的长久之计。在统筹建立国土空间规划体系前，我国规划法律体系并不健全，涉及国土空间管制的空间规划类型众多，技术标准不一致，内容存在重叠，相互矛盾等问题。例如，土地利用总体规划划分了"三界四区"，将允许建设区域细分为允许建设区和有条件建设区；而城乡规划则划分了"三区四线"，只区分了适宜建设区、限制建设区和禁止建设区；主体功能规划区则划分了优化开发区、重点开发区、农产品主产区和重点生态功能区。很显然，多重规划类型的叠加将造成各类规划的重叠和冲突，直接影响到对国土空间的合理开发利用。

---

① 严金明、迪力沙提·亚库甫、张东昇：《国土空间规划法的立法逻辑与立法框架》，载《资源科学》2019 年第 9 期。

　　建设生态文明就是要求建设以资源环境承载力为基础、以自然规律为准则、以可持续发展为目标的资源节约型、环境友好型社会。[①] 我国在"十二五"规划中即提出优化国土空间开发格局，要求统筹谋划人口分布、经济布局、国土利用和城镇化格局，引导人口和经济向适宜开发的区域集聚，保护农业和生态发展空间，促进人口、经济与资源环境相协调，对人口密集、开发强度偏高、资源环境负荷过重的部分城市化地区要优化开发。[②] "十三五"规划中除了有针对性地提出了各区域发展战略，更是明确提出了建立空间治理体系的要求。"十三五"规划中明确要求建立国家空间规划体系，以主体功能区规划为基础统筹各类空间性规划，推进"多规合一"；完善国土空间开发许可制度；实施土地、矿产等国土资源调查评价和监测工程。[③] 2017 年，国务院印发了《全国国土规划纲要（2016—2030 年）》（国发〔2017〕3 号）[④]，提出了 15 年的国土空间开发基本原则、主要目标以及主要举措。前述纲要要求到 2020 年，全国主体功能区布局基本形成，国土空间布局得到优化；到 2030 年，主体功能区布局进一步完善，以重点经济区、城市群、农产品主产区为支撑，重要轴带为主干的新型工业化、城镇化格局基本形成……国土开发强度不超过 4.62%，城镇空间控制在 11.67 万平方千米以内；基础设施体系趋于完善，资源保障能力和国土安全水平不断提升。与此同时，国土空间规划的立法工作也被提上了日程。《中共中央、国务院关于建立国土空间规划体系并监督实施的若干意见》[⑤] 中提出到 2020 年基本建立国土空间规划体系、法规政策体系，基本完成市县以上各级国土空间总体规划编制；到 2020 年健全国土空间规划法规政策和技术标准体系。

　　国土空间开发是从宏观到微观的一系列布局。在宏观层面，国家以主体功能区规划为依托，在资源环境承载能力较强、集聚开发水平较高或者潜力较大的城

---

　　① 樊杰：《主体功能区战略与优化国土空间开发格局》，载《中国科学院院刊》2013 年第 2 期。

　　② 《中华人民共和国国民经济和社会发展第十二个五年规划纲要》，载中国政府网，http：//www.gov.cn/2011lh/content_1825838.htm，最后访问时间：2022 年 4 月 4 日。

　　③ 《中华人民共和国国民经济和社会发展第十三个五年规划纲要》，载中国政府网，http：//www.gov.cn/xinwen/2016-03/17/content_5054992.htm，最后访问时间：2022 年 4 月 4 日。

　　④ 《国务院关于印发〈全国国土规划纲要（2016—2030 年）〉的通知》（国发〔2017〕3 号），载中国政府网，http：//www.gov.cn/zhengce/zhengceku/2017-02/04/content_5165309.htm，最后访问时间：2022 年 3 月 28 日。

　　⑤ 《中共中央、国务院关于建立国土空间规划体系并监督实施的若干意见》，载中国政府网，http：//www.gov.cn/gongbao/content/2019/content_5397679.htm，最后访问时间：2022 年 3 月 28 日。

市化地区，推进国土集聚开发，引导人口、产业相对集中。各地应当立足自身发展基础和比较优势，分类分区引导重点产业结构调整和布局优化，促进形成区域间分工合理、优势互补、联动发展的产业格局。① 各个省市地区则应当在遵循国家层面国土空间规划的基础上，对各省市国土空间开发进行进一步细化，将国家层面的规划落实到具体操作层面上。各个城市应当优化城镇空间结构，合理规划各类生产和生活空间，实施城市化地区综合整治，稳步推进低效建设用地再开发，推进城镇建设用地集约利用。

二、综合开发模式

（一）综合开发的含义

1990 年 5 月 19 日发布的《外商投资开发经营成片土地暂行管理办法》②（现已失效）第 2 条第 1 款规定："本办法所称成片开发是指：在取得国有土地使用权后，依照规划对土地进行综合性的开发建设，平整场地、建设供排水、供电、供热、道路交通、通信等公用设施，形成工业用地和其他建设用地条件，然后进行转让土地使用权、经营公用事业；或者进而建设通用工业厂房以及相配套的生产和生活服务设施等地面建筑物，并对这些地面建筑物从事转让或出租的经营活动。"2020 年 11 月 5 日，自然资源部出台《土地征收成片开发标准（试行）》（自然资规〔2020〕5 号）③ 也对成片开发进行了定义：成片开发是指在国土空间规划确定的城镇开发边界内的集中建设区，由县级以上地方人民政府组织的对一定范围的土地进行的综合性开发建设活动。参照《外商投资开发经营成片土地暂行管理办法》和《土地征收成片开发标准（试行）》（自然资规〔2020〕5号）的定义，成片开发与综合开发可作同一理解，下文统称综合开发。

从严格意义上来说，综合开发不属于传统意义上的一种建设模式，而是一种建设理念。综合开发是随着各类开发区、工业园区、产业新城等新兴经济区改造

---

① 《国务院关于印发〈全国国土规划纲要（2016—2030 年）〉的通知》（国发〔2017〕3 号），载中国政府网，http：//www.gov.cn/zhengce/zhengceku/2017 - 02/04/content_5165309.htm，最后访问时间：2022 年 3 月 28 日。

② 《外商投资开发经营成片土地暂行管理办法》，载自然资源部网站，http：//f.mnr.gov.cn/201702/t20170206_1435395.html，最后访问时间：2022 年 3 月 28 日。

③ 载自然资源部网站，http：//gi.mnr.gov.cn/202011/t20201105_2584406.html，最后访问时间：2023 年 4 月 18 日。

新城而兴起的。二十世纪七十年代末期经批准设立的深圳蛇口工业区是中国最早的城市经济区，是我国在改革开放政策下对区域经济的一个探索。[①] 蛇口工业区是改革开放初期的成功探索，目前蛇口工业区已经发展成为集航运物流、金融证券、房地产、酒店、工业生产和高新科技于一体的区域经济体。随后，我国的园区建设如火如荼地开展，浦东新区、上海自贸区、滨海新区等成功的园区建设发展为我国经济作出了巨大的贡献。但是园区建设模式在多年发展中也逐渐暴露出自身的问题。很多工业园区没能发挥出集聚效应，片面追求大而全反而导致了园区内部产业结构不合理。由于缺乏清晰的定位、合理的规划、成熟的配套基础设施，不少园区空置现象严重，严重浪费了土地资源。总结过去园区建设的经验教训，现代化的园区综合开发理念逐渐形成。综合开发是以产业规划为基础，以形成产业集群为目标，构建产业合理分配的区域经济体。综合开发是与单项建设相对应的一个概念，综合开发不是单项建设项目的简单相加，而是在产业合理规划的前提下形成一个有机整体，最终实现"1+1>2"的经济效应。综合开发实际上就是落实我国国土空间开发规划的一个方面。

综合开发的两个核心是综合性和开发性，一个片区的综合性越强，其可供开发的内容也就越多。在综合开发片区中，基础设施应当按照产业规划进行配置，通过配套的基础设施来吸引产业进入，通过产业投资来补贴基础设施建设成本，正向循环，最终能够构建出一个成熟完备的综合开发园区。目前，综合开发多用于工业园区开发、农业综合开发、特色小镇建设、新型城镇化建设、旅游综合开发、铁路车站站点综合开发、轨道交通地上地下综合开发等项目中。针对不同类型的综合开发项目，国务院及各部委出台了各项鼓励政策。

对于铁路线路用地综合开发，2013 年，国务院发布《关于改革铁路投融资体制加快推进铁路建设的意见》（国发〔2013〕33 号）[②]，要求加大力度盘活铁路用地资源，鼓励土地综合开发利用；支持铁路车站及线路用地综合开发；鼓励对现有铁路建设用地的地上、地下空间进行综合开发。2014 年，国务院办公厅更有针对性地发布了《关于支持铁路建设实施土地综合开发的意见》（国办发

---

① 曹珊：《PPP 运作重点难点与典型案例解读》，法律出版社 2018 年版，第 411 页。

② 《关于改革铁路投融资体制加快推进铁路建设的意见》，载中国政府网，http://www.gov.cn/zhengce/zhengceku/2013-08/16/content_3712.htm，最后访问时间：2022 年 3 月 28 日。

〔2014〕37 号）①，对于铁路土地综合开发的原则、用地供应和综合开发实施等问题提供了明确的指导意见。

对于新型城镇化建设，2016 年，国务院发布了《关于深入推进新型城镇化建设的若干意见》（国发〔2016〕8 号）②，提出坚持走以人为本、四化同步、优化布局、生态文明、文化传承的中国新型城镇化道路。2020 年，国家发展改革委办公厅发布《关于加快落实新型城镇化建设补短板强弱项工作 有序推进县城智慧化改造的通知》（发改办高技〔2020〕530 号）③，提出利用大数据、人工智能、5G 等数字技术，在具备一定基础的地区推进县城智慧化改造建设……提升县城数字化、网络化、智能化基础设施水平……有力支撑新型城镇化建设和县域经济社会高质量发展。

对于传统的开发区建设，2017 年，国务院办公厅发布了《关于促进开发区改革和创新发展的若干意见》（国办发〔2017〕7 号）④，提出开发区基础设施建设要整体规划，配套电力、燃气、供热、供水、通信、道路、消防、防汛、人防、治污等设施，并将为企业服务的公共信息、技术、物流等服务平台和必要的社会事业建设项目统一纳入整体规划。

对于特色小镇建设，2016 年，国家发改委发布《关于加快美丽特色小（城）镇建设的指导意见》（发改规划〔2016〕2125 号）⑤，提出加强历史文化名城名镇名村、历史文化街区、民族风情小镇等的保护，保护独特的风貌，挖掘文化内涵，彰显乡愁特色，建设有历史记忆、文化脉络、地域风貌、民族特点的美丽小（城）镇。2020 年，国务院办公厅转发《国家发展改革委关于促进特色小镇规范

---

① 《国务院办公厅关于支持铁路建设实施土地综合开发的意见》，载中国政府网，http：//www. gov. cn/zhengce/zhengceku/2014-08/11/content_8971. htm，最后访问时间：2022 年 3 月 28 日。

② 《国务院关于深入推进新型城镇化建设的若干意见》，载中国政府网，http：//www. gov. cn/zhengce/zhengceku/2016-02/06/content_5039947. htm，最后访问时间：2022 年 3 月 28 日。

③ 《国家发展改革委办公厅关于加快落实新型城镇化建设补短板强弱项工作 有序推进县城智慧化改造的通知》，载国家发展和改革委员会网站，https：//www. ndrc. gov. cn/xxgk/zcfb/tz/202007/t20200728_1234739. html？code=&state=123，最后访问时间：2022 年 3 月 28 日。

④ 《国务院办公厅关于促进开发区改革和创新发展的若干意见》，载中国政府网，http：//www. gov. cn/zhengce/zhengceku/2017-02/06/content_5165788. htm，最后访问时间：2022 年 3 月 28 日。

⑤ 《国家发展改革委关于加快美丽特色小（城）镇建设的指导意见》，载国家发展和改革委员会网站，https：//www. ndrc. gov. cn/xxgk/zcfb/tz/201610/t20161031_963257. html？code=&state=123，最后访问时间：2022 年 3 月 28 日。

健康发展意见》的通知（国办发〔2020〕33号）[①]，提出错位发展先进制造类特色小镇，信息、科创、金融、教育、商贸、文化旅游、森林、体育、康养等现代服务类特色小镇，以及农业田园类特色小镇；促进产城人文融合，叠加现代社区功能，结合教育、医疗、养老整体布局提供优质公共服务，完善社区服务、商业服务和交通站点，建设15分钟便捷生活圈。

对于轨道交通地上地下空间的综合开发，2018年国务院办公厅发布了《关于进一步加强城市轨道交通规划建设管理的意见》（国办发〔2018〕52号）[②]，提出在建设轨道交通时要加强节地技术和节地模式创新应用，鼓励探索城市轨道交通地上地下空间综合开发利用，推进建设用地多功能立体开发和复合利用，提高空间利用效率和节约集约用地水平。2020年自然资源部印发了《轨道交通地上地下空间综合开发利用节地模式推荐目录》（自然资办函〔2020〕120号）[③]，将北京、上海、广州、深圳、成都、杭州等地轨道交通地上地下综合开发的成功经验进行推广。

对于农业综合开发，2016年国务院发布《关于深入推进农业供给侧结构性改革　加快培育农业农村发展新动能的若干意见》[④]，提出鼓励农村集体经济组织创办乡村旅游合作社，或与社会资本合作联办乡村旅游企业。2018年农业农村部联合财政部发布《关于2018年批准创建国家现代农业产业园的通知》（农计发〔2018〕17号）[⑤]，批准建立21个现代农业产业园创建国家现代农业产业园。

（二）综合开发的模式

传统的综合开发模式主要包含三种形式：第一种是由政府直接投资建设开

---

①　《国务院办公厅转发国家发展改革委关于促进特色小镇规范健康发展意见的通知》（国办发〔2020〕33号），载中国政府网，http://www.gov.cn/zhengce/zhengceku/2020-09/25/content_5547095.htm，最后访问时间：2022年3月28日。

②　《国务院办公厅关于进一步加强城市轨道交通规划建设管理的意见》，载中国政府网，http://www.gov.cn/zhengce/zhengceku/2018-07/13/content_5306202.htm，最后访问时间：2022年3月28日。

③　《自然资源部办公厅关于印发〈轨道交通地上地下空间综合开发利用节地模式推荐目录〉的通知》，载自然资源部网站，http://gi.mnr.gov.cn/202002/t20200211_2499069.html，最后访问时间：2022年3月28日。

④　《关于深入推进农业供给侧结构性改革　加快培育农业农村发展新动能的若干意见》，载中国政府网，http://www.gov.cn/gongbao/content/2017/content_5171274.htm，最后访问时间：2022年3月28日。

⑤　《农业农村部、财政部关于2018年批准创建国家现代农业产业园的通知》，载农业农村部网站，http://www.moa.gov.cn/govpublic/FZJHS/201807/t20180716_6154143.htm，最后访问时间：2022年3月28日。

发，开发资金主要来源为财政性资金；第二种是由平台公司作为开发主体，资金来源主要是财政性资金和债务性融资，但债务性融资的还本付息仍然靠政府补贴；第三种是企业投资开发模式，通过土地一二级联动开发实现企业盈利。① 随着 PPP 模式的兴起，PPP 模式也逐渐成为综合开发的一种选择。

但是近几年，为了制止 PPP 项目中的违规操作现象，化解地方政府债务危机，财政部连续出台了几项重要政策规范 PPP 模式的运作，直接影响在综合开发项目中继续适用 PPP 模式。2017 年 11 月 10 日，财政部发布了《关于规范政府和社会资本合作（PPP）综合信息平台项目库管理的通知》（财办金〔2017〕92 号）②，对于 PPP 项目入库提出了严格的限制条件。过去综合开发项目中不乏土地一二级联动开发情形，通过土地一二级联动开发所产生的收益补贴综合开发项目前期投入的成本。《财政部关于规范政府和社会资本合作（PPP）综合信息平台项目库管理的通知》（财办金〔2017〕92 号）则指出，对于不属于公共服务领域，政府不负有提供义务的，如商业地产开发、招商引资项目，不得入库管理。这意味着《财政部关于规范政府和社会资本合作（PPP）综合信息平台项目库管理的通知》（财办金〔2017〕92 号）出台以后，采用 PPP 模式建设的综合开发项目中不得再嵌入商业地产项目，断绝了综合开发中通过土地一二级联动开发获利的可能性。另外，对于综合开发项目来说，项目涉及范围复杂且子项目数量较多，通常需要进行分期开发，无论是在建设内容、规模、投资额上都具有较大的不确定性，实施过程中可能还会涉及相关规划的调整，因此综合开发项目无法像单体项目一样在招选社会资本时即完成项目立项、可行性研究、初步设计等前期工作。③ 而《财政部关于规范政府和社会资本合作（PPP）综合信息平台项目库管理的通知》（财办金〔2017〕92 号）禁止前期准备工作不充分的 PPP 项目入库管理，拟采用 PPP 模式建设的综合开发类项目难以保证在入库前完成《财政部关于规范政府和社会资本合作（PPP）综合信息平台项目库管理的通知》（财办金〔2017〕92 号）所要求的前期准备工作。

① 周兰萍、叶华军：《92 号文之后的区域性综合开发项目何去何从?》，载"清华 PPP 研究中心"微信公众号，https://mp.weixin.qq.com/s/FRdjJ4GLLe2_ZJp2GatlWA，最后访问时间：2022 年 4 月 4 日。

② 《关于规范政府和社会资本合作（PPP）综合信息平台项目库管理的通知》，载财政部网站，http://jrs.mof.gov.cn/zhengcefabu/201711/t20171116_2751258.htm，最后访问时间：2022 年 3 月 28 日。

③ 周兰萍、叶华军：《92 号文之后的区域性综合开发项目何去何从?》，载"清华 PPP 研究中心"微信公众号，https://mp.weixin.qq.com/s/FRdjJ4GLLe2_ZJp2GatlWA，最后访问时间：2022 年 4 月 4 日。

2019 年 3 月 7 日，财政部发布了《关于推进政府和社会资本合作规范发展的实施意见》（财金〔2019〕10 号）①，进一步要求实施规范的 PPP 项目，明确指出规范的 PPP 项目应当属于公共服务领域的公益性项目，按规定纳入全国 PPP 综合信息平台项目库，同时新签约项目不得从政府性基金预算、国有资本经营预算安排 PPP 项目运营补贴支出。之前的 PPP 项目，一些地方政府为了绕开一般公共预算 10% 的红线限制，在政府支出责任中会简单说明列入政府性基金预算。《财政部关于推进政府和社会资本合作规范发展的实施意见》（财金〔2019〕10 号）彻底断绝了新签约项目通过政府性基金预算支出的可能性，对于投资巨大的综合开发项目来说无疑是不利的。结合财政部联合多部委共同发布的《关于联合公布第三批政府和社会资本合作示范项目加快推动示范项目建设的通知》（财金〔2016〕91 号）② 以及《财政部关于规范政府和社会资本合作（PPP）综合信息平台项目库管理的通知》（财办金〔2017〕92 号）的要求，社会资本方未来不得再作为实施主体参与土地一级开发工作，也不能在综合开发类 PPP 项目中嵌入商业地产项目，综合开发类 PPP 项目的实施空间和利润空间被不断挤压。尽管《财政部关于推进政府和社会资本合作规范发展的实施意见》（财金〔2019〕10 号）的行文中没有明确表达出禁止综合开发类项目采用 PPP 模式，但是与财政部之前的发文相结合不难看出，未来继续在综合开发类项目中采用 PPP 模式的可行性很低。

三、综合开发模式中的用地

（一）用地取得问题

综合开发项目包含多种类型的单体建设项目，综合开发项目无论是从土地供应方式还是土地来源等方面相较于普通单项基础设施建设项目都更为复杂。一般来说，建设用地供应的最小单位是"宗"，单体建设项目的用地都是分宗供应的，按照项目性质和宗地规划用途确定土地供应方式。财政部在《财政部关于联合公布第三批政府和社会资本合作示范项目加快推动示范项目建设的通知》（财

---

① 《关于推进政府和社会资本合作规范发展的实施意见》，载财政部网站，http：//jrs. mof. gov. cn/zhengcefabu/201903/t20190308_3186627. htm，最后访问时间：2022 年 3 月 28 日。

② 《关于联合公布第三批政府和社会资本合作示范项目加快推动示范项目建设的通知》，载财政部网站，http：//jrs. mof. gov. cn/zhengcefabu/201610/t20161013_2435127. htm，最后访问时间：2022 年 3 月 28 日。

金〔2016〕91 号）中明确强调了不得以 PPP 项目为单位打包或者成片供应土地，应当按照各宗地范围、用途和规划建设条件分别确定各宗地的供应方式。若是继续采用 PPP 模式建设的综合开发类项目，则无法以项目为单位取得建设用地。

《节约集约利用土地规定》第 14 条规定："县级以上自然资源主管部门统筹制定土地综合开发用地政策……不同用途高度关联、需要整体规划建设、确实难以分割供应的综合用途建设项目，市、县自然资源主管部门可以确定主用途并按照一宗土地实行整体出让供应，综合确定出让底价；需要通过招标拍卖挂牌的方式出让的，整宗土地应当采用招标拍卖挂牌的方式出让。"根据《节约集约利用土地规定》的规定，很显然，综合开发项目的性质将直接决定综合开发项目有无可能直接获得成片用地。按照《节约集约利用土地规定》的规定，对于需要整体规划建设、确实难以分割供应的综合开发项目，是可以考虑按照主用途确定的土地供应方式通过打包方式进行土地供应的，具体应当结合项目性质以及项目所在地人民政府规定进行综合判断。例如，《国务院办公厅关于支持铁路建设实施土地综合开发的意见》（国办发〔2014〕37 号）[1] 中允许铁路站场综合开发分期供应的土地成片提供，成片提供的土地根据城市规划和实际情况进行分宗，按照宗地用途确定核发划拨决定书或签订有偿使用合同。而对于轨道交通地上地下空间综合开发土地供应问题，上海市和成都市允许将轨道交通站场综合建设用地整体供应给开发主体，成都市更是采取整体规划、整体供地、分层登记，建立了在同一宗土地上划拨与出让方式相结合、地上与地下项目相结合、经营性用地与市政设施用地相结合的轨道交通上盖综合开发项目协议出让整体供地新模式。杭州市则采取了差异化供地方式，将空间使用权进一步细化符合《划拨用地目录》的以划拨方式供应，不具备单独规划条件的经营性地下空间以协议出让方式供应，不具备单独规划建设条件的经营性地上空间，可带技术条件以招拍挂方式公开出让；具备单独规划建设条件或与地铁场站有地下连通要求的经营性地上、地下空间，以招拍挂方式公开出让。[2] 由于我国实行严格的土地用途管制制度，因

---

① 《国务院办公厅关于支持铁路建设实施土地综合开发的意见》，载中国政府网，http://www.gov.cn/zhengce/content/2014-08/11/content_8971.htm，最后访问时间：2023 年 4 月 12 日。

② 《自然资源部办公厅关于印发〈轨道交通地上地下空间综合开发利用节地模式推荐目录〉的通知》（自然资办函〔2020〕120 号），载自然资源部网站，http://gi.mnr.gov.cn/202002/t20200211_2499069.html，最后访问时间：2022 年 3 月 28 日。

此除符合条件或者地方政府有特殊规定的综合开发项目外，其余综合开发项目仍然应当按照单宗地规划用途确定供应方式。

从建设用地来源角度看，综合开发项目除可以利用国有建设用地外还可以考虑直接利用集体经营性建设用地。根据《土地征收成片开发标准（试行）》（自然资规〔2020〕5号）的规定，成片开发并不需要所有的单体建设项目均为公益性项目，只需要基础设施、公共服务设施及其他公益性用地比例不低于40%即可。也即，在符合《土地征收成片开发标准（试行）》（自然资规〔2020〕5号）要求的前提下综合开发项目中完全可以嵌入工商业类地产开发项目。《土地管理法》第63条中允许规划确定为工业、商业的集体经营性建设用地直接入市交易，由土地所有权人直接与使用权人签订书面合同。因此，未来在供应综合开发用地时可以考虑国有建设用地与集体建设用地相结合，以此缓解国有建设用地紧缩的压力。但是，按照《土地管理法》的要求，集体经营性建设用地出让或出租的，应当取得本集体经济组织成员会议三分之二以上成员或者三分之二以上村民代表的同意。集体经济组织的决策程序可能会成为综合开发项目取得集体经营性建设用地的一道障碍，拖长综合开发项目的建设周期。

值得注意的是，面临国有建设用地不断减少的现实情况，寻求集体土地补充建设用地是必然的选择。但无论是征收集体土地还是直接取得集体经营性建设用地，综合开发项目主体都将面临较为艰难的谈判过程。《土地管理法》将征求集体意见、安置补偿谈判等程序前置，为征收集体土地设置了非常严格的条件。即使成片开发可以作为征收集体土地的事项，在供地时也将面临征收谈判的难关。

（二）土地一级开发问题

前文提到在过去的综合开发项目，尤其是企业投资的综合开发项目中，综合开发主体往往通过土地一二级开发联动的方式盈利。由于土地开发中存在巨大的利润空间，部分企业在实施土地一级开发中时常出现动用各种违规甚至是违法的手段以扩大自身利益的行为。为了规范土地一级开发，《财政部关于联合公布第三批政府和社会资本合作示范项目加快推动示范项目建设的通知》（财金〔2016〕91号）中已经明确禁止PPP项目主体或者其他社会资本违规取得未供应土地使用权或者变相取得土地收益，禁止其作为项目主体参与土地收储和前期开发工作。2018年修订的《土地储备管理办法》更是进一步明确了土地前期开发、储存以备供应等工作应当由土地储备机构负责实施。《土地征收成片开发标准（试行）》（自然资规〔2020〕5号）中自然资源部更是开宗明义地提出了成片开发是由县级以上地方人民政府组织实施的对一定范围内土地进行综合性开发建设的活动。

因此，若综合开发项目仍考虑由企业作为实施主体，则该综合开发项目中不应当包含土地一级开发的内容。地方政府应当在完成土地征收、平整等工作后再以划拨或出让等方式向综合开发主体进行供地。对于土地一级开发中涉及的道路、供水、供电、供气、排水、通讯、照明、绿化、土地平整等基础设施建设工作，根据《关于规范土地储备和资金管理等相关问题的通知》（财综〔2016〕4号）[1]的规定，土地储备机构可以通过政府采购的方式交由企业负责实施具体的建设工作。

（三）节约集约利用土地

选址是综合开发面对的第一件事，综合开发应当格外重视规划的作用，选址需要与城市发展趋势相吻合。[2] 由于综合开发项目通常规模较大、占地面积较广，综合开发项目更应当注意节约、集约利用土地。2008年，国务院即下发了《关于促进节约集约用地的通知》（国发〔2008〕3号），要求编制公共设施和公益事业建设用地标准，降低公路铁路等基础设施工程用地和取弃土地用地标准，鼓励开发利用地上地下空间，鼓励开发区提高土地利用效率。《节约集约利用土地规定》更是鼓励大型基础设施建设项目综合开发利用土地，促进功能适度混合、整体设计、合理布局。

第三节　新型基础设施建设项目用地

一、新型基础设施建设项目用地特点

建设用地可以通过有偿或无偿的方式取得，具体以哪种方式取得应当以建设

---

[1] 《关于规范土地储备和资金管理等相关问题的通知》，载财政部网站，http：//www.mof.gov.cn/gp/xxgkml/zhs/201602/t20160223_2510268.htm，最后访问时间：2023年4月12日。

[2] 陈民：《城市综合开发的逻辑》，载"荣邦瑞民"微信公众号，https：//mp.weixin.qq.com/s/cq4OdNZy FeRpS153aaJrkw，最后访问时间：2022年4月4日。

项目的内容和性质为标准进行判断。因此，在新型基础设施项目用地问题中应当先确定新型基础设施所涉行业，以此确定新型基础设施建设项目的用地范围和建设用地的取得方式。

2020 年 4 月 20 日，国家发改委举行的新闻发布会中正式为新型基础设施定调。国家发改委指出新型基础设施主要包括三方面内容：1. 信息基础设施：主要是指基于新一代信息技术演化生成的基础设施，比如以 5G、物联网、工业互联网、卫星互联网为代表的通信网络基础设施，以人工智能、云计算、区块链等为代表的新技术基础设施，以数据中心、智能计算中心为代表的算力基础设施；2. 融合基础设施：主要是指深度应用互联网、大数据、人工智能等技术，支撑传统基础设施转型升级，进而形成的融合基础设施，比如智能交通基础设施、智慧能源基础设施；3. 创新基础设施：主要是指支撑科学研究、技术开发、产品研制的具有公共属性的基础设施，比如重大科技基础设施、科教基础设施、产业技术创新基础设施等。[①] 部分省市结合本省市发展需求以及国家发改委提出的新型基础设施概念出台了本省市的新型基础设施重大项目建设行动方案（2020-2022 年）。例如，重庆市提出要突出新型网络、智能计算、信息安全、转型促进、融合应用、基础科研、产业创新七大板块推进新型基础设施建设。[②] 北京市则从新网络、新要素、新生态、新平台、新应用和新安全六个角度提出北京市未来两年新型基础设施的重点建设项目。[③] 上海市则是从新网络、新设施、新平台、新终端四个层面布局未来两年的新型基础设施建设重点。[④]

对比之前提出的七大领域四大行业，国家发改委此次定义的新型基础设施的内涵和外延更加丰富，不仅涵盖了七大领域的内容，而且赋予了新型基础设施更加广阔的发展空间。各省市提出的新型基础设施建设内容也远远超出了原先的七

① 《国家发展改革委举行 4 月份新闻发布会介绍宏观经济运行情况并回应热点问题》，载国家发展和改革委员会网站，https://www.ndrc.gov.cn/xwdt/xwfb/202004/t20200420_1226031_ext.html，最后访问时间：2022 年 3 月 28 日。

② 《重庆市新型基础设施重大项目建设行动方案（2020-2022 年）》，载重庆市人民政府网站，http://www.cq.gov.cn/zwgk/zfxxgkml/szfwj/xzgfxwj/szf/202006/t20200619_8837076.html，最后访问时间：2022 年 3 月 28 日。

③ 《北京市加快新型基础设施建设行动方案（2020-2022 年）》，载北京市人民政府网站，http://www.beijing.gov.cn/fuwu/lqfw/ztzl/xytxms/11/202006/t20200610_1921186.html，最后访问时间：2022 年 3 月 28 日。

④ 《上海市推进新型基础设施建设行动方案（2020-2022 年）》，载上海市人民政府网站，https://www.shanghai.gov.cn/nw12344/20200813/0001-12344_64893.html，最后访问时间：2022 年 3 月 28 日。

大领域。尽管如此，新型基础设施所涉及的主要行业仍然为通信行业、数字行业、交通行业和科技行业。新型基础设施项目与传统基础设施项目所涉行业具有明显的差异，因此在项目用地问题中也具有明显的区别。国家发改委将传统基础设施领域归纳为能源行业、交通运输行业、水利行业、环境保护行业、农业、林业和重大市政工程。[①] 传统基础设施项目所涉及的建设项目一般都为大型设施建设，通常需要占用大面积建设用地。新型基础设施与传统基础设施相比较，其最大的特征就在于将基础设施与数字技术进行深度融合，除了强调硬件建设之外还强调软件建设，因此新型基础设施在土地、能源等资源方面消耗将减少，转而更加强调选址灵活性和布局均衡性。[②]

尽管新型基础设施未来将依托 5G 网络、物联网、人工智能、大数据中心等新一代信息网络构建起一张肉眼不可见的网络，建设起智慧、智能的城市，但是其中的设施仍然要落到有形的物理载体上。因此，土地要素保障仍然是顺利实施新型基础设施建设的关键因素之一。为了落实新型基础设施建设项目用地保障，各地政府纷纷出台地方政策或提出地方性解决方案。例如，甘肃省自然资源厅出台了《关于支持新型基础设施建设做好用地服务保障的通知》[③]，从优先保障项目用地计划、加大项目用地支持力度、提质增效审批建设用地、加快土地供应和切实降低企业成本几个角度提出了用地保障措施。

二、信息基础设施建设项目用地问题

（一）5G 通信基站建设用地

移动通信基站是经国家政府有关部门批准并监督、由电信企业设置和运行、向社会公众提供信息服务，具有公共性、公益性的城乡公共基础设施。[④] 由中国移动通信有限公司、中国联合网络通信有限公司、中国电信股份有限公司和中国

---

① 《传统基础设施领域实施政府和社会资本合作项目工作导则》（发改投资〔2016〕2231 号）第 2 条〔适用范围〕：按照国务院确定的部门职责分工，本导则适用于在能源、交通运输、水利、环境保护、农业、林业以及重大市政工程等传统基础设施领域采用 PPP 模式的项目。具体项目范围参见《国家发展改革委关于切实做好传统基础设施领域政府和社会资本合作有关工作的通知》。

② 李勇坚：《"新基建"若干问题的思考》，载《中国金融》2020 年第 10 期。

③ 《甘肃省自然资源厅关于支持新型基础设施建设做好用地服务保障的通知》〔甘资用发〔2020〕14 号），载甘肃省自然资源厅网站，http://zrzy.gansu.gov.cn/zrzy/c107675/202003/1583792.shtml，最后访问时间：2022 年 3 月 28 日。

④ 范靖靖：《公共移动通信基站的法律属性探讨》，载《上海信息化》2013 年第 5 期。

国新控股有限责任公司共同出资成立的中国铁塔股份有限公司（下称"铁塔公司"）是我国大型通信铁塔基础设施服务企业，主要从事通信铁塔等基站配套设施和高铁地铁公网覆盖、大型室内分布系统的建设、维护和运营。[①]

5G 通信基站的建设速度直接决定了 5G 商用网络的速度。5G 基站与 4G 基站的区别在于：5G 基站所需搭设的天线数量远远多于 4G 基站，5G 基站在处理能力加倍提高的同时其信号覆盖面积却相应减少，因此 5G 网络所需基站数量远大于 4G 网络。尽管 5G 网络在建设初期仍然与现用 4G 基站共址，然而 5G 技术与 4G 技术的差异导致 5G 网络的铺设无法完全利用现有 4G 基站，现有的 4G 基站数量也无法满足 5G 网络的要求。未来加强 5G 网络建设的必然要求是增加 5G 基站的建设。妥善解决 5G 基站建设中的选址问题和用地取得问题有助于加快 5G 网络的建设速度。

1. 5G 基站选址问题

通信基站的占地面积小且呈零散分布，在我国新增建设用地不断紧缩的大背景下，5G 基站建设中的选址困难问题将会进一步加剧。2020 年工业和信息化部发布《关于推动 5G 加快发展的通知》（工信部通信〔2020〕49 号）则进一步提出将 5G 网络建设所需站址等配套设施纳入各级国土空间规划，并在控制性详细规划中严格落实，在新建公共设施时统筹考虑 5G 站址部署的需求。[②]

按照工业和信息化部对于通信基础设施建设的规定，后续 5G 基站建设时应当注意把握两项基本原则：第一，整合存量资源，利用现有基站站址、路灯杆等公用设施、楼房等资源进行共建共享，能不新建的则不新建；第二，新建基站的应当坚持先规划后建设的原则，将基站规划纳入国土空间规划。

2. 5G 基站（宏站）用地取得

（1）无偿（划拨）方式取得

5G 基站属于通信设施，《关于支持新产业新业态发展促进大众创业万众创新

---

① 中国铁塔股份有限公司介绍，载中国铁塔股份有限公司网站，https：//www.china-tower.com/about，最后访问时间：2022 年 4 月 4 日。

② 《关于推动 5G 加快发展的通知》（工信部通信〔2020〕49 号），载工业和信息化部网站，https：//wap.miit.gov.cn/jgsj/txs/wjfb/art/2020/art_72744a8f6ad146b6b6336c0e25c029c6.html，最后访问时间：2022 年 3 月 28 日。

用地的意见》明确提出通信设施建设项目可以按照公用设施用途落实用地。[①] 根据我国土地使用制度的规定，建设用地可以通过有偿方式或无偿方式取得，只有符合《划拨用地目录》（国土资源部令第 9 号）规定的用途可以采用无偿方式（划拨）供地。公用设施不属于《划拨用地目录》的范围，因此 5G 基站无法通过划拨方式取得建设用地。

（2）有偿（出让、租赁）方式取得

单独立项的 5G 基站建设项目应当通过有偿方式取得建设用地，有偿方式属于建设用地常规供应手段。有偿供地方式可以区分为出让和出租两种模式，其中出让又可以区分为公开出让和协议出让。5G 基站建设用地应考虑通过协议出让或出租的方式进行供地，尽量避免通过公开出让的方式供地。

公开出让（招标、拍卖、挂牌）可以适用于各种类型的建设用地供应，根据《招标拍卖挂牌出让国有建设用地使用权规定》的规定，工业、商业、旅游、娱乐和商品住宅等经营性用地以及一宗地上有两个以上意向用地者应当以招标、拍卖、挂牌的形式进行出让。[②] 公开出让是相对公平公正的建设用地出让方式，同时也是程序烦琐、成本较高的出让方式。按照《土地利用现状分类》（GB/T 2010-2017）中对建设用地的分类，公用设施用地并未包含工业用地、商业用地、旅游用地、娱乐用地或住宅用地中任何一项，因此在宗地上只有一个意向用地者时，该宗地并不属于必须以招标、拍卖、挂牌方式供应的土地。通信基站的占地面积小且位置一般比较偏远，其特殊性决定了宗地上较难出现两个以上的意向用地者。因此，在非必须的情况下，5G 基站用地可以不通过公开出让的方式取得，可以通过协议出让或租赁的方式降低交易成本、缩短供地时间。

（3）配建方式

2015 年，原国土资源部、国家发展改革委、科学技术部、工业和信息化部、住房和城乡建设部、商务部联合发布的《关于支持新产业新业态发展促进大众创业万众创新用地的意见》（国土资规〔2015〕5 号）中提出移动通信基站等用地面积

---

① 《关于支持新产业新业态发展促进大众创业万众创新用地的意见》（国土资规〔2015〕5 号），载自然资源部网站，http://g.mnr.gov.cn/201701/t20170123_1429216.html，最后访问时间：2022 年 3 月 28 日。

② 《招标拍卖挂牌出让国有建设用地使用权规定》第 4 条，载自然资源部网站，http://www.mnr.gov.cn/zt/zh/xzzfgs/yj/gz/201702/t20170206_2029894.html，最后访问时间：2022 年 3 月 28 日。

小、需多点分布的新产业配套基础设施，可采取配建方式供地。① 《产业用地政策实施工作指引（2019 年版）》第 12 条第 1 款也明确规定了无线通讯基站等布点分散、单体规模小、对其他建筑物构筑物有密切依附关系的产业配套设施纳入其他建设项目用地的供应条件。② 配建方式常用于配建保障性住房和社区公共服务设施。采用配建方式供地的，在供应非 5G 建设项目用地时应当将配套建设 5G 基站作为土地供应的条件之一，5G 基站建设应当与非 5G 建设项目同步施工、同步验收。

（4）占用集体所有土地

按照《土地管理法》的规定，通信基础设施建设符合公共利益需要，可以依法实施征收。5G 基站需占用集体所有土地的，应当依法实施征收后再进行供地。在实践中，存在通过以偿代征方式直接供应 5G 基站建设用地的情形。所谓以偿代征是指基础通信企业直接与集体土地使用权人或土地承包经营权人签订一次性补偿协议，由基础通信企业向其支付一次性补偿后直接取得集体土地。应当注意，此类以偿代征方式取得集体土地的做法存在合规问题，容易产生纠纷。根据现行《土地管理法》的规定，规划确定为工业、商业等经营性用途的集体土地，可以直接通过出让、出租等方式交由单位或个人使用，无需再进行征收。《产业用地政策实施工作指引（2019 年版）》中列举了政策允许按照原地类管理的几类情形，其中并未包含通信设施用地。5G 基站既不属于集体经营性建设用地的范畴，也不属于按照原地类管理的情形，因而不能直接利用集体所有土地。擅自将农民集体土地通过出让、转让或出租等方式用于非农建设的，将受到县级以上人民政府自然资源主管部门的行政处罚。③

---

① 《关于支持新产业新业态发展促进大众创业万众创新用地的意见》（国土资规〔2015〕5 号），载自然资源部网站，http://g.mnr.gov.cn/201701/t20170123_1429216.html，最后访问时间：2022 年 3 月 28 日。

② 《产业用地政策实施工作指引（2019 年版）》（自然资办发〔2019〕31 号）第 12 条（配套设施建设纳入土地供应条件的情形）："依据《国务院办公厅关于推进养老服务发展的意见》（国办发〔2019〕5 号）、《国务院办公厅转发卫生计生委等部门关于推进医疗卫生与养老服务相结合指导意见的通知》（国办发〔2015〕84 号）、《国务院办公厅关于加快新能源汽车推广应用的指导意见》（国办发〔2014〕35 号）、国土资规〔2015〕5 号、国土资规〔2015〕10 号、《关于支持电影发展若干经济政策的通知》（财教〔2014〕56 号）等的规定，对新能源汽车充电设施、无线通讯基站、分布式光伏发电设施、社区居家养老（医疗、体育、文化）服务设施、电影院（影厅）、旅游厕所等布点分散、单体规模小、对其他建筑物构筑物有密切依附关系的产业配套设施，允许在新供其他建设项目用地时，将其建设要求纳入供地条件……"

③ 《土地管理法》第 82 条："擅自将农民集体所有的土地通过出让、转让使用权或者出租等方式用于非农业建设，或者违反本法规定，将集体经营性建设用地通过出让、出租等方式交由单位或者个人使用的，由县级以上人民政府自然资源主管部门责令限期改正，没收违法所得，并处罚款。"

3. 5G 基站（微站）用地取得方式

在微站建设中最容易产生纠纷的是运营商租赁居民住宅楼中公共区域内搭建微站的情形。在实践中大量出现业主以运营商未取得其同意、担心基站辐射等理由要求运营商将已架设完成的微站进行迁移的情形，由此产生的诉讼纠纷也不在少数。

根据《民法典》第 278 条关于建筑物区分所有权的规定，涉及建筑物共有部分和共同管理权利的重大事项，应当由业主共同决定。《民法典》和《物业管理条例》均规定，涉及改建、重建建筑物及其附属设施的事项应当经过专有部分占建筑物总面积三分之二以上的业主且占总人数三分之二以上的业主同意。然而，在现实生活中，运营商往往不会严格按照《民法典》和《物业管理条例》的程序取得业主大会同意。严格按照《民法典》和《物业管理条例》的程序要求，不仅会增加运营商搭设微站的成本，而且可操作性往往不强。如何平衡涉及公共利益的通信基站搭设权利与业主对建筑物享有的所有权，在立法层面尚需进一步确认。在现阶段，运营商在选择微站载体时应当优先考虑公共建筑，以此避免与民用住宅业主之间产生纠纷。

（二）数据中心建设用地

为了应对 5G、人工智能、工业互联网和物联网的数据需求，数据中心的建设格外关键。5G、人工智能、工业互联网和物联网的建设会催生海量的数据和应用，对这些数据的处理和分析则离不开大数据中心的支撑。可以说，大数据中心是新型基础设施建设的根本。数据中心是指一个组织或单位用以集中放置计算机系统和与通信、存储相关设备的基础设施。数据中心按照标准机架数量的不同，可以区分为小型、大型和超大型。

数据中心的供地方式和用地性质并非完全固定，针对不同建设主体和用途的数据中心，可以供应不同性质的用地。例如，对于商业主体储存其商业数据的数据中心，可以为项目供应工业用地、仓储用地等，而对于储存政府数据的数据中心，则可以通过划拨的方式供应科研用地。目前，不同省市正在建设的数据中心，正是采用这种区分用途的方式进行供地。

三、融合基础设施建设项目用地

国家发改委指出融合基础设施是指传统基础设施与互联网、大数据、人工智能等新型数字技术深度结合，以实现传统基础设施的转型升级。国家发改委重点提出了智慧交通基础设施和智慧能源基础设施建设。①

（一）智慧交通基础设施项目用地问题

智慧交通基础设施是依托传统交通基础设施建设，在交通运输领域深度应用信息和管理等技术，实现现代化交通科学决策、智能生产、服务人文的作用。近年来，交通运输领域已经实施了各项重大信息化工程，推进交通运输业务领域的信息化应用全覆盖。例如，加强公路水路安全畅通与应急处置系统建设；加强综合运输、现代物流和城市客运试点工程建设；加强公路水路交通出行信息服务系统建设等。② 2020 年 8 月 3 日，交通运输部发布《关于推动交通运输领域新型基础设施建设的指导意见》（交规划发〔2020〕75 号）③，指明了后续交通运输领域新型基础设施建设的重点任务和工作方向，提出了要打造融合高效的智慧交通基础设施，建设智慧公路、智慧铁路、智慧航道、智慧港口、智慧民航、智慧邮政和智慧枢纽。

在智慧交通基础设施建设中，首先面临的仍然是交通设施的用地问题。根据《划拨用地目录》的规定，非营利性邮政设施用地、铁路交通设施用地、公路交通设施用地、水路交通设施用地和民用机场设施用地均可以通过划拨方式进行供地。以划拨方式供应的土地，可以由土地使用权人无偿永久地使用，划拨供地方式极大地促进了我国交通基础设施的建设。

交通基础设施一般属于单独选址项目，公路、铁路这种线性项目的用地选址，相较于点状或者面状项目来说限制更多，完全符合项目建设要求并避让生态保护红线、永久基本农田和禁止建设区的难度较大。在公路建设中，就常会出现建设项目占用永久基本农田的情形。根据《土地管理法》第 4 条的规定，我国实行土地用途管制制度，建设项目在用地预审和报批的过程中，用地选址应当符合土地利用总体规划，严禁非法占用永久基本农田。《土地管理法》第 35 条第 1 款规定："永久基本农田经依法划定后，任何单位和个人不得擅自占用或者改变其用途。国家能源、交通、水利、军事设施等重点建设项目选址确实难以避让永久

① 参见《"十四五"新型基础设施建设解读稿之三：积极打造网络化、智能化、服务化、协同化的融合基础设施体系》，载国家发展和改革委员会网站，https：//www.ndrc.gov.cn/fzggw/jgsj/gjss/sjdt/202111/t20211129_1305569.html？code＝&state＝123，最后访问时间：2023 年 3 月 6 日。

② 张新、杨建国：《智慧交通发展趋势、目标及框架构建》，载《中国行政管理》2015 年第 4 期。

③ 《关于推动交通运输领域新型基础设施建设的指导意见》，载中国政府网，http：//www.gov.cn/zhengce/zhengceku/2020-08/06/content_5532842.htm，最后访问时间：2022 年 3 月 28 日。

基本农田，涉及农用地转用或者土地征收的，必须经国务院批准。"《自然资源部关于做好占用永久基本农田重大建设项目用地预审的通知》（自然资规〔2018〕3号）明确交通领域的重点建设项目有：（1）国家级规划明确的民用运输机场项目；（2）国家级规划明确的铁路项目；（3）《推进运输结构调整行动计划（2018~2020年）》明确的铁路专用线项目；（4）国务院投资主管部门批准的城际铁路建设规划明确的城际铁路项目；（5）国务院投资主管部门批准的城市轨道交通建设规划明确的城市轨道交通项目；（6）国家级规划明确的公路项目，包括《国家公路网规划（2013~2030年）》明确的国家高速公路和国道项目；（7）国家级规划明确的国防公路项目；（8）省级高速公路；（9）连接深度贫困地区直接为该地区服务的省级公路。①

根据土地管理制度的规定，除上列自然资源部明确可以占用永久基本农田的项目外，其他交通基础设施建设项目均不得占用永久基本农田，自然资源部门不予受理其用地申请。但是，根据《土地管理法实施条例》的规定，建设项目在进行可行性研究论证时应当由主管部门对建设项目用地进行审查并提出建设项目用地预审报告，而在初步设计完成后建设单位应当持建设项目的有关批准文件办理用地审批。可行性报告研究阶段只对线路的主要控制点进行必要定位，而无需对线路进行全面实地勘测，因此可行性研究报告阶段的线路位置并不精确。一旦初步设计对可行性研究报告确定的线位、工程内容等进行修改和优化，则极有可能导致项目用地报批时的项目位置、地类、面积等与用地预审时的内容不一致，进而导致交通设施建设项目非法占用永久基本农田。

为了尽量避免这一情况的发生，交通设施项目的建设单位和设计单位应当在项目选址的初期及时与自然资源主管部门对接，将线路选址与土地利用总体规划、永久基本农田数据库等进行比照，最大限度地降低占用生态保护红线、永久基本农田的可能性。如符合自然资源部规定的重大项目的交通设施建设无法避开永久基本农田或生态保护红线，则应当在用地预审阶段及时按照《土地管理法》

---

① 《自然资源部关于做好占用永久基本农田重大建设项目用地预审的通知》（自然资规〔2018〕3号），载中国政府网，http://www.gov.cn/zhengce/zhengceku/2019-10/15/content_5439872.htm，最后访问时间：2022年3月28日。该文件2018年7月30日发布，有效期5年，现已失效。但上述项目分类仍有一定参考意义，以下不再提示。

第25条①的规定修改土地利用总体规划。各级自然资源主管部门在划定永久基本农田时，也应当结合交通运输行业的专项规划，预测交通线路占用永久基本农田的可能性，尽量在前期补充可能减少的永久基本农田。

（二）智慧能源基础设施项目用地问题

早在新型基础设施概念提出之前，国家发改委、国家能源局和工信部即已针对智慧能源的发展提出了指导意见。2016年2月24日，国家发改委、国家能源局和工信部联合发布《关于推进"互联网+"智慧能源发展的指导意见》（发改能源〔2016〕392号）。该意见指出"互联网+"智慧能源（以下简称能源互联网）是一种互联网与能源生产、传输、存储、消费以及能源市场深度融合的能源产业发展新形态，具有设备智能、多能协同、信息对称、供需分散、系统扁平、交易开放等主要特征。② 该意见提出的"互联网+"智慧能源发展模式实际上与智慧能源基础设施的概念不谋而合。

智慧能源基础设施建设中的一大重点是光伏和风电等新能源项目。过去新能源的生产集控系统一直以火电模式为蓝本，但是由于光伏和风电机组数量远大于火电设备，对光伏和风电机组的信息处理要求也相应地高于传统火电。未来利用计算机、大数据、物联网等新技术对光伏和风电设备进行数字化、可视化、信息化和自动化的管理是新能源发展的必然趋势。随着新型基础设施建设的提出，各地区都在加速布局新能源建设。浙江省提出清洁能源设施智能化建设行动，包含多元融合高弹性电网、综合能源服务设施、充电桩网络及平台、智能化油气设施等方面，突出能源发展的绿色高效、新老协调。③ 结合各地政府提出的智慧能源建设方案，在智慧能源建设中涉及的用地问题主要为新能源发电设施用地问题、新能源汽车充电设施用地问题、特高压设施用地问题。

1. 新能源发电设施用地

传统化石能源不仅资源有限，而且对环境造成了严重污染，未来以绿色新能

---

① 《土地管理法》第25条第2款："经国务院批准的大型能源、交通、水利等基础设施建设用地，需要改变土地利用总体规划的，根据国务院的批准文件修改土地利用总体规划。"

② 《关于推进"互联网+"智慧能源发展的指导意见》（发改能源〔2016〕392号），载国家发展和改革委员会网站，https://www.ndrc.gov.cn/xxgk/zcfb/tz/201602/t20160229_963595.html？code=&state=123，最后访问时间：2022年3月28日。

③ 《浙江省新型基础设施建设三年行动计划（2020-2022年）》，载浙江省人民政府网站，http://www.zj.gov.cn/art/2020/7/9/art_1229019365_900639.html，最后访问时间：2022年3月28日。

源逐步替代传统化石能源是实现可持续发展的必然要求。新能源主要包括太阳能、风能、生物质能、潮汐能、地热能、氢能和核能，其中太阳能和风能是目前大力建设和发展的重点方向。根据《划拨用地目录》的规定，新能源发电工程电机，厢变、输电（含专用送出工程）、变电站设施，资源观测设施等用地均可以通过划拨方式取得。

由于新能源发电设施通常占地面积较大且分布分散，在国有建设用地总量下降的现实情况下，新能源发电设施必然面临占用农用地的情况。《关于支持新产业新业态发展促进大众创业万众创新用地的意见》（国土资规〔2015〕5号）中规定光伏、风力发电项目使用戈壁、荒漠、荒草地等未利用土地的，对不占压土地、不改变地表形态的用地部分，可按原地类认定，用地允许以租赁方式取得。《关于支持光伏扶贫和规范光伏发电产业用地的意见》（国土资规〔2017〕8号）规定，对深度贫困地区脱贫攻坚中建设的光伏发电项目，国家能源局、国务院扶贫办①确定下达的全国村级光伏扶贫电站建设规模范围内的光伏发电项目，以及符合当地建设要求和认定标准的光伏复合项目，其光伏方阵使用永久基本农田以外的农用地的，在不破坏农业生产条件的前提下，可不改变原用地性质。② 原国土资源部出台的这两项意见为满足要求的光伏和风力发电项目开了利用农用地的"后门"，允许按照原地类管理也即无需办理征收手续和农用地转用手续，为重点光伏和风力发电项目提供了土地保障。

应当注意的是，国家能源局于2018年印发了《分散式风电项目开发建设暂行管理办法》，其中规定了分散式风电项目不得占用永久基本农田，但是占用其他类型土地的可以在原土地所有权人、使用权人同意的情况下，通过协议途径取得建设用地使用权。③ 该管理办法与《国土资源部、发展改革委、科技部、工业和信息化部、住房城乡建设部、商务部关于支持新产业新业态发展促进大众创业

---

① 现已改为国家乡村振兴局，本书以下不再对此进行提示。

② 《关于支持光伏扶贫和规范光伏发电产业用地的意见》（国土资规〔2017〕8号），载自然资源部网站，http://www.mnr.gov.cn/gk/tzgg/201710/t20171010_1992672.html，最后访问时间：2022年3月28日。

③ 《分散式风电项目开发建设暂行管理办法》（国能发新能〔2018〕30号）第13条："在满足国家环保、安全生产等相关要求的前提下，开发企业可使用本单位自有建设用地（如园区土地），也可租用其他单位建设用地开发分散式风电项目。分散式风电项目不得占用永久基本农田。对于占用其他类型土地的，应依法办理建设用地审批手续；在原土地所有权人、使用权人同意的情况下，可通过协议等途径取得建设用地使用权。"载国家能源局网站，http://zfxxgk.nea.gov.cn/auto87/201804/t20180416_3150.htm，最后访问时间：2022年3月28日。

万众创新用地的意见》（国土资规〔2015〕5号）的规定相冲突。《国土资源部、发展改革委、科技部、工业和信息化部、住房城乡建设部、商务部关于支持新产业新业态发展促进大众创业万众创新用地的意见》（国土资规〔2015〕5号）仅允许风力发电项目使用未利用地的，按照原地类进行认定并可以以租赁方式供地，而国家能源局出台的《管理办法》将分散式风电项目用地按照原地类认定的范围扩大至除了永久基本农田之外的其他类型土地。笔者认为，在分散式风电项目用地时仍然应当以《国土资源部、发展改革委、科技部、工业和信息化部、住房城乡建设部、商务部关于支持新产业新业态发展促进大众创业万众创新用地的意见》（国土资规〔2015〕5号）的规定为准，2019年自然资源部印发的《产业用地政策实施工作指引》中也援引了《国土资源部、发展改革委、科技部、工业和信息化部、住房城乡建设部、商务部关于支持新产业新业态发展促进大众创业万众创新用地的意见》（国土资规〔2015〕5号）的规定。

2. 新能源汽车充电设施用地问题

自2012年起，国家大力提倡发展新能源汽车产业，国务院印发了《节能与新能源汽车产业发展规划（2012-2020年）》[1]。在新能源汽车充电设施用地保障上，国务院提出了以下几项措施：（1）在现有停车场（位）等现有建设用地上，可以通过设立他项权的方式建设充电设施；（2）利用现有建设用地新建充电站的，可以通过协议出让方式供地；（3）供应独立建设充电站用地的，应当采取公开出让或者租赁方式供应；（4）在供应其他建设项目用地时通过配建方式供应充电设施用地。[2]

3. 特高压设施用地问题

特高压是指电压等级在交流1000千伏及以上和直流±800千伏及以上的输电技术。特高压与传统输电技术相比，具有输电容量大、距离远、效率高和损耗率低的优势。由于我国大量的风能、太阳能和煤炭资源等集中于西北部，而用电负荷量大的地区主要集中于东部城市，自然资源分布与用电缺口的差异导致我国需要进行超长距离的电力输送。特高压技术不仅能够满足超长距离电力输送的要

---

① 《国务院关于印发节能与新能源汽车产业发展规划（2012-2020年）的通知》（国发〔2012〕22号），载中国政府网，http://www.gov.cn/zhengce/zhengceku/2012-07/09/content_3635.htm，最后访问时间：2022年3月28日。

② 《国务院办公厅关于加快新能源汽车推广应用的指导意见》（国办发〔2014〕35号），载中国政府网，http://www.gov.cn/zhengce/zhengceku/2014-07/21/content_8936.htm，最后访问时间：2022年3月28日。

求，更是建立智能电网的重要基础。

特高压设施建设主要分为电力设施建设和电力线路建设。其中电力设施主要包括变电站、换流站、开关站等，电力设施用地可以通过划拨方式供地。电力线路用地主要包括支撑电力线路的杆、塔基础以及电力线路架设等用地。由于电力线路占地面积不大，数量较多且用地分散，为了满足电力线路的用地需求，部分地方政府出台政策允许对杆、塔基础用地的原使用权人或土地承包经营权人给予一次性经济补偿以替代土地征收。例如，《江苏省电力条例》① 第 18 条第 1 款规定："架空电力线路走廊（包括杆、塔基础）和地下电缆通道建设不实行征地。杆、塔基础占用的土地，电力建设单位应当对土地承包经营权人或者建设用地使用权人给予一次性经济补偿。"《河北省电力条例》② 第 9 条第 1 款规定："架空电力线路走廊和电力电缆通道不改变其范围内土地的权属和使用性质，电力建设单位应当参照当地征地补偿标准对杆塔基础用地的土地使用权人、土地所有权人给予一次性经济补偿。"前文已经提到了以偿代征的模式与现行《土地管理法》中关于集体土地利用和土地征收的相关规定相冲突，电力公司在建设电力线路时应当对当地情况进行调研，及时与当地政府主管部门进行沟通。

四、创新基础设施建设项目用地

创新基础设施主要用于支撑科学研究、技术开发等产业发展。创新型基础设施建设项目属于新产业、新业态项目，其不同于传统单一的工业或者科研项目，而是一种复合型产业。与之相应，创新型基础设施建设项目用地的类型实际上也超出了原先国家对建设用地的划分范围。早在创新型基础设施概念提出之前，部分地方政府已经为新产业项目用地问题提供了解决思路。部分地方政府就新产业项目用地提出了新型的土地用途类型，并就此类用地的建筑要求、产权划分、转让条件等作出了详细的规定。例如，北京市发布了《建设项目规划使用性质正面

---

① 《江苏省电力条例》，载江苏省发展和改革委员会网站，http://fzggw.jiangsu.gov.cn/art/2020/11/4/art_78272_9558366.html，最后访问时间：2022 年 3 月 28 日。

② 《河北省电力条例》，载河北省发展和改革委员会网站，http://hbdrc.hebei.gov.cn/web/web/fgc_gzdt/4028818b4ac2b8ed014b4936b93c36d3.htm，最后访问时间：2022 年 3 月 28 日。

和负面清单》①，鼓励将部分地区的工业、仓储、批发市场等非居住类用地调整为科技创新用房。为了推动新产业、新业态的发展，保障创新基础设施的建设，国家层面主要从突破土地用途管理和土地供应两个方面为创新基础设施用地提供了土地要素保障。

从原则上来说，如果建设用地使用权人确实需要改变土地用途的，则应当取得自然资源主管部门的同意，并报原批准用地的人民政府批准；在城市规划区内改变土地用途的还应当经过城市规划行政主管部门的同意②，建设用地使用权人在取得批准后应当向登记机关申请变更登记。为了支持科研发展，在《关于支持新产业新业态发展促进大众创业万众创新用地的意见》中，国务院在一定程度上突破了土地用途管制。第一，该意见允许利用现有建设用地建设的产学研结合中试基地、共性技术研发平台、产业创新中心的，可以继续保持土地原用途和权利类型不变。第二，该意见提出了土地用途兼容复合利用，科教用地可以兼容研发与中试、科技服务设施与项目及生活性服务设施用地，兼容设施建筑面积比例不得超过项目总建筑面积的15%，兼容用途的土地、房产不得分割转让。

公益性科研机构用地属于划拨用地的范围。公益性科研机构主要包括科研机构办公设施、科研/调查/观测/实验/试验设施。对于公益性科研机构用地以外的其他产业用地，除了单一出让方式之外还可以通过长期租赁、先租后让、租让结合、弹性年期供应等方式，多方式结合供应产业用地。

---

① 《北京市规划和国土资源管理委员会关于发布〈建设项目规划使用性质正面和负面清单〉的通知》，载北京市人民政府网站，http://www.beijing.gov.cn/zhengce/zhengcefagui/201905/t20190522_60936.html，最后访问时间：2022年3月28日。

② 《土地管理法》第56条："建设单位使用国有土地的，应当按照土地使用权出让等有偿使用合同的约定或者土地使用权划拨批准文件的规定使用土地；确需改变该幅土地建设用途的，应当经有关人民政府自然资源主管部门同意，报原批准用地的人民政府批准。其中，在城市规划区内改变土地用途的，在报批前，应当先经有关城市规划行政主管部门同意。"

第六章　基础设施项目招标采购程序

第一节　招标制度概述

基础设施项目是政府投资的重要内容，同时，随着政府与社会资本合作模式的日臻成熟，社会资本也逐渐参与到基础设施项目的建设、运营和管理之中。由于基础设施项目往往涉及公共利益和社会民生，同时通常也涉及国有资金的投入，因此，严格按照招标采购程序来进行项目建设和资金安排是基础设施项目建设的内在要求，也是兼顾公共利益和市场竞争的两全之策。针对基础设施项目的招标采购程序，我国建立了相对完善的法律法规体系，但在招标采购的实践中，仍然面临诸多的疑难问题和实践痛点。本章将以基础设施项目招标采购程序为出发点，解析概述我国的招标采购法律渊源、体系，项目招标程序中的法律问题和实践中的疑难特殊问题等。

采购，是指组织或个人在一定的条件下从供应市场获取产品或服务作为组织或个人资源，以保证组织生产、运营、管理活动和个人生产、生活正常开展的一项活动。从采购的主体来分，可分为政府采购、企业采购和个人采购等。其中企业和个人的采购通常为市场行为，一般遵循合同法规则；而政府采购则往往涉及国有资金的合理使用、国家利益和社会公共利益保护等，故兼有民事行为和行政行为属性，同时受到《民法典》和《政府采购法》等规则制约。

《政府采购法》和《招标投标法》是规范我国境内招标采购活动的两大基本法律，在总结我国招标采购实践经验和借鉴国际经验的基础上，《招标投标法实施条例》① 和《政府采购法实施条例》② 作为两大法律的配套行政法规，对

---

① 《中华人民共和国招标投标法实施条例》，载中国政府网，http://www.gov.cn/zhengce/2020-12/27/content_5574548.htm，最后访问时间：2022 年 4 月 3 日。
② 《中华人民共和国政府采购法实施条例》，载中国政府网，http://www.gov.cn/zhengce/2020-12/27/content_5573728.htm，最后访问时间：2022 年 4 月 3 日。

招标投标制度做了补充、细化和完善，进一步健全和完善了我国招标投标制度。根据《政府采购法》和《招标投标法》的相关规定，基础设施项目应以公开招标为主要方式。因此，本章以基础设施项目的招标采购程序为主要研究对象。

第二节　招标投标法律体系概述

在现行的法律体系中，规范招标投标活动、解决招标投标争议，以及因招标投标引起的工程法律争议的法律依据主要涵盖"三法、三条例、一解释"。三法即《招标投标法》《建筑法》《民法典》；三条例是指《招标投标法实施条例》《建设工程质量管理条例》[①]《建设工程勘察设计管理条例》[②]；一解释即《最高人民法院关于审理建设工程施工合同纠纷案件适用法律若干问题的解释（一）》[③]。

除了上述法律、行政法规和司法解释之外，国务院以及包括发改委、住建部在内的各部委颁布的行政规章，各省级人大和人大常委会制定的地方性法规，各地方政府规章，以及其他政府主管部门颁布的规范性法律文件、最高人民法院和地方法院颁布的司法指导意见也都是招投标主体从事招标投标活动应当遵守和考虑的规范性法律文件。

因此，总结起来可将广义上的招标投标法律体系概括为招标投标法律法规体系与招标投标规范性文件（政策）体系，是指全部现行的与招标投标活动有关的法律法规、规范性文件和政策组成的有机联系的整体。从法律规范的渊源和相关内容而言，招标投标法律法规体系与规范政策体系的构成可以按照法律规范的渊源和法律规范内容的相关性进行划分。

1. 按照法律规范的渊源划分

招标投标法律体系由有关法律、法规、行政规章及规范性文件构成。

（1）法律。由全国人大及其常委会制定，通常以国家主席令的形式向社会

---

① 《建设工程质量管理条例》，载中国人大网，http：//www.gov.cn/flfg/2005-08/06/content_20998.htm，最后访问时间：2022年4月3日。

② 《建设工程勘察设计管理条例》，载中国政府网，http：//www.gov.cn/zhengce/2020-12/26/content_5574366.htm，最后访问时间：2022年4月3日。

③ 《最高人民法院关于审理建设工程施工合同纠纷案件适用法律若干问题的解释（一）》，载最高人民法院网站，https：//www.court.gov.cn/zixun-xiangqing-282111.html，最后访问时间：2022年4月3日。

公布，具有国家强制力和普遍约束力，一般以法为名称。如《招标投标法》《政府采购法》等。

（2）法规，包括行政法规和地方性法规。其中，行政法规由国务院制定，通常由总理签署国务院令公布，一般以条例、规定、办法、实施细则等为名称。如《招标投标法实施条例》是与《招标投标法》配套的一部行政法规。地方性法规，由地方人大及其常委会制定，通常以地方人大公告的方式公布，一般使用条例、实施办法等名称，如《北京市招标投标条例》①。

（3）行政规章，包括部门规章和地方政府规章。部门规章，是指国务院所属的部、委、局和具有行政管理职责的直属机构制定，通常以部委令的形式公布，一般以办法、规定等为名称。如《工程建设项目勘察设计招标投标办法》（国家发展改革委令第2号）②等。地方政府规章，由地方政府制定，通常以地方人民政府令的形式发布，一般以规定、办法等为名称。如上海市人民政府制定的《上海市建设工程招标投标管理办法》（上海市人民政府令第50号）③。

（4）行政规范性文件。各级政府及其所属部门和派出机关在其职权范围内，依据法律、法规和规章制定的具有普遍约束力的具体规定。如《国务院办公厅印发国务院有关部门实施招标投标活动行政监督的职责分工意见的通知》（国办发〔2000〕34号）④，是依据《招标投标法》第7条的授权作出的有关职责分工的专项规定。

2. 按照法律规范内容的相关性划分

招标投标法律体系包括两个方面：一是招标投标专业法律规范，二是相关法律规范。

（1）招标投标专业法律规范，即专门规范招标投标活动的法律、法规、规章及规范性文件。如《招标投标法》《招标投标法实施条例》，国家发改委等有关部委关于招标投标的部门规章，以及各省、自治区、直辖市出台的关于招标投

---

① 《北京市招标投标条例》，载北京市发改委网站，http://fgw.beijing.gov.cn/fgwzwgk/zcgk/flfggz/fg/dfxfg/202004/t20200417_1814016.htm，最后访问时间：2022年4月3日。

② 《工程建设项目勘察设计招标投标办法》，载中国政府网，https://www.gov.cn/zhengce/2021-11/30/content_5713205.htm，最后访问时间：2023年7月6日。

③ 《上海市建设工程招标投标管理办法》，载上海市人民政府网站，https://www.shanghai.gov.cn/nw41491/20200823/0001-41491_51157.html，最后访问时间：2022年4月3日。

④ 《国务院办公厅印发国务院有关部门实施招标投标活动行政监督的职责分工意见的通知》，载中国政府网，http://www.gov.cn/gongbao/content/2000/content_60239.htm，最后访问时间：2022年4月3日。

标的地方性法规和政府规章等。此外，对于属于政府采购范畴的招投标活动，还要受到政府采购法律规范的制约。

（2）相关法律规范。由于招标投标属于市场交易活动，因此必须遵守规范民事法律行为、签订合同、价格、履约担保等采购活动的《民法典》《价格法》等。另外，有关工程建设项目方面的招标投标活动还应当遵守《建筑法》《建设工程质量管理条例》《建设工程安全生产管理条例》[①] 等相关规定。

第三节　基础设施项目招标程序中的法律问题

一、招标的法律定性

招标是招标投标行业术语，指招标人（买方）事先发出招标通告或招标单，品种、数量、技术要求和有关的交易条件提出在规定的时间、地点，邀请投标人（卖方）参加投标的行为。[②] 在工程项目建设活动中，招标是关键环节，对于招标行为本身的法律属性界定关系到后续的投标行为的法律定性，也是确定工程合同成立和生效与否的重要条件。而从现有法律法规的规定以及合同法基本理论来看，判断招标的法律属性还需要根据具体的不同情形进行区分。

1. 招标法律属性的法律规定

原《合同法》规定，当事人订立合同采取要约、承诺方式。而《民法典》第 471 条规定："当事人订立合同，可以采取要约、承诺方式或者其他方式。"《民法典》增加其他方式，是因为有理论认为竞争缔约方式因其程序特殊性而是一种不同于要约、承诺的其他方式，如招投标方式、拍卖方式等。[③] 但由于竞争性缔约方式与要约、承诺方式的差异主要是缔约程序差异，在实质上并不独立于要约、承诺方式，因此，主要是对其缔约程序进行特别法规制，如《招标投标

---

① 《建设工程安全生产管理条例》，载中国政府网，http://www.gov.cn/zwgk/2005-05/23/content_183.htm，最后访问时间：2022 年 4 月 3 日。

② 徐新河著：《招标投标法律实务：问题解答与实战案例评析》，法律出版社 2019 年版，第 103 页。

③ 最高人民法院民法典贯彻实施工作领导小组主编：《中华人民共和国民法典合同编理解与适用〔一〕》，人民法院出版社 2020 年版，第 61 页。

法》和《拍卖法》分别对招标投标缔约程序和竞买缔约程序进行了规定。[①] 所以，针对招投标程序，无碍于以要约承诺分析框架进行分析。要约是希望和他人订立合同的意思表示，该意思表示的内容必须具体确定，并且表明经受要约人承诺后，要约人即受该意思表示约束。而承诺则是受要约人同意要约的意思表示，承诺不得对要约的实质性内容进行变更，否则构成反要约，承诺生效之时即为合同成立之时。因此，法谚"契约即允诺"就是对合同成立理论的最佳印证。[②]

建设工程合同作为合同的一种类型，自然应当遵守《民法典》总则编关于民事法律行为及合同编关于合同成立等规定，因此同样也需要遵守要约和承诺的方式和程序，只是对于必须采用招标投标程序的工程建设项目，相关的合同要约和承诺的方式（竞争性缔约程序）更为特殊。

同时，《民法典》第473条也对要约邀请进行了规定，即要约邀请是希望他人向自己发出要约的表示，并进一步明确了招标公告属于要约邀请。同时，按照相关规定，招标公告并应当载明招标人的名称，地址，招标项目的性质、数量，实施地点、时间，投标截止日期以及获取招标文件的办法等。在实务当中，招标文件一般也都随招标公告予以发布，因此招标文件本身也应当属于要约邀请，构成要约邀请的重要组成部分。

综合上述法律规定的内容来看，按照一般的原则和通常的理解，招标人的招标行为属于要约邀请，投标人的投标行为属于要约，而招标人对投标人的响应则是承诺，以中标通知书为主要载体。

2. 要约构成要件对招标属性的影响

英国法学家阿狄亚认为：要约，实际上是要约人做什么事或不做什么事的一种许诺，而这种许诺有效的条件是承诺人接受这个要约，并对这个要约支付或答应支付它的对价。[③] 因此，要约的构成主要包括两点：一是愿意受拘束的明白表示；二是必要价款的描述。按照我国《民法典》的规定，要约是希望和他人订立合同的意思表示，该意思表示应当符合下列要件：一是内容具体确定；二是表明经受要约人承诺，要约人即受该意思表示约束。

在实务中，将招标视为要约邀请还有一个重要原因，即招标文件中的价款是

① 隋彭生：《合同法要义（第五版）》，中国人民大学出版社2018年版，第98页。
② ［美］查尔斯·弗里德：《契约即允诺》，郭锐译，北京大学出版社2006年版，第5页。
③ ［英］P. S. 阿狄亚：《合同法导论》，赵旭东译，法律出版社2002年版，第28页。

不确定的，合同价格需要根据投标人的投标报价才能确定。而根据《民法典》第470条的规定，合同的内容一般应当包括当事人的姓名或者名称和住所，标的，数量，质量，价款或者报酬，履行期限、地点和方式，违约责任，解决争议的方法等。因此，在没有合同价格条款的情况下，招标文件不满足要约的构成条件。

但是，按照合同法理论，合同成立应当遵循意思自治的原则，在当事人订立合同的内容和方式不违反法律、行政法规的强制性规定的前提下，可以由当事人自由协商确定。并且，对于双方没有约定的内容，仍然可以通过法律进行漏洞填补的方式来确定。因此，要约的内容应当具体、确定但并不一定要求完整、全面。比如在司法实践中，当事人对合同是否成立存在争议，人民法院或仲裁机构能够确定当事人名称或者姓名、标的和数量的，通常应当认定合同成立，而对合同欠缺的前述内容以外的其他内容，当事人达不成协议的，人民法院或仲裁机构可以依照《民法典》的有关规定予以确定。因此，合同价格并非衡量是否构成要约的唯一要素。而且，在工程项目的招标中，虽然招标文件没有明确的合同价格，但通常会有合同价格的计算方法和相对确定的工作内容和工作量，上述内容都可以作为确定合同价款的依据。

因此，在实践中，虽然大多数情况下都将招标公告定性为要约邀请，但一项具体的招标属于要约邀请还是要约，实质上取决于其意思表示的内容，而不宜单纯地以《民法典》的"招标公告属于要约邀请"这一规定来确定。换言之，如果在招标公告和招标文件中已有较为明确的交易内容，符合要约的构成要件，那么招标就可以认为属于要约，而非要约邀请。

3. 不同采购方式下的招标的法律性质分析

根据《招标投标法》和相关规定，工程建设项目的招标可以分为强制性招标和非强制性招标，强制性招标又可采用公开招标、邀请招标等方式，以及例外情形的应当招标而可以不采用招标方式进行的采购。对于不同的采购情形，在涉及合同成立的问题上，其招标行为具体属于要约还是要约邀请也可能存在差别。

首先，在强制招标的项目中，招标人的公开招标行为及其招标文件针对的是不确定的多数人，而对于邀请招标的工程项目，招标人所邀请的潜在投标人一般是特定对象。但不论是公开招标还是邀请招标，招标人都是确定的。因此，从要约构成来看，这类招标符合要约应当由特定人作出的要件。

其次，在采用招标的工程建设项目中，按照《招标投标法》和相关规定，招标文件应当明确评标的办法和标准，如最低价中标方式、投标文件应当对招标文件作出实质性响应等。在这种情况下，如果投标人的投标文件响应了招标文件的内容，那么，招标文件构成要约也并非绝无可能。

最后，如果说强制招投标项目的招标在属于要约还是要约邀请这一法律问题上尚有可以探讨的地方，对于非必须强制招投标的工程建设项目，其招标行为是否必然属于要约邀请则存在更多探讨的空间，即在招标人的招标文件足够具体明确而投标人对招标文件进行了全面的实质性响应的情况下，如果招标人最终未发出中标通知书，可否认合同成立。

总体上来看，按照通常的理解，在大多数的情况下，招标行为属于要约邀请无疑，而在一些特殊情况下，如果招标符合要约的构成要件，那么也存在认定为要约的可能性。

二、招标的前提条件

招标人进行招标，应当符合相应的前提条件。从最基本的条件来看，招标人应当有建设招标项目的相应资金或者资金来源已经落实，并应在招标文件中如实载明。首先，由于项目本身性质不同，其存在不同类型招标人的可能性，如政府投资项目中的行政机关作为招标人、PPP 项目中的社会资本方作为招标人以及 BOT 项目中的投资人作为招标人等。而从招标标的来看，既有工程总承包项目招标这类整体招标，也有工程施工招标、工程设计招标和货物采购招标等分段招标。按照《招标投标法》和相关规定，针对不同的招标主体和不同的招标标的，其招标条件也存在不同。

1. 项目招标人的确定

项目招标人是组织项目招标的主体。通常情况下，任何需要进行采购的主体都可以作为招标人，包括行政机关、事业单位、社会资本等。但是，在某些特定行业，或采用特定采购方式时，有特殊的招标主体确定规则。

（1）常规工程项目的招标人

工程项目的招标人是依照《招标投标法》规定提出招标项目、进行招标的法人或者其他非法人组织。《民法典》第 102 条规定："非法人组织是不具有法人资格，但是能够依法以自己的名义从事民事活动的组织。非法人组织包括个人独资企业、合伙企业、不具有法人资格的专业服务机构等。"截至目前，在基础设施领域尚无明确的涉及招标人资质的规定。但值得注意的是，在房地产行业，房地产开发企业进行房屋开发和建设，应当先申请核定企业资质等级，未取得房地产开发资质等级证书的企业，不得从事房地产开发经营业务。也就是说，在房地产项目中，招标人应当具有法定的资质。

（2）PPP 项目和特许经营项目的招标人

与常规工程建设项目的采购招标人不同，PPP 项目和特许经营项目的招标人较为特殊。在 PPP 项目和特许经营项目中，作为采购人的招标主体通常是政府或其授权的组织或机构，包括各级国家机关、事业单位等。《市政公用事业特许经营管理办法》[①] 第 4 条第 3 款规定："直辖市、市、县人民政府市政公用事业主管部门依据人民政府的授权（以下简称主管部门），负责本行政区域内的市政公用事业特许经营的具体实施。"结合相关实践，在市政公用事业特许经营项目的招标中，招标人可以是：①各级政府或政府部门，这是主要的招标主体；②由政府组建的城市基础建设投资公司，但需要政府授权才能实施。

另外，《基础设施和公用事业特许经营管理办法》[②] 第 9 条第 1 款也规定："县级以上人民政府有关行业主管部门或政府授权部门（以下简称项目提出部门）可以根据经济社会发展需求，以及有关法人和其他组织提出的特许经营项目建议等，提出特许经营项目实施方案。"从上述规定可知，采用特许经营模式进行采购的招标人比 PPP 项目的招标人的范围更为严格。

PPP 项目在采购方式上，与《政府采购法》《招标投标法》中规定的采购方式不完全相同。《政府和社会资本合作项目政府采购管理办法》第 4 条规定："PPP 项目采购方式包括公开招标、邀请招标、竞争性谈判、竞争性磋商和单一来源采购。项目实施机构应当根据 PPP 项目的采购需求特点，依法选择适当的采购方式……"而《政府采购法》第 26 条第 1 款规定的六种政府采购方式为："（一）公开招标；（二）邀请招标；（三）竞争性谈判；（四）单一来源采购；（五）询价；（六）国务院政府采购监督管理部门认定的其他采购方式。"由此可见，PPP 项目采购方式中的公开招标、邀请招标、竞争性谈判和单一来源采购属

---

① 《市政公用事业特许经营管理办法》，载中国政府网，http://www.gov.cn/zhengce/2022-01/25/content_5712015.htm，最后访问时间：2023 年 4 月 12 日。

② 《基础设施和公用事业特许经营管理办法》，载中国政府网，http://www.gov.cn/gongbao/content/2015/content_2883237.htm，最后访问时间：2022 年 4 月 3 日。

于《政府采购法》明文规定的采购方式，而竞争性磋商则可归类为"国务院政府采购监督管理部门认定的其他采购方式"。

在特许经营项目的采购方式上，《市政公用事业特许经营管理办法》第8条明确规定："主管部门应当依照下列程序选择投资者或者经营者：（一）提出市政公用事业特许经营项目，报直辖市、市、县人民政府批准后，向社会公开发布招标条件，受理投标；（二）根据招标条件，对特许经营权的投标人进行资格审查和方案预审，推荐出符合条件的投标候选人；（三）组织评审委员会依法进行评审，并经过质询和公开答辩，择优选择特许经营权授予对象；（四）向社会公示中标结果，公示时间不少于20天；（五）公示期满，对中标者没有异议的，经直辖市、市、县人民政府批准，与中标者（以下简称'获得特许经营权的企业'）签订特许经营协议。"从规定来看，特许经营项目须采用公开招标方式选取投资者或经营者。

2. 工程总承包招标

与传统的设计、施工发承包模式相比，工程总承包模式能更加适应建设单位的多样化需求，提高项目生产效益，也能为具备综合实力的承包单位提供较为丰厚的回报，是国际上广泛采用的模式。

近年来，我国大力推广工程总承包模式。2017年2月21日，国务院办公厅印发《关于促进建筑业持续健康发展的意见》（国办发〔2017〕19号）[①]，强调"完善工程建设组织模式，加快推行工程总承包。装配式建筑原则上应采用工程总承包模式。政府投资工程应完善建设管理模式，带头推行工程总承包"。2019年12月23日，住建部、发改委联合发布《房屋建筑和市政基础设施项目工程总承包管理办法》（建市规〔2019〕12号）[②]，标志着我国工程总承包正式走上法治化道路。

就目前的工程实践来看，工程总承包模式大致可分为三类：第一类是由承包人采用设计-采购-施工（EPC）或交钥匙总承包（TUREKEY），承担工程项目的设计、采购、施工、试运行等工作，并对承包工程的质量、安全、工期、造价

---

① 《关于促进建筑业持续健康发展的意见》，载中国政府网，http：//www.gov.cn/zhengce/content/2017-02/24/content_5170625.htm，最后访问时间：2022年4月3日。

② 《房屋建筑和市政基础设施项目工程总承包管理办法》，载国家发改委网站，https：//www.ndrc.gov.cn/fzggw/jgsj/tzs/sjdt/202001/t20200103_1218429.html？code=&state=123，最后访问时间：2022年4月3日。

全面负责。第二类是设计-施工总承包（DB），即由工程总承包单位承担项目设计和施工，并对工程的质量、安全、工期、造价全面负责。第三类是项目管理承包（PMC），即项目管理企业除提供项目管理服务（PM）外，还可以负责完成初步设计等工作。对于需要完成初步设计的项目管理企业，应当具有相应的工程设计资质。[①] 此外，在以 PPP 和特许经营模式投资的基础设施建设项目中，采用 PPP+EPC 模式较为常见。同时，一些比较成熟的工业工程项目中，也有采用 DB、EPCM[②] 模式的情形。在后一种总承包形式中，除需要工程总承包单位具体完成设计和施工两项工作外，还需要提供相应的项目管理服务，更加强调工程总承包单位的项目管理能力。

3. 设计招标

工程设计一般包括概念设计、方案设计、初步（扩初）设计和施工图设计等。[③] 就我国行政主管部门对工程设计的监管制度来看，需要进行招投标采购的主要是施工图设计，其原因在于施工图设计直接关系到工程的质量、安全等关键因素，因此必须实行更为严格的准入管理和过程监管。此外，从工程经济效益角度来看，工程设计招标对于后续工程施工和工程设备、材料招标也具有重要的影响，设计采用的方案将直接决定项目施工的方案以及施工所需要使用的设备、材料等货物，而工程效益又很大程度上取决于施工难度及材料、设备的消耗量。因此，无论从质量、安全角度还是项目效益角度，设计招标的质量都直接关系到整个项目的执行。

根据现行规定，依法必须进行设计招标的工程建设项目，招标人进行招标时应当具备下列条件：（1）按照国家有关规定需要履行项目审批手续的，已履行审批手续，取得批准；（2）设计所需要资金已经落实；（3）设计基础资料已经收集完成，主要是现场状况、地下管线图、项目总体规划图、地质勘查报告等；（4）法律、法规规定的其他条件。

在房屋建筑和市政基础设施项目的工程设计招标中，施工图设计除应当符合上述规定的条件外，根据规定，建筑工程方案设计招标也同样应当具备上述条

---

① 陈津生：《工程总承包合同管理与索赔实务》，中国电力出版社 2018 年版，第 153 页。

② EPCM，即设计采购与施工管理（Engineering Procurement Construction Management），是指管理方全权负责工程项目的设计和采购，并负责施工阶段的管理。这是一种在国际建筑业界通行的项目交付模式。

③ 张春阳：《建筑工程设计与管理指南》，建筑工业出版社 2019 年版，第 13 页。

件。并且，考虑到工程方案设计分为建筑工程中的概念方案设计和实施方案设计两种不同类型，与之相应的招标条件也有所不同，其中建筑工程概念方案设计招标应具备的条件包括：（1）具有经过审批机关同意的项目建议书批复或招标人已取得土地使用证；（2）具有规划管理部门确定的项目建设地点、规划控制条件和用地红线图。而建筑工程实施性方案设计招标应具备的条件包括：（1）政府投资的项目已取得政府有关审批机关对项目建议书或可行性研究报告的批复，企业（含外资、合资企业）投资的项目具有经核准或备案的项目确认书；（2）具有规划管理部门确定的项目建设地点、规划控制条件和用地红线图；（3）有符合要求的地形图，提供所需要的建设场地的工程地质、水文地质初勘资料、水、电、燃气、供热、环保、通信、市政道路和交通等方面的基础资料；（4）有符合规划控制条件、立项批复和充分体现招标人意愿的设计任务书。

4. 施工招标

施工是建设工程的核心环节，故而施工项目招标是项目招标管理的核心内容。根据《工程建设项目施工招标投标办法》的规定，对于列入必须招标范围内的施工项目，招标人进行招标时应当具备如下条件：（1）招标人已经依法成立，特别是在特许经营项目中需要设立项目公司进行运营时，招标人是否已经成立关系到项目立项、施工合同签署主体等诸多法律问题；（2）初步设计及概算应当履行审批手续的，已经获得批准；（3）招标范围、招标方式和招标组织形式等应当履行审批手续的，已经获得批准；（4）有相应资金或资金来源已经落实，对承包人而言，资金的落实情况对于预付款、进度款的支付有着密切关系；（5）有招标所需的设计图纸及技术资料，设计图纸的深度和技术资料的准确与否在很大程度上影响工程量清单的准确度，可采用的合同价格形式，以及施工造价；（6）法律法规规定的其他条件。

另外，对于工程施工招标的一些特殊规定，招标人也应当提前了解和熟悉。比如《北京市住房和城乡建设委员会关于进一步规范北京市房屋建筑和市政基础设施工程施工发包承包活动的通知》（京建发〔2011〕130号）① 规定："招标文件中暂估价和暂定项目的合计金额占合同金额的比例超过30%的，视为该工程不

---

① 《北京市住房和城乡建设委员会关于进一步规范北京市房屋建筑和市政基础设施工程施工发包承包活动的通知》，载北京市住房和城乡建设部网站，http://zjw.beijing.gov.cn/bjjs/xxgk/fgwj3/gfxwj/zfcxjswwj/315832/index.shtml，最后访问时间：2022年4月3日。

具备招标条件。市和区（县）建设主管部门对其招标文件不予备案，应当要求招标人在工程具备招标条件后再进行招标发包。"

5. 货物招标

在工程项目中，所谓货物主要包括工程设备、材料等。工程设备、材料在进行招标采购之前，需要具备一定的条件，《工程建设项目货物招标投标办法》第8条规定："依法必须招标的工程建设项目，应当具备下列条件才能进行货物招标：（一）招标人已经依法成立；（二）按照国家有关规定应当履行项目审批、核准或者备案手续的，已经审批、核准或者备案；（三）有相应资金或者资金来源已经落实；（四）能够提出货物的使用与技术要求。"因此，对于根据有关规定应当履行项目审批、核准或者备案手续的项目，招标人应当在报送的可行性研究报告中将材料、设备招标范围，招标方式，招标组织形式等有关招标内容报请项目审批部门核准。同时，招标人在决定采购材料、设备时，已经有了资金准备和计划，一旦完成招标投标工作并和中标人签署合同后，能够有效地根据合同约定安排付款，尤其是政府投资项目必须严格按照批准的预算执行。此外，由于在材料、设备的经济技术指标明确之后，才能正确地指导招标人进行招标活动，特别是一些定制的材料、设备，投标人最终提供的材料、设备必须满足招标文件中的技术规范要求，否则招标人的采购计划将难以实现。

以上关于工程设备、材料的招标条件同时适用于政府投资项目和企业投资项目。另外，对于纳入政府采购管理的项目，招标人还需按财政部门要求的时间和程序，向财政部门编报采购预算，并严格按照部门预算中编列的政府采购项目和资金预算开展政府采购。

三、招标的工作环节

招标是招标人按照法律规定的招标程序进行的市场行为，对于后续投标、开标、评标和定标等具有重要的先导意义。同时，招标也是工程建设领域关系到合同成立和效力的重要环节，在建设工程争议解决中属于争议高发的领域。因此，工程项目招标在整个招标投标程序中具有举足轻重的地位。

从实务角度来看，招标阶段主要包含以下几个环节：（1）确定招标项目的范围和规模标准；（2）确定招标组织形式；（3）确定招标方式；（4）编制招标文件；（5）发布招标公告，或者发出投标邀请；（6）发售招标文件；（7）招标文件的澄清与修改；（8）现场踏勘与答疑。

招标人和招标代理机构必须严格按照《招标投标法》及相关法规的规定，遵守关于招标的程序、内容等诸多方面的具体要求。但是，除了上述基本的招标环节之外，还有一些特殊的招标环节也值得关注。例如，招标人采用资格预审方式对潜在投标人进行资格审查的，应当发布资格预审公告，编制资格预审文件，并且在发售招标文件前对潜在投标人进行审查，以确定是否允许其参加招标。在采用资格预审方式公开招标时，招标人或招标代理机构应当按照以下程序进行：（1）编制资格预审文件；（2）发布资格预审公告并发布资格预审文件，公开资格预审文件关键内容；（3）接收资格预审申请人的资格预审申请文件；（4）组建资格审查委员会对申请人进行资格审查，并编写资格审查报告；（5）根据资格审查结果，向通过资格预审的申请人发出投标邀请书，向未通过资格预审的申请人发出资格预审结果通知书，告知未通过的依据和原因。

此外，在实务中还存在其他比较特殊的招标方式，诸如技术复杂或者无法精确拟定技术规格的工程项目，招标人可以选择进行两阶段招标，即第一阶段：投标人按照招标公告或者投标邀请书的要求提交不带报价的技术建议，招标人根据投标人提交的技术建议确定技术标准和要求，编制招标文件；第二阶段：招标人向在第一阶段提交技术建议的投标人提供招标文件，投标人按照招标文件的要求提交包括投标报价和技术方案在内的投标文件，招标人最终确定中标人。

总的来说，考虑到招投标的竞争性缔约程序对合同成立和生效具有实质性影响，招标工作本身的程序合规性将影响整个招投标程序，而招投标程序处在工程项目建设的前端，对整个工程项目的合规性（如后续订立合同的效力等）产生根本性影响，故而，应当高度重视招标工作，认真对待招标程序中的法律问题。

第四节　基础设施项目招标中的特殊问题

在基础设施项目招投标中，除需要注意常规的法律风险防控外，对于一些特殊问题也应当引起重视。例如，随着《房屋建筑和市政基础设施项目工程总承包管理办法》的出台，未来基础设施项目将越来越普遍地采用工程总承包模式，而当前仍有一批承包单位不具备双资质，可以预见未来联合体投标将普遍存在，对联合体招投标的相关问题应当引起注意。再如，因大量基础设施项目都是涉及民生的重大工程，对项目进度要求较高，故难免在招标时仍有一些子项目尚未敲定，这就为暂估价、暂列金额招标留下适用空间。此外，招标人还需注意肢解发包、因招标违法而重新招标等情形，尤其是应当重视违法带来的行政责任承担问题。

一、联合体投标

所谓联合体，是指经发包人同意后由两个或两个以上法人或其他组织组成的作为承包人的临时机构，联合体各方共同向发包人承担连带责任。《招标投标法》第 31 条第 1 款规定："两个以上法人或者其他组织可以组成一个联合体，以一个投标人的身份共同投标。"这为工程项目中的联合体招投标提供了法律依据。

联合体承包是工程项目中较为常见的形式，《房屋建筑和市政基础设施项目工程总承包管理办法》颁布之后，明确要求工程总承包单位具有设计和施工双资质。因而，对于一部分不具备双资质的企业，联合体承包方式能在一定程度上解决工程总承包项目涉及的资质问题。[①]

1. 联合体的法律性质

关于联合体的法律性质，法律没有明文规定，但依据法理可以视为企业间的联营。按照原《民法通则》[②]的规定，企业间的联营分为三种情况：（1）法人型联营。即企业之间联营，组成新的经济实体，独立承担民事责任，具备法人条件的，经主管机关核准登记，取得法人资格。（2）合伙型联营。企业之间联营，共同经营不具备法人条件的组织，由联营各方按照联营协议约定或出资比例，以各自所有的或者经营管理的财产承担民事责任。依照法律的规定或者协议的约定负连带责任的，承担连带责任。（3）契约型联营。企业之间联营，按照合同约

---

① 朱树英、曹珊等：《房屋建筑和市政基础设施项目工程总承包管理办法理解与适用》，法律出版社 2020 年版，第 149 页。

② 《中华人民共和国民法通则》，载中国人大网，http：//www.npc.gov.cn/zgrdw/npc/lfzt/rlyw/2016-07/01/content_1992730.htm，最后访问时间：2022 年 4 月 3 日。

定各自独立经营，权利和义务由合同约定，各自承担民事责任。① 而今，《民法通则》已经废止，《民法典》对于联合体的性质没有进行新的明确界定，故前述关于联合体性质的认定不再作为法律规定，但作为一种学理解释仍然具有借鉴意义。

以联合体形式承揽工程，一般情况下，各联合体成员之间应属于契约型、非法人的合作关系，可类归为联营关系。但是，联合体成员之间到底属于合伙型联营还是契约型联营并无明确界限，因此，联合体在法律上的定性会因联合体协议约定而不同。从法律效果角度，区分契约型联营和合伙型联营的意义在于两者承担责任的方式不同：如果是合伙型联营，则联合体成员承担连带责任，发包人可以要求全部或任一联合体成员承担全部责任。如果是契约型联营，那么发包人只能要求联合体成员在各自责任范围内承担相应的责任。结合《招标投标法》第31条"联合体中标的，联合体各方应当共同与招标人签订合同，就中标项目向招标人承担连带责任"的规定，可以反推出将联合体定性为合伙型联营更为妥当。

需要注意的是，有观点认为联合体之间可以成立独立的项目公司等法人机构来规避承担连带责任。但是，考虑到我国目前工程建设领域有着严格的市场准入机制，如果联合体之间协商成立一家具有独立法人资格的项目公司来参与投标，这一做法确实可以避免联合体各方承担连带责任，但由于新成立的公司本身并不具备相应的资质，因此，实际上无法满足组建联合体参与工程项目投标的目的。

2. 联合体的资质

在工程总承包项目投标中，组建联合体主要是为了满足资质要求，所以，投标人在联合体承包中需要关注的就是资质问题。基于前述分析，联合体自身不是一个独立法人，不单独具有设计、施工资质。因此，联合体成员各自具备的资质等级将直接关系到能否承揽相应的工程项目。

《建筑法》第27条第2款规定："两个以上不同资质等级的单位实行联合共同承包的，应当按照资质等级低的单位的业务许可范围承揽工程。"《招标投标法》第31条第2款也有类似规定。考虑到联合体承包中存在同业联合和混业联合等情况，如果由设计单位和施工单位组成联合体，则联合体各方都应当具备对

---

① 朱树英：《未雨绸缪控风险——施工合同证据"两分法"及管理"三要诀"》，知识产权出版社2018年版，第237页。

应的工程设计、工程施工的资质和等级条件。据此，在实务当中，联合体的资格条件有两种要求：对于不同专业组成的，各方都应具备相应资格条件；对于相同专业组成的，则应按照资质等级较低的单位确定资质等级。此外，《房屋建筑和市政基础设施项目工程总承包管理办法》第10条规定："工程总承包单位应当同时具有与工程规模相适应的工程设计资质和施工资质，或者由具有相应资质的设计单位和施工单位组成联合体。工程总承包单位应当具有相应的项目管理体系和项目管理能力、财务和风险承担能力，以及与发包工程相类似的设计、施工或者工程总承包业绩。设计单位和施工单位组成联合体的，应当根据项目的特点和复杂程度，合理确定牵头单位，并在联合体协议中明确联合体成员单位的责任和权利。联合体各方应当共同与建设单位签订工程总承包合同，就工程总承包项目承担连带责任。"因此，联合体投标能加强投标人的投标竞争力，实现优势互补，但需注意的是联合体各成员自身的资质仍然会对联合体整体的资质产生影响。

3. 联合体协议

显然，参与项目投标的联合体不是独立的法人，而是通过协议建立起来的临时组织，联合体成员内部之间的法律关系近似于合伙性质，并且联合体成员之间承担连带责任。因此，联合体内各成员间的分工、权利、义务及责任分担等事项都有必要以联合体协议的方式进行明确。

根据联合体协议缔结的阶段，可将其分为投标阶段的联合体协议和中标后的联合体协议。根据《招标投标法》的规定，联合体各方应当签订共同投标协议，此处的"共同投标协议"即"联合体协议"。通常，联合体各方在开始投标前，会就共同投标事项签署一份意向性投标协议。此阶段的联合体协议内容通常较为简略概括，但至少应就下列内容进行约定：（1）联合体形式；（2）对招标文件的响应；（3）联合体牵头人；（4）投标保证金；（5）联合体成员之间的具体分工；（6）投标文件编制；（7）中标后联合体成员的协作等。按照《招标投标法》的规定，尽管在投标阶段的联合体协议是意向性的，但联合体协议与其他投标文件一样对联合体所有成员都具有法定约束力。投标阶段的联合体协议只是意向性协议，约定往往不够详尽具体。因此，一旦联合体中标，就有必要对联合体各方成员之间的工作进行细化分工，将各自的权利、义务作出进一步的明确约定，以免在后续的合同履行过程中发生争议。鉴于法律对联合体协议的具体内容并无专门规定，实务中，中标后的联合体协议通常应明确约定下列内容：（1）联合体成员之间关于各自工作内容的明确划分和协调方式；（2）牵头人的管理职责和权限；（3）项目部的组建和决策机制；（4）款项的收取和支付条件、节点和比例；（5）联合体各方的违约责任情形和责任分配；（6）联合体成员之间的争议解决方式等。

此外，实务中还要注意的是，如果在联合体协议中对联合体成员的具体分工有明确约定并随同投标文件一并提交给招标人，那么，联合体在中标之后就各自的具体分工进行调整时应谨慎行事，避免被定性为对投标文件的实质性变更，影响中标和合同的效力。

4. 联合体投标涉及的法律关系

联合体投标中涉及的法律关系具体可分为招标人与联合体之间的法律关系和联合体成员之间的法律关系，此外，还应关注联合体牵头人的法律地位。

首先是招标人与联合体之间的法律关系。《招标投标法》第 31 条第 1 款明确规定："两个以上法人或者其他组织可以组成一个联合体，以一个投标人的身份共同投标。"因此，从联合体的外部法律关系来看，联合体是作为一个投标主体参与到招投标过程中。在联合体内部，不论联合体成员间的工作划分和对责任的内部约定如何，都是联合体各方成员就承揽的项目共同对招标人承担连带责任。

其次是联合体成员之间的法律关系。联合体之间的分工和权限主要依据联合体协议的具体约定，不论是同业联合还是混业联合，联合体各成员所承担的工作内容必须是其资质范围和业务领域内能够胜任的工作，且各成员通常仅对各自承担的工作负责。但是，联合体协议中有关各成员之间的责任界定和划分仅限于联合体内部，并不对外免除联合体成员依照法律规定应当对招标人承担的连带责任。在这种情况下，联合体协议的约定将成为明确各成员的具体权、利、责的重要依据。

最后是联合体牵头人的法律地位。对于由联合体承建的项目，通常都需要确定牵头人，以利于工程管理。例如，《工程建设项目勘察设计招标投标办法》第28 条规定："联合体中标的，应指定牵头人或代表，授权其代表所有联合体成员与招标人签订合同，负责整个合同实施阶段的协调工作……"一般意义上，联合体牵头人的主要作用在于负责工程建设和合同履行过程中的各成员之间的总体协调和管理，而具体的实体权利仍然由各成员按照约定保留和享有。从这个角度看，除联合体协议明确授权牵头人享有的权利外，牵头人并不当然享有有别于联合体其他各方的排他性权利。

二、暂估价、暂列金额的招标

在工程实践中，出于建设进度考虑，往往会出现在招投标阶段，工程设计尚未全部完成，或设计深度尚不完全满足项目要求，抑或建设单位的需求尚未最终决定等情况。对于某些材料、设备或专业工程是否需要采购或实施还存在不确定性，具体实施该项专业工程的实际金额也不确定，为避免争议，招标人一般都会在工程合同中将上述项目作为暂估价、暂列金额列项，待条件成熟时再决定是否实施及费用等。

1. 暂估价、暂列金额的定义

工程实践中对于暂估价和暂列金额的界定主要是借鉴了国际惯例。通常认为，暂估价是指用于支付工程建设中必然发生但暂时不能确定价格的材料、设备以及专业工程的金额。实践中，根据暂估价项目的具体对应内容可分为材料暂估价、设备暂估价、专业工程暂估价等。暂列金额是指在合同和工程量清单中载明的、金额暂定但包括在工程合同价款中的款项。广义上，该款项用于施工合同签订时尚未确定或者不可预见的所需材料、工程设备、服务的采购，施工中可能发生的工程变更、合同约定调整因素出现时的工程价款调整以及实际发生的现场签证、索赔等费用。[①] 由此可见，暂估价和暂列金额既有联系又有区别。招标人在确定暂列金额项目时，其本身是否发生尚不确定。投标人中标后，暂列金额项目可能发生也可能不发生，因此其金额是暂列的。而暂估价项目是确定要实施的项目，如确定要采购的材料、设备和专业工程，只是招标时暂无法确定金额而已。

2. 暂估价、暂列金额项目的招标标准

《招标投标法实施条例》[②] 第 29 条规定："招标人可以依法对工程以及与工程建设有关的货物、服务全部或者部分实行总承包招标。以暂估价形式包括在总承包范围内的工程、货物、服务属于依法必须进行招标的项目范围且达到国家规定规模标准的，应当依法进行招标。前款所称暂估价，是指总承包招标时不能确定价格而由招标人在招标文件中暂时估定的工程、货物、服务的金额。"该条规定仅涉及暂估价，对暂列金额并未明确规定。但是，考虑到暂估价和暂列金额在进行招标时均为暂估、暂列，两者在招投标这一竞争性缔约模式中性质相同，均

---

① 王建波等：《建设工程造价管理》，化学工业出版社 2016 年版，第 85 页。

② 《招标投标法实施条例》，载中国政府网，http://www.gov.cn/zwgk/2011-12/29/content_2033184.htm，最后访问时间：2022 年 4 月 3 日。

是未进行过竞争的价格。同时，从招投标实践来看，暂列金额的项目也同样适用该条关于招标投标的规定。此外，如北京市建设委员会在《关于加强建设工程材料设备采购的招标投标管理的若干规定》（京建法〔2007〕101号）[①]第5条规定："招标人对建设工程项目实行总承包招标时，未包括在总承包范围内的材料设备，应当由建设工程项目招标人依法组织招标。招标人对建设工程项目实行总承包招标时，以暂估价形式包括在总承包范围内的材料设备，应当由总承包中标人和建设工程项目招标人共同依法组织招标。"

对于判断暂估价和暂列金额项目是否属于必须招标的项目，则仍然需要依据《必须招标的工程项目规定》（国家发展和改革委员会令第16号）等确定项目类型和规模标准。

3. 暂估价、暂列金额的招标方式

如果暂估价和暂列金额项目依法属于必须招标的项目，则必须进行招投标。而采用的招标方式则可根据项目特点和招标人需求进行安排。在工程建设项目的招标实务中，暂估价和暂列金额项目经常采用的招标形式可以分为三种：一是发包人招标。即发包人通过招投标直接选定中标人。二是总承包人招标。即总承包人提供招投标选定中标人，该方式常见于选择专业分包工程承包人。三是发承包双方联合招标。以此方式进行招标的，发包人对项目的介入程度更深。

鉴于招投标活动受到行政主管部门的监管，招标人在实践中仍需提前了解项目所在地的行政监管规定。例如，上海市就明确规定施工暂估价项目招标应当由建设单位、施工总承包单位或者建设单位和施工总包单位组成的联合体作为招标人。

三、肢解发包

肢解发包，是指发包人将应当由一个承包单位完成的建设工程分解成若干部分发包给不同的承包单位的行为，是法律明确禁止的行为。[②]《建筑法》第24条明确规定："……禁止将建筑工程肢解发包……不得将应当由一个承包单位完成的建筑工程肢解成若干部分发包给几个承包单位。"第28条规定："……禁止承包单位将其承包的全部建筑工程肢解以后以分包的名义分别转包给他人。"《建设

---

① 《关于加强建设工程材料设备采购的招标投标管理的若干规定》，载北京市建设委网站，https://ggzyfw.beijing.gov.cn/zcfggcjs/20070125/1034880.html，最后访问时间：2022年4月3日。

② 全国人大常委会法制工作委员会：《中华人民共和国建筑法释义》，法律出版社1999年版，第122页。

工程质量管理条例》中也明确规定，建设单位不得将建设工程肢解发包，承包单位不得肢解分包。《招标投标法》第48条第1款规定："……中标人不得向他人转让中标项目，也不得将中标项目肢解后分别向他人转让。"另外，《民法典》① 等也有类似规定。由此可见，实施肢解行为的主体可以是建设单位，即肢解发包；也可能是总承包人，即肢解分包。两者既有区别也有联系，本文重点讨论建设单位的肢解发包行为。

不难发现，尽管有上述法律法规对禁止肢解发包的明文规定，但是在法律界和实务界中，如何理解肢解发包仍存在争议。为了准确理解该问题，需要厘清哪些工程项目可以进行拆分，哪些工程项目不得进行拆分，以及对工程项目进行拆分是否构成肢解的依据是什么。

肢解发包行为属于合同规定的违反法律和行政法规强制性规定的行为，最终将直接导致合同无效，法律后果严重。而为了区分肢解发包和合理拆分项目进行发包的边界，就有必要从工程技术角度区分工程项目的组成单位，这对于判断某项具体工作是否属于肢解发包至关重要。

按照《建筑工程施工质量验收统一标准》（GB 50300—2013）②，建设工程可分为单项工程、单位工程、分部工程和分项工程，对于大型复杂项目还可细分出子分部工程等。单项工程也称工程项目，是指具有独立的设计文件，能够独立发挥使用功能的工程。比如，一座完整的办公楼、厂房、医院等。单位工程是单项工程的组成部分，是指具备独立施工条件但不能形成独立使用功能的建筑物或构筑物，如房屋建筑中的土建工程、安装工程等。分部工程是单位工程的组成部分，是指按单位工程的结构形工程部位、构件性质、使用材料、设备种类等的不同而划分的工程项目，如房屋建筑中的地基与基础、主体结构、建筑装饰装修、智能建筑、通风与空调、电梯、建筑节能等。分项工程是施工的最小单位，也是构成分部工程的基本单位，如混凝土施工中的模板制作、钢筋绑扎等。

在工程法律实践中，涉及肢解发包行为的环节主要集中在单位工程、分部工程，发包人需要关注国家和地方对于肢解发包的有关规定。例如，《关于基坑工

---

① 《民法典》第991条使用"支解"，但语义与"肢解"一致，本书考虑到多部法律的一致性，仍采"肢解"一词。

② 载住房和城乡建设部网站，https：//www.mohurd.gov.cn/gongkai/zhengce/zhengcefilelib/201311/20131102_224873.html，最后访问时间：2023年3月6日。

程单独发包问题的复函》① 明确规定："基坑工程（桩基、土方等）属于地基与基础分部工程的分项工程。鉴于基坑工程属于建筑工程单位工程的分项工程，建设单位将非单独立项的基坑工程单独发包属于肢解发包行为。"可见，住建部明确规定分项工程不得单独发包。此外，还需注意项目所在地政府和主管部门的相关规定。以上海市为例，《上海市建设工程承发包管理办法》② 第 17 条就明确规定："下列建设工程业务不得肢解发包：（一）单项工程的设计业务；（二）单位工程的施工业务；（三）限额以下的建设工程的勘察、设计、施工业务；（四）丙级资质的勘察、设计单位承包的勘察、设计业务；（五）四级、专业级或者非等级资质的施工单位承包的施工业务。"通常情况下，在分部工程中会涉及较多的专业工程，依据现行法律规定，分部工程的专业分包属于可以发包的范围。施工总承包项目也可以以建设工程中的单位工程为最小标的，分包给多个专业分包单位。但是，不得违反关于禁止肢解发包的规定。

值得注意的是，实践中对此存在不同理解。例如，《建设工程安全生产管理条例》第 24 条第 2 款规定："总承包单位应当自行完成建设工程主体结构的施工。"但是，对于主体结构的具体范围存在分歧。从工程技术角度，地基基础，如桩基工程虽然与主体结构有一定的联系，但并非完全不可分离，住建部颁布的《建筑业企业资质标准》③ 的专业承包序列资质标准中也列有地基基础工程。由此可见，基础工程应当属于可以进行专业分包的范围。但有的观点认为主体结构应当包括地基和基础工程，理由是地基基础工程对建设工程质量的影响巨大，应当作为主体结构看待。此外，也有观点认为即使主体结构不包括地基工程，但是主体结构和地基基础工程密不可分，所以地基基础工程不能分包，否则就属于违法对主体结构进行分包。④ 但是，如前所述，考虑到资质标准中将地基基础工程作为专业承包资质单独列项，故将地基基础工程视为独立于主体结构工程，可以

---

① 《关于基坑工程单独发包问题的复函》，载住房和城乡建设部网站，https：//www.mohurd.gov.cn/gongkai/zhengce/zhengcefilelib/201706/20170629_232434.html，最后访问时间：2022 年 4 月 3 日。

② 《上海市建设工程承发包管理办法》，载上海市住房和城乡建设管理委员会网站，https：//zjw.sh.gov.cn/xcsc2020-gz/20200430/e3fa4cefe0f049278a3d512761f1cc8d.html，最后访问时间：2022 年 4 月 3 日。

③ 《建筑业企业资质标准》，载住房和城乡建设部网站，https：//www.mohurd.gov.cn/gongkai/zhengce/zhengcefilelib/201411/20141106_219511.html，最后访问时间：2023 年 4 月 12 日。

④ 以上观点参见蒋峰：《建设工程主体部分相关问题（一）——主体结构的定义》，载"建房法库"微信公众号，https：//mp.weixin.qq.com/s/bmRhZpH1yfIVqqJOP5sYxw，最后访问时间：2023 年 1 月 8 日。

单独发包更为合理。

四、重新招标

重新招标在工程建设项目的招标中也常有出现，引起重新招标的具体事由包括出现法定的情形导致招标投标程序无法进行，招标人、投标人或者评标委员会的违法行为导致招投标或评标无效等。重新招标的目的在于确保招标投标活动遵循公开、公平、公正和诚实信用的基本原则，[①] 保护国家利益、社会公共利益和招标投标活动当事人的合法权益。[②]

招标投标实务中，导致重新招标的原因是多样的，就《招标投标法》等法律法规的规定，常见的重新招标的事由包括：（1）通过资格预审的潜在投标人少于3个。（2）投标截止期满，投标人少于3个（不含本数）。（3）同意延长投标有效期的投标人少于3个。（4）评标委员会经评审，认为所有投标都不符合招标文件要求，并否决所有投标。出现上述情况时，由于投标人数过少而不能保证充分必要的竞争，因此招标人应当依法重新招标。另外还需注意的是，参与投标的实际投标人数量大于或等于3个，但在评标过程中出现个别投标人废标，导致有效投标人少于3个时，评标委员会有权决定是否继续进行招标程序。

除因为上述原因需要重新招标外，如果在招投标过程中出现如下情形，也需重新招标，包括：（1）招标人编制的资格预审文件、招标文件的内容违反法律、行政法规的强制性规定，违反公开、公平、公正和诚实信用原则，影响资格预审结果或者潜在投标人投标的，依法必须进行招标的项目的招标人应当在修改资格预审文件或者招标文件后重新招标。（2）国有资金占控股或者主导地位的依法必须进行招标的项目，排名第一的中标候选人放弃中标、因不可抗力不能履行合同、不按照招标文件要求履约保证金，或被查实存在影响中标结果的违法行为等情形的，可以重新招标。另外，因招标投标活动中的违法行为引起重新招标，主要是指招标人、招标代理机构、投标人和评标委员会没有遵守法律或招标文件的规定导致中标无效等。

以上是重新招标的法定情形，当然，法律并不限制招标人在招标文件中另外

---

① 《招标投标法》第5条。
② 《招标投标法》第1条。

规定重新招标的情形，但仍应当避免出现不合法和不合理的情形。

在出现应当重新招标的法定情形时，招标人应当重新招标。招标人对依法应当重新招标的项目没有重新进行招标的，中标将被认定为无效，招标人、投标人还将承担行政责任。但是上述关于重新招标的后果和责任承担也有例外的情形，包括：（1）法律允许招标人就重新招标和重新评标进行选择的；（2）经项目审批机关批准不进行招标的；（3）不属于法定必须招标的项目的。若属于上述三类情形，则招标人可以不重新招标，由评标委员会重新评标或者直接选定中标人即可完成招投标程序。

第七章　基础设施项目建设、运营、移交管理

第一节　基础设施项目建设管理

一、传统模式下基础设施项目建设管理

（一）传统模式下基础设施项目建设管理的概念

基础设施投资建设的传统运作模式是指在政府主导下，由投资方对基础设施项目进行投资，并通过招投标等方式选取施工单位进行基础设施项目施工建设，项目完工后交由投资方或第三方运营，由投资方承担基础设施全过程风险的运作模式，也即基础设施的传统三阶段运作模式。

（二）传统模式下基础设施项目建设管理的风险识别

传统三阶段运作模式相比其他模式而言，拥有相对成熟健全的运作机制与配套制度，其在实践操作中更加顺利与高效，并且因为政府在基础设施传统模式中占据项目核心的地位，其他方仅参与项目的一部分，所以相较于其他模式多方主体力量角逐而言，可以集中力量去施工建设。但因为基础设施项目建设阶段所历经的时间是漫长的，建设工程本身就存在各种风险，政府作为基础设施的所有权主体随时会面临建设全过程中可能产生的风险，所以更需要通过建设管理方式，实现既定的工程质量、安全、工期、资金安排目标的标准。由此，对传统三阶段运作模式项目风险进行识别分析，十分重要，不容忽视。

1. 质量风险

基础设施项目的质量关乎公共财产和公民的利益，是基础设施项目建设的生命线与核心，质量风险是指基础设施项目的实际质量与期望发生偏离，此种偏离贯穿于建设阶段的始终，可能会在未来造成某种损失，常见的有建筑物损失、财

产损失、人身损失、精神损失等，包括建筑物、构筑物或其他结构倒塌等工程质量事故带来的损失，以及工程质量缺陷被发现而对工程进行复位纠偏、加固补强等补救措施和返工等带来的损失。这些损失不仅关系到公众的人身及财产安全，也会影响基础设施项目本身各项功能的适用、施工企业工程款的顺利获得以及项目建设投资的效果，而且可能会对后期运营阶段甚至整个工程产生深远的影响。

对于基础设施项目的建设管理而言，由于建设阶段工期长、参与主体多、露天作业多、体积庞大、容易受自然因素和社会因素的影响。施工人员流动性大和施工工艺的多变性等特点导致了在建设阶段存在诸多影响建设项目质量的因素，需要重点关注容易引起工程质量问题发生的风险因素，其中与工程质量的形成关系密切的是勘察、设计、施工三个方面。

（1）勘察质量风险

工程勘察是工程建设活动开展前必须执行的重要环节，它是根据建设工程的要求，查明、分析、评价建设场地的地质地理环境特征和岩土工程条件，编制建设工程勘察文件的活动。优质的勘察是工程建设质量合格的重要保证。当前，我国在工程勘察手段和技术方面不断优化并趋于成熟，在实际操作中也有明显的效果，勘察质量逐步提高，相关部门也出台了相对规范健全的规章制度，有关企业自身的质量管理制度和防控体系也逐渐完善，但与此同时也暴露出其存在的例如挂靠行为、外部审查不到位、工作人员能力不足、业主方不配合、施工方不注意不止损等问题，这些问题可能会造成勘察结果不科学不合理、勘察工程量不规范、勘察结果隐患被放大等问题，影响到整个工程的质量，造成各方的损失。

实践中，勘察单位往往因为企业管理水平低、项目责任人能力不足、技术员专业水平不高、勘察人员挂靠、转包或者分包或以低于成本的价格承揽任务后整体责任心不够、建设单位要求勘察单位抢工期等因素，常常出现勘察人员不按照工程建设强制性标准进行勘察、对问题分析和评价不科学、采取措施不合理、工艺效率不高等问题，继而导致勘察结果不符合有关法律、行政法规的规定和建筑工程质量、安全标准、建筑工程勘察规范以及合同的约定等质量问题。如今"新基建"大幕已经拉开，新基建聚焦城市轨道交通、城市间高速铁路、生态治理等基建补短板项目，并集中体现为传统基建领域的新兴细分子行业等细分领域，这给勘察单位的专业水平和能力提出了更高的要求，在带来更多机遇的同时也带来了更大的质量风险。

根据法律规定，建设方必须按照先勘察、后设计、再施工的原则执行基本建设程序，还应当具有向勘察单位提供勘察工作范围的资料及信息，以及向施工方提供工程勘察报告的义务。但是实践中很多建设方因为抢工期的意识根深蒂固，可能出现要求勘察单位仅对部分阶段或部分位置进行勘察、设计或要求边勘察、边设计、边施工等违法违规的行为，也常出现因为其对勘察工作并不熟悉，在招标和中标方面不规范，对勘察项目不重视，对于勘察单位不给予配合和支持，或对其应当提供的资料及信息理解不到位等问题，继而导致勘察结果存在质量问题等风险，或者违反诚信原则和基本建设程序，未在施工合同签订前向施工方提交工程勘察报告，导致施工方在投标时乃至签订合同时客观上难以对当地特殊的地质情况作出准确判断，为质量问题的发生埋下隐患等违法行为。最高人民法院在公报案例（2012）民提字第 20 号[1]案件中明确指出，从事建设工程活动，必须严格执行基本建设程序，坚持先勘察、后设计、再施工原则。建设单位未提前交付地质勘查报告、施工图设计文件未经过建设主管部门审查批准的，应对于因双方签约前未曾预见的特殊地质条件导致工程质量问题承担主要责任。在（2017）粤 20 民终 5043 号案件中，建设单位在施工前未能按照先勘察、后设计、再施工原则，将基础资料及地基处理等图纸送审，最终法院认定由建设单位对地基沉降的质量缺陷承担主要责任。[2]

此外，施工方在施工过程中发现勘察阶段未勘明，通常会认为建设方将勘察单独发包给具有资质的勘察单位，其仅需要根据建设方交付的勘察报告等进行施工，如果项目存在勘察问题，导致的工程质量风险应由建设方承担相应责任，或由建设方向勘察单位主张损失赔偿，总之认为与其自身无关，所以怠于履行审慎注意义务和发现问题后的积极避免损失扩大义务，导致工程产生更严重的质量问题。但是作为专业施工方，在施工过程中发现特殊的地质条件对工程施工造成困难后，应当秉承诚实信用原则积极作为。如不计后果冒险施工，对可能出现的质量问题采取放任态度，这种主观状态和做法可能会得到法律上的否定性评价，被

---

① 海擎重工机械有限公司与江苏中兴建设有限公司、中国建设银行股份有限公司泰兴支行建设工程施工合同纠纷案，载《中华人民共和国最高人民法院公报》2015 年第 6 期。

② 参见广东省中山市中级人民法院（2017）粤 20 民终 5043 号民事判决书，载中国裁判文书网，https：//wenshu. court. gov. cn/website/wenshu/181107ANFZ0BXSK4/index. html？docId=KGJATdnHty9yL1RCP0XJmSklpPpyHoJ0tEqWHgvGhF + nunoWktcbPpO3qNaLMqsJEjxqvsRAZ9JE3z3XhifmxiN05NRB6QgWvb77MR4zDn6Xn9804Ib6ViSdgRXV/pg8，最后访问时间：2023 年 5 月 10 日。

要求承担相应的责任。

上述问题的存在均可能会导致项目产出结果存在质量问题等风险，因此就工程勘察引起的质量风险进行识别具有重大意义，能保证勘察项目的顺利进行，从根源上尽可能避免该风险带来的不利影响。

（2）设计质量风险

工程设计是工程建设活动的灵魂，是建筑工程的整体规划，它是根据建设工程的要求，对其所需的技术、成本、环境、规格等条件进行细致分析后，运用工程技术理论及技术经济方法，按照现行技术标准，对各种新建、扩建、改建项目等进行综合性设计，并提供作为建设依据的文件和图纸的活动。建设工程设计一般包括在建设项目立项阶段为项目决策提供可行性资料的设计，以及在建设项目被批准立项勘察后就建设阶段所进行的设计两种，本文在此仅讨论建设阶段的设计工作。

建设阶段工程设计文件是项目进行施工、安装等工作的根据，设计文件一经完成，基础设施项目最终所要达到的质量即有约束，可以说设计的质量是直接影响基础设施项目质量的因素之一，并且因为工程建设具有施工周期长、技术复杂等特点，工程设计的问题又可能不易被迅速发现，有些建筑物在使用一定时间后设计带来的质量问题才显现出来，如果这部分工程又是隐蔽工程，处理起来更是费时费力。

与勘察工作相同，设计工作也具有很强的专业性，受到了我国法律严格的规定，设计单位需要全面掌握施工现场的各方面情况，在分析、参考施工现场水文地质勘查资料的基础上，因地制宜地规划设计方案，精确绘制好设计图纸。设计单位还应考虑到工程项目的特殊性，同时遵守国家施工管理规范的要求，在设计图纸上清晰标注出施工技术的类型与应用要求、建筑材料的规格和性能。[①] 设计方案是否严谨、精确、科学合理以及符合相关标准是影响基础设施项目质量的重要因素之一。而在设计的过程中如何全面考虑到基础设施项目结构、材料、设备配套、建设技术等，使项目最终达到预期效果和质量要求，对设计人员本身的专业素质、职业修养、协调能力要求十分之高。可设计人员的培养不仅需要基础理论知识的积累，还需要实践经验，虽然我国设计行业这几十年发展迅速，但是目前行业中综合能力强的设计人员稀缺，对发展火热的建筑行业来说仍处于供不应

---

① 唐忠源：《建筑工程管理中的质量管理及方法探究》，载《建材与装饰》2019 年第 12 期。

求的状态。如果设计人员缺乏经验，理论功底又不扎实，工作中就可能会出现许多问题。因此，在工程设计工作中，设计单位应当重点关注设计人员素质培养和选拔，减少因为设计人员素质问题导致的建筑工程质量风险。

此外，基础设施项目的建设容易受地形、地质、水文、气象、政治、市场等各种因素的影响，加之施工条件和现场情况复杂，有时便会出现设计考虑不周或设计时与施工时的环境变化、情况不符，造成工程质量问题，进而导致现场施工无法继续或设计出现变更。

除了在进行工程设计时应严防设计缺陷的发生，工程设计还应注意不能侵犯知识产权。所以设计风险控制可谓是建设工程质量控制中最根本又最必要的一环，应给予足够的重视。

（3）施工质量风险

基础设施项目施工，一般都有着工程体量大、技术难度高、工期要求高等特点，施工过程中的任一环节稍有不慎，都可能会影响工程质量，导致损失产生。施工过程中影响工程质量的因素主要有施工单位资质，材料、设备和其他建设物资，施工人员管理，施工环境和施工方法。

①施工单位资质因素

施工单位资质与工程质量和工程安全之间有着密不可分的关系，我国法律明确规定禁止建筑施工企业超越本企业资质等级许可的业务范围或者以任何形式用其他建筑施工企业的名义承揽工程。禁止建筑施工企业以任何形式允许其他单位或者个人使用本企业的资质证书、营业执照，以本企业的名义承揽工程。但是实践中，因为不具备相应资质，很多没有资质的单位或个人就借用其他施工单位的资质承揽工程，也存在有资质的施工单位相互借用资质承揽工程的情形，资质等级低的借用资质等级高的、资质等级高的借用资质等级低的、相同资质等级相互借用的情况等均是建筑行业普遍存在的非正常现象，对人民的生命和财产安全造成了一定程度的威胁。

"新基建"风潮来袭，对施工资质的要求也是更加严格，所以我们更需要关注没有资质的单位或个人借用其他施工单位的资质承揽工程的质量风险。没有承接该项目应有的资质，没有足够的资金实力和设备技术力量、施工机械等来满足工程施工的需要，没有固定的建筑工人队伍，加上部分人员有可能出于利益的考虑在施工中偷工减料，这些因素都可能导致质量问题的产生。

②材料、设备和其他建设物资因素

施工材料设备和其他建设物资作为项目建设实体的重要组成部分，为项目建设提供了必要的物质基础，材料设备的数量是否齐全、质量是否符合要求等风险贯穿整个采购过程，直接影响整个工程项目的费用和进度，并决定工程项目建成后能否稳定安全运转。

基础设施项目建设中，有些合同会约定工程由施工单位包工包料，有些合同会约定部分施工材料由建设单位提供。实践中可能出现的情形是，设计单位在建设单位的要求下或基于其他利益关系链指定生产厂、供应商，建设单位或施工单位缺乏经验或在材料供应商选择时存在利益关系链，导致采购的施工材料存在缺陷等，而施工单位的现场材料管理又比较混乱，甚至某些施工单位相关人员也参与材料供应利益关系链，对施工材料的检验睁一只眼闭一只眼，或在材料进场验收、质量检测等相关方面并未有效地进行监管，使管理人员和领导往往依靠主观经验进行决策和处理，结果导致基础设施项目出现施工材料质量问题。

③施工人员因素

施工人员是进行建筑活动的重要主体之一，施工单位不仅需要有与其从事的建筑活动相适应的具有法定执业资格的专业技术人员，也需要大量文化水平、技术水平、管理能力、作业能力、身体素质及质量意识等方面达到一定要求的施工人员。基础设施项目施工具有工程体量大、工期要求高的特点，需要的施工人员体量更是十分之大，而一旦出现管理漏洞就极有可能带来质量风险。管理人员、技工和施工机械操作人员的知识、经验和能力，以及损失控制和安全管理人员的知识、经验和能力也会直接影响到项目质量。基础设施项目的施工一般还具有交叉配合作业的特性，一般各专业和工种都是互相交叉进行作业的，这对施工现场管理人员的管理水平以及施工人员的纪律水平要求就会更高，管理人员必须做好统一安排、管理和调度，施工人员也要服从指挥和约束，才能切实保障工程进度和工程质量。

但是实践中，很多施工单位的施工人员几乎没有接受过统一和专业的施工培训，文化水平和技术水平又往往比较落后，在遇到操作技术复杂、工艺技术要求高的工程时，很难保证施工质量符合设计要求、施工技术标准和合同约定。并且一些施工现场管理人员并不是很多，有些上百人的施工工地可能只有一两个管理人员，施工人员的职业素养低，管理人员的管理能力不高或者人数不足、无法顾及全面，就有可能出现人为因素导致的直接危害工程质量的后果，而在发生事故时，管理人员如果没有损失控制和安全管理的知识、经验和能力，还会造成工程质量损失的进一步扩大。

④施工环境因素

施工现场环境指的是建设项目施工现场的相关气候条件，地质水文、地形地貌等因素，作业环境指的是建设项目施工现场的给排水条件、各种能源介质供应、施工照明条件、通风、安全防护设施，施工场地空间条件和通道，施工操作面以及现场的交通运输和道路现状等因素。

对于基础设施项目建设而言，作业环境和施工现场环境都是持续变化的，尤其是地下条件、自然灾害、气象条件、周边环境等因素对工程质量的影响更是具有复杂性、多变性和突发性的特点。如果不仔细分析工程项目的具体特点、具体作业条件、相关气候影响、地质水文情况等，并采取合理的预防控制措施，改善施工作业环境，加强施工现场环境管理，就难以保证项目的质量。

⑤施工方法因素

国家鼓励建设工程安全生产的科学技术研究和先进技术的推广应用，推进建设工程安全生产的科学管理。工艺方法是否先进、操作方法是否正确、方案是否合理等，都直接关系到施工工期和施工质量。

施工方法范围较广，可以涵盖施工组织设计、施工技术方案、各工序施工工艺流程、施工组织措施、检测实验方法等。施工技术方案的科学与否、施工组织措施的恰当与否、各工序施工工艺流程的先进与否，都是影响项目施工质量的关键因素。例如，水利水电工程项目的开展一般都在环境比较差的自然山区中，所以对于各项技术的使用有非常高的要求，一旦出现不科学不合理的技术或者方法，都有可能产生直接危害工程质量的后果。

2. 工程安全风险

安全生产是建筑施工企业的法定义务，建筑施工行业作为安全事故多发的高危行业，历来都是安全生产监管的重中之重。安全生产问题带来的人员和财产损失后果都是非常惨痛的，在工程施工现场，任何一个相关人员无法进行切实有效的技术交接，或某个程序没有进行有效衔接和协调，某个环节出现偏颇或漏洞，都极有可能导致巨大的安全事故出现。如果建设施工企业未履行法律规定的安全生产管理职责，导致发生生产安全事故的，可能构成重大责任事故罪、消防责任事故罪等。此外，在安全事故发生后，相关人员不报或者谎报事故情况导致贻误事故抢救的，还可能触犯不报、谎报安全事故罪。常见的影响工程安全的因素有：

①施工单位因素

实践中，施工单位盲目追求利润最大化，压缩安全文明施工成本的情况并不少见，一些单位认为安全风险存在的投机可能性较大，因此降低管理费用，以增加自身利益。并且，由于工人与施工单位间属于短期雇佣关系、劳务关系，施工单位没有时间也根本不会花时间和精力对施工人员进行完整严谨的安全培训，甚至为减少培训费用和缩短工期，选择不培训就上岗，现场的安全管理人员更是对安全生产规章制度不够重视，对防护用具以及施工现场施工设备的摆放采取忽视的态度、偷懒心理严重等均会导致工程安全风险。

②施工人员素质因素

事实上，工程建设安全问题的因素中最重要的就是人的安全意识淡薄，基础设施项目建设施工的低技术含量决定了从业人员的素质较低。而施工作业又需要大量的人力资源，施工人员可能安全意识比较薄弱，缺乏基本的安全知识和自我保护能力，事故应急反应较差，甚至出现蛮干、乱干等现象，在无意识的情况下让自己处于危险境地。

③施工环境因素

施工环境较差导致的安全问题也值得我们重点关注，因为基础设施建设施工绝大部分处于室外露天环境，且不论环境中的粉尘污染等，就高处作业这一情况而言，在我国建筑工程事故伤亡事件中事故发生率较高的伤亡事故类型中，高处坠落还是比较常见的。此外，建筑施工是一个动态变化的过程，其受到施工现场的环境、天气、交通、地质等周边环境的干扰，各种不同因素相互影响，构成了一个复杂的施工环境，这种不断变化的施工环境也是导致事故频发的一个重要原因。[1]

④建设单位因素

实践中，存在个别项目负责人违法违规干预拆除施工、对施工实际情况失察等情况。由此可见，建设单位违法违规干预施工，对施工情况的失察也属于导致事故频发的原因之一。

---

[1] 刘赟：《建筑施工企业现场安全管理存在的问题及对策》，西安理工大学 2018 年硕士学位论文。

3. 工期目标风险

基础设施项目建设中，工期目标风险是十分常见的风险，如果项目不能按时完成，可能会给后期运营造成很大影响，也会造成各方的损失，导致索赔争议的发生。例如，农业基础设施项目一般有严格的进度要求，因为这类项目如果不能按时完成，将会严重影响农民下一年的农业生产，所以在农业基础设施项目建设阶段，必须加强进度监管，确保项目按时完成。①

影响工期的因素有很多，如施工单位因素、建设单位因素、材料设备因素、技术因素、环境因素等。

①施工单位因素

从施工单位导致工期问题的角度出发，可以发现有很多因素都会造成工程进度问题，如施工力量薄弱、技术水平不高等，以及管理人员管理水平低、施工人员工作能力低下、施工组织设计不合理、施工进度计划不合理等，都有可能导致施工过程采用施工方案不得当、工程组织混乱、工序安排不合理。施工用机械设备配置不合理不能满足施工需要、不能实现合理安排工期的目的，也会导致工程施工常常处于停滞状态等现象，那些无队伍、无机械，挂靠有资质企业的单位更是毫无保障。

②建设单位因素

从建设单位角度来说，比较常见的导致工期延误的情况是其提供的勘察资料不准确、提供的图纸不及时、不配套、设计不完善，或者在建设过程中因为市场变化、经营需求等问题，对项目提出设计变更导致的进度问题，特别是所谓的边设计、边施工、边投入使用的"三边工程"，在施工过程中变更设计是在所难免的。除此之外，还有一些比较常见诸如临时供水、供电工程相关手续，临时占道、施工占地手续，向有关政府主管部门办理各种申请审批、审核等手续问题导致的工期延误，以及不能及时向承包人移交施工场地的各种情况和管理不善导致的各工序无法按进度计划执行，打乱正常的施工秩序等造成的延误。如果建设单位组织验收不及时，如验线、验槽、消防验收、人防验收等或建设资金不足，不能按合同约定支付工程价款，也有可能直接导致工期产生问题，项目无法正常移交运营。

---

① 刘天军：《农业基础设施项目管理研究》，载《西北农林科技大学》2008 年第 4 期。

③材料设备因素

基础设施建设项目需要的材料等体量巨大，施工材料设备和其他建设物资作为项目建设实体的重要组成部分，为项目建设提供了必要的物质基础，材料设备的好坏直接关系到项目的成败，材料设备的规格、型号、数量是否齐全，质量是否符合要求，这些风险不单单贯穿整个采购过程，而且直接影响整个工程项目的费用和进度。

而实践中常常出现施工过程需要的材料、构配件、机具和设备等不能按期运抵施工现场或者运抵后发现不符合有关标准或要求的情况，这些情况也会影响工期，尤其是材料供应不及时，材料的数量、型号及技术参数错误，供货质量不合格等情况，或者生产设备维护、使用不当，出现故障，导致无法正常生产等情况，都会对工期造成非常重大的影响。

④技术因素

工程技术原因指的是因工程技术方面的因素导致项目工程不能按照预定的时间、成本、质量标准完成的风险。国家鼓励建设工程安全生产的科学技术研究和先进技术的推广应用，推进建设工程安全生产的科学管理，工艺方法是否先进、操作方法是否正确、方案是否合理等，都直接关系到施工工期。

基础设施建设项目的建设范围一般都非常大，地上和地下情况都十分复杂，对工程的施工工艺、施工技术方面的要求就十分之高。如果技术的应用在工程建设过程中不如设计预期的顺利，或者施工过程中出现了新的技术难题，那么更换技术或者研究新技术就需要一定时间，必然会对工程进度造成一定的影响。

⑤环境因素

施工环境对工期的影响主要来源于自然环境和社会环境。常见的自然环境因素主要有自然灾害，如恶劣天气、地震、洪水、火灾等。常见的社会环境主要有政治、经济、技术等方面的各种可预见或不可预见的因素，政治方面的有战争等；经济方面的有延迟付款、汇率浮动、通货膨胀等；技术方面的有工程事故、试验失败、标准变化等。

对于基础设施项目建设而言，作业环境和施工现场环境都是持续变化的，地质、地基、地下水及土壤条件、自然灾害、气象条件、引起火灾和爆炸的因素、周边环境对工程进度的影响更是具有复杂性、多变性的特点，这些情况一旦发生，由于需要时间处理，则必然影响到施工进度，导致工期延误。

4. 资金管理风险

我国基础设施建设主要以政府为主导，项目涉及的资金量庞大，资金管理在整个项目实施建设中极为重要。实践中，部分基础设施项目由于造价、技术、效益、政策等风险论证不足或资金管理过程失控等原因，或者出现腐败、投机取巧等问题，可能会导致相关资金没有得到完全的利用，资金去向不明，项目投资收益不是很理想。

此外，部分建设单位片面追求成本最低化，造价过低，造成项目质量不合格或效能低下。还有的建设单位利用优势地位肆意压价，严重损害施工方利益，发生停工诉讼案件，最终形成因小失大的局面。实践中还存在建设单位利用优势地位拖欠工程款的情况，工程款拖欠会在很大程度上影响工程的建设进度，甚至会造成农民工工资的拖欠，不仅降低了工程建设质量，影响工程的顺利开展以及施工单位的经济运行，对工程正常运行造成很大的阻碍，还会引发农民工集体讨薪等问题，扩大事件的影响。

其他关于基础设施工程造价、结算等资金管理的法律实务，笔者将在后文结合实践与理论，详细为大家介绍，本章不再赘述。

（三）传统模式下基础设施项目建设管理的风险防控

质量控制、安全控制、工期控制、资金控制是施工项目管理的"四大控制"，对"四大控制"的正确认识和把握有利于实现施工项目管理的基本目标。对于基础设施工程造价、结算等资金管理的法律实务，笔者将在后文详细介绍，在此仅介绍质量控制、安全控制、工期控制三大控制。

1. 项目质量防控（质量控制）

基础设施项目的质量形成于建设活动的各个阶段，只有对每个阶段的每个工程步骤给予高度的重视，才能够真正防患于未然，并且工程质量管控需要工程各参与主体的共同努力和配合。因此，建立起约束工程各参与主体的质量责任体系尤为重要。我们可以针对基础设施项目建设所经历的不同阶段制定更为精准和有效的防控措施。笔者认为，针对上文质量风险的识别，项目质量管理同样可以划分为勘察设计阶段的质量管理和施工阶段的质量管理。

（1）勘察设计阶段质量管理

在勘察设计阶段，建设单位应做到根据工程项目的特点和技术要求，依法选定具有相应资质条件的勘察、设计、施工、监理单位。在上文我们也已经提到，工程挂靠、借用资质等违法行为屡禁不止，实际施工人在施工质量控制方面发生质量风险的概率往往更高。因此，为了更有效地控制工程质量问题，建设单位还应当注意进行挂靠经营等借用资质行为的排查。

此外，勘察、设计单位应按照工程项目建设强制性标准进行勘察、设计，完善建设项目报批、报审流程，严格执行可行性方案，按规定完成设计图纸审查，并对勘察、设计质量负责。同时，设计单位应就其设计图纸向施工单位作出详细说明，便于施工单位进行施工组织设计。

（2）施工阶段质量管理

在施工阶段，施工单位必须依照工程设计图纸和施工技术标准进行施工，不得擅自修改工程设计，不得偷工减料，对原材料、设备供货要按照规定履行检验义务，在施工过程中发现设计文件和图纸有差错的，应当及时提出意见和建议。施工单位还必须整顿和规范项目建筑秩序、强化施工管理、推广新技术，加强质量管理，并要求对其施工质量负责，履行工程保修责任。

同时，工程监理单位应当尽职尽责，根据法律、行政法规规定的强制性标准以及建设单位的要求进行施工过程监督管理，对施工质量不合格的地方及时提出整改意见，未经验收不得同意施工单位进入下一道工序。

2. 项目安全防控（安全控制）

项目安全防控是指在基础设施项目建设中，将潜在的各种施工风险和伤害因素控制在有效范围，使劳动过程在符合安全要求的条件和秩序下进行，防止发生人身伤亡和财产损失等事故，消除或者控制危险因素，保障劳动者的人身安全和设备设施免遭损坏、环境免遭破坏的一切行为。安全生产管理的对象复杂多样，主要可以从人为因素防控和环境因素防控展开。

（1）人为因素防控

站在人为因素防控角度，首先，施工企业应做到安全生产保障措施完善、施工人员安全教育到位等全方位安全防控。安全生产保障措施完善自不用多说，人员的安全教育在施工中更是不可或缺的一项，应当保持系统性和长期性。安全教育的内容主要集中在提高人员的安全意识，使其从内心主动对安全问题引起重视，尽量减少人为造成的失误或者不必要的损失伤亡。其次，建设单位应当注意对施工现场的管理，既要履行监管职责，又不能过分干预。

（2）环境因素防控

站在环境因素防控角度，最重要的仍然是对人员安全意识和安全防控措施的提升，对特殊环境下工作的特殊工作人员，不仅需要为其工作提供安全保障，还需要根据相关的安全技能、考察管理标准，由培训和考察机构进行科学的培训后，才能够正式进行工作。此外，在施工过程中必须保证施工场地的地理环境具有一定的稳定性；除地理环境外，还包括在施工现场周边的建筑和交通稳定，一方面对施工材料的大型机械设备的运输存在影响，另一方面也是影响事故救援的重要因素之一，在减少安全事故的同时还应保障方便有效的救援渠道。①

3. 项目工期防控（工期控制）

工期控制的目标，就是采取一定的措施，最终保证目标工期（合同工期）的实现，以确保项目竣工正式运营。施工项目管理具体可以分为两方面，一方面是防止工期延误的防控措施，另一方面是工期延误后的控制措施。

（1）防止工期延误的防控措施

从防止工期延误的角度出发，最重要的是施工进度计划，即在限定的工期内拟定出合理且经济的施工进度计划。施工进度计划是确定施工项目各项工作的施工顺序和开、竣工时间及相互衔接关系的计划，是控制工程施工进程和工程竣工期限等各项施工活动的依据，它反映了从准备工作开始直到竣工为止的全部主要的施工过程，是确定劳动力、材料、机械设备供应等的依据。在制订施工计划时就应当对影响工期计划的风险因素做出充分的估计并制定应对措施，在该项目实施之前，将有关应对措施落实到位。

此外，严格要求施工单位加强人员管理和工作组织能力，建设单位对其提供的一切材料信息和建设条件尽可能做到及时和高效等。

（2）工期延误后的控制措施

从工期延误后的控制措施角度出发，最重要的就是施工进度控制。工程进度的调整一般是不可避免的，因此，应及时了解和掌握工程实际进展情况，分析和检查影响进度的原因，并为工程施工进度的调整和控制提供信息、依据。如果发现原有的进度计划已落后、不适应实际情况，为了确保工期，实现进度控制的目标，就必须对原有的计划进行调整，形成新的进度计划，作为进度控制的新依

---

① 刘赟：《建筑施工企业现场安全管理存在的问题及对策》，西安理工大学 2018 年硕士学位论文。

据。施工进度控制是技术性较强的工作，进度控制就是经过不断地计划、执行、检查、分析和调整的动态循环，因此要做好施工进度的计划与衔接，跟踪检查施工进度计划的执行情况，在必要时进行调整，在保证工程质量的前提下，确保工程建设进度目标的实现。[①]

此外，由于设备、技术等原因，实际进度与计划进度目标出现偏差时，项目部应认真分析原因，积极采取措施激发施工生产人员的生产积极性和创造性。实践中常实行以经济杠杆为动力的劳动工资管理制度，使工作效率与切身利益挂钩，这样有利于提高工人劳动积极性，同时也便于管理。

无论是建设单位还是施工单位都应重视工程签证制度，树立证据意识，对潜在、易灭失证据应及时留存，利用工程签证来及时记录施工现场所发生的特殊情况，避免发生纠纷时难以举证。

二、PPP 模式项目建设管理

（一）PPP 项目的建设管理概述

财政部在 2014 年 9 月 23 日发布的《关于推广运用政府和社会资本合作模式有关问题的通知》[②]（财金〔2014〕76 号）中将 PPP 定义为政府与社会资本合作模式，其认为政府和社会资本合作模式是在基础设施及公共服务领域建立的一种长期合作关系。通常模式是由社会资本承担设计、建设、运营、维护基础设施的大部分工作，并通过"使用者付费"及必要的"政府付费"获得合理投资回报；政府部门负责基础设施及公共服务价格和质量监管，以保证公共利益最大化。由此可见，PPP 运作模式与传统运作模式在建设管理中最大的区别在于 PPP 允许社会资本参与基础设施的建设管理，由政府单方承担风险转变为风险共担的局面。

《财政部关于规范政府和社会资本合作合同管理工作的通知》（财金〔2014〕156 号）[③] 附件《PPP 项目合同指南（试行）》指出："在 PPP 实践中，社会资

[①] 陈霜：《工程项目质量与进度控制相互作用协调性研究》，西安科技大学 2005 年硕士学位论文。

[②] 《财政部关于推广运用政府和社会资本合作模式有关问题的通知》，载中国政府网，http：//www.gov.cn/zhengce/2016-05/25/content_5076557.htm，最后访问时间：2022 年 3 月 28 日。

[③] 《财政部关于规范政府和社会资本合作合同管理工作的通知》，载中国政府网，http：//www.gov.cn/zhengce/2016-05/25/content_5076544.htm，最后访问时间：2022 年 3 月 28 日。

本通常不会直接作为 PPP 项目的实施主体管理项目，而会专门针对该项目成立项目公司（SPV），作为 PPP 项目合同及项目其他相关合同的签约主体，负责项目具体实施和管理。项目公司是依法设立的自主运营、自负盈亏的具有独立法人资格的经营实体。项目公司可以由社会资本（可以是一家企业，也可以是多家企业组成的联合体）出资设立，也可以由政府和社会资本共同出资设立，但政府在项目公司中的持股比例应当低于 50% 且不具有实际控制力及管理权。"

而实践中，社会资本方单独出资设立项目公司的情况已经不多，目前 PPP 模式项目的管理多数以政府出资人代表和社会资本共同成立的项目公司（SPV）作为项目法人，开展项目的投资、融资、建设、运营维护、移交等一系列工作。在这种模式下，政府与社会资本是合作关系，风险共担，利益共享，项目公司由社会资本方实际控制和管理，其作为"合作"的载体是建设项目法人单位，实现对项目的管理，政府通过参股项目公司，实现对项目的监管。由此，PPP 项目的建设管理有两部分，一部分是社会资本或项目公司对项目的建设管理，另一部分是政府对项目的建设监管。

1. 社会资本或项目公司对项目的建设管理

根据社会资本方对 PPP 项目建设实施管理的内容，社会资本或项目公司对项目的建设管理可以分为项目设计管理和项目建设管理。

（1）项目设计管理

针对项目设计管理内容，根据 PPP 项目的复杂程度和规模大小，PPP 项目设计可分为三个或四个阶段，即可行性研究、初步设计、技术设计（一般复杂的项目如工业项目需要）和施工图设计。一般情况下，可行性研究报告和项目产出说明由发起方完成，在 PPP 项目协议签署后，项目公司负责编制或最终确定初步设计和施工图纸，并完成全部的设计工作，在这个过程中，政府方享有在一定的期限内审查设计文件并提出意见的权利，这也是政府方设计质量监管的重要途径。而不论政府是否审查出问题或者设计是否被分包给其他设计单位，通常情况下该设计责任都是由社会资本方或项目公司承担全部责任的。[1]

（2）项目建设管理

针对项目建设管理内容，管理主要的义务在社会资本方，社会资本方在 PPP

---

① 曹珊：《政府和资本合作（PPP）项目法律实务》，法律出版社 2016 年版，第 216 页。

项目建设管理中，应当注意严格按照建设工程规范中规定的基本建设程序对项目进行管理，包括但不限于先勘察后设计再施工，施工图设计文件依法通过审查后再施工，施工之前必须取得开工报告等。

此外，还应当注意明确约定项目的建设标准要求，并在建设管理过程中严格按照约定的标准进行管理。常见的有设计、施工标准、验收标准、环境保护要求、安全生产要求等。以及明确约定项目的建设工期及进度安排、建设时间延误的违约责任，并在建设管理过程中严格按照约定的工期及进度安排进行管理。此外，在完工时间对于项目有重大影响的项目中，还需在合同中进一步明确具体的完工日期或开始运营日。①

2. 政府对项目的建设监管

政府对项目的建设监管主要指的是 PPP 项目合同中通常会约定政府方在项目建设阶段的履约监管时享有批准权、知情权、建设监管权、介入权、绩效考核权和中期评估权等一系列权利。

（1）建设批准权和知情权

政府方对 PPP 项目的建设批准权和知情权主要针对设计文件及变更、施工计划及工程变更等，当然在具体项目中还需根据 PPP 项目的运作模式，结合双方的风险分配结果，由双方协商确定。

（2）建设监管权

政府方对 PPP 项目的建设监管权主要包括定期获取有关项目计划和进度报告及其他相关资料，在不影响项目正常施工的情况下进场检查和测试，对施工过程中的安全生产管理和文明施工情况、项目设施的运营和维护情况进行检查，对建设承包商的选择进行有限的监控。

（3）建设介入权

政府方对 PPP 项目的建设介入权主要是指，项目公司违约或项目公司未违约但发生紧急情况等，在这种特定情况下政府方在解决该问题上更有优势和便利，如发生紧急情况且政府方合理认为该紧急情况将会导致人员伤亡、严重财产损失或造成环境污染，并且会影响项目的正常建设和运营时，政府方有权介入。

---

① 曹珊：《政府和资本合作（PPP）项目法律实务》，法律出版社 2016 年版，第 217 页。

（4）建设绩效考核权

政府方对 PPP 项目的建设绩效考核权主要包括，在绩效考核协议中明确在建设阶段中各项设施和服务的绩效考核标准、绩效监测方案以及未达到绩效考核的后果，在建设过程中对建设质量、施工进度、施工安全、环境保护和社会影响等按照协议中明确的建设考核标准进行考核等。

（5）中期评估权

PPP 项目合同通常会约定每 3 年至 5 年开展中期评估，具体的中期评估周期一般会结合项目建设进度和绩效考核周期确定。政府方可以自行实施或组织相关的专家、中介机构进行中期评估，重点评估项目公司的履约情况、PPP 项目合同和监管体系，主要对项目建设和运营的合规性与符合性、PPP 项目合同的修订情况、双方义务的履行情况、政府方监管情况等进行全面的审查并提出相应的建议。①

需要强调的是，PPP 项目与传统的基础设施建设在政府方参与建设管理限度上有明显的差别，PPP 项目政府方的参与必须有一定的限度，过度的干预不仅会影响项目公司正常的经营管理以及项目的建设，而且可能将本已经交由项目公司承担的风险和管理角色又揽到政府身上，从而违背 PPP 项目的初衷。

（二）PPP 模式项目建设管理的风险识别

PPP 项目的建设是全生命周期最为关键的事项，事关项目的产出成败，也是政府考核付费的重要基础和依据。实践中，在项目开工建设前、建设过程中各种问题仍可能发生，能够从建设期顺利进入运营期、获得政府付费或缺口补助的项目并不多。PPP 模式项目建设管理的风险识别作为项目产出的重要因素之一，应受到政府与社会资本方的重点关注。笔者将从 PPP 模式区别于传统运作模式建设中特有的风险识别出发，介绍 SPV 公司对 PPP 项目的建设管理应重点关注哪些风险。

1. 政策法律风险

PPP 项目通常建设周期长、投资规模大，特别是一些跨行政区域的线性项目，往往涉及地域广、政策多样，给项目总投资带来了极大的不确定性。而且 PPP 项目的参与主体众多，还涉及多种法律合同关系，错综复杂，更需要有完备

① 刘飞、朱可勇：《PPP 项目合同系列谈之二十一"履约监管及移交"》，载"新基建投融圈"微信公众号，https：//mp. weixin. qq. com/s/ctGYRQe4UFJt8EhuIKjPag，最后访问时间：2022 年 3 月 28 日。

的法律制度支持。我国尚未制定直接规范 PPP 模式的法律，PPP 模式主要通过《民法典》《政府采购法》《招标投标法》等法律，结合财政部、发改委等部门发布规范性文件加以规范。现有的 PPP 模式保障体系尚不健全，而在 PPP 项目的全生命周期，国家法律政策的变化又是很正常的现象，这可能给 PPP 项目的正常实施带来诸多影响，笔者认为风险主要可以分为两方面。

一方面，法律法规适用的模糊性可能影响 PPP 项目成功或失败，即法律法规之间的冲突、国家部委的部门规章与政策性文件之间的冲突。我国当前 PPP 模式保障体系尚不健全，而除上层法律制度设计不完善外，还存在两大政策体系冲突：一个是以发改委为核心的政策体系，另一个是以财政部为核心的政策体系。财政部认为 PPP 模式属于地方政府新型投融资手段，而发改委则认为 PPP 模式是基础设施领域的新型投资方式。由于两个部门对 PPP 模式存在不同的认识，自然在政策制定上存在分歧，届时造成 PPP 模式适用时存在潜在的法律风险。

另一方面，在 PPP 项目的全生命周期，国家法律政策有变化是很正常的，如果项目在建设过程中，颁布、修订法律规定等而导致项目的合法性或相关协议的有效性等发生变化，就有可能影响到项目的正常建设，或者影响项目的建设成本，甚至直接导致项目的中止和失败。例如，在项目的建设期国家环保政策不断加强和变化，项目公司建设期间需增加大量环保措施投入和各类建设成本，造成项目概算及总投资增加，政府的付费也相应增加等一系列后果。[①]

2. 项目进度风险

PPP 项目体量大、涉及政策范围广、牵涉部门多，需政府各部门、社会资本协调配合、通力合作，项目中任何事务的处理都有可能直接影响项目工期。PPP 项目的建设期相对传统项目较长，项目进度风险可以说是 PPP 项目建设管理实务中大概率会遇到的风险，能够按照合同约定的工期完成的项目可谓凤毛麟角。常见项目进度风险有无法正常开工风险、停工窝工风险以及时间浪费风险等。

PPP 项目建设中，有的社会资本中标并组建项目公司后，由于自身原因无法完成资本金出资义务，或因自身资质能力不足或项目融资手续不全等无法及时完成项目融资。没有充足的资金供应，项目就无法按时按质建设甚至迟迟无法开工

---

① 朱静：《你的项目在建设期"还好吗"？——PPP 项目建设期问题解析》，载"新基建投融圈"微信公众号，https://mp.weixin.qq.com/s/e0WWHPswP3Uh5PnqygR_ig，最后访问时间：2022 年 3 月 28 日。

建设。建设方设计报批使用的工程技术不能满足 PPP 项目建设需求，不能通过政府审批，也会导致项目无法开工建设，还有些项目急于落地或动工，政府方前期手续权责流程不清晰等整体的前期工作准备不充分，项目用地手续无法提供、征迁问题未高效圆满解决、整体或子项的施工许可证未及时取得，都会导致工程无法动工，或者腾出的工作面不成气候①等。这些无法如期开工或工期延误的情况会导致项目公司各项成本的增加。

除了传统工程建设中的停工窝工风险，PPP 项目中还要特别注意社会资本方、实施机构和设计单位就设计问题的有效沟通，这对出图效率和图纸质量的影响十分之大，但是实践中，存在因为沟通原因导致设计成果不具有参考价值，不得不反复更改施工图的情况，届时施工单位进场后无法动工，或者施工部分工程后无法延续流水作业，造成窝工、停工，就会使工期无法得到保障。实践中还存在社会资本在项目建设过程中出现破产、重大安全生产事故等情况，也会导致施工现场发生停工窝工风险，影响项目正常的建设进度，甚至导致项目的提前终止。

此外，在 PPP 项目漫长的建设周期中，因为当今技术发展极快，新技术的产生也必然会给项目建设带来相应市场风险，项目工程管理过程中也会发生各种变化，建设管理模式也会发生相应变化，届时可能会造成资金和时间的浪费。

在 PPP 项目的实际操作层面，针对项目合作期限条款的设置也可能会影响项目的进度，如果 PPP 项目对建设期不做明确约定，以合同生效之日作为建设期起算之时，可能存在侵占社会资本方项目建设期的问题，就会导致工期紧张或延误，进一步导致社会资本方违约。而如果项目包的某个子项目发生工程建设延误或被甩项的情况，可能导致整个项目无法按时进入运营期。

上述诸多问题的存在都可能导致项目虽已落地建设，但却无法正常实施和推进，有的甚至提前终止清算，值得 PPP 项目建设管理重点关注。

3. 环境风险

PPP 项目环境风险主要是 PPP 项目建设造成的环境破坏风险、环境评价风险和环境污染罚款风险。

首先，实践中，存在项目建设造成环境破坏，影响到周围群众正常生活和健

---

① 夏勤：《社会资本眼中的 PPP 项目建设过程难点解析》，载"新基建投融圈"微信公众号，https：//mp. weixin. qq. com/s/zGdW8eookh6kzgGS0a2BUA，最后访问时间：2022 年 3 月 28 日。

康，从而遭到反对的风险。比如，污水处理厂、焚烧发电厂的建立，容易造成水污染和大气污染。

其次，PPP 项目全过程内定期做环境评价，可能还会出现评价不合格的风险，由于国家在不断提高环境保护标准，社会公众也在不断提高环保意识，建设投资方需要加大环境保护成本投入以满足各方要求，定期做环境评价，满足建设和运营要求。

最后，环境污染罚款风险是指由于项目过程中可能造成环境污染从而遭到相关部门罚款的风险。[①]

4. 超概风险

概算是确定 PPP 项目投资额度的基础，是财政安排支出预算的基准值，是签订 PPP 合同、控制拨款的依据。实践中，工程超概调整是工程建设实施中的常见问题，而 PPP 项目因为建设周期长、资金需求大、建设规模广、技术难度高，概算管理更是整个项目管理中的重点和难点。因为其不仅涉及政府投资项目管理、财政预算管理，更涉及政府与社会资本之间风险再分配，并将直接影响项目投资回报及合理收益，乃至政府支出责任的变更，所以相对于传统政府投资项目更为敏感和复杂。一旦 PPP 项目实施过程中出现了"超概"问题，如果不及时妥善处理就有可能影响项目顺利推进。

实务中，在建设期间引发项目超概的原因多种多样，比较常见的有勘察设计周期短引起的勘察设计工作粗糙问题，包括漏勘、设计不到位等导致概算编制缺漏项等，那么在后续的施工过程中就有可能存在大量的设计变更，或者有些项目在可行性研究阶段存在调研不充分、定位不明确、功能未细化、建设条件未落实、方案未稳定的情况，导致可行性研究报告内容难以反映真实的建设内容、建设规模、建设标准与投资估算等，严重影响初步设计的真实性、确定性和项目的稳定性、确定性，带来极大的建设风险。有些项目还会出现在建设过程中因政府方规划调整等原因导致工程子项目增加的情况，造成项目严重超总投资，而项目建设总投资增加，如果未依法完成变更，超概算部分很难取得金融机构的贷款，项目公司及社会资本方融资压力较大，项目就很有可能面临停工危机。

此外，政策变化和市场变动也会严重增加工程造价的不确定性，尤其是近年

---

① 夏明月：《城市基础设施 PPP 项目的风险管理研究》，安徽建筑大学 2016 年硕士学位论文。

来，市场变化大，人工费用和建筑材料价格逐年上涨，工期较长的项目容易由于人工、材料价格上涨引起工程超支。除此之外，建设资金不到位等原因导致资金不足影响工期的问题，也会间接造成超概情况的发生。[①]

5. 不可抗力风险

在 PPP 实践中，关于不可抗力并没有统一的定义，大部分情况是指在 PPP 项目全过程中不以人的意志为转移且无法避免的风险危害，比如台风、冰雹、地震、海啸、洪水、火山爆发、山体滑坡等自然灾害；有时也可包括战争、武装冲突、骚乱等社会异常事件的发生。对于一些 PPP 在建项目，不可抗力很有可能会影响项目建设进度，也会增加项目建设成本等。

6. 违约风险

关于 PPP 合同的违约性风险，主要表现为政府方违约与社会资本方违约两个方面。政府违约风险主要是指政府部门未遵照事先的约定或者协议来履行相关的责任和义务，进而使得合作方的利益受损，对 PPP 项目产生直接或者间接的损失。导致政府方违约的原因是多方面的，如政策法律的变化、政府决策的失误、不合理的政府承诺或不可抗力等其他因素。

社会资本方违约是指社会资本方在追求利益的目的下，实施了违反 PPP 项目合同约定的行为，造成 PPP 项目产生直接或间接的损失。社会资本方与政府方参与 PPP 模式的出发点并不相同，其旨在追求经济利益的最大化，因此在实施 PPP 项目过程中面对成本上涨、市场价格大幅度波动、企业投资能力下降、融资困难等问题时，社会资本方则可能从企业自身利益角度出发而违约。

三、PPP 模式项目建设管理的风险防控重点

1. 做好 PPP 项目风险识别工作，选择合适的风险防控措施

PPP 模式项目建设管理的风险防控重点，首先应当是做好风险识别工作，判断潜在的风险和影响程度，结合判断结果制定科学有效的解决对策。风险多种多样，风险防范措施也随之发生相应变化，PPP 项目建设阶段常见的风险应对措施主要有风险转移、风险减免、风险回避等。

[①]　褚春超、翁燕珍等：《PPP 项目概算调整原因、依据与实施》，载"新基建投融圈"微信公众号，https：//mp. weixin. qq. com/s/3ADQ-Zr8JYTaAYA5TJKwGA，最后访问时间：2022 年 3 月 28 日。

（1）风险转移

风险转移是指风险承担者通过技术、法律或经济手段将风险转移给其他人承担的方式。风险转移是进行风险管理的一个十分重要的手段，当有些风险无法回避，必须直接面对，而以自身的承受能力又无法有效承担时，风险转移就是一种十分有效的选择，这种方式并不会减少风险，仅仅是风险承担主体的变更。

PPP 模式下的基础设施建设风险转移主要通过担保、购买保险和转移给其他项目参与方来实现。担保就是通过设置担保，将风险转移给担保人。购买保险就是通过购买保险将风险转移给保险公司，对于投保方而言，工程保险方式的风险转移成本较高，但是它可以化解的风险范围却很广。转移给其他项目参与方就是通过与其他项目参与方签订协议，如项目公司可与承包商签订总价或单价固定包干的施工合同，将成本上涨的风险等转移给承包商。

（2）风险减免

风险减免是一种事前加事后的防控措施，它可以分为两类：一类是在 PPP 项目风险发生前采取预防措施，降低风险发生的可能性，比如对项目实施人员进行风险教育以增强其风险意识等的事前预防；另一类是在 PPP 项目风险发生后采取有效措施缩小风险影响的范围，降低风险造成损失的程度或者已经造成的损失等事后减免措施。

（3）风险回避

风险回避是一种事前应对措施，它是指在风险事件发生前就分辨出项目较大潜在风险，其可能带来的后果严重，所以采取措施主动回避风险、改变活动计划和工作方法，甚至是主动放弃项目，尽量减少可能引起巨大损失的活动。例如，技术风险的管控应遵循的原则是：对于不成熟的技术采取回避，对于不能回避的技术风险通过严格管理的措施来防范。那么对于不成熟的技术采取回避就是一种风险回避措施。

2. 加强 PPP 项目建设期履约管理和绩效监测

PPP 项目履约管理是指政府和社会资本合作项目的 PPP 项目合同签署后，政府方及社会资本方、项目公司方对项目进行全过程、全方位的履约管理，PPP 项目履约管理贯穿项目全生命周期。在 PPP 项目建设期，各方都应发挥管理作用，有效应对项目推进过程中可能出现的各种风险及问题，保证项目全生命周期正常可持续运转。例如在工程进度管理中，政府方应当及时处理好工程建设的各项前期工作，社会资本方应当保证建设资金及时到位，确保进度计划的落实，项目公司应当加强协调项目建设的内、外部关系，加强技术管理工作等。

建设期绩效监测是指政府实施机构跟踪、收集和分析建设期内相关过程记录和项目资料，结合相关绩效目标完成效果的考评情况对整个建设期进行绩效监测。其主要目的是确保阶段性目标与资金支付相匹配和监控中发现绩效运行与原定绩效目标偏离时，及时采取措施予以纠正。[①] 基于此笔者建议，实施机构尽量在工程监理的基础上安排建设期绩效监测环节，加强建设期绩效监测，对整个建设期内绩效目标实现过程的偏差及整改情况、项目公司建设阶段的综合服务水平进行把控。

3. 政府和社会资本方风险分担合理界定

PPP 模式相较于传统模式最大的特点就是风险共担，收益共享，各参与方通过合同约定应担风险，但是 PPP 项目的复杂性也加大了管理难度。而对于其他无法预见风险在项目建设中的防范，笔者认为还是通过对政府和社会资本权利义务的合理界定来实现风险的分担更为合适。

通常情况下社会资本方会承担项目融资、建设、采购等风险，而政府方需要承担政策法律变更等风险，不可抗力风险由双方共同承担，但是具体项目的风险分配方案需要根据项目的实际情况和各方承受风险的能力及意愿进行确定。在谈判过程中，笔者认为 PPP 项目参与各方应当坚持下列基本原则：承担风险的一方应当对该风险具有控制力并且由其承担风险最有效率，合同应当允许承担风险的一方将该风险合理转移以及承担风险的一方对于控制该风险有更大的经济利益或动机。[②] 并且，要特别注意的是 PPP 项目中的价格调整机制，该机制如何与物价指数、通货膨胀挂钩，准确反映人力、电力、原材料等价格的波动，是政府和社会资本在 PPP 项目合作过程中最容易产生争议的地方，所以应当着重建立科学合理的价格调整机制，便于整个项目的顺利推进。

---

① 参见《财政部关于印发〈政府和社会资本合作项目财政管理暂行办法〉的通知》，载中国政府网，http://www.gov.cn/xinwen/2016-10/21/content_5122668.htm，最后访问时间：2022 年 3 月 28 日。
② 曹珊：《政府和资本合作（PPP）项目法律实务》，法律出版社 2016 年版，第 86 页。

第二节　基础设施项目运营管理

一、基础设施项目运营管理概述

截至目前，基础设施传统项目的运营模式经历了几十年的发展，逐步从政府性行业垄断走向了民营化注入运营市场的竞争局面，实现了目前城市基础设施产品多元化运营管理的格局。根据民营企业的参与程度，主要有公有公营、公有私营、私有私营、市场化分散处理四种运营管理模式。

公有公营模式主要是指由政府投资建设基础设施，设施运营由国有、地方或集体企业实施企业化管理，也存在部分以服务合同或管理合同形式允许民营企业准入设施的运营的情况。

公有私营模式主要是通过租赁或授权方式，政府将公有的基础设施运营和进行新投资的责任转让给民营企业，典型应用模式 TOT，即移交—经营—移交，政府将基础设施租赁给民营企业，租赁企业一次性向政府支付租金，政府可以回收设施建设资金，同时解决了运营问题。

私有私营模式的典型代表 BOO 模式，即建设—拥有—经营，民营企业根据政府赋予的特许权，建设并经营某项产业项目，但是并不将此项基础产业项目移交给政府。

市场化分散处理运营模式常见于污水处理项目，一般对于居民小区等市政管网难以覆盖的城市边缘地区，城市政府配套以合理的小区污水处理规划，制定具有一定浮动范围的收费标准，分散处理就完全可以采用私建私营的模式，社区组织管理，费用由用户或社区成员自我负担。[①]

虽然至今大部分基础设施行业的政府性垄断现状没有改变，但民营投资者通过提高自身的管理技术和水平，不断提高运行效率，降低运行成本，不仅能提高自己的回报率，也促使一些国有垄断企业有了危机感，对于其提高经营效率和服

---

① 国家环保总局环境与经济政策研究中心：《我国城市环境基础设施建设与运营市场化问题调研报告》，载中国固废网，https：//www.solidwaste.com.cn/paper/752.html，最后访问时间：2023 年 1 月 9 日。

务质量具有积极的意义。

二、传统模式项目运营管理

（一）传统模式项目运营管理风险识别

基础设施投资建设的传统运作模式是指在政府主导下，由投资方对基础设施项目进行投资，并通过招投标等方式选取施工单位进行基础设施项目施工建设，项目完工后交由投资方或第三方运营，由投资方承担基础设施全过程风险的运作模式。在基础设施投资建设的传统三阶段运作模式下，在运营阶段，若政府身为该项目的投资方，则项目的后期运营管理要么由政府负责，要么由政府委托第三方机构负责，对于政府直接运营或委托第三方机构负责运营，都存在以下运营风险。

1. 公共安全风险

基础设施项目如污水处理、垃圾处理、道路、桥梁、市政、人防、园林绿化等作为城市的基本构件，对城市稳定运行和健康发展十分关键。由于经济高速发展，公众对基础设施的需求和要求也在快速增长，加上基础设施原来固有的综合承载能力弱化，稍有不慎就有可能构成社会公共隐患，直接影响公众生活质量、城市运行效率，所以基础设施公共安全风险需要重点关注。尤其是我国当前城市化进程加快，在旧城改造、新城建设、城市膨胀的背景下，大量基础设施高负荷运转，管理层面缺失或不完善、自然及人为灾害带来的安全问题更值得重点关注。

首先，管理能力对基础设施运营管理有决定性影响。实践中，因部分单位管理能力不足、管理意识不强，存在管理混乱、职责不清的现象，常常发生安全管理要求落实不到位、管理人员无责任心或安全意识、工作人员违规违章作业等问题，部分公用设施甚至长期处于"无管理"状态。这些情形无疑会使得公共安全遭受威胁，严重的还会引发安全事故。

其次，基础设施及配套设备设施存在不安全状态也有可能诱发安全事故。目前，许多城市在建设基础设施时都不惜投入大量资金，但在运营管理上却比较疏忽，这就是"重建设轻运营"现象，更不要说重视设施的维护修理工作了。如果损坏设备没及时维修或更换、没有进行系统维护或维修技术的完善程度不足以使项目正常运营，那么任何一个系统设备发生故障都有可能会对公共安全产生重大影响。

最后，如果在运营的过程中出现恶劣的自然灾害，包括水灾、火灾、地震等，对于接待公众量较大的基础设施项目，如果不做好管理措施，就会给基础设施的运营安全甚至是公共卫生安全带来很大的挑战和风险。

2. 营运亏损风险

任何一个基础设施项目在实际运营过程中，要面临的最普遍也是最现实的问题就是项目盈利能力达不到预期水平而造成较大的营运亏损风险。导致这种风险产生的因素多种多样，可能是管理不善，也可能是市场波动、法律规范的调整，甚至不可抗力情况的发生都有可能给项目带来巨大的亏损风险。如果项目亏损，基于基础设施的公益性其被放弃和淘汰的可能性也不大，那么每年还需要财政拨出很多钱来维护和运营，给地方政府带来沉重的财政压力。如果地方政府负债过高，甚至会对地区的稳定和长期发展带来巨大风险。

首先，基础设施项目的运营期一般都很长，在项目运营过程中，可能会出现法律法规变动、相关政策发生重大变化、通货膨胀、利率变动、不可抗力等事件导致运营成本增加或融资成本增加等其他不利后果，继而导致劳动力价格上升、项目运营和维修成本等资金支出增加。

其次，在项目实际运营过程中，基础设施需要保持使用功能长期稳定，如果出现明显功能和质量问题，就需要为恢复技术状况和安全稳定性能而进行功能性、结构性修复或定期更换和养护，这种项目资产正常使用损耗而发生的投入都是较大且必要的支出。还有些市政项目是地方政府委托民营方运营管理的，也可能出现地方政府拖欠环境服务费用等补偿款的情况，届时企业只能以自有资金或自筹流动资金先行垫付相关运营成本，实质上以增加企业自身财务成本的方式化解矛盾，而如果项目盈利能力和融资效果不足以填补成本增加的亏空，就可能造成较大的营运亏损风险。

最后，量大面广的基础设施管理往往需要充足的人力和全面的管理模式，但是目前许多项目出现运营管理体制混乱或落后的情况，不仅会使得经营成本超支、维护次数增加，还会引发民众对服务质量和使用评价不满等问题，继而导致公众需求量等公共服务的市场接受程度出现变化。毕竟现在科技发展十分迅速，如果出现其他竞争性项目或者功能更加先进的设施，将导致公众对本项目需求量降低，直接影响到项目收益。

3. 环境污染风险

保护环境是当代社会发展极为重要的课题，基础设施环境污染风险，是指因基础设施的设置或运行而污染、破坏生态环境的风险。基础设施污染环境致害的后果通常都比较严重，以环保公共设施为例，污水处理厂、垃圾焚烧厂、填埋场、危险废弃物处理厂等公共设施在运行过程中，通常都会向环境排放有毒有害物质、恶臭气体、有毒有害气体、噪声、振动、放射性物质，造成水污染、大气污染、土壤污染以及噪声与振动污染、恶臭污染、放射性污染等，进而引起环境污染损害发生。[①]

（二）传统模式项目运营管理风险控制

1. 制定或健全运营管理制度

如前所述，基础设施运营管理中最容易控制也最需要控制的一环就是拥有一个健全的运营管理模式，如果运营管理体制混乱或落后，会面临公共安全、营运亏损和负面评价等一系列问题。笔者建议，基础设施运营管理首先应从目标管理、组织架构、运营模式、制度建设、财务管理、成本管控、风险应对、税务筹划等各个方面，建立健全运营管理制度，使管理制度和流程设置满足运营管理项目工作的需求，形成有效的运营产出，进一步提升项目运营价值。

其次，在管理手段上可以引用现代管理技术，提高基础设施管理活动的透明度，强化管理部门的责任，规范管理方法，同时也便于公众监督。并且可以结合实际情况借鉴其他城市治理中广泛使用的科学方法，如目标管理、全面质量管理等，以提高管理效率。[②]

最后，还应当注意提高管理的风险意识，建立管理部门，提高对应的管理负责人、实施人的安全意识。

2. 建立或加强基础设施管理维护预警及应变系统

针对在项目实际运营过程中的基础设施功能和质量问题，笔者建议应当建立或加强基础设施管理维护预警及应变系统，对基础设施运营质量开展定期安全风险评估。建立风险评估和预警调控机制，能够及时有效地找出基础设施安全管理中存在的薄弱环节，有利于为恢复技术状况和安全稳定性能而进行功能性、结构

---

① 包润琳：《公共设施污染环境致害的国家赔偿研究》，江西师范大学 2016 年硕士学位论文。

② 李姁、李雨馨、刘露、王汝波：《城市公共设施管理和利用存在的问题与对策研究》，载《中国市场》2016 年第 30 期。

性修复或定期更换和养护，对于突发情况有针对性地进行应急处置和规避，从而将风险带来的损失与不确定性降至最低。

三、PPP 模式项目运营管理

（一）PPP 模式项目运营管理概述

PPP 项目运营管理是指社会资本按照 PPP 项目协议的约定，对基础设施或公共服务项目采取一定的措施，保障社会资本在合作运营期间按照 PPP 项目协议约定的标准提供公共产品或服务。

《PPP 项目合同指南（试行）》规定"PPP 项目合同应约定开始运营的时间和条件、运营期间的权利和义务以及政府方和公众对项目运营的监督等内容"。《政府和社会资本合作项目通用合同指南（2014 年版）》规定"PPP 项目合同应约定运营的外部条件、运营服务标准和要求、更新改造及追加投资、服务计量、运营期保险、政府监管、运营支出及违约责任等事项"。因为传统模式基础设施项目大都涉及公共利益及公共服务，PPP 模式项目也是在基础设施和公共服务领域引入社会资本，其提供产品或服务的对象也是一般公众，所以传统模式的运营管理基本原则也适用于 PPP 项目。那么除了与传统运营相同的管理之外，PPP 项目的运营管理一般还包括项目回报机制、定价机制和调价机制、绩效考核机制等，笔者将在下文进行介绍。

1. 项目运营管理主体

一般情况下，政府利用 PPP 模式提供公共服务，主要目的是利用社会资本在融资、技术、管理等方面的能力，提高公共服务的质量和效率。如前所述，政府通过选定社会资本方，再与社会资本方一起或由社会资本方通过设立项目公司（SPV），由项目公司负责项目的建设运营。

但是由于 PPP 模式适用的基础设施和公共服务领域的专业性较强，关系到社会资本的投资和回报能否实现、能否向社会提供合格的公共产品和高质量的公共服务，实践中根据 PPP 项目运营内容和项目公司管理能力的不同，社会资本或项目公司可能将项目全部或者部分的运营和维护事务外包给有经验的专业运营商，并与其签订运营服务合同。但社会资本或项目公司依据 PPP 项目合同约定所承担的运营和维护义务，并不因项目公司将全部或者部分运营维护事务分包给其他专业运营商实施而豁免或解除，社会资本或项目公司仍然是运营和维护事务的最终责任承担主体。

2. 运营管理的责任划分

《国务院办公厅转发财政部发展改革委人民银行关于在公共服务领域推广政府和社会资本合作模式指导意见的通知》（国办发〔2015〕42号）①规定"由社会资本承担公共服务涉及的设计、建设、投资、融资、运营和维护等责任，政府作为监督者和合作者，减少对微观事务的直接参与，加强发展战略制定、社会管理、市场监管、绩效考核等职责"。

根据上述规定，政府方在运营管理中承担的就是监督者和合作者的身份，如对于运营服务的外包，由于涉及项目运营的效率和质量，政府对于项目运营服务的外包就拥有监督管理的权利。社会资本或项目公司希望采用运营服务外包形式的，一般也要事先取得政府的同意。

（1）社会资本或项目公司的运营管理

PPP项目的运营管理周期较长，涵盖的内容也较多，由社会资本方负责运营的项目设施的范围一般会在PPP项目合同中予以明确约定，通常包括在新建类项目竣工验收后所形成的资产、在项目合作期限内新投资所形成的资产和/或由政府方移交给社会资本方的存量资产的资产管理、风险管理、成本管理、养护管理等许多方面。

运营管理的具体内容包括对资产的运作和管理，对于配置经营性资源的项目或有经营性收入的项目进行经营，促使资产保值、增值、发挥作用；根据项目性质仅对资产进行有效的管理和维护，如对于教育和医疗卫生等公共服务类项目，通常相应的核心公共服务内容会在项目竣工验收合格后由相应的教育和卫生行政等职能管理部门接管运营，社会资本方负责运营的内容仅为维护保养、物业管理服务及其他辅助和非核心公共服务内容。此外，对于片区开发类项目，运营管理还包括产业发展服务和配套设施服务。②具体工作包括但不限于购买运营期保险和提供运营期履约担保，编制应急预案、运营维护计划、中长期经营计划和年度

① 《国务院办公厅转发财政部发展改革委人民银行关于在公共服务领域推广政府和社会资本合作模式指导意见的通知》，载中国政府网，http://www.gov.cn/zhengce/content/2015-05/22/content_9797.htm，最后访问时间：2022年3月28日。

② 刘飞、朱可勇：《PPP项目合同系列谈之十五"项目运营"》，载"新基建投融圈"微信公众号，https：//mp.weixin.qq.com/s/OCB1DcRHiVZChJf-ALbDTQ，最后访问时间：2022年3月28日。

经营计划、年度运营情况报告等。

（2）政府方的监管和合作

如前所述，政府方在运营管理中承担的就是监督者和合作者的身份，其作为合作者、监督者，职责是项目公司前期的准备、设立，后续的监管、移交、补贴等支持工作，包括对社会资本或项目公司履约情况的监督和检查、绩效考核和中期评估等职责，对公共产品和服务质量、资金使用效率等方面进行综合考评，并将评价结果作为产品价格标准、财政补贴与合作期限等调整的参考依据。关于政府方的监督和检查、绩效考核和中期评估在前文已经介绍过了，在此就不再赘述。此外，在运营期间，对于一些需与外部条件相配套或衔接后方可投入运营的项目，对于这些外部条件的创造政府方更具有控制力，那么政府方还应当为项目的运营提供必要的外部条件，如对于污水处理项目，政府方需要提供合适的污泥清运填埋的场地等。

3. 项目回报机制

项目回报机制指的是项目收入的来源方式，主要包括使用者付费、可行性缺口补助和政府付费等，由项目自身经营属性所决定。使用者付费是指最终由消费用户直接付费购买公共产品和服务，一般适用于可市场化运作，收入能覆盖成本和合理回报的项目；可行性缺口补助是指使用者付费不足以满足社会资本或项目公司成本回收和合理回报，而由政府以财政补贴、股本投入、优惠贷款和其他优惠政策的形式，给予社会资本或项目公司的经济补助；政府付费是指政府直接付费购买公共产品和服务。

4. 定价机制和调价机制

在 PPP 项目的运营管理中，合理明确的定价对于公众、社会资本、政府方都具有重要意义。关于城市基础设施公共产品或服务的定价，存在一个客观的矛盾，即公众总是期望获得优质价廉的公共产品或服务，而社会资本总是追求更多的盈利，政府则希望既能平衡公众利益又能满足企业利益。但由于政府与企业存在信息不对称，政府很难掌握定价的全部信息，同时现有的公共产品价格听证制度难以保障公众获知项目服务成本，遑论行使对定价的监督权和意见权。那么在确定定价机制时，PPP 项目各方就应该全面考虑公众承受能力、需求量、地区经济、同类项目竞争、项目建设投资、期望投资回报率、产品或服务的质量等各种来自政府、公众、社会资本的各个因素对价格的影响。

考虑到所有的定价因素后，项目运营还需要设计一个完善的价格调整机制。

价格调整机制对公众和项目公司来说意义重大，尤其是对项目公司来说，PPP 项目的运营周期十分长，在项目的运营过程中，很多因素是会发生改变的，如果这时再一味地执行当初的定价，就会使得价格不合理，运营出现问题。如果有一个完善的价格调整机制，当社会经济或法律政策等运营环境发生变化，就可以按 PPP 合同、运营管理方案的规定，与政府商定启动收费调价、可用性服务费和运营维护服务费补偿机制，确保其合法权益。一个完整的调价机制中最重要的就是申请调价的主体、审查调价的主体和审查程序，申请的主体方面应注意不仅是承担经营的项目公司，还应包含使用公共产品的消费者，审查的主体在实践中通常会约定为项目实施机构，即 PPP 项目的协议签订主体，而审查程序需要注意约定清楚审查期限以及审查依据。

5. 绩效考核机制

2015 年《国务院办公厅转发财政部发展改革委人民银行关于在公共服务领域推广政府和社会资本合作模式指导意见的通知》（国办发〔2015〕42 号）[1] 规定"建立事前设定绩效目标、事中进行绩效跟踪、事后进行绩效评价的全生命周期绩效管理机制，将政府付费、使用者付费与绩效评价挂钩，并将绩效评价结果作为调价的重要依据，确保实现公共利益最大化"。此后，《财政部关于规范政府和社会资本合作（PPP）综合信息平台项目库管理的通知》（财办金〔2017〕92 号）出台，提出"将考核结果与不低于30%的建设成本挂钩"作为新项目入库的条件之一，2018 年《财政部关于进一步加强政府和社会资本合作（PPP）示范项目规范管理的通知》（财金〔2018〕54 号）[2] 中更是提出要"落实中长期财政规划和年度预算安排，加强项目绩效考核，落实按效付费机制，强化激励约束效果，确保公共服务安全、稳定、高效供给"以及"加强运行情况监测。及时更新 PPP 项目开发目录、财政支出责任、项目采购、项目公司设立、融资到位、建设进度、绩效产出、预算执行等信息，实时监测项目运行情况、合同履行情况和项目公司财务状况，强化风险预警与早期防控"。2020 年 3 月 16 日，财政部印发《政府和社会资本合作（PPP）项目绩效管理操作指引》（财金

---

① 《国务院办公厅转发财政部发展改革委人民银行关于在公共服务领域推广政府和社会资本合作模式指导意见的通知》，载中国政府网，http://www.gov.cn/zhengce/content/2015-05/22/content_9797.htm，最后访问时间：2022 年 3 月 28 日。

② 《财政部关于进一步加强政府和社会资本合作（PPP）示范项目规范管理的通知》，载中国政府网，http://www.gov.cn/xinwen/2018-04/30/content_5287029.htm，最后访问时间：2022 年 3 月 28 日。

〔2020〕13 号)①，确立了中国特色的 PPP 项目绩效管理基本框架。

可以看出，项目的绩效考核机制是 PPP 项目运营管理中受到高度重视的一环。市场上许多 PPP 项目已逐渐进入运营期，绩效考核势在必行。绩效考核机制就是项目实施过程中，政府要求对公共产品和服务的数量、质量以及资金使用效率等方面进行综合评价，并将评价结果作为价费标准、财政补贴以及合作期限等调整的参考依据，为实现项目运营效率、运营标准的全程监督，确保公共产品和服务的质量、效率和延续性的机制。绩效考核体制应重点注意考核内容和标准、绩效监测方案以及未达到绩效考核的后果。

对于绩效考核内容，主要有对成本投入、项目产出、项目效率和公众满意度的考核，包括项目投入和产出的比例评估，也包括对群体的受益程度、对环境的影响程度、受益群体的满意程度、受损群体的消极影响程度的考核评估。

对于绩效考核标准，《PPP 项目合同指南（试行）》规定"绩效标准应客观和合理，符合项目的实际情况和特点，可以测量和监控"，实践中通常会根据项目所处行业的特点、性质、预期目标和回报机制等因素综合确定绩效考核标准。

对于绩效监测方案，应注意明确绩效监测方式和监测主体。绩效监测方式应注意考核周期与付费周期相衔接；而监测主体的选择，政府方应在合理评判自身考核能力的情况下，选择自行实施绩效考核，组织政府职能部门、专家和公众进行联合考核，或委托第三方评价机构进行考核等方式。

对于未达到绩效考核的后果，一般情况下，对于政府付费类和可行性缺口补助类项目，PPP 项目合同可明确约定绩效考核结果与政府付费挂钩；而对于使用者付费的项目，PPP 项目合同可约定绩效考核结果与服务价格的调整和相关优惠政策的落实挂钩后果。实践中，有些 PPP 项目合同还会约定当次绩效考核结果严重不合格或出现连续多次不合格的，社会资本方限期内整改，逾期仍未完成整改的，政府方有权启动提前终止程序等条款。②

（二）PPP 模式项目运营管理的风险识别

我国 PPP 实践自 2014 年发轫，尽管有关 PPP 项目进入运营期的具体数据不

---

① 《政府和社会资本合作（PPP）项目绩效管理操作指引》，载中国政府网，http://www.gov.cn/zhengce/zhengceku/2020-03/31/content_5497463.htm，最后访问时间：2022 年 3 月 28 日。

② 刘飞、朱可勇：《PPP 项目合同系列谈之十五"项目运营"》，载"新基建投融圈"微信公众号，https：//mp.weixin.qq.com/s/OCB1DcRHiVZChJf-ALbDTQ，最后访问时间：2022 年 3 月 28 日。

明，但按普通项目 2~5 年建设期大概推算，较早完成 PPP 采购的大量存量项目目前应该已经建设完工并集中进入运营阶段。这些早期项目有不少是"重建设、轻运营"思维延续的成果，再加之早期 PPP 规则不成熟、未形成体系，项目主导参与方又着急"上马"，未对项目运营进行缜密的考量和细致的安排。[1] PPP 项目运营阶段的周期十分长，运营期所需资金量庞大，运营管理的工作量、工作难度和复杂程度前所未有，执行起来面临诸多困难。随着财政全面绩效管理政策的实施以及政府付费严格与绩效挂钩，运营与绩效成为 PPP 项目两位一体的存在，未来可能会在运营过程中面临更大的风险缺口，所以我们更应当重点关注运营阶段的风险。除了与传统模式运营一样会面临的常见风险之外，PPP 项目还存在以下特别的风险。

1. 法律和政策风险

PPP 项目涉及的法律问题比较多，除了国家各部委、各地职能部门从不同监管层面有针对性地发布的政策措施，尚无更高层级的法律法规约束，且不同机构发布的政策存在一定的不相容性。PPP 项目的运营期又比较长，多则几十年，这几十年间国家法律政策必然随着社会进步而做出改变。项目运营期内法律和政策风险主要指的就是，在运营过程中，法律法规、政策等发生重大变化或重要举措出台，导致 PPP 项目无法满足或违反法律法规的要求，或属地政府换届带来的政策的不稳定性，导致运营成本增加或其他不利后果。例如，因法规政策调整导致项目产出标准提高（如污水处理的水质排放标准）等、在运营期内上级政府取消或减少某项特许经营权，如公路桥梁通行费收费权。

2. 运营风险

根据目前已落地的系列 PPP 基础设施项目，我们可以发现，政府在引进社会资本时，比较看重建设期投资任务，对运营管理经验关注度不高，参与的社会资本方大多是建筑类企业，并且基础设施总投资体量大，民营企业参与度低，央企、国企市场份额比较大，难以形成充分竞争。实践中有的项目出现运营产出不达标，运营成本超支，维护成本高于预期，运营经验不足，管理不规范等情况。实践中还存在部分 SPV 公司不自己运营，而是与政府方或政府的国有公司签订

---

① 李兵：《PPP 项目运营要义和运营期法律风险探析》，载"新基建投融圈"微信公众号，https://mp. weixin. qq. com/s/mrvije1NyY26WSlu2XEiFw，最后访问时间：2022 年 3 月 28 日。

委托运营协议，将项目运营责任返包给政府方出资代表或指定第三方承担，既违反了项目运营的相关规定，也给项目的运营带来了很大的风险。

3. 唯一性风险

很多 PPP 项目合同会有唯一性条款，内容大致为政府方承诺在其行政权力可控范围、在一定空间范畴内不会出现由政府方原因导致的公众对经营性 PPP 项目需求量降低进而收益下降的竞争性项目，否则政府愿意回购经营权或其他保障行为，它是政府对社会资本就供给侧而设计的担保。尤其是如交通运输和水务等采取使用者付费模式的项目，社会资本的收益主要受到供给、需求和价格三方面的影响，项目唯一性承诺对社会资本加入此类项目的意愿起到非常关键的作用。

而项目唯一性风险指的就是在经营性 PPP 项目运营期间因出现上述竞争性项目而导致的项目收益达不到预期的情形，项目唯一性风险出现后往往会带来市场需求变化风险、市场收益风险、信用风险等一系列的后续风险。导致项目唯一性风险的因素主要有政府方违反承诺或者实践中供给与需求失衡。

（1）政府方违反承诺

项目唯一性的保障是政府方承诺，但是作出承诺的政府班子和运营时承担责任的政府班子可能会面临换届问题，继而导致政策延续性不足，或者某些政府方急功近利，与社会资本逐利，都有可能导致政府方违反承诺。

（2）供给与需求失衡

供给与需求失衡方面，主要包括供给的质量和数量无法满足公众需求以及社会资本对需求量的错估两个方面。

4. 项目绩效考核风险

如前所述，随着政府付费严格与绩效挂钩，运营与绩效成为 PPP 项目两位一体的存在，项目如何运营、绩效如何达标都需要一个良好的绩效考核体系机制和按效付费制度作为保障。

但是实践中许多项目对绩效考核仅按照模板粗糙设计，实施主体不明确、绩效评价目标要求模糊不清、评价指标不够科学规范、绩效评价结果应用规则不清晰、固化政府支出责任，同时也缺乏实操性等，不利于真正实现按效付费，容易造成绩效评价工作流于形式、监督缺失、职责缺位的问题，不能有效发挥绩效评价工作对项目运营产生的积极意义。

实务中，还存在通过降低考核标准、考核要求或考核结果对付费的影响，进而提前锁定政府支出责任，以及政府方加大、加重考核范围和标准，明显超出绩效考核协议要求的情况。此外，对于政府方委托第三方考核机构考核的，还存在第三方机构在考核评分时的自由裁量权力过大，极易形成权力寻租，虚化考核，滋生贿赂腐败等违法犯罪行为等风险。

5. 项目再融资风险

PPP 项目再融资主要指的是 PPP 项目进入运营期阶段后以项目公司为主体发生的融资行为，通常有股权融资、债务融资、项目资产融资等。PPP 项目复杂程度高、参与主体多、合作周期长，对资金的需求量巨大。受制于上述特点，政府和社会资本方在项目合作的初期很难对项目各阶段的现金流和实际风险做好精准的预测，在项目运营过程中，融资需求与初始融资计划出现偏差的问题，是 PPP 项目进入漫长运营期后的头等课题，与项目持续稳定实施有重大关系。

针对项目资产融资，2020 年 4 月 24 日，中国证券监督管理委员会（下称"证监会"）、国家发展和改革委员会联合发布《关于推进基础设施领域不动产投资信托基金（REITs）试点相关工作的通知》[1]，明确"支持重点领域符合国家政策导向、社会效益良好、投资收益率稳定且运营管理水平较高的项目开展基础设施 REITs 试点"，正式开启公共基础设施 REITs 发行的大门。REITs 是由专业投资机构管理运作，通过发行收益凭证募集相应资金收购基础资产，并以获取其稳定现金流量收益和长期资本增值为目的，是具有不动产属性的基金。2021 年 7 月，国家发展改革委又发布《关于进一步做好基础设施领域不动产投资信托基金（REITs）试点工作的通知》（发改投资〔2021〕958 号)[2]，提出开展基础设施 REITs 试点，对推动形成市场主导的投资内生增长机制，提升资本市场服务实体经济的质效，构建投资领域新发展格局。2023 年 2 月 20 日，中国证券投资基金业协会发布《不动产私募投资基金试点备案指引（试行）》[3]，该指引在私募股权投资基金框架下，新设"不动产私募投资基金"类别。该指引第 3 条明确了投

---

① 《关于推进基础设施领域不动产投资信托基金（REITs）试点相关工作的通知》，载中国政府网，http：//www.gov.cn/zhengce/zhengceku/2020-05/03/content_5508587.htm，最后访问时间：2022 年 3 月 28 日。

② 《关于进一步做好基础设施领域不动产投资信托基金（REITs）试点工作的通知》，载中国政府网，https：//www.ndrc.gov.cn/xwdt/tzgg/202107/t20210702_1285342.html？code = &state = 123，最后访问时间：2022 年 3 月 28 日。

③ 《不动产私募投资基金试点备案指引（试行）》，载中国证券投资基金业协会网，https：//www.amac.org.cn/governmentrules/czxgf/zlgz/zlgz_smjj/zlgz_smjj_cpba/202302/t20230220_14478.html，最后访问时间：2023 年 5 月 8 日。

资范围包括基础设施项目，并对基金管理人资格、基金管理、投资方式、退出方式等进行了规定。从当前政策趋势和 PPP 项目再融资发展态势，可以看出未来 PPP 项目再融资的需求和规模一定不会小。

但是实务中，有些行业基础设施因为整个行业盈利性较差，保障长期稳定的收益机制存在困难，无法满足发行要求。例如，轨道交通行业就未纳入指引中的首批试点名单，其提供的准公共产品服务兼具公益性、盈利性和垄断性特点，政府通过价格管制实现公益性，使轨道交通运营企业无法按照运营成本进行市场化定价，造成企业票务收入受到限制，其无法通过垄断经营获取超额收益，导致企业的盈利性较差，不符合发行 REITs 的要求。此外，还有很多 PPP 项目公司运营能力差，导致企业的盈利性较差，也不符合发行 REITs 的要求。有些项目再融资的触发条件、风险分担乃至获得的收益分配没有明确的合同条款进行约束，给项目再融资带来了困难，各方受制于合同障碍，难以启动项目再融资，进而给项目的运营造成不利影响。即使项目再融资启动，当涉及融资方案的调整和资金结构的优化时，也会给项目带来一定程度的新风险。

此外，在我国 PPP 项目的推行过程中，存在大量的央企、国企作为社会资本方参与项目的情况，这些项目参与主体在进行项目再融资时可能会触及国有资产交易的问题，可能存在国有资产流失风险。

（三）PPP 模式项目运营管理风险控制

1. 运营成本及价格风险控制

实践中，有的项目因缺乏运营经验、管理不规范、政府方变更要求等，导致运营和维护成本增加、高于预期，而运营的定价又往往过低，导致收入不足。笔者建议，在合同签订阶段，社会资本或项目公司应全面做好尽职调查，进行科学测算，充分考虑各项影响运营成本的因素，针对评估内容选择运营模式、制订运营计划。对于运营成本的风险可在合同中明确责任分配。对于自身运营管理能力较弱的社会资本或项目公司，可以在 PPP 合同中约定，有权将运营和维护部分外包，通过限定外包价格将运营成本风险转移。采用使用者付费模式的，应充分考虑当地民众的承受能力、服务需求量、地区经济发展水平等要素进行定价，完善定价机制。PPP 项目的运营周期往往比较长，在项目的运营过程中，部分运营成本是会发生改变的，一味地执行当初的定价，就会使得价格不合理，导致运营出现问题。因此，需要设置完善的价格调整机制，当社会经济或法律政策等发生变化，就可以按合同、运营管理方案等与政府方商定调价，以控制运营风险。

2. 项目唯一性风险控制

关于项目唯一性风险的控制，项目唯一性风险的产生含有很多不确定因素，几乎无法做到完全控制，笔者认为对它的控制可以从两个方面展开，一个是风险防控，还有一个是风险应对。

（1）风险防控

从风险防控角度来看，首先，为了防止政府方违反承诺，社会资本和政府方在签订经营性PPP项目合同时，应将项目唯一性的条款内容以量化形式固定下来，对于社会资本因项目唯一性所形成的竞争优势予以规制，从而确定社会资本和政府方在项目唯一性风险方面的责任分担。其次，社会资本方要做好已经存在或未来可能出现的竞争性项目的评估，在充分调研的基础上考虑和预判社会经济发展背景下公众对PPP项目提供公共服务的需求量和质量的要求变化。

（2）风险应对

从风险应对角度来看，在项目产生竞争性项目问题时，政府可以在合法的层面上运用行政手段确保公众对PPP项目的需求量保持在一定水平，甚至可以考虑允许社会资本提高公共服务价格或借鉴可行性缺口补助的形式，在社会资本收益下降的情况下，降低社会资本的其他成本，增加额外的收益来源，从而确保社会资本的收益保持在预期水平，或与社会资本协商对特许经营期进行调整，延长经营性PPP项目的特许经营时间，从而使得社会资本有更长时间回收成本，实现预期收益等。①

3. 项目绩效考核风险控制

实践中，项目绩效考核风险往往是绩效考核模板设计粗糙导致的。2020年3月16日，财政部正式印发《政府和社会资本合作（PPP）项目绩效管理操作指引》（财金〔2020〕13号）②，可据此作为实践操作的依据和思路，按照操作指引制定整体架构，开发或者引进符合相应功能的系统工具，按照目标和指标管理、绩效监控、绩效评价、结果应用四大模块进行系统设计，嵌入自助流程管

---

① 《经营性PPP项目唯一性风险及其应对研究》，载"PPP频道"微信公众号，https：//mp. weixin. qq. com/s/0xJQ7ZqIiG7OmYo4jADxHg，最后访问时间：2022年3月28日。

② 《政府和社会资本合作（PPP）项目绩效管理操作指引》，载中国政府网，http：//www. gov. cn/ zhengce/zhengceku/2020-03/31/content_5497463. htm，最后访问时间：2022年3月28日。

理、人员权限配置、考核指标模板、自动输出报告等功能,保障 PPP 项目绩效工作的政策响应性、科学性及可实施性。[1]

4. 项目再融资风险控制

首先,为有效解决企业经营性不足导致 REITs 无法落地问题,建议社会资本一方面不断通过提高服务水平,完善项目资料,提升项目管理,获取较多利润,节约运营成本,提升运营效益,实现供给效率和效益最大化,另一方面建立科学合理的补偿机制,与政府协商确定合适的补贴方式,避免大幅提高使用者付费,导致公益性质丧失。

其次,针对再融资合同条件的缺失给项目再融资带来的现实阻碍,笔者建议政府和社会资本在 PPP 项目合同谈判前期,对未来的再融资情况进行预判和评估,在 PPP 项目合同体系中进一步明确项目再融资的合同条件,至少包括再融资的触发条件、风险分担、收益分配等条款,在选择再融资时也应当注意根据 PPP 项目的具体情况和资金需求选择最适合的方式、最规范的流程操作,避免项目无法落地。

最后,针对 PPP 项目再融资过程可能出现的恶性再融资风险,笔者建议可以在 PPP 项目再融资过程中,同步跟进监管工作,从底层基础资产到项目融资主体资格的确认,再到交易规范性、合法性审查[2],项目监管应当贯穿整个再融资交易流程,尽最大可能保障 PPP 项目再融资合法高效落地。而如何避免国有资产流失的问题则需要通过规则的确定和机制的搭建来进行规制。

第三节　基础设施项目移交管理

一、传统模式项目移交管理

(一) 传统模式项目移交概述

基础设施投资建设的传统运作模式是指在政府主导下,由投资方对基础设施

---

① 侯继尧:《超过 4000 个项目进入运营期,PPP 绩效管理该怎么搞?》,载搜狐网,https://www.sohu.com/a/350159432_480400,最后访问时间:2023 年 3 月 6 日。

② 曹珊:《【专家库交流实录】PPP 项目再融资需要注意哪些问题?有哪些具体的相关建议?》,载"道 PPP"微信公众号,https://mp.weixin.qq.com/s/eHtm_LyEZQpD-ZGB-JOgQA,最后访问时间:2023 年 1 月 9 日。

项目进行投资，并通过招投标等方式选取施工单位进行基础设施项目施工建设，项目完工后交由投资方或第三方运营的模式。根据《基本建设财务规则》① 规定，基本建设项目竣工验收合格后应当及时办理资产交付使用手续，并依据批复的项目竣工财务决算进行账务调整。资产交付是指项目竣工验收合格后，将形成的资产交付或者转交生产使用单位的行为。交付使用的资产包括固定资产、流动资产、无形资产等。

通常情况下，传统模式项目基础设施的移交，都是基础设施项目建设完工并经竣工验收合格后，施工单位向建设单位或项目施工的组织管理单位（基建处）移交后，建设单位或项目施工的组织管理单位（基建处）再向政府指定的运营、使用、养护管理单位等移交，实践中也存在施工单位直接向运营、使用、养护管理单位等移交的情况。如《天津市城市基础设施移交接管管理办法》② 第 4 条、第 16 条规定："建设行政主管部门会同相关主管部门组织城市基础设施移交接管工作。市容园林、交通港口、水务、市政公路等城市基础设施相关主管部门按照各自职责做好城市基础设施移交接管的相关工作。""城市基础设施固定资产产权需要移交的，由建设单位和养护管理单位按照国家和本市相关规定办理。"

实践中，各地政府和各部门针对不同基础设施项目规定的具体程序不尽相同，但主要的程序就是建设单位提出移交申请、相关单位组织现场踏勘和资料审核、举行会议签章同意移交、建设单位将工程实物和技术资料等移交接管单位。也有一些在实际工程主体建设完成、尚未正式移交时，因社会使用的客观需求提前投入运行的项目，需要增加"初步移交"环节，要求设施在投入使用前经过初步移交，在初步移交完成后，由设施接管单位负责设施的日常巡查，并督促建设单位及时处理设施损坏等问题，建设单位逾期未处理设施问题的，由接管单位暂行代为处理。

当然，一些社会事业类项目的移交，由项目施工的组织管理单位（基建处）或建设单位在规定的时间内将资产权证办理至机关事务管理部门名下，及时办理相关产权及资料的移交手续后，由资产管理部门再分配。《长沙市政府投资建设

① 《基本建设财务规则》（财政部令第 81 号），载中国政府网，http：//www. gov. cn/xinwen/2016- 05/06/content_5071027. htm，最后访问时间：2023 年 1 月 9 日。

② 《天津市城市基础设施移交接管管理办法》，载天津市人民政府网站，http：//www. tj. gov. cn/ zwgk/zfxxgkzl/zlzc/zlgz/202111/t20211118_5712260. html，最后访问时间：2022 年 3 月 28 日。

项目维护管理移交办法》① 就是一个典型，其第 26 条第 1 款规定："政府投资建设的党政机关及财政全额拨款事业单位（医院、学校、政法、军产除外）办公用房、业务技术用房等社会事业类项目和项目建设相应的土地使用权的移交工作由机关事务管理部门组织进行。项目完成竣工结算及验收后，建设单位必须在规定的时间内将资产权证办理至机关事务管理部门名下，并及时办理相关产权及资料的移交手续。"

而社会事业类项目维护管理移交的一般程序为工程竣工验收合格后建设单位向机关事务管理部门提出移交申请，由机关事务管理部门组织办理移交手续后对移交的房产进行统筹调配。例如，《长沙市政府投资建设项目维护管理移交办法》第 27 条规定："社会事业类项目维护管理移交的一般程序：工程竣工验收合格之日起 5 个工作日内，建设单位应向机关事务管理部门提出移交申请（附相关资料），由机关事务管理部门组织相关的资产使用单位签定移交清单，办理移交手续。最后按办公用房管理的相关规定对移交的房产进行统筹调配。" 又如，《北京化工大学基本建设项目移交管理办法（试行）》② 第 7 条 "基建管理部门应将新建房屋的使用权移交给国有资产管理处，再由国有资产管理处按照学校相关规定将房屋使用权分配给使用单位" 也作出了相似的规定。

（二）传统模式项目移交管理风险识别

传统模式项目基础设施种类多、涉及诸多部门及单位，在这些设施的竣工移交过程中，常常会出现一些管理责任不清、设施移交不及时、不符合要求、建管状态切换不灵敏、质量问题整改不充分的现象，带来相应风险。

1. 移交项目不达标风险

在基础设施项目的建设过程中，受各种原因所影响，可能会出现项目质量不达标等情况，导致项目无法竣工验收移交或虽然移交但是无法正常使用，该部分已经在本章第一节详细介绍过了。在这里要特别提到的一点是，有一些基础设施项目在主体建设完成、尚未正式移交时，因社会使用的客观需求会提前投入运行。像有些市政工程因为时间紧迫，往往验收甚至分段或缺项验收后就要求投

---

① 《长沙市政府投资建设项目维护管理移交办法》，载长沙市人民政府网站，http://www.changsha.gov.cn/szf/zfgb/201901255/201902256/201902/t20190219_6089293.html，最后访问时间：2022 年 3 月 28 日。

② 《北京化工大学基本建设项目移交管理办法（试行）》，载北京化工大学校务（信息）公开网，https://xxgk.buct.edu.cn/2017/0701/c2790a39594/pagem.htm，最后访问时间：2022 年 3 月 28 日。

用，导致这些设施在移交给接管单位前的这段时间已经处于使用状态，它在使用状态下的管理单位就可能是建设单位。此外，移交的过程一般是建设单位组织参建单位进行竣工验收，验收合格后施工单位会将工程实物、竣工资料等移交建设单位，最后由建设单位将工程实物和竣工资料等移交接管单位，在这个过程中就会出现建管分离的时间差。在项目正式移交管理单位前，项目的管理单位也是建设单位，而建设单位往往是重视建设过程、忽视运营管理过程的，就算重视可能也不是很专业，并且建设单位在项目移交前也不太可能争取到一笔专项的维护养护经费，导致一些设施可能还没有移交就出现质量问题或是其他问题。如果在移交前这些问题处理不到位，接管单位接手后移交设施不符合使用要求，其日常运营和维护的难度就会加大。

此外，除了质量不达标，还应该关注使用功能不达标的风险，其中需要特别注意的是一些基础设施，如市政城市道路、城市桥涵、城市隧道、城市地下管廊、城市雨污水收集等设施。大量信息技术被应用于基础设施的建设和管理中，这就需要市政工程在设计和建设过程中充分考虑到建成后能否与接管单位已有的信息技术系统兼容匹配、是否存在特殊要求。如果在设计和建设过程中未充分考虑到建成后能否与接管单位已有的信息技术系统兼容匹配，在移交时又不对设施的信息技术系统兼容进行规范和试验，就可能出现交给管理单位的设施不能用、不好用，甚至出现再次改造、浪费资金的风险。

2. 移交不及时或不完整的风险

如前所述，传统模式基础设施项目的移交一般先由建设单位组织参建单位进行竣工验收，验收合格后施工单位会将工程实物、竣工资料等移交建设单位，最后由建设单位再将工程实物和竣工资料等移交接管单位。

实践中，许多基础设施项目存在无法竣工验收或移交的问题，造成这种现象的原因主要有施工单位未能严格履行合约完成全部工程量导致存在漏项，比如绿化施工数量不足、施工质量不达标无法通过竣工验收发回整改、项目建设完成后现场管理不善导致设施受损或被盗（比如污水井盖被盗）等、竣工资料准备不齐全不完整或丢失、接收单位拖延接收设施或是接收单位过于严格和谨慎等。当然，项目无法竣工验收和移交往往是多层原因叠加造成的，既有客观原因也有主观原因，多层原因叠加还会带来相互推脱责任的问题，无法达成移交协议，进一步影响移交时间的风险。

如果大量的基础设施建成后因未竣工移交而闲置，不仅会造成公共资源的浪费，还会导致项目设施因为没有责任单位的管理出现损坏加快的情况，同样也会给建设单位带来不小的负担，基础设施的延迟使用也会带来消极的影响。[①]

（三）传统模式项目移交管理风险防控

1. 建立制度化管理体系

对于解决基础设施移交接管不规范的现象，首要的就是建立制度化管理体系。拿市政基础设施举例，各地政府应当积极出台市政工程设施移交接管行为规制的规范性文件，因为从实际来看，市政工程设施建设单位和接管单位要么是上下隶属关系，要么是同级别不同部门关系，要么是业务指导关系，政府层面有一个操作指引，就可以规范各级别各单位的行为。如前文多次提到的《长沙市政府投资建设项目维护管理移交办法》对于政府投资建设项目移交条件、移交程序、移交监管和评价机制等进行规范，并且按照市政基础设施类项目、社会事业类项目、农林水利类项目、交通运输类项目、政法类基础设施项目等具体的类目，对性质不同的项目移交的特殊情况作出相应的规定，就会对基础设施移交接管起到积极的规范作用。

2. 提前介入项目维护管理

如前文所述，有些市政工程因为时间紧迫，往往验收甚至分段或缺项验收后就要求投用，导致这些设施在移交给接管单位前的这段时间是处于使用状态的，但是却无人管理或者建设单位管理粗糙，那么地方政府或者相关市政接收管养单位可以研究提前介入项目管理的办法。建议凡是已竣工验收合格（或有明确限期开放交通要求）的市政基础设施工程，应自竣工验收合格之日起（或开放交通检查合格之日起）由接收管养单位介入日常管理养护和环卫工作，避免项目建成后无人管养、无人保洁，影响使用寿命和市容市貌。[②]

3. 移交过程合理化

针对接收单位拖延接收设施或是接收单位过于严格和谨慎，相互推诿害怕承担责任，导致无法达成移交协议，进一步影响移交时间的问题，建议在移交接管

---

① 梁善锋、刘婷婷、李恒振：《城市公共基础设施项目竣工验收和移交问题对策探析——以南宁市为例》，载《企业科技与发展》2015年第6期。

② 梁善锋、刘婷婷、李恒振：《城市公共基础设施项目竣工验收和移交问题对策探析——以南宁市为例》，载《企业科技与发展》2015年第6期。

的程序启动上要顺畅，尽量不要设置不必要的障碍，只要软件资料和硬件条件符合规定和其他硬性、特殊性要求就可以移交。否则，时间拖得越久，基础设施的隐患就越多，移交不了的风险就会越高，最终导致公共资源的浪费等后果。

二、PPP 模式项目移交管理

（一）PPP 模式项目移交概述

由于 PPP 模式在我国实践时间不长，目前我国多数 PPP 模式项目仍处于建设和运营阶段，并未走到移交程序，尚未有足量实践数据用来分析移交阶段的实际问题。项目移交通常是指在项目合作期限结束或者项目合同提前终止后，项目公司将全部项目设施及相关权益以合同约定的条件和程序移交给政府或者政府指定的其他机构。期满终止移交是指按照 PPP 项目合同，项目运营到期后，项目公司将该项目的所有权移交给政府或政府指定的机构。提前终止移交通常指的是 PPP 模式项目在建设或者运营期间，由于某项事由导致 PPP 模式项目协议提前终止，项目公司将项目移交给政府或者政府指定机构的情况。①

PPP 模式项目合同约定的移交资产的方式包括无偿移交和有偿移交。我国现阶段大部分 PPP 项目在期满终止移交时均为无偿移交，这是因为社会资本方（或项目公司）通过在 PPP 项目合同约定的合作期限内运营 PPP 项目可以收回其投资并获得合理回报，即使社会资本方（或项目公司）无法通过这一方式盈利，政府方往往也会通过可行性缺口补助和政府付费等方式保证社会资本方（或项目公司）的投资回报。

根据《PPP 项目合同指南（试行）》，PPP 项目移交的基本原则为"项目公司必须确保项目符合政府回收项目的基本要求"，因为出于继续使用项目资产的目的，政府通常会要求社会资本移交的资产达到应有的良好状态，使资产剩余的使用寿命与初始设计相符。项目移交的范围通常包括项目设施、项目土地使用权及项目用地相关的其他权利、与项目设施相关的设备、机器、装备、零部件、备品备件以及其他动产、项目实施相关人员、运营维护项目设施所要求的技术和技术信息、与项目设施有关的手册、图纸、文件和资料（书面文件和电子文档）、移交项目所需的其他文件等。

---

① 曹珊：《政府和资本合作（PPP）项目法律实务》，法律出版社 2016 年版，第 233 页。

（二）PPP 模式项目移交方式和内容

根据移交对象的不同，期满终止移交实践中常用的两种移交方式为项目资产移交和项目公司股权移交。

1. 资产移交

项目资产移交，是指社会资本方（或项目公司）在 PPP 项目合作期届满将具体 PPP 项目所涉及的资产无偿或者有偿转让给政府方或政府方指定的接收机构，项目公司的产权或者管理经营权转移至政府方或政府方指定的接收机构，而社会资本方（或项目公司）本身的股权不发生变化的方式。从资产的类别角度划分，项目资产移交大致可以分为不动产移交和动产移交。

不动产移交的内容通常包括：土地使用权的移交（包括移交占有权、办理土地使用权变更登记）；房屋、建筑物、构筑物和地上地下其他定着物的移交（包括移交占有权、办理所有权变更登记）；不动产权利登记簿上其他权利限制（如抵押权）的解除；基于对房屋、建筑物、构筑物和地上地下其他定着物工程施工、修缮、添附或其他加工承揽活动而可能存在的加工承揽人工程款优先受偿权的解除或消灭；对不动产移交前有关不动产的占有、使用、收益和处分的税费的结清，并移交相关缴纳凭证；已设立所有权、使用权的不动产的质量、保修和其他保障服务权利的保证凭证（如合同、保修单）的移交。

动产移交的内容通常包括：依法应登记的特殊动产的移交（包括移交占有权、办理动产权属变更登记）；动产权利限制（如抵押权、质押权、留置权）的解除；已取得动产的对价的结清，并移交相关支付凭证；对特殊动产移交前有关动产的占有、使用、收益和处分的税费的结清，并移交相关缴纳凭证；已取得动产的质量、保修和其他售后服务权利的保证凭证（如合同、保修单）的移交。[①]

总体而言，采用资产移交方式进行 PPP 项目移交，政府方在办理产权转移手续之后取得资产的完整物权，社会资本方在建设运营阶段因投资建设而产生的债务，不会影响到政府对项目工程的物权，如果进行移交的不动产不存在权属瑕疵，一般能够顺利办理产权登记手续，可以快速获得项目产权，但同时因为涉及产权变更，所有实物进行交割的移交手续也是十分复杂的。为了全面保障项目的后续运营，政府一般还是会要求项目公司及时清理其债权债务关系，甚至要求将

---

① 曹珊：《政府和资本合作（PPP）项目法律实务》，法律出版社 2016 年版，第 243 页。

原有项目公司进行清算后注销，以彻底隔绝原有项目公司可能引发的风险和债务纠纷。

2. 股权移交

股权移交，是指社会资本方通过将其拥有的项目公司股权无偿或者有偿转让给政府方或政府方指定的受让方，进行项目产权移交的方式。发生变化的是项目公司的股权，项目资产的产权或管理经营权并不发生变化，仍为项目公司所有。

采用股权移交的方式时，一般按照股权转让程序签订股权转让合同、办理股权转让登记过户手续等即可完成项目产权移交，手续相对于资产移交方式较为简单，移交过程中也不涉及增值税、土地增值税及契税的缴纳问题，而仅涉及股权转让产生的所得税问题，但需要对项目公司所有的资产情况进行全面调查，还需要对项目公司的整个经营状况和债权债务情况等进行全面调查，在必要时可能还需要委托律师、会计师等专业人士对项目公司进行全面的尽职调查。[①] 此外，股权移交方式还需考虑国有资产管理相关法规的衔接，例如《企业国有资产法》中的"资产评估"程序性规定，凡是涉及国有股权转让的行为，必须经过资产评估的程序来确定该转让股权的交易价格等。

（三）PPP 模式项目移交程序

PPP 项目移交阶段主要工作包括移交准备、性能测试、资产交割和绩效评价，为确保项目移交的顺利进行，双方当事人应当在 PPP 项目合同中对项目移交程序作出明确约定。根据具体 PPP 项目情况的不同，项目移交可能会涉及以下程序：

1. 成立项目移交机构

项目实施机构或政府指定的其他机构应当组建项目移交工作组，项目移交工作组的职责包括：委托具有相关资质的资产评估机构，按照项目合同约定的评估方式对移交资产进行资产评估；严格按照性能测试方案和移交标准对移交资产进行性能测试；性能测试结果不达标的，要求社会资本方或项目公司进行恢复性修理、更新重置或提取移交维修保函。对移交资产比较多、移交工作比较专业和复杂的 PPP 项目，除需要成立项目移交工作组或移交委员会从总体上全面负责项目移交工作外，可能还需要根据具体 PPP 项目情况的不同，成立各专业工作小

[①] 曹珊：《政府和资本合作（PPP）项目法律实务》，法律出版社 2016 年版，第 251 页。

组来具体负责项目移交中的相关事宜。

2. 项目评估和性能测试

在 PPP 项目移交前，通常需要对项目的资产状况进行评估并对项目状况能否达到合同约定的移交条件和标准进行测试。实践中，上述评估和测试工作通常由政府方委托的独立专家或者由政府方和项目公司共同组成的移交工作组负责。经评估和测试，项目状况不符合约定的移交条件和标准的，政府方有权提取移交维修保函，并要求项目公司对项目设施进行相应恢复性修理、更新重置，以确保项目在移交时满足约定要求。

3. 资产交割

在资产交割过程中，项目公司应按照 PPP 项目合同的约定，向政府方或政府方指定的机构移交项目产权，包括运营维护项目设施所要求的技术和技术信息、与项目设施有关的手册、图纸、文件和资料（书面文件和电子文档）、移交项目所需的其他文件等。交割双方应配合完成权利变更登记等关于资产转移的法律手续，按约定缴纳移交过程中应缴纳的税费。

4. 项目绩效评价

项目移交完成后，财政部门应组织有关部门对项目产出、成本效益、监管成效、可持续性、PPP 模式应用等进行绩效评价，并按相关规定公开评价结果。至此，一个 PPP 项目的生命周期正式结束。

（四）PPP 模式项目移交管理风险识别

1. 税费承担不清风险

PPP 项目移交过程中所涉及的税费处理问题非常专业和复杂，目前国家并未出台专门的规定明确 PPP 项目在最终移交阶段如何进行税务处理，实践中常常会遇到资产移交过程涉及产权过户是否缴纳相关税费、动产移交是否需要开具发票及缴纳流转环节税、无偿移交接收方的计税基础如何确定、项目公司的清算所得如何确定、项目发起人的初始投资（项目公司的注册资本）是否确认为投资损失等一系列问题。在确定具体 PPP 项目移交税费的承担时如果对这些问题处理不清，就容易产生纠纷或者相应成本损失等。

2. 移交后无法正常运营风险

在 PPP 项目长达数十年的合作期内，存在诸多政企双方都不可预见的风险。

如前所述，我国现阶段绝大部分 PPP 项目在期满终止移交时均为无偿移交，因此项目公司可能存在没有积极性和经济利益驱动来保证移交项目的性能和标准，这就有可能导致社会资本方（或项目公司）交出的是一个金玉其外，败絮其中的"两层皮"项目。

虽然 PPP 项目合同通常都会约定项目移交时的性能、标准、资产完整程度等，但是由于我国实施 PPP 项目的经验并不丰富，目前我国多数 PPP 模式项目仍处于建设和运营阶段，并未走到移交程序，政府方很难在签署 PPP 项目合同时就全面考虑到项目移交时和移交后可能出现的情况，而 PPP 项目移交前又一直由项目公司进行运营管理，项目公司比政府更清楚项目的情况，导致在项目移交阶段政府方和项目公司之间存在信息不对称的问题。在信息不对称及存在环境影响因素的情况下，项目公司为了自身经济利益的最大化，很可能采取降低维护水平、超额运转、减少日常维护费以及项目大修费用等行为。特别是在项目合作期限即将到期时，该风险系数会更加大，这就可能导致项目本身的性能和标准系数下降，在移交时勉强支撑运营，一旦移交给政府后往往很难持续运营或需要支付高额费用维护修理才能继续正常运营。

3. 移交后技术垄断、原材料垄断风险

移交过程还应当注意社会资本方（或项目公司）在运营过程和移交过程中隐瞒自己在项目运营中采用的技术、原材料等情况，使项目必须依赖社会资本方独有的技术和独特的原材料才能正常运营，造成项目公司移交给政府方或政府方指定的接收机构后，仍然受到社会资本方的控制，项目在移交之后需要支付高昂的技术费用和原材料费用才能保证项目正常持续运营。[1]

（五）PPP 模式项目移交管理风险防控

1. 委托税务专业人员，合理控制相应的税收风险

鉴于针对 PPP 项目移交阶段的税务处理并无统一、明确的规范，各地税务机关对此的征收口径也有一定差别，故 PPP 项目的参与主体应当事先了解项目开展地的有关税收政策，在相关协议中明确约定因移交所产生相应税负的承担主体或者限额，从而合理控制相应的税收风险和成本。[2] 在确定具体 PPP 项目移交

---

[1] 曹珊：《政府和资本合作（PPP）项目法律实务》，法律出版社 2016 年版，第 260 页。

[2] 陈国强、戴鸣：《PPP 模式下涉税问题探讨》，载"观韬中茂律所"微信公众号，https://mp.weixin.qq.com/s/MhPadVH9hg-ELCxVqUkYdA，最后访问时间：2022 年 3 月 28 日。

税费的承担时，政府方和社会资本方最好能够委托税务方面的专业人员提供税务处理上的专业服务。

2. 引入有实力的中介机构对项目进行综合评价

在项目移交前引入有实力的中介机构对项目进行综合评价，使政府方全面了解待移交项目的真实情况，减少因信息不对称而可能给政府方带来的损失。项目达不到移交要求和标准的，政府方可以责令项目公司在移交开始前采取措施进行整改，使项目达到一个能持续良好运行的状态，防患于未然。

3. 尽早成立移交委员会

在项目的移交过程中，政府方与项目公司应该成立移交委员会。移交委员会应该尽早成立，以便政府方提前介入项目，尽早了解和熟悉项目真实情况，减少政府方的信息劣势，也便于在项目移交之后正常运营项目。移交委员会在介入过程中要特别注意项目公司是否存在技术垄断、原材料垄断等情况，以防止上述所提社会资本通过专利技术、独特的原材料等间接控制项目。

4. 加强项目监管

PPP 项目履约管理是指政府和社会资本合作项目的 PPP 项目合同签署后，政府方及社会资本方、项目公司方对项目进行全过程、全方位的履约管理，PPP 项目履约管理应当贯穿项目全生命周期。PPP 项目移交阶段产生的很多问题都是之前建设、运营阶段遗留下来的问题未能及时得到解决所致，比如项目公司运营阶段降低维护水平、超额运转、减少日常维护费用、项目大修补费用等行为就容易导致项目移交阶段的性能标准达不到要求。所以政府方应加强对项目公司实施 PPP 项目全过程的监管，而不能只重建设轻管理。①

通常，PPP 项目移交都会约定过渡期，即社会资本方（或项目公司）保障或维护项目在移交之后的一段时间里的正常运营，而在澳大利亚、荷兰、比利时等国家，为保证合同到期前项目资产得到有效监管，一般是在合同到期前两年开始，在前一年、前六个月及到期时，均开展一次资产调查工作，所以我们也可以借鉴他们的做法，建立项目到期前每隔一段时间就对资产进行调查的监管制度。

---

① 曹珊：《政府和资本合作（PPP）项目法律实务》，法律出版社 2016 年版，第 261 页。

第八章　基础设施项目工程造价管理

近些年来，我国基础设施项目取得了飞跃性的发展，更是获得了可观的经济效益和社会效益，但行业发展的同时，也出现了一些因为决策、设计、造价阶段准备不充分或者过程管理失控导致的项目风险、经济损失等。其中，对工程造价的前期决策阶段的不重视和工程结算过程管理阶段中的疏忽，是导致项目收益不达标最核心的因素。

工程造价全过程管理是运用科学、规范的技术和方法进行全过程、全方位的管理和控制，即在投资决策阶段、设计阶段、建设项目发包阶段、建设实施阶段和竣工结算阶段，把工程预期开支或实际开支的费用控制在批准的限额内，以保证项目管理目标的实现。造价控制是工程项目管理的重要组成部分，且是一个动态的控制过程。只有有效控制工程造价，协调好质量、进度和安全等关系，才能取得较好的投资效益和社会效益。

为了有效控制工程建设各个环节的工程造价，做到有的放矢，对不同的阶段应该采取不同的控制手段和方法。具体来说，各个阶段的造价工作主要包括可行性研究与经济评价、投资估算、设计概算、施工图预算、承包合同价、竣工结算价、竣工决算等。

其中，在投资估算阶段，由于建设单位通常不是投资估算和造价专业人员，对工艺流程及方案缺乏认真的研究，而且工程尚在模型阶段，易造成计价漏项，如果再没有动态的方案比优，那么估算数据是难以准确的；而在设计阶段，往往是业主或是设计单位未真正做到标准设计和限额设计，存在重进度和重设计费用指标、轻工程成本控制指标的问题；在招投标阶段，编制标价时，往往没有准确解读施工图，造成施工图预算造价失真、中标价偏离，并为工程索赔埋下了隐患；到施工实施阶段，其实对工程项目的投资影响已经较小，但该阶段是建筑产品的形成阶段，是投资支出最多的阶段，也是矛盾和问题的多发阶段，合作单位常常是重一次性合同价管理、轻项目全过程造价管理跟踪，更有甚者，不重视工程变更和现场签证；工程结算阶段还可能会涉及黑白合同、政府审计等一系列问题。

由此可知，造价全过程管理是一项不确定性很强的工作。由于造价贯穿工程管理的始终，任何环节出了问题都会给项目投资工程造价留下隐患，影响工程项目功能和使用价值，甚至会酿成严重的投资问题。只有遵循客观规律，重视各个环节的造价监督与控制，从根本上消除造价缺陷与隐患，才能确保整个工程项目顺利高效地进行。本章将通过决策阶段、设计阶段、施工阶段和结算阶段四个方面，全面地为大家介绍和梳理基础设施造价全过程中的相关问题与风险防范。有关招投标阶段的相关风险防范具体参见第六章，在此章不做赘述。

第一节 基础设施项目可行性研究、投资估算、投资概算与施工图预算

工程造价管理中一直存在一定程度上的重视造价的控制，但轻视造价的合理确定的问题：发包方与承包方难以处理好控制与确认二者的关系，在建筑材料价格不稳定时把工程造价的失控归咎于材料价格上涨，在材料价格较平稳时又把工程造价的失控归咎于没有足够重视设计阶段工程造价的有效控制。很少有人提到工程造价失控的一个重要原因就是没有足够重视项目前期投资决策阶段工程造价的合理确定。

在基础设施项目投资决策阶段，项目的各项技术经济决策，对基础设施项目造价以及项目建成投产后的经济效益，有着决定性的影响。该阶段是工程造价控制的重要阶段。工程造价管理人员在决策阶段应编制可行性研究报告，并对拟建项目进行经济评价，选择技术上可行、经济上合理的建设方案，并在优化建设方案的基础上，编制高质量的项目投资估算，使其在项目建设中真正起到控制项目总投资的作用。

工程造价控制的关键在于前期决策和设计阶段，而在项目投资决策完成后，控制工程造价的关键就在于设计，它是把技术与经济有机结合在一起的过程。有效控制工程造价要求在施工图设计中严密、全面。我国的工程设计也有实行招投

标、公平竞争，把对设计阶段有效控制工程造价作为选择中标单位的主要标准之一。但很多设计单位对工程项目的技术与经济深入分析不够，在设计中大多重技术、轻经济，设计人员似乎只对设计工程的质量负责，对工程造价的高低不太关心，以致无法通过优化设计方案，编制初步设计、概算起到控制总造价的作用。若工程设计图的质量和深度等也不够，工程量清单中的工程量错算、漏算，还将引起暂估项目的增多，使招投标工作的质量难以保证，因而也无法有效控制工程造价。

一、基础设施项目可行性研究及其经济评价

（一）项目可行性研究的概念

可行性研究是指建设项目在投资决策前，对与拟建项目有关的社会、经济、技术等各方面进行深入细致的调查研究，对各种可能拟定的技术方案和建设方案进行认真的技术经济分析和比较论证，对项目建成后的经济效益进行科学的预测和评价。[1] 其中，财务的盈利性和经济的合理性是可行性研究的核心。

工程项目可行性研究主要包括对投资项目进行的四个方面的研究，即市场研究、技术研究、经济研究和环保生态研究。市场研究是指通过市场分析来论证项目拟建的必要性、拟建规模、建造地区和建造地点、需要多少投资、资金如何筹措等；在选定了拟建规模、确定了投资额和融资方案后，就应选择技术、工艺和设备，即为技术研究；经济研究是可行性研究的核心内容，通过经济研究论证拟建项目经济上的盈利性、合理性以及对国民经济可持续发展的可行性；环保生态研究则是因为部分已建大中型项目在环保生态方面存在失误，造成了不可挽回的生态损失，所以需要对此进行前期的研究。

（二）项目可行性研究的作用

项目可行性研究最重要的作用是成为项目投资决策的依据。一个项目的成功与否及效益如何，会受到社会、经济、技术等诸多不确定因素的影响，而项目的可行性研究有助于分析和认识这些因素，并依据分析论证的结果提出可靠的或合理的建议，从而为项目的决策提供有力依据。

---

[1] 郭晓平：《项目可行性研究与投资估算、概算》，中国电力出版社 2016 年版，第 12 页。

另外，项目可行性研究还将作为贷款、筹集资金的依据；作为编制设计和进行建设工作的依据；作为签订有关合同、协议的依据；作为项目进行后评价的依据；作为项目组织管理、机构设置、劳动定员的依据；作为生态环境部门审查项目环境影响的依据；作为向项目所在地政府和规划部门申请建设执照的依据。

（三）项目可行性研究经济评价指标

基础设施可行性研究经济评价主要涉及资金筹措评价、财务效益评价、国民经济效益评价、社会效益评价、不确定性分析等。

1. 资金筹措评价

资金筹措评价主要侧重以下方面：资金的筹措方法是否正确，能否落实；资金的筹措和使用计划是否与项目的实施进度计划一致，有无脱节现象；利用外资来源是否可靠；利率是否优惠；有无其他附加条件或条件是否合理；偿还方式和条件是否有利；与其配套的国内资金筹措有无保障等；对各种筹资方案是否进行过经济论证和比较，所推荐的方案是不是最优选择。

2. 财务效益评价

可行性研究报告对财务效益的评价应采用动态分析与静态分析相结合，以动态分析为主的方法。作出的评价指标主要应包括财务内部收益率、投资回收期、贷款偿还期、财务净现值、投资利润率等。对财务效益的评价应侧重于：建设期、投产期和达产期的确定是否合理；主要产出品的产量、生产成本、销售收入等基本数据的选项是否可靠；主要指标的计算是否正确，是否符合有关行业的规定和要求；所推荐的方案是否为最佳方案；各种财务效益指标计算中，采用的贴现率、汇率、税率、利率等参数选用是否合理等。[①]

3. 国民经济效益评价

对经济效益的评价应侧重于：对属于转移支付的国内税金、利息、各种贴补等是否已经剔除；与项目相关的外币费用和效益的确定是否合理，有无高估或遗漏；外币的换算是否用影子汇率代替财务评价中所用的现行汇率进行调整；在项目费用和效益中占比重较大或价格明显不合理的收支，是否用影子价格调整；所采用的影子价格或经济参数是否科学、合理。

---

① 郭晓平：《项目可行性研究与投资估算、概算》，中国电力出版社 2016 年版，第 18~19 页。

4. 社会效益评价

社会效益评价以定性为主，主要分析项目建成投产后，对环境保护和生态平衡的影响、对提高地区和部门科学技术水平的影响、对提供就业机会的影响、对提高人民物质文化生活及社会福利的影响、对城市整体改造的影响、对提高资源综合利用率的影响等。此外，还应计算相关工程发生的费用以及项目建设后产生的负效益。

5. 不确定性分析

可行性研究对项目评价所采用的数据大部分来自预测和估算，由于情况是不断变化的，预测和估算的数据总会存在一些不确定因素，几乎不可能与实际情况完全相同。为了消除不确定因素对经济效益评价指标的影响，还需要进行不确定性分析。不确定性分析是通过主要经济因素变化对经济效益造成的影响，预测项目抗风险能力的大小，分析项目在财务和经济上的可靠性。

二、投资估算的作用、编审依据和编制程序

（一）投资估算的概念

投资估算是在投资决策阶段，以方案设计或可行性研究文件为依据，按照规定的程序、方法和依据，对拟建项目所需总投资及其构成进行的预测和估计，是在研究并确定项目的建设规模、产品方案、技术方案、工艺技术、设备方案、厂址方案、工程建设方案以及项目进度计划等的基础上，依据特定的方法，估算项目从筹建、施工直至建成投产所需全部建设资金总额并测算建设期各年资金使用计划的过程。[①]

建设项目总投资的构成决定了投资估算应包括固定投资估算和流动资金投资估算。固定投资估算包括设备及工器具购置费、建筑安装工程费、工程建设其他费用、预备费、建设期贷款利息和固定资产投资方向调节税等的估算。

投资估算是项目建设前期编制项目建议书和可行性研究报告的重要组成部分，估算结果主要用于预算费用或价值分析、业务决策、资产及项目规划、项目费用与进度过程控制。因此，投资估算需要综合考虑处理风险与不确定性，估算偏高或偏低都会给项目的决策者造成决策失误。如投资估算偏高，则投资收益率

---

① 郭晓平：《项目可行性研究与投资估算、概算》，中国电力出版社 2016 年版，第 88 页。

低，还款时间长，效益不好，建设项目不易获得批准立项；如投资估算偏低，在项目实施过程中，投资失控的现象有可能发生，即项目尚未竣工，投资就耗尽，产生来不及筹措的资金缺口，使得建设项目不能按规定的建设进度完成，之后由于资金不足，拖欠工程款现象也就会随之出现，使得施工企业背上沉重的包袱。

（二）投资估算的阶段与作用

基础设施项目决策阶段的投资估算可分为四个小阶段，即建设项目规划阶段、项目建议书（投资机会研究）阶段、预可行性研究阶段、详细可行性研究阶段。其中，建设项目规划和项目建议书阶段对投资估算精度的要求为误差±30%；预可行性研究阶段对投资估算精度的要求为误差±20%；详细可行性研究阶段对投资估算精度的要求为误差10%以内。[①]

1. 项目规划阶段的投资估算。建设项目实施的第一步是规划，按项目规划的要求和内容，粗略估计投资额，寻求有价值的投资机会。这一阶段对基础数据的估算精度较低，误差允许大于30%。

2. 项目建议书（投资机会研究）阶段的投资估算。项目建议书的编制一般由业主或业主委托咨询机构负责完成，通过考察和分析提出项目的设想和对投资机会研究的评估。项目建议书的最终结论，可以是项目投资机会研究有前途的肯定性推荐意见，也可以是项目投资机会研究不成立的否定性意见。

这一阶段主要是明确投资方向，提出概略的项目投资建议，并编制项目建议书。该阶段投资额的估计一般是通过与已建类似项目的对比得来的，因而投资估算的误差率可在30%左右。

3. 预可行性研究阶段的投资估算。预可行性研究也称为初步可行性研究。项目预可行性研究应对项目投资意向进行初步的估计，其主要目的有：确定投资机会是否可行；确定项目范围是否值得通过可行性研究，作进一步详尽分析；确定项目中某些关键部分，是否有必要通过职能研究部门或辅助研究活动作进一步调查；确定机会研究资料是否对投资者有充分的吸引力，同时还应做哪些工作。该阶段是介于项目建议书和详细可行性研究之间的中间阶段，误差率一般要求控制在20%左右。

4. 详细可行性研究阶段的投资估算。详细可行性研究阶段也称为最终可行

---

① 郭晓平：《项目可行性研究与投资估算、概算》，中国电力出版社2016年版，第89页。

性研究阶段，是进行全面、详细、深入的技术经济分析论证阶段，要评价选择拟建项目的最佳投资方案，对项目的可行性提出结论性意见。该阶段研究内容详尽，投资估算的误差率应控制在10%以内。

可行性研究报告被批准之后，其投资估算额就成为设计任务书中下达的投资限额，即作为建设项目投资的最高限额，不得随意突破。做好投资估算，选择技术先进、经济合理的设计方案，有利于为实施设计或施工图文件编制打下可靠的基础。

（三）工程项目投资估算文件

投资估算文件一般由封面、签署页、编制说明、投资估算分析、总投资估算表、单项工程估算表、主要技术经济指标等内容组成。

投资估算编制说明一般论述以下内容：工程概况；编制范畴；编制方式；编制依据；主要技术经济指标；有关参数、率值选定的说明；特殊问题的说明；关于价格确定的说明；进口材料、设备、技术费用的构成与计算参数；费用估算方法；环保（不限于）投资占总投资的比重；未包括项目或费用的必要说明等。[①]

投资分析应包括以下内容：

1. 工程投资比例分析。一般建筑工程要分析土建、装潢、给水排水、电气、暖通、空调、能源等主体工程和道路、广场、围墙、大门、室外管线、绿化等室外附属工程占建设总投资的比例；一般工业项目要分析主要生产项目（列出各生产装置）、帮助生产项目、公用工程项目（给水排水、供电和电信、供气、总图运输及外管）、服务性工程、生活福利设施、厂外工程占建设总投资的比例。

2. 分析设备购置费、建筑工程费、安装工程费、工程建设其他费用、预备费占建设总投资的比例；分析引进设备费用占全部设备费用的比例等。

3. 分析影响投资的主要因素。

4. 与国内类似工程项目进行比较，分析说明投资高低的原因。

（四）工程项目投资估算的审核

首先，需要审核和分析投资估算编制依据的时效性、准确性和实用性。估算项目投资所需的数据资料很多，如已建同类型项目的投资、设备和材料价格、运

---

① 郭晓平：《项目可行性研究与投资估算、概算》，中国电力出版社2016年版，第90页。

杂费率，有关的指标、标准以及各种规定等。这些资料可能随时间、地区、价格以及定额水平的差异，使投资估算有较大的出入，因此要注意投资估算编制依据的时效性、准确性和实用性。针对这些差异必须根据定额指引水平、价差的调整系数及费用项目在投资方面形成的差异进行调整，使投资估算的价格和费用水平符合项目建设所在地实际情况。针对调整的过程及结果要进行深入细致的分析和审查。

其次，需要审核选用的投资估算方法的科学性与适用性。投资估算的方法有许多种，每种估算方法都有各自的适用条件和范围，并且有不同的精确度。如果使用的投资估算方法与项目的客观条件和情况不相适应，或者超出了该方法的适用范围，就不能保证投资估算的质量。而且要结合设计的阶段或深度等条件，采用适当、合理的估算办法进行估算。

再次，需要审核投资估算的编制内容与拟建项目规划要求的一致性。审核投资估算的工程内容，包括工程规模、自然条件、技术标准、环境要求是否一致，是否在估算时已进行必要的修正和反映，是否对工程内容尽可能地量化和质化，有没有出现内容方面的重复或漏项和费用方面的高估或低算。

最后，需要审核投资估算的费用项目、费用数额的真实性。审核各个费用项目与规定要求、实际情况是否相符，有无漏项或多项，估算的费用项目是否符合项目的具体情况、国家规定以及建设地区的实际要求，是否针对具体情况做了适当的增减；审核项目所在地区的交通、地方材料供应、国内外设备的订货与大型设备的运输等方面，是否针对实际情况考虑了材料价格的差异问题；项目位于偏远地区或有大型设备时是否已考虑增加设备的运杂费；是否已考虑物价上涨和引进国外设备或技术项目是否已考虑每年的通货膨胀率对投资额的影响，考虑的波动幅度是否合适。

三、设计概算的作用、编审依据和指标审核

（一）设计概算的概念

设计概算是指以初步设计文件为依据，按照规定的程序、方法和依据，对建设项目总投资及其构成进行的概略计算。具体而言，它是在投资估算的控制下由设计单位根据初步设计或扩大初步设计的图纸及说明，利用国家或地区颁发的概

算指标、概算定额或综合指标预算定额、各项费用定额或取费标准、建设地区自然、技术经济条件和设备、材料预算价格等资料，按照设计要求，对建设项目从筹建至竣工交付使用所需全部费用进行的预计。[①] 其特点是编制工作较为简单，在精度上没有施工图预算准确。

设计概算的成果文件称作设计概算书，简称设计概算。采用两阶段设计的，初步设计阶段必须编制设计概算；采用三阶段设计的，扩大初步设计阶段必须编制修正概算。政府采购项目的设计概算经批准后，一般不得调整。

（二）设计概算的作用

第一，是编制建设计划的依据。国家规定建设工程项目年度计划的编制、其计划投资需求量的确定、建设物资供应计划和建筑安装施工计划等，都需以主管部门批准的初步设计概算为依据，没有批准的初步设计及其概算的建设工程不能列入年度固定资产投资计划。若实际投资超出了总概算，设计单位和建设单位需要共同提出追加投资的申请报告，经主管部门批准后，方能追加投资。

第二，是制定和控制建设投资的依据。初步设计概算一经批准，即成为建设项目从筹建到竣工交付使用所需全部建设费用的最高限额，是建设项目的总投资额。在工程建设过程中，未经批准，不得突破初步设计概算。

第三，是筹措建设资金，编制建设项目用款计划，签订投资贷款合同（协议）和办理投资贷款的依据。银行通常根据批准的设计概算和年度投资计划进行贷款，并严格监督控制。

第四，是签订工程总承包合同的依据。对于施工期限较长的大中型建设工程项目，可以根据批准的建设计划、初步设计和总概算文件确定工程项目的总承包价，同时，设计概算也是招标单位编制工程建设招标文件和确定标底的基础。

第五，是衡量设计方案技术经济合理性、控制施工图预算和施工图设计的依据。经批准的设计概算是建设项目投资的最高限额，设计单位必须按照批准的初步设计和总概算进行施工图设计，施工图预算不能突破设计概算。如需要突破总概算，应按规定程序报经批准。

第六，是考核和评价建设工程项目成本和投资效果的依据。可以将以概算造价为基础计算的项目技术经济指标与以实际发生造价为基础计算的指标进行对

[①]　郭晓平：《项目可行性研究与投资估算、概算》，中国电力出版社 2016 年版，第 167 页。

比，从而对建设工程项目成本及投资效果进行评价。同时，可以验证设计概算的准确性，有助于加强设计概算管理和建设项目的造价管理工作。

（三）设计概算的编制内容

设计概算是设计文件的重要组成部分，是由设计单位根据初步设计（或技术设计）图纸及说明、概算定额（或概算指标）、各项费用定额或取费标准（指标）、设备、材料预算价格等资料或参照类似工程预决算文件，编制和确定的建设工程项目从筹建至竣工交付使用所需全部费用的文件。

设计概算按编制先后顺序和范围大小可分为单位工程概算、单项工程综合概算和建设工程项目总概算三级。

1. 单位工程概算

单位工程概算是确定各单位工程建设费用的文件，是编制单项工程综合概算的依据，也是单项工程综合概算的组成部分。其根据设计文件、概算定额或指标、取费标准及有关预算价格等资料进行编制。

单位工程概算按其工程性质分为建筑工程概算和设备及安装工程概算两大类。建筑工程概算包括土建工程概算、给水排水工程概算、空调通风工程概算、电气照明工程概算等；设备及安装工程概算包括机械设备及安装工程概算、电气设备及安装工程概算、热力设备及安装工程概算、工具器具及生产家具购置费概算等。

2. 单项工程综合概算

单项工程综合概算是一个复杂的综合体，是由单项工程中的各单位工程概算汇总编制而成的，是建设工程项目总概算的组成部分。其内容包括各功能单元的综合概算，如输水工程、净水工程、管网建设工程。

3. 建设项目总概算

建设项目总概算是确定整个建设项目从筹建到竣工验收所需全部费用文件，它是由各单项工程综合概算、工程建设其他费用概算、预备费、建设期贷款利息和投资方向调节税概算、生产或经营项目铺底流动资金概算汇总编制而成的。

（四）超概原因及风险防范

根据《政府投资条例》等相关规定，概算是控制项目总投资的依据。在项目实施过程中，不得随意超出概算（简称"超概"）。因此，概算经批准之后，即作为政府投资额的上限，应避免项目超概。超概之后，最直接的后果是面临融资缺口的问题，如项目超概过多，在政府方履行完调概手续之前，金融机构很难向项目公司发放贷款，一定程度上影响项目的后续实施；如项目公司通过流动资金贷款，可能带来更高的资金成本，在总投资认定时，过高的资金成本能否计入总投资存在一定的不确定性。[①]

（1）超概的原因

一是建设项目决策缺乏科学性。近年来，由于强调了可行性研究和技术经济评价，建设前期工作比过去有所进展。但是，不进行可行性研究就草率"上马"的项目仍然时有发生，致使一些建设项目决策严重缺乏科学性；另外，有的建设项目虽然做了可行性研究，但内容和数据不实，流于形式，一开始就使项目投资失控。

二是因为前期准备仓促、不充足造成的设计变更。引起设计变更主要有以下两个原因：一是建设单位在实施过程中提出了新的设计要求；二是前一阶段设计过于粗糙或因功能和构造处理不当，造成施工过程中发现许多在图纸上尚未标注清楚、合同中没有考虑或投资估算不准确的工程量，不得不改变施工程序或增减工程量。造成这种现象的根本原因，在于设计单位主要只负技术责任，基本不负经济责任，没有限额设计的严格规定，设计环节经济控制深度不够。设计变更所引起的工程量变化、工程返工或工期延误等，承包商必然提出索赔或追加投资的要求，从而使项目投资超过原批概算。

三是人为压低估算。多数建设项目的投资估算受项目建议书和可行性研究报告审批权限的约束，个别单位为了争项目，在可行性研究阶段人为地压低建设项目的投资估算，使之限定在本地区或本部门的审批权限之内，或者故意漏项少算，形成拟建项目投资少效益高的假象，诱使主管部门批准立项。此即所谓的"钓鱼工程"：采取"钓鱼"的方法，故意降低投资总额，待项目批准后，再不断请求追加投资。

四是部分项目在建设期间扩大建筑规模，提高建设标准，改变工程建设内容。部分项目随着项目实施，原预计的项目功能或者标准已经满足不了项目的实

---

① 李晓文：《PPP 项目超概原因分析及风险防范》，载"镜函律师"微信公众号，https：//mp. weixin. qq. com/s/rnYWBAXvZ0wx96oMMAzbEQ，最后访问时间：2022 年 3 月 30 日。

际需要，建设标准的提升以及建设规模的增加，均会导致投资额增加造成超概。

五是项目管理不力，工程造价管理与整个项目实施相脱节。我国目前建设工程造价采用分阶段计价与控制，建设工程的多次计价是因为建设工程是一个周期长、数量大的生产消费过程，多次计价各环节之间相互衔接，前者制约后者，后者补充前者。然而，只有少部分单位会对工程建设实行全过程的管理和控制，大部分单位依然将投资估算、设计概算、施工图预算和竣工决算分别交由建设单位及其主管部门、设计单位、施工单位、建设银行等分段管理，各个环节互相脱节、互不通气。大部分工程项目都是先设计再计算投资，有些工期要求紧的项目，"边勘探、边设计、边施工"的情况更是屡见不鲜。施工过程中还会出现设计变更，现场签证等没有专业人员的审查和把关。这样必然造成投资失控。

六是因物价上涨或资金短缺造成工期延长。工程本应在材料价格处于低位时完成，但因工期延误，在材料价格处于高位时才完成，直接引起了费用增加，造成了超概。常见的原因主要有土地提供不及时、项目相关手续办理不及时致使融资困难、项目因资金缺口而停滞等。

（2）超概的风险防范措施

在前期工作阶段，发、承包双方应该科学开展前期工作，合理规划项目建设规模及标准，根据当时、当地的价格，编制估算并合理预留预备费，避免前期工作深度不足。要提高可行性研究报告投资估算的准确性，坚决制止建设单位或某些管理人员有意压价搞工程或高估冒算造成浪费的错误做法。设计施工图时，应进行限额设计。在确保各项功能满足初设文件的前提下，将施工图预算控制在概算范围内；如发现可能超概，应进行设计优化。

在项目建设期间，双方应通过监理、全过程造价咨询单位等，加强对项目的投资控制。定期分析项目的实际投资额与计划投资额，如发生较大偏差，应仔细区分原因，厘清政企责任。同时，加强合同管理，避免不必要的变更、签证和索赔发生，确保项目按期完工，避免因工期延长导致项目材料价格上涨引起超概。

四、工程施工图预算的作用、编审依据和风险防控

（一）施工图预算的概念

施工图预算是以施工图设计文件为依据，按照规定的程序、方法和依据，在工程施工前对工程项目的工程费用进行的预测和计算。施工图预算的成果文件称作施工图预算书，也简称施工图预算，它是在施工图设计阶段对工程建设所需资金做出较精确设计的设计文件。

施工图预算有单位工程预算、单项工程预算和建设项目总预算。单位工程预算是根据施工图设计文件、现行预算定额、费用定额以及人工、材料、设备、机械台班等预算价格资料，编制单位工程的施工图预算；然后汇总所有单位工程施工图预算，成为单项工程施工图预算；最后汇总所有单项工程施工图预算，便是一个建设建筑安装工程的总预算。这也是一个逐级汇总的过程。

（二）施工图预算编制依据

施工图预算编制的依据性文件及资料较多。地区不同、专业不同、时间不同，所需文件及资料均有不同，具有很强的地区性、适用性和时效性。一般包括以下内容：（1）国家行业管理部门发布的工程计价或费用项目确定和工程计量标准或规范。（2）地方政府工程计价管理部门及机构发布的标准或规范。（3）与本项目相关的其他行政管理依据性文件及资料，包括规划审批文件。（4）与本项目相关的标准、规范、技术资料。（5）与本项目相关的工程现场情况、地勘水文资料、工程特点及常规施工方案。（6）与本项目相关的工程造价信息以及市场价格。

（三）施工图预算编制风险防范

1. 取得经建设单位确认的施工图设计（含地质勘查报告）及立项审批、可研批复、初步设计和投资确认等基础文件

建设单位应提供完整的施工图设计及立项审批、可研批复、初步设计和投资确认等基础文件，并对这些文件的真实性、准确性和完整性负责。工程预算编制单位应依据建设单位提供的基础性文件编制工程预算，并对工程预算编制的质量负责。强调依据经建设单位确认的基础性文件编制工程预算，可以避免设计文件变动而造成工程预算的频繁调整以及人力物力的重复投入。

2. 依据设计文件深入踏勘工程现场

对工程现场自然地面、施工进出道路和水电气通信以及周边环境等情况，特别是应由工程建设其他费用列支的临时设施费用应重点核实，避免漏项、缺项、错项。

3. 工程量清单描述完整、清晰

发包方对项目特征一定要描述清楚，图纸上有相应做法的，需要在清单的特

征处对该种做法的图纸出处进行说明。依据设计文件和本专业工程量计算规范，按分部、分项工程划分工程节点，依顺序列出其所属清单项目及项目特征，核实设计文件的明确性和完整性。若发现设计缺漏或设计不明确内容，逐项进行记录汇总，以书面形式发给建设单位，要求建设单位逐项澄清，防止工程预算编制出现差错或把设计质量责任转嫁给工程预算编制单位。

4. 正确理解、准确选用定额

结合设计规定正确调整定额子目材料及含量。正确理解、准确选用定额，结合设计规定正确调整定额子目材料及含量。在这个过程中应该注意以下几个问题：

一是不能只读图纸不读设计说明。设计说明是对工程项目设计概况、平面设计、立面设计、剖面设计、节点设计等进行的描述或规定，是了解工程项目的重要窗口。难以通过图纸表达的内容，一般通过设计说明进行明确。不认真阅读设计说明，很可能造成工程内容及工程量的漏算、少算或多算。

二是应准确掌握套用计价方式。套价时应熟练掌握招投标文件、工作内容及单价组成，利用类似工程预算书、相应定额进行对照套价。定额子目主要材料及含量的既定性与设计规定的个别性，决定了定额子目主要材料及含量与设计文件针对具体工程内容的规定难以完全吻合，也就决定了大部分定额子目在选用时需要根据设计规定进行更换或调整。对定额缺项的项目，可以依据自身的经验，结合实际的施工情况，测定人工、材料、机械消耗量，公正合理地确定符合施工实际的单价。

第二节　基础设施项目工程计量与变更签证

一、工程计价方式与计价争议的处理

在我国建筑市场，最主要的计价方式是定额计价，而定额计价是计划经济下的产物。随着我国经济体制由计划经济向市场经济体制改革的深入，适用定额计价方式存在一定的局限性，建设行政主管部门对工程造价的指导模式逐渐由定额计价模式转变成工程量清单计价模式。

2019 年 11 月，住房城乡建设部发布了《关于进一步加强房屋建筑和市政基础设施工程招标投标监管的指导意见》[①]，提出"推动市场形成价格机制。实施工程造价供给侧结构性改革，鼓励地方建立工程造价数据库和发布市场化的造价指标指数，促进通过市场竞争形成合同价"。2020 年 7 月 24 日，住房和城乡建设部办公厅发布《关于印发工程造价改革工作方案的通知》[②]，提出："坚持市场在资源配置中起决定性作用，正确处理政府与市场的关系，通过改进工程计量和计价规则、完善工程计价依据发布机制、加强工程造价数据积累、强化建设单位造价管控责任、严格施工合同履约管理等措施，推行清单计量、市场询价、自主报价、竞争定价的工程计价方式，进一步完善工程造价市场形成机制。"

（一）工程定额计价

工程定额是指在通常的施工条件和合理劳动组织、合理使用材料及机械的条件下，完成一个常规项目的单位工程合格产品所必须消耗资源的数量标准，是项目施工过程中所投入的人工、机械、材料和资金等社会通常成本。[③] 一个工程项目的建成，需要消耗大量的人力、物力和资金，工程定额所反映的正是在一定的生产力发展水平条件下，完成工程建设中的某项产品与各种生产消费之间特定的数量关系。

定额计价的基本特征就是"价格＝定额＋费用＋文件规定"，并作为法定性的依据强制执行，不论是工程招标编制标底还是投标报价均以此为唯一的依据，承发包双方共用一本定额和费用标准确定标底价和投标报价。定额计价方法的特点是量与价的结合，经过不同层次的计算形成量与价的最优结合过程。

工程定额分类[④]

按生产要素分类	劳动消耗定额 材料消耗定额 机械台班消耗定额

① 《关于进一步加强房屋建筑和市政基础设施工程招标投标监管的指导意见》（建市规〔2019〕11号），载中国政府网，http://www.gov.cn/xinwen/2019-12/25/content_5463901.htm，最后访问时间：2022年 3 月 30 日。

② 《关于印发工程造价改革工作方案的通知》（建办标〔2020〕38 号），载住房和城乡建设部网站，https://www.mohurd.gov.cn/gongkai/zhengce/zhengcefilelib/202007/20200729_246578.html，最后访问时间：2023 年 7 月 7 日。

③ 肖玉峰：《工程计量与变更签证》，中国电力出版社 2016 年版，第 1 页。

④ 肖玉峰：《工程计量与变更签证》，中国电力出版社 2016 年版，第 3 页。

续表

按内容和用途分类	施工定额 预算定额 概算定额 概算指标 投资估算指标
按费用性质分类	直接费用定额 间接费用定额
按主编单位和执行范围分类	全国统一定额 行业统一定额 地区统一定额 企业定额

（二）工程量清单计价

在工程建设领域推行工程量清单招标报价方式，建立工程造价市场形成和有效监督管理机制，是建设工程承发包市场行为规范化的一项改革性措施，也是我国工程计价模式与国际接轨的一项具体举措，我国建设项目全面推行工程量清单招标报价也是大势所趋。

工程量清单报价是指在建设工程投标时，招标人依据工程施工图纸，按照招标文件的要求，按现行的工程量计算规则为投标人提供实物工程量项目和技术措施项目的数量清单，供投标单位逐项填写单价，先计算出总价，再通过评标，最后确定合同价。工程量清单报价作为一种较为客观合理的计价方式，采用综合单价计价，另外措施项目中的安全文明施工费必须按国家或省级、行业建设主管部门的规定计算，不得作为竞争性费用。

《建设工程工程量清单计价规范》① 规定："建设工程发承包及实施阶段的工程造价应由分部分项工程费、措施项目费、其他项目费、规费和税金组成。"

在工程投标阶段，招标人提供的工程量清单中必须列出各个清单项目的工程数量。在工程实施阶段，分部、分项工程量的费用应依据双方确认的工程量、合同约定的综合单价计算；如发生调整的，以发、承包双方确认调整的综合单价计算。

---

① 《建设工程工程量清单计价规范》，中国计划出版社 2013 年版，第 1 页。

（三）定额计价与清单计价的差异

一般而言，商品和服务价格的形成包括两种，一种是市场调节价，一种是政府指导价。市场调节价，是指由经营者自主制定，通过市场竞争形成的价格。政府指导价，是指依法由政府价格主管部门或者其他有关部门，按照定价权限和范围规定基准价及其浮动幅度，指导经营者制定的价格。

工程量清单计价和定额计价两者最大的差别在于体现了我国建设市场发展过程中的不同定价阶段。定额计价模式更多地反映了国家定价或国家指导价阶段，而清单计价模式则反映了市场定价阶段。二者主要区别有以下几项：

1. 单位工程造价构成的形式不同

定额计价由单位工程造价的直接工程费、综合管理费、施工措施费、其他费用、税金五部分构成，计价时先计算直接工程费，再以直接工程费为基数参照工程造价管理机构发布的市场信息费率，计算出综合管理费、其他费用及税金，最后将各项费用汇总为单位工程造价。

清单计价是由工程量清单费用、措施项目清单费用、其他项目清单费用、规费、税金五部分构成，前三项费用分别计算汇总后，再按规定计取相应的规费和税金。

2. 工程单价的构成不同

定额计价的项目单价即定额基价，只包括人工、材料、机械费用，是投标时期的指导价，反映定额编制时期的社会平均成本价。

清单计价是施工企业自定的综合单价，除了人工、材料、机械费，还包括管理费（现场管理费和企业管理费）、利润、必要的风险费和国家规定的各种规费等因素。它是施工企业报价时的市场价，反映的是企业个别成本。采用综合单价不仅有利于施工企业中标后对工程中途的成本控制，也便于工程款支付、工程造价的调整和工程结算，避免了承发包双方因为"取费"产生的一些无谓纠纷。

3. 单位工程项目的划分不同

定额计价的工程项目划分即预算定额中的项目划分，是按施工的一项工序进行划分。每个专业定额都由几千个项目编码组成，不同工序、不同部位、不同材料、不同施工机械、不同施工方法和材料规格型号，都划分得十分详细。在定额计价模式下，精细的项目划分，会使得整个工程更加精确化，在项目施工的环节更加方便，并且对于整个工程的规划更加全面化。

清单计价将建筑工程、装饰装修工程、安装工程、市政工程及园林绿化工程各专业的项目名称进行汇总，并结合各专业施工特点将项目以一项或多项工序重新划分，较之定额项目的划分有较大的综合性，也减少了原来定额对于施工企业工艺方法选择的限制，使施工企业在报价时有了更多的自主性。

4. 计价的依据不同

这是清单计价和定额计价最根本的区别。定额计价的唯一依据就是定额，编制的方法具有地方性、行业性的特点，各地有各地的定额，各行业有各行业的定额，消耗量也是指导性的。定额计价方式在进行生产要素价格的制定过程中是根据当地材料造价部门的市场价格来进行调整，而相对来说一个工程的周期较长，市场价格变化较大，同时当地的材料造价管理部门通常公布的只是一段时间内的大体价格以及整个市场的平均价格，因此定额计价方式在进行生产要素价格的制定时具有一定的滞后性，难以突出各个投标单位之间的差异性以及优势。

而清单计价的主要依据是企业定额，根据企业在一段时期内的管理水平所形成的市场价格来进行报价。这样一来，每个企业所用的仪器设备种类不同、管理水平不同以及企业的资源不同，导致每个企业在进行生产要素价格的制定时都会出现差异，从而达到突出企业自身优势的目的。目前，可能多数企业没有企业定额，但随着工程量清单计价形式的推广和报价实践的增加，企业将逐步建立起自身的定额和相应的项目单价。当企业都能根据自身状况和市场供求关系报出综合单价时，企业自主报价、市场竞争定价的计价格局也将形成，这也正是清单计价所要促成的目标。实行清单计价的本质就是要改变政府定价模式，建立起市场，形成造价机制，只有计价依据个别化，这一目标才能得以实现。

5. 工程量确定方法不同

定额计价方式下工程量的计算由招、投标单位在编制施工图预算时分别查阅图纸确定，一旦明确中标价后，通常不按实际发生工程量调整结算造价；清单计价方式下的工程量在招标之前就由业主委托具有相应资格的咨询机构计算明确，发给投标单位详细的工程量清单进行投标报价，一旦中标，还要按实际发生的工程量调整结算造价，如实际发生工程量与清单提供的工程量出入太大，中标单位有权提出索赔。

6. 风险承担责任不同

定额计价的所有风险在不可预见费中考虑，结算时，按合同约定，根据情况的变化进行调整，所有风险都在发包人一方，不利于发包人控制工程造价。清单计价有利于加强工程合同的管理，明确承发包双方的责任，实现风险的合理分担，即工程量的误差由发包方承担，工程报价的风险由投标方承担。投标人对自己所报的成本、综合单价负责，还要考虑各种风险对价格的影响。综合单价一经合同确定，结算时一般不可以调整。

（四）计价标准约定不明时价款确定的方式

《建设工程司法解释（一）》①第19条第2款规定："因设计变更导致建设工程的工程量或者质量标准发生变化，当事人对该部分工程价款不能协商一致的，可以参照签订建设工程施工合同时当地建设行政主管部门发布的计价方法或者计价标准结算工程价款。"实践中对于"当地建设行政主管部门发布的计价方法或者计价标准"是否意味着可直接以定额计价确定工程价款存在较大争议。

一种观点认为，合同约定不明时，应当以定额计价作为确定工程价款的标准。另一种观点认为，合同约定不明时，应当以市场计价作为工程价款的确定标准。定额标准往往跟不上市场价格的变化，且定额计价没有考虑企业的技术专长、劳动生产力水平等，不能反映企业的施工、技术和管理水平，而建设行政主管部门发布的市场价格信息，更贴近市场价格，更接近建筑工程的实际造价成本，对双方当事人更公平。

（五）关于工程量清单中的强制性条文的效力

《建设工程工程量清单计价规范》②属于国家标准，编号为GB 50500-2013，自2013年4月1日起实施。其中，第3.1.1、3.1.4、3.1.5、3.1.6、3.4.1、4.1.2、4.2.1、4.2.2、4.3.1、5.1.1、6.1.3、6.1.4、8.1.1、8.2.1、11.1.1条（款）为强制性条文，必须严格执行。

1.《建设工程工程量清单计价规范》未经法律、行政法规确认为必须强制执行的标准

根据《工程建设国家标准管理办法》③第29条规定，编号为"GB 50500-2013"的《建设工程工程量清单计价规范》（2013版）属于强制性国家标准，

---

① 《最高人民法院关于审理建设工程施工合同纠纷案件适用法律问题的解释（一）》，载最高人民法院网站，https：//www.court.gov.cn/fabu-xiangqing-282111.html，最后访问时间：2022年3月30日。

② 《建设工程工程量清单计价规范》，载住房和城乡建设部网站，https：//www.mohurd.gov.cn/gongkai/zhengce/zhengcefilelib/201212/20121231_224556.html，最后访问时间：2022年3月30日。

③ 《工程建设国家标准管理办法》，载中国政府网，https：//www.gov.cn/zhengce/2022-01/25/content_5712041.htm，最后访问时间：2023年7月7日。

而非推荐性国家标准。《标准化法》第 2 条第 3 款规定，"强制性标准必须执行"。《建筑法》有关违反标准的禁止性规定，均是关于工程质量标准、工程安全标准、施工技术标准，并未涉及计价规范，因此《建筑法》及相关行政法规，均未对建设工程造价的计价方法作出强制性规定。

2. 标准中的强制性条文，大多属于管理性强制规范，不能作为认定合同效力或合同条款效力的依据

强制性规定可分为效力性强制性规定和管理性强制性规定。辨别强制性规定属于效力性强制性规定还是管理性强制性规定，应当采取正反两个标准。在肯定性识别上，判断标准是该强制性规定是否明确规定了违反的后果是约定无效，如果规定了违反的后果是导致约定无效，该规定属于效力性强制性规定。在否定性识别上，如法律、行政法规的强制性规定仅关系当事人利益的，或是为了行政管理或纪律管理需要的，一般都不属于效力性强制性规定。[①]

《标准化法》《标准化法实施条例》均未规定违反强制性标准的法律后果是合同相关约定无效，而是采用了行政处罚的办法对违法行为加以制约。可见，《标准化法》《标准化法实施条例》关于强制性标准必须执行的规定，属于法律、行政法规的管理性强制性规定，而非效力性强制性规定，违反的法律后果并不能适用《民法典》第 153 条的规定，不直接导致相应的建设工程施工合同约定条款无效。[②]

【典型案例】

康某公司诉林某某、某建筑公司建设工程施工合同纠纷案

案　　号：（2015）民申字第 2560 号[③]

审理法院：最高人民法院

裁判类型：再审民事裁定书

---

① 周弘杰：《建设工程工程量清单计价规范 GB50500-2013 强制性条文效力新思考》，载"建纬律师"微信公众号，https://mp. weixin. qq. com/s/ifb-mUHDNM6OEAv9ESUP8A，最后访问时间：2022 年 3 月 30 日。

② 林超：《建设工程工程量清单计价规范中强制条款的法律效力分析》，载"律行天下"微信公众号，https://mp. weixin. qq. com/s/hmtGTzOd3IDtvYq1927gIg，最后访问时间：2022 年 3 月 30 日。

③ 最高人民法院（2015）民申字第 2560 号民事裁定书，载中国裁判文书网，https://wenshu. court. gov. cn/website/wenshu/181107ANFZ0BXSK4/index. html? docId=e40ea124575440ddaf57f014efba05d5，最后访问时间：2022 年 3 月 28 日。

法院观点：再审申请人主张依据相关强制性规定，规费和安全文明施工费不应下浮。经审查，衡阳中院于 2014 年 6 月 19 日向湖南省建设工程造价管理总站就涉及本案工程结算的定额规定等进行调查，并根据该站的口头答复制作了备忘录，备忘录记载"管理费、利润分开算可优惠，国家税收、规费、安全文明费等强制性收费不优惠。"住房和城乡建设部《建设工程工程量清单计价规范》第 3.1.6 条规定"规费和税金必须按国家或省级、行业建设主管部门的规定计算，不得作为竞争性费用。"由此可见，规费、安全文明费等应依法缴纳，且不能减免。根据《建设工程施工内部承包合同》第 19 条关于工程价款的约定，规费、安全文明费等已列入了工程价款，林某某给康某公司 9 号楼"税前造价优惠 12.6%"，该优惠应视为对全部工程价款的优惠，既然工程价款中已包括了规费、安全文明费，该费用就应当按约定比例下浮。合同对工程价款的约定，对双方当事人具有约束力，工程价款下浮，并不必然导致向国家缴纳相关费用的减少。且在一审审理过程中，一审法院委托鉴定机构对工程造价进行了鉴定，鉴定结论经过质证、认证，作为定案依据，现再审申请人并未提供证据推翻鉴定结论。因此，原判决在合同约定框架下，判令规费、安全文明费下浮，并无不当。

二、工程变更

工程变更常常直接导致成本费用的增加和工期调整，因此合同中应明确约定对变更的审核确认程序和确认原则，并严格按照合同约定管理和执行，避免变更的随意性。

（一）工程变更的范围

工程变更指工程项目在建设工程中，因主客观原因，在工程合同履行的过程中，按照合同约定的程序对部分或者全部工程在材料、人工、功能、构造、尺寸、技术指标、工程数量及其施工方法等方面作出的改变。[1]

《建设工程施工合同（示范文本）》[2]（GF-2017-0201）第 10.1 条提出，工程变更的范围为："除专用合同条款另有约定外，合同履行过程中发生以下情形

---

[1] 肖玉峰：《工程计量与变更签证》，中国电力出版社 2016 年版，第 150 页。

[2] 《建设工程施工合同（示范文本）》（GF-2017-0201），载住房和城乡建设部网站，https://www.mohurd.gov.cn/gongkai/zhengce/zhengcefilelib/201710/20171030_233757.html，最后访问时间：2023 年 7 月 7 日。

的，应按照本条约定进行变更：（1）增加或减少合同中任何工作，或追加额外的工作；（2）取消合同中任何工作，但转由他人实施的工作除外；（3）改变合同中任何工作的质量标准或其他特性；（4）改变工程的基线、标高、位置和尺寸；（5）改变工程的时间安排或实施顺序。"

变更按性质分为设计变更和施工变更。设计变更是指对审查批准的施工图设计文件所进行的修改、完善和调整等引起的变更，包括优化设计、完善设计和新增工程；施工变更是指在施工中实际遇到的现场条件同招标文件中描述的现场条件有本质差异，或因有更优化的施工方案而发生的工程变更。①

（二）工程变更产生的原因

第一，勘察设计阶段工作疏忽。勘察阶段工作不细致，勘察报告不能真实反映拟建项目的地质情况，造成施工过程中现实工程环境与勘察报告严重不符，不得不实施工程变更；或是设计阶段没有得到足够的重视和审查而发生工程设计变更，从而增加建设成本。建设单位在设计阶段没有通过正规渠道进行施工图设计，或设计人员素质不高，设计人员、工程师、承包商事先没能很好地理解发包人的意图，因为设计错误而导致图纸修改。

第二，施工方擅自修改而发生工程设计变更，从而增加工程造价。工程招投标时，有些施工单位为了中标而盲目压价。有的是采用不平衡报价法，低价中标后就想尽办法保报价高的项目，而把原来那些报价低的项目想方设法变更、删除，甚至不经甲方同意擅自变更，造成既定事实，迫使甲方认可，从而达到获取更大利润的目的。

第三，工程建设程序执行中没有严格把关导致工程变更，使得工程造价形成资金缺口。建设单位不履行必要的程序，没有做好必要的准备而急于开工。对投资额度的测算、建筑标准的把握、设计深度的审查、招标文件和承包合同的完善没有严格把关，造成边设计、边施工、边变更，对施工中的工程想改就改。

第四，由于自然条件、地质灾害等引起的工程环境的变化，预定的工程条件不准确，而必须改变原设计、实施方案或实施计划。

第五，新材料、新工艺、新的施工技术的采用有时也会成为产生工程变更

---

① 陈权丽：《试论建筑工程变更的根源及对策》，载《浙江建筑》2015 年第 2 期。

的理由。

第六，政府部门对工程新的要求，如国家计划变化、环境保护要求、城市规划变动等。

（三）工程变更的风险防范

1. 项目前期决策阶段

（1）重视图纸设计和施工图审查工作。在工程项目的前期决策阶段和设计阶段，建设单位和设计单位需要认真对待前述工作，审慎确认方案的合理性、先进性、可行性，给予设计单位足够的时间实施施工图方案和图纸设计。此外，设计单位在施工图阶段一定要做好各专业的技术协调，尽量避免出现一些可预见的低级错误，将施工中因设计单位失误而造成的变更减少到最低限度。

（2）督促设计或安装单位提出尽量全面、准确的管道平面定位尺寸及标高。许多施工图只给出了主要设备的定位尺寸，没有注明风管、水管的定位尺寸及标高，或者虽有尺寸，但缺乏系统的协调与平衡，管道与结构、装修之间的矛盾时有发生，图纸会签形同虚设。

2. 施工阶段

（1）加强对设计变更的审查。尤其是建设单位和监理单位应从工程造价、项目的功能要求、质量和工期方面严格审查工程变更的方案，并在工程变更实施前及时与施工承包单位协商确定工程变更所涉及的工程量和工程价款。设计变更必须注明变更原因、变更要求及必要的附件等内容，做到责任明确。

（2）核实工程师发出的变更指令。对已收到的变更指令，特别是对重大的变更指令或在图纸上作出的修改意见，应予以核实。对超出工程师权限范围的变更，应要求工程师出具发包人的书面批准文件。对涉及双方责、权、利关系的重大变更，必须有发包人的书面指令、认可或双方签署的变更协议。

（3）设计变更应尽量提前。变更发出得越早，对工程项目的投资和工期的影响也越小。尽可能把可预见的设计变更控制在设计阶段初期，以减少损失。其中，对影响工程造价的重大设计变更，需进行由多方人员参加的技术经济论证，获得有关行政管理部门批准后方可进行。另外，在变更指令作出后，承包商应迅速、全面、系统地落实变更指令。

（4）设计变更的内容应全面考虑。若涉及多个专业，设计与施工单位的各专业技术人员应及时协调处理，以免出现设计变更虽弥补了本专业的不足，却又造成其他专业的缺陷，尤其是土建专业的建筑平面功能发生的变更应及时告知暖通专业技术人员以配合调整。

（5）加强现场施工资料的收集和整理工作。施工单位在决算时需向建设单位提供详尽的设计变更和现场签证的证明资料。凡变更都应有设计单位的盖章签字才能有效，签证都应有建设和监理单位签字。在合同变更过程中应记录、收集、整理所涉及的各种文件，如图纸、各种计划、技术说明、规范和发包人或工程师的变更指令，以作为进一步分析的依据和索赔的证据。

三、工程签证

（一）工程签证的概念

工程签证是由建设单位、监理单位、施工单位共同签署的、在施工过程中就费用、工期、损失等事宜达成的合同外的补充协议。工程建设周期长、技术性强、涉及面广，在施工过程中，由于诸多不确定因素的影响必然会产生变更，从而发生现场签证，最终以工程价款变化的形式体现在工程结算中，而工程结算直接关系到建设单位以及施工单位的切身利益，如果签证不规范，容易引起经济纠纷，将直接影响工程的投资成本。因此，规范工程签证管理并加以持续改善，对于工程的投资控制具有重要的现实意义。[①]

（二）工程签证的法律特点

工程签证在性质上属于建设工程合同的补充协议。建设工程合同的可变性、履约过程的不确定性经常会导致工程量的变化、费用的变化、工期的变化等，承发包双方需要对此进行协商，重新确认双方的权利义务关系。这种重新确认的载体就是签证，工程签证是承发包双方的法律行为，合同双方必须对变更后的权利义务关系重新确认并达成一致意见。因此，工程签证是工程合同履行过程中出现的新的补充合同，是整个合同的组成部分。

工程签证具有确定的经济利益性。在工程结算时，只要是获得承发包双方书面确认的签证，均可直接在工程进度中间结算或工程最终造价结算中作为计算工程价款的依据。如若进行工程审价，审价部门对签证单不另作审查。

工程签证一般不依赖于证据。工程施工中往往会发生不同于原设计、原计划

---

① 肖玉峰：《工程计量与变更签证》，中国电力出版社 2016 年版，第 174 页。

安排的变化，如设计变更、进度加快、标准提高、施工条件、材料价格等变化，从而影响工期和造价。因这些变化而对原合同进行的相应调整，在法律上都属于建设工程合同内容的变更，而不涉及主体的变更。工程签证是合同双方用书面形式对这些调整的互相确认。在没有分歧的情况下，双方往往认识一致，不需要什么证据，只依据已经发生的变化，工程签证就能获得对方的确认。

（三）常见工程签证问题与风险防范

1. 签证不及时导致签证工程量不准确

有些工作施工时并未及时签证，后期补签所带来的后果是需要回忆当时的尺寸及工程量，容易产生数据偏差。及时签署可以减轻日后工程结算时的工作量，提高准确性，在一定程度上也可以避免产生经济纠纷。

2. 签证内容填写及签署不规范

部分签证签署不规范、不具体，只有"同意"或者"工程情况属实"，这种情况只能说明事实存在，并未对完成情况、数量及价格进行明确，最后审计时可能产生分歧。现场签证单上有时只是一字之差，引起的造价就相差几倍以上，这就要求建设单位建立明确的审核制度，做到签证形式合法、内容实事求是、手续资料齐全、程序符合规定，保证签证内容与现场实际已发生情况相符合。

四、工程索赔

（一）工程索赔的概念

索赔是在经济合同的实施过程中，合同一方因对方不履行或未能正确履行合同所规定的义务而受到损失，向对方提出的赔偿要求。

2017 版《建设工程施工合同（示范文本）》中的第 19.1 条明确了承包人可以索赔的情形为"根据合同约定，承包人认为有权得到追加付款和（或）延长工期的"，第 19.3 条则明确了发包人可以索赔的情形为"根据合同约定，发包人认为有权得到赔付金额和（或）延长缺陷责任期的"；2020 版《建设项目工程总承包合同（示范文本）》[①] 第 19.1 条明确了索赔的提出条件为"根据合同约定，任意一方认为有权得到追加/减少付款、延长缺陷责任期和（或）延长工期的，

---

① 2020 版《建设项目工程总承包合同（示范文本）》，载住房和城乡建设部网站，https：//www. mohurd. gov. cn/gongkai/zhengce/zhengcefilelib/202012/20201209_248376. html，最后访问时间：2023 年 7 月 7 日。

应按以下程序向对方提出索赔"。

在实际工程中，索赔是双向的，但因为数额一般比较小，所以业主可以通过冲账、扣发工程款、没收履约保函、扣保留金等实现对承包商的索赔。处理较多且比较困难的是承包商向发包人提出的索赔，通常将它作为索赔的重点和主要对象。

（二）工程索赔的法律特点

工程索赔是单方面的变更请求。在施工合同签订并履行过程中，业主往往在没有任何书面补充协议的情况下，口头要求施工企业承建施工合同范围之外的工程，并在完工后结算追加工程款。施工企业出于商业考虑，通常会按照业主的口头指示进行施工，在完工后要求业主支付后续追加工程款。这种单方面要求支付工程款的请求就是"索赔"，即"索赔"的本质是单方面的变更请求。①

工程索赔涉及的利益尚未确定。在没有形成签证的情况下，施工企业只能耗费精力整理并发出索赔意向、索赔报告等文件，同时需要准备大量可以证明其工程量和工程价款的证明资料，以期得到发包方的认可。但是，发包方没有法定或约定义务认可对方请求，所以索赔是一种不确定利益，索赔对接收请求的一方而言没有直接的约束力，这也决定了工程索赔一般依赖于证据的特点。

（三）承包人提出索赔的情形

承包方依法可以提出签证索赔要求的常见情形包括：

1. 设计方面

发包人未按照约定时间和要求，提供设计图纸、组织设计交底，对承包方提交的需要发包方确认的事项（如深化设计图纸、材料设备的品牌、规格型号、颜色外观等）确认不及时。

2. 场地方面

场地移交不及时；现场有其他构筑物、建筑物；招标时未能向承包方明示的暗浜的处理；勘察时未能发现的异常地质情况和地下障碍物都可作为承包方索赔的理由。

---

① 肖玉峰：《工程计量与变更签证》，中国电力出版社 2016 年版，第 194 页。

3. 资金方面

发包人未依约支付预付款、进度款及其他应由发包方承担的费用。

4. 进度方面

如发包方要求停建、缓建，则承包方可以索赔停工、窝工、人员进出场、机械设备调迁及台班损失、材料构件积压等费用；若发包人要求赶工，则承包人可要求补偿实际增加的成本等。

5. 发包人不合理干预施工

发包人指示不合理的施工工序，甚至修改承包方原定的施工组织设计；发包方代表或者监理工程师指令迟延或错误造成承包人费用增加等。

6. 材料供应

供应材料设备的延迟到货或者有质量缺陷，材料设备的品牌、规格型号、价格未能及时确认，均可能造成承包方的成本增加。

7. 工程变更

包括发包方指令的变更和设计单位出具的变更指令。工程变更导致的工程量增加、质量标准提高、返工、重做等事项，承包方工程款增加或工期延长可成为签证、索赔的理由。

8. 不可抗力因素或恶劣天气等外部条件

不可抗力或社会事件导致施工中断，比如雪灾、高考、重大社会活动导致政府部门下达的阶段性停工通知等；工程环境出现事先未能预料的情况或变化，如恶劣的气候条件、与勘查报告不同的地质情况、国家法令的修改、物价上涨、汇率变化等。

9. 验收不及时

发包人拖延验收、提前使用半成品、拒绝接收已完工程，均势必造成承包方成本增加，由此增加的成本理所当然应由发包方承担。

（四）工程索赔的风险防范

1. 提交索赔申请的期限

实践中几乎所有的承包合同对施工企业索赔的程序、时限都有提及。

规范性文件对索赔期限的规定

规范性文件	索赔期限
《简明标准施工招标文件》（2012 年版）①	知道或应当知道索赔事件发生后 14 天内
《建设工程工程量清单计价规范》（GB 50500-2013）	在索赔事件发生后 28 天内
《建设工程施工合同（示范文本）》（GF-2017-0201）	知道或应当知道索赔事件发生后 28 天内
《建设项目工程总承包合同（示范文本）》（GF-2020-0216）	知道或应当知道索赔事件发生后 28 天内

《建设工程施工合同（示范文本）》通用合同条款第 19.1 条"承包人的索赔"提道："根据合同约定，承包人认为有权得到追加付款和（或）延长工期的，应按以下程序向发包人提出索赔：（1）承包人应在知道或应当知道索赔事件发生后 28 天内，向监理人递交索赔意向通知书，并说明发生索赔事件的事由；承包人未在前述 28 天内发出索赔意向通知书的，丧失要求追加付款和（或）延长工期的权利……"

施工企业重实利、轻程序的习性普遍存在，对于合同中约定的索赔期限，很多企业不以为然。但从法理上说，超过索赔时效后，承包人的索赔权利消失，即权利人在双方约定的索赔时效期间没有行使索赔的权利，发包人可以就其索赔时效期满而拒绝工期或者费用的补偿。在司法判例中，不乏施工企业因提出索赔时间超过合同约定期限，而被法院认定索赔无效以致遭受巨大损失的例子。

---

① 《简明标准施工招标文件》（2012 年版），载中国政府网，http://www.gov.cn/zwgk/2012-01/10/content_2040872.htm，最后访问时间：2022 年 3 月 30 日。

【典型案例】

二十二局公司、某能源公司与某石化公司建设工程施工合同纠纷案

案　　　号：（2018）最高法民终 827 号①

审理法院：最高人民法院

裁判类型：二审民事判决书

法院观点：索赔的时间限制和相关要求是窝工索赔事实能够被准确确认的前提，也是判断合同当事人处理实际施工问题真实意思表示的依据，对控制施工成本和进行施工管理均具有重要意义，具有一定的时效性和程序性限制。承包人未及时主张停、窝工损失，应承担相应的不利后果。

关于二十二局公司的停、窝工损失等问题。二审中，对于土石方、桥涵施工停、窝工损失，二十二局公司主张共计 3831319.69 元。经查，二十二局公司所提供的证据均为其单方制作，并无监理单位或某能源公司的确认，且二十二局公司并未依约向某能源公司及时主张上述损失。《施工合同》"通用条款"第 36 条约定，一方向另一方索赔，要有正当的索赔理由，且需提供索赔发生的有效证据；因工期延误等情形造成经济损失时，需在索赔事件发生后 28 天内向工程师发出索赔意向通知；发出索赔意向通知 28 天内，向工程师提出延长工期或补偿经济损失的索赔报告及有关资料；在索赔事件持续进行时，承包人应当阶段性向工程师发出索赔意向，并于索赔事件终了后 28 天内，向工程师送交索赔的有关资料和最终索赔报告。窝工索赔的时间限制和相关要求是窝工索赔事实能够被准确确认的前提，也是判断合同当事人处理实际施工问题真实意思表示的依据，对控制施工成本和进行施工管理均具有重要意义，具有一定的时效性和程序性限制。二十二局公司未及时主张土石方及桥涵工程施工期间的停、窝工损失，应承担相应的不利后果。据此，本院对二十二局公司有关土石方、桥涵停、窝工损失及相应的管理费损失的上诉请求，不予支持。

2. 停工损失索赔的"减损止损原则"

《民法典》第 591 条第 1 款规定："当事人一方违约后，对方应当采取适当措施防止损失的扩大；没有采取适当措施致使损失扩大的，不得就扩大的损失请求赔偿。"

---

① 最高人民法院（2018）最高法民终 827 号民事判决书，载中国裁判文书网，https：//wenshu. court. gov. cn/website/wenshu/181107ANFZ0BXSK4/index. html? docId = 11dd89ecde624597a5a0aa0000f d926e，最后访问时间：2022 年 3 月 28 日。

【典型案例】

某龙公司诉六建公司索赔及工程欠款纠纷案

案　　号：（2011）民提字第 292 号[①]

审理法院：最高人民法院

裁判类型：再审民事判决书

裁判观点：因发包人提供错误的地质报告致使建设工程停工，当事人对停工时间未作约定或未达成协议的，承包人不应盲目等待而放任停工状态的持续以及停工损失的扩大。

最高人民法院认为：在 1999 年 4 月 20 日教学楼工程停工后，某龙公司与六建公司就停工撤场还是复工问题一直存在争议。对此，各方当事人应当本着诚实信用的原则加以协商处理，暂时难以达成一致的，发包方对于停工、撤场应当有明确的意见，并应承担合理的停工损失；承包方、分包方也不应盲目等待而放任停工损失的扩大，而应当采取适当措施如及时将有关停工事宜告知有关各方、自行做好人员和机械的撤离等工作，以减少自身的损失。而本案中，教学楼工程停工后，理工学院作为工程的发包方没有就停工、撤场以及是否复工作出明确的指令，六建公司对工程是否还由某龙公司继续施工等问题的解决组织协调不力，并且没有采取有效措施避免某龙公司的停工损失，理工学院和六建公司对此应承担一定责任。与此同时，某龙公司也未积极采取适当措施要求理工学院和六建公司明确停工时间以及是否需要撤出全部人员和机械，而是盲目等待近两年时间，从而放任了停工损失的扩大。因此，本院认为，虽然教学楼工程实际处于停工状态近两年，但对于计算停工损失的停工时间则应当综合案件事实加以合理确定，二审判决及再审判决综合本案各方当事人的责任大小，将某龙公司的停工时间计算为从 1999 年 4 月 20 日起的 6 个月，较为合理。某龙公司认为参照该通知将停工时间认定为 6 个月属于适用法律错误的理由不能成立。二审判决及再审判决据此认定对此后的停窝工，某龙公司应当采取措施加以改变，不应计入赔偿损失范围并无不当。某龙公司对其未采取适当措施致使的损失应当自行承担，某龙公司主张不存在怠于采取措施致使损失扩大的理由亦不能成立。

---

① 最高人民法院（2011）民提字第 292 号民事判决书，载《最高人民法院公报》2013 年第 1 期。

3. 过程保留证据

第一个方面是索赔事项涉及的依据，主要是建设单位的指令、设计单位下达的修改通知单、建设单位或监理单位签署确认的会议纪要等。没有依据，承包人的索赔难以得到支持。《建筑法》第 58 条第 2 款规定："建筑施工企业必须按照工程设计图纸和施工技术标准施工……施工企业不得擅自修改工程设计。"没有白纸黑字形式的变更指令、修改通知单、会议纪要，承包方凭经验或者甲方的口头指令进行工程变更就存在风险。

第二个方面是签证、索赔涉及有关事实的证据固定。承包方对签证、索赔事项负有举证责任。发包方下达变更指令后，承包人是否实施、实施多少工程量，需要承包方提供依据。对于一些签证事项，比如拆除部分已完工程等事后没有固定实物的变更事项，承包方如果不能在过程中固定证据，事后就难于主张权利。要解决这一问题，一是要及时申请，"边施工、边签证"，边做边将签证文件提交发包方、监理，拆改等变更工作的事实俱在，易于查证，对方也难以拒绝；二是要主动取证，拍摄拆除、修改或隐蔽工程变更前后的录像、照片，录像、照片中应该有效地摄入人证、物证和日期，这是非常有效的证据。

【典型案例】

某建公司与某房公司建设工程施工合同纠纷案

案　　号：（2017）最高法民终 175 号[①]

审理法院：最高人民法院

裁判类型：二审民事判决书

裁判观点：承包人主张存在停窝工损失的赔偿，监理单位虽然已经签章确认确实存在因发包人导致窝工的事实，但签证单中并未确定损失数额，也没有涉及停工损失的计算方法的，不能作为认定损失数额的直接证据。

法院观点：某建公司上诉主张应根据其实际发生的人工费、机械台班费损失支付窝工损失。本院认为，案涉工程 2011 年 7 月 20 日的工程联系单中，监理单位已经签章确认确实存在因某房公司导致某建公司窝工 81 天的事实，但

---

① 最高人民法院（2017）最高法民终 175 号民事判决书，载《最高人民法院公报》2018 年第 6 期。

签证单中并未确定损失数额，也没有涉及停工损失的计算方法。某建公司提供的停窝工损失证据相当一部分是其自己记载、单方提供的工人数量、名单、工资数额、现场机械数量等，某房公司对此不予认可，一审法院鉴于此前双方在施工过程中也曾发生 8 天停窝工，双方协商的补偿数额为 7 万元，基本可以反映出停窝工给某建公司造成的损失程度，酌定 81 天停窝工损失为 70 万元并无明显不当。

第三节　基础设施项目工程结算传统模式、改革方向及工程造价鉴定

一、传统竣工结算模式

（一）竣工结算的概念

工程竣工结算指施工企业按照合同约定的内容全部完成所承包的工程，经验收质量合格，并符合合同要求之后，对照原设计施工图，根据增减变化内容，编制调整预算，向发包单位进行的最终工程价款结算，是工程项目竣工以后发承包双方对该工程发生的应付、应收款项作的最后清理结算。作为工程造价控制的最后一个环节，结算审核的客观公正直接关系着建设单位和施工单位的切身利益。

（二）竣工结算的结算依据

工程竣工结算是在工程进度款结算的基础上，根据所收集的各种设计变更资料和修改图纸，以及现场签证、工程量核定单、索赔等资料进行合同价款的增减调整计算，最后汇总为竣工结算造价。

工程竣工结算的具体资料包括：工程立项批复文件、概算批复文件；工程招标文件及招标答疑（或邀标文件）；招标控制价；工程投标文件，含投标预算（或议标文件）；工程施工合同、补充协议；工程地勘资料；工程施工图设计文件；工程竣工图文件；工程竣工验收证明；工程联系单、变更单、经济签证单；隐蔽工程验收记录、桩基施工记录；图纸会审及有关造价问题的会议纪要；工程

主要材料的进场验收记录、合格证、检验报告；工程实际施工进度的有关节点明确资料（人工调差、材料调差项目必须提供）；施工单位根据合同报送的结算书（含计价电子版、计算文件电子版）；咨询任务委托书（对工程结算的委托书、有关规定和时限要求）；进度款支付凭证（发票）；其他与工程造价有关的资料（如水电费缴纳票据、甲方供材情况、其他奖罚款资料）。

在结算过程中经常会遇到能否作为结算依据的情况。结算时的依据是"设计图纸+变更+签证"，竣工图是最终结果的表现。如果省略过程中有变更、签证程序，直接在竣工图上体现并结算，就会存在变更程序不规范或施工单位擅自变更的可能，更有甚者擅自修改设计。

作为事前计划的实施方案、联系函一般也不能直接作为结算依据，而是通常与前期审批、完成实施确认联合构成完整的结算依据。如果因项目比较特殊（如一些维修改造项目），在施工过程中需根据现场情况调整较多，也可以先下指令实施，但在竣工图形成之前，应汇总整理出变更、签证的内容进行确认，或通过书面确认的形式来认可"同意将竣工图作为结算依据"，否则结算审核时直接以竣工图作为结算依据是存在审核风险的。

（三）工程结算阶段的法律风险与防范措施

1. 不及时提交竣工结算报告的风险与防范

施工企业未按照合同约定及时提交竣工结算报告及完整的竣工结算资料，导致竣工结算被拖延，工程结算款被延期支付，施工企业无法主张逾期提交竣工结算报告期间的工程款利息及逾期付款违约金。

对此，施工企业在项目中应该注意合同约定的竣工结算时限，严格按照合同约定的日期通过直接送达、快递送达、挂号信送达等方式向建设单位及时提交竣工结算报告及完整的竣工结算资料，并做好签收记录，同时要保存好签收记录和快递、挂号信凭证等资料。

2. 发包人拖延审核的风险与防范

工程竣工交付后，发包人常常以各种理由拒收结算报告或是拖延结算，使得工程结算工作迟迟难以完成，从而以结算作为借口拖延支付工程尾款，对施工单位极为不利。

《最高人民法院关于审理建设工程施工合同纠纷案件适用法律问题的解释

（一）》第 21 条规定："当事人约定，发包人收到竣工结算文件后，在约定期限内不予答复，视为认可竣工结算文件的，按照约定处理。承包人请求按照竣工结算文件结算工程价款的，人民法院应予支持。"适用该条规定的前提是当事人之间有明确的约定，即当事人之间约定了发包人收到竣工结算文件后，在约定的期限内不予答复，则视为认可竣工结算文件。如果当事人只是选择适用了住建部制定的建设工程施工合同示范文本，但并没有对发生上述情况下是否以承包人报送的竣工结算文件作为工程款结算依据一事作出协商或特别约定，那么就不能以该合同文本中的通用条款为据，简单地推定出发包人认可以承包人报送的竣工结算文件为确定工程款数额的依据。

【典型案例】

某业公司与某利公司建设工程施工合同纠纷案

案　　号：（2006）民一终字第 52 号①

审理法院：最高人民法院

裁判类型：二审民事判决书

法院观点：适用《最高人民法院关于审理建设工程施工合同纠纷案件适用法律问题的解释》（已废止）第 20 条的前提条件是，当事人之间约定了发包人收到竣工结算文件后，在约定的期限内不予答复，则视为认可竣工结算文件。本案当事人只是选择适用了建设工程施工合同格式文本，并未对是否以承包人报送的竣工结算文件作为工程款结算依据一事作出特别约定。某业公司关于本案不应适用《最高人民法院关于审理建设工程施工合同纠纷案件适用法律问题的解释》第 20 条的上诉理由成立，本院予以支持。

因此，施工企业应当争取在合同中明确结算异议的期限及逾期不予答复的法律后果。同时，寄发结算审核资料时应保留证据，如果发包方拒不接收结算报告，承包方可采取邮递快递并进行公证的方式寄出，保留好邮递文件清单、邮递送达回执等作为送达工程结算报告及资料的依据。

考虑到工程纠纷诉讼、仲裁案件审理周期长等因素，如发包方明显拖延结算并以此为由拖欠工程尾款的，承包方应及时提起诉讼或仲裁并申请工程造价鉴

---

① 最高人民法院（2006）民一终字第 52 号民事判决书，载《最高人民法院公报》2007 年第 6 期。

定，以鉴定意见作为最终工程价款的依据。

3. 逾期不结算视为认可结算报告金额被否定的风险与防范

在发包人与施工企业约定了逾期不答复视为认可结算文件的情况下，如发包人收到结算文件后，在约定期限内不予答复，但施工企业继续和发包人协商结算事宜，则可能被认定为双方以行为变更了合同约定的条款，即还需要继续进行结算才能确定价款，已经提交的结算文件不视为被发包人认可。

因此，如果发生发包人逾期不予答复，那么施工企业此刻不应再与发包人协商结算事宜，而应直接要求发包人按提交的结算书中载明的价款予以支付。

另外，在工程结算阶段还会出现黑白合同效力风险和政府审计风险，内容繁多、复杂，因此单独放在本章的第四节进行系统性梳理。

二、基础设施项目全面推行过程结算改革

建设工程价款结算制度一直以来都是建设造价管理的最后一环，结算制度不仅是反映工程进度的主要指标，还是工程建设能顺利进行的重要保障，更是考核经济效益的重要指标。但由于建筑行业竞争愈发激烈，建筑市场存在工程抗风险能力不强、履约纠纷频发等严重问题。而作为工程进度的重要指标与资金周转的关键环节，实践中工程价款结算不及时、工程欠款屡禁不止等问题[1]，向建筑业结算方式提出了变革要求。

（一）过程结算的概念和依据

2020 年 7 月 24 日，住房和城乡建设部办公厅发布了《关于印发工程造价改革工作方案的通知》（建办标〔2020〕38 号），在第二大点主要任务中明确要"全面推行施工过程价款结算和支付"，但该文未对施工过程价款结算的定义做出进一步阐明。山西省住房和城乡建设厅发布的《关于在房屋建筑和市政基础设施工程中推行施工过程结算的通知》[2]（晋建标字〔2019〕57 号）明确了过程结算是指："发承包双方在工程项目实施过程中，依据依法签订的施工合同约定的

---

[1] 《浅析"关于房屋建筑和市政基础设施工程实行施工过程结算的通知"对建工类的企业的影响》，载"德恒西咸新区律师事务所"微信公众号，https://mp.weixin.qq.com/s/xx2XUvCBNDRWe7h7la67qg，最后访问时间：2022 年 3 月 30 日。

[2] 《关于在房屋建筑和市政基础设施工程中推行施工过程结算的通知》（晋建标字〔2019〕57 号），载山西省住房和城乡建设厅网，http://zjt.shanxi.gov.cn/zfxxgk/zfxxgkml/zcfb/tfwj_195/202109/t20210909_2146055.shtml，最后访问时间：2022 年 3 月 30 日。

结算周期内完成的工程内容（包括现场签证、工程变更、索赔等）实施工程价款计算、调整、确认及支付等的活动。"

由于过程结算采取分阶段结算的方式，为了保证阶段结算顺利进行，避免因阶段结算频发争议而导致项目进度受阻，施工过程结算资料的提交就很重要，通常包括但不限于施工合同、补充协议、中标通知书、工程招标投标文件、施工方案、施工图纸、工程量资料、综合单价及各项费用、经确认的工程变更、现场签证、工程索赔资料等。

（二）过程结算的发展沿革

2016 年 1 月 16 日，国务院办公厅发布了《关于全面治理拖欠农民工工资问题的意见》（国办发〔2016〕1 号）①，提出："全面推行施工过程结算，建设单位应按合同约定的计量周期或工程进度结算并支付工程款。"

2020 年 7 月，住房和城乡建设部办公厅发布了《关于印发工程造价改革工作方案的通知》（建办标〔2020〕38 号），明确"加强工程施工合同履约和价款支付监督，引导发承包双方严格按照合同约定开展工程款支付和结算，全面推行施工过程价款结算和支付"。

2020 年 9 月 11 日，住建部发布《关于落实建设单位工程质量首要责任的通知》②（建质规〔2020〕9 号），提出："推行施工过程结算。建设单位应有满足施工所需的资金安排，并向施工单位提供工程款支付担保。建设合同应约定施工过程结算周期、工程进度款结算办法等内容。分部工程验收通过时原则上应同步完成工程款结算，不得以设计变更、工程洽商等理由变相拖延结算。政府投资工程应当按照国家有关规定确保资金按时支付到位，不得以未完成审计作为延期工程款结算的理由。"

截至 2022 年 10 月，已有山西、四川、浙江、甘肃、河南、福建、江西、吉林、陕西、云南、湖南等地开始试点，先后要求落实或着手推行了施工过程结算，各省市文件和具体措施见下表：

---

① 《关于全面治理拖欠农民工工资问题的意见》（国办发〔2016〕1 号），载中国政府网，https://www.gov.cn/gongbao/content/2016/content_5036273.htm，最后访问时间：2023 年 7 月 7 日。

② 《关于落实建设单位工程质量首要责任的通知》（建质规〔2020〕9 号），载住房和城乡建设部网站，https://www.mohurd.gov.cn/gongkai/zhengce/zhengcefilelib/202009/20200923_247295.html，最后访问时间：2023 年 7 月 7 日。

全国部分省市关于"过程结算"文件汇总

日期	省市	文件	具体措施
2019.3.22	山西	《关于在房屋建筑和市政基础设施工程中推行施工过程结算的通知》①	（1）我省施工合同工期一年（含一年）以上的房屋建筑和市政基础设施工程及其附属设施和与其配套的线路、管道、设备安装工程，应当实施施工过程结算。已开工的同类工程，可由发承包双方协商签订补充协议，完善相关施工过程结算的内容和手续。 （2）发包人（包括受委托的招标代理机构）在招标文件和发承包双方签订的施工合同中应明确约定施工过程结算周期（分段结算的具体划分）、计价方法、风险范围，以及价款支付时间、程序、方式和支付比例等内容。结算周期应按月或分段划分，分段划分结算周期，经发承包双方协商同意，结算周期最长不得超过三个月。
2020.1.22	四川	《关于房屋建筑和市政基础设施工程推行施工过程结算的通知》②	（1）全省房屋建筑和市政基础设施工程施工合同工期两年以上的新开工项目要积极推行施工过程结算。 （2）发包人不得以未完成审计作为延期工程过程结算的理由，拖延办理结算和支付工程款。 （3）施工过程结算节点，按工程主要结构、分部工程或施工周期进行划分。
2020.5.20	浙江	《关于在房屋建筑和市政基础设施工程中推行施工过程结算的实施意见》③	（1）合同履行期间，涉及合同价款调整的，应签订补充协议，并在当期过程结算中同步办理价款结算；涉及工程量清单中出现漏项、增减以及计算偏差，按合同约定计算，并在过程结算中支付。 （2）施工单位要根据结算周期编制相应的结算报告，并递交建设单位。对答复期限没有约定或约定不明确的，按28个工作日确定。

① 《关于在房屋建筑和市政基础设施工程中推行施工过程结算的通知》（晋建标字〔2019〕57号），载山西省住房和城乡建设厅网站，http：//zjt.shanxi.gov.cn/zfxxgk/zfxxgkml/zcfb/tfwj_195/202109/t20210909_2146055.shtml，最后访问时间：2022年3月30日。

② 《关于房屋建筑和市政基础设施工程推行施工过程结算的通知》，载四川省住房和城乡建设厅网站，http：//jst.sc.gov.cn/scjst/c101448/2020/1/22/c77ae4d906bf4879a21f10d2ca423ef8.shtml，最后访问时间：2022年3月30日。

③ 《关于在房屋建筑和市政基础设施工程中推行施工过程结算的实施意见》（浙建〔2020〕5号），载浙江省住房和城乡建设厅网站，http：//jst.zj.gov.cn/art/2020/5/20/art_1229159231_536517.html，最后访问时间：2022年3月30日。

续表

日 期	省市	文件	具体措施
2020.6.8	甘肃	《关于在房屋建筑和市政基础设施工程中推行施工过程结算的实施意见》①	(1) 实行施工过程结算的房屋建筑和市政基础设施工程，结算周期应按月或分段划分。房屋建筑工程施工过程结算节点应根据项目大小合理划分，可分为基础工程、地下室工程、地上主体结构工程、安装工程和装饰装修工程；市政基础设施工程施工过程结算节点可采用分段、分单项或分专业合理划分。分段划分的结算周期，最长不得超过三个月。 (2) 发包人应在收到施工过程结算文件后14天内或双方合同约定的时间内完成审核。 (3) 根据确定的工程计量结果，承包人向发包人提出支付工程进度款申请，14天内，发包人应按不低于工程价款的75%，不高于工程价款的90%向承包人支付工程进度款。
2020.7.23	河南	《关于实施工程施工过程结算的指导意见》②	(1) 合同工期一年以上（含本数）的各类房屋建筑及其附属设施的建造、装修装饰和与其配套的线路、管道、设备的安装以及市政基础设施工程，实施施工过程结算。 (2) 过程结算款支付周期应与合同约定的过程结算周期一致。 (3) 签证、变更以及发承包双方协商确定的索赔等费用，应在工程施工过程结算中同期办理。
2020.10.1	福建	《福建省房屋建筑和市政基础设施工程施工过程结算办法（试行）》③	(1) 施工工期一年以上的工程项目原则上实行施工过程结算。 (2) 当期过程结算价款扣除相应预付款、留置质保金后全额支付。

---

① 《关于在房屋建筑和市政基础设施工程中推行施工过程结算的实施意见》（甘建建〔2020〕215号），载甘肃省公共资源交易局网站，https://ggzyjy.gansu.gov.cn/f/front/information/newsInfo? informationId = 9211，最后访问时间：2022年3月30日。

② 《关于实施工程施工过程结算的指导意见》（豫建行规〔2020〕4号），载河南省住房和城乡建设厅网站，https://hnjs.henan.gov.cn/2020/07-23/1914755.html，最后访问时间：2023年7月7日。

③ 《福建省房屋建筑和市政基础设施工程施工过程结算办法（试行）》，载福建省住房和城乡建设厅网站，http://zjt.fujian.gov.cn/xxgk/zfxxgkzl/xxgkml/dfxfgzfgzhgfxwj/gfxwj/202008/t20200806_5343949.htm，最后访问时间：2022年3月30日。

续表

日期	省市	文件	具体措施
2020.12.14	江西	《在房屋建筑和市政基础设施工程中推行施工过程结算的实施意见》①	（1）施工过程结算周期可按施工形象进度节点划分，做到与进度款支付节点相衔接。 （2）建设单位应当提供工程款支付担保。发承包双方应依据合同约定的施工过程结算节点进行施工过程结算。
2021.3.16	吉林	《关于在房屋建筑和市政基础设施工程中推行施工过程结算的实施意见》②	（1）施工过程结算周期可按照施工时间周期或施工形象进度节点划分。 （2）合同中对施工过程结算的各项办理时限没有约定的，期限均为28天。 （3）发包人应在合同约定的时限内按照合同约定的比例支付施工过程结算款，施工过程结算款支付比例为80%以上。
2021.4.8	陕西	《关于房屋建筑和市政基础设施工程实行施工过程结算的通知》③	（1）新开工且施工合同建设工期一年以上的房屋建筑和市政基础设施工程及其附属设施和与其配套的线路、管道设备安装工程，应当实施施工过程结算，并在施工合同中约定相关施工过程结算的内容。新开工的大中型政府投资工程项目应率先实行施工过程结算。 （2）施工过程结算节点可根据工程特点、施工周期、分部工程进行划分。工程项目施工合同中应明确约定施工过程结算节点、分段结算范围、计量计价方法、争议处理、风险范围、验收要求、支付程序、时间、比例、逾期支付处理等内容。

① 《在房屋建筑和市政基础设施工程中推行施工过程结算的实施意见》，载江西省人民政府网站，http：//www.jiangxi.gov.cn/art/2020/12/15/art_14325_2980643.html？xxgkhide=1，最后访问时间：2022年3月30日。

② 《关于在房屋建筑和市政基础设施工程中推行施工过程结算的实施意见》（吉建造〔2021〕5号），载吉林省人民政府网站，http：//xxgk.jl.gov.cn/zcbm/fgw_98022/xxgkmlqy/202103/t20210318_7971439.html，最后访问时间：2023年7月7日。

③ 《关于房屋建筑和市政基础设施工程实行施工过程结算的通知》（陕建发〔2021〕1029号），载陕西省住房和城乡建设厅网站，http：//js.shaanxi.gov.cn/zcfagui/2021/4/112425.shtml，最后访问时间：2022年3月30日。

续表

日期	省市	文件	具体措施
2021. 12. 17	云南	《关于进一步推行建设工程施工过程结算的通知》①	（1）云南省行政区域内依据云南省建设行政主管部门发布的计价标准计价的建设工程应当依据施工合同约定实行施工过程结算，其他非国有投资的建设工程宜依据施工合同约定实行施工过程结算。 （2）发承包双方应依据合同约定的施工过程结算节点进行结算。 （3）合同约定的施工过程结算办理各项期限不得超过 28 天。合同中对施工过程结算办理的各项时限未有约定的，其期限均为 28 天。 （4）发包方应在合同约定的期限内按照约定比例进行支付，支付比例不得低于施工过程结算款的 80%，不宜高于施工过程结算款的 90%。
2022. 10. 19	湖南	《关于在房屋建筑和市政基础设施工程中推行施工过程结算的实施意见》②	自 2022 年 8 月 1 日起签订的工程合同，政府机关、事业单位、国有企业建设工程进度款支付应不低于已完成工程价款的 80%。

（三）过程结算的影响

采用过程分阶段结算的方式，将竣工结算程序分解前置，不仅可以有效避免竣工后的争议，也有利于整个项目的管理。将过程结算贯穿于施工的全过程，加强了过程管理和动态控制，还能使工程变更、现场签证、索赔等诸多因素引起的价款问题得到反馈和调整。问题得到及时解决，有利于降低工程造价的风险，提高竣工结算的工作效率。

根据《保障农民工工资支付条例》③ 第 29 条第 3 款的规定，建设单位应当以项目为单位建立保障农民工工资支付协调机制和工资拖欠预防机制。推行施工过程结算，可以留足用于支付农民工工资的资金，并按合同及时发放，能够有效

---

① 《关于进一步推行建设工程施工过程结算的通知》，载云南省住房和城乡建设厅网站，https://zfcxjst. yn. gov. cn/gongzuodongtai2/gongshigonggao4/284782. html，最后访问时间：2022 年 3 月 30 日。

② 《关于在房屋建筑和市政基础设施工程中推行施工过程结算的实施意见》（湘建建〔2022〕207 号），载湖南省人民政府门户网站，http://www.hunan.gov.cn/hnszf/xxgk/wjk/szbm/szfzcbm_19689/szfcxjst/gfxwj_19835//202210/t20221022_29102724.html，最后访问时间：2023 年 7 月 7 日。

③ 《保障农民工工资支付条例》，载中国政府网，http://www.gov.cn/zhengce/2020-12/27/content_5573799. htm，最后访问时间：2022 年 3 月 30 日。

避免工程款拖欠引发农民工工资欠薪问题，进一步规范建筑业市场环境。

推行过程结算也将推动全过程咨询业务的发展。《关于推进全过程工程咨询服务发展的指导意见》[①] 明确提出："鼓励建设单位委托咨询单位提供招标代理、勘察、设计、监理、造价、项目管理等全过程咨询服务，满足建设单位一体化服务需求，加强工程建设工程的协同性。"

同时，过程结算将对建设单位和施工单位的项目管理能力、签证管理能力、中间质量验收能力、过程资料形成能力提出更高的要求；对施工单位的工程质量、速度也提出了更高的要求。另外，推行施工过程结算，也会因需及时支付所有已发生的工程应付款而增加建设单位的投资压力，有可能导致建设单位出现资金周转困难，进而致使工程项目停滞的状况，所以建设单位的建设资金到位情况需密切关注。

（四）过程结算面临的问题

1. 具体操作缺乏具体规范

尽管相关部门出台了相应的政策依据，但具体实施过程如何操作，涉及多个环节，发承包在项目实施过程中，依法签订施工合同应约定结算周期，完成内容、价款的计算、调整、确认及支付等活动，过程结算文件一经发承包双方认可，就应作为结算的组成部分，不宜重复审核。因此，相关部门应该进一步完善过程结算具体操作规范与流程，调整或重新规定与过程结算相配套的合同条款问题，例如施工过程结算周期、计量计价方法、风险范围、验收要求，以及价款支付时间、程序、方式、支付比例等内容。

2. 环节多，时间紧，审核人才匮乏

过程结算模式目前还处于萌生阶段，工程管理人员多为工程施工技术人员，对相关工程量清单的计量、索赔、变更、合同管理、相关法规、造价等知识并不熟悉，过程结算环节多，审核人才少，进一步拖慢了过程结算的顺利实施。对此，相关实施单位应提高人员素质培训，要求相关岗位员工具备相关业务知识，如果相关人员配置困难，应聘请有相应资质的工程咨询管理公司，对项目进行全过程管理。审计部门根据合同约定情况、年度审计计划，可进行全过程跟踪审计。

---

① 《关于推进全过程工程咨询服务发展的指导意见》（发改投资规〔2019〕515号），载中国政府网，https：//www.gov.cn/gongbao/content/2019/content_5407671.htm，最后访问时间：2023年7月7日。

3. 过程结算推广、认知慢，全面过程结算道路漫长

不管是建设单位、施工单位还是政府工程监管单位，对工程结算的理解大部分局限在工程完工后，根据施工单位的结算申请进行审核，然后根据审核结果结算付工程款。传统模式的根深蒂固，会给过程结算的推广带来一定的困难。

但过程结算可以有效地规范施工合同管理，避免发承包双方争议，节省审计成本，解决"结算难"，从源头防止农民工被欠薪。保证施工过程可调可控，正是未来建筑行业发展的方向，也将会推动基础设施领域繁荣持续发展。

三、工程造价鉴定

（一）工程造价鉴定的概念

在建设工程施工合同纠纷中，常见的几类司法鉴定为工程造价司法鉴定、工程质量司法鉴定、工程工期司法鉴定等。

工程造价鉴定是建设工程施工合同纠纷中最常见的司法鉴定种类。工程造价鉴定是指建设工程司法鉴定机构和鉴定人，运用造价方面的专业知识，对与建设工程施工合同纠纷中有争议的造价问题进行鉴定并出具鉴定意见的活动。在建设工程施工合同纠纷中，最常见的争议是发包人是否向承包人足额支付工程款。判断发包人是否足额支付工程款应当结合工程整体造价和发包人已向承包人支付的工程款进行认定。因此，工程造价问题是绝大多数建设工程施工合同中必须查明的事实问题。发承包双方应当在建设工程施工合同中对工程价款以及结算方式作出明确约定。但是，由于建设工程具有复杂、耗时长、投资大的特点，在施工过程中难以避免各种因素导致的工程变更、工期变化等问题，进而直接导致工程造价发生变化。若发承包双方无法对于变更后的工程造价或者工程造价的结算方式达成一致，人民法院为了查明案件事实，只能依靠工程造价鉴定对涉案工程的建设成本进行认定，从而解决发承包双方之间就工程款问题产生的争议。

（二）工程造价鉴定的程序

根据《最高人民法院关于民事诉讼证据的若干规定》① 及目前的司法实践操

---

① 《最高人民法院关于民事诉讼证据的若干规定》（法释〔2019〕19号），载中国人大网，http://www.npc.gov.cn/npc/c30834/201912/9bce4fdad6734765b316f06279aba6b8.shtml，最后访问时间：2022年3月30日。

作一般流程，建设工程造价鉴定的程序如下：

1. 负有举证责任的当事人申请鉴定或法院依职权提起鉴定。

2. 人民法院审查当事人申请的鉴定事项是否属于法律规定的准许鉴定的范畴。

3. 人民法院确定需要鉴定的范围和事项后，应通过当事人协商一致或摇号的方式确定鉴定人。

4. 鉴定人确定后，人民法院应向鉴定人出具鉴定委托书并移送已经完成质证的初步鉴定资料，同时要求鉴定人签署确保客观、公正、诚实鉴定和保证出庭作证的承诺书。

5. 鉴定机构经审查认为鉴定材料不全，需要补充的，可以请法院补充。人民法院将鉴定机构列明的需补充的鉴定资料清单转递给双方当事人，并组织双方对补充提交的鉴定资料进行质证。经质证的补充鉴定资料由法院再转递给鉴定人。

6. 鉴定人在委托鉴定书规定的期限内出具鉴定意见初稿并递交法院。

7. 人民法院将鉴定意见初稿转递双方当事人，并指定异议期。

8. 双方当事人在人民法院指定的异议期内以书面方式对鉴定意见初稿提出异议。

9. 人民法院收到当事人的书面异议后转递鉴定人，鉴定人对当事人的异议作出解释、说明或者补充，形成最终的鉴定意见。

10. 最终的鉴定意见在庭审过程中还需要当事人双方进行质证，必要时还需要鉴定人出庭作证。

（三）工程造价鉴定的启动

《最高人民法院关于适用〈中华人民共和国民事诉讼法〉的解释》[①] 第 96 条第 1 款规定，民事诉讼法第 67 条第 2 款规定的人民法院认为审理案件需要的证据包括：（一）涉及可能损害国家利益、社会公共利益的；（二）涉及身份关系的；（三）涉及民事诉讼法第 58 条规定诉讼的；（四）当事人有恶意串通损害他人合法权益可能的；（五）涉及依职权追加当事人、中止诉讼、终结诉讼、回避

---

① 载最高人民法院网站，https：//www.court.gov.cn/fabu-xiangqing-353731.html，最后访问时间：2023 年 3 月 7 日。

等程序性事项的。

在建设工程施工合同纠纷中，一般不会涉及前述第 96 条第 1 款第 2 项、第 3 项、第 5 项规定的情形。而人民法院在建设工程造价与国家利益、社会公共利益或他人合法权益相关的情况下，有权依职权开展委托工程造价鉴定。在建设工程施工合同纠纷的司法实践中，通常由当事人提出工程造价鉴定申请，由人民法院依职权委托开展工程造价鉴定的情形比较少。按照《最高人民法院关于审理建设工程施工合同纠纷案件适用法律问题的解释（一）》第 32 条①和《最高人民法院关于民事诉讼证据的若干规定》第 30 条第 1 款的规定，不属于人民法院可以依职权委托鉴定的情形的，人民法院应当向负有举证责任的当事人释明其有权申请进行司法鉴定。负有举证责任的一方当事人若未能提供充分证据证明其主张且不申请工程造价鉴定的，则应当由其承担举证不能的不利后果。例如，承包人主张发包人欠付工程款，对于工程总造价存在争议且证据不足以确定工程总造价的，承包人应当向人民法院申请进行工程造价鉴定以确定发包人应当向其支付的工程款金额。如果承包人未申请工程造价鉴定，则人民法院可能依据合同约定或发包人审定的金额确定工程造价，由此导致法院认定总的应付工程款数额低于实际工程建设成本的不利后果应当由承包人承担。

（四）不准许鉴定的情形

建设工程纠纷案件通常较为复杂，涉及的证据材料繁多。发承包双方对于工程造价存在争议的，需结合工程图纸、签证文件、往来函件等资料进行计算。工程造价鉴定专业性极强且工程量较大，鉴定机构往往需要耗费较长时间才能完成鉴定工作。因此，为了防止当事人利用司法鉴定恶意拖延审理期限，人民法院应当对司法鉴定的必要性进行审查。如果待证事实与鉴定事项没有联系，或者待证事实无需通过专门性手段予以确定，人民法院不应当同意当事人提出的司法鉴定申请。

1. 当事人已达成结算协议

如果当事人提交的证据足以证明当事人之间已经就工程价款的结算达成一

---

① 《最高人民法院关于审理建设工程施工合同纠纷案件适用法律问题的解释（一）》第 32 条第 1 款："当事人对工程造价、质量、修复费用等专门性问题有争议，人民法院认为需要鉴定的，应当向负有举证责任的当事人释明。当事人经释明未申请鉴定，虽申请鉴定但未支付鉴定费用或者拒不提供相关材料的，应当承担举证不能的法律后果。"

致，则应当按照当事人已达成的合意确定工程价款，对于一方当事人提出的工程造价鉴定申请不应当准许。①

在建设工程实务中，发承包双方就工程价款结算达成一致的常见表现形式为签订结算协议或在定案表上签字盖章。建设工程竣工后，承包人按照合同约定向发包人报送竣工结算报告，发包人应当在约定期限内审核承包人报送的结算报告，给予确认或提出修改意见。发承包双方在经过充分自由协商的基础上方能最终达成结算协议。除非申请工程造价鉴定的一方当事人能够提供相反的证据证明存在欺诈、胁迫、重大误解、显失公平等情形，导致其在意思表示不自由或意思表示不真实的情况下签署结算协议，或者结算协议本身具有《民法典》第144条、第146条、第153条、第154条规定的无效情形的，否则结算协议应当视为双方当事人的真实意思表示。当事人已经就工程价款结算达成一致的，应当按照协议进行工程价款的支付，此时一方当事人再申请进行工程造价鉴定显然有违诚实信用原则，人民法院不应当支持其工程造价鉴定申请。

2. 合同约定按照固定价结算

《最高人民法院关于审理建设工程施工合同纠纷案件适用法律问题的解释（一）》第28条规定："当事人约定按照固定价结算工程价款，一方当事人请求对建设工程造价进行鉴定的，人民法院不予支持。"

固定价分为固定总价和固定单价。固定总价合同一般适用于规模小、建设难度较低的合同。固定总价合同将建设工程价格一次性"包死"，合同风险范围内的价格均不予调整。因此，对于合法成立且有效的固定总价合同，应当按照合同双方当事人订立合同时的意思表示进行工程价款的结算。一方当事人在诉讼中提出进行工程造价鉴定的，显然有毁约之嫌，通常情况下人民法院不应当准许工程造价鉴定申请。

在司法实践中如果出现了合同约定的风险范围以外的价格变化、设计变更导致工程费用变化等情形，对于超出当事人合同约定范围的工程造价，人民法院应当准予进行造价鉴定。此外，若承包人尚未完成工程建设，双方当事人即起诉要求解除合同，则对于承包人已完部分工程的造价应当通过鉴定确定。《北

---

① 《最高人民法院关于审理建设工程施工合同纠纷案件适用法律问题的解释（一）》第29条："当事人在诉讼前已经对建设工程价款结算达成协议，诉讼中一方当事人申请对工程造价进行鉴定的，人民法院不予准许。"

京市高级人民法院关于审理建设工程施工合同纠纷案件若干疑难问题的解答》（京高法发〔2012〕245号）[1]第13条就规定了采用固定总价结算的合同，若承包人未完成工程施工的，可以由鉴定机构在同一取费标准下计算出已完工程部分的价款和整个合同约定工程的总价款，再按照比例折算出发包人已完工程部分的造价。[2]

3. 约定发包人无正当理由未在约定期限内对竣工结算文件作出答复视为认可承包人上报的竣工结算文件的

《最高人民法院关于审理建设工程施工合同纠纷案件适用法律问题的解释（一）》第21条规定："当事人约定，发包人收到竣工结算文件后，在约定期限内不予答复，视为认可竣工结算文件的，按照约定处理。承包人请求按照竣工结算文件结算工程价款的，人民法院应予支持。"

根据该规定及当事人意思自治原则，此种情况下，诉争工程价款应当以承包人上报的结算金额为准，原被告双方之间不存在《最高人民法院关于民事诉讼证据的若干规定》第30条规定的、需要鉴定予以证明的争议事项。因此，此种情形下一方当事人申请工程造价司法鉴定的，人民法院应不予准许。[3]

（五）鉴定阶段法院的工作重点

在建设工程结算纠纷案件中，由于建设工程造价计算的专业性、技术性，法院往往需要借助鉴定机构确定建设工程造价，并将鉴定意见作为确定建设工程造价的重要依据。但鉴定单位只是辅助，不是主导，审、鉴既要分开又要合作。为了保障案件审理程序合法，公平公正，适用法律正确，矫正鉴定可能存在的混乱现象，防止"以鉴代审"违法行为，下列事项不属于需要鉴定单位鉴定，而应

---

[1] 《北京市高级人民法院关于审理建设工程施工合同纠纷案件若干疑难问题的解答》（京高法发〔2012〕245号），载北京法院审判信息网，https://www.bjcourt.gov.cn/article/newsDetail.htm；jsessionid=7FD7E827C9D9404413A673C0F7ECEB81？NId=25000128&channel=100014001&m=splc，最后访问时间：2022年3月30日。

[2] 《北京市高级人民法院关于审理建设工程施工合同纠纷案件若干疑难问题的解答》（京高法发〔2012〕245号）第13条指出，固定总价合同履行中，承包人未完成工程施工的，工程价款如何确定？建设工程施工合同约定工程价款实行固定总价结算，承包人未完成工程施工，其要求发包人支付工程款，经审查承包人已施工的工程质量合格的，可以采用"按比例折算"的方式，即由鉴定机构在相应同一取费标准下分别计算出已完工程部分的价款和整个合同约定工程的总价款，两者对比计算出相应系数，再用合同约定的固定价乘以该系数确定发包人应付的工程款。

[3] 孙玉军、徐嘉：《国浩视点 | 新证据规则下的建设工程造价司法鉴定》，载"国浩律师事务所"微信公众号，https://mp.weixin.qq.com/s/IKwfBIRh-xSfywg7uoamVw，最后访问时间：2022年3月30日。

由人民法院确定：

1. 人民法院应确定委托鉴定的事项和范围量

即人民法院应当确定对哪些事项进行鉴定：是对工程造价进行鉴定，还是对工程质量进行鉴定；是对工程量的鉴定，还是对清单单价的鉴定。在确定鉴定事项后，人民法院还应确定鉴定范围。例如，对于工程造价鉴定是全面鉴定还是部分鉴定，如果是部分鉴定，应对哪一部分进行鉴定等。人民法院确定鉴定范围后，应在鉴定委托书中列明。鉴定机构应根据鉴定委托书中列明的鉴定范围进行鉴定，不可擅自扩大或缩小鉴定范围。

2. 人民法院应确定鉴定期限

《建设工程司法鉴定程序规范》① 第 5.17.1 条规定："司法鉴定机构应在收到委托人出具的鉴定委托书或签订《建设工程司法鉴定协议书》之日起六十个工作日内完成委托事项的鉴定。"

此为司法部对司法鉴定机构提出的一般性要求。当鉴定事项涉及复杂、疑难、特殊的技术问题或者检验过程需要较长时间的，鉴定机构如果认为需要延长鉴定期限的，应当与人民法院协商确定。

3. 人民法院应当确认合同效力

合同是否有效是法律问题，现行法律规定就无效的建设工程合同进行了明确的规定，人民法院应依据现行法律规定认定合同效力。根据《建设工程造价鉴定规范》② 第 5.3.1 条和第 5.3.2 条，合同有效的，鉴定单位应当依据合同约定进行鉴定；合同无效的，鉴定人应按照人民法院的决定进行鉴定。

4. 人民法院应当确认计价方法和计价依据

《建设工程造价鉴定规范》第 5.3.3 条规定："鉴定项目合同对计价依据、计价方法约定不明的，鉴定人应厘清合同履行的事实，如是按合同履行的，应向委托人提出按其进行鉴定；如没有履行，鉴定人可向委托人提出'参照鉴定项目所在地同时期适用的计价依据、计价方法和签约时的市场价格信息进行鉴定'的建议，鉴定人应按照委托人的决定进行鉴定。"

---

① 载司法部网站，http://www.moj.gov.cn/pub/sfbgw/zwfw/zwfwbgxz/202101/P020210122423062374 620.pdf，最后访问时间：2023 年 3 月 7 日。

② 《建设工程造价鉴定规范》（GB/T 51262-2017），载中国政府网，http://www.gov.cn/xinwen/ 2018-03/12/content_5273324.htm，最后访问时间：2022 年 3 月 30 日。

《建设工程造价鉴定规范》第5.3.5条规定："鉴定项目合同对计价依据、计价方法约定条款前后矛盾的，鉴定人应提请委托人决定适用条款，委托人暂不明确的，鉴定人应按不同的约定条款分别作出鉴定意见，供委托人判断使用。"

根据上述规定，计价依据和计价方式是需要由人民法院根据现有证据确定的事项，不属于需要鉴定单位通过鉴定才能确定的事项。

5. 人民法院应当确认开工时间和竣工时间

《最高人民法院关于审理建设工程施工合同纠纷案件适用法律问题的解释（一）》对开工时间及竣工时间的确定作了明确规定，因此，开工时间和竣工时间在有争议时属于应由人民法院确定的时间。在计算工期时，对于开工时间或竣工时间不明确的，鉴定人应当提请人民法院决定开工时间的具体日期。但工期是否延误、延误的天数、顺延的天数由鉴定单位负责鉴定。

6. 人民法院应当确认工期延误责任的归属

根据《建设工程造价鉴定规范》第5.7.6条，当事人对鉴定项目因工期延误索赔有争议的，鉴定人应按本规范第5.7.1~5.7.5条规定先确定实际工期，再与合同工期对比，以此确定是否延误以及延误的具体时间。对工期延误责任的归属，鉴定人可从专业鉴别、判断的角度提出建议，最终由委托人根据当事人的举证判断确定。

7. 人民法院应当确认索赔事件的成因、索赔损失、索赔时效

根据《建设工程造价鉴定规范》第5.8.1条，当事人因提出索赔发生争议的，鉴定人应提请委托人就索赔事件的成因、损失等作出判断，委托人明确索赔成因、索赔损失、索赔时效均成立的，鉴定人应运用专业知识作出因果关系的判断，作出鉴定意见，供委托人判断使用。

8. 人民法院应当确认可以作为鉴定依据的证据

《建设工程造价鉴定规范》第4.7.3条规定，当事人对证据的真实性提出异议，或证据本身彼此矛盾，鉴定人应及时提请委托人认定并按照委托人认定的证据作为鉴定依据。如委托人未及时认定，或认为需要鉴定人按照争议的证据出具多种鉴定意见的，鉴定人应在征求当事人对于有争议的证据的意见并书面记录后，将该部分有争议的证据分别鉴定并将鉴定意见单列，供委托人判断使用。《建设工程造价鉴定规范》第4.7.5条规定，当事人对证据的关联性提出异议，鉴定人应提请委托人决定。委托人认为是专业性问题并请鉴定人鉴别的，鉴定人

应依据相关法律法规、工程造价专业技术知识，经过甄别后提出意见，供委托人判断使用。

第四节　基础设施项目工程结算常见风险及防范措施

一、"黑白合同"情形下如何结算

（一）黑白合同的概念

"黑白合同"并不是一个法律上的概念。建筑工程事关民生，涉及国家及社会公共利益，因此对于一些特定的建设工程项目我国采取强制招标制度，同时实践中，对于一些不属于必须招投标的工程项目，建设方也会采取招投标的制度来寻求更合适的施工企业。《招标投标法》第 46 条明确规定，"招标人和中标人应当自中标通知书发出之日起三十日内，按照招标文件和中标人的投标文件订立书面合同。招标人和中标人不得再行订立背离合同实质性内容的其他协议"；《招标投标法实施条例》第 57 条也规定，"招标人和中标人应当依照招标投标法和本条例的规定签订书面合同，合同的标的、价款、质量、履行期限等主要条款应当与招标文件和中标人的投标文件的内容一致。招标人和中标人不得再行订立背离合同实质性内容的其他协议"。

根据上述法律法规的规定，我们可以给"黑白合同"做出如下的定义：所谓"白"合同，就是建设工程项目经过招投标程序，发包人与承包人依据中标通知书及招投标文件签订的中标合同；而"黑"合同，就是双方在中标合同之外另行签订的（无论是标前签订还是标后签订）与中标合同存在实质性差异的合同。

（二）"黑白合同"存在的情形以及相应的合同效力

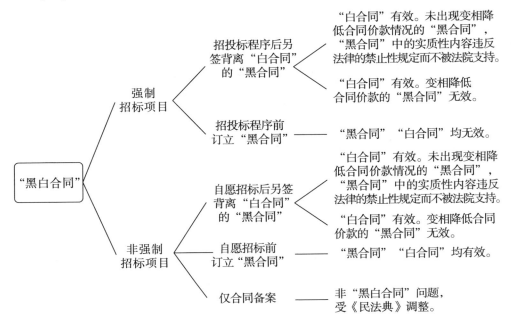

单独看合同本身的效力，"黑合同"和"白合同"其实在形式上都是符合合同的构成要件的，根据《民法典》关于合同效力的相关规定，只要双方当事人是出于自愿、真实的意思表示签订合同，且合同内容不违反法律法规的强制性规定，都可以认定为是有效的合同。但是在实践中，由于建设工程合同受多个法律法规的规制，"黑白合同"往往都是跟合同双方的利益直接相关，而且"黑白合同"的签订形式多种多样，导致对其效力认定极为困难。对"黑白合同"的效力认定，不能仅根据是否符合合同的构成要件来认定，还应根据建筑法的相关要求及工程招投标性质对"黑白合同"的效力分别进行认定。我国工程项目根据招投标性质又分为强制招标项目和非强制招标项目。

1. 强制招标项目中"黑白合同"的效力

强制招标项目，是指根据法律或行政法规规定必须通过招标投标形式订立合同的建设工程项目。在强制招标项目中，往往会出现两种情形：

第一种情形是在强制招标项目招标后另签背离"白合同"的"黑合同"。"白合同"是依招标投标法必须进行招投标的工程项目，建设单位合法进行了招标程序，签订并向相关部门进行备案的合同（备案制取消后，通常称为中标合同）；但在之后，为了自身利益可以达到最大化，又就该工程项目的施工另行签订背离中标合同实质内容的补充合同，即"黑合同"。这是建设工程领域"黑白合同"存在的典型情形，也是《招标投标法》第 46 条和《最高人民法院关于审理建设工程施工合同纠纷案件适用法律问题的解释（一）》第 2 条主要规范对象。在此种情形下，"白合同"属于有效合同，"黑合同"中的实质性内容因违反法律的禁止性规定而不被法院支持，在中标有效的前提下，法院一般裁判以中标的备案合同来确定双方的权利和义务，也就是"白合同"优先适用的原则。但若招标人和中标人在中标合同之外直接另行签订了变相降低工程价款的合同，则该等合同为无效合同，其中变相降低工程价款的行为包括以明显高于市场价格购买承建房产、无偿建设住房配套设施、让利、向建设单位捐赠财物等。①

【典型案例】

甲公司、乙公司建设工程施工合同纠纷案

案　　　号：（2019）鄂民终 755 号②

审理法院：湖北省高级人民法院

裁判类型：再审民事裁定书

法院观点：从备案的中标合同与后续签订的补充协议对比来看，对于工程质量、保证金、欠付工程款利息、延误工期违约责任、是否禁止转包等内容，自行签订的补充协议均与备案合同有实质性差别，故应以备案的中标合同作为本案结算的依据，自行签订的补充协议不能作为本案建设工程履行结算的依据。

第二种情形是就强制招标项目在招投标程序进行前订立了"黑合同"。具体指依法必须进行招投标的工程项目，建设单位先行与施工单位签订建设施工合同（"黑合同"），将工程发包给施工单位施工，之后又为了应付政府部门的依法监

---

① 《最高人民法院关于审理建设工程施工合同纠纷案件适用法律问题的解释（一）》第 2 条："招标人和中标人另行签订的建设工程施工合同约定的工程范围、建设工期、工程质量、工程价款等实质性内容，与中标合同不一致，一方当事人请求按照中标合同确定权利义务的，人民法院应予支持。招标人和中标人在中标合同之外就明显高于市场价格购买承建房产、无偿建设住房配套设施、让利、向建设单位捐赠财物等另行签订合同，变相降低工程价款，一方当事人以该合同背离中标合同实质性内容为由请求确认无效的，人民法院应予支持。"

② 湖北省高级人民法院（2019）鄂民终 755 号民事裁定书，载中国裁判文书网，https：//wenshu. court. gov. cn/website/wenshu/181107ANFZ0BXSK4/index. html？docId＝652be019b1d542669be9ab8a0116b1e0，最后访问时间：2022 年 3 月 28 日。

督和检查，而进行程序上的招投标活动并与原施工单位签订"白合同"，也就是通常大家说的典型的"明招暗定"的情形。在此种情形下，根据《最高人民法院关于审理建设工程施工合同纠纷案件适用法律问题的解释（一）》第1条规定，应当招标而未招标签订的"黑合同"属于无效合同。根据《招标投标法》第43条规定，在确定中标人前，招标人不得与投标人就投标价格、投标方案等实质性内容进行谈判。相较而言，在进行招投标之前就已实质上确定了工程承包人，是对《招标投标法》更为严重的违反，"白合同"因违反《招标投标法》第55条的规定属中标无效签订的合同，根据《最高人民法院关于审理建设工程施工合同纠纷案件适用法律问题的解释（一）》第1条规定，由此而产生的"白合同"也应认定为无效。

2. 非强制招标项目中"黑白合同"的效力

第二大类为非强制招标项目。对于非强制招标项目，建设单位根据主管部门提倡或者自愿进行招投标并根据招投标结果签订施工合同，将合同进行备案（备案制取消后，该签订的合同称中标合同）。在实务中，会出现在备案合同之外，当事人又签订一份未进行备案且实质性内容不同的合同，而这又包含两种情形。

（1）本不属于强制招投标范围的工程但自愿招标的

对于自愿招标的项目司法实践中一直存在诸多争议，争议往往围绕对于自愿招标的项目进行招投标程序后，是否受《招标投标法》的约束。

我们认为，自愿招标的项目应当受到《招标投标法》的约束。从文义解释角度来看，《招标投标法》第2条规定，"在中华人民共和国境内进行招标投标活动，适用本法"。该条规定并未区分依法必须招标的工程项目和非必须招标的工程项目的招标投标活动，可见，凡是在中华人民共和国领域内发生的招标投标活动均应符合《招标投标法》的规定。另外《招标投标法》不仅是保护合同双方当事人的利益，更是对招标投标市场竞争秩序的维护，从社会层面来看，只要当事人选择了对该项目进行招标投标程序，其行为就应当受到《招标投标法》的约束。但《招标投标法》明确规定仅适用于"依法必须进行招标的项目"，如《招标投标法》第55条规定，"依法必须进行招标的项目，招标人违反本法规定，与投标人就投标价格、投标方案等实质性内容进行谈判的，给予警告，对单位直接负责的主管人员和其他直接责任人员依法给予处分。前款所列行为影响中标结果的，中标无效"，其适用对象是"依法必须进行招标的项目"，则自愿招标的项目不适用该条款。

自愿招标的情形下，同样存在与强制招标项目相似的两种下属分支，即自愿招标后另签背离"白合同"的"黑合同"的情形和在自愿进行招投标程序前订立了"黑合同"的情形。

首先，就自愿招标后另签背离"白合同"的"黑合同"的情形，《最高人民法院关于审理建设工程施工合同纠纷案件适用法律问题的解释（一）》第23条明确规定："发包人将依法不属于必须招标的建设工程进行招标后，与承包人另行订立的建设工程施工合同背离中标合同的实质性内容，当事人请求以中标合同作为结算建设工程价款依据的，人民法院应予支持……"如前文所讨论的那样，自愿招标的项目也受《招标投标法》的约束，《招标投标法》第46条中未限定"依法必须进行招标的项目"，因此在此种情形下，"白合同"属于有效合同，"黑合同"中的实质性内容违反法律的禁止性规定而不被法院支持，在中标有效的前提下，法院一般以中标合同来确定双方的权利和义务。另外该种情形下的"黑合同"如果也存在变相降低工程价款的行为，则同样适用《最高人民法院关于审理建设工程施工合同纠纷案件适用法律问题的解释（一）》第2条第2款："招标人和中标人在中标合同之外就明显高于市场价格购买承建房产、无偿建设住房配套设施、让利、向建设单位捐赠财物等另行签订合同，变相降低工程价款，一方当事人以该合同背离中标合同实质性内容为由请求确认无效的，人民法院应予支持。"

其次，就自愿进行招投标程序前订立了"黑合同"的情形，从时间上看，双方当事人在进行招标投标程序前进行了磋商，并且签订了标前协议。《招标投标法》第43条规定："在确定中标人前，招标人不得与投标人就投标价格、投标方案等实质性内容进行谈判。"违反该规定的，对属于《招标投标法》第3条规定必须进行招标的建设项目，《招标投标法》在第55条中规定中标无效，但对不属于《招标投标法》第3条规定必须进行招标的建设项目，《招标投标法》中并无相应条款规定中标无效。可见，虽然存在《招标投标法》中第43条规定的情形，但《招标投标法》第43条规定系从行政管理角度规范招标人在公开开标前订立合同的要求，属于管理性强制性规定，并非效力性强制性规定。当案涉项目非必须进行招投标的建设项目，则不适用《招标投标法》第55条关于因招标人和投标人就实质性内容进行谈判导致中标无效的规定，进而不属于因违反《最高人民法院关于审理建设工程施工合同纠纷案件适用法律问题的解释（一）》第1条第3项规定而应认定无效的情形。因此标前协议（"黑合同"）和中标合同（"白合同"）系双方当事人的真实意思表示，如无证据证明双方当事人的招投标行为损害了国家利益、社会公共利益及公共安全等无效情形，招投标前后签署的建设工程施工合同均有效。

【典型案例】

甲公司与乙公司建设工程施工合同纠纷案

案　　号：（2019）最高法民终314号[①]

审理法院：最高人民法院

裁判类型：二审民事判决书

法院观点：案涉工程系非国有资金投资建设的住宅项目，不属于法律规定必须进行招投标的工程项目。本案双方在签订927合同之前，签订《框架协议》对工程范围、取费标准以及履约保证金、垫资施工等进行了约定，并约定该项目采用邀标方式招标，乙公司承诺采取适当措施保证甲公司中标，存在《招标投标法》第43条规定的情形。《招标投标法》是规范建筑市场招投标活动的具有公法性质的一部法律，目的是通过规范建筑项目的招投标活动，进而保护国家利益和社会公共利益及公共安全。本案无证据证明双方当事人的招投标行为损害了国家利益、社会公共利益及公共安全。如上所述，案涉工程并非必须进行招投标的项目，而《招标投标法》第55条关于因招标人和投标人就实质性内容进行谈判导致中标无效的规定是针对"依法必须进行招标的项目"。本案不属于因违反司法解释规定而应认定无效的情形。《框架协议》、927合同系双方当事人的真实意思表示，927合同关于工程范围、建设工期、工程质量、工程价款等内容与招标文件基本一致，甲公司具有案涉项目的建设工程施工资质，也不存在法律规定的其他无效情形，应认定有效。《施工补充协议》《施工补充协议（二）》系双方在施工过程中所形成，主要内容为对已发生的工程进度款数额以及8000万元垫资工程量的审核确认，并对欠付进度款及垫资款的支付时间、担保事项等进行的约

---

① 最高人民法院（2019）最高法民终314号民事判决书，载中国裁判文书网，https：//wenshu. court. gov. cn/website/wenshu/181107ANFZ0BXSK4/index. html？docId=a0c8732fae4c49189152acfa012333e6，最后访问时间：2022年3月28日。

定，属于具有结算性质的文件，具有相对独立性，不违反法律、行政法规强制性规定，亦应认定有效。

但在司法实践中，还存在争议，部分法院裁判观点坚持认为，无论是否依法必须进行招标的项目，只要采用招投标形式，只要标前进行实质性谈判并影响中标结果，都会导致中标无效。比如在某建设工程施工合同纠纷案［最高人民法院（2019）民申字第4527号］中，最高人民法院就认为："鉴于本案存在未招先定等违反法律禁止性规定的行为，违反《招标投标法》第43条、第55条等规定，中标无效，双方所签两份合同亦无效。"

（2）既非强制招投标项目，当事人又未自愿进行招投标，仅仅是根据当地行政主管部门的要求，承、发包对双方签订的施工合同进行了备案

当事人在备案合同之外，又另行签订实质性内容不同的合同且未备案的，这种类型的合同并不属于《招标投标法》的调整范围，而应属于《民法典》调整。对此类合同效力的认定，应以该合同是否违反法律禁止性规定，是否体现当事人真实意思表示进行判断，若无特别说明通常后签订的合同效力优先于先签订的合同。

（三）"黑白合同"和"合同变更"的界限

以上是根据工程招投标性质对"黑白合同"的效力分别进行认定。但也并非所有招投标后中标合同与实际履行合同不一致的，都构成"黑白合同"。关键在于如何把握正常的合同变更行为与规避招投标行为的界限。《最高人民法院关于审理建设工程施工合同纠纷案件适用法律问题的解释（一）》第2条划定的界限就是"合同实质性内容不一致"。

1. "合同实质性内容"的基本解读

合同实质性内容第一次出现是在《招标投标法》中，第46条规定"招标人和中标人不得再行订立背离合同实质性内容的其他协议"，但其并没有对哪些内容属于"合同实质性内容"作出明确的规定。

《最高人民法院关于审理建设工程施工合同纠纷案件适用法律问题的解释（一）》第2条规定，建设工程施工合同中的"工程范围、建设工期、工程质量、工程价款等"即属于建设工程施工合同的实质性内容。[①]

---

① 《最高人民法院关于审理建设工程施工合同纠纷案件适用法律问题的解释（一）》第2条第1款："招标人和中标人另行签订的建设工程施工合同约定的工程范围、建设工期、工程质量、工程价款等实质性内容，与中标合同不一致，一方当事人请求按照中标合同确定权利义务的，人民法院应予支持。"

实质性内容	表现形式①
工程范围	工程范围确定了承包人的施工边界以及利润的多寡，也是承包人在投标时重要的考虑因素之一。因此，工程范围的变化属于对中标合同实质性内容的变更，常见的表现形式是发包人在中标之后，通过指定分包的形式来缩小承包人的施工范围。证实"工程范围"的证据材料种类繁多，如中标通知书、建设工程规划许可证、建设工程施工许可证等；又如施工图、施工方案、工程量清单等。
建设工期	投标人在投标文件中确定的工期时间，是其能否中标的关键要素之一。在工程设计、工程范围没有发生重大变化的情况下，发包人与承包人另行签订合同缩短或者延长工期，都属于对中标合同构成的实质性变更。常见的约定工期方式有两种，一是约定工程日期总天数，二是约定开工日和竣工日。投标文件中的开工日期和竣工日期为中标的关键点，缩短或延长工期都属于实质性变更。
工程质量	施工质量与承包人的施工能力密切相关，一些工艺要求高的工程项目，更是对承包人的施工能力提出了特殊的要求。对于超越自身施工能力的工程项目，承包人在中标后，又与发包人签订合同来降低施工质量、降低施工工艺，应当认定对中标合同构成了实质性的变更。
工程价款	变更工程价款是"黑白合同"最常见的情形，《最高人民法院关于审理建设工程施工合同纠纷案件适用法律问题的解释（一）》第2条第2款对四种典型的降低工程价款的形式做出了明确的规定，即以明显高于市场价格购买承建房屋、无偿建设住房配套设施、让利、向建设单位捐赠物资。除此之外，实践中出现的下浮结算款、改变计价规则、要求垫资及给付工程款的时间节点和比例发生重大变化也应当认定为对中标合同构成了实质性的变更。

【典型案例1】

某房产公司、某建公司建设工程施工合同纠纷案

案　　号：（2013）民申字第876号②

审理法院：最高人民法院

裁判类型：再审民事裁定书

---

① 《建设工程领域"黑白合同"的认定及处理》，载"法言法理"微信公众号，https：//mp. weixin. qq. com/s/8dlosuJDU16t5v9jrDmzPQ，最后访问时间：2022年3月30日。

② 最高人民法院（2013）民申字第876号民事裁定书，载中国裁判文书网，https：//wenshu. court. gov. cn/website/wenshu/181107ANFZ0BXSK4/index. html？docId＝ade12171d77d4719bed5a99900bda70b，最后访问时间：2022年3月28日。

法院观点：关于某小区 2 号楼工程价款结算依据的问题，该工程在大项办监督下进行了招投标，2004 年 5 月 10 日某房产公司向某建公司发出中标通知书，2004 年 5 月 21 日双方签订了施工合同。但该施工合同约定的结算方式为固定价，而招投标文件约定的结算方式为以定额为基础扣除优惠率，且该施工合同和招投标文件关于工程质量的约定亦不同。依据《招标投标法》第 46 条的规定，招标人和中标人应当自中标通知书发出之日起三十日内，按照招标文件和中标人的投标文件订立书面合同，不得再行订立背离合同实质性内容的其他协议。2004 年 5 月 21 日施工合同与招投标文件的实质性内容不一致，违反了《招标投标法》的强行性规定。因此，该施工合同不属于经过备案的中标合同，不能作为双方工程价款结算的依据，应以招投标文件作为双方结算工程价款的依据。

【典型案例 2】

甲公司与乙公司建设工程施工合同纠纷案

案　　　号：（2015）民一终字第 309 号[①]

审理法院：最高人民法院

裁判类型：二审民事判决书

法院观点：一审法院认为，司法解释中有关备案合同与非备案合同的规定，是针对招标过程前后当事人为规避法律既签订一份备案合同，又签订一份非备案合同的情形。其特点是在签订备案合同与非备案合同时有关工程的情况是相同的。而本案《补充协议书》的出现是在施工两年后，出现了工程多次停工及其他情况，为解决相应的问题，双方签订《补充协议书》对工程价款结算方式进行了调整，是当事人正当行使合同变更权。

二审法院认为，上述两协议均为双方当事人真实意思表示，内容不违反法律、法规的强制性规定，应为合法有效，双方应依约履行。因《补充协议书》签订在后，且对《建设工程施工合同》的约定进行了变更，双方应按照《补充协议书》约定的固定单价方式进行结算。司法解释之规定针对的是当事人在中标合同之外另行签订建设工程施工合同，以架空中标合同、规避中标行为和行政部

[①]　最高人民法院（2015）民一终字第 309 号民事判决书，载中国裁判文书网，https://wenshu.court.gov.cn/website/wenshu/181107ANFZ0BXSK4/index.html？docId=defe406d2db64639b821aaca00a8e198，最后访问时间：2022 年 3 月 28 日。

门监管的情形，而《补充协议书》是在双方履行《建设工程施工合同》过程中，为了解决因工程多次停工造成的损失而签订，只是变更了结算方式，《建设工程施工合同》其他条款仍然有效，并且双方在 2012 年 11 月 22 日的《会议纪要》上对此结算方式再次确认，当地住建局工作人员也在《会议纪要》上签字认可。因此，《补充协议书》属于双方当事人在合同履行过程中经协商一致的合同变更。

综合以上几点和相关案例，我们可以得出的结论是，如果双方私下签订的合同变更了中标合同的工程范围、建设工期、工程价款以及工程质量，则应当认定属于实质性的变更，构成"黑白合同"，变更无效。反之，则应当认定属于非实质性的变更，不构成"黑白合同"，变更有效。

2. 在合同履行过程中，因客观条件变化引起的对中标合同实质性内容作出变更，不构成"黑白合同"

根据《最高人民法院关于审理建设工程施工合同纠纷案件适用法律问题的解释（一）》第 23 条规定，"黑白合同"规则不适用客观形势发生根本变化的情况。也就是说，如果签订中标合同后发生客观形势根本变化的，应当允许当事人对原合同的实质性内容进行变更。实践中常出现的情况有：

（1）签订中标合同后，设计变更、规划调整的；

（2）实际地质情况与中标条件不符的；

（3）主要建筑材料价格"异常变动"的。

（四）"黑白合同"的结算规则

1. 按照"白合同"确定权利义务

《最高人民法院关于审理建设工程施工合同纠纷案件适用法律问题的解释（一）》第 2 条规定："招标人和中标人另行签订的建设工程施工合同约定的工程范围、建设工期、工程质量、工程价款等实质性内容，与中标合同不一致，一方当事人请求按照中标合同确定权利义务的，人民法院应予支持。招标人和中标人在中标合同之外就明显高于市场价格购买承建房产、无偿建设住房配套设施、让利、向建设单位捐赠财物等另行签订合同，变相降低工程价款，一方当事人以该合同背离中标合同实质性内容为由请求确认无效的，人民法院应予支持。"

《最高人民法院关于审理建设工程施工合同纠纷案件适用法律问题的解释（一）》第 23 条规定："发包人将依法不属于必须招标的建设工程进行招标后，

与承包人另行订立的建设工程施工合同背离中标合同的实质性内容，当事人请求以中标合同作为结算建设工程价款依据的，人民法院应予支持，但发包人与承包人因客观情况发生了在招标投标时难以预见的变化而另行订立建设工程施工合同的除外。"

这是"黑白合同"情形下最常用的结算价款规则，即按照白合同确定权利义务，但需要注意《最高人民法院关于审理建设工程施工合同纠纷案件适用法律问题的解释（一）》第 2 条有以下适用前提条件：首先，只适用于双方实质上履行招标程序，双方存在"黑白合同"时。其次，只适用双方因为"黑白合同"发生结算争议时。如双方未发生争议，同时不损害国家、社会利益或者他人利益的，不适用上述司法解释。再次，"白合同"应与招标文件中的实质性内容一致。复次，"白合同"不应存在中标无效的情况。最后，工程未发生设计变更、国家政策调整、不可抗力等客观原因造成的重大合同内容变化。

【典型案例】

地质大队与某建筑公司建设工程施工合同纠纷案

案　　　号：（2017）民再字第 249 号[①]

审理法院：最高人民法院

裁判类型：再审民事判决书

法院观点：《建设工程施工合同》系地质大队和某建筑公司经过招投标程序签订并经备案登记的施工合同，依法成立并有效。该合同约定：工程价款为15816541.39 元，合同价款采用固定价格方式确定，无论工程是否有变更或工程量是否有增加或减少，工程价款均不得变更。

同日，地质大队和某建筑公司签订《合作合同书》，约定：建成的职工住宅楼第十七层至第十八层共 6 套职工宿舍套房分给某建筑公司；地质大队所得的 60套住房按每平方米 2280 元结算，总造价约为 13800000 元，项目建设所需的其余建设资金由某建筑公司全部承担。2011 年 12 月 18 日，地质大队和某建筑公司签订《补充协议书》，约定：地下室由某建筑公司投资建设，工程项目底层架空层

---

① 最高人民法院（2017）民再字第 249 号民事判决书，载中国裁判文书网，https://wenshu.court. gov.cn/website/wenshu/181107ANFZ0BXSK4/index.html？docId＝775e675a626448018ac1a8930111868d，最后访问时间：2022 年 3 月 28 日。

临路 27 米长的场地使用权归某建筑公司所有；小区道路、园林绿化、围墙工程由某建筑公司施工，工程价款另行结算。

从《合作合同书》及《补充协议书》约定的内容看，其均涉及对案涉工程总造价及支付方式的约定，且同招标人和中标人经备案登记的《建设工程施工合同》关于案涉工程款结算的约定不同，属于对《建设工程施工合同》的实质性内容进行变更。《合作合同书》和《补充协议书》因违反法律的强制性规定而无效，案涉工程款的结算应以《建设工程施工合同》为依据。

2. "黑白合同"均无效的情形下

（1）能确定实际履行合同的

主流裁判观点为当事人双方就同一建设工程分别签订的多份施工合同均被认定无效后，应平衡双方当事人利益，参照双方当事人的真实意思表示以及实际履行的合同来确认工程价款的结算依据。

《最高人民法院关于审理建设工程施工合同纠纷案件适用法律问题的解释（一）》第 24 条第 1 款规定："当事人就同一建设工程订立的数份建设工程施工合同均无效，但建设工程质量合格，一方当事人请求参照实际履行的合同关于工程价款的约定折价补偿承包人的，人民法院应予支持。"

【典型案例】

某基公司、某力公司建设工程施工合同纠纷

案　　号：（2017）鄂民终 262 号①

审理法院：湖北省高级人民法院

裁判类型：二审民事判决书

某基公司与某力公司就本案涉及工程共签订了三份合同，一是在招投标之前即 2011 年 10 月 19 日签订的《湖北省建设工程施工合同》（即"标前合同"）；二是在招投标之后的 2011 年 12 月 9 日签订的《建设工程施工合同》，该份合同在监利县公共资源交易监督管理局备案；三是在招投标之后的 2011 年 12 月 20 日签订的《湖北省建设工程施工合同》，该份合同在监利县建筑业管理办公室备案。

---

① 湖北省高级人民法院（2017）鄂民终 262 号民事判决书，载中国裁判文书网，https：//wenshu. court. gov. cn/website/wenshu/181107ANFZ0BXSK4/index. html？ docId = 90516a15bdd540b28cd4a78c0130635b，最后访问时间：2022 年 3 月 28 日。

　　法院观点： 某基公司与某力公司违反了《招标投标法》第43条关于在确定中标人前，招标人不得与投标人就投标价格、投标方案等实质性内容进行谈判的强制性规定。双方虽然履行了招投标程序，但行为属于"明招暗定"，依照《招标投标法》第55条的规定，中标无效。中标无效的，双方签订的建设工程施工合同也应认定为无效。因此，双方当事人在中标后签订两份合同均为无效合同。案涉工程属必须招标的工程项目，双方签订的"标前合同"也应认定为无效。

　　因本案的中标合同为无效合同，故本案不能以中标合同作为本案工程价款的结算依据。从合同实际履行情况看，某基公司和某力公司均是按照"标前合同"约定进场施工、收取工程建设信用保证金、签订补充合同及决算方案的，也即双方实际履行的合同为"标前合同"，而非中标合同。双方签订的"标前合同"及之后的决算方案并未约定固定价款，仅约定了结算标准和依据。在"黑白合同"均无效，且标前标后合同关于工程价款的约定不一致的情况下，为查清案件事实，对某基公司提出的对工程造价进行鉴定的申请予以准许并未违反法律规定。

　　（2）不能确定实际履行合同的

　　在当事人存在多份施工合同且均无效的情况下，一般应参照符合当事人真实意思表示并实际履行的合同作为工程价款结算依据；在无法确定实际履行合同时，依据《最高人民法院关于审理建设工程施工合同纠纷案件适用法律问题的解释（一）》第24条第2款："实际履行的合同难以确定，当事人请求参照最后签订的合同关于工程价款的约定折价补偿承包人的，人民法院应予支持。"

　　《最高人民法院关于审理建设工程施工合同纠纷案件适用法律问题的解释（一）》规定"最后签订的合同"，系出于最接近当事人双方内心真实合意的考虑，适用该"最后签订的合同"作为结算依据的条件，应当是双方对于最后签订的合同和实际履行的合同具有真实合意的一致性。若最后签订的合同并非当事人意图实际履行的合同，而是出于其他目的所签订，比如在下文案例中当事人签订最后一份合同是为了办理相关过程手续，该"最后签订的合同"即不能视为最接近当事人的真实意思，该条款规定已不具备相应的适用条件。此时法院往往会基于公平原则的考量，结合争议合同之间的差价、工程质量、双方过错程度、诚实信用原则等，以鉴定机构分别根据两份合同作出的工程造价平均值为依据计算工程折价补偿数额，予以合理分配。

【典型案例】

某建公司、某房地产公司建设工程施工合同纠纷案

案　　号：（2021）鲁 15 民终 2238 号①

审理法院：山东省聊城市中级人民法院

裁判类型：二审民事判决书

法院观点：关于实际履行的合同问题，某建公司主张履行的是 2014 年 6 月 4 日合同，某房地产公司主张履行的是 2013 年 10 月合同，因两份合同的工程价款、开工日期、竣工日期、工期、工程质量标准等实质性内容不一致，双方所提交的证据均不能证明在施工过程中实际履行的是哪一份合同，一审法院无法判断实际履行合同。关于工程价款结算依据问题，在无法确定双方真实合意和实际履行合同情况下，虽然某建公司主张的 2014 年合同属于最后签订合同，但签订该合同主要是为了案涉工程能够办理开工许可、验收等，且该合同价款高出 2013 年合同价款 2100 余万元，如以该合同作为工程价款结算依据，对某房地产公司明显不公，有违公平原则。因案涉工程已竣工验收合格，鉴于两份合同均属无效合同，综合考量双方过错程度、损失大小、过错与损失之间的因果关系等因素，一审法院确定以鉴定机构分别根据两份合同作出的工程造价平均值为依据计算工程折价补偿。

二、基础设施项目工程结算中的财政投资评审、政府审计的风险与防范

在工程价款结算中，经常涉及"审计"一词，工程造价的审计是指对承包单位提交工程结算资料进行审核的活动，包括：（1）政府审计，指审计机关依据《审计法》规定，对政府投资和以政府投资为主的建设项目的预算执行情况和决算进行审计监督；（2）财政投资评审，指财政部门依据《财政投资评审管理规定》②，对财政性资金投资项目预（概）算和竣工决（预）算进行的评价与审查；（3）建设单位组织的内部审计，指建设单位对施工单位的工程价款结算审价；（4）第三方审计，指合同双方共同或单方委托第三方进行工程价款结算审价。其中比较容易引起工程合同纠纷的是财政投资评审和政府审计。

---

① 山东省聊城市中级人民法院（2021）鲁 15 民终 2238 号民事判决书，载中国裁判文书网，https：//wenshu. court. gov. cn/website/wenshu/181107ANFZ0BXSK4/index. html？docId = 10762efd34f640c6bfb2 adb300c29420，最后访问时间：2022 年 3 月 28 日。

② 《财政投资评审管理规定》，载中国政府网，http：//www. gov. cn/gongbao/content/2010/content_1620593. htm，最后访问时间：2022 年 3 月 30 日。

（一）财政投资评审的概念

财政投资评审，指财政部门依据《财政投资评审管理规定》，对财政性资金投资项目预（概）算和竣工决（预）算进行的评价与审查，包括结算的真实、准确、完整，也包括合规、合理，属于政府机关的行政行为。实践中，使用财政性资金的工程项目，建设方与施工方签订的建设工程施工合同中往往会在结算条款中约定，以评审结论作为双方结算依据。

（二）财政评审对工程款结算的影响

最高人民法院于 2008 年 5 月 16 日出具的《关于人民法院在审理建设工程施工合同纠纷案件中如何认定财政评审中心出具的审核结论问题的答复》（〔2008〕民一他字第 4 号）规定："财政部门对财政投资的评定审核是国家对建设单位基本建设资金的监督管理，不影响建设单位与承建单位的合同效力及履行。但是，建设合同中明确约定以财政投资的审核结论作为结算依据的，审核结论应当作为结算的依据。"

以上规定充分尊重了民事合同的意思自治原则，以及财政行政管理的相对性。从以上规定中，可总结出评审结论作为工程价款结算依据的适用条件有以下两点：（1）双方签订的施工合同中约定以评审结论作为结算依据；（2）该约定必须明确。如双方施工合同中未约定以评审结论作为结算依据，或该约定不明确的，不得强行将评审结论作为双方的结算依据。[①]

即使建设单位和施工单位在合同中有明确约定，存在以下三个案例的情况时，法院依然可以不采纳以财评结论作为工程竣工价款调整的结算依据。

【典型案例1】

某图书馆与省一建公司建设工程施工合同纠纷案

案　　号：（2014）粤高法民申字第 1917 号[②]

审理法院：广东省高级人民法院

裁判类型：再审民事裁定书

---

① 戴勇坚、唐硟：《从司法实践看财政投资评审对工程价款结算的影响》，载"建纬长沙律师"微信公众号，https：//mp. weixin. qq. com/s/fKp_-XunJGzMbrer5M0qzQ，最后访问时间：2022 年 3 月 30 日。

② 广东省高级人民法院（2014）粤高法民申字第 1917 号民事裁定书，载中国裁判文书网，https：//wenshu. court. gov. cn/website/wenshu/181107ANFZ0BXSK4/index. html？ docId＝032f575568cf48b9b992e805dc4009a1，最后访问时间：2022 年 3 月 28 日。

裁判观点：双方合同约定以评审结论作为工程价款结算依据。工程竣工验收合格后，施工方向建设方提交了完整的结算报告和资料，但建设方一直未提交财政评审的，法院根据公平合理原则认定施工方主张的结算价款为双方价款结算依据。

法院认为：双方当事人在合同中约定以广州市花都区财政投资评审中心审核后的工程结算价作为合同的最终结算造价，而将结算送往财政部门审核是建设单位的义务，即应由某图书馆送审。从查明的事实看，双方均承认省一建公司于2012年5月7日向某图书馆提交了结算书，因某图书馆提出异议，省一建公司于2012年5月14日取回部分资料，某图书馆确认省一建公司于2012年8月寄回图纸资料。至本案二审诉讼时，涉案工程完工已超过两年，某图书馆仍未依约委托具有相应资质的中介机构审定造价并送交财政部门评审，二审判决根据公平合理原则认定省一建公司主张的上述结算价，判令某图书馆向省一建公司支付工程结算款和质量保修金，处理恰当。某图书馆以工程未结算及省一建公司提交的结算数额未送交财政评审为由向本院申请再审，缺乏充分的事实和法律依据，本院不予支持。

【典型案例2】

张某与某产业区管委会建设工程施工合同纠纷案

案　　号：（2015）平民初字第31号①

审理法院：河南省平顶山市中级人民法院

裁判类型：一审民事判决书

裁判观点：虽约定以评审结论作为结算依据，但同时又约定施工方如对评审结论有异议，可协商解决，协商不成另行依法解决。且双方对工程总造价未进行结算，评审中心也未出具评审意见，可以认定上述合同内容并未明确约定工程价款以评审结论作为结算依据，一方主张应以评审结论作为结算依据没有合同依据。

法院认为：本案中，各方当事人共同签订的《协议书》中约定："对某产业区管委会评审结论有异议的，双方可协商解决，协商不成的，另行依法解决。"

---

① 河南省平顶山市中级人民法院（2015）平民初字第31号民事判决书，载中国裁判文书网，https：//wenshu. court. gov. cn/website/wenshu/181107ANFZ0BXSK4/index. html？docId = 7167588b847e4ae3a653bd6115f8d16a，最后访问时间：2022年3月28日。

上述内容并未明确约定本案工程要以某市财政投资评审中心的审核结论作为结算依据，且某市财政投资评审中心至今未对涉案工程总造价作出审核结论，故本院在双方对涉案工程总造价未进行共同结算的情况下，委托鉴定机构进行司法鉴定，符合双方当事人在《协议书》中关于结算条款的约定及最高人民法院的规定，某产业区管委会认为应当以某市财政投资评审中心的审核结论作为涉案工程款结算依据的理由没有合同依据，对此本院不予采纳。

【典型案例 3】

某公司与某医院建设工程施工合同纠纷案

案　　号：（2015）永中法民二重初字第 2 号①

审理法院：湖南省永州市中级人民法院

裁判类型：一审民事判决书

裁判观点：合同约定以财评结论作为工程竣工价款调整的结算依据，但双方对上述价款调整未能达成一致意见，评审中心也因双方尚存争议而未出具正式评审报告的，工程价款可通过造价鉴定予以确认。

法院认为：被告对于涉案工程价款提交某市财政投资评审中心进行审核，且评审中心于 2013 年 12 月 10 日、2014 年 1 月 10 日提出了初步意见并制作了结算评审情况明细表和初步评审报告，被告分别将永州市财政投资评审中心的初步评审报告及明细表交给了原告，但经被告多次催促，原告一直未答复确认，亦未将意见反馈给被告或某市财政投资评审中心。

建设方、施工方、审核方三方会议纪要的内容反映，涉案工程在施工过程中存在设计变更和工程量增减，按照《工程施工合同书》的约定，被告提出的设计变更或工程量增减可以调整合同总造价，招标时工程如有漏算、少算或多算在工程竣工结算时按照市财政局评审中心有关规定予以调整。因原、被告之间对于上述原因产生的工程价款调整未能达成一致意见，市财政局评审中心也因双方尚存争议而未出具正式的评审报告，故上述工程价款的争议可通过工程造价鉴定予以确认。

---

① 湖南省永州市中级人民法院（2015）永中法民二重初字第 2 号民事判决书，载中国裁判文书网，https://wenshu.court.gov.cn/website/wenshu/181107ANFZ0BXSK4/index.html？docId=ad338f4833804807861abdb7c18d115e，最后访问时间：2022 年 3 月 28 日。

(三) 政府审计的性质

《审计法》和《审计法实施条例》规定，审计机关应当对政府投资和以政府投资为主的建设项目的预算执行情况和决算，单项工程结算、项目竣工决算，依法进行审计监督。政府审计是一种行政监督行为，发生在审计机关和被审计单位之间，双方之间构成监督与被监督的行政法律关系。《审计法实施条例》第53条明确规定，被审计单位如对审计决定不服的，有权依法申请行政复议或提起行政诉讼，也可以提请审计机关的本级人民政府裁决。

根据上述规定，在政府投资项目审计法律关系中，被审计单位为建设单位或代建单位，而非施工单位。审计法及相关规范性文件规范的是审计机关与被审计单位之间的行政法律关系，而不是被审计单位与其合同相对方施工单位之间的民事合同法律关系。政府审计这一行政监督措施，不能直接约束民事法律关系中的对方当事人。

【典型案例1】

甲市政公司诉乙场道公司建设工程施工合同纠纷案

案　　　号：(2015) 民申字第3311号[①]

审理法院：最高人民法院

裁判类型：再审民事裁定书

裁判观点：双方明确约定或认可以政府审计为依据的，可以适用。

法院认为：乙场道公司与甲市政公司签订的《建设工程专业分包合同》约定，"分包合同价款见《议标文件》"。而《议标文件》又约定该分包工程的议价方式为"丙城投公司、丁公司批准的、经审计部门审定的工程造价（不下浮12%的前提下）下浮22%，税收由总包方办理代扣代缴"，"项目竣工验收合格并经某市政府审计部门审定后付至决算价格的95%，保修期结束后全部付清"。因此，甲市政公司分包工程的最终结算价，应为某市审计局审定的价款下浮22%，再扣除甲市政公司应负担的税费后的价款。

---

① 最高人民法院（2015）民申字第3311号民事裁定书，载中国裁判文书网，https：//wenshu. court. gov. cn/website/wenshu/181107ANFZ0BXSK4/index. html？docId = c6b490192f63478c91f600f54610ef1f，最后访问时间：2022年3月28日。

【典型案例 2】

城市发展公司诉城建公司建设工程施工合同纠纷案

案　　　号：（2018）最高法民终 651 号[①]

审理法院：最高人民法院

裁判类型：二审民事判决书

裁判观点：合同中有关审计的约定不明确、不具体，则不能适用以政府审计为结算依据的规则。

法院认为：对案涉工程的结算依据问题，应当依照双方当事人的约定与履行等情况确定……审计结果作为工程款结算依据，必须明确具体约定，即在合同中约定"以审计部门的审计结论作为竣工结算价款支付依据"。如审计部门是确定的，还应写明审计部门的全称。

【典型案例 3】

某生公司诉石油公司建设工程施工合同纠纷案

案　　　号：（2018）川民终 46 号[②]

审理法院：四川省高级人民法院

裁判类型：再审民事裁定书

裁判观点：通过约定及履行情况综合判断以政府审计作为结算依据是否形成完整证据链，进而以政府审计为结算依据。

法院认为：关于本案工程款是否应依据审计结论作为结算依据，双方当事人在合同通用条款中约定，应按国家及石油公司有关规定办理工程结算及最终付款手续；在专用条款中又约定"经审计后的工程结算额为最终合同金额"。可见，本案工程的价款按国家及石油公司的有关规定办理结算，并以审计后的结算金额予以确定。而根据石油公司的相关规定，对于本案工程的结算由石油公司审计部

---

① 最高人民法院（2018）最高法民终 651 号民事判决书，载中国裁判文书网，https：//wenshu. court. gov. cn/website/wenshu/181107ANFZ0BXSK4/index. html? docId = b7d1b42ca06442669938a9c301164fdd，最后访问时间：2022 年 3 月 28 日。

② 四川省高级人民法院（2018）川民终 46 号民事裁定书，载中国裁判文书网，https：//wenshu. court. gov. cn/website/wenshu/181107ANFZ0BXSK4/index. html? docId = 0cf8a9d3d2854f32b437aabe00c12302，最后访问时间：2022 年 3 月 28 日。

与监察部委托某石油审计服务中心联合中介机构组成审计监察组，进行审计监察，并最终确认工程款金额。石油公司审计部对本案工程概算内及概算外的费用进行审计过程中，某生公司授权代表参与了审计工作，并在部分《审计工作底稿》上签字确认。因此，石油公司审计部对本案工程费用审计确认的金额作为本案工程价款结算的依据，符合合同约定。

【典型案例4】

刘某诉某公司哈密分公司建设工程施工合同纠纷案

案　　号：（2016）最高法民申 1125 号①

审理法院：最高人民法院

裁判类型：再审民事裁定书

裁判观点：虽有"以行政审计结论作为结算依据"的约定，但在实际结算中又以发包方内部审计或第三方审计等方式结算价款，则以双方最终确认的结算价款为准。

法院认为：某公司哈密分公司主张双方《承包协议》明确约定以政府部门审定最终决算价为准，且本案工程系政府投资项目，国家有明确的结算审计规定，故一、二审法院以谈判协议作为结算依据违反了双方约定，又有悖于法律的规定。经查，双方在《承包协议》中约定的结算方式已被双方后来签订的《谈判协议》所改变，应以后者内容为准。同时，本案系发包人与实际施工人之间就未完工工程的争议，双方约定的结算方式与政府部门对发包人竣工决算的审查并无关联，并不违反国家规定。故一、二审法院以《谈判协议》相关条款为依据进行认定，既不违反双方约定，也不悖于法律规定。

---

① 最高人民法院（2016）最高法民申 1125 号民事裁定书，载中国裁判文书网，https：//wenshu. court. gov. cn/website/wenshu/181107ANFZ0BXSK4/index. html？docId = 68920452935141558442a727011ff284，最后访问时间：2022 年 3 月 28 日。

【典型案例 5】

某都公司诉某达公司建设工程施工合同纠纷案

案　　号：（2019）最高法民再 56 号[①]

审理法院： 最高人民法院

裁判类型： 再审民事判决书

裁判观点： 审计机关久审不定，如果在合同中约定了审计条款，发包人故意拖延/拒绝提交审计资料或审计机关无正当理由未及时出具审核结果或审计机关明确不能、拒绝作出行政审计结论，仍可在诉讼或仲裁过程中通过工程造价司法鉴定方式确定工程价款。

法院认为： 某都公司与某达公司在《道路工程施工承包合同》中约定工程结算按现行市政定额标准计取，工程最终造价及支付以财政、审计部门最后审计结果为最终结算依据。虽然某都公司主张工程造价应以财政、审计部门最后审计结果为最终结算依据，但在上述道路工程已使用近两年的情况下，某都公司仍未向相关财政、审计部门提交工程建设资料，启动财政、审计部门审计，在本案审理过程中也无法提供审计结果，故一审法院根据某达公司的申请，依法委托某工程咨询有限公司对某达公司完成的工程进行造价鉴定，该鉴定机构作出《工程造价鉴定报告》，可以作为认定涉案工程造价的依据。

正如前文所述，如果建设工程施工合同没有约定以审计结论作为工程结算的依据，则政府审计报告对双方当事人均无约束力；而前述案例，主要为司法实践中建设工程施工合同约定了"以审计结论作为工程结算的依据"的情形提供了进一步分类和适用原则，具体可概括为：（1）合同中有关审计的约定不明确、不具体，则不能适用以政府审计为结算依据的规则。明确是指双方当事人在合同中约定"以审计部门的审计结论作为竣工结算价款支付依据"，另外，如审计部门是确定的，还应写明审计部门的全称。（2）合同中明确写明以政府审计为结算依据的规则，还需通过约定及履行情况综合判断以政府审计作为结算依据是否形成完整证据链，形成完整证据链的适用政府审计为结算依据。（3）即使有"以行

---

①　最高人民法院（2019）最高法民再 56 号民事判决书，载中国裁判文书网，https：//wenshu.court.gov.cn/website/wenshu/181107ANFZ0BXSK4/index.html？docId＝d363830b343b4b3ea66aaabc01130f92，最后访问时间：2022 年 3 月 28 日。

政审计结论作为结算依据"的约定，但在实际结算中又以发包方内部审计或第三方审计等方式结算价款，则以双方最终确认的结算价款为准。（4）双方在合同中约定了审计条款，但发包人故意拖延/拒绝提交审计资料，或审计机关无正当理由未及时出具审核结果，或审计机关明确不能、拒绝作出行政审计结论，仍可在诉讼或仲裁过程中通过工程造价司法鉴定方式确定工程价款。

（四）以政府审计结论作为结算依据的风险及防范措施

首先，政府对审计"审减"不"审增"的要求，直接导致审计机关将"审减率"作为考核评估判断是否提高资金使用效率和监督廉政建设的指标。在此机制下，审计结论容易偏离实际，给施工单位带来很大风险。

其次，审计法没有规定施工单位对审计结果不服的救济途径。《审计法》第46条，《审计法实施条例》第52条、第53条，仅针对不同的情形规定了被审计单位不服审计决定的救济途径，却没有赋予施工单位与被审计单位同等的权利救济方式。

另外，审计机关的工作人员并未参与项目的现场管理，对施工的复杂性、多样性、变化性并不清楚。施工单位不是被审计对象，《审计法》及其他相关法律均没有规定在政府投资项目审计过程中，应当听取施工单位的意见，没有赋予施工单位举证和辩论的权利，审计报告是审计机关单方作出的结论。特别是，对于部分争议事项、具体的定额适用以及施工现场签证的相关事宜，缺少相互沟通协商、相互妥协的过程，施工单位对审计结论不认可的现象经常发生，容易引发冲突和纠纷。①

针对以上风险，施工单位应该加强全过程造价管理。施工单位在合同谈判过程中，应尽可能争取对施工单位有利的条款，约定清楚竣工结算价格依据、结算形式，不能简单地写"以政府审计作为工程竣工结算的依据"，应当明确约定政府审计时必须严格按照招标文件及施工合同约定的结算方法和程序进行审计，以及施工单位对审计结论不服或产生争议时的救济渠道和解决办法，防止法院以约定不明为由直接判决以审计结论作为竣工结算的依据并作出判决。若在招标文件没有规定

---

① 潘宏建：《建设工程竣工结算中的政府审计风险与防范》，载"仟问律师"微信公众号，https://mp. weixin. qq. com/s/kCe-6MtGNNUUdyrfHiZLOg，最后访问时间：2022年3月30日。

审计要求的前提下，施工单位应尽可能排除施工合同中政府审计条款的适用。[①]

在合同履行期间，施工单位必须及时收集和保存变更签证及索赔相关资料，严格按照合同约定的程序和时限办理变更签证和索赔事宜，避免合同中约定的无效变更签证，尽可能避免因结算时未按照合同约定程序、时限或者变更签证无效而不被审计机关认可造成损失的情形出现。

最后，在结算阶段，施工单位应加强与审计单位的工作沟通，特别是与审计机关委托的第三方造价咨询机构的沟通，及时发现审计中存在的问题，并要求审计机关予以纠正和整改。承包方还需熟悉政府审计的工作要求和程序，对全体项目管理人员、竣工结算文件编制人员进行经常性培训，以便报送的竣工结算文件符合审计机关的要求，尽可能规避和化解审计风险，切实维护自身的合法权益。

[①]　潘宏建：《建设工程竣工结算中的政府审计风险与防范》，载"仟问律师"微信公众号，https://mp. weixin. qq. com/s/kCe-6MtGNNUUdyrfHiZLOg，最后访问时间：2022 年 3 月 30 日。

第九章　网络通信项目（数据中心）
投资建设法律风险防控

第一节　网络通信项目（数据中心）行业概述

在传统基础设施建设年代，生产要素主要在"路"上流动，包括铁路、公路、航路、水路等；而在新型基础设施建设年代，生产要素主要在"网"上流动，包括 5G 应用、工业互联网、物联网等，可归纳为网络通信项目。随着新一代网络通信项目的快速发展，数据呈现爆炸式增长，而大数据中心作为数据基座与各类业务应用对接的"窗口"，作为储存和计算的基础设施，作为行业数字化转型的数据基础设施，其兴建是大势所趋。

充分发展数据中心项目的建设，对进一步提供政府社会治理能力、公共服务水平以及应对大型公共安全突发事件能力至关重要，而充分利用数据中心的前提是使数据中心的投资建设充分融入市场经济社会，本章即以数据中心项目的概念及特点为基础，以数据中心项目在投资、建设及运营过程中的各项法律风险为着力点，以防控法律风险为目的，保障数据中心项目建设依法合规推进。

一、网络通信项目（数据中心）的概念及分类

（一）网络通信项目（数据中心）的概念

某知名网络公司将数据中心解释为"多功能的建筑物，能容纳多个服务器以及通信设备。这些设备被放置在一起是因为它们具有相同的对环境的要求以及物理安全上的需求，并且这样放置便于维护，而不仅仅是一些服务器的集合"。[①]

---

① 李劲编：《云计算数据中心规划与设计》，人民邮电出版社 2018 年版，第 1 页。

数据中心无论是在技术上还是部署上都发展迅速，变化极快，国内相关建设规范也适时对数据中心进行了定义，下面分别从建筑规范角度以及实用领域角度进行概念界定。

从建筑规范角度出发，根据《数据中心基础设施施工及验收规范》①（GB 50462-2015）第2.0.1条以及《数据中心设计规范》②（GB 50174-2017）第2.0.1条对数据中心的定义，数据中心是指为集中放置的电子信息设备提供运行环境的建筑场所，可以是一栋或几栋建筑物，也可以是一栋建筑物的一部分，包括主机房、辅助区、支持区和行政管理区等。根据《数据中心设计规范》（GB 50174-2017）第2.0.3条至第2.0.8条分别对主机房、辅助区、支持区、行政管理区、限制区、普通区的定义，主机房是指主要用于数据处理设备安装和运行的建筑空间，包括服务器机房、网络机房、存储机房等功能区域；辅助区是指用于电子信息设备和软件的安装、调试、维护、运行监控和管理的场所，包括进线间、测试机房、总控中心、消防和安防控制室、拆包区、备件库、打印室、维修室等区域；支持区是指为主机房、辅助区提供动力支持和安全保障的区域，包括变配电室、柴油发电机房、电池室、空调机房、动力站房、不间断电源系统用房、消防设施用房等；行政管理区是指用于日常行政管理及客户对托管设备进行管理的场所，包括办公室、门厅、值班室、盥洗室、更衣间和用户工作室等；限制区是指根据安全需要，限制不同类别人员进入的场所，包括主机房、辅助区和支持区等；普通区是指用于灾难恢复和日常训练、办公的场所。而从实用领域角度出发，数据中心是指按照统一标准建设，为集中存放的具备计算能力、存储能力、信息交互能力的IT应用系统提供稳定、可靠运行环境的场所。③

（二）数据中心项目的分类

根据建设规模、服务对象等不同标准作为划分依据，数据中心项目具有以下分类模式：以建设规模作为划分依据，数据中心项目可分为超大型数据中心、大型数据中心以及中小型数据中心。根据工业和信息化部、发展改革委、国土资源

---

① 《数据中心基础设施施工及验收规范》，载住房和城乡建设部网站，https：//www.mohurd.gov.cn/gongkai/zhengce/zhengcefilelib/201601/20160126_226446.html，最后访问时间：2023年7月7日。

② 《数据中心设计规范》，载住房和城乡建设部网站，https：//www.mohurd.gov.cn/gongkai/zhengce/zhengcefilelib/201706/20170629_232416.html，最后访问时间：2023年7月7日。

③ 《2019年中国数据中心数量约有7.4万个约占全球数据中心总量23%》，载赛迪顾问网，http：//finance.eastmoney.com/a/202003141418211116.html，最后访问时间：2022年3月27日。

部等部门《关于数据中心建设布局的指导意见》①（工业和信息化部联通〔2013〕13 号）的规定，超大型数据中心是指规模大于等于 10000 个标准机架的数据中心；大型数据中心是指规模大于等于 3000 个标准机架小于 10000 个标准机架的数据中心；中小型数据中心是指规模小于 3000 个标准机架的数据中心。（注：此处以标准机架为换算单位，功率 2.5 千瓦为一个标准机架。）

以服务对象作为划分依据，数据中心项目可以分为互联网数据中心和企业数据中心（IDC② 与 EDC③）。IDC 是指电信业务经营者利用已有的互联网通信线路、带宽资源，建立标准化的电信专业级机房环境，通过互联网向客户提供服务器托管、租用以及相关增值等方面的全方位服务。它可以为各类应用和客户提供大规模、高质量、安全可靠的专业化服务器托管、空间租用、网络批发带宽等服务。通过使用 IDC 服务，企业或政府单位不需要再建立自己的专门机房、铺设昂贵的通信线路，也无需建立专门的网络工程师队伍。EDC 是指由企业或机构构建并所有，服务于企业或机构自身业务的数据中心，是一个企业数据运算、存储和交换的核心计算环境，它为企业、客户及合作伙伴提供数据处理、数据访问等信息、应用支持服务。同时，对于信息系统，数据安全，保密或者其他特殊要求的行业或企业，比如银行、保险、政府、大型企业等，也会建设自己管理运行的数据中心。

二、网络通信项目（数据中心）相关政策梳理

（一）数据中心项目的投资政策规范

1. 政府投资数据中心项目需审批

2015 年 1 月，国务院在其发布的《关于促进云计算创新发展培育信息产业新业态的意见》（国发〔2015〕5 号）④ 中指出，政府将引导地方根据实际需求合理确定云计算发展定位，避免政府资金盲目投资建设数据中心和相关园区，并

---

① 《关于数据中心建设布局的指导意见》，载工业和信息化部网站，https://wap.miit.gov.cn/jgsj/txs/gzdt/art/2013/art_1d754b03d60e45a694459066be0ea54f.html，最后访问时间：2023 年 7 月 7 日。

② 互联网数据中心（Internet Data Center），简称 IDC。

③ 企业数据中心（Enterprise Data Center），简称 EDC。

④ 《关于促进云计算创新发展培育信息产业新业态的意见》，载中国政府网，http://www.gov.cn/zhengce/content/2015-01/30/content_9440.htm，最后访问时间：2022 年 3 月 27 日。

引导优化云计算基础设施布局，促进区域协调发展。近年，各地政府也陆续出台相关政策，鼓励数据中心集约化建设发展，多地政府亦明确提出要严格限制由财政投资兴建单位自用数据中心，鼓励政府机构面向本地传统电信运营商和第三方IDC服务提供商采购政务数据中心外包服务。可见，在此次新基建浪潮推动之前，政府部门在数据中心基础设施的投资方式已从自行投资转为通过采购数据服务的方式进行。但随着近期政策的走向，也不排除政府直接投资数据中心项目的可能性。作为政府投资项目，应严格遵守《政府投资条例》的规定，根据《政府投资条例》，政府采取直接投资方式、资本金注入方式投资的项目，应当编制项目建议书、可行性研究报告、初步设计，按照政府投资管理权限和规定的程序进行，并报投资主管部门或者其他有关部门审批。

2. 企业投资数据中心项目需备案

2012年的6月，工业和信息化部发布了《关于鼓励和引导民间资本进一步进入电信业的实施意见》①（下称《实施意见》），《实施意见》对企业投资、建设数据中心等电信业基础设施的原则性问题进行了明确。在项目投资方面，《实施意见》提出鼓励电信业进一步向民间资本开放，引导民间资本通过多种方式进入电信业，积极拓宽民间资本的投资渠道和参与范围；支持民间资本在互联网领域投资，进一步明确对民间资本开放因特网数据中心（IDC）和因特网接入服务（ISP）业务的相关政策，引导民间资本参与IDC和ISP业务的经营活动。在项目建设方面，《实施意见》提出鼓励符合条件的民营企业申请通信工程设计、施工、监理、信息网络系统集成、用户管线建设以及通信建设项目招标代理机构等企业资质。凡具有相应资质的民营企业，平等参与通信建设项目招标，不得设立其他附加条件。鼓励民间资本参与基站机房、通信塔等基础设施的投资、建设和运营维护。引导基础电信企业积极顺应专业化分工经营的趋势，将基站机房、通信塔等基础设施外包给第三方民营企业，加强基础设施的共建共享。在投资准入方面，境内企业与外资企业所依据的投资规范有所差异，对于境内企业在中国境内投资建设的固定资产投资项目，应依据《企业投资项目核准和备案管理条

---

① 《关于鼓励和引导民间资本进一步进入电信业的实施意见》，载中国政府网，http://www.gov.cn/zwgk/2012-06-28/content_2171772.htm，最后访问时间：2022年3月27日。

例》①；对于中外合资、中外合作、外商独资、外商投资合伙、外商并购境内企业、外商投资企业增资及再投资项目等各类外商投资项目，应依据《外商投资项目核准和备案管理办法》②。根据《企业投资项目核准和备案管理条例》《企业投资项目核准和备案管理办法》《企业投资项目事中事后监管办法》《外商投资项目核准和备案管理办法》的规定，境内企业投资项目以及外商投资项目均分为核准和备案两种方式。其中《企业投资项目核准和备案管理条例》第 3 条规定："对关系国家安全、涉及全国重大生产力布局、战略性资源开发和重大公共利益等项目，实行核准管理。具体项目范围以及核准机关、核准权限依照政府核准的投资项目目录执行。政府核准的投资项目目录由国务院投资主管部门会同国务院有关部门提出，报国务院批准后实施，并适时调整。国务院另有规定的，依照其规定。对前款规定以外的项目，实行备案管理。除国务院另有规定的，实行备案管理的项目按照属地原则备案，备案机关及其权限由省、自治区、直辖市和计划单列市人民政府规定。"《外商投资项目核准和备案管理办法》第 4 条规定："根据《核准目录》，实行核准制的外商投资项目的范围为：（一）《外商投资产业指导目录》中有中方控股（含相对控股）要求的总投资（含增资）3 亿美元及以上鼓励类项目，总投资（含增资）5000 万美元及以上限制类（不含房地产）项目，由国家发展和改革委员会核准。（二）《外商投资产业指导目录》限制类中的房地产项目和总投资（含增资）5000 万美元以下的其他限制类项目，由省级政府核准。《外商投资产业指导目录》中有中方控股（含相对控股）要求的总投资（含增资）3 亿美元以下鼓励类项目，由地方政府核准。（三）前两项规定之外的属于《核准目录》第一至十一项所列的外商投资项目，按照《核准目录》第一至十一项的规定核准。（四）由地方政府核准的项目，省级政府可以根据本地实际情况具体划分地方各级政府的核准权限。由省级政府核准的项目，核准权限不得下放。本办法所称项目核准机关，是指本条规定具有项目核准权限的行政机关。"根据上述规定，结合国务院发布的《政府核准的投资项目目录》③（国发

---

① 《企业投资项目核准和备案管理条例》，载中国政府网，http://www.gov.cn/zhengce/content/2016-12/14/content_5147959.htm，最后访问时间：2022 年 3 月 27 日。

② 《外商投资项目核准和备案管理办法》，载中国政府网，http://www.gov.cn/foot/site1/20140521/a41f7268496414e6a27f01.pdf，最后访问时间：2022 年 3 月 27 日。

③ 《政府核准的投资项目目录（2016 年本）》，载中国政府网，http://www.gov.cn/zhengce/content/2016-12/20/content_5150587.htm，最后访问时间：2022 年 3 月 27 日。

〔2016〕72 号）以及《外商投资产业指导目录》① 的规定，应由国务院行业管理部门核准且与数据信息产业相关的项目包括：国际通信基础设施项目、国内干线传输网（含广播电视网）以及其他涉及信息安全的电信基础设施项目，并未包含数据中心相关项目的投资。即，现阶段，境内企业和外资企业对数据中心项目的投资均适用备案制。

根据《企业投资项目核准和备案管理条例》第 13 条、第 14 条的规定，实行备案管理的项目，企业应当在开工建设前通过在线平台将下列信息告知备案机关：（一）企业基本情况；（二）项目名称、建设地点、建设规模、建设内容；（三）项目总投资额；（四）项目符合产业政策的声明。企业应当对备案项目信息的真实性负责。在投资过程中，对于已备案项目信息发生较大变更的，企业应当及时告知备案机关。根据《外商投资项目核准和备案管理办法》第 18 条的规定，拟申请备案的外商投资项目需由项目申报单位提交项目和投资方基本情况等信息，并附中外投资各方的企业注册证明材料、投资意向书及增资、并购项目的公司董事会决议等其他相关材料。

（二）数据中心项目的建设规范

以项目的建设周期为划分标准，在规划阶段、施工阶段以及验收阶段分别需依据的规范如下：

首先，在数据中心项目的规划阶段。2013 年 1 月，工业和信息化部、国家发展改革委、国土资源部、电监会、能源局联合发布了《关于数据中心建设布局的指导意见》（下称《指导意见》），对数据中心项目的规划选址提出了相应要求，《指导意见》指出数据中心的建设和布局应以科学发展为主题，以加快转变发展方式为主线，以提升可持续发展能力为目标，以市场为导向，以节约资源和保障安全为着力点，遵循产业发展规律，发挥区域比较优势，引导市场主体合理选址、长远规划、按需设计、按标建设，逐渐形成技术先进、结构合理、协调发展的数据中心新格局。2015 年 3 月，工业和信息化部、国家机关事务管理局、国家能源局又联合印发了《关于国家绿色数据中心试点工作方案》② （下称《工作方

---

① 《外商投资产业指导目录（2017 年修订）》，载中国政府网，https：//www.gov.cn/gongbao/content/2017/content_5237697.htm，最后访问时间：2023 年 7 月 7 日。

② 《关于国家绿色数据中心试点工作方案》，载中国政府网，http：//www.gov.cn/xinwen/2015-03/23/content_2837640.htm，最后访问时间：2022 年 3 月 27 日。

案》)，《工作方案》提出，为强化绿色数据中心的建设，在支持先进适用技术产品的研发与应用的基础上，加强引导各单位建立绿色数据中心运维管理体系，技术与管理两手并行推进数据中心节能环保水平提升。针对不同行业、地域、规模的数据中心进行试点，强化新建工程项目的绿色采购、绿色设计、绿色建设，全面实现绿色增量。提高现有数据中心设备的利用率，积极开展节能挖潜，提升整体能效水平。大力提升数据中心能源使用效率，加强可再生能源利用和分布式供能，切实降低碳排放和水资源消耗，有效控制有毒有害物质使用，加强废弃设备回收处理等，全面建设绿色数据中心。即，我国数据中心的建设规划应当满足规模化、集中化、绿色化、布局合理化的要求，投资者应当从地方政策、商业环境等多个角度考虑选址规划的合理性。

其次，在数据中心项目的施工阶段。在数据中心项目的实施过程中，项目立项阶段、项目招投标阶段、合同签署阶段、项目建设阶段以及在项目施工前依法取得建设用地、城市规划、环境保护、安全、施工等方面的许可，这一系列的建设过程与传统基础设施的建设模式都大致相同，此处不再赘述。但需要注意的是，相较于传统基础设施的施工建设，数据中心项目的施工建设由于其项目特性会存在一定的不同点，住房和城乡建设部针对数据中心的建设施工单独制定了工程技术规范、设计规范、基础设施运行维护标准等一系列国家标准，而这些标准是建设单位或者施工单位能否取得相关审批许可的关键性依据。

最后，数据中心项目的竣工验收阶段。在数据中心项目的竣工验收阶段，住房和城乡建设部发布了专门的《数据中心基础设施施工及验收规范》（GB 50462-2015），相较于常规建筑工程的施工质量验收标准，《数据中心基础设施施工及验收规范》增加了多方面单项工程的验收，如配电系统、防雷与接地系统、空调系统、给水排水系统、综合布线及网络系统、监控与安全防控系统、电磁屏蔽系统的验收。且《数据中心基础设施施工及验收规范》第1.0.3条规定："数据中心基础设施施工及验收除应符合本规范外，尚应符合国家现行有关标准的规定。"另外，由于数据中心项目的用电量极大，项目的节能审查意见对于数据中心项目非常重要，根据《固定资产投资项目节能审查办法》第3条的规定："固定资产投资项目节能审查意见是项目开工建设、竣工验收和运营管理的重要依据。政府投资项目，建设单位在报送项目可行性研究报告前，需取得节能审查机关出具的节能审查意见。企业投资项目，建设单位需在开工建设前取得节能审查机关出具的节能审查意见。未按本办法规定进行节能审查，或节能审查未通过的项目，建设单位不得开工建设，已经建成的不得投入生产、使用。"结合实践经验，节能审查意见中最为重要的内容是确认项目的年综合能源消费量，也即能耗指标，而在作出节能审查意见前，很多地方政府在内部审批流程中存在对当地全年能耗指标增量和总量的控制。可见，数据中心的竣工验收规范更为严格，对于投资者和建设者来说，都应予以充分的重视。

（三）数据中心项目的市场运营准入规范

根据《电信业务分类目录》① 的分类规定，互联网数据中心（IDC）业务属于 B11 类增值电信业务，是指利用相应的机房设施，以外包出租的方式为用户的服务器等互联网或其他网络相关设备提供放置、代理维护、系统配置及管理服务，以及提供数据库系统或服务器等设备的出租及其存储空间的出租、通信线路和出口带宽的代理租用和其他应用服务。互联网数据中心业务经营者应提供机房和相应的配套设施，并提供安全保障措施。根据《电信条例》第 13 条的规定："经营增值电信业务，应当具备下列条件：（一）经营者为依法设立的公司；（二）有与开展经营活动相适应的资金和专业人员；（三）有为用户提供长期服务的信誉或者能力；（四）国家规定的其他条件。"同时结合《电信业务经营许可管理办法》② 第 4 条的规定："经营电信业务，应当依法取得电信管理机构颁发的经营许可证。电信业务经营者在电信业务经营活动中，应当遵守经营许可证的规定，接受、配合电信管理机构的监督管理。电信业务经营者按照经营许可证的规定经营电信业务受法律保护。"即，数据中心等电信业务项目的市场运营需满足一定的准入性要求。2012 年 6 月，工业和信息化部在《关于鼓励和引导民间资本进一步进入电信业的实施意见》③ 中明确提出对民间资本开放因特网数据中心（IDC）和因特网接入服务（ISP）业务的相关政策，引导民间资本参与 IDC 和 ISP 业务的经营活动，为民间资本参与数据中心项目的运营提供了基础。2012 年 11 月，工业和信息化部发布了《关于进一步规范因特网数据中心业务和

---

① 《电信业务分类目录》，载工业和信息化部网站，https：//wap. miit. gov. cn/zwgk/zcwj/wjfb/tg/art/2020/art_e98406cd89844f7e92ea1bcf3b5301e0. html，最后访问时间：2023 年 7 月 7 日。

② 《电信业务经营许可管理办法》，载中国政府网，https：//www. gov. cn/gongbao/content/2017/content_5240090. htm，最后访问时间：2023 年 7 月 7 日。

③ 《关于鼓励和引导民间资本进一步进入电信业的实施意见》，载中国政府网，http：//www. gov. cn/zwgk/2012-06/28/content_2171772. htm，最后访问时间：2022 年 3 月 27 日。

因特网接入服务业务市场准入工作的通告》①（工业和信息化部电管函〔2012〕552 号，下称《数据中心业务准入通告》），明确了 IDC、ISP 这两项业务经营许可证的申请条件和审查流程，同时进一步明确了 IDC、ISP 申请企业资金、人员、场地、设施等方面的要求。企业经营数据中心业务的，需满足上述准入性规范的要求，并取得电信管理机构颁发的经营许可证。

（四）数据中心的行业标准及运维、管理规范

根据《标准化法》的规定，对没有推荐性国家标准、需要在全国某个行业范围内统一的技术要求，可以制定行业标准。行业标准由国务院有关行政主管部门制定，报国务院标准化行政主管部门备案。当同一内容的国家标准公布后，则该内容的行业标准即行废止。行业标准由行业标准归口部门统一管理。行业标准的归口部门及其所管理的行业标准范围，由国务院有关行政主管部门提出申请报告，国务院标准化行政主管部门审查确定，并公布该行业的行业标准代号。截至目前，数据中心相关的行业标准主要包括以下 9 项：1. YD/T 2441-2013《互联网数据中心技术及分级分类标准》；2. YD/T 2442-2013《互联网数据中心资源占用、能效及排放技术要求和评测方法》；3. YD/T 2542-2013《电信互联网数据中心（IDC）总体技术要求》；4. YD/T 2543-2013《电信互联网数据中心（IDC）的能耗评测方法》；5. YD/T 1821-2018《通信局（站）机房环境条件要求与检测方法》；6. YD/T 2061-2020《通信机房用恒温恒湿空调系统》；7. JR/T 0132-2015《金融业信息系统机房动力系统测评规范》；8. YD/T 5054-2019《通信建筑抗震设防分类标准》；9. YD/T 5060-2019《通信设备安装抗震设计图集》。

我国数据中心产业发展起步较晚但是发展迅速，行业的发展离不开管理、运维阶段的执行依据和准则，截至目前，数据中心相关的管理、运维标准主要包括：1. GB/T 51314-2018《数据中心基础设施运行维护标准》；2. GB/T 34982-2017《云计算数据中心基本要求》；3. GB/T 22239-2019《信息安全技术　网络安全等级保护基本要求》；4. GB/T 29328-2018《重要电力用户供电电源及自备

---

① 《关于进一步规范因特网数据中心业务和因特网接入服务业务市场准入工作的通告》，载工业和信息化部网站，https://www.miit.gov.cn/jgsj/xgj/gzdt/art/2020/art_e1a08c9acba24c2d9b09c38c1e60b776.html，最后访问时间：2022 年 3 月 27 日。

应急电源配置技术规范》；5. YD/T 1754-2008《电信网和互联网物理环境安全等级保护要求》；6. YD/T 1755-2008《电信网和互联网物理环境安全等级保护检测要求》；7. YD/T 2442-2013《互联网数据中心资源占用、能效及排放技术要求和评测方法》。

第二节　网络通信项目（数据中心）的建设特点及建设流程

数据中心的基础设施建设是整个项目的重要部分，数据中心是大量业务、应用、计算、数据加工、存储和处理的中心，大量的安全设备、网络设备在数据中心的基础设施中运行，数据中心基础设施的设计不仅应满足当下的各项需求应用，还需要满足面向未来快速增长的发展需求，因此对数据中心建设特点以及建设流程的了解显得尤为重要。

本节将结合数据中心项目的建设特点对数据中心项目的建设原则、需求分析、可行性论证以及全过程建设流程进行归纳论述。

一、网络通信项目（数据中心）的建设特点

（一）网络通信项目（数据中心）的高复合性特点

数据中心项目作为传统建筑行业与电信行业的交叉领域，属于信息基础设施范畴，也决定了数据中心项目的高复合性建设特点。与传统的建设项目相比，数据中心项目的建设除常规的基础设施场地建设外，还包括大量电信设备的采购和安装以及网络建设。并且，相较于传统基建项目，数据中心项目建设包含更多的专业工程，如室内装饰装修系统、配电系统、防雷与接地系统、空调系统、给水排水系统、综合布线及网络系统、监控与安全防控系统、电磁屏蔽系统等，数据中心项目的高复合性特点会对项目的建设审批流程和实施建设过程产生一些影响。

首先，在项目建设审批方面，与传统建设项目相比，数据中心项目的主要影响在于：（1）数据中心项目在通过能源技术评价和环境影响评价后，还需向当

地发改部门申请办理 IDC 项目建设批文；（2）在取得 IDC 项目建设批文后，建设单位还需在电力主管部门办理用电手续；（3）在验收审批时，除常规的消防、环保部门出具验收意见书或验收合格证外，数据中心项目还需进行防雷与接地、监控与安全防控等的专项验收。

其次，在项目实施方面，与传统项目相比，数据中心项目的主要影响在于参建单位的多资质需求，由于数据中心项目所涉专业工程较多，对施工企业、勘察单位、设计单位和工程监理单位等参建单位的资质要求亦更为严格。根据《建筑法》以及《建设工程质量管理条例》的规定，从事建筑活动的建筑施工企业、勘察单位、设计单位和工程监理单位在取得相应等级的资质证书后，方可在其资质等级许可的范围内从事建筑活动，建设单位应当将工程发包给具有相应资质等级的单位。同时结合 2020 年 3 月 1 日开始施行的《房屋建筑和市政基础设施项目工程总承包管理办法》的规定，工程总承包单位应当同时具有与工程规模相适应的工程设计资质和施工资质，或者由具有相应资质的设计单位和施工单位组成联合体。即，对于数据中心项目来说，无论采取何种承包模式，对资质需求都是数据中心项目参建单位不可忽视的准入前提。结合《建筑业企业资质标准》对资质的分类以及工程实践，数据中心项目根据功能需求的不同，所需的资质可能包括但不限于：（1）总承包资质：建筑工程施工总承包资质、通信工程施工总承包资质、机电工程施工总承包资质；（2）专业承包资质：建筑装修装饰工程专业承包资质、建筑机电安装工程专业承包资质、电子与智能化工程专业承包资质、消防设施工程专业承包资质、防水防腐保温工程专业承包资质等。另外，根据《最高人民法院关于审理建设工程施工合同纠纷案件适用法律问题的解释（一）》第 1 条第 1 项的规定，承包人未取得建筑业企业资质或者超越资质等级的，建设工程施工合同无效。因此，对于建设单位来说，更需谨慎对待数据中心项目的承包资质问题，避免因承包单位无资质或超资质导致施工合同无效，进而影响项目的建设。

（二）网络通信项目（数据中心）的高能耗性特点

数据中心项目需承载大量的信息传输以及全时段的网络服务，这也就不可避免地导致数据中心项目具有高能耗性特点。数据中心能耗主要包括四部分：IT 设备能耗、制冷系统能耗、供配电系统能耗、照明及其他能耗。总能耗与 IT 设备能耗的比值，即 PUE 值①。即使采用相同技术，数据中心在各地的能耗也不相同，年平均气温较低的区域，用于制冷系统的能耗大幅降低，PUE 值较低。另外，各地的 PUE 要求也不同，一线城市和东部地区一般更为严格。除 PUE 外，不同地区电价也不相同。对数据中心约束性最强的是用电指标，一线城市的新规划数据中心往往难以拿到该指标，不管 PUE 多低、电价多高。

首先，数据中心项目的高能耗性特点会在立项、开工、验收、运营等多方面对数据中心项目的投资建设产生影响。根据国家发展和改革委员会发布的《固定资产投资项目节能审查办法》第 3 条以及第 10 条，固定资产投资项目投入生产、使用前，应对其节能审查意见落实情况进行验收。固定资产投资项目节能审查意见是项目开工建设、竣工验收和运营管理的重要依据。政府投资项目，建设单位在报送项目可行性研究报告前，需取得节能审查机关出具的节能审查意见。企业投资项目，建设单位需在开工建设前取得节能审查机关出具的节能审查意见。未按本办法规定进行节能审查，或节能审查未通过的项目，建设单位不得开工建设，已经建成的不得投入生产、使用。可见，通过相应的固定资产投资项目节能审查是数据中心项目开工、验收、运营等方面的前提条件。

其次，数据中心项目的高能耗特点也对项目的选址产生影响。2019 年 2 月，工业和信息化部、国家机关事务管理局、国家能源局在其联合发布的《关于加强绿色数据中心建设的指导意见》②（工业和信息化部联节〔2019〕24 号）中明确："到 2022 年，数据中心平均能耗基本达到国际先进水平，新建大型、超大型数据中心的电能使用效率值达到 1.4 以下，高能耗老旧设备基本淘汰，水资源利用效率和清洁能源应用比例大幅提升，废旧电器电子产品得到有效回收利用。"绿色数据中心建设概念的提出，对数据中心建设的选址产生了较大影响。部分大型基建城市亦以电能使用效率值（PUE 值）为分界点对数据中心的项目选址进行了限制。例如，北京市发布的《北京市新增产业的禁止和限制目录（2022 年版）》③ 明确

①　Power Usage Effectiveness 的简写，是评价数据中心能源效率的指标，是数据中心消耗的所有能源与 IT 负载消耗的能源的比值。

②　《关于加强绿色数据中心建设的指导意见》，载中国政府网，http://www.gov.cn/xinwen/2019-02/14/content_5365516.htm，最后访问时间：2022 年 3 月 27 日。

③　《北京市新增产业的禁止和限制目录（2022 年版）》，载北京市人民政府网站，https://www.beijing.gov.cn/zhengce/zhengcefagui/202203/t20220314_2629801.html，最后访问时间：2023 年 7 月 7 日。

规定全市禁止新建和扩建互联网数据服务中的数据中心（符合北京市数据中心统筹发展实施方案等要求的除外）。又如，上海市发布的《上海市节能和应对气候变化"十三五"规划》①指出要严格控制新建数据中心，确有必要建设的，必须确保绿色节能；上海市经济和信息化委员会在 2019 年 6 月发布的《上海市互联网数据中心建设导则（2019 版）》②中指出，严禁本市中环以内区域新建 IDC，原则上选择在外环外符合配套条件的既有工业区内，采用先进节能技术集约建设，并兼顾区域经济密度要求。可见，由于大型基建城市的政策限制，目前大多数数据中心项目的选址在向其周边地区外溢。

最后，结合住房和城乡建设部在《数据中心设计规范》（GB 50174-2017）中对数据中心项目选址方面的特定要求，数据中心选址应符合下列要求：第一，地理位置、自然条件、自然环境。应远离地震、台风、洪水等自然灾害易发地区，气候条件舒适稳定，环境清洁；应尽可能方便而非偏远，其地理位置应利于交通与通信。第二，社会及当地的人力资源条件。主要考虑当地经济文化发展水平、科技教育环境、交通便利条件、人力资源供应及水平等方面，数据中心作为信息技术的集中体现，对各种社会资源的要求都非常高。第三，当地的水、电、气配套的设施条件。数据中心的业务特点以及其质量和容量的要求，决定了数据中心对当地供电能力的要求，供电量必须保证充足和稳定。第四，建设和运营的成本因素。对于一个建设项目来说，成本必然是一个必须反复权衡的因素。成本涉及当地规划及土地价格、房屋建筑价格、租赁和物业价格、网络通信费用、用电价格、用水价格、人力成本和当地消费水平等多种因素。第五，所在地的周边环境条件。选址应避开产生粉尘、油烟、有害气体，以及生产腐蚀性、易燃易爆产品的工程等，远离高速路、铁路 1500 米以上，以避免震动对于主机的影响。第六，政策环境，当地政府提供的政策。良好的政策环境将有利于一个基地气候的形成，促进客户的选择和落户；实践中，数据中心项目选址应根据以上要素综合考虑，按重要性排序为地理位置、自然条件、自然环境；所在地的周边环境条件；建设和运营的成本因素；政策环境；社会及当地的人力资源条件。

---

① 《上海市节能和应对气候变化"十三五"规划》，载上海市人民政府网站，https：//www. shanghai. gov. cn/nw42019/20200823/0001-42019_51851. html，最后访问时间：2022 年 3 月 27 日。

② 《上海市互联网数据中心建设导则（2019 版）》，载上海市经济和信息化委员会网站，http：//sheitc. sh. gov. cn/xxfw/20190610/0020-682721. html，最后访问时间：2022 年 3 月 27 日。

二、数据中心项目的需求分析、可行性论证

（一）数据中心项目的需求分析

数据中心项目的需求分析是项目启动阶段的首要工作，数据中心项目的需求识别和分析是为了使项目所期望的目标以更好的方式来实现。项目建设方需清晰地认识到，只有需求明确，设计出好的项目规划方案，承建方才能更准确地把握建设方意图。需求识别是一个过程，需要投资方所期望的抽象化概念在一步步搜集信息、资料，并进行充分调研后得到具化，当然，需求识别并非数据中心建设投资方的个体行为，还需结合相关领域专家的意见。需求的识别过程对投资建设方来说尤为重要，在实践中，招标文件没有明确的建设需求，容易导致实际施工过程中建设双方产生较多争议。

因此，数据中心项目的需求建议书应从投资建设方的角度出发，全面、详细地向承建方陈述、表达为了满足其已识别的需求应做到哪些准备工作，或者说对于投资建设方来说，其所期待的产品以及其所希望得到的项目是什么样的，完整的需求建议书可以使承建方准确地进行项目构思，从而提交契合的投标方案。对于数据中心项目来说，一份完善的需求建议书应主要包括数据中心项目的总体描述、数据中心项目的目标、数据中心项目目标的规定、数据中心项目的核心设备供应来源、对交付物的评价标准以及项目进度计划、付款方式、投标注意事项、投标方案评审标准等内容。

（二）数据中心项目的可行性论证

可行性论证是指在国家有关规划、政策、法规的指导下，通过对项目的主要内容和配套条件，如市场需求、资源供应、建设规模、工艺路线、设备选型、环境影响、资金筹措、盈利能力等，从技术、经济、工程等方面进行调查研究和分析比较，并对项目建成后可能取得的经济效益及社会环境影响进行预测，从而提出该项目是否值得投资以及如何建设的咨询意见，为项目决策提供依据的一种综合性的系统论证方法。数据中心项目的可行性论证应围绕可预见性、公正性、可靠性、科学性展开。

数据中心项目的可行性论证一般应包括以下四方面内容：

1. 投资必要性论证，包括对投资环境的分析，对构成投资环境的各种要素

进行全面的分析论证以及对市场的研究，包括市场供求预估、竞争力分析、价格分析、市场定位以及营销策略的分析。

2. 技术可行性论证，主要从项目实施的技术角度，合理设计技术方案。对于数据中心项目来说，可行性研究的技术论证应达到能够比较明确地提出设备清单的深度，并对安全保障体系的应对策略进行明确。

3. 组织可行性论证，主要是制订合理的项目实施进度计划、设计合理的组织机构、选择经验丰富的管理人员、建立良好的协作关系、制订合理的培训计划并对数据管理、运行的平台系统进行管理架构搭建。

4. 风险因素及对策论证，主要是对项目的市场风险、技术风险、财务风险、组织风险、法律风险、经济及社会风险等风险因素做评价，制订规避风险的对策，为项目全过程的风险管理提供依据。在可行性论证中，咨询工程师应根据项目的特点，合理确定可行性研究的范围和深度，在充分了解建设方意图的前提下编写可行性研究报告。

三、数据中心项目的建设原则

如前所述，数据中心的基础设施建设是整个项目的重要部分，且数据中心的设计不仅应满足当下数据中心的各项应用需求，还需要满足面向未来快速增长的发展需求，在基础设施建设时应遵循以下三类原则：

（一）数据中心项目的建设应具有先进性和实用性

在注重实际的情况下，数据中心项目的机房应尽量采用现时的先进技术和先进设备，在保证满足当前需求的同时，兼顾未来业务的预期需求。所采用的设备、产品和软件不仅应成熟，而且应尽可能代表当今世界的技术先进水平，为业务提供稳定可靠的保障，并适应高速的业务发展需要，使整个数据中心机房系统在一段时期内保持技术的先进性，并具有良好的发展潜力。

（二）数据中心项目的建设应具有安全性和可靠性

为保证数据中心项目的机房内各项业务应用能够持续提供服务，机房配套设施必须整体具有较高的安全性和可靠性。可以采用相关的软件技术提供较强的管理机制、控制手段和事故监控与安全保密等技术措施以提高机房的安全性。在保证机房安全性的同时，可以通过对机房的布局、电源、制冷、节能等各个方面进行高可靠性的设计，在关键设备中采用硬件备份、冗余等技术提升机房的可靠性。

（三）数据中心项目的建设应具有标准性和可扩展性

标准化、开放性是新型基础设施建设的必要基础，数据中心作为一项综合性的大系统，必须遵循国家颁布的相关标准，包括各种建筑、机房设计标准，电力电气保障标准，空调、消防设计标准，以及计算机局域网、广域网标准，坚持统一规范的原则，从而为未来的业务发展、系统增容奠定基础。

另外，机房必须具有良好的灵活性和可扩展性，使之能够根据业务不断深入发展的需要，在不影响现有业务前提的基础上平滑地扩大设备容量和提高用户的数量和服务质量。机房内各系统应具备支持多种灵活地与外部系统互联互通的能力，以便于技术升级、设备更新。

四、数据中心项目的建设流程

与常规项目相比，数据中心项目建设流程更为繁杂，且获批难度较大。数据中心项目在审批、建设过程中，需满足当地政府设置的相应投资强度、税收产出率等经济指标，并且需通过当地数据中心项目的投资主管部门（一般为当地经济和信息化委员会或发展和改革委员会）节能审查。以上海市为例，根据上海市经济和信息化委员会、上海市发展和改革委员会联合发布的《关于加强本市互联网数据中心统筹建设的指导意见》①，新建数据中心项目应达到一定的经济密度，单位土地税收不应低于所在园区或所在区域平均水平；对于扩建和改建的数据中心项目，即使该数据中心项目所占地块原本并无设置相应的投资强度、税收产出率等经济指标，在办理数据中心改扩建项目的立项备案手续时，当地主管部门仍会要求重新或补充签署投资监管协议，并要求按照现行标准对该数据中心项目所占地块设置投资强度、税收产出率等经济指标，但具体项目的操作仍需结合项目当地主管部门的管控程度，不排除部分地区存在管控差异。在获批程度方面，根据上海市经济和信息化委员会于2021年1月4日发布的《关于加快新建数据中

---

① 《关于加强本市互联网数据中心统筹建设的指导意见》，载上海市经济和信息化委员会网站，http：//sheitc.sh.gov.cn/xxfw/20190103/0020-680220.html，最后访问时间：2022年3月27日。

心项目建设和投资进度有关工作的通知》①，2019 年 11 月仅获批 6 个数据中心项目，2020 年 6 月也仅获批 12 个项目。

在完成上述审批手续之后，获批的数据中心项目一般可获得以下三项项目批文。第一项为《项目备案证》，即立项批文，等同于可以从事数据中心项目和业务的第一张"准生证"，备案证中会记载项目的项目地点、建设规模和内容、项目总投资等内容。立项批文在不同地区会有不同要求，可通过网上申请获得。第二项为《节能审查意见》，主要记载项目的投资金额、机柜数量、建设周期、PUE 值等，《节能审查意见》属于数据中心项目中最核心、最重要的一个批文，根据相关规定，大多数的固定资产投资项目都需要进行节能审查，审查的关键在于项目的内容和规模、用能设备及能源消费量。第三项为《供电方案答复书》，主要是向国家电网、电力局去沟通项目的外电。所谓外电，是指从高压变电站那里把电接过来为项目所用，接外电是一个复杂的流程，因为项目周边如果没有符合要求的变电站，则项目每增加 1 公里的电缆线，其费用也会相应地增加。因此在数据中心项目拿地的时候，还需要考虑周边的实际电力供应的情况。如果项目周边有合适的变电站，则项目可能会节省比较多的成本，而《供电方案答复书》即证明相关部门同意项目使用外电。

在具体建设流程方面，数据中心项目的建设流程与常规项目较为类似，但也存在部分差别，具体可分为四个阶段十二个流程。四个阶段分别为投资决策阶段、设计阶段、施工及安装阶段、竣工投产阶段；十二个流程分别为项目论证流程、项目建议书流程、项目可行性研究流程、方案设计流程、初步设计流程、设备厂商和承建方招投标流程、施工图设计流程、施工及设备安装流程、试运行流程、竣工验收流程、备案及移交流程、综合评估评价流程。

投资决策阶段包括项目论证流程、项目建议书流程、项目可行性研究流程；设计阶段包括方案设计流程、初步设计流程；施工及安装阶段包括设备厂商和承建方招投标流程、施工图设计流程、施工及设备安装流程；竣工投产阶段包括试运行流程、竣工验收流程、备案及移交流程、综合评估评价流程。

根据《上海市互联网数据中心建设导则（2019 版）》第 12.1.1 条的规

---

① 《关于加快新建数据中心项目建设和投资进度有关工作的通知》，载上海市经济和信息化委员会网站，http://www.sheitc.sh.gov.cn/xxfw/20210105/1b663886d9464cd592b5077c50cac269.html，最后访问时间：2022 年 3 月 27 日。

定，项目论证流程是指，对于数据中心项目的建设，申报主体应在立项前做好项目论证，编制符合性评估报告，明确项目选址规模、功能定位、技术方案、耗能工艺、服务对象等，确保关键指标的设计符合要求，符合节能审查的相关规定。

项目建议书主要内容包括：对市场需求、技术发展、政策环境、现有通信网络进行初步分析，提出通信网络的初步设计方案，对建设方案进行比较和选择，对投资方案进行估算，对投资方式进行分析。本流程的重点在于对多方案的比较，包括技术方案和经济方案，其作用是为建设单位对项目做出初步决策提供依据。

项目可行性研究主要包括：对市场需求、技术发展、政策环境、现有通信网络进行进一步分析，提出初步建设方案，选择建设方案，投资估算以及经济分析。本流程的重点在于工程的经济可行性，包括建设规模、收入、投资、经营成本的预测，其目的是作为建设单位向政府或决策部门申请立项的依据。

方案设计和初步设计的主要内容包括：论述数据中心项目建设的理由、建设方案，提出设备选型，采取重大技术措施，对技术指标与经济指标进行分析、研究，方案比选并推荐采用的方案，进行工程设备配置、工程投资概算。本流程的重点在于工程总体建设方案的比选以及投资概算，其目的是作为工程项目技术上的总体规划，确定投资额度。

设备厂商和承建方招投标主要包括：根据审定的设计方案，编制工程技术规范书，与设备供应商进行技术谈判，通过招投标等形式确定设备供应商以及项目承建方，签订设备购买和施工/工程总承包合同。本流程的重点在于对设备和承建方的比选，其目的是保证工程质量、进度，选择合适的设备和承建方。

施工图设计的主要内容包括：制订具体的工程实施方案，绘制施工图纸，编制施工图预算。其目的在于指导施工，便于工程如期保质竣工。

施工及设备安装主要包括：施工现场复勘，进场施工并进行设备安装。其目的在于土建和设备安装的完成，保证后期试运行和投产的顺利进行。

试运行主要包括：设备安装后，先对设备单机进行测试，再对系统段进行测试，最后进行联网测试。其目的在于对施工、安装结果的测试，保证项目移交后顺利投产。

竣工验收主要包括：编制工程验收指标，工程验收小组对工程质量进行全面检验，审查竣工验收报告，确定竣工决算。其目的在于控制投资规模，并尽快将系统投入使用，一般来说，工程验收小组人员应由建设、建立、维护管理、生产、设计、施工单位等部门组成。

备案及移交主要包括：将建设工程竣工验收报告和规划、公安消防、环保等部门出具的认可文件或者准许使用文件报建设行政主管部门审核，然后经过竣工验收合格且通过试运行的工程由维护生产单位接管运营，并根据竣工决算结果进行固定资产登记。

根据《上海市互联网数据中心建设导则（2019版）》第12.1.2条的规定，综合评估评价流程是指申报主体在项目投入运行前，应完成符合要求的能效检测配套设施建设，并按照国家相关规定完成项目的验收及机房运行安全测评等工作，且根据工业和信息化部《关于清理规范互联网网络接入服务市场的通知》①的规定，如果数据中心项目的运营公司未进行机房运行安全评测即开始运营的，属于违规经营，依法可能会被要求整改、列入企业不良信用记录、经营许可证到期时依法不予续期等。

第三节　网络通信项目（数据中心）建设全过程风险及防控分析

数据中心的蓬勃发展，给新型基础设施的建设带来了机遇和挑战，随着数据中心项目的推进，数据中心正朝着建设规模越来越大，建设成本越来越高，建设过程越来越复杂，建设模式也越来越多样化的方向发展。在数据中心项目的建设过程中，完善数据中心的建设全过程方案、及时发现风险并提早防控将成为项目成败的关键。

本节将结合数据中心项目的建设特点，从数据中心基础设施项目的建设全过程角度出发，为数据中心建设的参与各方提供相关法律风险提示及风险防控建议。

---

① 《关于清理规范互联网网络接入服务市场的通知》，载工业和信息化部网站，https：//wap.miit.gov.cn/zwgk/zcwj/wjfb/txy/art/2020/art_7e2dbb4b014a43e98a76093cd96b450a.html，最后访问时间：2022年3月27日。

一、数据中心项目建设前期的风险及防控

（一）选址风险及防控

与常规项目不同，数据中心项目的选址尤为关键，且存在相关的强制性选址规范要求，如我国的强制性国家标准《数据中心设计规范》（GB 50174-2017）。

另外，在国内的各个地区，也存在相应的强制性选址要求，如上海市经济和信息化委员会编制的《上海市互联网数据中心建设导则（2019 版）》规定，严禁本市中环以内区域新建 IDC，原则上选择在外环外符合配套条件的既有工业区内，采用先进节能技术集约建设，并兼顾区域经济密度要求；杭州市经济和信息化局与杭州市发展和改革委员会联合印发的《杭州市数据中心优化布局建设的意见》①（杭经信联信基〔2020〕21 号）规定，除已经取得审批的数据中心外，杭州主城区范围内限制建设大型以上数据中心。与上述城市不同的是，部分地区对选址的要求呈开放性态势，如江苏省发布的《江苏省"十三五"信息基础设施建设发展规划》② 以及《加快推进第五代移动通信网络建设发展若干政策措施的通知》③ 中明确，加快宽带网络、数据中心、基础平台等各类支撑性资源统筹共享，推动信息基础设施集约化建设。打造超级数据中心，到"十三五"末建成万级计算的标准机架存储规模，满足长三角乃至华东地区的 IDC 需求。

因此，国内数据中心新建、改建或扩建项目的选址，无论是在城市布局方面还是在区域布局方面，均需加以重视，否则将导致项目难以获益、无法过审，甚至出现行政违规的风险。

结合上述规范及行业经验，对于数据中心项目的选址，可以综合考量如下三方面因素：其一，政策支持因素。根据现行国家相关政策，国家层面持续支持数据中心整体建设，但长期看以绿色环保为主要发展基调，且严格限定新建数据中心项目的节能指标。而各省市层面，政策支持力度各不相同，核心区域土地及能耗指标资源紧张，PUE 控制在 1.3 以下；卫星城市承载核心城市的业务外溢需

---

① 《关于印发杭州市数据中心优化布局建设的意见的通知》，载杭州市人民政府网站，http://www.hangzhou.gov.cn/art/2020/4/1/art_1229063390_1882651.html，最后访问时间：2022 年 3 月 27 日。

② 《关于印发江苏省"十三五"信息基础设施建设发展规划的通知》，载江苏省工业和信息化厅网站，http://gxt.jiangsu.gov.cn/art/2016/10/14/art_6278_3009306.html，最后访问时间：2022 年 3 月 27 日。

③ 《加快推进第五代移动通信网络建设发展若干政策措施的通知》，载江苏省人民政府网站，http://www.jiangsu.gov.cn/art/2019/5/15/art_64797_8337862.html，最后访问时间：2022 年 3 月 27 日。

求，例如江苏省定位为长三角的数据中心大省，助力上海、杭州等地信息化发展；偏远地区着重建设超大型数据中心以摊薄成本，例如内蒙古定位为北部地区的超大型数据中心基地，多家互联网巨头已于该地自建 IDC。其二，网络建设因素。骨干网是提供互联网服务的基础网络构架。我国数据中心的分布呈现出以骨干网为中心，向周边辐射的特点。随着信息技术的发展，数据中心业务越来越丰富，离骨干节点距离不同的数据中心承载着对时延要求及网络质量不同的业务需求。接入骨干网的数据中心能更多地被调度，得到更高的资源利用率。而对于离骨干节点较远的数据中心，其业务以数据存储备份、冷数据处理为主，网络因素对其优先级较低，更多会考虑成本因素。其三，客户区域因素。当前，各行业企业上云已是信息技术发展洪流中的大势，数据中心主要客户向云商收敛。云计算服务商为扩张自身服务覆盖范围，纷纷增加其数据中心数量及规模，从而获得规模效益。云服务商的入局成为数据中心强有力的推动力。

在实践中，某些重大数据中心项目亦是在结合上述因素充分考量后进行的项目选址工作。随着移动互联网蓬勃发展，云计算、大数据、AI 等技术的应用广泛落地，IDC 市场规模与需求持续增长。与此同时，北上广等 IDC 传统优势地区不约而同地收紧对数据中心的政策限制，陆续出台相关政策，带动了当地及周边地区的 IDC 产业发展和市场格局变化。伴随着京津冀一体化，天津与河北便成为北京数据中心建设的新选择。在便利的城际交通帮助下，天津到北京只需半小时，交通优势同样明显。天津市此前专门出台了一系列政策措施，鼓励、促进大数据等产业的发展。如 2018 年初天津市人大常委会通过了《天津市促进大数据发展应用条例》[①]。

（二）价格模式风险及防控

相比普通的住宅、写字楼、酒店等建筑工程，数据中心项目特点在于功能性突出、配套设施复杂且专业技术性标准较高，且其基础设施建设包含更多的专业工程，如室内装饰装修系统、配电系统、防雷与接地系统、空调系统、给水排水系统、综合布线及网络系统、监控与安全防控系统、电磁屏蔽系统等，从而导致其计价形式繁杂。而作为数据中心项目的投资者或经营者，相比一般的房地产开

---

① 《天津市促进大数据发展应用条例》，载天津人大网，http://www.tjrd.gov.cn/flfg/system/2021/12/13/030023142.shtml，最后访问时间：2022 年 3 月 27 日。

发公司，又往往缺乏工程建设经验。因此，在数据中心项目的价格模式选择对数据中心项目的投资方来说存在较高风险。相应地，数据中心项目价格模式的控制对投资方来说就显得更为关键。

2020年3月1日，《房屋建筑和市政基础设施项目工程总承包管理办法》正式实施，作为"十四五"期间我国建筑业转型升级的一项重要法律制度，为市场主体开展工程总承包项目提供更加务实可行的交易依据，有利于推进工程总承包建设活动的开展，工程总承包这一建设模式也在逐步成为基础设施项目的主要发包模式。下文将主要围绕工程总承包模式的价格形式展开论述。

工程总承包模式下的价格形式繁杂，但目前较为常见且各地政府部门推荐使用的主要包括以下三种类型：固定总价模式；定额下浮模式；成本加酬金模式。2021年2月3日浙江省住房和城乡建设厅、浙江省发展和改革委员会出台的《关于进一步推进房屋建筑和市政基础设施项目工程总承包发展的实施意见》[①]（浙建〔2021〕2号）中亦明确，工程总承包合同宜采用总价合同，除合同约定可以调整的情形外，合同总价一般不予调整。确因工程项目特殊、条件复杂等因素难以确定项目总价的，可采用单价合同、成本加酬金合同。

其一，固定总价模式，又称总价合同模式，目前政策规范层面对固定总价模式持积极态度，如《房屋建筑和市政基础设施项目工程总承包管理办法》第16条规定："企业投资项目的工程总承包宜采用总价合同，政府投资项目的工程总承包应当合理确定合同价格形式。采用总价合同的，除合同约定可以调整的情形外，合同总价一般不予调整。"即鼓励企业投资项目采用总价合同模式进行发包。实践中，数据中心项目采用固定总价模式进行发包时，对于投资人来说，其目的是在招标阶段将买方市场优势发挥到极致，尽量将项目实施过程中可能出现的风险转移给承包人。而承包人针对发包人所转移的风险，一般会要求发包人支付承担风险所对应的费用。因此对采用固定总价模式进行发包的EPC项目而言，发包人在发包前一般需完成如下工作：（1）编制发包人要求，发包人要求是EPC合同的组成部分，发包人需通过发包人要求列明工程的目的、范围、设计与其他技术标准和要求，包括对项目的内容、范围、规模、标准、功能、质量、安全、

[①]　《关于进一步推进房屋建筑和市政基础设施项目工程总承包发展的实施意见》，载浙江省住房和城乡建设厅网站，https://jst.zj.gov.cn/art/2021/2/3/art_1229159231_2230098.html，最后访问时间：2023年7月7日。

节约能源、生态环境保护、工期、验收等的明确要求；（2）确定项目价格目标，根据不同项目阶段、不同类型的基础性资料，通过概算指标、投资估算、近期类似工程价格和项目预算等，调整和确定项目的价格目标，若设定最高投标限价，应当明确最高投标限价或者最高投标限价的计算方法；（3）拟订合同主要条款，包括发包人和承包人之间风险范围的确定和分配的条款，注意尽量避免使用无限风险、所有风险或类似语句规定风险内容及范围，保证承包人能够充分认识其需承担风险的内容及范围；（4）对于风险较大或不能确定工艺方案、技术标准、规模等专业工程可考虑设立暂估价项目，在承包人确定后再确定价格，合理分担风险。另外，无论是企业投资项目还是政府投资项目，均需在发包前完成项目审批、批准或备案程序。

其二，定额下浮模式，其实质上是单价承包、按实结算的模式，只是该单价不是总承包单位在投标时直接投报的综合单价，而是以定额计价为基础，以其投报的下浮率下浮后确定的单价。但定额下浮方式计价又回归了政府定价的价格形式，难以形成有效的市场竞争，更难以调动承包商的积极性。针对单价合同下合同造价难以控制的风险，部分数据中心项目采用限额设计的方式，即以某种标准计算出投资上限作为合同价格的上限，在上限范围内的工程造价据实结算，超出此范围的造价风险由承包商承担，工程结算价格不再增加，即双轨控价模式。也有部分项目采用目标激励的方式，即以特定价格作为工程造价的目标，结算时据实结算，总价低于目标的情况下，差额由发包人和承包商按约定比例分享，总价高于目标的情况下，差额也由发包人和承包商按照约定比例分担。该种合同相应分享或承担比例的确定较为重要，需根据项目特征进行确定。该模式的优点在于：（1）对发包人发包前的需求明确程度以及准备时间无苛刻限制，适用于投标准备期不足的数据中心项目；（2）对于常规数据中心项目来说，只要有适用且唯一的定额，单价比较容易确定；（3）有利于发包人随时调整项目指标以及交付标准，可以适用于指标比较复杂的数据中心项目建设。该模式的缺点在于：（1）工程量是属于发包人承担的风险，而设计却由总承包单位负责，因此发包人的投资控制的要求和总承包单位可能背道而驰，在满足功能需求的情况下，业主希望减少工程量，承包商则希望加大工程量，以增加利润；（2）该模式下发包人介入工作过多，极易造成管理责任不清的情况发生；（3）该模式下发包人需花费大量的成本用在组建专业成本管理团队与造价咨询团队上，管理成本较高，结算也比较复杂。

其三，成本加酬金模式，是指由发包人向承包商支付工程项目的实际成本，并按事先约定的某一种方式支付酬金的承包模式。成本加酬金模式的本质是以项目实际执行后的项目成本，加上按照约定方式计取的酬金，形成最终的 EPC 合同价。对于项目成本的核算，实践中通常采取 2 种做法：（1）定额下浮计取，即在合同中明确约定适用某地、某版定额、市场信息价等为计价依据，按照确定的下浮率计算最终的项目成本，参考前述定额下浮模式；（2）通过二次竞价方式确定，即由发包人和承包人组成联合招采小组，通过公开或邀请的方式选择分包单位，分包单位的价格形式采用固定总价或固定单价模式，通过分包单位的合同价计算项目最终的项目成本。对于项目酬金的计取，实践中一般存在 3 种方式：（1）固定酬金模式，即针对项目约定固定的酬金数额，酬金数额不随着项目执行的最终实际成本发生变动。（2）比例酬金模式，即针对项目约定计取酬金的比例，酬金数额根据项目执行的最终实际成本计算。（3）奖惩模式酬金，即针对项目约定计取酬金的固定数额或比例，同时明确约定项目最高限价，若实际成本低于项目最高限价，按照约定方式给予奖励；若实际成本高于项目最高限价，按照约定方式给予惩罚。成本加酬金模式主要适用于两类项目：一是施工技术特别复杂，专业工程较多，工艺方案、技术标准在招标时难以确定，没有类似项目经验可供借鉴，成本无法准确预测的项目。二是发包人希望尽快启动的项目，即项目从实施开始便面临紧张的工期要求，若采用固定总价或其他计价方式，可能需要较长的周期选择承包人，无法满足项目需求，而成本加酬金模式可以基本满足承包人的竞价要求，又可以尽快确定承包人以保证项目的快速推进。

综上，对于数据中心项目的建设，投资人可结合项目的不同特点以及各地的政策进行选择适用，另外，即便选择了固定总价模式，仍建议发包人实时跟进项目的建设，做好建设过程中的造价控制工作。

二、数据中心项目建设过程中的风险及防控

一般来说，数据中心项目的核心功能建设主要包括机房、柴油发电机组、冷却塔、变电站、管理处等设施。数据中心项目最核心的是其机房，但机房在整个项目中所占的比例并不高，因为除了机房，项目还需要很多其他的配套设施设备：柴发，即柴油发电机组，它能在机房突然断电的时候提供额外的电源电力支撑；冷却塔，即冷却设备，保证机房的温度控制在其能够工作的范围之内；变电

站，即对高压电进行多次降压以达到服务器所需要的电流强度；管理处，即为工作人员配置的全天候监控办公室。

可见，相较于传统基建项目，数据中心项目的功能区较多，在施工方面的显著体现便是涉及的专业工程更多。例如，机房、管理处所涉及的室内装饰装修工程、环境和设备监控系统、安全防控系统、电磁屏蔽系统、网络与布线系统、空气调节系统（如新风机系统、精密空调系统、冷水机组系统）、电气系统［如柴油发电机系统、不间断电源系统（UPS）］等等；柴发、变电站所涉及的配电系统、防雷与接地系统、空调系统、给水排水系统、综合布线及网络系统、监控与安全防控系统、电磁屏蔽系统。鉴于数据中心项目的上述高复合型特点，对承包方以及各专业分包方的资质要求也更为复杂。

结合《建筑业企业资质标准》①（建市〔2014〕159号）的规定，建筑业资质类别包括施工总承包，专业承包和施工劳务三个序列。施工总承包序列设有12个类别，其中与数据中心项目相关的资质主要包括：建筑工程施工总承包资质、电力工程施工总承包资质、通信工程施工总承包资质以及机电工程施工总承包资质等。专业承包序列设为36个类别，其中与数据中心项目相关的资质主要包括：电子与智能化工程专业承包资质、消防设施工程专业承包资质、防水防腐保温工程专业承包资质、建筑机电安装工程专业承包资质、输变电工程专业承包资质以及环保工程专业承包资质等。

根据《建筑法》《建设工程质量管理条例》以及《建筑工程施工发包与承包违法行为认定查处管理办法》的规定，建筑业企业仅可在其资质范围内从事建筑活动，违反资质管理制度从事建筑活动将引发严重的民事、行政甚至刑事法律后果。并且对于发包人而言，根据《最高人民法院关于审理建设工程施工合同纠纷案件适用法律问题的解释（一）》（法释〔2020〕25号）第1条的规定，承包人未取得建筑业企业资质或者超越资质等级的，建设工程施工合同无效。一旦合同无效，不仅工期违约、质量违约等条款存在难以适用的风险，还会引发工程计价标准、损害赔偿金额无法认定等一系列法律问题。因此，投资人或发包人采用平行发包、指定分包等模式建设数据中心项目的，需加强对各专业工程施工单位

---

① 《建筑业企业资质标准》，载住房和城乡建设部网站，https：//www.mohurd.gov.cn/gongkai/zhengce/zhengcefilelib/201411/20141106_219511.html，最后访问时间：2022年3月27日。

资质的关注，避免合同无效并遭受行政处罚的法律风险。

除上述建筑业资质要求外，投建的数据中心项目可能涉及涉密信息系统集成业务，包括总体集成、系统咨询、软件开发、安防监控、屏蔽室建设、运行维护、数据恢复、工程监理，以及国家保密行政管理部门许可的其他涉密集成业务。根据 2020 年 11 月 13 日国家保密局发布的《涉密信息系统集成资质管理办法》①的规定，从事涉密集成业务的企业事业单位应当取得涉密集成资质，资质单位应当在保密行政管理部门许可的业务种类范围内承接涉密集成业务。承接涉密系统咨询、工程监理业务的，不得承接所咨询、监理业务的其他涉密集成业务。国家机关和涉及国家秘密的单位应当选择具有涉密集成资质的单位承接涉密集成业务。

三、数据中心项目建设完成后的风险及防控

（一）验收风险及防控

根据《建筑法》以及《建设工程质量管理条例》的规定，交付竣工验收的建筑工程，必须符合规定的建筑工程质量标准，有完整的工程技术经济资料和经签署的工程保修书，并具备国家规定的其他竣工条件。建筑工程竣工经验收合格后，方可交付使用；未经验收或者验收不合格的，不得交付使用。且项目竣工后，建设单位需报有关部门进行竣工备案。另外，根据《城乡规划法》的规定，县级以上地方人民政府城乡规划主管部门对建设工程是否符合规划条件予以核实，未经核实或者经核实不符合规划条件的，建设单位不得组织竣工验收。

根据《房屋建筑和市政基础设施工程竣工验收规定》的规定，竣工验收应当由发包人按照以下程序进行：（1）工程完工后，施工单位向建设单位提交工程竣工报告，申请工程竣工验收。实行监理的工程，工程竣工报告须经总监理工程师签署意见；（2）建设单位收到工程竣工报告后，对符合竣工验收要求的工程，勘察、设计、施工、监理等单位组成验收组，制定验收方案。对于重大工程和技术复杂工程，根据需要可邀请有关专家参加验收组；（3）建设单位应当在工程竣工验收 7 个工作日前将验收的时间、地点及验收组名单书面通知负责监督

---

① 《涉密信息系统集成资质管理办法》，载中国政府网，https：//www.gov.cn/zhengce/2020-12/10/content_5720161.htm，最后访问时间：2023 年 7 月 7 日。

该工程的工程质量监督机构；（4）建设单位组织工程竣工验收。

与常规项目验收不同的是，数据中心项目的竣工验收还包括节能验收以及较为严苛的消防验收。首先，关于节能验收。根据《固定资产投资项目节能审查办法》的规定，固定资产投资项目投入生产、使用前，应对其节能审查意见落实情况进行验收。对未按本办法规定进行节能审查，或节能审查未获通过，擅自投入生产、使用的固定资产投资项目，由节能审查机关责令停止建设或停止生产、使用，限期改造；不能改造或逾期不改造的生产性项目，由节能审查机关报请本级人民政府按照国务院规定的权限责令关闭；并依法追究有关责任人的责任。各地政府对此亦有相关要求，如《上海市固定资产投资项目节能审查实施办法》① 第19条第1款规定，项目在投入生产、使用前，建设单位应报请节能审查部门对该项目审查意见落实情况进行验收。验收一般由节能审查部门组织开展，也可委托节能评审机构组织开展，一般应在20个工作日内完成。需要现场核实的，应派两名以上工作人员进行核验。第3款规定，在项目投产后，节能审查部门应加强随机抽查，重点核查单位产品能耗以及节能措施是否达到审查意见能效水平等方面要求。

其次，关于消防验收。根据《消防法》《建设工程消防设计审查验收管理暂行规定》②（住房和城乡建设部令第51号）以及《建设工程消防设计审查验收工作细则》③（建科规〔2020〕5号）的规定，新建、扩建、改建（含室内外装修、建筑保温、用途变更）等建设工程应当施行消防验收，并且对于特殊的建设工程，应当实行消防设计审查制度，特殊建设工程的建设单位应当向消防设计审查验收主管部门申请消防设计审查，建设单位依法对建设工程消防设计、施工质量负首要责任。其中的特殊建设工程包括与数据中心项目相关的变配电工程、调压站等工程，对于消防验收或检查不合格的，建设单位在收到整改通知后，应当停止使用建设工程，并组织整改，整改完成后，向消防设计审查验收主管部门申请复查。根据《建设工程消防设计审查验收管理暂行规定》第38条的规定，违反

---

① 《上海市固定资产投资项目节能审查实施办法》载上海市人民政府网站，https://www.shanghai.gov.cn/gwk/search/content/e5be9023bd014845aad9a7515724785c，最后访问时间：2023年4月19日。

② 《建设工程消防设计审查验收管理暂行规定》，载中国政府网，http://www.gov.cn/zhengce/zhengceku/2020-04/07/content_5499824.htm，最后访问时间：2022年3月27日。

③ 《建设工程消防设计审查验收工作细则》，载中国政府网，http://www.gov.cn/zhengce/zhengceku/2020-06/28/content_5522392.htm，最后访问时间：2022年3月27日。

本规定的行为，依照《建筑法》《消防法》《建设工程质量管理条例》等法律法规给予处罚；构成犯罪的，依法追究刑事责任。另外，对于数据中心项目，建设单位在进行消防自检时，还需注意参考《数据中心设计规范》以及各地政府部门的相关规定，如根据《数据中心设计规范》的要求，数据中心的耐火等级不应低于二级、当数据中心与其他功能用房在同一个建筑内时，数据中心与建筑内其他功能用房之间应采用耐火极限不低于 2.0h 的防火隔墙和 1.5h 的楼板隔开，隔墙上开门应采用甲级防火门等需严格执行的强制性规定。以及根据《上海市互联网数据中心建设导则（2019 版）》的规定，仓库宜设置在不含运行设备的附属建筑中；确需建设于机楼内时耐火等级不低于一级。

因此，建设单位在消防自检时应注意及时与设计单位、施工单位确认竣工项目的消防设计是否满足强制性设计规范性要求以及项目所在地的设计规范要求，否则将面临被责令停止建设或停止使用的风险。

（二）机房测评风险

根据工业和信息化部《关于清理规范互联网网络接入服务市场的通知》（工业和信息化部信管函〔2017〕32 号，下称《通知》）的规定，为进一步规范市场秩序，强化网络信息安全管理，在全国范围内对互联网数据中心（IDC）、互联网接入服务（ISP）等业务开展清理规范工作，《通知》第 2 条第 3 项明确要求，新申请 IDC 业务经营许可证的企业需建设 ICP/IP 地址/域名信息备案系统、企业接入资源管理平台、信息安全管理系统，落实 IDC 机房运行安全和网络信息安全要求，并通过相关评测。若发现违规问题，IDC 企业将会面临被督促整改、年检不合格、列入企业不良信用记录、经营许可证到期不予续期等严重后果。各地政府一般也对机房评测进行了明确，如《上海市互联网数据中心建设导则（2019 版）》第 12.1.2 条规定："申报主体在项目投入运行前，应完成符合本导则要求的能效监测配套设施建设，并应按照国家及本市相关规定完成项目的验收及机房运行安全测评等工作。项目投入运行之日起一年内，应对关键指标进行测评，并接受本市相关职能部门组织的综合评估评价。"

结合中国通信咨询网发布的《IDC/ISP 业务申请常见问题解答》[①]，承担 IDC

---

① 《IDC/ISP 业务申请常见问题解答》，载中国通信咨询网，http：//www.chinacc.com.cn/xkzgl/sbzn/201504/t20150407_2101605.htm，最后访问时间：2022 年 3 月 27 日。

业务的系统和机房须通过工业和信息化部指定评测机构的技术评测并取得评测报告。无论是单独申请 IDC 业务，还是同时申请 IDC 业务和 ISP 业务，申请者均需通过"ICP/IP/域名备案系统、IDC/ISP 接入资源管理平台、IDC/ISP 信息安全管理系统、IDC 机房运行安全系统"的机房评测。因此，机房评测成为数据中心项目开展运营前、取得 IDC 牌照时不得不重视的问题。

当然，随着数据中心行业的发展以及国家对数据中心行业的支持，在 2019 年之后，工业和信息化部进一步明确，技术评测不再是 IDC 牌照申请的前置条件，申请者只需要在开通业务前完成技术评测即可，在测评合格后，应在工业和信息化部的政务服务平台进行备案。

第四节 网络通信项目（数据中心）的运维风险及防控分析

数据中心项目的运维是指基础设施建设完成后的运行维护管理，包含运维服务制度、流程、组织、队伍、技术和对象等方面的内容，包含系统开发与集成、机房运维管理、业务培训及评测服务等方面的环节。旨在整合运维服务资源，规范运维行为，确保服务质效，形成统一管理、集约高效的一体化运维体系，从而保障数据中心项目网络和应用系统的安全、稳定、高效、持续运行。数据中心的系统复杂化、管控精细化以及用户规模化的发展趋势，给数据中心在运维过程中的合规维护带来了较大压力。

本节将从数据中心项目的运维角度出发，为运营方提供运维过程中相关的法律风险提示及风险防控建议。

一、数据中心项目运营资质风险及防控

（一）数据中心项目运营资质要求

数据中心项目的运营实质是基于机房和相应配套设施等基础设施的增值电信业务，主要包括自建机房和租赁机房两种模式。根据《电信条例》第 7 条的规定，我国对电信业务经营按照电信业务分类，实行许可制度，运营主体必须依照

《电信条例》的规定取得国务院信息产业主管部门或者省、自治区、直辖市电信管理机构颁发的电信业务经营许可证。未取得电信业务经营许可证，任何组织或者个人不得从事电信业务经营活动。

根据工业和信息化部发布的《电信业务分类目录》，互联网数据中心业务属于增值电信业务的 B11 类业务，即无论适用何种模式运营互联网数据中心业务，均应当取得第一类增值电信业务经营许可证（简称 IDC 牌照），IDC 牌照上面会注明业务种类及覆盖的范围。另外，根据《互联网信息服务管理办法》[①] 第 7 条、第 8 条的规定，从事经营性互联网信息服务，应当向省、自治区、直辖市电信管理机构或者国务院信息产业主管部门申请办理互联网信息服务增值电信业务经营许可证；从事非经营性互联网信息服务，应当向省、自治区、直辖市电信管理机构或者国务院信息产业主管部门办理备案手续。

根据《电信业务经营许可管理办法》第 46 条的规定，擅自经营电信业务或者超范围经营电信业务的，依照《电信条例》第 69 条规定予以处罚，其中情节严重、给予责令停业整顿处罚的，直接列入电信业务经营失信名单。因此，数据中心运营方在运营数据中心项目时或从事互联网信息服务时均应严格履行先许可备案后接入的义务，否则将面临被行业主管部门罚款等风险。

另外，需特别提示的是，若业务种类及范围仅涉及出租土建、供电、消防、监控、制冷、安全防控等房地产出租范畴，不涉及基础资源出租服务、代维代管互联网或其他网络相关设备等服务及互联网资源协作服务，则无需取得 IDC 牌照；若业务种类及范围涉及出租 IT 设施（数据库系统、机架、服务器、存储等）或通信线路和出口带宽的代理出租，则属于第一类增值电信业务的范畴，需要取得 IDC 牌照。

（二）IDC 牌照的申请条件

根据《电信业务经营许可管理办法》第 6 条的规定，申请经营增值电信业务的经营者一般需要符合如下条件：（1）为依法设立的公司；（2）有与开展电信经营活动相适应的资金和专业人员；（3）有为用户提供长期服务的信誉或者能力；（4）在省、自治区、直辖市范围内经营的，注册资本最低限额为 100 万元人民币；

① 载国家法律法规数据库，https：//flk.npc.gov.cn/detail2.html？ZmY4MDgwODE2ZjNjYmIzYzAxNmY0MTE4ZTQ3NjE2ZjZjE，最后访问时间：2023 年 4 月 19 日。

在全国或者跨省、自治区、直辖市范围经营的，注册资本最低限额为 1000 万元人民币；（5）有必要的场地、设施及技术方案；（6）公司及其主要出资者和主要经营管理人员三年内无违反电信监督管理制度的违法记录；（7）国家规定的其他条件。

（三）IDC 牌照的申请流程

根据《电信业务经营许可管理办法》第 3 条的规定，工业和信息化部和省、自治区、直辖市通信管理局是经营许可证的审批管理机构。即无论业务覆盖范围是否跨地区，无论企业性质是否属于内资，IDC 牌照的申请均统一由工业和信息化部受理，运营方可登录工业和信息化部政务服务平台网站进行 IDC 牌照的在线申请。

二、数据中心项目的网络安全风险及防控

根据《网络安全法》第 21 条、第 34 条的规定，网络运营者应当履行的安全保护义务包括制定内部安全管理制度和操作规程，确定网络安全负责人，落实网络安全保护责任；采取防控计算机病毒和网络攻击、网络侵入等危害网络安全行为的技术措施；采取监测、记录网络运行状态、网络安全事件的技术措施，并按照规定留存相关的网络日志不少于六个月；采取数据分类、重要数据备份和加密等措施；设置专门安全管理机构和安全管理负责人，并对该负责人和关键岗位的人员进行安全背景审查；定期对从业人员进行网络安全教育、技术培训和技能考核；对重要系统和数据库进行容灾备份；制定网络安全事件应急预案，并定期进行演练；等等。

数据中心项目往往包含大量有价值的数据，因此数据中心的数据安全亦应成为运营方的关注重点。住房和城乡建设部在《互联网数据中心工程技术规范》[①]中亦明确，数据中心项目应在合理的安全成本基础上，保护 IDC 的信息资产，实现 IDC 网络运行安全和业务安全，保证各类设备的正常运行，并应根据安全策略控制出入网络的信息流，保障网络的运营维护的管理安全。数据中心项目应对整个系统进行安全域划分，各个安全域应根据安全需求确定不同的安全级别，制定不同的安全策略。

---

① 载住房和城乡建设部网站，https：//www.mohurd.gov.cn/gongkai/zhengce/zhengcefilelib/201703/20170302_230817.html，最后访问时间：2023 年 4 月 19 日。

据此，为了防控网络安全事件发生的风险，运营方应注重采取相应的技术手段建立监测预警与应急处置机制。同时，可以与用户约定在遇到服务器被攻击时采取相应的技术手段的免责条款，以避免在发生网络安全漏洞时，造成其他用户的服务投诉或者索赔等情况。

三、数据中心项目的业务合同风险及防控

目前，数据中心项目的业务主要包括主机托管、资源出租、系统维护、管理服务以及其他支撑、运行服务等。由于数据中心的业务范围较广，企业与企业之间的合作、企业与用户之间的服务、合作关系等均会在合同订立、合同履行以及纠纷处理上存在诸多合规风险。

数据中心运营方作为网络服务提供者，在与用户的合作过程中，往往通过签署合同的方式约束双方的权利义务关系。而合同在约定时应尽可能就网络安全管理、隐私保护、用户侵权、用户违约等常见问题设置相应的条款以降低法律风险。在合同管理过程中，运营方应重点关注下列风险：（1）未订立合同、未经授权对外订立合同、合同对方主体资格未达要求、合同内容存在重大疏漏和欺诈，可能导致企业合法权益受到侵害。（2）合同未全面履行或监控不当，可能导致企业诉讼失败、经济利益受损。（3）合同纠纷处理不当，可能损害企业利益、信誉和形象。除上述常规管控方面外，数据中心业务合同还需注意对合同相对方的资质审查、服务费范围、上架率要求等内容。

综上，我国数据中心产业的发展日趋成熟，技术也在不断创新。伴随着国家及各地出台的新基建方面的利好政策，数据中心产业必将迎来新一轮投资热潮。此时，投资者、运营者在迎接"风口"的同时，应更加重视数据中心产业全过程的合规风险防控，以期获得相应的投资收益。

第十章　城市轨道交通项目投资建设法律风险防控

第一节　城市轨道交通项目概述

一、轨道交通界定

我国多层次轨道交通网主要由干线铁路、城际铁路、市域（郊）铁路、城市轨道交通这四个基本部分组成。

首先是干线铁路，即具有干线性质的铁路。根据《中长期铁路网规划》[①]，新时期"八纵八横"高速铁路网的"八纵"通道包括沿海通道、京沪通道、京港（台）通道、京哈~京港澳通道、呼南通道、京昆通道、包（银）海通道、兰（西）广通道；"八横"通道包括绥满通道、京兰通道、青银通道、陆桥通道、沿江通道、沪昆通道、厦渝通道、广昆通道。我国干线铁路发展突飞猛进。

其次是城际铁路网，城际铁路在不同国家、不同时代以及不同的学术领域中有不同规定，例如日本最重要的城际运输系统便是新干线系统，新干线是全世界第一个高速铁路的城际运输系统。

再次是市域（郊）铁路网，根据发改委发布的《关于促进市域（郊）铁路发展的指导意见》[②]，市域（郊）铁路又称为通勤铁路、市郊铁路，指的是大都市市域范围内的客运轨道交通系统，服务于城市与郊区、中心城市与卫星城、重点城镇间等，服务范围一般在50~100公里，其车站距离短、密度大，设计速度

---

① 《中长期铁路网规划》，载国家发展和改革委员会网站，https：//www.ndrc.gov.cn/xxgk/zcfb/ghwb/201607/t20160720_962188.html？code=&state=123，最后访问时间：2022年3月29日。

② 《关于促进市域（郊）铁路发展的指导意见》（发改基础〔2017〕1173号），载中国政府网，http：//www.gov.cn/xinwen/2017-06/28/content_5206431.htm，最后访问时间：2022年3月29日。

宜为 100~160 公里/小时，平均站间距原则上不小于 3 公里。市域轨道交通属于广义城市轨道交通的范畴。

最后是最小的网，即城市轨道交通，根据原建设部于 2007 年发布的《城市公共交通分类标准》（CJJ/T 114-2007)[①] 中的定义，城市轨道交通为采用轨道结构进行承重和导向的车辆运输系统，依据城市交通总体规划的要求，设置全封闭或部分封闭的专用轨道线路，以列车或单车形式，运送相当规模客流量的公共交通方式。《城市公共交通分类标准》中还明确城市轨道交通包括地铁系统、轻轨系统、单轨系统、有轨电车、磁浮系统、自动导向轨道系统、市域快速轨道系统。

目前这四张网在国家的规划与支持下正在实现着逐渐联通，未来国家更是会大力推进四张网的深度融合、无缝对接。由于篇幅限制，本章节主要就城市轨道交通部分进行探讨。

二、城市轨道交通项目的类型

城市轨道交通是城市公共交通的重要组成部分，目前，我国城市轨道交通中以地铁为主，但是由于各地区交通运输环境不同，受到经济和人口密度以及历史环境因素的影响，高峰客运需求量不同，其他制式的轨道交通亦得到了有效发展。

我国城轨交通运营线路制式包括地铁、轻轨、跨座式单轨、市域快轨、有轨电车、磁浮交通、自导向轨道系统、电子导向胶轮系统、导轨式胶轮系统等。

地铁——城市快速轨道交通的先驱——因其运量大、速度快、正点率高等优点受到了广大民众的青睐，根据中华人民共和国住房和城乡建设部 2013 年发布的《地铁设计规范》[②] 规定，地铁是在城市中修建的快速、大运量、用电力牵引的轨道交通。列车在全封闭的线路上运行，位于中心城区的线路基本设在地下隧道内，中心城区以外的线路一般设在高架桥或地面上。地铁是涵盖了城市地区各种地下与地上的路权专有、高密度、高运量的城市轨道交通系统。

---

① 《城市公共交通分类标准》，中国建筑工业出版社 2007 年版。
② 《住房城乡建设部关于发布国家标准〈地铁设计规范〉的公告》，载住房和城乡建设部网站，https：//www.mohurd.gov.cn/gongkai/zhengce/zhengcefilelib/201308/20130820_224416.html，最后访问时间：2022 年 3 月 29 日。

轻轨是城市轨道建设的一种重要形式，原建设部于 2007 年发布的《城市公共交通分类标准》（CJJ/T 114-2007）中的轻轨系统是指采用钢轮钢轨体系的中运量系统。轻轨的机车重量和载客量要比一般列车小，所使用的铁轨质量轻，每米只有 50 千克，因此叫作"轻轨"。

根据原建设部于 2007 年发布的《城市公共交通分类标准》（CJJ/T 114-2007）中的定义，单轨系统是一种车辆与特制轨道梁组合成一体运行的中运量轨道运输系统，其轨道梁不仅是车辆的承重结构，而且是车辆运行的导向轨道，为城市轨道交通线路制式的一种。其类型主要有车辆跨骑在单片梁上运行的方式，称为跨座式单轨系统；以及车辆悬挂在单根梁上运行的方式，称为悬挂式单轨系统。

市域快速轨道交通（简称"市域快轨"），是城市中心城区连接周边城镇组团及其城镇组团之间的通勤化、快速化、大运量的客运轨道交通系统。温州轨道交通 S1 线属于市域快轨。市域快轨服务范围通常为市域或都市区，主要服务于城市中心区以外，且距中心城区 20~100 千米半径内的城市和城镇组团，是介于地铁、轻轨等城市轨道交通和城际高速铁路之间的新型运输模式。

有轨电车，是采用电力驱动并在轨道上行驶的轻型轨道交通车辆。有轨电车是一种公共交通工具，亦称路面电车，简称电车，属轻铁的一种，列车一般不超过五节，但由于在街道行驶，占用道路空间。现代有轨电车（或 BRT/智轨/云巴等）相对于常规公交、小汽车的本质优势是单车载客量更大，因此在占用同样道路资源、相同时间情况下，可以运送更多人。目前国内城市兴建有轨电车的热情依然不减。

磁悬浮列车，是一种靠磁悬浮力来推动的列车，它通过电磁力实现列车与轨道之间无接触的悬浮和导向，再利用直线电机产生的电磁力牵引列车运行。由于其轨道的磁力使之悬浮在空中，减少了摩擦力，行走时不同于其他列车需要接触地面，只受来自空气的阻力，高速磁悬浮列车的速度可达每小时 400 公里以上，中低速磁悬浮则多数在 100~200 公里/小时。我国第一辆磁悬浮列车于 2003 年 1 月在上海运行。[①]

自动导向轨道交通系统（AGT），根据 CJJ/T 277—2018《自动导向轨道交通

---

① 新华网科普事业部：《漂浮的磁悬浮列车》，载新华网，http://www.xinhuanet.com/science/2021-11/12/c_1310298363.htm，最后访问时间：2023 年 4 月 19 日。

设计标准》①，它是一种以无人自动驾驶胶轮电动车辆为主导的，在配有运行道与导向轨的专用线路上全自动运行的城市轨道系统制式，目前国内只适用在范围狭小的地区所运行的低载量铁路运输，例如机场、城市商业区或主题公园的铁路运输。

电子导向胶轮系统，指电子控制的导向式胶轮系统。与机械导向式（导轨式）胶轮系统在车辆结构、路轨结构、功能配置等方面均有较大区别。一般采用可编组铰接胶轮车辆通过车厢主动协同控制在预定的轨迹线上（一般是道路上）运行，由橡胶车轮主动导向、承载和走行。

导轨式胶轮系统，是一种新兴的中低运量轨道交通制式，采用橡胶车轮，集合了传统有轨电车小轴重、储能供电、独立路权、无人驾驶等优势，具备在专用线路上网络化运营的能力。

基于地铁系统在城市轨道交通系统制式中占据着无可替代的主流地位，本章节后续文章的分析也基本上以地铁系统为主要研究对象。

三、城市轨道交通项目的特点

1. 专业性强

城市轨道交通项目工程技术复杂且工程协调量大，包含土建工程、机电设备工程、结构及装修工程、动力照明系统、车辆工程、通信系统、供电系统、通风系统、报警系统以及轨道等多项系统工程，规划设计及施工期间需要各主体、各专业人员之间相互配合，建筑设计图纸需满足施工图纸的要求，施工时需充分考虑土建结构，设计与实际施工过程不能出现偏差，各类工程之间需相互预留位置及安全间距等。

除此之外，城市轨道交通项目参与单位较多，包括建设、勘察设计、施工、监理、监测、检测和材料设备供应等单位，不同专业间协调工作较复杂，同时还会涉及结构、线路、机电、轨道、通信、信号、AFC、PIDS、供电、接触网（轨）、综合监控等多个专业，在工程建设中一旦某一环节出现变动，可能涉及多个专业及部门。虽然近些年技术的引入解决了一部分传统城市轨道交通行业规

---

① 《住房城乡建设部关于发布行业标准〈自动导向轨道交通设计标准〉的公告》，载住房和城乡建设部网站，https：//www.mohurd.gov.cn/gongkai/zhengce/zhengcefilelib/201802/20180226_246365.html，最后访问时间：2022 年 3 月 29 日。

划、设计、建设、运营等阶段衔接不到位的问题，使工程管理工作变得越发科学化、精细化，但也在一定程度上提高了其标准化建设的专业性。

2. 单体项目大

城市轨道交通项目工程建设规模较大，随着时间推移，城市轨道交通的造价越来越高。在建设周期上，一条地铁线路从规划建设施工到投入运营，周期十分之长，这是由于城市轨道交通项目是一项庞大的系统工程，涉及工序环节多、施工专业多、工序间衔接多。如果遇到地下水丰富的软土地区，施工风险源众多，工程难度较大，加之受征地拆迁、管线改迁、异常天气停工、重大活动停工等外部因素影响，还会影响施工进度，使建设周期更长。

3. 控制标准严格

首先，城市轨道交通项目在建设过程中有着严格的施工及验收标准，影响轨道交通土建工程安全质量的关键点主要集中在施工前，在施工前要对重要部位与环节制定考核标准，并由监理单位组织建设、设计、施工、第三方监测等单位针对相关条件进行验收。其次，由于城市轨道交通项目建设环节较多，在不同阶段建设过程中需严格遵循相关行业标准进行施工验收，其内容主要包括：工程划分、统一标准、施工降水、车站、隧道、盾构隧道、桥梁及涵洞、路基、道路、车辆段与综合基地、防水、轨道和装饰装修工程等先导性标准和专项标准。另外，随着科技发展，工程建设领域的技术也在不断进步，如住房和城乡建设部2019 年发布的行业标准《城市轨道交通桥梁工程施工及验收标准》（CJJ/T 290—2019）[①]，适用于当前新型钢轮钢轨式城市轨道交通桥梁的新建、扩建和改建工程的施工及质量验收。因此，在建项目除应符合国家现行有关标准的规定外，还应注意新发布实施的各项行业标准，对于控制标准的变动，承包方与建设方双方应视项目具体情况就标准变动部分进行协商。

4. 周边环境复杂

城市轨道交通项目建设和房地产一直有着紧密联系，随着城市发展，老旧交通设施越发老化，功能单一，已经很难满足现代生活对城市环境与公共空间的需求，新型综合交通枢纽正不断向着集居住、商业、创新产业、公共空间等复合业

[①] 《住房和城乡建设部关于发布行业标准〈城市轨道交通桥梁工程施工及验收标准〉的公告》，载住房和城乡建设部网站，https://www.mohurd.gov.cn/gongkai/zhengce/zhengcefilelib/201910/20191012_242193.html，最后访问时间：2022 年 3 月 29 日。

态发展。这样的大型融合性工程往往需要当地政府及项目建设单位在建设工程启动前对工程周边地质条件、人员密集区域、建（构）筑物、轨道交通设施、物业开发、城市配套设施建设等多个方面，进行充分的规划分析与协调，工作量十分庞大，不可预见因素较多。

我国城市轨道交通实现了从无到有、由小及大的跨越式发展，但同时也面临着安全压力持续加大、服务水平仍有不足、治理能力有待提升、支撑作用尚不充分、共建共治共享未形成合力等问题。2021 年 3 月，十三届全国人大四次会议通过《中华人民共和国国民经济和社会发展第十四个五年规划和 2035 年远景目标纲要》①，提出要加快建设交通强国，推进城市群都市圈交通一体化，加快城际铁路、市域（郊）铁路建设，构建高速公路环线系统，有序推进城市轨道交通发展。我们应当认识到，城市轨道交通是重要的城市基础设施和公共交通骨干，应当充分发挥其对城市发展的基础性、先导性、战略性和服务性作用，引导城市空间布局和结构优化。

第二节　城市轨道交通项目投资建设全过程概述

城市轨道交通项目建设是一项复杂的系统工程，其作为城市重大公共基础服务设施，具有不可逆性，各个线路一经建成便难以更改，完整的城市轨道交通项目在满足申报条件的基础上，从规划设计到建设一般需要经历线网规划、建设规划、工程可行性研究、总体设计、初步设计、施工图设计、施工、验收等阶段，其中每个阶段都需要严格遵照相关政策法规与行业标准进行，对城市轨道交通投资建设全过程风险把控尤为重要。

一、城市轨道交通建设规划准入制度

除有轨电车外，城市轨道交通系统均应纳入城市轨道交通建设规划并履行报批程序。目前，我国要求所有拟建设城轨交通项目的城市在编制城市总体规

---

① 《中华人民共和国国民经济和社会发展第十四个五年规划和 2035 年远景目标纲要》，载中国政府网，http://www.gov.cn/xinwen/2021-03/13/content_5592681.htm，最后访问时间：2022 年 3 月 29 日。

划及城市交通发展规划的基础上，根据城市发展要求和财力情况，组织制订城轨交通建设规划，明确远期目标和近期建设任务以及相应的资金筹措方案。为了确保城市轨道交通发展规模与实际需求相匹配、建设节奏与支撑能力相适应，实现规范有序、持续健康发展，我国在申报建设规划方面规定了严格的门槛条件。

根据 2018 年国务院办公厅印发的《关于进一步加强城市轨道交通规划建设管理的意见》（国办发〔2018〕52 号），地铁主要服务于城市中心城区和城市总体规划确定的重点地区，申报建设地铁的城市一般公共财政预算收入应在 300 亿元以上，地区生产总值在 3000 亿元以上，市区常住人口在 300 万人以上。引导轻轨有序发展，申报建设轻轨的城市一般公共财政预算收入应在 150 亿元以上，地区生产总值在 1500 亿元以上，市区常住人口在 150 万人以上。拟建地铁、轻轨线路初期客运强度分别不低于每日每公里 0.7 万人次、0.4 万人次，远期客流规模分别达到单向高峰小时 3 万人次以上、1 万人次以上。当然，以上申报准入条件未来也可能将根据经济社会发展情况按程序适时调整，具体以最新政策要求为准。

二、城市轨道交通项目投资建设全过程介绍

1. 前期决策阶段

城市轨道交通投资建设的前期决策阶段需要完成的工作主要有线网规划、建设规划、工程可行性研究，其中所涉及的编制、评估、审批等前置工作需严格遵照相关政策法规与行业标准进行。

（1）线网规划

每一个城市轨道交通建设项目的第一步是根据线网规划，确定项目在线网中的地位，依据客流特征、量级和速度目标作功能定位，就是为项目定性、定规模。城市轨道交通线网规划可以说是指导城市轨道交通近期建设和长远发展的重要依据，是城市综合交通体系规划的重要组成部分，是城市总体规划的专项规划，是轨道交通发展的顶层设计，关系到城市近期重点发展方向，与城市总体规划密不可分。

《住房城乡建设部关于加强城市轨道交通线网规划编制的通知》（建城

〔2014〕169号）① 明确指出"在城市总体规划编制时，应统筹研究发展城市轨道交通的必要性，确需发展的，应同步编制线网规划，做好相互协调与衔接。已有线网规划的城市，在修改或修编城市总体规划时，要开展线网规划实施评估，对线网规划实施情况进行总结，研究是否需要修改或修编线网规划，如有需要，应以线网规划实施评估为基础，与城市总体规划同步修改或修编线网规划。并指出线网规划应由城市人民政府负责组织编制，具体工作由城市人民政府城乡规划主管部门承担"。文件要求承担线网规划编制的单位，应当具有丰富的城市规划、城市轨道交通规划经验、技术和人才储备，并应具有城乡规划编制资质证书，实践中一般由城市人民政府城乡规划主管部门进行采购，由规划院或专业咨询公司来做。

根据《住房城乡建设部关于加强城市轨道交通线网规划编制的通知》（建城〔2014〕169号），线网规划的目标在于统筹人口分布、交通需求等情况，以此来确定城市轨道交通的发展目标、发展模式、功能定位等，以及确定城市轨道交通线路走向、主要换乘节点、资源共享和用地控制，实现与城市人口分布、空间布局、土地利用相协调。

此外，《住房城乡建设部关于加强城市轨道交通线网规划编制的通知》（建城〔2014〕169号）还提出，线网规划的成果应包括规划文本、规划图纸，并附规划说明书和基础资料汇编。规划的文本应当以条文方式表述，需要具有指导性和可操作性，规划图纸应当与规划文本内容相符，规划说明书也应与规划文本的条文相对应，对规划文本条文做出详细解释，并阐述条文执行过程中的要求。线网规划的重要技术内容，如客流预测，应做专题研究，专题研究成果应当作为规划说明书的附录。

《住房城乡建设部关于加强城市轨道交通线网规划编制的通知》（建城〔2014〕169号）还规定："线网规划编制或者修改、修编完成后，由住房城乡建设部组织技术审查，其他城市的线网规划由省、自治区住房城乡建设厅组织进行技术审查，经技术审查后，线网规划明确的城市轨道交通发展目标、功能定位、线网布局、车辆基地等设施用地控制要求等应纳入城市总体规划，并与城市总体规划一并审批，经批准后才具有法定效力，任何单位和个人不得随意修改；确需

---

① 《住房城乡建设部关于加强城市轨道交通线网规划编制的通知》，载住房和城乡建设部网站，https：//www.mohurd.gov.cn/gongkai/zhengce/zhengcefilelib/201411/20141127_219648.html，最后访问时间：2022年3月29日。

修改的，应当按照城市总体规划的修改程序进行。"目前很多城市由于发展比较快，都会再做线网修编等工作。实践中需要注意，规划成果在技术审查前，应当依据《城乡规划法》有关规定征求社会公众和相关部门意见。此外，2018 年 3 月，中华人民共和国第十三届全国人民代表大会第一次会议表决通过了关于国务院机构改革方案的决定，批准成立中华人民共和国自然资源部，其职能包括"负责建立空间规划体系并监督实施。推进主体功能区战略和制度，组织编制并监督实施国土空间规划和相关专项规划。开展国土空间开发适宜性评价，建立国土空间规划实施监测、评估和预警体系。组织划定生态保护红线、永久基本农田、城镇开发边界等控制线，构建节约资源和保护环境的生产、生活、生态空间布局。建立健全国土空间用途管制制度，研究拟订城乡规划政策并监督实施。组织拟订并实施土地、海洋等自然资源年度利用计划。负责土地、海域、海岛等国土空间用途转用工作。负责土地征收征用管理"。也就是说，原住建部的城乡规划管理职责划归新成立的自然资源部，据此，城市总体规划和城市轨道交通的线网规划管理等权限和职能也随之调整，实践中应注意线网规划编制（或修改、修编）完成后报省自然资源部门进行技术审查。但笔者发现，实践中有些城市还是由省、自治区住房和城乡建设主管部门组织进行技术审查，那么在报送技术审查时，应注意提前与政府部门沟通确认报送单位。

最后，《国家发展改革委关于加强城市轨道交通规划建设管理的通知》（发改基础〔2015〕49 号）也提出要超前编制城市轨道交通线网规划。并指出根据城市总体发展要求，确需发展城市轨道交通的城市要编制线网规划，确定长远发展目标。按照前瞻性和系统性要求，线网规划应统筹人口分布、交通需求等情况，确定城市轨道交通的发展目标、发展模式、功能定位等；确定城市轨道交通线路走向、主要换乘节点、资源共享和用地控制要求，实现与城市人口分布、空间布局、土地利用相协调；做好城市轨道交通与主要铁路客站和机场等综合交通枢纽的衔接。《国家发展改革委关于加强城市轨道交通规划建设管理的通知》（发改基础〔2015〕49 号）的附件 1《城市轨道交通规划编制和评审要点》[①] 对轨道交通线网规划提出了详细要求。2018 年 4 月 25 日，住房城乡建设部发布了

---

① 《城市轨道交通规划编制和评审要点》，载国家发展和改革委员会网站，https：//www. ndrc. gov. cn/fggz/zcssfz/zdgc/201501/W020190910671717188114. pdf，最后访问时间：2023 年 4 月 12 日。

国家标准《城市轨道交通线网规划标准》（GB/T 50546-2018）[①]，自 2018 年 12 月 1 日起实施。实践中也应注意上述相关文件要求的衔接与适用。

（2）建设规划

政府根据国土空间总体规划、城市综合交通体系规划，合理制定了城市轨道交通线网规划后，应根据相关规划和城市发展需要、财力等情况制定城市轨道交通分期建设规划，即根据相关规划和城市发展需要、财力等情况制定包括近期建设的线路以及线路建设的时序、线路修建的必要性、建设线路的路由、敷设方式、车站布设、车辆段选址、工程筹划等方面的统筹性规划文件，规划期限一般为 5—6 年。

实践中，建设规划一般由具有资质的咨询公司或者设计院来做，由项目业主进行招标，报告，包括主报告和需要编制的专题报告，主要内容包括规划背景、规划年限和规划依据、城市现状与规划、城市交通现状与规划、线网规划、建设规划执行情况评估、建设的必要性、近期建设方案、客流预测、建设项目实施规划、外部建设条件、投资估算与资金安排、风险分析与保障措施。报批时，还要附上相关专题报告，包括近期建设规划的环境影响报告、社会稳定影响分析报告、评估报告、中期评估分析报告、客流预测评审报告、交通衔接规划专题报告、历史文化保护专题报告等。

对于建设规划报批和审核程序，《国务院办公厅关于进一步加强城市轨道交通规划建设管理的意见》（国办发〔2018〕52 号）指出"省级发展改革部门应会同城乡规划主管部门、住房城乡建设部门进行城市轨道交通建设规划初审，按程序向国家发展改革委报送建设规划。城市轨道交通首轮建设规划由国家发展改革委会同住房城乡建设部组织审核后报国务院审批，后续建设规划由国家发展改革委会同住房城乡建设部审批、报国务院备案"。结合实践，整个报批和审核流程大致有四个阶段：建设规划主报告及其专题报告的编制工作阶段，省级发改部门会同城乡规划主管部门、住房城乡建设部门初审阶段，环评报告审批阶段，国家层面审批阶段。

[①] 《城市轨道交通线网规划标准》，载住房和城乡建设部网站，https://www.mohurd.gov.cn/gongkai/zhengce/zhengcefilelib/201808/20180824_237296.html，最后访问时间：2022 年 3 月 29 日。

①建设规划主报告及其专题报告的编制工作阶段

该阶段首先由市政府召开建设规划启动会，然后各主管部门组织编制单位搜集基础资料，征求相关职能部门意见，提出初步方案，之后地铁公司、市政府会听取建设规划主报告汇报确定建设规划方案，最后由各主管部门开展社会稳定性风险分析、环境影响评价工作，组织维稳评估的群众调查、座谈及环境影响评价的调查、公示工作，最终形成建设规划送审稿意见，由主管建设规划部门向市政府汇报请示。

②省级发展改革委会同省级住房城乡建设（规划）等部门初审阶段以及规划环境影响审查意见、社会稳定风险评估阶段

《国家发展改革委、住房城乡建设部关于优化完善城市轨道交通建设规划审批程序的通知》① 规定了建设规划的初审和上报程序：城市轨道交通建设规划及规划调整由省级发展改革委会同省级住房城乡建设（规划）等部门进行初审，形成一致意见。在规划环境影响审查意见、社会稳定风险评估完成后，省级发展改革委会签省级住房城乡建设（规划）部门向国家发展改革委报送城市轨道交通建设规划，同时抄报住房城乡建设部。

③国家层面的审批阶段

该阶段，省级发改委联合省级住建厅向国家发改委上报建设规划及其专题报告，同时抄报住建部，国家发改委收到报送材料后，转住建部征求意见，住建部审查合格后会向国家发改委出具会签意见，若不合格，国家发改委进行退件处理，地方政府组织修改后重新报送；若合格，国家发改委确定受理建设规划并委托具有评估资质的单位组织专家评审，形成评估报告，作为审批依据。召开完专家评审会之后，国家发改委会于 30 天内给出批复，已实施首轮建设规划的城市仍由国家发改委审查后，上报国务院审批；非首轮建设规划的城市，由国家发改委审批，报国务院备案即可。

一般情况下，上述审批主体在对建设规划进行审核时会重点关注城市发展需求和轨道交通建设的必要性、近期建设方案选择合理性、与城市近期发展的适用性，建设项目主要建设标准和工程方案、交通衔接方案、资金筹措方案，政府财

---

① 载国家发展和改革委员会网站，https://www.ndrc.gov.cn/fggz/zcssfz/zcgh/201511/t20151111_1145707_ext.html，最后访问时间：2023 年 5 月 10 日。

政承受能力、环境影响评价及其主管部门审查意见，人才培养机制和保障措施、风险分析与风险管理机制和措施、建设轨道交通的支撑条件与支撑能力等。实践中，各部门考虑的出发点不一致可能导致出具的意见不一致，如线路采用高架敷设方式从控制造价水平角度和环境影响角度可能会导致发改部门和环境部门的不同意见等，需要重点关注。

（3）工程可行性研究

城市轨道交通投资大、建设周期长，一般为政府投资项目。根据《政府投资条例》第9条"政府采用直接投资方式、资本金注入方式投资的项目，项目立项实行审批制。建设单位应当编写项目建议书、可行性研究报告和初步设计文件，并按照政府投资管理权限和规定的程序，报投资主管部门或者其他有关部门审批"以及《国家发展改革委关于加强城市轨道交通规划建设管理的通知》（发改基础〔2015〕49号）"纳入建设规划的项目直接开展可行性研究工作"规定，城市轨道交通建设规划批复后，城市政府便可依据国家批准的建设规划，组织开展项目可行性研究报告或申请报告编制工作。可行性研究阶段是政府固定资产投资的一项必不可少的基础性工作，建设单位必须完成项目可行性研究报告审批，其结论是国家进行投资决策的重要依据，它是整个前期决策工作的收尾阶段，也是开启项目设计工作的依据，在城市轨道交通建设中起到至关紧要的衔接作用。

《国家发展改革委关于加强城市轨道交通规划建设管理的通知》（发改基础〔2015〕49号）对可行性研究报告编制和评估大纲做了详细的说明，以指导各地做好可行性研究报告编制和评估工作，实践中应注意按照编制要求和大纲来完成。根据大纲要求，城市轨道交通项目可行性研究报告编制需要包括项目建设背景、项目技术条件、项目建设方案、项目适应性分析和项目综合分析。其中项目建设背景是项目实施的边界条件，编制内容需要包括项目概述、上位规划研究、建设必要性、工程建设条件等，重点强调需要地形图勘测、岩土勘察报告；项目技术条件是项目实施的总体原则，编制内容需要包括客流量预测报告、总体技术标准等，客流量预测就是在开展项目沿线现状交通和土地利用调查的基础上，进行客流预测、客流特征分析、客流敏感性分析等工作，重点强化高峰小时客流、平均运距、客流均衡性、换乘系数等特征指标分析和风险性分析；项目建设方案包括总体方案、土建工程方案、设备系统方案和组织实施方案；项目适应性分析包括交通衔接、社会稳定、节约能源、环境保护、文物保护、安全评估、防灾与人防等，并根据外部条件对项目建设方案进行反馈，重点强调需要节能评估报告、安全预评价报告；项目综合分析是对项目投资、效益、风险等方面开展全面研究，明确结论与建议。

此外，需要注意的是，根据《城乡规划法》第 36 条"按照国家规定需要有关部门批准或者核准的建设项目，以划拨方式提供国有土地使用权的，建设单位在报送有关部门批准或者核准前，应当向城乡规划主管部门申请核发选址意见书"，《建设项目用地预审管理办法》第 14 条"预审意见是有关部门审批项目可行性研究报告、核准项目申请报告的必备文件"、第 15 条"建设项目用地预审文件有效期为三年，自批准之日起计算。已经预审的项目，如需对土地用途、建设项目选址等进行重大调整的，应当重新申请预审。未经预审或者预审未通过的，不得批复可行性研究报告、核准项目申请报告"、第 8 条"建设单位应当对单独选址建设项目是否位于地质灾害易发区、是否压覆重要矿产资源进行查询核实；位于地质灾害易发区或者压覆重要矿产资源的，应当依据相关法律法规的规定，在办理用地预审手续后，完成地质灾害危险性评估、压覆矿产资源登记等"，《国家发展改革委重大固定资产投资项目社会稳定风险评估暂行办法》[①] 第 3 条"项目单位在组织开展重大项目前期工作时，应当对社会稳定风险进行调查分析，征询相关群众意见，查找并列出风险点、风险发生的可能性及影响程度，提出防范和化解风险的方案措施，提出采取相关措施后的社会稳定风险等级建议。社会稳定风险分析应当作为项目可行性研究报告、项目申请报告的重要内容并设独立篇章"，《固定资产投资项目节能审查办法》第 3 条"固定资产投资项目节能审查意见是项目开工建设、竣工验收和运营管理的重要依据。政府投资项目，建设单位在报送项目可行性研究报告前，需取得节能审查机关出具的节能审查意见"之规定，编制和批复工程可行性研究报告要以选址意见书、用地预审批件、压覆矿证明、社会稳定性风险评估、节能评估等为前置要件。

上述前置文件还有一些过程中需要的如文物、园林、水务、人防、交委、公安消防等相关部门意见或支撑性文件，笔者在前文中已经详细介绍，在此不再赘

---

① 《国家发展改革委重大固定资产投资项目社会稳定风险评估暂行办法》，载国家发展改革委网站，https：//www.ndrc.gov.cn/fggz/gdzctz/tzfg/201907/t20190717_1197572.html？code＝&state＝123，最后访问时间：2022 年 3 月 29 日。

述。实践中应当注意，因城市轨道交通很多沿城市建成区敷设，沿线所经利益相关者复杂多样，工程协调较为复杂和困难，最好提前协调工程衔接或避让。还要注意的是，除一些国家规定的支撑性文件要求外，有些地区还要求编制区域影响评价报告、供电咨询专题报告等，是否编制、怎么编制、谁来审批等这些问题需要提前咨询好当地行政主管部门。

2. 设计阶段

城市轨道交通项目作为一项集多工种、多专业于一体的复杂工程，根据《城市轨道交通工程项目建设标准》第12条规定："城市轨道交通工程项目设计，应依次做好总体设计、初步设计和施工图设计工作。对工程复杂的项目，宜作试验段工程，试验段工程必须在总体设计指导下进行。"也就是说，项目经过审批立项之后就进入正式的设计阶段，设计阶段包括地铁建设的总体设计、初步设计与施工图设计三个工作。

（1）总体设计

设计是城市轨道交通建设的灵魂，而总体设计可以说是整个设计阶段的核心，实践中常将其称为项目设计过程的"总策划、总控制、总指挥"，总体设计在可行性评审意见的基础上，进一步统一和确定工程主要技术标准，落实外部条件和稳定线路站位、明确功能定位和确定运营规模、理顺纵向系统和明确横向接口、筹划合理工期等，并最终形成总体设计文件，指导初步设计工作，并为试验段工程提前实施提供依据。

事实上，城市轨道交通的总体设计工作，不限于设计阶段，而是从设计阶段开始涵盖到整个工程施工验收阶段，只不过工作内容和工作方式存在差别，并且实践中很多总体设计主体在工期前期规划决策阶段就参与项目，包括配合完成线网规划研究、工程可行性研究并协助出具报告等。总体设计一般由总体设计单位独自或总体院牵头、工点院配合，各专业之间联系配合来进行，在设计阶段主要的工作内容是组织编写总体性技术指导文件，包括出具各设计阶段的设计技术要求、文件的组成和内容、技术接口文件、线路方案和运营组织方案、系统功能配置、土建工程方案设计以及制定具体的设计进度计划、协助业主协调各部门等。总体设计中各专业的设计重点分别为：行车组织、车辆、线路、车站建筑、土建结构、机电设备专业系统、外部工程条件的落实，以及进行工程方案技术与经济的综合协调平衡以控制工程投资总额。①

实践中，因为总体设计不是法律明确规定必须完成的工作，有部分城市轨道交通项目的业主和设计院对总体设计工作明显不够重视，大部分是以土建、系统设计招标投标方案为基础进行简单汇总，没有对项目进行系统研究；对车站方案、线站位方案及运营方案研究不透，系统性、整体性不强，使得总体方案不稳定，造成后续初步设计方案反复修改。②

（2）初步设计

初步设计阶段，是全线设计工作的开始，根据《政府投资条例》第9条的规定，政府采用直接投资方式、资本金注入方式投资的项目，项目立项实行审批制。建设单位应当编写项目建议书、可行性研究报告和初步设计文件，并按照政府投资管理权限和规定的程序，报投资主管部门或者其他有关部门审批，即建设单位必须完成项目建议书审批、项目可行性研究报告审批和项目初步设计审批。项目初步设计审批需建设单位编写和提交可行性研究报告批复文件、项目初步设计报告审批申请文件和项目初步设计文本。项目初步设计是施工图设计的基础，其提出的概算是控制政府投资项目总投资的依据，也是工程招标控制价格的依据。

与总体设计相比，初步设计方案要更细致，包括征地拆迁、交通疏导、树木迁移和管线改迁等专题，以及地裂缝、风险源、湿陷性黄土等专项研究、投资概算等。设计概算，是指发包人（业主）在详细可行性研究或初步设计阶段，根据上级已审批的投资估算金额、初步设计文件或扩大初步设计图纸、概算定额、计价体系、工程量计算规则、材料设备的预算单价、主管部门颁发的工程费用定额或取费标准等，预先计算建设项目工程总投资的文件，包括建设项目从立项、可行性研究、设计、施工、试运营到竣工验收的全部资金。设计概算包括动态投资和铺底流动资金。设计概算经批准后，将作为控制投资的最高限额，一般不得调整，关于设计概算，笔者在第八章的第一节中已经详细介绍，不再赘述。

此外，相较于传统基础设施的设计，城市轨道交通项目的设计由于其项目特

---

① 《一文读懂地铁规划建设流程》，载"呼和浩特地铁"微信公众号，https：//mp. weixin. qq. com/s/azRDFX3 ZRyGR4Y8BXHFzJw，最后访问时间：2022年4月1日。

② 《有关城市轨道交通总体设计的主要工作》，载"空中快车"微信公众号，https：//mp. weixin. qq. com/s/XSmgAQW8OsylymTGVSJI_g，最后访问时间：2022年4月1日。

性会存在一定的不同点，住建部针对城市轨道交通项目的设计单独制定了工程技术规范、设计标准等一系列国家标准，包括但不限于 GB 50490-2009《城市轨道交通技术规范》①、GB 50909-2014《城市轨道交通结构抗震设计规范》②、GB 50157-2013《地铁设计规范》③、GB 50116-2013《火灾自动报警系统设计规范》④，实践中应注意按照要求进行。其中，《城市轨道交通技术规范》是以功能和性能要求为基础的全文强制标准，条款以城市轨道交通安全为主线，统筹考虑了卫生、环境保护、资源节约和维护社会公众利益等方面的技术要求。除此以外，北京、上海、重庆等城市根据各自城市轨道交通发展的需要，编制了地方标准。需要注意的是，上述与设计有关的规定规范在总则或文件中都明确了适用范围，例如《城市轨道交通技术规范》总则 1.0.2 中指出"本规范适用于城市轨道交通的建设和运营。本规范不适用于高速磁浮系统的建设和运营"，术语中城市轨道交通指"采用专用轨道导向运行的城市公共客运交通系统，包括地铁系统、轻轨系统、单轨系统、有轨电车、磁浮系统、自动导向轨道系统、市域快速轨道系统"。可见，本规范适用于所有制式的城市轨道交通系统。⑤ 而住建部颁布的《轻轨交通设计标准》（GB/T 51263-2017）⑥ 就只适用于现代有轨电车项目，实践中在使用标准时要注意对应适用范围。

　　关于初步设计的审批，随着"放管服"的不断深入，审批权限不断下放，

① 《关于发布国家标准〈城市轨道交通技术规范〉的公告》，载住房和城乡建设部网站，https：//www. mohurd. gov. cn/gongkai/zhengce/zhengcefilelib/200903/20090331_188166. html，最后访问时间：2022 年 3 月 29 日。

② 《住房城乡建设部关于发布国家标准〈城市轨道交通结构抗震设计规范〉的公告》，载住房和城乡建设部网站，https：//www. mohurd. gov. cn/gongkai/zhengce/zhengcefilelib/201404/20140401_224158. html，最后访问时间：2022 年 3 月 29 日。

③ 《住房城乡建设部关于发布国家标准〈地铁设计规范〉的公告》，载住房和城乡建设部网站，https：//www. mohurd. gov. cn/gongkai/zhengce/zhengcefilelib/201308/20130820_224416. html，最后访问时间：2022 年 3 月 29 日。

④ 《住房城乡建设部关于发布国家标准〈火灾自动报警系统设计规范〉的公告》，载住房和城乡建设部网站，https：//www. mohurd. gov. cn/gongkai/zhengce/zhengcefilelib/201309/20130924_224820. html，最后访问时间：2022 年 3 月 29 日。

⑤ 周敏、李颖、于松伟：《轻轨在中国之困局如何破解：轻轨交通审批与建管的法规标准研究》，载"轨道世界"微信公众号，https：//mp. weixin. qq. com/s/5NZG3RcZ6GWrEYCEzRcQ2Q，最后访问时间：2022 年 4 月 1 日。

⑥ 《住房城乡建设部关于发布国家标准〈轻轨交通设计标准〉的公告》，载住房和城乡建设部网站，https：//www. mohurd. gov. cn/gongkai/zhengce/zhengcefilelib/201709/20170930_234639. html，最后访问时间：2022 年 3 月 29 日。

一般来说，初步设计的审批权限与可研阶段的审批权限同步，即项目可研报告由哪一级审批部门审批，初步设计也由同级审批部门审批。而根据《关于印发全国投资项目在线审批监管平台投资审批管理事项统一名称和申请材料清单的通知》（发改投资〔2019〕268号）①，为确保互联互通和数据共享，通过在线平台办理审批和归集信息要统一使用本通知规定的事项名称和申请材料名称。各地方平台要按照清单调整系统功能，从2019年3月15日起按照统一名称开展审批事项办理和信息归集共享工作。政府投资项目初步设计审批也在附件1全国投资项目在线审批监管平台投资审批管理事项统一名称清单中。因此，政府投资项目初步设计审批，项目单位应通过全国投资项目在线审批监管平台进行申报，上传初步设计审批申请文件、工程可行性研究报告批复、初步设计文件等材料。审批单位通过在线平台对项目进行网上初审，决定是否受理。一般情况下，政府投资项目初步设计审批的审查重点主要是法律法规方面和专业技术方面，包括初步设计是否符合国家、行业的有关标准、规范和设计深度要求，设计及提出的概算是否符合可行性研究报告批复，项目的建设内容、建设规模、总投资、建设地点等内容。

此外需要注意的是，关于城市轨道交通初步设计，建设项目在进行可行性研究论证时应当由主管部门对建设项目用地进行审查并提出建设项目用地预审报告，而在初步设计完成后建设单位应当持建设项目的有关批准文件办理用地审批。可行性报告研究阶段只对线路的主要控制点进行必要定位，而无需对线路进行全面实地勘测，因此可行性研究报告阶段的线路位置并不精确。一旦初步设计对可行性研究报告确定的线位、工程内容等进行修改和优化，则极有可能导致项目用地报批时的项目位置、地类、面积等与用地预审时的内容不一致，导致交通设施建设项目非法占用永久基本农田。为了尽量避免这一情况的发生，交通设施项目的建设单位和设计单位应当在项目选址的初期及时与自然资源主管部门对接，将线路选址与土地利用总体规划、永久基本农田数据库等进行比照，最大限度地降低占用生态保护红线、永久基本农田的可能性。

---

① 《关于印发全国投资项目在线审批监管平台投资审批管理事项统一名称和申请材料清单的通知》，载住房和城乡建设部网站，http://www.gov.cn/xinwen/2019-02/18/content_5366520.htm，最后访问时间：2022年3月29日。

（3）施工图设计

城市轨道交通施工图设计就是在初步设计方案的基础上，制订具体的工程实施方案，绘制施工图纸，编制施工图预算。其目的在于指导施工，便于工程的保质如期竣工。通常情况下由业主对项目的施工图设计总承包进行公开招标。不过根据住房城乡建设部办公厅《关于同意上海、深圳市开展工程总承包企业编制施工图设计文件试点的复函》（建办市函〔2018〕347号）①，上海、深圳市可以开展工程总承包企业编制施工图设计文件试点。一般情况下，施工图设计总承包或工程总承包施工图设计的任务范围包括全部施工图设计阶段（包括招标设计、施工图设计、施工配合及后续服务阶段）的总体总包管理、招标设计及配合、施工图设计（含组织专家审查）以及施工配合、变更设计、竣工验收及试运营配合、质保期等阶段的设计服务、技术支持，向各级政府主管部门及相关单位的报建、报批等工作，包括报建文件的编制、汇报、协调，并受业主委托开展报建工作，施工图预算编制、竣工图编制和限额设计工作，为完成工程设计所需开展的相关专题研究或者业主要求开展的专题研究，负责地铁安全保护等相关工作的技术支持等等。其中施工图预算是以施工图设计为依据，对工程项目的工程费用进行的预测与计算，它是在施工图设计阶段对工程建设所需资金作出较精确的计算。施工图预算价格既可以是按照政府统一规定的预算单价、取费标准、计价程序计算而得到，也可以是施工企业根据自身企业定额、资源市场单价、市场供求、竞争状况计算得到的反映市场性质的施工图预算价格。

就我国行政主管部门对工程设计的监管制度来看，需要进行招投标采购的主要是施工图设计，其原因在于施工图设计直接关系到工程的质量、安全等关键因素，因此必须实行更为严格的准入管理和过程监管。我们国家实施施工图设计文件（含勘察文件，以下简称施工图）审查制度。施工图审查，是指施工图审查机构按照有关法律、法规，对施工图涉及公共利益、公众安全和工程建设强制性标准的内容进行的审查。施工图审查应当坚持先勘察、后设计的原则。国务院、住房和城乡建设主管部门负责对全国的施工图审查工作实施指导、监督。县级以上地方人民政府住房和城乡建设主管部门负责对本行政区域内的施工图审查工作

---

① 《关于同意上海、深圳市开展工程总承包企业编制施工图设计文件试点的复函》，载住房和城乡建设部网站，https://www.mohurd.gov.cn/gongkai/zhengce/zhengcefilelib/201807/20180711_236762.html，最后访问时间：2022年3月29日。

实施监督管理。具体为各地政府建立轨道交通工程施工图设计文件审查机构名录，由名录中的审查机构对施工图进行审查。

一般来说，城市轨道交通项目施工图审查就是要严抓关乎生命安全的关键问题，具体的设计方法和构造做法等由设计单位负责。审查也就是重点抓强制性条款和审查要点，其他一般性条文和问题通常由设计单位负责执行到位。施工图审查内容包括有关法律、法规，对施工图涉及公共利益、公众安全和工程建设强制性标准的内容进行的审查，主要依据为住房城乡建设部 2015 年印发的《城市轨道交通工程施工图设计文件技术审查要点》（建质〔2015〕68 号）[①]，还有地方出具的文件，例如北京市规划和国土资源管理委员会（已撤销）、北京市公安局消防局、北京市民防局、北京市住房和城乡建设委员会联合发布的《关于全面推行施工图多审合一改革的实施意见》[②]，要求"建设单位取得建设工程规划许可证后（内部改造项目不需要办理建设工程规划许可证），应将符合深度要求的施工图设计文件送综合审查机构审查，综合审查机构对审查合格的项目通过北京市施工图审查管理信息系统进行备案，并出具《施工图设计文件审查合格书》，审查结果各部门予以认可，不再单独出具审核备案手续……在施工图多审合一的基础上推行'法人承诺制'，审查合格书不再作为施工许可证的前置要件，建设单位须承诺施工图设计文件符合国家标准规范，新建扩建项目、现状改建项目应在底板施工前取得审查合格书，内部改造项目应在正式施工前取得审查合格书"等。

3. 施工阶段

在城市轨道交通项目的施工过程中，项目施工前依法取得建设用地、城市规划、环境保护、安全、施工等方面的许可等一系列的建设过程与传统基础设施的建设模式都大致相同，此处不再赘述。但需要注意的是，相较于传统基础设施的施工建设，城市轨道交通项目的施工建设由于其项目特性会存在一定的不同点，住建部针对城市轨道交通项目的建设施工单独制定了工程技术规范、基础设施运行维护标准等一系列行业规定和国家标准，而这些规定是建设单位或者施工单位能否取得相关审批许可的关键性依据，目前我国关于城市轨道交通项目建设方面

[①] 《城市轨道交通工程施工图设计文件技术审查要点》，载住房和城乡建设部网站，https：//www.mohurd.gov.cn/gongkai/zhengce/zhengcefilelib/201505/20150527_220972.html，最后访问时间：2022 年 3 月 29 日。

[②] 《关于全面推行施工图多审合一改革的实施意见》，载北京市人民政府网站，http：//ghzrzyw.beijing.gov.cn/zhengwuxinxi/tzgg/fs/201912/P020191223575192969830.pdf，最后访问时间：2023 年 7 月 7 日。

的特殊规定和强制性标准包括但不限于《城市轨道交通工程土建施工质量标准化管理技术指南》（建办质〔2018〕65号）①、《盾构法隧道施工及验收规范》（GB 50446-2017）②、《城市轨道交通地下工程建设风险管理规范》（GB 50652-2011）③、《城市轨道交通综合监控系统工程施工与质量验收规范》（GB/T 50732-2011）④ 等。目前各地政府也会出台地方规定，比如北京市住房和城乡建设委员会、北京市规划和自然资源委员会印发的规范盾构施工安全质量管理、明确参建各方主体责任的《北京市轨道交通建设工程盾构施工安全质量管理办法》（京建法〔2021〕1号）⑤ 等。

4. 竣工验收阶段

住房和城乡建设部发布了专门的《城市轨道交通建设工程验收管理暂行办法》（建质〔2014〕42号）⑥，将城市轨道交通建设工程验收分为单位工程验收、项目工程验收、竣工验收三个阶段。单位工程验收是指在单位工程完工后，检查工程设计文件和合同约定内容的执行情况，评价单位工程是否符合有关法律法规和工程技术标准、是否符合设计文件及合同要求，对各参建单位的质量管理进行评价的验收。单位工程划分应符合国家、行业等现行有关规定和标准。项目工程验收是指各项单位工程验收后、试运行之前，确认建设项目工程是否达到设计文件及标准要求，是否满足城市轨道交通试运行要求的验收。竣工验收是指项目工程验收合格后、试运营之前，结合试运行效果，确认建设项目是否达到设计目标及标准要求的验收。城市轨道交通建设工程所包含的单位工程验收合格且通过相关专项验收后，方可组织项目工程验收；项目工程验收合格后，建设单位应组织

---

① 《城市轨道交通工程土建施工质量标准化管理技术指南》，载住房和城乡建设部网站，https：//www. mohurd. gov. cn/gongkai/zhengce/zhengcefilelib/201812/20181226_238999. html，最后访问时间：2022年3月29日。

② 《盾构法隧道施工及验收规范》，载住房和城乡建设部网站，https：//www. mohurd. gov. cn/gong-kai/zhengce/zhengcefilelib/201703/20170302_231228. html，最后访问时间：2022年3月29日。

③ 《城市轨道交通地下工程建设风险管理规范》，载住房和城乡建设部网站，https：//www. mohurd. gov. cn/gongkai/zhengce/zhengcefilelib/201112/20111226_208116. html，最后访问时间：2022年3月29日。

④ 《城市轨道交通综合监控系统工程施工与质量验收规范》，载住房和城乡建设部网站，https：//www. mohurd. gov. cn/gongkai/zhengce/zhengcefilelib/201110/20111019_206692. html，最后访问时间：2022年3月29日。

⑤ 《北京市轨道交通建设工程盾构施工安全质量管理办法》，载北京市人民政府办公厅网站，http：//www. beijing. gov. cn/zhengce/zhengcefagui/202101/t20210125_2231258. html，最后访问时间：2022年3月29日。

⑥ 《城市轨道交通建设工程验收管理暂行办法》，载住房和城乡建设部网站，https：//www. mohurd. gov. cn/gongkai/zhengce/zhengcefilelib/201404/20140402_217549. html，最后访问时间：2023年7月7日。

不载客试运行，试运行三个月并通过全部专项验收后，方可组织竣工验收；竣工验收合格后，城市轨道交通建设工程可履行相关试运营手续。其中，专项验收，是指为保证城市轨道交通建设工程质量和运行安全，依据相关法律法规由政府有关部门负责的验收，就是各地政府主管部门组织的专项验收，比如安全、人防、卫生、防雷、特种设备、档案、消防等，各地政府专项验收根据当地政府的具体要求进行。

城市轨道交通建设是庞大而复杂的系统工程，其作为城市重大公共基础服务设施，具有非可逆性，上述流程之介绍也远远无法体现城市轨道交通建设过程之烦琐与体量之大，参与城市轨道交通建设的每个主体都应当明白并遵守。对于这样一个庞大而复杂的系统工程，只有做到每一步都准确，严格遵循国家发布的相关规划要求、报批审核程序及建设标准，才能保证行业安全平稳运行以及城市轨道交通项目的高质量落地。

第三节　城市轨道交通项目建设全过程风险及防控

一、城市轨道交通项目建设前期风险与防控

1. 审批风险与防控

2018年7月，国务院办公厅发布《关于进一步加强城市轨道交通规划建设管理的意见》，针对地铁建设门槛进一步提升要求，提出"申报建设地铁的城市一般公共财政预算收入应在300亿元以上，地区生产总值在3000亿元以上，市区常住人口在300万人以上。引导轻轨有序发展，申报建设轻轨的城市一般公共财政预算收入应在150亿元以上，地区生产总值在1500亿元以上，市区常住人口在150万人以上"等新标准。除了指出项目相关管理部门建设应严格限制申报条件、报批及审核程序，文件还强调要强化规划衔接、规划的向导与限制作用；项目所在地政府应严格规范项目审批流程，强化项目建设和运营资金保障；项目审批及监管部门需加强监管能力建设，建立安全责任机制，严控地方政府债务风险，当地政府及项目建设主体需坚守安全发展底线。在这种情况下，那些不具备建设资格的城市只能通过积极推动撤县（市）设区，或者采取变通之法，通过

轻轨、城际铁路、市域（郊）铁路的名义变相建设，而国务院办公厅 2020 年 12 月 7 日转发的《关于推动都市圈市域（郊）铁路加快发展意见的通知》明确指出，新建市域（郊）铁路项目由省级发展改革部门严格依据国家批准的规划按程序审批（核准），严禁以新建市域（郊）铁路名义变相建设地铁、轻轨项目，对这种方式再次予以明确禁止。

在这种情况下，严格遵循国家发布的相关规划要求、报批审核程序及建设标准可以说是防范风险的重中之重，只有准备充分才能确保每一个环节细化到位。如上一节所述，城市轨道交通作为城市重大工程，需要报批城市总体规划、线网规划、近期建设规划等，报批前还需要做建设规划配套社会稳定性风险分析、建设规划与上位规划符合性评估论证、建设规划对历史文化名城影响评估、前期建设规划执行情况分析（如有）、建设规划配套客流预测专题研究、近期建设项目工程方案研究、建设规划投融资专题研究、近期建设项目用地控制性详细规划研究、交通一体化专题研究等一系列研究。

从风险防控的角度来看，根据相关规范要求，轨道交通建设前期应着重注意拟定工程建设方案，选定工程线路，重点分析工程建设的线位与站位选址风险，分析拟定线路潜在的重大风险因素，充分调查与城市其他规划建设工程的相互关系，并且在可行性研究阶段重点考虑城市轨道交通工程影响范围内的交通情况、道路状况、地面建（构）筑物状况、军事区、涉密性的特殊建（构）筑物、古文物或保护性建筑的安全状况，应积极核实和检查工程影响范围内的各类地下障碍物、地下构筑物、地下水、地下管线等的规模和健康安全状况、工程建设范围内的噪声、空气、水以及生态等环境保护要求，进行全面施工影响风险调研。

还需要注意：城市轨道交通线网规划中有一个实践中容易造成误解的地方就是城市轨道交通线网规划审批权限，实践中因为《住房城乡建设部关于加强城市轨道交通线网规划编制的通知》（建城〔2014〕169 号）规定线网规划技术审查，直辖市是由住房城乡建设部组织，其他城市的线网规划由省、自治区住房城乡建设厅组织技术审查，有很多人会误认为城市轨道交通线网规划审批就是完成上述审查即为获得批复，错将专家审查意见当作批复文件，从而中止线网规划的审批流程，或更有甚者认为还是由市政府审批，从而中止线网规划的审批流程。这种理解误区是很容易造成线网规划与城市总体规划无法有效衔接或者不匹配的，在后续报批建设规划方案主要依据线网规划，与城市总体线网规划不一致，影响报批进程。而事实上，根据《住房城乡建设部关于加强城市轨道交通线网规划编制的通知》（建城〔2014〕169号）规定线网规划应纳入城市总体规划，并与城市总体规划一并审批。《城乡规划法》第14条规定："城市人民政府组织编制城市总体规划。直辖市的城市总体规划由直辖市人民政府报国务院审批。省、自治区人民政府所在地的城市以及国务院确定的城市的总体规划，由省、自治区人民政府审查同意后，报国务院审批。其他城市的总体规划，由城市人民政府报省、自治区人民政府审批。"基于此，线网规划是由城市人民政府负责组织，城乡规划主管部门承担工作，经公示后由省、自治区住房和城乡建设厅（直辖市由住房和城乡建设部）组织技术审查后纳入城市总体规划，由国务院或者省、自治区人民政府审批，获得批复后即具有法律效力。

2. 项目投融资模式风险与防控

城市轨道交通项目工程造价高、周期长、投资巨大，建设的资金一旦投入，很容易形成资金沉淀，到了运营期，轨道交通客流又需要一个培育期，运营初期客流量不足，并因其显著的准公益性特点，票价无法完全市场化定价，导致运营收入远远无法覆盖运营成本，更不要说反哺投资建设。此外，虽然城市轨道交通项目建设为沿线行业带来收益，但这些正外部性并不能使投资者盈利，投资主体收回项目投资的风险较高。我国早期轨道建设资金主要来自财政投入和补贴。随着各地轨道路网规模的扩张，完全依靠政府财力进行投资建设远远不够，地方政府债务承载能力越来越弱。并且由于部分城市对城市轨道交通发展的客观规律认识不足，对实际需求和自身实力把握不到位，存在规划过度超前、建设规模过于集中、资金落实不到位等问题，一定程度上加重了地方债务负担。

《国务院办公厅关于进一步加强城市轨道交通规划建设管理的意见》（国办发〔2018〕52号）要求城市政府应建立透明规范的资本金及运营维护资金投入长效机制，确保城市轨道交通项目建设资金及时足额到位。除城市轨道交通建设规划中明确采用特许经营模式的项目外，项目总投资中财政资金投入不得低于40%，严禁以各类债务资金作为项目资本金。强化城市政府对城市轨道交通项目全寿命周期的支出责任，保障必要的运营维护资金。《国务院办公厅关于进一步加强城市轨道交通规划建设管理的意见》（国办发〔2018〕52号）还支持各地区依法依规深化投融资体制改革，积极吸引民间投资参与城市轨道交通项目；鼓励开展多元化经营，加大站场综合开发力度；规范开展城市轨道交通领域政府和社会资本合作，通过多种方式盘活存量资产；研究利用可计入权益的可续期债券、项目收益债券等创新形式，推进城市轨道交通项目市场化融资，开展符合条件的运营期项目资产证券化可行性研究等。2014 年《国务院关于加强地方政府性债务管理的意见》[①] 出台，对地方政府举债融资进行规范化管理，轨道交通投融资模式逐步走向政府主导的市场化运作、投资主体多元化的市场运作等模式。

目前国内轨道交通投融资模式，经历了从单纯的政府投资，到靠政府和信贷为主，再到大力引入社会资金，已经逐渐向投资模式多元化发展，从而分散城轨项目投融资风险，提高资金的利用效率。但是部分城市还处于投融资模式比较单一的状态，尚未充分利用市场调节资金的配置。实践中，城市轨道交通项目应注意如果投资模式比较单一，政府参与太多，既会增加政府的财政压力，也会打击社会资本方的积极性，不利于资金的筹集，所以应当打破融资主体和投融资模式单一的局面，走上市场化投资模式。

最后，还应注意资本金比例问题，如根据前述《国家发展改革委关于加强城市轨道交通规划建设管理的通知》（发改基础〔2015〕49 号）要求，项目资本金比例不低于 40%，政府资本金占当年城市公共财政预算收入的比例一般不超过5%。而根据国务院《关于调整和完善固定资产投资项目资本金制度的通知》（国发〔2015〕51 号）[②] 规定，各行业固定资产投资项目的最低资本金比例，城市轨道交通项目由 25% 调整为 20%，具体比例还得根据城市财政能力和建设能力及压力综合考虑。实践中应当注意。

3. 用地取得风险与防控

城市轨道交通基础设施一般属于单独选址项目，而这种线性项目的用地选址，相较于点状或者面状项目来说限制更多，完全符合项目建设要求并避让生态保护红线、永久基本农田和禁止建设区的难度较大。根据《土地管理法》第 4 条的规定，我国实行土地用途管制制度，建设项目在用地预审和报批的过程中，用地选址应当符合土地利用总体规划，严禁非法占用永久基本农田。《土地管理法》第 35 条第 1 款规定："永久基本农田经依法划定后，任何单位和个人不得擅

---

① 《国务院关于加强地方政府性债务管理的意见》，载中国政府网，http://www.gov.cn/zhengce/content/2014-10/02/content_9111.htm，最后访问时间：2022 年 3 月 29 日。

② 《关于调整和完善固定资产投资项目资本金制度的通知》，载中国政府网，http://www.gov.cn/zhengce/content/2015-09/14/content_10161.htm，最后访问时间：2022 年 3 月 29 日。

自占用或者改变其用途。国家能源、交通、水利、军事设施等重点建设项目选址确实难以避让永久基本农田，涉及农用地转用或者土地征收的，必须经国务院批准。"自然资源部《关于做好占用永久基本农田重大建设项目用地预审的通知》（自然资规〔2018〕3号）①明确，重大建设项目包括"国务院投资主管部门批准的城市轨道交通建设规划明确的城市轨道交通项目"。实践中，建设单位和设计单位需要注意在项目选址的初期及时与自然资源主管部门对接，将线路选址与土地利用总体规划、永久基本农田数据库等进行比照，最大限度地降低占用生态保护红线、永久基本农田的可能性。符合自然资源部规定的重大项目的交通设施建设无法避开永久基本农田或生态保护红线的，应当在用地预审阶段及时按照《土地管理法》第25条的规定修改土地利用总体规划。各级自然资源主管部门在划定永久基本农田时，也应当结合交通运输行业的专项规划，预测交通线路占用永久基本农田的可能性，尽量在前期补充可能减少的永久基本农田。

二、城市轨道交通项目建设过程风险与防控

1. 勘察风险与防控

城市轨道交通工程与民用建筑和一般基础设施工程相比，具有点多、线长、面广、投资高、建设周期长、机电系统复杂及建设运营风险大等特点，同时对岩土工程勘察要求较高。勘察工作一般会贯彻轨道交通建设的全部阶段，如可行性研究阶段勘察的可研勘察、初步设计阶段勘察的初步勘察、施工图设计阶段勘察的详细勘察和施工阶段勘察的施工勘察等，必要时，还需要结合工程具体需要进行专项勘察。2020年9月30日，住房和城乡建设部发布了《城市轨道交通工程地质风险控制技术指南》②，其中提出建设单位牵头组织实施地质风险控制相关的管理工作，确保地质风险管理所需条件和投入。勘察单位提交的勘察文件应当真实、准确、可靠，符合国家规定的勘察深度要求，满足设计、施工的要求，并结合工程特点在勘察文件中说明地质条件可能造成的工程风险，必要时提出专项勘察建议。

---

① 《关于做好占用永久基本农田重大建设项目用地预审的通知》，载自然资源部网站，http://www.mnr.gov.cn/gk/tzgg/201808/t20180803_2187032.html，最后访问时间：2022年3月29日。

② 《城市轨道交通工程地质风险控制技术指南》，载中国政府网，http://www.gov.cn/zhengce/zhengceku/2020-12/05/content_5567134.htm，最后访问时间：2022年3月29日。

实践中，工程勘察开展前，工程设计单位一般会根据地下结构类型和施工方法提出工程勘察要求，勘察单位结合工程地质和水文地质条件进行方案深化，编制工程勘察大纲，然后开展勘察工作。其中，地质条件中的不良地质作用和地质灾害是直接影响建设场地的稳定性和工程建设适宜性的重要因素，地下的地质、水文条件复杂，具有不可见性，例如城市地区浅表层受到人类工程活动影响形成的人工空洞、贮存于地层的有毒气体或者可燃气体等可能会引起地下施工过程的爆燃或者施工人员中毒等风险，因此工程勘察各阶段工作，除了重点防控勘察方案错误、勘察资料准确度等所有工程普遍性风险，城市轨道交通项目还应注重调查潜在的不良水文地质和工程地质条件，查明不良地质作用及地质灾害，并在勘察中采取合适的措施，降低因勘察技术和勘察资料等原因引起的风险。建设单位应在勘察后组织勘察成果交底，要求设计、施工、监理等单位都参加勘察成果交底，并要求勘察单位在地质风险辨识的基础上说明地质条件可能造成的工程风险，针对工程地质风险、环境风险和工程地质风险处置建议进行专门介绍，如果存在无法探明的工程地质或水文地质情况时，需说明可能导致设计和施工风险出现的潜在因素。

2. 设计风险与防控

城市轨道交通设计工作阶段前面我们已经介绍过了，一般有总体设计、初步设计和施工图设计。设计阶段对工程施工和运营风险影响很大，应以安全、可靠的工程设计文件，控制并减少由于设计失误或施工可行性差等因素引起的工程功能缺陷、结构损坏及工程事故等。除了常规的设计错误、图纸标注错误、构造措施错误、依据错误等风险，根据相关要求，轨道交通项目设计阶段还应重点关注全线总体技术标准、技术要求、工程规模、项目功能、线路敷设方式、配线、重难点车站及区间的施工方法等。2018 年 2 月住建部印发了《大型工程技术风险控制要点》①（以下简称《控制要点》），实务人员对其中"城市轨道交通技术风险控制要点"进行详细解读时提到"在设计阶段，盾构隧道的平、纵断面线形的选择、盾构的选型将影响到盾构掘进过程是否能顺利进行。因此设计单位应根据勘察结果，在平面设计时应尽量避免下穿或近距离侧穿建（构）筑物、管

---

① 《大型工程技术风险控制要点》，载住房和城乡建设部网站，https：//www.mohurd.gov.cn/gongkai/zhengce/zhengcefilelib/201802/20180228_235247.html，最后访问时间：2022 年 3 月 29 日。

线等风险源，纵断面设计时应避免布置在上下地层硬度存在差异的混合地层，盾构选型应适应不同的地层、地下水及周边环境情况。如无法避免在上下地层硬度存在差异的复合地层中穿越，应对盾构机的适应性提出指导性的意见"[①]。此外，城市轨道交通设计重点应关注工程自身建设要求或施工活动所导致的设计风险以及对周边环境影响的风险，重点注意识别和评价地质风险可能造成的工程风险，提出设计控制措施，在开展工程设计时，必须充分熟悉场地不良地质条件，对存在疑问的地方，必须向勘察单位提出，并在施工过程中根据工程情况动态设计。

3. 施工风险与防控

城市轨道交通项目在施工阶段主要的法律风险包括工期方面的法律风险、工程质量方面的法律风险、施工安全方面的法律风险。

关于工期方面的风险与防控，实践中，由于城市轨道交通项目投资体量大，社会影响大，对城市的发展促进作用显著，常被人称为城市建设的头号工程，市政府为加快城市轨道交通建设，往往都要求业主压缩工期，而部分城市轨道交通项目的业主和设计院对设计工作重视不够，造成总体设计和初步设计周期也大大压缩，在这些阶段大部分是以土建、系统设计招标投标方案为基础进行简单汇总，没有对项目进行系统研究，整体性不强，使得总体方案不稳定，造成后续初步设计方案反复修改，严重影响项目的稳定性，也带来极大的建设风险。有关禁止任意压缩工期的法律规定见于《建设工程质量管理条例》《建设工程安全生产管理条例》；有关工期延误如何处理的法律规定和条款见于《民法典》《建设工程工程量清单计价规范》（GB 50500-2013）及建设工程各类合同示范文本（包括施工合同、设计合同、勘察合同、监理合同）等。作为投资方、发包人、监理人等应严格按照客观规律和施工规范合理制定工期计划。项目需要赶工期的，应制定合理的计划，采取合理的赶工措施，也应支付所需赶工费用。作为承包人也应认真评审工期计划，认为发包人工期指令不合理的，应及时提出反对意见和合理化建议。城市轨道交通建设应和城市发展水平相匹配，不能盲目追求速度而忽视客观规律，总包单位和各专业分工部门需科学安排工期。

关于质量方面的风险及防控，城市轨道交通工程投资巨大，关注度高，影响

[①] 刘爽、陶玲：《解读城市轨道交通技术风险控制要点（二）》，载"工程质量"微信公众号，https://mp.weixin.qq.com/s/TZ-Sd-qHej2_lqdU_yQPuw，最后访问时间：2022 年 4 月 1 日。

面广，确保城市轨道交通质量安全，是保证人民群众生命财产安全、维护社会稳定的要求。轨道交通建设工程是重大民生工程，其质量问题造成的社会反响和不良后果都是十分严重的，如果发生问题，轻微的会危害车站、隧道的结构的列车运行安全，严重的可能危害乘客生命安全。

与一般民用建筑基础设施工程相同的质量风险及防控在前文已经详述，针对轨道交通工程之特性，有以下几点需要注意。首先，从监管角度来说，城市轨道交通工程大规模、高速度的建设发展与监督机构队伍的发展速度不协调，同时质量与安全问题的管理也没有起到互相支撑的作用。其次，城市轨道交通建设与一般民用建筑基础设施工程不同，房屋建设和市政建设监督管理办法无法适用，而目前有关轨道交通工程质量安全风险管理的依据有《城市轨道交通工程安全质量管理暂行办法》（建质〔2010〕5 号）[1]、《城市轨道交通地下工程建设风险管理规范》（GB 50652-2011）和《城市轨道交通建设项目管理规范》（GB 50722-2011）[2] 等制度规定和标准规范，对城市轨道交通工程施工关键工序和重要部位实施风险管控。这些对于复杂庞大的城市轨道交通工程远远不够，国家层面应完善规章制度和质量安全管理办法。最后，城市轨道交通项目的施工具有很大隐蔽性，基本上都在地下，需要更加严格地注意过程的质量控制，除了过程中人员管理、产品质量管理、设备管理、现场管理，建设单位可以采取定期巡检和不定期检查相结合的方式，针对重点标段、重点工序等设专人旁站监视，及时解决现场问题。[3]

关于安全方面的风险与防控，城市轨道交通工程属高风险工程，工程建设面临复杂地质环境。建设过程中人员多、工种多、工序交叉作业多、施工机械作业多，施工中常遇到不良地质、恶劣天气等不利因素，而且很多项目都是在比较繁华、人流量比较大的地方进行浅埋暗挖等工作，并且城市轨道交通工程往往施工空间有限，与周边建筑物地理关系复杂，不同阶段的地盘管理单位不同，不同阶段使用的主要机械设备有所区别，都导致了其具有较高的安全风险。城市轨道交

---

[1] 《城市轨道交通工程安全质量管理暂行办法》，载中国政府网，http：//www.gov.cn/gzdt/2010-01/20/content_1515232.htm，最后访问时间：2022 年 3 月 29 日。

[2] 《关于发布国家标准〈城市轨道交通建设项目管理规范〉的公告》，载住房和城乡建设部网站，https：//www.mohurd.gov.cn/gongkai/zhengce/zhengcefilelib/201110/20111019_206691.html，最后访问时间：2022 年 3 月 29 日。

[3] 《城市轨道交通质量安全风险管理研究》，载"现代城市轨道交通"微信公众号，https：//mp.weixin.qq.com/s/8QmZjKkBGmJVuympv6rMBQ，最后访问时间：2023 年 1 月 9 日。

通施工有其自身的特点，与一般民用建筑基础设施工程相比，发生的事故种类也更多，诸如物体打击、机械伤害、坍塌、触电等，其中最常见的就是坍塌。以各地应急管理部门事故调查报告为蓝本来看，塌方事故的发生原因通常包括暗挖施工风险预判不足、土质变化监测不到位、地下连续墙未达止水要求或者高压水头超过地下连续墙接缝处承压极限导致地面坍塌、基坑严重超挖、支撑体系存在严重缺陷、局部超挖、坡顶超载、未按设计规定施工、缺陷补救措施不当导致二次塌方等。有经验的轨道交通建设力量明显不足，施工人员的管理能力和素质也难满足管理要求，安全管控力量薄弱，安全风险巨大。尤其是施工单位，作为施工阶段安全保障的最大力量，应严格开展安全文化建设加强安全应急管理，关于具体的管理措施前文都有详述，笔者在此不再赘述。

4. 验收风险与防控

竣工验收合格是城市轨道建设项目投产运营的前提条件。建设工程经验收合格的，方可交付使用，未经验收或验收不合格的，不得交付使用。发包人在验收过程中发现工程质量不合格的，应及时通知承包人整改、维修，不能擅自投产运营。特殊情况需要投产运营的，应保存好工程在交付时存在质量瑕疵的证据，并与承包人确定先运营后维修的作业方案，确保承包人履行应承担的保修义务。城市轨道交通项目的竣工验收阶段，住房和城乡建设部发布了专门的《城市轨道交通建设工程验收管理暂行办法》（建质〔2014〕42号），将城市轨道交通建设工程验收分为单位工程验收、项目工程验收、竣工验收三个阶段。需要注意的是，城市轨道交通项目工程验收合格后，建设单位应组织不载客试运行。试运行三个月并通过全部专项验收（各地政府主管部门组织的专项验收，比如安全、人防、卫生、防雷、特种设备、档案、消防等）后，方可组织竣工验收；竣工验收合格后，城市轨道交通建设工程可履行相关试运营手续。

城市轨道交通建设是一个多系统联动机，彼此关联，每个环节都需要认真推进。城市轨道交通项目前期工作因为涉及的点多面广，要充分依靠政府力量，建设必须符合项目建设基本程序，取得相关行政许可，工期问题要严格按照科学的规划来进行，不可未批先建。质量管理不能只注重验收，要注重过程管理，安全管理是全过程管理，要从项目开始前的预防抓到竣工验收后等，要做到每个风险都尽可能提前规避，及时科学应对处理，按规汇报，如此才能尽可能保证建设目标的实现。

第四节　城市轨道交通项目运营法律风险防控

随着城市轨道交通网不断扩大，城市轨道交通运营市场越来越受重视。2019年7月27日，交通运输部印发了《城市轨道交通运营安全风险分级管控和隐患排查治理管理办法》，该办法基于城市轨道交通技术特点和行业经验，将运营安全风险按照业务板块分为设施监测养护、设备运行维修、行车组织、客运组织、运行环境等类型。设施监测养护类风险包括桥梁、隧道、轨道、路基、车站、控制中心和车辆基地等方面的风险；设备运行维修类风险包括车辆、供电、通信、信号、机电等方面的风险；行车组织类风险包括调度指挥、列车运行、行车作业、施工管理等方面的风险；客运组织类风险包括车站作业、客流疏导、乘客行为等方面的风险；运行环境类风险包括生产环境、自然环境、保护区环境、社会环境等方面的风险。实践中运营单位也基本上是按照规定的风险控制要求和相应手段进行防控，效果也比较显著。

基于此，笔者不再过多赘述基础设施项目普遍具有的风险，仅从实践中城市轨道交通容易发生的事件出发，重点介绍运营险性事件风险防控、运营组织风险防控、公共卫生事件风险防控，并且针对城市轨道交通项目的运营亏损问题进行介绍。

一、城市轨道交通项目运营险性事件风险防控

2021年5月，交通运输部印发《关于近期几起城市轨道交通运营险性事件的警示通报》，就若干险性事件通报社会，并指出虽未造成人员伤亡，但导致线路中断运营、财产损失等不良后果，给社会公众正常出行带来影响，要求各城市轨道交通运营主管部门切实提高对安全生产工作极端重要性的认识，督促运营企业扎实推进交通运输行业安全生产专项整治三年行动，深化防范化解重大安全风险，增强安全生产责任意识，加强运营安全管理等。[①]

城市轨道交通运营过程中常出现因隐患排查治理不到位造成风险失控的情

---

① 《交通运输部发通报要求：抓紧抓实城市轨道交通安全生产》，载中国政府网，http://www.gov.cn/xinwen/2021-05/28/content_5613434.htm，最后访问时间：2023年3月8日。

况，会对城市轨道交通运营安全和服务造成较大影响，实践中将这种情况称为运营险性事件。2019 年 7 月 27 日，交通运输部印发《城市轨道交通运营险性事件信息报告与分析管理办法》①，其中列明城市轨道交通主要运营险性事件清单，包括车辆在正线、配线、车场线等线路运行时，车轮落下轨面（包括脱轨后又自行复轨）或车轮轮缘顶部高于轨面（因作业需要的除外）而脱离轨道；在正线、配线、车场线等线路，列车、机车车辆相互间或与工程车、设备设施（如车库、站台等）发生冲撞；在正线、配线、车场线等线路，列车或机车车辆在运行过程中与行人、机动车、非机动车及其他障碍物发生碰、撞、轧；在正线、配线、车场线等线路，由于道岔位置不正确、尖轨未能与基本轨密贴，导致列车通过道岔时将尖轨与基本轨挤开或挤坏过程，造成尖轨弯曲变形、转辙机损坏；列车、车站公共区、区间、主要设备房、控制中心、主变电所、车辆基地等发生火灾；乘客踩踏；桥隧结构严重变形、坍塌，路基塌陷；单个及以上车站、变电所、控制中心或车辆基地范围全部停电；行车调度指挥通讯、车地无线通讯、通讯网络传输系统等通讯网络中断；信号系统重大故障；电梯和自动扶梯重大故障；乘客或物品夹在列车车门或站台门时动车造成乘客伤亡等情形。

从政策方面，国务院办公厅发布了《关于保障城市轨道交通安全运行的意见》（国办发〔2018〕13 号）②，交通运输部先后发布了《城市轨道交通运营管理规定》③《城市轨道交通正式运营前和运营期间安全评估管理暂行办法》④，以指导各地城轨的运营安全评估工作，规范其运营管理，提升其安全管理水平，预防事故的发生。同时，为明确安全评估的相关技术要求，交通运输部出台了《城市轨道交通运营期间安全评估规范》⑤，确定了城轨运营期间的安全评估内容和相关要求，重点围绕城轨网络化运营、城轨运营单位针对运营险性事件的

---

① 《城市轨道交通运营险性事件信息报告与分析管理办法》，载中国政府网，http：//www.gov.cn/gongbao/content/2019/content_5453459.htm，最后访问时间：2022 年 3 月 29 日。

② 《关于保障城市轨道交通安全运行的意见》，载中国政府网，http：//www.gov.cn/zhengce/content/2018-03/23/content_5276875.htm，最后访问时间：2022 年 3 月 29 日。

③ 《城市轨道交通运营管理规定》，载中国政府网，http：//www.gov.cn/zhengce/2018-05/21/content_5726173.htm，最后访问时间：2022 年 3 月 29 日。

④ 《城市轨道交通正式运营前和运营期间安全评估管理暂行办法》，载中国政府网，http：//www.gov.cn/gongbao/content/2020/content_5480497.htm，最后访问时间：2023 年 4 月 12 日。

⑤ 载交通运输部网站，https：//xxgk.mot.gov.cn/2020/jigou/ysfws/202006/t20200623_3316030.html，最后访问时间：2023 年 4 月 19 日。

整改、风险和隐患的排查治理等方面开展工作，并对评估的具体内容、需要复测复验的系统设备功能、安全评估报告及后期问题的整改等提出了详细要求等。

基于政策要求和实践经验，对于这种风险，运营单位应当注意运营险性事件的预防和应急处理，吸取国内外险性事件教训，全面审视技术规程、操作规程等管理制度和作业标准，深入排查管理和技术漏洞，严格落实安全生产各项规章制度和作业规程，针对性开展从业人员安全教育和技能培训，提升从业人员安全意识和实操水平。对于文件已经列明的城市轨道交通可能发生的主要运营险性事件，运营单位应当对城市轨道交通运营过程中人的不安全行为、物的不安全状态、环境的不安全因素、管理上的缺陷导致的风险管控措施弱化、失效、缺失等，进行排查、评估、整改、消除，并对可能出现的风险完善突发事件应急预案和现场应急处置方案，对应急预案程序进行训练和演练，提高面对灾情的应急能力，加强应急物资储备和救援装备配备，完善城市轨道交通运营风险监控设施。

对于既有运营线路设施设备，随着轨道交通运营年限的增加，各个专业的设备设施不可避免地存在老化或维护保养不彻底的现象，运营单位应当注意设施监测养护和设备运行维修，对于达到使用年限的设施设备，且经评估认定设备设施状态不能满足运营需求的，应进行局部或整体更新改造。未达使用年限，但故障率较高，严重影响运营安全和客运服务的；存在重大安全隐患，经维修后仍无法消除的；原设计功能、性能与当前运营要求严重不符的；产品或设备供应商已退出市场，无法保障备品备件供应或服务质量的；法律法规或强制性标准规定淘汰或功能需要提升的；遭受事故或自然灾害破坏，不具备维修价值的设施设备，在进行充分的技术经济及社会影响论证后，可在取得批复或者有地方政策依据的前提下提前进行更新改造。

最后，根据上述文件要求，城市轨道交通运营险性事件达到国务院规定的事故等级的，按国务院规定的等级和分类标准，分为特别重大事故、重大事故、较大事故和一般事故。发生运营险性事件的，城市轨道交通运营单位（以下简称运营单位）应在1小时内向城市轨道交通运营主管部门报告。城市轨道交通运营主管部门应将信息逐级上报至交通运输部，每级上报时限不超过2小时，重大情况可越级上报。构成特别重大和重大运营安全事故的，按照国务院规定报告。实践中，应当注意发生运营险性事件后的报告义务。

二、城市轨道交通项目运营组织风险防控

城市轨道交通里人群密集、进出方便，运营组织方面的风险也较为明显，这类风险主要包括行车组织类和客运组织类。前者包括调度指挥、列车运行、行车作业、施工管理等方面，后者包括车站作业、客流疏导、乘客行为等方面。城市轨道交通的客流量很大，在上下车时因时间紧张容易产生碰撞拥挤现象，特别是上下班的客流高峰期，拥挤现象较为严重，容易造成踩踏致死或掉入轨道等安全隐患。踩踏事件的发生，也说明了城市轨道交通运营组织管理中的安保疏散工作不够周密，可能会造成公民人身财产安全的损失。

事实上，作为运营单位，加强城市轨道交通安保工作必须作为城市轨道交通运营工作的重要内容，这也是排查安全隐患、防止事故发生的重要手段。总的来说，应当加强城市轨道交通从业人员的业务能力和综合素养，增强员工安全责任心，将城市轨道交通的各项安全生产管理工作落实到个人，此外应当注意安全设施的全面和有效，自动报警设备和自动淋水灭火装置应当常检常测。应当尽量保证轨道交通车站的每个出入口都安排一定数量的安检人员，每个车站的反恐应急装备需要配备到位，包括防毒面罩、防爆桶等。轨道交通车站和车厢内必须配有全面的视频安防系统、紧急报警装置，发生突发事件时能立即连通控制中心。运营单位也要考虑民众城轨交通安全意识的培养，通过积极宣传的方式使其民众认识到在安全优先的情况之下必然会折损一部分效率，否则，就无法有效提升在公共交通场所的安检密度和强度。

最后，运营单位应注意加强城市轨道交通行车的自动化管理、建立行车智能平台，建立充分利用智能化、信息化和大数据等手段的智能维保系统。通过全面实现城市轨道行车调度的自动化和智能化，全面掌握线路上列车运行状况，对中途发生事件做出及时的提醒和纠错，提升设备可靠性、优化设备检修模式和行车组织方式、提高运营服务水平。

三、城市轨道交通项目运营公共卫生事件风险防控

公共卫生风险应当成为运营中的主要关注风险之一。一旦发生公共卫生风险，其传播的不确定性、复杂性和高致病性会给项目的运营管理带来较大的困

难。运营单位应当完善对公共卫生风险的风险防控和应急处置机制，尤其需要注意加强远程视频监控方式的建立和完善，对人员相对集中、风险隐患较大、评估为重大危险源的区域以及关键部位进行监控，从而做到对公共卫生安全生产管理的可视化防控。

四、城市轨道交通项目运营效益风险防控

轨道交通项目在实际运营过程中，要面临的最普遍也是最现实的问题就是项目盈利能力达不到预期水平而造成较大的运营亏损风险，而导致这种风险产生的因素多种多样，管理不善、市场波动、政策调整、不可抗力等都有可能给项目带来巨大的亏损风险。目前我国城市轨道交通已经进入快速市场化的进程。各地方政府为了降低成本、提高效率、盘活资产，大力引入社会资本对多条线路进行市场化和商业化运营，虽然有效缓解投资建设中政府财政压力，但运营阶段项目仍然面临亏损问题。由于投资数额大、周期长，即使是政府和企业多方合作的 PPP 模式，算上折旧和财务成本，国内城市轨道交通也大多没有盈利，这将影响到社会投资者是否能获得合理的回报。

城市轨道交通基础设施项目的运营效益需要关注项目的运营收入和运营成本两方面。从运营收入来看，城市轨道交通项目的收入来源分为票务收入和非票务收入。票务收入主要为轨道运营收入，非票务收入包括车厢、车体、车站广告收入、站内空间开发、车站冠名权、通信、城市轨道交通上盖综合开发二级收益，部分轨道交通项目还配套停车场，还有部分停车位、充电桩等租赁收益。在票务收入方面，城市轨道交通作为城市居民出行的公共交通基础设施，具有公益性和普惠性，票务的定价很难以运营的实际成本为基础，运营单位也没有定价权，在运营初期，还存在部分站点客流低于预测客流等情况。而早期开发的线路在运营模式上大多以服务好百姓生活、减少城市交通拥堵为首要目标，很少考虑商业资源的开发利用，近来开发的线路尽管加大了物业及车站商业资源开发，但商业化程度明显不足。[①]

从城市轨道交通的成本来说，抛开建设成本，运营期间主要的成本就是运营成本和维护成本。运营成本主要为城市轨道交通运营所需的人工成本、能源消

---

① 赵美红：《轨道交通运营企业亏损的原因及对策分析》，载《中国市场》2020 年第 3 期。

耗、设施设备耗材采购费用、站厅及车辆保安保洁费用等。设施设备的维护成本主要有车辆系统维保、线路系统维保、供电系统维保、信号系统维保、站场系统维保成本等。在运营初期设施设备的质保期内，维护成本占总成本的比例较低；质保期结束，随着运营时间的累积，车辆、设备的磨损和故障导致普修的频率和费用逐渐上升，进而导致维护成本增加；在运营后期，由于设备逐渐老化，面临大修的风险，维护成本大幅超支。

而就城市轨道交通项目运营效益风险防控来看，随着城市轨道交通线网规模不断扩张，运营成本尤其是设施设备维护成本快速上升，票务收入难以覆盖运营成本支出的问题逐渐显露，各城市政府应当建立可持续的运营资金保障机制，并鼓励支持城市轨道交通运营单位加大资产资源开发，增强经营反哺能力，以应对城市轨道交通的行业性财务风险。此外，要想做到城市轨道交通项目运营的盈利，还得从借鉴角度出发，就世界范围来看，城市轨道交通亏损是常态，基本要靠政府补贴，而香港①地铁却成为世界上唯一盈利的地铁营运公司。因其对香港公共交通有几乎垄断性的经营，巨大的客流量和并不便宜的车票价格为港铁带来了不菲的收入，但如果仅依靠车票收入，香港地铁也难以维持持续的运营发展，它的收益更多地要归功于香港特色的"地铁+物业"发展模式，下一节笔者将详细为大家介绍。

综上，我国城市轨道交通正处在快速市场化的进程之中。各地方政府为了降低成本、提高效率、盘活资产，大力引入社会资本对多条线路进行市场化和商业化运营，并取得了良好效果，当然在项目运营的实践中也会遇到来自自身或外界市场、环境、法律政策等变化的诸多因素，进而产生影响项目产出效果及实现合同目的问题。唯有提升项目运营管理能力，正确认识问题出现的原因，找出解决问题的路径和方法，并提前做好运营期风险防范的各项工作，才能使项目运营真正走上良性循环的正常发展之路。

---

① 本书凡称"香港"皆指中华人民共和国香港特别行政区，以下不再提示。

第五节　城市轨道交通项目综合开发的法律问题研究

一、城市轨道交通项目综合开发含义

随着我国经济发展水平越来越高，城市化发展进程也随之不断加快，城市轨道交通的作用和需求愈发突出，与此同时，社会经济水平的提升也带动了我国城市轨道交通发展。2021年初，交通运输部对外发布了《2020年城市轨道交通运营数据速报》①，该报告显示，截至2020年12月31日，全国（不含港澳台）共有44个城市开通城市轨道交通，运营线路合计233条，运营里程超过7500公里，设置车站4660座。随着城市轨道交通线路规模持续增长，运营亏损问题也日渐突显。

以地铁为导向来看，整个地铁建设投资和运营大致产出来源有两个：一个是地铁线路带来的票务收入和非票类收入，另一个是土地增值，即地铁的建设带来的周边沿线土地的增值。因为票务收入目前受到管控，无法通过市场化来进行自主定价，而土地增值最重要的就是物业开发，近年来，内地城市轨道交通综合开发实践，也借鉴香港地铁"地铁+物业"开发模式，集中发展了一批城市轨道交通场站上盖及周边地区的物业开发建设。城市轨道交通项目综合开发，通过土地运营解决轨道建设负债和运营补亏问题，不仅能够有效解决建设资金缺口大的问题，减轻地方政府财政压力，还能带动城市物业的走向，也能促进城市扩张，实现更高层次的转型，可以说是大势所趋。

1. 中央层面及地方层面政策情况

近年来，国家层面和地方政府陆续从标准、主体、导则、资金等方面出台了一系列政策，以支持促进和规范管理城市轨道交通地上地下空间综合开发项目，但是目前在政策层面整体仍处于探索阶段，具体适用政策方面还需以地方性政策为主，像北京、上海、广州、东莞等城市政策文件已相对完备，其余城市主要集中在指导性政策或是针对某一方面的规定，具体如下。

---

① 《2020年城市轨道交通运营数据速报》，载"交通运输部"官方微信公众号，https：//mp.weixin.qq.com/s/EhHnYRbsLDHK4k36YlyaSw，最后访问时间：2023年4月12日。

（1）中央层面

从中央层面来看，2012 年 10 月，国务院印发《关于城市优先发展公共交通的指导意见》①，明确提出了加强公共交通用地综合开发，将城市轨道交通的物业发展提升为国家政策层面，此后国务院及各部委陆续出台公共交通涉及的综合开发相关规定。2014 年 11 月，国务院印发《关于创新重点领域投融资机制鼓励社会投资的指导意见》②，鼓励吸引社会资本参与城市轨道交通建设，2015 年 11月，住房城乡建设部印发《城市轨道沿线地区规划设计导则》③，2018 年国务院办公厅发布了《关于进一步加强城市轨道交通规划建设管理的意见》④（国办发〔2018〕52 号），提出在建设轨道交通时要加强节地技术和节地模式创新应用，鼓励探索城市轨道交通地上地下空间综合开发利用，推进建设用地多功能立体开发和复合利用，提高空间利用效率和节约集约用地水平。2020 年 1 月，自然资源部发布《轨道交通地上地下空间综合开发利用节地模式推荐目录》⑤，将部里总结北京、上海、广州、深圳、成都、杭州等地推动节约集约用地的典型经验，印发节地技术和节地模式推荐目录，引导各地提高土地利用效率。2021 年 2 月，国务院印发《国家综合立体交通网规划纲要》⑥，提出要推进以公共交通为导向的城市土地开发模式，超大城市充分利用轨道交通地下空间和建筑，优化客流疏散。2022 年，国家发展改革委办公厅发布《关于做好盘活存量资产扩大有效投资有关工作的通知》⑦，对具备盘活存量和改扩建有机结合条件的项目，鼓励推广地铁上盖物业、交通枢纽地上地下空间综合开发等模式，拓宽收入来源，提高资产

①　《国务院关于城市优先发展公共交通的指导意见》，载中国政府网，http：//www.gov.cn/zhengce/content/2013-01/05/content_3346.htm，最后访问时间：2022 年 3 月 29 日。

②　《关于创新重点领域投融资机制鼓励社会投资的指导意见》，载中国政府网，http：//www.gov.cn/zhengce/content/2014-11/26/content_9260.htm，最后访问时间：2022 年 3 月 29 日。

③　《住房城乡建设部关于印发城市轨道沿线地区规划设计导则的通知》，载住房和城乡建设部网站，https：//www.mohurd.gov.cn/gongkai/zhengce/zhengcefilelib/201512/20151210_225899.html，最后访问时间：2023 年 4 月 19 日。

④　《关于进一步加强城市轨道交通规划建设管理的意见》，载中国政府网，http：//www.gov.cn/zhengce/content/2018-07/13/content_5306202.htm，最后访问时间：2022 年 3 月 29 日。

⑤　《轨道交通地上地下空间综合开发利用节地模式推荐目录》，载中国政府网，http：//www.gov.cn/xinwen/2020-02/11/content_5477282.htm，最后访问时间：2022 年 3 月 29 日。

⑥　《国家综合立体交通网规划纲要》，载中国政府网，http：//www.gov.cn/zhengce/2021-02/24/content_5588654.htm，最后访问时间：2022 年 3 月 29 日。

⑦　《国家发展改革委办公厅关于做好盘活存量资产扩大有效投资有关工作的通知》，载国家发展和改革委员会网站，https：//www.ndrc.gov.cn/xwdt/ztzl/lsjjylzzcfchjxzc/zcwj/202209/t20220923_1336253.html，最后访问时间：2023 年 5 月 10 日。

综合利用价值。2022 年 7 月，国家发展改革委发布《"十四五"新型城镇化实施方案》[①]，提及强化综合交通运输网络支撑，建设城市群一体化交通网，提高建设用地利用效率，推广以公共交通为导向的开发（TOD）模式，打造站城融合综合体，鼓励轨道交通地上地下空间综合开发利用。

（2）地方层面

地方上，2014 年 4 月，上海市发布《关于推进上海市轨道交通场站及周边土地综合开发利用的实施意见（暂行）》[②]，要求按照市场化、集约化的基本思路，通过加强规划统筹、完善政策配套，建立符合上海发展实际的轨道交通场站及周边地区综合开发利用模式和土地开发收益反哺轨道交通建设运营的发展机制，促进土地资源的集约利用、城市功能结构的优化提升和轨道交通的持续健康发展。此后，轨道交通迎来快速发展的新时期，各地轨道交通普遍出现运营亏损问题，各地政府开始相继出台地方性政策，例如 2015 年，南京市发布《关于推进南京市轨道交通场站及周边土地综合开发利用的实施意见》[③]。2016 年 10 月，上海市发布《关于推进本市轨道交通场站及周边土地综合开发利用的实施意见》[④] 等。

从 2018 年开始，各地城市轨道交通逐步进入网络化阶段，各地方政府开始围绕城市轨道交通站点的综合开发密集出台政策，从顶层制度上明确这一前进方向。2018 年 12 月，北京市发布《关于加强轨道交通场站与周边用地一体化规划建设的意见》，提出在轨道交通车站周边打造微中心。[⑤]

2. 城市轨道交通项目综合开发意义

（1）土地资源高效应用

我国国土面积虽然辽阔但是人口数量众多，伴随着城市化进程的发展，城市

① 《"十四五"新型城镇化实施方案》，载国家发展和改革委员会网站，https：//www.ndrc.gov.cn/fggz/fzzlgh/gjjzxgh/202207/t20220728_1332050.html，最后访问时间：2023 年 5 月 10 日。

② 《关于推进上海市轨道交通场站及周边土地综合开发利用的实施意见（暂行）》，载上海市发展和改革委员会网站，https：//fgw.sh.gov.cn/fgw_csfz/20211101/d8d2ff1be4e34c07a309c0048458f7c9.html，最后访问时间：2022 年 3 月 29 日。

③ 《关于推进南京市轨道交通场站及周边土地综合开发利用的实施意见》，载南京市人民政府办公厅网站，http：//www.nanjing.gov.cn/zdgk/201510/t20151030_1056690.html，最后访问时间：2022 年 3 月 29 日。

④ 《关于推进本市轨道交通场站及周边土地综合开发利用的实施意见》，载上海市人民政府网站，https：//www.shanghai.gov.cn/nw12344/20200814/0001-12344_50196.html，最后访问时间：2023 年 7 月 7 日。

⑤ 赵莹莹：《北京将打造首批 71 个轨道微中心，涉及 14 个区 28 条线路》，载北京政法网，https：//www.bj148.org/fwts/202012/t20201215_1592438.html，最后访问时间：2022 年 3 月 29 日。

面积不断扩大，可能既造成土地资源的浪费，也无法满足城市经济发展的需要。而城市轨道交通项目综合开发可以多维度地利用土地，提升土地的利用率与土地使用价值，形成高密度的土地开发利用模式，也缓解了城市交通设施的压力与土地资源短缺的压力。

（2）缓解轨道建设负债和运营补亏问题

国务院办公厅《关于进一步加强城市轨道交通规划建设管理的意见》（国办发〔2018〕52号）中明确："除城市轨道交通建设规划中明确采用特许经营模式的项目外，项目总投资中财政资金投入不得低于40%，严禁以各类债务资金作为项目资本金。强化城市政府对城市轨道交通项目全寿命周期的支出责任，保障必要的运营维护资金。支持各地区依法依规深化投融资体制改革，积极吸引民间投资参与城市轨道交通项目，鼓励开展多元化经营，加大站场综合开发力度。规范开展城市轨道交通领域政府和社会资本合作（PPP），通过多种方式盘活存量资产。"提出强化轨道交通项目总投资中财政资金比例，要求财政资金投入不得低于40%，虽然该规定在实践中存在不同理解，但轨道交通是我国不可或缺的存在，而其本身的建设投资体量巨大，随之带来的问题就是建设资金缺口大，地方政府财政负担必然加大。对于政府而言，城市轨道交通项目综合开发可以提升城市公共出行的交通效率以及土地的利用效率，优化城市结构。对于房企而言，可以通过挖掘城市轨道交通物业的商业价值，实现区域物业的价值增长、提升项目溢价能力，进而通过沿线商业及土地开发收益反哺轨交建设，构建城市发展良性循环。此外，城市轨道交通项目综合开发在提供便利交通的同时也将客流吸引至此，从而为城市轨道交通运营增加票务收入，也能对城市轨道交通运营亏损问题有所助益。

（3）改善区域环境，提升城市总体形象

城市轨道交通项目综合开发以后，轨道交通和周边区域将连为一体，同时商住办一体的综合体可以极大改善区域环境，提升城市总体形象，符合当前国际与国内轨道交通的发展趋势，体现了以人为本的发展理念。此外，我国城市用地性质出现扁平化、单一化的布局缺陷现象，比如很多一线、二线城市常出现的商业集中区等，这样的用地布局十分不利于城市交通系统的配置，容易引发"潮汐交通"等问题，而轨道交通项目综合开发促使城市用地与公共交通相互融合，还有利于从总量上控制交通需求，引导交通出行向公共交通转型，建立以公共交通为主导的出行模式，减少小汽车出行需求，符合我国小汽车爆发式增长阶段亟须转型交通出行模式的发展思路，有利于实现经济、社会与自然的可持续发展。

二、城市轨道交通综合开发模式

从严格意义上来说，综合开发不属于传统意义上的一种建设模式而是一种建设理念。近年来，我国轨道交通集中发展了一批综合开发模式的项目，越来越多的房企参与综合开发项目的投资开发队伍，但因为国内对各种综合开发模式的理论研究并未本土化，对其内涵及外延的认识并不充分，导致目前存在邻近于公共站点的开发模式（TAD）、站场上盖物业开发模式（TID）、以公共交通为导向的综合开发模式（TOD）等多种开发模式。

1. 邻近于公共站点的开发模式（TAD）

TAD（Transit Adjacent Development），即邻近于公共站点的开发模式，一般表现为以公共交通站点为核心，在站点附近实现一定规模的商业投资以及开发活动，截获沿线土地与物业的增值收益，或者是在城市建成区加建城市轨道交通站点的情况。该种开发模式其实就是中国城市轨道交通传统开发模式的低密度蔓延。

中国城市轨道交通开发模式的探索初期，公共交通枢纽一般已经建成或趋于建成，公共交通枢纽建设用地与经营性土地并无实际联动供应，实践中项目用地也大多是围绕轨道交通的拆迁、建设、划拨等既有条件下产生的地块进行开发利用，项目的开发并非主动为之，而是具有一定随机性。仅利用城市轨道交通建设对土地开发的导向性作用，只关注城市轨道交通站点的区位优势所带来的经济效益，简单地进行站点附近物业的开发建设，没有过多与站点枢纽进行系统整合和各业态联系，难以反哺城市轨道交通建设投资和运营支出。

事实上，TAD模式下城市轨道交通与城市开发的脱节感一直困扰着一些城市。用地性质的构成比例和布局缺乏统筹规划、设施之间的连续性不好、站点开发以周边高密度的小商户为主，会导致地铁站开发的功能单一、客流辐射范围较窄，进而对周边大范围区域的物业价值促进作用不明显。过于密集的小商户还可能引起该区域内的交通干道通行不畅，聚集的人流也容易带来安全隐患问题。

2. 站场上盖物业开发模式（TID）

TID（Transit Integrated Development），融合交通的综合发展模式，香港二十世纪六七十年代提出的"轨道+物业"模式便是其重要分支，港铁秉承"自负盈亏"原则,通过土地溢价及物业运营收益反哺地铁建设运营,轨道结合物业开发可产生巨大回报,使港铁公司取得了显著的效益提升。

TID 与后文要介绍的 TOD 都强调以交通枢纽为区域核心的开发,两者目标与理念逐渐趋同,但是聚焦范围不同,TID 开发物业的范围相较来说更为核心,一般表现就是常见的站场上盖范围物业综合开发。如前所述,香港是运用 TID 理念在地铁沿线上盖房地产,发展和运营效果显著的地区之一,港铁对 TID 项目的开发模式为政府确定线路及站点后,由港铁进行车站上盖物业的研究。研究报告获得政府批准后,政府会给予港铁沿线土地的物业发展权,土地转让手续完成后,港铁公司会通过招标方式确定合作开发商。港铁公司做一级开发,在进行地铁工程设计和施工时,同时与开发商合作二级开发物业,同步设计和施工上盖物业的基础或者部分的结构,预留适当的空间按照市场需求来设计产品,最后港铁与开发商按照约定分成的方式,以获得相应收益。

基于此,地铁上盖的物业都会因地铁的综合效应而升值,物业升值后,利润用于反哺地铁日常运营和维护,甚至可以建设新铁路,使政府、地铁公司、开发商取得三赢局面。

内地在城市轨道交通综合开发的实践探索中,也逐渐意识到对轨道交通场站上盖及周边土地进行综合开发利用,是进一步提高城市土地资源集约利用水平,进一步提高城市公共交通运行效率,缓解城市轨道交通基础设施建设投融资压力的有效途径,同时对构建便捷高效的交通环境,提升城市轨道交通周边整体服务水平具有重要意义,于是开始大举学习和借鉴经过多年的探索和发展的香港 TID 模式,但因土地政策与经济环境的差异难以直接在内地复制。

3. 以公共交通为导向的综合发展模式(TOD)

TOD(Transit-Oriented Development)模式在国际实践上可以理解为以公共交通为导向的土地开发模式,即围绕地铁、轻轨等城市公共交通展开,以公共交通场站为中心,建立一定范围内城市中心的公共化配置土地资源和公共资源的开发模式。

2021 年 2 月,中共中央、国务院发布《国家综合立体交通网规划纲要》[①],明确提出要"推进以公共交通为导向的城市土地开发模式",即 TOD(Transit

---

① 《国家综合立体交通网规划纲要》,载中国政府网,http://www.gov.cn/zhengce/2021-02/24/content_5588654.htm,最后访问时间:2022 年 3 月 29 日。

Oriented Development）模式，其中公共交通包括火车站、机场、地铁、轻轨、BRT 等公共交通设施。实践中常用白话解释 TOD 是以 400—800 米（5—10 分钟步行路程）为半径所建立的集办公、商业、文化、教育、居住为一体的城市综合体规划，也根据其开发的程度分为一般的 TOD（混合的物业和复合功能）和完善的 TOD（综合 TOD 开发、接驳、社区和环境），日本东京著名的涩谷未来之光、二子玉川综合体，英国伦敦的金丝雀码头，美国纽约的新世贸中心、旧金山的中转站大楼，新加坡乌节路综合体等都是闻名世界的综合 TOD 项目。

引入中国后，TOD 在中国深化发展的意义更多侧重于优化调整城市空间功能布局，促进城市空间布局平衡，表现为围绕站点的高强度综合开发，复合的业态规模和公共交通的发达性使其注定不等同于 TID 或 TAD。依据公共交通运输载体的差异，TOD 项目又可以分为区域型 TOD、城市型 TOD、社区型 TOD 三大类型。区域型 TOD 以商圈高铁 TOD 为代表，一般住宅属性用地比例较少；城市型 TOD 是指以多条地铁、轻轨或地面公共交通的换乘枢纽 TOD 为代表，一般商住、住宅或政策性住房用地较多；社区型 TOD 是指以地铁或轻轨的公共交通站点 TOD 为代表，开发性质主要是以商业办公、纯住宅、政策性住房、公共配套、公共服务设施为主。而关于 TOD 模式的详细介绍，笔者在前文已经详细描述，不再赘述。

三、城市轨道交通综合开发面临的问题

（一）用地使用权的取得问题

1. 物业开发用地使用权的取得方式

轨道交通综合开发的前提之一便是土地使用权如何获取的问题。香港的"地铁＋物业"联合开发模式的巨大成功原因之一就是，研究报告获得政府批准后，政府会给予港铁沿线土地的物业开发权。通常情况下的操作模式为，香港地铁公司会提前与政府磋商土地出让条款，以协议出让的方式将土地出让给港铁公司。当然，这种模式在香港是有专门法作保障的，这些法律规定中都明确将土地权益转归予地铁公司的合法性，使地铁公司的物业开发得到了有力的保障。

城市轨道交通综合开发用地兼具公共交通基础设施的公益性功能与开发利用配套服务的经营性功能，但是根据《民法典》第 347 条"设立建设用地使用权，

可以采取出让或者划拨等方式。工业、商业、旅游、娱乐和商品住宅等经营性用地以及同一土地有两个以上意向用地者的，应当采取招标、拍卖等公开竞价的方式出让。严格限制以划拨方式设立建设用地使用权"以及《城市房地产管理法》第13条第2款"商业、旅游、娱乐和豪华住宅用地，有条件的，必须采取拍卖、招标方式；没有条件，不能采取拍卖、招标方式的，可以采取双方协议的方式"、第24条"城市基础设施用地和公益事业用地与国家重点扶持的能源、交通、水利等项目用地可以由县级以上人民政府依法批准划拨"等规定，对符合《划拨用地目录》的轨道交通基础设施用地部分，仍以划拨方式供地，其他商业、娱乐和商品住宅等经营性用地部分需"招拍挂"出让的，主要采取招标、挂牌出让方式。基于如此的土地政策供应要求，城轨公司便不一定能够拿到沿线综合开发物业地块的土地使用权。根据目前实践中的做法，以地铁为例，各城市地铁公司在物业项目用地使用权的取得上各有不同，主要表现为以下三种：附条件"招拍挂"、作价出资与协议出让。

（1）附条件"招拍挂"

《民法典》第347条规定："设立建设用地使用权，可以采取出让或者划拨等方式。工业、商业、旅游、娱乐和商品住宅等经营性用地以及同一土地有两个以上意向用地者的，应当采取招标、拍卖等公开竞价的方式出让。严格限制以划拨方式设立建设用地使用权。"该条对协议出让、划拨等方式作了严格限制，因此轨道交通物业开发用地一般会采取附条件"招拍挂"方式，其是指政府在招标、拍卖或挂牌公告里要求某种条件，达成该种条件者方可通过招拍挂的方式获取土地使用权，这是目前我国物业开发取得土地最为普遍的方式。其中，有通过直接招拍挂出让方式取得上盖物业开发用地土地使用权的；也有采用一二级联动开发模式取得地铁上盖物业开发用地土地使用权的。

（2）作价出资

城市轨道交通项目作价出资，是指政府以土地使用权的评估值作为资本金注入市属公共交通基础设施集团，以此为依托进行公共交通基础设施建设融资，并用物业开发收益偿还债务融资、平衡运营缺口。[①]

---

① 贺磊、代悦：《浅析轨道交通 TOD 模式土地使用权获取方式》，载"大岳咨询"微信公众号，https：//mp.weixin.qq.com/s/quT5vebiAFmvYa1eWVPVMQ，最后访问时间：2023 年 4 月 12 日。

（3）协议出让

协议出让是指国家以协议方式将国有土地使用权在一定年限内出让给土地使用者，由土地使用者向国家支付土地使用权出让金的行为。协议出让还存在于差别供地模式中，以杭州市为例，杭州市人民政府办公厅 2018 年 6 月 19 日发布《杭州市城市轨道交通地上地下空间综合开发土地供应实施办法》①，规定"新建地铁场站需实施综合开发利用的，分别采取以下方式供地：（一）符合《划拨用地目录》的非经营性地上、地下空间，可以划拨方式供应。（二）不具备单独规划建设条件的经营性地下空间，可以协议方式供应。（三）不具备单独规划建设条件的经营性地上空间，可带技术能力要求、建筑设计方案、场站施工方案等条件以招标拍卖挂牌（以下简称招拍挂）方式公开出让。土地供应时，可将城市轨道交通线路建设及运营的技术能力纳入竞买人（投标人）资格要求。（四）具备单独规划建设条件或与地铁场站有地下连通要求的经营性地上、地下空间，以招拍挂方式公开出让"。自然资源部办公厅发布的《轨道交通地上地下空间综合开发利用节地模式推荐目录》②收录了杭州市七堡车辆段上盖综合体项目，该项目就采取了上述差异化供地模式，将空间使用权进一步细化，在明确城市地下空间所有权属于国家前提下，城市基础设施、公共服务设施和人防设施等涉及国家安全和公共利益的地下空间建设用地，符合《划拨用地目录》的，以划拨方式供地；商业、办公、旅游、娱乐、仓储等经营性地下空间，以招拍挂方式公开出让；地表建设用地使用权人申请开发其建设用地范围内的地下空间，地下轨道交通线路或者地下管廊建设项目涉及的经营性地下空间，可以协议方式供地；已经建成的地下空间，涉及经营性用途的，可以协议方式补办出让手续，被作为典型经验加以推荐运用。

2. 用地使用权取得方式的风险

（1）招拍挂方式

招拍挂方式下，通常会存在难以保证地铁公司必然成功取得土地使用权的风险，而实践中为了降低该种风险，出让人通常会在招拍挂公告中为地铁公司量身

---

① 《杭州市城市轨道交通地上地下空间综合开发土地供应实施办法》，载"中国杭州"政府网站，http://www.hangzhou.gov.cn/art/2018/7/12/art_1229063382_1760194.html，最后访问时间：2022 年 3 月 29 日。

② 《轨道交通地上地下空间综合开发利用节地模式推荐目录》，载中国政府网，http://www.gov.cn/xinwen/2020-02/11/content_5477282.htm，最后访问时间：2023 年 1 月 9 日。

设置特定的限制条件，一旦这种为城轨公司所设定的限制条件被认定为会影响公平公正竞争，则还存在违法的风险。另外，在一二级联动开发模式下，从事土地一级开发的城轨公司需投入一级开发成本，为寻求补偿，往往会与政府进行出让金分成或者利益返还的约定①，但根据《关于规范国有土地使用权出让收支管理的通知》②（国办发〔2006〕100号，）规定，从2007年1月1日起，土地出让收支全额纳入地方基金预算管理，收入全部缴入地方国库，支出一律通过地方基金预算从土地出让收入中予以安排，实行彻底的"收支两条线"管理。土地出让收入必须全额缴入地方国库，支出则需通过地方基金预算从土地出让收入中予以安排。因此，地铁公司通过一二级联动开发模式的，如果与政府进行出让金分成或者利益返还的约定，可能还存在因土地一级开发协议违反土地出让金"收支两条线"规定而无法主张补偿的风险。

（2）作价出资方式

根据《土地管理法实施条例》第29条规定，"国有土地有偿使用的方式包括：（一）国有土地使用权出让；（二）国有土地租赁；（三）国有土地使用权作价出资或者入股"，作价出资方式虽然是法律允许的一种有偿使用土地的方式，并且能在一定程度上保证地铁公司顺利获得土地使用权，但因为其供地方式的非竞争性，使用范围受到严格的限制。目前各地的土地使用权作价出资或者入股政策仅限于国有企业改制中涉及的存量划拨土地资产处置中，新增建设用地较少使用，而国家层面也尚未就地铁公司以作价出资方式取得土地使用权出台可据以操作的规定，拿地成本高且周期长。③ 但是，未来作价出资可能成为地铁公司取得地铁上盖物业开发用地的热门可取方式。

（3）协议出让方式

协议出让方式的风险主要在于，根据国土资源部2006年5月31日发布的《协议出让国有土地使用权规范（试行）》第4.3条第1项的规定，协议出让国有土地使用权范围包括了供应商业、旅游、娱乐和商品住宅等各类经营性用地以

---

① 周志芳、吴军亮：《中国地铁上盖物业开发模式及其法律风险分析》，载"轨道上的都市圈"微信公众号，https：//mp. weixin. qq. com/s/GA7fNeeA83UIkB7I2wgg6A，最后访问时间：2022年4月1日。

② 《关于规范国有土地使用权出让收支管理的通知》，载中国政府网，http：//www. gov. cn/zwgk/2006-12/25/content_478251. htm，最后访问时间：2022年3月29日。

③ 周志芳、吴军亮：《中国地铁上盖物业开发模式及其法律风险分析》，载"轨道上的都市圈"微信公众号，https：//mp. weixin. qq. com/s/GA7fNeeA83UIkB7I2wgg6A，最后访问时间：2022年4月1日。

外用途的土地，其供地计划公布后同一宗地只有一个意向用地者的情况。从该条的规定可以看出协议出让的土地无法应用于经营性用途，实践中对于该问题，杭州市政府在《杭州市城市轨道交通地上地下空间综合开发土地供应实施办法》中规定"（二）经市政府批准以协议方式供地的城市轨道交通经营性地下空间，其建设项目在相关规划指标明确的前提下，经发改部门批准、核准、备案，向城乡规划主管部门申领规划条件并明确拟出让地块的用地性质、用地范围、建设规模等条件后，由国土资源主管部门按照《协议出让国有土地使用权规定》① 办理协议出让供地手续"，而按照《协议出让国有土地使用权规定》第 16 条规定，"以协议出让方式取得国有土地使用权的土地使用者，需要将土地使用权出让合同约定的土地用途改变为商业、旅游、娱乐和商品住宅等经营性用途的，应当取得出让方和市、县人民政府城市规划部门的同意，签订土地使用权出让合同变更协议或者重新签订土地使用权出让合同，按变更后的土地用途，以变更时的土地市场价格补交相应的土地使用权出让金，并依法办理土地使用权变更登记手续"。通过变更用途手续进行规避风险，具有借鉴意义。

（二）政策、法规与标准仍需健全

如前所述，目前国家层面仅出台了城市轨道交通综合开发相关的指导意见和规定，具体的操作办法仍未出台和深化，地方上除了北京、上海、广州、东莞等城市政策文件已相对完备，其他城市主要集中在指导性政策，或是针对某一方面的规定，还有很多地区多是采用"一事一议"的方式。我国目前仍然缺乏城市轨道交通综合开发相关法律法规体系，也没有相关操作细则和技术标准，无论是在规划、主体、土地供应还是在管理等方面均缺乏统一规定，尤其是在《国家综合立体交通网规划纲要》明确提出要"推进以公共交通为导向的城市土地开发模式"，即 TOD（Transit Oriented Development）模式的情况下，TOD 模式技术要求高、实施周期长，又需要政府、轨道公司、线路设计、建设单位、项目开发经营单位等多方主体参与，各主体的出发点不同，也没有相应的指导规范，导致实施过程困难与纠纷众多，那么各主体对于 TOD 模式的理解和要求，也需要政策进行指引，进一步提升对 TOD 模式的认识并适用。

---

① 《协议出让国有土地使用权规定》，载中国政府网，https：//www. gov. cn/zhengce/2003 - 06/11/content_5711416. htm，最后访问时间：2023 年 7 月 7 日。

(三) 反哺机制尚未形成

港铁是少有的盈利地铁公司，并且已经探索出一条可持续发展的市场化路径，利用城市轨道交通站点源源不断的客流与商业形成一个融合，既带动了票务收入又带动了整个商业的人流和客流，从而使商业租金不断上涨，以此来反哺轨道运营。这种模式直接内化循环，是一种较为理想的财政反哺模式。

而其他项目大多只是规定对城市轨道交通站点一定半径范围内的土地出让收入收取专项资金，为土地出让或流转总价的一定比例，没有明确具体如何实现和保障反哺轨道运营。地铁综合开发项目实践操作中更是存在大部分项目根本就不需要地铁公司去盈利的情况，对综合开发的定位没有真正上升到壮大轨道交通经济、带动城市发展的高度，制定城市轨道线网规划、建设规划时主要考虑的是交通功能，而忽视了开发的重要性及其带来的巨大经济效益。[①]

(四) 轨道交通项目与综合开发项目的规划建设不同步

在规划方面，由于物业综合开发项目与城市轨道交通基础设施紧密连接，应当统一规划才能发挥作用。以香港地铁为例，港铁公司做一级开发的时候，在进行地铁工程设计和施工时就会与开发商合作二级开发物业，同步设计和施工物业的基础或者部分的结构，预留适当的空间按照市场需求来设计产品，等到了建设期，港铁公司会与中标房地产公司明确权利和责任分工，对同一地块同时进行修建地铁项目和进行物业建设，港铁公司负责地铁项目，而中标的房地产公司负责承担项目的开发预算，包括土地出让价和施工的各项成本。港铁公司利用地铁拉动周边物业地块的优势和规划地铁铺设线路的决定权，科学把握地铁修建的工期和综合型物业开发的工期，做到地铁与物业建设同步规划、同步协调设计、同步开工建设和同步开通运营。[②]

但是我国内地的情况是，一般城市轨道交通的选项规划较早，但综合物业开发项目的规划手续会很慢，由于土地出让未完成或者采取协议方式出让的用途改变手续未完成，致使综合开发物业项目无法立项、规划，甚至一些区域规划在总体规划中都无法涉及，缺乏与城市轨道交通建设同步的综合开发项目建设计划和修建性详规。因此，地铁建设与物业开发之间难以实现同步规划、设计和施工，

---

① 钟蕊：《TOD 模式在实际操作中存在的问题及建议》，载《财经界》2020 年第 10 期。
② 杨帆：《城市轨道交通"地铁+物业"商业开发模式研究》，北京交通大学 2018 年硕士学位论文。

难以保证公共交通枢纽建设用地与经营性土地的实际联动供应。笔者认为，为达到综合开发的根本性目的，按照轨道交通总体规划、统筹规划、集约化等基本思路，确实需要统一性思维在规划建设中体现。

最后，如前所述，城市轨道交通的综合开发对于城市化进程发展来说，无疑是疏导城市交通、促进城市土地集约化发展的有效手段，如果能有效地将 TOD 模式融入城市轨道交通项目综合开发，必然能够在减轻政府财政负担的同时，改善城市土地结构、最大化地挖掘出周边土地的价值并且进一步促进城市发展。城市轨道交通的综合开发，不仅能够使政府投资项目的公益性最大化，也能使社会资本的效益回报可期待，虽然面临诸多困难，但其发展既符合我国国情，也可以解决目前我国轨道交通发展局限性，可以预见其未来发展趋势不容小觑。我们必须做好政策配套、完善制度，才能辅助城市轨道交通的综合开发发展之路走得稳健。

第十一章 电力能源项目投资建设法律风险防控

经济增长与社会发展离不开能源的支撑，但是在经济增长和能源消费促进社会经济发展的同时，碳排放增加导致的气候变化也越来越引发全球关注。

电力行业低碳发展和转型已经是大势所趋，从煤炭发电为主向清洁低碳能源转变，大力发展核电、风电和光伏等可再生能源，在此过程中也离不开法律风险防控的保驾护航。从政策层面的碳定价、碳排放交易系统、绿色电力证书，到技术层面新兴的离岸风电、储能配套设施投资建设，再到投融资层面的绿色金融，包括绿色债权、绿色基金等。我们看到当下这个行业蓬勃发展下蕴藏的无限生机和商机，但行业日新月异的发展也确实需要我们更加关注风险的防控。

本章针对电力能源项目投资建设的特点，结合笔者经办的相关业务，分析电力能源项目在投资建设过程中的法律风险防控及相关案例。

第一节 电力能源项目投资建设特点

一、电力能源行业产业链现状

1. 项目开发建设

电力能源项目在整个开发建设过程中，涉及项目前期、项目核准/备案、用地手续办理、工程建设和验收等多重环节。2014 年以来，国家陆续出台一系列简政放权的文件，新能源项目前期开发需取得的主要批文及行政许可事项陆续得到调整、变更。随着《企业投资项目核准和备案管理条例》① 自 2017 年 2 月 1 日

---

① 《企业投资项目核准和备案管理条例》，载中国政府网，www.gov.cn/zhengce/content/2016-12/14/content_5147959.htm，最后访问时间：2022 年 3 月 29 日。

起施行后，部分前置审批、备案的程序都变为平行办理甚至取消，对新能源项目核准/备案程序产生重大影响。

相对于传统能源项目，风电、光伏项目涉及的土地类型复杂，地方性规定各异，项目用地风险一直是风电、光伏项目开发建设过程中的风险点。

电力能源项目开发建设过程中另一个突出的特点是设备/零部件的采购占比较大，由此经常产生的法律风险就包括设备质量瑕疵和质量缺陷的认定、设备检验期间及买卖双方在检验期间需承担的义务和责任等。此外，由于电力能源项目中设备/零部件投资占比大，融资租赁企业也广泛参与到电力能源项目的开发建设中，这又涉及融资租赁公司的法律风险防范问题。

2. 发电

在发电领域，区域性能源企业仅覆盖国内特定区域，且大多集中在传统火电领域。近年来由于国家补贴推动和技术发展潜力，在风电、光伏发电领域，一些民企非常活跃。

而发电端的上网电价和电费收入直接关系到项目的投资回报。随着新能源行业的快速发展和技术的成熟，风电、光伏项目的补贴力度逐渐下降。2021年起，对新备案集中式光伏电站、工商业分布式光伏项目和新核准陆上风电项目，中央财政不再补贴，实行平价上网。[①]

项目的上网电价和电费收入直接影响到项目的投资回报，从法律风险防控角度而言，一方面需要市场参与者注意保证项目开发建设的顺利进行以确保收益的取得，另一方面上网电价和电费收入的政策变化也催生了行业的抢装问题。在项目并购过程中，也需要充分掌握行业法规与政策的变化。

3. 输配电

输电是将发电厂生产的电能经过升压，通过高压输电线路进行传输的过程；配电是将高压输电线上的电能降压后分配至不同电压等级用户；其角色定位是发电企业向终端用户输配电力和投资电网开发及部分发电项目。[②]

从供需分布来看，我国能源分布不均，资源集中在西部和北部地区，但电力

---

① 《国家发展改革委关于2021年新能源上网电价政策有关事项的通知》，载中国政府网，www.gov.cn/zhengce/zhengceku/2021-06/11/content_5617297.htm，最后访问时间：2022年3月29日。

② 《锚定碳中和——电力行业减排扬帆》，载波士顿咨询公司网站，https://pdf.bcgpublications.cn/pdfs/141.pdf，最后访问时间：2022年3月29日。

消费普遍来自东部和中部地区，因此远距离跨区送电量持续增长。特高压，是指电压等级在交流 1000kV 及以上、直流±800kV 及以上的输电技术，具有输送容量大、传输距离远、运行效率高和输电损耗低等技术优势。[①] 同时，特高压项目存在跨行政区域广、地域类型丰富、建设周期长、投资强度大等特点，与此伴随的各类法律问题值得参与投资、建设和经营特高压项目的相关主体予以关注。

4. 售电

售电是最终将电能供应和出售给用户的过程。相关文件提出向社会资本开放售电业务，多途径培育售电市场竞争主体，放开准入用户的购电选择权。全国各省区陆续出台了相关政策，从市场准入、交易规模、市场结算、信用监管等多维度提出实施方案，为售电侧改革提供了重要支撑，推动售电市场主体逐步增加、市场规模逐步扩大，初步形成了市场竞争的格局。[②]

配售电领域和电力市场化交易的改革仍处在探索时期，售电公司经营情况参差不齐、相差较大，部分售电公司经营困难、难以为继，市场改革的持续推进对售电公司运营水平、经营模式、发展方向提出了更高的要求。随着法律架构的逐步成型、相关配套制度和标准的完善，电力市场有望更加健康有序发展。

二、新能源催生新的商业模式和投资机会

1. 风电、光伏项目发展现状

风电、光伏项目在碳达峰、碳中和的概念下发展迅猛。以风电项目为例，其数量与日俱增，同时受益于自动化程度不断提高，陆上风电产能不断扩大，装机量将增长迅猛。除了陆上风电项目，海上风电项目也日益得到关注。近几年，风电、光伏项目的发展呈现出以下特点：

（1）补贴从"目录"管理到"清单"管理

新能源项目的"目录"管理源起于 2012 年 3 月 14 日，财政部、国家发展和改革委员会、能源局共同发布的《可再生能源电价附加补助资金管理暂行办法》[③]，其中明确提出由三部门对地方上报的项目资料进行审核，对于符合条件

---

① 《什么是特高压?》，载人民网，http://energy.people.com.cn/n/2014/1028/c71661-25921950.html，最后访问时间：2023 年 1 月 8 日。

② 李志勋：《国内售电公司现状及发展方向浅析》，载《中国电力企业管理》2020 年第 4 期。

③ 《可再生能源电价附加补助资金管理暂行办法》，载国家能源局网站，www.nea.gov.cn/2012-04/06/c_131510095.htm，最后访问时间：2022 年 4 月 5 日。该文件现已失效。

的项目将列入"可再生能源电价附加补助目录"，由此，明确了对可再生能源项目补贴的"目录"管理。

新能源项目的"目录"管理一直施行到 2018 年 6 月第七批补贴目录，之后的 2020 年 1 月 20 日，财政部、国家发改委、国家能源局联合发布《关于促进非水可再生能源发电健康发展的若干意见》（财建〔2020〕4 号）①，国家不再发布新能源电价附加目录，将电价补贴由目录制改为清单制，由电网企业确定并定期公布符合条件的可再生能源发电项目名单。目录制向清单制的转变，对于项目纳入清单的审核程序主要在电网企业及省一级主管部门，国家层面仅进行结果报送，简化了发电企业等企业申请补贴的流程和审批手续。程序上的简化也有利于新能源项目补贴情况的确认，有利于增强项目收益的稳定性及可预见性，对于发电企业的项目运营及潜在交易安排等更为利好。

（2）电价政策变革下的抢装热潮

根据 2019 年 5 月国家发改委公布的《关于完善风电上网电价政策的通知》②，自 2021 年 1 月 1 日开始，新核准的陆上风电项目全面实现平价上网，国家不再补贴，因此，2020 年是风电项目享受补贴的最后一年。在行业政策变化的驱动下，风电行业自 2019 年起就呈现抢开工、抢并网、抢电价的抢装态势。随之而来的是项目施工质量存在隐患、补贴资金压力增大、并网与消纳矛盾突出等问题。

（3）新能源项目收并购交易频繁

从出售方角度来看，以往风力发电项目出售以路条转让为主，出售方多为小型民营主体，但随着开发主体集中度上升，目前出售方主要为大型民营开发商和主机厂家，交易标的也从路条变为资产。

从交易方式角度来看，传统的收购方以取得项目控制权等为主要目标，也出现了转让基金份额和上市公司托管关联方股权的新型交易方式。

（4）新能源与储能一体化建设

国家发展改革委、国家能源局联合印发《关于加快推动新型储能发展的指导

---

① 《关于促进非水可再生能源发电健康发展的若干意见》，载财政部网站，jjs. mof. gov. cn/zhengcefagui/202001/t20200122_3463379. htm，最后访问时间：2022 年 4 月 5 日。

② 《国家完善风电上网电价政策，促进风电产业健康发展》，载国家发改委网站，https：//www. ndrc. gov. cn/xxgk/zcfb/tz/201905/t20190524_962453. html，最后访问时间：2023 年 7 月 7 日。

意见》（发改能源规〔2021〕1051号）①，提出到2025年，实现新型储能从商业化初期向规模化发展转变，装机规模达3000万千瓦以上。到2030年，实现新型储能全面市场化发展。新型储能是能源领域碳达峰、碳中和的关键支撑之一。

（5）电力消纳利用问题有所改善

2019年5月，国家发展改革委、国家能源局联合发布《关于建立健全可再生能源电力消纳保障机制的通知》②，提出国务院能源主管部门按省级行政区域确定消纳责任权重，包括总量消纳责任权重和非水电消纳责任权重。对以上两类权重，分别按年度设定最低消纳责任权重和激励性消纳责任权重，同时明确规定了政府部门、电网企业、各类市场主体的责任。

根据国家能源局公布的2021年上半年能源经济形势和可再生能源并网情况，可再生能源电力消纳利用问题也得到了改善。2021年1—6月，全国主要流域弃水电量约53.64亿千瓦时，水能利用率约98.43%，较上年同期提高0.07个百分点；全国弃风电量约126.4亿千瓦时，平均利用率96.4%，较上年同期提高0.3个百分点；全国弃光电量33.2亿千瓦时，平均利用率97.9%，较上年同期提高0.07个百分点。③

2. 新能源对关联产业的拉动效应

在碳达峰、碳中和背景下，电网若要接纳可再生能源成为主力电源，不仅是发电侧的变革，更需应对电力系统平衡和安全挑战。可再生能源在可调度性和可预测性上逊于传统能源，因而渗透率的提升将带来电力系统平衡和安全的新挑战。电力清洁化转型背景下，对于电力灵活性调峰资源的需求也将增长，电网需要挖掘灵活性资源潜力，包括火电改造、抽水蓄能、储能、用户侧响应等等。因此，新能源具有助推氢能等关联产业的拉动效应。氢能是电力储能的一种形式，可以作为电力供应中的中间载体，当电力生产过剩时，不能上网的冗余电量可以用来制氢，从而将电能转化为氢能；在用电负荷增加时，可以用储存的氢能进行

① 《国家发展改革委、国家能源局关于加快推动新型储能发展的指导意见》，载国家发改委网站，https://www.ndrc.gov.cn/xxgk/zcfb/ghxwj/202107/t20210723_1291321.html? code=&state=123，最后访问时间：2022年4月5日。

② 《关于建立健全可再生能源电力消纳保障机制的通知》，载国家发改委网站，https://www.ndrc.gov.cn/xxgk/zcfb/tz/201905/t20190515_962446.html? code=&state=123，最后访问时间：2022年4月5日。

③ 《国家能源局举行新闻发布会介绍2021年上半年能源经济形势等情况》，载国家能源局网站，www.nea.gov.cn/2021-07/29/c_1310093667.htm，最后访问时间：2022年4月5日。

发电，从而达到平衡供需的目的。[1]

自 2020 年以来，氢能相关补贴政策也在加速推出，以促进氢能源行业健康有序发展。2020 年 6 月发布的《2020 年能源工作指导意见》[2] 明确指出，能源革命试点深入推进。稳妥有序推进能源关键技术装备攻关，推动储能、氢能技术进步与产业发展。制定实施氢能产业发展规划，组织开展关键技术装备攻关，积极推动应用示范。

3. 绿色金融配套市场初具雏形

随着全国碳排放交易市场的正式启动，上海提出将碳金融纳入国际金融中心建设体系，把上海建成国际碳金融中心。[3] 在"碳达峰""碳中和"大背景下，我国绿色金融市场也初具雏形。

（1）碳交易

2021 年 7 月 16 日上午 9 时，生态环境部通过北京、上海和湖北三地连线的线上仪式宣布全国碳排放交易市场正式启动，我国作为全球最大的碳排放市场自此正式拉开了全国性碳排放交易的大幕。[4]

碳排放权交易市场可分为一级市场（政府与重点排放单位之间）与二级市场（重点排放单位之间或其与投资者之间）。由于一级市场中的碳排放配额大多由政府免费发放，碳定价机制主要体现在二级市场。从交易模式角度而言，根据《碳排放权交易管理办法（试行）》[5] 第 22 条及《碳排放权交易管理规则（试行）》[6] 第 6 条，全国碳排放权交易采用的是"协议转让、单向竞价"的交易模式。[7]

---

① 邓学、裘孝峰等：《中金：碳中和必由之路，氢能基建有望开启》，载"中金点睛"微信公众号，https：//mp. weixin. qq. com/s/vMcKS6-sPkvDoPoiSitcdw，最后访问时间：2022 年 3 月 29 日。

② 《2020 年能源工作指导意见》，载国家能源局网站，www. nea. gov. cn/2020-06/22/c_139158412. htm，最后访问时间：2022 年 4 月 5 日。

③ 《碳金融》，载上海市人民政府新闻办公室网站，https：//www. shio. gov. cn/TrueCMS/shxwbgs/jjsl/content/a8a2fdf5-5757-4dd2-9d75-4047e99dc3b7. html，最后访问时间：2023 年 1 月 8 日。

④ 《全国碳排放权交易市场上线交易正式启动》，载中国政府网，https：//www. gov. cn/xinwen/2021-07/17/content_5625625. htm#1，最后访问时间：2023 年 7 月 7 日。

⑤ 《碳排放权交易管理办法（试行）》，载中国政府网，www. gov. cn/gongbao/content/2021/content_5591410. htm，最后访问时间：2022 年 4 月 5 日。

⑥ 《关于发布〈碳排放权登记管理规则（试行）〉〈碳排放权交易管理规则（试行）〉和〈碳排放权结算管理规则（试行）〉的公告》，载生态环境部网站，www. mee. gov. cn/xxgk2018/xxgk/xxgk01/202105/t20210519_833574. html，最后访问时间：2022 年 4 月 5 日。

⑦ 苏萌、贾之航等：《绿色权证：中国碳排放权产品和碳金融市场的展望》，载"金杜研究院"微信公众号，https：//mp. weixin. qq. com/s/IVlslA2XH0uVOZsIDraMtA，最后访问时间：2022 年 3 月 29 日。

随着碳中和工作的开展与碳排放权制度的完善，中国碳排放权交易将逐渐形成全国市场与地方市场并行、现货市场与衍生品市场贯通、国内市场与国际市场接轨的新格局。

（2）碳金融

近年来，国内试点地区陆续推出碳中和债券、绿色债券、碳远期、碳排放权抵质押融资等多种创新型碳金融产品。2021 年 7 月，发改委发布的《关于进一步做好基础设施领域不动产投资信托基金（REITs）试点工作的通知》在试点项目申报要求中提出将试点行业扩大到 9 大行业，其中就涉及能源基础设施，包括风电、光伏发电、水力发电、天然气发电、生物质发电、核电等清洁能源项目，特高压输电项目，增量配电网、微电网、充电基础设施项目，分布式冷热电项目。

对于新能源催生的金融市场，国内目前在税收、监管、风险管理等方面仍缺乏系统的支持政策和配套措施，或相关政策缺乏一定连续性，且多数领域还停留在只有行政规章的层面，使得投资者对相关政策预期面临较大的不确定性。例如，企业的排放、检测以及核实方面缺少系统性规范，给碳金融交易尽职调查带来一定难度。[①] 政策层面的不确定性及不可预期性将在一定程度上增加投资的风险，也使得潜在投资者仍持谨慎的观望态度。

第二节 电力能源项目投资建设法律风险分析

电力能源项目在整个投资建设过程中，涉及项目前期、项目核准/备案、用地手续办理、工程建设和验收众多环节。考虑到风电、光伏项目是当下技术成熟和应用广泛的两种新能源项目，因此本章主要就风电和光伏项目的有关法律问题进行论述。

一、项目前期手续的取得

自 2017 年 2 月 1 日《企业投资项目核准和备案管理条例》（国务院令第 673 号）施行后，风电、光伏项目前期开发需要取得的主要批文及行政许可事项陆续

[①] 苏萌、吕雅妮：《碳金融系列文章（二）丨我国碳金融市场的机会与挑战》，载"金杜研究院"微信公众号，https：//mp.weixin.qq.com/s/nUtMCJyc25xBdREDox1c0w，最后访问时间：2022 年 3 月 29 日。

得到调整、变更，对风电、光伏项目核准/备案程序产生了重大影响。

根据目前规范性文件的规定，风电项目核准前应取得项目列入建设规划及年度发展计划文件、建设项目用地预审与选址意见书、水土保持批复和社会稳定风险评估批复。光伏项目采用备案制，通常比风电项目更为简化。

在风电、光伏项目行业发展初期，政府主要采取度电补贴的方式鼓励和扶持其发展。而对于风电、光伏项目来说，获得该等补贴资格的一项重要条件，就是项目被纳入国家及各省市每年公布的"规模指标"。随着平价上网项目的推进，规模指标的要求也发生了相应变化。

"规模指标"对于风电项目取得电价及补贴至关重要，如项目未纳入年度开发计划，即便取得相应核准文件，也存在无法取得补贴的风险，故项目投资方应在核准前确保项目已纳入年度开发计划，确保项目能取得相应的核准文件。

二、项目核准/备案程序

1. 风电项目的核准文件

在 2013 年之前，风电项目的核准一直都是国务院投资主管部门和省级政府投资主管部门核准，但是根据《政府核准的投资项目目录（2014 年本）》，风电项目改由地方政府核准。实践中，具体的项目核准机关，在不同时期、不同省份，情况均有不同。投资者除了关注国家政策性文件之外，还应当了解项目当地政策。

风电项目的核准文件中通常会载明项目的名称、建设地址、建设装机容量、项目计划总投资额、资金来源、建设时间、核准文件有效期、核准文件的延期等内容。

另外，需要注意的是，《企业投资项目核准和备案管理条例》第 12 条规定："项目自核准机关作出予以核准决定或者同意变更决定之日起 2 年内未开工建设，需要延期开工建设的，企业应当在 2 年期限届满的 30 个工作日前，向核准机关申请延期开工建设。核准机关应当自受理申请之日起 20 个工作日内，作出是否同意延期开工建设的决定。开工建设只能延期一次，期限最长不得超过 1 年。国家对项目延期开工建设另有规定的，依照其规定。"《风电开发建设管理暂行办法》① 第 19 条规定："项目核准后 2 年内不开工建设的，项目原核准机构可按照

---

① 《风电开发建设管理暂行办法》，载国家能源局网站，zfxxgk. nea. gov. cn/auto87/201302/t20130226_1583. htm，最后访问时间：2022 年 4 月 5 日。

规定收回项目。风电场工程开工以第一台风电机组基础施工为标志。"同时，《企业投资项目核准和备案管理条例》第 18 条规定："实行核准管理的项目，企业未依照本条例规定办理核准手续开工建设或者未按照核准的建设地点、建设规模、建设内容等进行建设的，由核准机关责令停止建设或者责令停产，对企业处项目总投资额 1‰以上 5‰以下的罚款；对直接负责的主管人员和其他直接责任人员处 2 万元以上 5 万元以下的罚款，属于国家工作人员的，依法给予处分。"因此，风电项目取得核准文件后，应在核准文件有效期内开工建设，如无法在核准有效期内开工建设的，应在核准有效期内申请延期，并在延期后的有效期内开工建设，避免核准文件超期失效。风电项目核准后若超过 2 年未开工建设也未按规定取得延期批复文件，或者在延期后的有效期内仍未开工的，均可能发生项目核准文件失效的风险，同时可能遭受行政处罚。

2. 光伏项目的备案文件

《光伏电站开发建设管理办法》第 12 条规定，按照国务院投资项目管理规定，光伏电站项目实行备案管理。各省（区、市）可制定本省（区、市）光伏电站项目备案管理办法，明确备案机关及其权限等，并向社会公布。备案机关及其工作人员应当依法对项目进行备案，不得擅自增减审查条件，不得超出办理时限。备案机关及有关部门应当加强对光伏电站的事中事后监管。

3. 项目并网前严禁变更核准/备案文件中的投资主体

针对风电项目，风电项目的核准文件作为行政许可文件，根据《行政许可法》及风电投资相关规定，禁止企业违规买卖核准文件、擅自变更投资主体。

针对光伏项目，依据《国家能源局关于进一步加强光伏电站建设与运行管理工作的通知》，禁止买卖项目备案文件及相关权益，已办理备案手续的光伏电站项目，如果投资主体发生重大变化，应当重新备案。

因此，在项目取得核准/备案文件后，应当按照要求进行开发建设，如开发建设过程中确需变更投资主体的，应当按照相关要求办理变更手续。但是，无论是风电项目还是光伏项目，在项目并网后的股权转让都是正常的商业行为，即项目并网后可以变更投资主体。

4. 其他支持性文件的取得

在取得核准/备案文件后，还需要取得其他相关支持性文件，一般包括环境影响评价、压覆矿产资源审批手续、文物保护和考古许可、建设用地规划许可证、建设工程规划许可证、施工许可证等。电网接入和本地消纳意见也是项目办理并网发电手续的前置条件。这些支持性文件对于项目的合规性有着重要影响，项目主体必须按照规定取得相关支持性文件，以确保项目合法、合规。

三、项目用地法律风险防控

用地是风电、光伏项目中的关键问题，风电、光伏项目占地面积大、用地类型多样，各地的土地政策也不尽相同。对于陆上风电项目和光伏项目来说，项目涉及的风电机组用地、升压站等永久设施占地部分均应按照建设用地管理，项目公司应取得土地使用权（如涉及农用地转为建设用地的，应办理相应农用地转用审批手续；涉及征地的，应办理相应土地征收审批手续）。对于光伏列阵、风机吊装平台等部分，如使用未利用土地的，该部分项目占地可按原地类认定，用地允许以租赁等方式取得。对于符合条件的光伏复合项目及光伏扶贫项目来说，则有更为优惠的用地政策。

实践中，项目用地情况一般都比较复杂，均需要结合具体的项目情况进行判断。建议投资人加强用地环节的审查及合规管控，以避免违反用地规定可能导致的项目停工、拆除，严重违法用地则要承担刑事责任，其主要表现为非法占用农用地罪。《刑法》第 342 条规定："违反土地管理法规，非法占用耕地、林地等农用地，改变被占用土地用途，数量较大，造成耕地、林地等农用地大量毁坏的，处五年以下有期徒刑或者拘役，并处或者单处罚金。"实践中，已存在据此判决行为人承担刑事责任的相关案例，如在德阳市中级人民法院（2018）川 06 刑终 151 号案中，认定被告人李某未经有权机关批准，在集体土地上修建光伏发电钢结构大棚，造成农用地损毁 17.792 亩，已构成非法占用农用地罪，判处其有期徒刑 2 年零 8 个月，并处罚金 150000 元。[①]

四、项目开发建设法律风险防控

风电、光伏项目的建设进度直接关系到项目的上网电价和电费收入，进而影响项目的投资回报，因而"突击抢建"较为普遍，一些中小企业也存在疏于管

---

① 德阳市中级人民法院（2018）川 06 刑终 151 号刑事裁定书，载中国裁判文书网，https：//wenshu. court. gov. cn/website/wenshu/181107ANFZ0BXSK4/index. html？docId＝68a9113fee31409e930da9ba002be278，最后访问时间：2022 年 4 月 5 日。

理的问题，导致项目的招标和采购、合同管理、工程建设和验收以及工程款支付和结算等各方面存在法律风险。

（一）项目招标和采购法律风险防控

1. 风电、光伏项目的发包方式

根据《招标投标法》第3条的规定，在我国境内进行大型基础设施、公用事业等关系社会公共利益、公众安全的项目，全部或者部分使用国有资金投资或者国家融资的项目以及使用国际组织或者外国政府贷款、援助资金的项目包括项目的勘察、设计、施工、监理以及与工程建设有关的重要设备、材料等的采购，必须进行招标。即使风电、光伏项目不属于全部或者部分使用国有资金投资或者国家融资的项目和使用国际组织或者外国政府贷款、援助资金的项目，但根据《必须招标的基础设施和公用事业项目范围规定》①，风电、光伏项目为电力、新能源等能源基础设施项目，属于大型基础设施、公用事业等关系社会公共利益、公众安全的项目，达到法定规模标准的，仍属于法定必须招标项目。对于法定必须招标项目的规模，根据《必须招标的工程项目规定》（国家发展和改革委员会令第16号）②，项目规模达到下列标准之一的，属于法定必须招标项目："（一）施工单项合同估算价在400万元人民币以上；（二）重要设备、材料等货物的采购，单项合同估算价在200万元人民币以上；（三）勘察、设计、监理等服务的采购，单项合同估算价在100万元人民币以上。同一项目中可以合并进行的勘察、设计、施工、监理以及与工程建设有关的重要设备、材料等的采购，合同估算价合计达到前款规定标准的，必须招标。"

风电、光伏项目采用工程总承包方式发包的，参照《房屋建筑和市政基础设施项目工程总承包管理办法》（以下简称《工程总承包管理办法》）第8条第2款的规定："工程总承包项目范围内的设计、采购或者施工中，有任一项属于依法必须进行招标的项目范围且达到国家规定规模标准的，应当采用招标的方式选择工程总承包单位。"

因此，风电、光伏项目只要达到法定规模标准的，均属于法定必须招标项

---

① 《必须招标的基础设施和公用事业项目范围规定》，载中国政府网，www.gov.cn/zhengce/zhengceku/2018-12/31/content_5433928.htm，最后访问时间：2022年4月5日。

② 《必须招标的工程项目规定》，载中国政府网，www.gov.cn/xinwen/2018-03-30/content_5278582.htm，最后访问时间：2022年4月5日。

目，项目的勘察、设计、施工和重要设备、材料的采购，项目业主应依法进行招标。未达到法定规模标准的，项目业主可自行选择招标投标、竞争性谈判、询比价或单一来源采购等方式进行发包。

2. 发包过程中的合规性风险

对于依法必须招标项目，应当严格按照《招标投标法》《招标投标法实施条例》及相关规定开展招标活动，不能通过化整为零或者以其他任何方式规避招标，也应避免因违反法律法规的规定而导致中标无效或受到行政处罚。以下违法行为将导致中标无效：（1）招标代理机构违反《招标投标法》规定，泄露应当保密的与招标投标活动有关的情况和资料，或者与招标人、投标人串通损害国家利益、社会公共利益或者他人合法权益，上述行为若影响中标结果的，中标无效。（2）依法必须进行招标的项目招标人向他人透露已获取招标文件的潜在投标人的名称、数量或者可能影响公平竞争的有关招标投标的其他情况，或者泄露标底，上述行为若影响中标结果的，中标无效。（3）依法必须进行招标的项目，招标人违反《招标投标法》规定，与投标人就投标价格、投标方案等实质性内容进行谈判，上述行为若影响中标结果的，中标无效。（4）投标人相互串通投标或者与招标人串通投标，投标人以向招标人或者评标委员会成员行贿的手段谋取中标的，中标无效。（5）投标人以他人名义投标或者以其他方式弄虚作假，骗取中标的，中标无效。（6）招标人在评标委员会依法推荐的中标候选人以外确定中标人的，依法必须进行招标的项目在所有投标被评标委员会否决后自行确定中标人的，中标无效。以上事项应在项目发包阶段高度重视，避免因中标无效而产生民事、行政甚至刑事法律后果。

考虑到风电、光伏项目属于建设工程项目，其发包行为受到《建筑法》《建设工程质量管理条例》等约束。对于发包人的发包行为，《建筑法》第 22 条规定，"发包单位应当将建筑工程发包给具有相应资质条件的承包单位"；第 24 条规定，"禁止将建筑工程肢解发包"。《建设工程质量管理条例》第 7 条规定："建设单位应当将工程发包给具有相应资质等级的单位。建设单位不得将建设工程肢解发包。"第 10 条规定："建设工程发包单位不得迫使承包方以低于成本的价格竞标，不得任意压缩合理工期。"建设单位违反上述规定的发包行为，涉嫌违法发包，《建筑法》第 65 条①、第 68 条②规定了相应的法律责任，包括罚款、责令停业整顿、降低资质等级、吊销资质证书、没收违法所得等。根据《建设工程质量管理条例》第 54 条、第 55 条的规定，建设单位将建设工程发包给不具有相应资质等级的勘察、设计、施工单位或者委托给不具有相应资质等级的工程监理单位的，责令改正，处 50 万元以上 100 万元以下的罚款。建设单位将建设工程肢解发包的，责令改正，处工程合同价款 0.5% 以上 1% 以下的罚款；对全部或者部分使用国有资金的项目，并可以暂停项目执行或者暂停资金拨付。

同时，对违法发包行为的认定，可参照《建筑工程施工发包与承包违法行为认定查处管理办法》（建市规〔2019〕1 号）第 5 条、第 6 条的规定进行判断，违法发包的情形主要包括以下五类：（1）建设单位将工程发包给个人的；（2）建设单位将工程发包给不具有相应资质的单位的；（3）依法应当招标未招标或未按照法定招标程序发包的；（4）建设单位设置不合理的招标投标条件，限制、排斥潜在投标人或者投标人的；（5）建设单位将一个单位工程的施工分解成若干部分发包给不同的施工总承包或专业承包单位的。发包人在进行项目发包时应当严格审查，避免出现违法发包的情况。

（二）承包人的主体资格

《建筑法》第 26 条第 1 款规定："承包建筑工程的单位应当持有依法取得的资质证书，并在其资质等级许可的业务范围内承揽工程。"承包人未取得建筑业企业资质或者超越资质等级的，工程合同将存在效力瑕疵。

（1）对承包人的主体资格要求

根据《建筑业企业资质标准》（建市〔2014〕159 号）、《施工总承包企业特

---

① 《建筑法》第 65 条规定："发包单位将工程发包给不具有相应资质条件的承包单位的，或者违反本法规定将建筑工程肢解发包的，责令改正，处以罚款。超越本单位资质等级承揽工程的，责令停止违法行为，处以罚款，可以责令停业整顿，降低资质等级；情节严重的，吊销资质证书；有违法所得的，予以没收。未取得资质证书承揽工程的，予以取缔，并处罚款；有违法所得的，予以没收。以欺骗手段取得资质证书的，吊销资质证书，处以罚款；构成犯罪的，依法追究刑事责任。"

② 《建筑法》第 68 条规定："在工程发包与承包中索贿、受贿、行贿，构成犯罪的，依法追究刑事责任；不构成犯罪的，分别处以罚款，没收贿赂的财物，对直接负责的主管人员和其他直接责任人员给予处分。对在工程承包中行贿的承包单位，除依照前款规定处罚外，可以责令停业整顿，降低资质等级或者吊销资质证书。"

级资质标准》（建市〔2007〕72号）①，电力工程施工总承包资质分为特级、一级、二级、三级，承包工程范围分别为：

资质等级	承包工程范围
特级资质	电力工程的施工总承包、工程总承包和项目管理业务。
一级资质	可承担各类发电工程、各种电压等级送电线路和变电站工程的施工。
二级资质	可承担单机容量20万千瓦以下发电工程、220千伏以下送电线路和相同电压等级变电站工程的施工。
三级资质	可承担单机容量10万千瓦以下发电工程、110千伏以下送电线路和相同电压等级变电站工程的施工。

根据《工程设计资质标准》②，电力行业（含火电、水电、核电、新能源），工程设计资质分为工程设计综合甲级资质、工程设计行业资质（甲级、乙级、丙级）和工程设计专业资质（甲级、乙级、丙级、丁级），承包工程范围分别为：

资质等级		承包工程范围
工程设计综合甲级资质		承担各行业建设工程项目的设计业务，其规模不受限制；但在承接工程项目设计时，须满足本标准中与该工程项目对应的设计类型对人员配置的要求。承担其取得的施工总承包（施工专业承包）一级资质证书许可范围内的工程施工总承包（施工专业承包）业务。
工程设计行业资质③	甲级	承担本行业建设工程项目主体工程及其配套工程的设计业务，其规模不受限制。
	乙级	承担本行业中、小型建设工程项目④的主体工程及其配套工程的设计业务。
	丙级	承担本行业小型建设工程项目的设计业务。

---

① 《施工总承包企业特级资质标准》，载住房和城乡建设部网站，https：//www. mohurd. gov. cn/gongkai/zhengce/zhengcefilelib/200703/20070329_158848. html，最后访问时间：2022年4月5日。

② 《工程设计资质标准》，载住房和城乡建设部网站，https：//www. mohurd. gov. cn/gongkai/zhengce/zhengcefilelib/200704/20070428_158855. html，最后访问时间：2022年4月5日。

③ 根据《工程设计资质标准》，工程设计行业资质是指涵盖某个行业资质标准中的全部设计类型的设计资质。

④ 根据《工程设计资质标准》，以风力发电为例，中型项目：50~100MW，小型项目：≤50MW。

续表

资质等级		承包工程范围
工程设计专业资质①	甲级	承担本专业建设工程项目主体工程及其配套工程的设计业务，其规模不受限制。
	乙级	承担本专业中、小型建设工程项目的主体工程及其配套工程的设计业务。
	丙级	承担本专业小型建设工程项目的设计业务。
	丁级	限建筑工程设计。

对于风电、光伏项目中经常采用的工程总承包模式下的承包人资质问题，由于我国资质序列中并无独立的工程总承包企业资质，2020年3月1日起施行的《工程总承包管理办法》第10条规定："工程总承包单位应当具有与工程规模相适应的工程设计资质和施工资质，或者由具有相应资质的设计单位和施工单位组成联合体。"虽然风电、光伏等专业工程项目并不直接适用《工程总承包管理办法》②，但是企业资质等级可以反映企业从事某项工作的资格和能力，也可以避免仅具有设计或施工单资质的企业承包了项目后，将全部设计或施工工作分包给具有资质的企业，出现"以包代管"的情况。因此，笔者建议工程总承包项目总包方需同时满足设计和施工双资质。

（2）联合体承包项目时的特殊问题

随着《工程总承包管理办法》的施行，越来越多的发包人要求承包人具有"双资质"，具有施工资质的企业和具有设计资质的企业组成联合体的情况也越来越多。

第一，联合体的资质确定问题。《招标投标法》第31条第2款规定："由同一专业的单位组成的联合体，按照资质等级较低的单位确定资质等级。"对于该

---

① 根据《工程设计资质标准》，工程设计专业资质是指某个行业资质标准中的某一个专业的设计资质。

② 根据《工程总承包管理办法》第2条规定的适用范围："从事房屋建筑和市政基础设施项目工程总承包活动，实施对房屋建筑和市政基础设施项目工程总承包活动的监督管理，适用本办法。"风电、光伏项目属于专业工程，不属于"房屋建筑和市政基础设施项目工程"，不直接适用《工程总承包管理办法》。但是，《工程总承包管理办法》的上位法《建筑法》的适用范围是"各类房屋建筑及其附属设施的建造和与其配套的线路、管道、设备的安装活动"，《建筑法》第81条同时规定："本法关于施工许可、建筑施工企业资质审查和建筑工程发包、承包、禁止转包，以及建筑工程监理、建筑工程安全和质量管理的规定，适用于其他专业建筑工程的建筑活动，具体办法由国务院规定。"因此，笔者认为风电、光伏等专业工程可以有条件地参照适用《工程总承包管理办法》。

规定在工程总承包领域的应用，联合体协议约定同一专业分工由两个及以上单位共同承担的，按照就低不就高的原则确定联合体的资质；而不同专业分工由不同单位分别承担的，按照各自的专业资质确定联合体的资质。即，如果 A 与 B 组成联合体就涉案工程进行投标，其中 A 具有建筑工程施工总承包一级资质，B 同时具有建筑工程施工总承包二级及工程设计综合甲级资质，A 与 B 的共同投标协议中明确：A 承担该项目施工及采购任务，B 承担该项目设计任务。那么，相当于 B 的建筑工程施工总承包二级资质并未用于该项目的投标，仅需考察 A 的施工资质是否满足招标要求。但若 A 与 B 同时承担施工任务或未在共同投标协议中进行明确的，则应同时考察 A 与 B 两者的施工资质，此时应按照资质等级较低的单位确定。

第二，联合体牵头人的权利。《工程建设项目施工招标投标办法》第 44 条规定："联合体各方必须指定牵头人，授权其代表所有联合体成员负责投标和合同实施阶段的主办、协调工作，并应当向招标人提交由所有联合体成员法定代表人签署的授权书。"也就是说，联合体牵头人有权在授权范围内负责合同实施阶段的主办、协调工作。但需要特别注意的是，《招标投标法》第 31 条规定："联合体中标的，联合体各方应当共同与招标人签订合同，就中标项目向招标人承担连带责任。"因此，在联合体中标后，除非合同各方作出特别约定，通常情况下，牵头人无权代表联合体成员签署项目相关合同。

第三，联合体的连带责任承担。在我国现有的法律体系内，联合体成员应当向招标人（即发包人）承担连带责任没有争议，但对于联合体成员是否应当对联合体下端的分包商、材料设备供应商等承担连带责任存在不同理解。

（三）转包、违法分包、借用资质的法律风险防范

许多工程质量问题和施工安全事故都与转包、违法分包、借用资质等违法行为有关，在项目履约过程中，承包人挂靠、转包或者违法分包工程，不仅构成民事违法，而且构成行政违法。参照《建筑工程施工发包与承包违法行为认定查处管理办法》，挂靠是指单位或个人以其他有资质的施工单位的名义承揽工程的行为。转包是指承包人承包建设工程后，不履行合同约定的责任和义务，将其承包的全部建设工程转给他人或者将其承包的全部建设工程肢解以后以分包的名义分别转给其他单位承包的行为。违法分包是指承包单位承包工程后违反法律法规规

定，把单位工程或分部分项工程分包给其他单位或个人施工的行为。存在下列情形之一的，属于违法分包：（1）承包单位将其承包的工程分包给个人的；（2）将工程分包给不具备相应资质单位的；（3）施工总承包单位将施工总承包合同范围内工程主体结构的施工分包给其他单位的，钢结构工程除外；（4）专业分包单位将其承包的专业工程中非劳务作业部分再分包的；（5）专业作业承包人将其承包的劳务再分包的；（6）专业作业承包人除计取劳务作业费用外，还计取主要建筑材料款和大中型施工机械设备、主要周转材料费用的。

光伏、风电项目中的违法分包除将工程分包给不具备相应资质条件的单位，分包单位将其承包的建设工程再分包等较易辨别的情形外，主要还包括施工总承包人将建设工程主体结构的施工分包给其他单位。不同于房屋建筑工程对于主体结构有相对明确的概念，我国法律法规对光伏、风电工程的主体结构没有明确规定，对于光伏、风电等非房屋建筑工程，不宜僵化地套用"主体结构"的严格概念，进而认为光伏、风电项目不存在"主体结构"，进而得出所有工作内容均可分包的结论。在司法实践中，如（2019）最高法民申 5189 号民事裁定书[①]认为：案涉工程为电石项目动力站工程，工程核心及合同主要目的为机组设备的采购与安装，甲公司负责案涉工程施工的核心和主体工程，即设备机组的采购和安装；而乙公司承接的工程范围为 A 标段工程项目中的土建工程，并非主体工程，不属于《建设工程质量管理条例》规定的"施工总承包单位将建设工程主体结构的施工分包给其他单位"的情形。原审认定《分包合同》合法有效，并无不当。对于非房建项目，一般理解为施工总承包单位不得将主体工作、核心工作进行分包。

（四）项目进度管理

如前所述，风电、光伏项目的建设进度直接关系到项目的上网电价和电费收入，进而影响项目的投资回报，因此风电、光伏项目中的进度管理也显得尤为重要。

首先，建设单位须重视制定进度计划。一般情况下，建设单位给出建设工期总目标，全过程咨询人（监理人）要根据建设单位的目标编制总体目标计划，

---

① 最高人民法院（2019）最高法民申 5189 号民事裁定书，载中国裁判文书网，https：//wenshu. court. gov. cn/website/wenshu/181107ANFZ0BXSK4/index. html？docId ＝ a1bfbb50741e44a4a47faba50115a11f，最后访问时间：2022 年 4 月 5 日。

并要求工程总承包人编制总体进度计划。同时在此计划的基础上，在横向上，分解成总体工程、单项工程、关键单位工程三个层次的控制计划，以单位工程保单项工程的进度计划，以单项工程保总体工程的进度计划；在纵向上，分解成年、季和月进度计划，以月保季，以季保年，以年保总体。在各类计划编制过程中要确定关键路线，设置明确的里程碑控制节点。

其次，着力抓好进度检查和控制。建设单位要抓住以下三个方面的工作：一是抓好对计划完成情况的检查，正确估测完成的实际量，计算已完成计划的百分率；二是分析比较，将已完成的百分率及已过去的时间与计划进行比较，每月组织召开一次计划分析会，发现问题、分析原因，及时提出纠正偏差的措施，必要时进行计划调整，以保证计划的时效性，从而保证整个项目工期目标的实现；三是认真做好计划的考核、工程进度动态通报和信息反馈，为高层决策和项目宏观管理协调提供依据。

再次，做好施工组织设计优化。在投标的施工组织设计基础上，与工程总承包人、全过程咨询人（监理人）共同研究，根据现场实际情况重点优化以下方面：工程总部署、工程组织机构、工程进度网络计划、主要里程碑控制点、工程所需劳动力计划、进度考核管理制度等。通过审查优化施工组织设计，要对工程总体部署作出安排，对分阶段完成的工程量作出规划，采用先进的施工技术及施工方案，对人力、机具、材料作统筹计划，发包人代表和全过程咨询人（监理人）的现场代表必须对工程总承包人的施工组织做到心中有数。

最后，探索科学的进度信息管理。建设单位、全过程咨询人（监理人）和工程总承包人应有专人负责进度信息管理，采集分析进度数据。根据进度信息管理要求，制定统一的进度计划表和进度统计表。进度统计表一定要方便进度统计、分析，与进度计划对照。工程总承包人的年、季、月进度报表按统一制定的格式、标准上报。在工程开工前需将大型机具进场时间及主要人力资源安排上报全过程咨询人（监理人）和发包人代表。工程总承包人每月根据要求格式、标准上报人工、主要施工机械安排等详细资料。

（五）项目变更和造价管理

第一，做好工程联系单管理。工程联系单用于各方日常工作联系，只需建设、咨询（监理）、总承包单位签认，工程各方都可以使用。工程联系单可视为对某事的通知、催促和请求的函件，同时也可反映出一个工程的进展过程，是索赔等强有力的证明材料，特别是工期及相应费用索赔。因此，建设单位应当做好工程联系单的管理和归档工作。

对于工期延误，发包人只需出示合同及竣工验收文件并进行对照，证明实际工期天数、开工日期或竣工日期与合同约定不一致即可。根据举证规则，发包人完成举证后，承包人需对自己的抗辩主张承担举证责任。承包人通常以工期延误不存在或工期延误非己方原因导致等予以抗辩。如果承包人证明了工期延误不存在或者工期延误责任不在己方，此时举证责任又转移至发包人。针对承包人的抗辩，发包人可以利用关键线路分析法及工期延误天数计算方法，结合工程相关资料证明工期延误系承包人所致、发包人引起的工期延误为非关键线路延误等。

第二，更为重要的是对变更签证的管理。不同于施工总承包项目，工程总承包项目原则上除发包人提出变更和少数情况下接受承包人合理化建议外，不因其他类型的变更而调整合同价格，但如果发包人对工程总承包人提出的变更申请进行了签认，则构成双方对合同价格调整的补充协议，具有极高的法律效力。因此，发包人代表在项目现场进行管理时，必须高度重视工程总承包人递交的变更申请，不应轻易对变更申请作出签认行为。建设单位应建立相对完善的变更签认流程，对于确需签认的，应当递交公司决策层商议后确定，以避免项目造价管理的失控。即使是在聘请监理/全过程咨询方的情况下，建设单位作为签证费用的承担主体，仍应对签证进行管控。只有在监理/全过程咨询方存在严重疏忽、过错等情况下，才能追责到监理/全过程咨询方。

（六）工程款支付和结算管理

建设单位应当高度重视工程价款支付。首先，原则上建设单位应当按照合同约定及时支付工程预付款和进度款，在支付进度款时，注意按照合同约定扣回预付款；其次，需要谨慎支付变更费用，对于没有造价审查能力的建设单位，应当委托专业的造价咨询机构帮助审价；最后，需要动态分析投资，确保累计支付金额不超过合同约定。由于工程建设过程中存在变更调整、工程洽商、工程量偏差、材料设备价差等因素，工程价款实际上是在不断变化的，因此在工程款支付过程中，要动态分析投资，定期更新合同价款变化数据，确保累计支付金额不超过合同约定。

工程合同签订后，发包人应依据合同约定的支付进度和支付方式向承包人支付工程款，具体可以采用按时间支付、按进度支付、按里程碑节点支付等方式。如因承包人有在先的违约行为，发包人停止支付工程款的，应当留存往来函件及会议纪要，作为以后进行索赔或主张工期延误的依据。对于函件，建议采用 EMS 邮寄，保留函件复印件、EMS 面单和签收凭证等。对于会议纪要，建议制作会议签到表，要求参会人员签到并制作会议纪要。否则，发包人的逾期付款除可能承担逾期付款的违约责任外，承包人可以主张工期顺延，并要求发包人赔偿损失直至要求解除合同。

工程经竣工验收合格后，发承包双方应及时依据工程合同约定进行结算，并支付工程结算款。EPC 模式下一般为固定总价合同，实践中争议较大的是合同范围外工程或设计变更后工程价款结算方式，承包人也可能通过要求另行组价或采取不平衡报价方式获得额外利益，使得发包人遭受损失。为避免纠纷，双方应及时通过工程变更单、签证单等方式对实际发生的合同范围外或设计变更的工程量的计价进行明确。

工程合同中还应明确约定工程结算流程。首先，约定工程竣工验收后，承包人提交结算报告的期限，承包人逾期提交结算报告的，应承担相应的违约责任。其次，约定发包人收到承包人的结算报告后的审核期限。最后，需尽量避免约定对己方明显不利的默示条款，如收到对方函件后约定期内不回复视为同意等。

第三节　电力能源项目案例分析

一、电力能源项目用地纠纷

为支持风电、光伏新能源产业发展，国家各部委联合颁布了《关于支持新产业新业态发展促进大众创业万众创新用地的意见》[①]《产业用地政策实施工作指引（2019 年版）》[②] 等文件，明确其用地管理政策，确立了风电、光伏新能源项目通

---

① 《关于支持新产业新业态发展促进大众创业万众创新用地的意见》，载中国政府网，www.gov.cn/zhengce/2015-09/19/content_2935263.htm，最后访问时间：2022 年 4 月 5 日。
② 《产业用地政策实施工作指引（2019 年版）》，载自然资源部网站，gi.mnr.gov.cn/201905/t20190515_2411617.html，最后访问时间：2022 年 4 月 5 日。

用的用地基本原则及不同类别风电、光伏新能源项目用地的土地使用权取得方式。

针对陆上风电项目，多个部门于 2005 年 8 月 9 日和 2012 年 3 月 1 日联合颁布了《风电场工程建设用地和环境保护管理暂行办法》① 和《电力工程项目建设用地指标（风电场）》②，对风电项目用地进行了原则性规定，按照功能分区将风电项目用地分为五类（即风电机组及机组变电站用地、集电线路用地、升压变电站及运行管理中心用地、交通工程用地和临时用地），并对各类项目用地管理方式作出了原则性规定。风力发电项目各分区大部分被列为"占用永久用地"，应当办理建设用地审批手续。针对使用未利用地的风电项目，对不占压土地、不改变地表形态的用地部分可不改变土地用途，以租赁等方式取得土地。另外，2019 年 2 月国家林业和草原局下发的《国家林业和草原局关于规范风电场项目建设使用林地的通知》（林资发〔2019〕17 号）③ 提出要依法规范风电场建设使用林地。

而光伏项目中，对于光伏方阵用地、变电站及运行管理中心用地等各部分光伏电站项目用地，需结合其使用的土地类型、土地性质，具体分析其用地的取得方式及合同效力。对于实践中出现的"渔光互补""农光互补"等光伏项目，其用地取得方式及合同效力问题存在一定的特殊性。

【典型案例】

惠州市某村民委员会与惠州市某实业有限公司、
惠州市某电力公司农村土地承包合同案

案　　号：（2017）粤 13 民终 4218 号④

审理法院：广东省惠州市中级人民法院

裁判类型：二审民事判决书

---

① 《风电场工程建设用地和环境保护管理暂行办法》，载国家发改委网站，https：//www.ndrc. gov.cn/xxgk/zcfb/tz/200508/t20050816_965833.html？code=&state=123，最后访问时间：2022 年 4 月 5 日。

② 《电力工程项目建设用地指标（风电场）》，载住房和城乡建设部网站，https：//www.mohurd. gov.cn/gongkai/zhengce/zhengcefilelib/201201/20120120_208543.html，最后访问时间：2022 年 4 月 5 日。

③ 《国家林业和草原局关于规范风电场项目建设使用林地的通知》，载国家林业和草原局网站，www.forestry.gov.cn/main/5925/20200414/090421225645198.html，最后访问时间：2022 年 4 月 5 日。

④ 广东省惠州市中级人民法院（2017）粤 13 民终 4218 号民事判决书，载中国裁判文书网，https：//wenshu.court.gov.cn/website/wenshu/181107ANFZ0BXSK4/index.html？docId=e2f7de0e05794c75bf0 ca8ef00a6f0dd，最后访问时间：2022 年 4 月 5 日。

　　案情摘要：2016 年 11 月 1 日，原告（反诉被告）惠州市某实业有限公司（以下简称原告）与被告（反诉原告）惠州市某村民委员会（以下简称被告）签订《某村鳗鱼场发包合同》，约定：被告将村集体所有的鳗鱼场承包给原告用于水产养殖等商业经营，总面积为 1572.2 亩；承包期限为 2016 年 10 月 31 日至 2041 年 10 月 31 日；承包价格 900 元/亩/年，每五年为一个周期递增 10%，第一个五年每年租金 1414980 元；原告需每年 1 月 15 日前足额交齐当年租金，并多付二年租金 2829960 元作为押金；被告应充分保证原告在经营期间内所享有的自主经营权，不得干涉原告的正常经营；原告必须确保安全生产，不得从事法律不允许的行业，承包期内，应依法依规按政策从事经营所有合法性项目。合同签订后，被告将鳗鱼场交付给原告使用。

　　2016 年 4 月 25 日，惠州市惠城区人民政府向第三人发出《马某镇同意关于建设惠州市现代农业示范区 60MW 渔光互补光伏电站项目的复函》，载明：经 2016 年 4 月 19 日马某镇班子会研究讨论，同意其渔光互补光伏电站项目落户马某镇即原告承包区域内。2016 年 6 月 7 日，惠州市发展和改革局向第三人发出《关于惠城区 60MW 渔光结合光伏电站项目的复函》，载明：原则支持其在惠城区租赁鱼塘建设光伏电站项目。2016 年 8 月 31 日，广东省发展和改革委员会向第三人出具了《企业投资项目备案证》，载明：备案项目名称为惠州现代农业示范区一期 20MW 渔光互补光伏电站项目，建设地点为惠州市惠城区马某镇某村。2016 年 10 月 30 日，惠州市国土资源局马安国土资源所向原告出具《关于渔光互补光伏电站项目选址地址类说明》，载明：原告报来鱼塘遮阳板安装项目，位于马某镇即原告的鳗鱼场地段，面积 2000 亩，经查该地块土地利用总体规划地类图为一般农地区，现状地类图为坑塘水面、设施农用地，不属于保农区。

　　2016 年 12 月 30 日，广东省发展和改革委员会向第三人出具了《企业投资项目备案证》，载明：备案项目名称为惠州现代农业示范区二期 40MW 渔光互补光伏电站项目，建设地点为惠州市惠城区马某镇某村。2017 年 1 月 23 日，惠州市环境保护局惠城区分局向原告出具了《关于惠州市某实业有限公司 60MW 渔光互补光伏电站项目环境影响报告表的批复》，载明：项目位于马某镇某村，属于扩建性质，仅包含太阳能光伏电池板基础及安装工程；原则支持原告按照报告表所列的项目性质、规模（不含辐射）、工艺、地点及环境保护对策措施进行建设。

　　2017 年 3 月 19 日，原告与第三人签订了《水产养殖基地光伏电站项目鱼塘租赁合同》，约定：为促进绿色生态发展，打造农业互补光伏电站示范区，原告将某村鱼塘的水面使用权出租给第三人。2017 年 3 月 21 日，惠州市国土资源局惠城区分局、惠城区农业局向惠城区马某镇政府出具《关于惠州市某实业有限公司农业设施大棚项目备案的复函》，载明：原告申请农业设施大棚项目选址惠城区某村，申请设施农用地 0.4 公顷……现状地类全部为养殖水面。不占用基本农田。该项目设施建设符合相关规定，现准予备案。原告与第三人签订合同后，第三人在该鱼塘水面上建设了光伏发电站。2017 年 6 月 29 日，被告向原告发出《解除合同通知书》，被告认为原告擅自改变土地用途的行为已违反双方签订的发包合同，要求与原告解除《某村鳗鱼场发包合同》。

裁判要点： 本案是农村土地承包合同纠纷，根据双方当事人在二审的上诉和答辩意见，本案上诉争议焦点为：一、惠州市某实业有限公司是否存在非法流转承包土地以及实质性破坏土地的情形；二、某村民委员会请求确认《水产养殖基地光伏电站项目鱼塘租赁合同》无效的理由是否成立；三、双方当事人签订的《某村鳗鱼场发包合同》是否应当继续履行。具体分析如下：

关于惠州市某实业有限公司是否存在非法流转承包土地以及是否有实质性破坏土地的情形的问题。惠州市某实业有限公司于 2016 年 11 月 1 日与某村民委员会签订《某村鳗鱼场发包合同》承包涉案的鱼塘，承包期间为兼营附加业务，惠州市某实业有限公司将鱼塘水面上空的使用权出租给惠州市能某公司安装太阳能板进行光伏发电。该行为并不构成非法流转承包土地，理由如下：第一，惠州市某实业有限公司虽然将涉案鱼塘的水面上空出租给第三人安装太阳能板进行光伏发电，但是惠州市某实业有限公司仍然在承包的涉案鱼塘进行水产养殖。这一行为，一方面并未改变鱼塘原有的用途即继续养鱼，另一方面是有效利用承包土地上空的空间部分即光伏发电。第二，惠州市某实业有限公司利用鱼塘水面上空的使用权另行出租给惠州市能某公司，该兼营附加业务的行为虽获取租金收益，但是并未损害某村民委员会的利益。第三，相关配电设施工程占地面积小且在批准的设施用地范围内，该部分用地亦可补办建设用地手续，补办用地手续属于政事管理实务，不在本案审理范围。第四，按照合同约定，在承租期届满后惠州市某实业有限公司负有恢复承包地原状的后合同义务，而且已经交付了相应的保证金。虽然有在鱼塘中打桩安装光伏板的事实，但是不等于造成了农用地永久性破坏而无法恢复的情形。据此，某村民委员会主张惠州市某实业有限公司存在非法流转涉案承包土地以及实质破坏承包土地理缺乏事实依据，应当予以驳回。

关于某村民委员会请求确认《水产养殖基地光伏电站项目鱼塘租赁合同》无效的理由是否成立的问题。惠州市某实业有限公司与惠州市能某公司签订的《某村鳗鱼场发包合同》约定："惠州市某实业有限公司必须确保安全生产，不得从事法律不允许的行业，承包期内，应依法依规按政策从事经营所有合法性项目。合法合规项目某村民委员会应全力支持。"当事人已经提交了在承包土地上所建的光伏发电项目经广东省各级政府相关职能部门核准的文件，应当认定属合法性项目。惠州市某实业有限公司与惠州市能某公司签订《水产养殖基地光伏电站项目鱼塘租赁合同》将鱼塘水面上空的使用权出租并用于安装太阳能板进行光伏发电，符合双方当事人的合同约定，某村民委员会应当予以支持。另外，《关于支持光伏扶贫和规范光伏电产业用地的意见》（国土资规〔2017〕8号）[①]对光伏扶贫项目和利用农用地复合建设的光伏发电站项目有明确的规定："利用农用地布设光伏方阵可不改变原用地性质。"本案中，对涉案鱼塘的水面上空安装太阳能板进行光伏发电，该"渔光互补"的光伏发电项目，属于利用农用地复合建设光伏发电站。按照上述职能部门的意见，可不改变原农业用地性质，涉案光伏发电项目有相关政策予以支持。据此，上诉人某村民委员会以惠州市某实业有限公司与第三人能某公司签订的合同违反法律强制性规定为由，请求确认合同无效，理由不能成立。

关于双方当事人签订的《某村鳗鱼场发包合同》是否应当继续履行的问题。惠州市某实业有限公司与某村民委员会签订的《某村鳗鱼场发包合同》是双方当事人真实意思表示，且合同内容不违反法律、行政法规的强制性规定，该合同合法有效，应受法律保护，双方当事人应严格按照合同约定全面履行各自义务。惠州市某实业有限公司不存在非法流转涉案承地，亦不存在实质性破坏土地的情形，某村民委员请求解除合同理由不充分，《某村鳗鱼场发包合同》应当继续履行。但是，惠州市某实业有限公司对涉案鱼塘的水面上空出租给第三人安装太阳能板进行光伏发电，从中获取了利益。但是，该土地的复合利用所获取的利益，系惠州市某实业有限公司与某村委会在签订发包合同时均未预见的，双方是基于

[①]　载国家能源局网站，http：//www.nea.gov.cn/2017-10/10/c_136669687.htm，最后访问时间：2023年4月19日。

仅仅利用涉案土地养鱼这一用途签署合同并确定租金标准。根据科学技术的发展和市场条件的进化，对涉案的鱼塘从水体的利用发展到上部空间的利用，所产生的收益本质上来源于对土地使用权的合理开发利用和对市场的积极拓展。由此而产生的收益，应当在对土地的最大限度内合理利用、对市场的开拓、投入运营后对养殖业造成的影响等因素进行综合考量后，进行合理的分配。正是基于这一认识，本案二审中已经提出了相应的调解方案。但鉴于该部分租金收益问题不属于本案的审理范围，各方当事人可以待本案诉讼终结后继续自行和解或者另循法律途径解决。

综上，涉案"渔光互补"光伏发电项目有利于有效利用资源，保护环境生态，既符合国家政策，亦不违反民法的绿色原则。

案例评析：光伏电站项目使用的土地，从原土地用途上看可能涉及农用地、未利用地、建设用地。光伏方阵使用农用地的，如果属于光伏扶贫项目和光伏复合项目且不破坏农业生产，可以通过租赁的方式取得土地使用权；光伏方阵使用未利用地的，如果不压占土地，不改变地表形态，也可以通过租赁的方式取得土地使用权。但是，对于变电站及运行管理中心用地、集电线路用地和场内道路用地，无论其使用的是农用地还是未利用地，均被要求按建设用地管理，在办理"农转非"等手续后，通过划拨或出让的方式取得土地使用权。如果光伏电站项目使用建设用地，可以通过租赁、出让、划拨等方式取得土地使用权。对于未依法办理农用地转用审批手续的合同，可能被法院认定为无效；对于约定了不符合法律规定的承包土地及其流转要求的合同，需结合具体情况判断合同的效力。

二、电力能源项目设备买卖纠纷

新能源设备质量问题专业性强，有时候当事人就质量问题约定也并不明确，纠纷双方常因某一问题是否构成质量瑕疵争执不下。发电设备买卖合同纠纷成为新能源发电项目诉讼领域主要的案件类型之一。实践中，质量异议提出不及时、设备质量问题专业性强、质量标准约定不明确等因素，使得发电设备是否存在质量问题成为此类纠纷实践的难题。

【典型案例 1】

甘肃新某公司、瑞德某公司买卖合同纠纷案

案　　号：（2019）最高法民终 1369 号①

审理法院：最高人民法院

裁判类型：二审民事判决书

案情摘要：2016 年 1 月 23 日，青海明某公司、青海瑞某公司、中昊某公司、瑞德某公司签订《合作开发协议》，约定：指定瑞德某公司为项目所需的 14MWp 高倍聚光模组和配套支架供应商，采购单价为 13.1 元/瓦，所生产的聚光光伏模组首年等效利用小时数不低于 2070 小时，高倍聚光模组 25 年内总衰减率不超过 8%。

同日，青海瑞某公司与瑞德某公司签订《发电量担保协议》，约定：瑞德某公司同意就提供给青海瑞某公司的高倍聚光设备的发电量进行担保，担保期限为自高倍聚光设备全部并网通过验收之日起 25 年（具体以 EPC 合同约定为准）。协议约定发电量担保值为首年等效利用小时数不低于 2070 小时，25 年内总衰减率不超过 8%。

同日，甘肃新某公司与瑞德某公司签订《EPC 总承包合同》，约定：总承包范围为青海某 30MWp 光伏电站工程设计、采购、施工及调试 EPC 承包工作……合同价格：固定总价承包，合同总价 357190000 元，其中光伏组件、高倍聚光合计 201740000 元。

同日，甘肃新某公司与瑞德某公司签订《设备销售合同》，约定：由甘肃新某公司采购瑞德某公司的高倍聚光发电系统设备，容量 14MWp，设备用于青海某 30MWp 并网光伏电站。合同总价为 183400000 元。合同设备款的支付采用分阶段支付方式，无质量问题或质量问题已得到妥善解决的，支付总价款的 80%，开具 90% 的发票支付 90%。如果因卖方（瑞德某公司）未能达到保证指标，买方（甘肃新某公司）应给予卖方一次试运行机会，卖方应在 10 天内对合同设备改进。在改进完成后，应在 5 天内进行第二次试运行，如果第二次试运行因卖方

---

① 最高人民法院（2019）最高法民终 1369 号民事判决书，载中国裁判文书网，https://wenshu. court. gov. cn/website/wenshu/181107ANFZ0BXSK4/index. html？docId = 9ea81ab93f2d4f759ed9ab1800c15b90，最后访问时间：2022 年 4 月 5 日。

原因未成功，买方有权给予卖方第三次试运行的机会，也可直接选择更换或者退货，因此导致的买方损失，卖方应承担赔偿责任。如一方违约，另一方有权索赔；如属于质量问题造成买方损失，相关款项从质量保证金中扣除。

2016 年 6 月 30 日，青海某 20+30MW 光伏发电项目竣工验收。2016 年 9 月 30 日，国家能源局西北监管局给青海瑞某公司颁发从事电力业务许可证。

后甘肃新某公司主张案涉高倍聚光设备因存在质量问题未达到 2070 小时发电数，致使合同目的不能实现，其有权解除案涉《设备销售合同》。

裁判要点：案涉《设备销售合同》中并未对案涉设备的性能指标进行具体约定，甘肃新某公司主张"2070 小时最低发电数"对双方发生约束力的依据为《发电量担保协议》《合作开发协议》中"2070 小时最低发电数"的相关约定。甘肃新某公司并非两份协议的签约主体，且上述两份协议不属于《设备销售合同》约定的"双方正式签署、确认的其他书面文件"，对甘肃新某公司没有约束力。案涉《设备销售合同》虽多次提到"质量标准""保证指标""技术规范"等，但双方并未对上述用语的内涵作进一步的细化与补充解释，此后双方的会议纪要、其他补充资料、图纸以及往来传真亦未对"2070 小时最低发电数"进行明确约定，故甘肃新某公司主张案涉设备未达到"2070 小时最低发电数"致使合同目的不能实现，没有合同依据。

【典型案例 2】

广东某公司与吉林某公司买卖合同纠纷案

案　　号：（2017）最高法民申 1114 号[①]

审理法院：最高人民法院

裁判类型：申诉、申请民事裁定书

案情摘要：广东某公司申请再审称：1. 广东某公司给吉林某公司提供涉案三台软包装设备，已按《产品购销合同》约定履行完供货、安装、调试义务，甚至售后服务。三台软包装设备质量合格，早已完成终验收，吉林某公司也早已投入使用，故早已达到了支付剩余货款 829140 元的支付条件。二审却认定不满

---

① 最高人民法院（2017）最高法民申 1114 号民事裁定书，载中国裁判文书网，https：//wenshu. court. gov. cn/website/wenshu/181107ANFZ0BXSK4/index. html？docId = a5e18532e4d94705b319a760011be276，最后访问时间：2022 年 4 月 8 日。

足支付剩余货款的条件，不仅缺乏证据证明，而且属于事实认定不清。2. 案涉《产品购销合同》是广东某公司与吉林某公司双方的真实意思表示，合法有效，其中明确约定了二十日的产品质量异议期，法院生效判决对二十日质量异议期也进行了明确认定，二审却认为二十日的质量异议期是设备自身瑕疵的检验期，无证据证明。综上，二审认定事实不清，适用法律错误，请求依法撤销二审判决，改判吉林某公司向广东某公司支付货款人民币829140元及利息，一审、二审诉讼费由吉林某公司承担。

裁判要点： 本案的主要争议焦点是：案涉三份《产品购销合同》剩余货款是否符合付款条件。

本案中，案涉《产品购销合同》关于结算方式及期限约定如下："1. 合同签订后，需方即付合同总额的30%作为预付款。2. 预验收合格后，供方应当出具17%增值税发票，需方支付合同总额的40%。3. 终验收合格后，需方支付合同总额的20%货款。4. 余款在终验收合格一年后需方支付合同总额的10%。"关于验收约定："1. 设备制造完成前，需方（即吉林某公司）以满足技术协议要求而准备试机材料，设备制造完毕后10个工作日内，在供方（即广东某公司）现场进行预验收。由需方根据技术协议验收，需方带材料试机，双方在验收报告上签字。2. 供方负责在需方现场进行安装、调试，需方协助安装、调试，设备安装、调试完达到生产要求一周内，在需方现场进行终验收，验收标准及相关事宜同预验收，并在验收报告上签字，双方各持一份。"根据约定，广东某公司主张20%货款和10%货款的前提条件分别是交付的设备需要满足终验收合格及终验收合格一年后。预验收是终验收的前提，在广东某公司处组织预验收，在吉林某公司处组织终验收，并且终验收与预验收的标准一致。广东某公司作为出卖人，对交付设备验收合格的事实，应当提供证据加以证明，但广东某公司未提供终验收报告，理由是吉林某公司在作出终验收后拒绝为其提供报告。现广东某公司未能提供双方约定的终验收报告，亦未能提供其他足以证明终验收合格的证据。据此，二审法院认定广东某公司不能提供满足付款条件的证据，应当承担举证不能的法律后果，该认定并无不当，本院予以维持。

广东某公司主张，根据约定吉林某公司在接收货物后20日内未提出质量异议，并且一审、二审法院对该条款都予以认可，应当认定广东某公司提供的设备质量合格、已经完成终验收。本案中，广东某公司与吉林某公司共签订了十四份

《产品购销合同》，除本案涉诉三份《产品购销合同》项下设备未安装使用外，其余十一份《产品购销合同》项下设备均已实际安装使用，二审法院在另案审理其余十一份《产品购销合同》纠纷时，认定吉林某公司未组织终验收为不当阻止条件成就，应视为该十一份合同项下设备完成终验收，并就十一份合同项下货款部分先行判决，同时将案涉三份《产品购销合同》部分发回一审法院重审。本案与另案案情不同，本案并不必然得出根据约定吉林某公司在接收货物后 20日内未提出质量异议，应当认定广东某公司提供的设备质量合格、已经终验收的结论，而应根据本案的实际案情对这一条款进行判断。本案中，通过双方当事人多次信函和会议记录可知，案涉三份《产品购销合同》项下设备的质量、验收、回购等事宜始终处于协调沟通过程中，双方对设备是否符合约定各执一词，吉林某公司也因质量问题提起另案诉讼，要求解除合同。根据《产品购销合同》中关于结算方式和验收的约定，二审法院认为《产品购销合同》中关于"需方如对货物质量有异议，在收到货物后二十日内提出，否则视为验收合格"的约定，应理解为设备自身瑕疵的检验期，并非安装调试后运转情况的验收期限，广东某公司仅以收到货物后 20 日内未提出异议视为验收合格的主张，明显不能成立，二审法院的认定并无不当，予以维持。

案例评析： 实践中，涉及新能源领域设备质量问题往往非常复杂，其发生的时间可能在交付时或安装时，也可能在电站运行过程中，甚至在电站运行多年后质量问题才暴露出来。且在大多数情形下，在出卖人诉至法院要求支付货款后，买受人才以发电设备存在瑕疵为由进行抗辩，而在此之前可能并未就质量问题与出卖人进行交涉，质量问题往往是其拒付货款的一个事由而已。

为避免因约定不明而发生败诉的风险。笔者建议，结合发电设备的特性，在发电设备买卖合同中应尽可能约定准确、具体的检验期间，同时在设备买卖合同签订之时就质量问题尽可能约定清楚、具体。

三、电力能源项目投融资纠纷

无论是风机抢装还是项目投资并购，投资人都应高度重视其中的法律风险防控工作，一旦防控不力，将给投资人和有关项目参与方造成经济损失，甚至需要承担行政或刑事责任。

【典型案例 1】

郑某诉某能源公司股权转让合同案

案　　号：（2019）最高法民终 827 号[①]

审理法院：最高人民法院

裁判类型：二审民事判决书

案情摘要：郑某将其持有的目标公司新疆某商贸有限公司（以下简称某商贸公司）51%股权以 10284 万元价格转让给某能源公司，约定变更登记手续办理完毕后 3 日内某能源公司付清转让款，同时由于不可抗力或不可归责于各方的原因致使本协议的目的无法实现的，一方可以解除协议。2010 年 4 月 12 日，案涉股权变更至某能源公司名下并变更了法定代表人。

从 2010 年 8 月 4 日开始，当地陆续下发矿区政策收紧的相关文件。案涉探矿权至今未能延续。2012 年 11 月 9 日，某能源公司向郑某出具《对郑某来函意见的复函》记载：双方对该矿权煤炭资源开发存在的政策性不确定因素已取得共识。我公司愿意与您共同努力，继续推进项目开发建设或争取政策补偿。截至2013 年 5 月 8 日，某能源公司共计支付股权转让款 5860 万元，之后再未付款。

郑某提起本案诉讼，请求某能源公司向其支付欠付的股权转让款 67416000元及逾期付款违约金 37769000 元。某能源公司提出反诉，请求解除《股权转让协议》《股权转让补充协议》，返还已支付的股权转让款及其他费用合计66810234.79 元。

裁判要点：某能源公司将探矿权行使过程中发生的政策变化作为股权转让合同目的不能实现的理由，主张适用情势变更的规定，要求解除合同，该主张不能成立。

首先，合同成立以后客观情况发生了当事人在订立合同时无法预见的、非不可抗力造成的不属于商业风险的重大变化，继续履行合同对于一方当事人明显不公平或者不能实现合同目的，当事人请求人民法院变更或者解除合同的，人民法院应当根据公平原则，并结合案件的实际情况确定是否变更或者解除。在合同履

---

① 最高人民法院（2019）最高法民终 827 号民事判决书，载中国裁判文书网，https：//wenshu. court. gov. cn/website/wenshu/181107ANFZ0BXSK4/index. html？ docId ＝ a8b59a5567e243e8aeeaab1900c1be5b，最后访问时间：2022 年 4 月 8 日。

行过程中，因发生无法预见的客观情况，致使合同原有利益平衡被打破，造成不公正的结果或不公平的状态，为调整这种结果或状态，法院应当施以救济。也就是说，如果合同订立时是公平的，在合同生效后由于社会环境发生重大变化，使一方当事人遭受重大的损害，造成双方当事人显失公平，这种情况下应该适用情势变更原则予以调整。情势变更属于合同成立的基础环境发生了异常的变动，所造成的风险属于意外风险。本案中，案涉矿区位于某风景名胜区内，根据相关行政法规规定，风景名胜区内禁止开矿。某能源公司作为矿产企业，在《股权转让协议》签订时对此应当知晓，即使如某能源公司所称当地环保政策宽松，在行政法规有明确规定的情况下，某能源公司对政策的走向也应当有所预见，之后当地政策逐步收紧导致探矿权不能延续对于某能源公司而言不属于意外风险。某能源公司明知行政法规禁止在风景名胜区采矿，而甘愿冒风险通过签订《股权转让协议》成为某商贸公司股东以享有矿业权所带来的利益，此种风险属于正常的商业风险。

其次，关于政策变化对《股权转让协议》的影响。某能源公司通过股权转让的方式取得某商贸公司51%的股权，达到控股某商贸公司的目的，某商贸公司的财产包括案涉探矿权。当地政策变化可能导致案涉探矿权无法延续，但目前探矿权仍然存在，由某商贸公司持有，某能源公司签订《股权转让协议》的基础并未丧失，其仍持有某商贸公司51%的股权，享有相应的股东权益，不存在显失公平的情形。

最后，2010年7月9日某能源公司已经明知政策调整的相关信息，但其在2012年11月9日的复函中明确表示继续推进，2013年5月8日仍支付股权转让价款。由此可见，某能源公司在知晓相关政策调整的情况下，以实际行为表明愿继续履行合同。因此，本案并不适用情势变更的规定，某能源以情势变更为由主张解除合同不能成立。

综上，某能源公司对当地的政策变化应当预见，政策的逐步收紧不属于不可抗力，某能源公司请求解除合同不符合法定解除的条件。案涉股权已于2010年4月12日变更登记至某能源公司名下，股权转让的目的已经实现，探矿权并未灭失，对于政策导致的探矿权不能延续是某商贸公司在经营过程中遇到的正常经营风险，并非《股权转让协议》合同目的不能实现，某能源公司不能将《股权转让协议》的合同目的扩大至目标公司经营中探矿权及采矿权的实现。某能源公司以《股权转让协议》第 12 条约定为由主张解除合同，亦不能成立。

案例评析：本案中，案涉项目在签署股权转让协议后，案涉项目已经不可能获得进一步开发建设，故收购方以"情势变更"为由要求解除股权转让协议。最高人民法院驳回了收购方的诉请，认为：收购方在 2010 年 7 月 9 日已经明知政策调整，但在 2012 年 11 月 9 日的复函中明确表示继续推进，2013 年 5 月 8 日仍支付股权转让价款，以实际行为继续履行合同。因此，本案并不适用情势变更的规定。履行行为决定着将来司法机关对当事人真实意思表示的看法，与合同约定具有同样重要的法律意义，切不可作出自相矛盾、言行不一的履行行为。

【典型案例 2】

某金融租赁公司与某生态环境公司等融资租赁合同纠纷案

案　　号：（2019）京 02 民初 261 号①

审理法院：北京市第二中级人民法院

裁判类型：一审民事判决书

案情摘要：2017 年 9 月 19 日，某金融租赁公司与某能源公司签订《融资租赁合同》及其附件《租赁附表》《租金支付表》《租赁物清单》，主要内容为：某能源公司与某金融租赁公司开展融资租赁回租业务，租赁物转让价款为 2 亿元，租赁期限共 5 年，起租日为 2017 年 9 月 26 日，租赁利率为每年 5.795%。某能源公司应支付的租金合计 230507455.57 元，留购价款 1 元，手续费 600 万元，租赁押金 1000 万元。

2018 年 6 月 14 日，某金融租赁公司与某能源公司签订《融资租赁合同补充协议》，将原《融资租赁合同》所约定的 5 年租赁期延长至 8 年，某能源公司应付租金总额更新为 250401233.06 元。

2017 年 9 月 18 日，某生态环境公司形成董事会决议，同意为某能源公司与某金融租赁公司开展的 2.5 亿元融资租赁业务提供保证担保，并将其持有的某能源公司 100% 股权质押给某金融租赁公司，期限五年。2017 年 9 月 19 日，某金融租赁公司（债权人）与某生态环境公司（保证人）签订《保证合同》，主要内容

---

① 北京市第二中级人民法院（2019）京 02 民初 261 号民事判决书，载中国裁判文书网，https://wenshu. court. gov. cn/website/wenshu/181107ANFZ0BXSK4/index. html? docId = 955da95c701e4537b3ebab2a00d3fa28，最后访问时间：2022 年 4 月 8 日。

为：为确保某金融租赁公司与某能源公司签订的《融资租赁合同》及相关附件的履行，某生态环境公司同意为该主合同项下某能源公司对某金融租赁公司所负全部债务承担连带保证责任。2017年9月19日，某金融租赁公司（质权人）与某生态环境公司（出质人）签订《股权质押协议》，主要内容为：某金融租赁公司与某生态环境公司一致同意，某生态环境公司将其所持有的某能源公司的股权及派生权益质押给某金融租赁公司，作为某能源公司履行其在主合同项下义务的担保；担保责任的范围为主合同项下某金融租赁公司对某能源公司享有的全部债权。2017年9月19日，某金融租赁公司与某能源公司签订《电费收费权及应收账款质押合同》。2017年9月21日，某生态环境公司为某金融租赁公司办理了股权出质登记手续。2018年4月18日，某金融租赁公司与某能源公司签订《设备抵押合同》。2018年4月18日，某金融租赁公司与某能源公司签订《抵押合同》。2018年4月18日，某金融租赁公司（出租人）与某能源公司（承租人）及华夏银行股份有限公司兰州分行（监管人）签订《资金账户监管协议》。

2017年9月26日，某金融租赁公司向某能源公司支付了融资租赁合同项下租赁物购买价款2亿元。同日，某能源公司向某金融租赁公司支付押金1000万元并出具《租赁物接受确认书》，确认接收了融资租赁合同项下全部租赁物，并将全部租赁物所有权转移至某金融租赁公司名下。按照《租赁支付表》的约定，某能源公司分别于2017年12月15日、2018年3月15日、2018年7月19日共向某金融租赁公司支付租金30827940.56元。鉴于某能源公司未支付2018年12月15日到期租金，某金融租赁公司于2018年12月17日用某能源公司的项目租赁押金冲抵了该期租金，此后租金再未支付。

某金融租赁公司在诉讼中确认，以其起诉后某能源公司收到起诉状第二日，即2019年4月9日为提前到期日，据此提出的相关诉讼请求。

裁判要点：

（1）关于某能源公司的行为是否构成根本违约

某金融租赁公司与某能源公司签订的《融资租赁合同》《电费收费权及应收账款质押合同》《抵押合同》，系双方真实的意思表示依法认定有效。依据《融资租赁合同》约定，某能源公司构成根本违约，某金融租赁公司依约有权宣布《融资租赁合同》项下的全部债务于2019年4月9日提前到期，要求某能源公司支付到期未付租金、未到期租金、迟延违约金、留购价款等，其诉讼请求具有合同依据，且符合法律规定，法院予以支持。

（2）关于某金融租赁公司是否对抵押物拍卖、变卖所得价款，以及质押电费及其收益权享有优先受偿权

某能源公司与某金融租赁公司签订《电费收费权及应收账款质押合同》，承诺以其所有的30MW风电项目相关收费权及基于该权利产生的应收账款及相关权益对某金融租赁公司在《融资租赁合同》项下对某能源公司享有的全部债权提供质押担保，且办理了质押登记手续，质权已设立，同时设立了电费收取专用账户，故某金融租赁公司要求某能源公司承担相应的质押担保责任及某金融租赁公司对电费收取专用账户内的款项享有优先受偿权的诉讼请求，具有合同依据和法律依据，法院予以支持。

某生态环境公司与某金融租赁公司签订《抵押合同》，承诺以登记在其名下的不动产为《融资租赁合同》项下某金融租赁公司享有的全部债权提供抵押担保，且办理了抵押登记手续，抵押权已设立，故某金融租赁公司要求某能源公司承担相应的抵押担保责任的诉讼请求，具有合同依据，且符合法律规定，法院予以支持。

（3）关于某金融租赁公司是否对案涉全部租赁物享有所有权

按照《融资租赁合同》的约定及《租赁物接受确认书》的确认，租赁物所有权已转移至某金融租赁公司名下。某金融租赁公司基于《融资租赁合同》关于租赁物所有权转移的约定，要求确认在某能源公司和其股东某生态环境公司将全部租金、迟延违约金及留购价款清偿完毕前，某金融租赁公司保留对案涉全部租赁物享有的所有权，该项诉讼请求符合合同约定和法律规定，法院予以支持。

案例评析：本案例中同时设置了项目电费收费权及应收账款质押担保，项目公司股权质押担保及项目公司股东提供的不动产抵押，这使得案件胜诉后的强制执行存在了一定的可能。对于融资租赁单位来说，抵押、股权质押、保证等增信措施是必不可少的风控措施。大部分的融资架构中，项目公司股东无法提供不动产抵押的担保，导致融资担保措施仅有项目电费收益权及应收账款质押担保和项目公司股权质押两种。在此情况下，如果新能源项目出现重大瑕疵，如用地不合规、开发指标存在瑕疵、无法如期并网、无法获得补贴或预期电价等，新能源项目将无法获得预期的电费收益，项目公司股权价值、电费收益权价值也随之大大减损，增信担保措施的设置将形同虚设。

第十二章　水利项目投资建设法律风险防控

第一节　水利项目投资建设特点

水利是现代农业建设不可或缺的首要条件，是经济社会发展不可替代的基础支撑，是生态环境改善不可分割的保障系统，事关农业农村发展，事关经济社会发展全局，事关粮食、生态和国家安全。随着社会经济技术的不断发展，水利的内涵在不断地发展和变化，水利项目的内涵和外延也在不断地发展和扩充。

本章从分析水利项目投资建设特点出发，以现有的法律规范为基础，结合司法实践案例，分析水利项目在投资建设过程中的法律风险及防控措施。

一、水利项目的概述

在《辞海》中，"水利"是指采取各种人工措施对自然界的水进行控制、调节、治导、利用、管理和保护的活动，以减轻或免除水旱灾害，利用水资源，适应生活生产和改善生态环境需要。基于前述对"水利"一词含义的论述，本章所论述的水利项目，即在对自然界的水进行控制、调节、治导、利用、管理和保护的过程中，出于减轻或免除水旱灾害，利用水资源的目的，投资建设的基础设施项目。而水利项目所涵盖的内容，可以考虑从以下两个角度进行梳理：

一是基于水利行业行政管理部门的职能梳理水利项目的内容。水利部是我国的水利行业行政管理职能部门，在履行主要职责的过程中，必然涉及水利项目的投资建设。

二是基于建设行业管理梳理水利项目的内容。本章的主旨是水利项目投资建设的法律风险防控，即水利项目涉及建设的内容。《建筑法》第 13 条规定："从事建筑活动的建筑施工企业、勘察单位、设计单位和工程监理单位，按照其拥有的注册资本、专业技术人员、技术装备和已完成的建筑工程业绩等资质条件，划分为不同的资质等级，经资质审查合格，取得相应等级的资质证书后，方可在其资质等级许可的范围内从事建筑活动。"即从事水利项目建筑活动的施工企业也应取得相应的资质条件，并在资质等级许可的范围内从事水利项目建筑活动。因此，可以从建设行业管理角度梳理水利项目的内容。按照《建筑业企业资质标准》（建市〔2014〕159号），建筑业企业资质的施工总承包序列设有12个类别，包括水利水电工程施工总承包序列。其中的水利水电工程，是指以防洪、灌溉、发电、供水、治涝、水环境治理等为目的的各类工程（包括配套与附属工程），主要工程内容包括：水工建筑物（坝、堤、水闸、溢洪道、水工隧洞、涵洞与涵管、取水建筑物、河道整治建筑物、渠系建筑物、通航、过木、过鱼建筑物、地基处理）建设、水电建设、水泵站建设、水力机械安装、水工金属结构制造及安装、电气设备安装、自动化信息系统、环境保护工程建设、水土保持工程建设、土地整治工程建设，以及与防汛抗旱有关的道路、桥梁、通讯、水文、凿井等工程建设，与上述工程相关的管理用房附属工程建设。

　　水利项目所涵盖的项目类型繁多、范围广泛，无论是基于水利行业行政管理部门的职能梳理水利项目的内容，还是基于建设行业管理梳理水利项目的内容，水利项目均无确定和精确的定义和范围，如水利水电工程的内容与港口、航道工程、电力工程的内容存在交叉和重叠。可以预见，随着社会经济水平的发展，水利项目的内涵会不断地发展和变化。基于上述论述，笔者认为将水利项目界定为以防洪、灌溉、发电、供水、治涝、水环境治理等为目的的项目，是相对准确的。

二、水利项目的投资建设特点

　　虽然水利项目的类型繁多、范围广泛，即不同类型的水利项目的投资建设存在一定差异，但总体而言水利项目的投资建设呈现出如下特点：

　　一是水利项目投资建设的经济社会效益突出。水利工程是国家水利基础设施网络的骨干，加快推进重大水利工程建设，对保障国家水安全、推动区域协调发展、拉动有效投资需求、促进经济稳定增长具有重要意义，即水利项目投资建设的经济社会效益突出。首先，重大水利项目投资建设可以拉动经济增长，重大水利工程吸纳投资大、产业链长、创造就业机会多，在工程建设过程中，可以直接产生拉动经济增长的作用。① 其次，重大水利项目投资建设可以提高水安全，以南水北调东线、中线一期工程为例，截至 2021 年 9 月 18 日，建成的工程已调水469.25 亿立方米，其中东线工程调水 52.88 亿立方米，中线工程调水 416.37 亿立方米，直接受益人口达 1.4 亿人，提升了沿线城市供水水质，对缓解华北地区特别是海河流域的水资源过度开发起到重要作用，南水北调为我国经济社会发展发挥着越来越重要的支撑作用。② 再次，重大水利项目投资建设可以保障生态环境安全，生态保护修复类水利项目的实施，可以有效改善江河湖的水生态环境，进而改善区域生态环境。最后，重大水利项目投资建设可以保障防洪安全，以三峡工程为例，在长江上游洪水形成时，主管部门会随即发出调度令，调度金沙江下游梯级水库全力拦蓄金沙江洪水，三峡水库可以有效地进行洪水削峰，有效缓解长江中下游地区防洪压力。

二是水利项目投资建设的管理模式独特。因水资源的自然属性以及重大水利项目涉及行政区域、人口等因素，与其他类型的基础设施项目相比，水利项目投资建设的管理模式相对独特。首先，水资源的管理体制必须与水资源的自然属性契合。其他类型的基础设施项目，通常是以行政区域作为划分依据，职能部门只负责行政区域内基础设施项目投资建设的监督管理。但水资源通常是跨行政区的，传统的以行政区域作为划分依据的管理体制，无法满足水利项目投资建设的管理需求。以长江流域的管理事项为例，《长江保护法》第 2 条第 2 款规定："本法所称长江流域，是指由长江干流、支流和湖泊形成的集水区域所涉及的青海省、四川省、西藏自治区、云南省、重庆市、湖北省、湖南省、江西省、安徽省、江苏省、上海市，以及甘肃省、陕西省、河南省、贵州省、广西壮族自治区、广东省、浙江省、福建省的相关县级行政区域。"即长江流域涉及我国多个省市，传统的行政区域作为划分依据的管理体制，显然不能在长江流域有效地开展生态环境保护和修复以及长江流域各类生产生活、开发建设活动。为有效地开展长江流域的水利项目的投资建设，《长江保护法》第 4 条规定："国家建立长江流域协调机制，统一指导、统筹协调长江保护工作，审议长江保护重大政策、

① 《重大水利工程释放多重效益》，载中国政府网，http://www.gov.cn/xinwen/2021-09/14/content_5637113.htm，最后访问时间：2022 年 3 月 23 日。

② 《一泓清水北上 1.4 亿人受益——南水北调为我国经济社会发展发挥着越来越重要的支撑作用》，载水利部网站，http://nsbd.mwr.gov.cn/zx/zxdt/202109/t20210927_1545500.html，最后访问时间：2022 年 3 月 23 日。

重大规划，协调跨地区跨部门重大事项，督促检查长江保护重要工作的落实情况。"即通过统筹建立协调机制的方式，完善长江流域的决策管理机制，才能实现按照职责分工负责长江保护相关工作的目的。其次，水利项目投资建设的规范体系相对独立。水利行政职能部门负责水利项目投资建设的监督管理，在对水利项目投资建设进行监督管理过程中，除适用法律、行政法规等效力层级较高的规范依据外，水利行政职能部门也基于水利项目投资建设管理需求，制定了一系列的行业管理规范。如水利项目投资建设的项目法人制度规范体系，水利项目投资建设的技术规范和验收规范等，相关规范体系基本覆盖了从水利项目投资建设的立项、建设、验收、运营等阶段。即在普遍适用法律法规的基础上，水利项目的投资建设形成了相对独立的规范体系。在具体实施水利项目投资建设过程中，除关注法律、行政法规等内容外，还需关注水利行业的规范、标准。

第二节　水利项目法律风险分析

如前所述，在普遍适用法律、行政法规的基础上，水利项目的投资建设形成了相对独立的规范体系。即在具体实施水利项目投资建设过程中，除关注法律、行政法规等内容外，还需关注水利行业的规范、标准。因此，有必要对水利项目投资建设过程中应予以关注的法律事项进行论述。

一、水利项目的项目法人机制

项目法人作为基础设施项目领域广为熟知的概念，实践中一般是指具有民事权利能力和民事行为能力，依法独立享有民事权利和承担民事义务的，并以建设项目为目的，从事项目管理的机构或组织，即项目法人是建设项目的所有者、投资者、组织建设者和经营者。

（一）水利项目的项目法人机制概述

关于水利项目的项目法人的概念，法律规范层面并无相对统一、完善的界定和规范，仅散见于规范性文件中。随着水利行业的发展变化，水利部于 2020 年

11 月 27 日制定了《水利工程建设项目法人管理指导意见》①，强调项目法人责任制为水利工程建设项目管理的基本制度，进一步加强水利工程建设管理，加快建立与新时代水利工程建设管理高质量发展相适应的项目法人管理制度。

项目法人机制是水利项目管理的基本制度，在水利项目的投资建设中发挥着重要作用，实践中涉及的水利项目，应注意按照水利行业的规范体系，及时组建项目法人。

（二）水利项目的项目法人的组建方式

水利项目的项目法人的组建，考虑到水利行业与项目法人政策的延续性和政策出台的时间性，原则上应以《水利工程建设项目法人管理指导意见》为组建依据。

对于水利项目的项目法人的组织形式，相关政策显然是借鉴了公司法等关于法人的规定，因此项目法人的组织形式重点仍是法律规范层面的"法人"。但在法律规范层面，公司或企业并非法人的全部形式，水利项目也不是全部按照公司或者企业的形式组建项目法人，如《水利工程建设项目法人管理指导意见》便鼓励各级政府或其授权部门组建常设专职机构，履行项目法人职责，集中承担辖区内政府出资的水利工程建设，即项目法人的组建必须满足水利项目投资建设需要。

以南水北调工程为例，其项目法人是按照国务院南水北调工程建设委员会批准的组建方案组建的。其中东线、中线主体工程建设阶段按产权明晰的原则，先分别组建南水北调东线水源有限责任公司、南水北调东线干线有限责任公司、南水北调中线水源有限责任公司和南水北调中线干线有限责任公司。东线江苏有限责任公司由江苏省在江苏供水公司的基础上组建，作为东线江苏省行政区域内工程的项目法人。东线干线有限责任公司，在一期工程期间由山东省出资人代表负责组建作为一期工程的项目法人，中央在两省行政区域内的东线工程投资（资产），暂委托两省管理。中线水源有限责任公司委托水利部以汉江水利水电（集团）有限责任公司为基础组建，中线干线有限责任公司，由中央与有关省、市出资人代表按照各方的出资比例共同组建。为满足中线干线工程尽快实现全面建设

---

① 《水利工程建设项目法人管理指导意见》，载水利部网站，http://www.mwr.gov.cn/zwgk/gknr/202012t/t20201207_1485290.html，最后访问时间：2022 年 3 月 23 日。

的需要，首先由南水北调办先期组建中线干线工程建设管理局，作为工程建设管理的责任主体履行建设期间的项目法人职责。[①]

在组建具体的水利项目法人时，考虑到水利项目的不同投资方式和重要程度，《水利工程建设项目法人管理指导意见》分别设定了不同的法人组建原则。

一是基于水利项目投资方式设定的法人组建原则。《水利工程建设项目法人管理指导意见》要求，政府出资的水利工程建设项目由县级以上人民政府或其授权的水行政主管部门或者其他部门负责组建项目法人。政府与社会资本方共同出资的水利工程建设项目，由政府或其授权部门和社会资本方协商组建项目法人。社会资本方出资的水利工程建设项目，由社会资本方组建项目法人，但组建方案需按照国家关于投资管理的法律法规及相关规定经工程所在地县级以上人民政府或其授权部门同意。具体的项目法人组建主体和组建方案，应在水利工程建设项目可行性研究报告中予以明确。

二是基于水利项目的重要程度设定的法人组建原则。在国家确定的重要江河、湖泊建设的流域控制性工程及中央直属水利工程，《水利工程建设项目法人管理指导意见》规定原则上由水利部或流域管理机构负责组建项目法人。对于其他项目的项目法人组建层级，《水利工程建设项目法人管理指导意见》授权省级人民政府或其授权部门结合本地实际，根据项目类型、建设规模、技术难度、影响范围等因素确定。其中，新建库容 10 亿立方米以上或坝高大于 70 米的水库、跨地级市的大型引调水工程，要求由省级人民政府或其授权部门组建项目法人，或由省级人民政府授权工程所在地市级人民政府组建项目法人。而对于跨行政区域的水利工程建设项目，《水利工程建设项目法人管理指导意见》规定一般应由工程所在地共同的上一级政府或其授权部门组建项目法人，也可分区域由所在地政府或其授权部门分别组建项目法人。分区域组建项目法人的，工程所在地共同的上一级政府或其授权部门应加强对各区域项目法人的组织协调。

因此，实践中应注意结合具体水利项目的实际情况，确定恰当的项目法人组织形式，并按照《水利工程建设项目法人管理指导意见》设定的原则和方式，组建水利项目的项目法人。

---

① 《南水北调工程项目法人组建方案（摘要）》，载水利部网站，http：//www.mwr.gov.cn/xw/slyw/201702/t20170212_829456.html，最后访问时间：2022 年 3 月 23 日。

（三）水利项目的项目法人的基本要求

为进一步明确项目法人职责，落实项目法人权利，建立权责统一、管理规范高效的项目法人运行机制，《水利工程建设项目法人管理指导意见》对项目法人的组建设置了基本要求。

一是应落实政企（政事）分开原则。《水利工程建设项目法人管理指导意见》明确要求各级政府及其组成部门不得直接履行项目法人职责，政府部门工作人员在项目法人单位任职期间不得同时履行水利建设管理相关行政职责。同时，项目法人的组建单位应当在项目法人组建文件中明确项目法人的职责和权限，对项目法人履行职责予以充分授权，保障项目法人依法实施建设管理工作的自主权。不得干预项目法人通过招投标程序择优选择参建单位，不得干预项目法人依据合同约定支付工程款，不得干预项目法人依据法律法规、技术标准对工程质量、安全和资金进行管理。

二是满足项目法人的基本条件。为保障项目法人履行职责的能力，《水利工程建设项目法人管理指导意见》要求水利项目的项目法人具备以下基本条件：（1）具有独立法人资格，能够承担与其职责相适应的法律责任；（2）具备与工程规模和技术复杂程度相适应的组织机构，一般可设置工程技术、计划合同、质量安全、财务、综合等内设机构；（3）总人数应满足工程建设管理需要，大、中、小型工程人数一般按照不少于30人、12人、6人配备，其中工程专业技术人员原则上不少于总人数的50%；（4）项目法人的主要负责人、技术负责人和财务负责人应具备相应的管理能力和工程建设管理经验。其中，技术负责人应为专职人员，有从事类似水利工程建设管理的工作经历和经验，能够独立处理工程建设中的专业问题，并具备与工程建设相适应的专业技术职称。大型水利工程和坝高大于70米的水库工程项目法人技术负责人应具备水利或相关专业高级职称或执业资格，其他水利工程项目法人技术负责人应具备水利或相关专业中级以上职称或执业资格。对于无法按照《水利工程建设项目法人管理指导意见》设定的基本条件组建项目法人的，应通过委托代建、项目管理总承包、全过程咨询等方式，引入符合相关要求的社会专业技术力量，协助项目法人履行相应管理职责。

实践中，组建水利项目的项目法人，除满足《水利工程建设项目法人管理指导意见》规定的项目法人组建的原则外，还应满足《水利工程建设项目法人管理指导意见》规定的项目法人的基本条件。

（四）水利项目的项目法人的职责

在水利项目中组建项目法人，主要目的是落实项目法人责任制，建立权利责任统一、管理规范高效的项目法人运行机制。为此，《水利工程建设项目法人管理指导意见》进一步明确了项目法人的职责。

《水利工程建设项目法人管理指导意见》规定的项目法人的职责，主要包括：（1）组织开展或协助水行政主管部门开展初步设计编制、报批等相关工作；（2）按照基本建设程序和批准的建设规模、内容，依据有关法律法规和技术标准组织工程建设；（3）严格遵守国家有关法律法规，结合建设项目实际，依法完善项目法人治理结构，根据工程建设需要组建现场管理机构，任免其管理、技术及财务等重要岗位负责人，制定质量、安全、计划执行、设计、财务、合同、档案等各项管理制度，定期开展制度执行情况自查，加强对参建单位的管理；（4）负责办理工程质量、安全监督及开工备案手续；（5）参与做好征地拆迁、移民安置工作，配合地方政府做好工程建设其他外部条件落实等工作；（6）根据项目特点，依法依规选择工程承发包方式。合理划分标段，避免标段划分过细过小。禁止唯最低价中标等不合理的招标采购行为，依法对工程项目的勘察、设计、监理、施工、咨询和材料、设备等组织招标或采购，择优选择综合实力强、信誉良好、满足工程建设要求的参建单位，签订并严格履行有关合同，对于实行工程总承包方式的，要加强施工图设计审查及设计变更管理，强化合同管理和风险管控，确保质量安全标准不降低，确保工程进度和资金安全；（7）组织施工图设计审查，按照有关规定履行设计变更的审查或审核与报批工作；（8）负责监督检查现场管理机构和参建单位建设管理情况，包括工程质量、安全生产、工期进度、资金支付、合同履约、农民工工资保障以及水土保持和环境保护措施落实等情况，建立对参建单位合同履约情况的监督检查台账，实行闭环管理。对检查发现的问题，要严格按照合同进行处罚。问题严重的，对有关责任单位采取责令整改、约谈、停工整改、追究经济责任、解除合同、提请相关主管部门予以通报批评或降低资质等级等措施进行追责问责；（9）负责组织设计交底工作，组织解决工程建设中的重大技术问题；（10）组织编制、审核、上报项目年度建设计划和资金预算，配合有关部门落实年度工程建设资金，按时完成年度建设任务和投资计划，依法依规管理和使用建设资金，切实履行廉政建设主体责任，针对设计变更、工程计量、工程验收、资金结算等关键环节，研究制定廉政风险防控手册，落实防控措施，加强工程建设管理全过程廉政风险防控；（11）负责组织编制、审核、上报在建工程度汛方案和应急预案，落实安全度汛措施，组织应急预案演练，对在建工程安全度汛负责；（12）组织或参与工程及有关专项验收工作；（13）负责组织编制竣工财务决算，做好资产移交相关工作；（14）负责工程档案资料的管理，包括对各参建单位相关档案资料的收集、整理、归档工作进行监督、检查；（15）负责开展项目信息管理和参建各方信用信息管理相关工作；（16）接受并配合有关部门开展的审计、巡查等各类监督检查，组织落实整改要求。

以上是制度规范层面对水利项目的项目法人职责的概括性规定。针对具体水利项目，仍需结合项目实际情况，落实和细化项目法人的职责范围和内容。

二、水利项目立项的注意事项

水利项目的立项，涉及项目正式开工建设前与项目管理相关的审批手续和证照文件。《企业投资项目核准和备案管理办法》第15条规定："企业投资建设固定资产投资项目，应当遵守国家法律法规，符合国民经济和社会发展总体规划、专项规划、区域规划、产业政策、市场准入标准、资源开发、能耗与环境管理等要求，依法履行项目核准或者备案及其他相关手续，并依法办理城乡规划、土地（海域）使用、环境保护、能源资源利用、安全生产等相关手续，如实提供相关材料，报告相关信息。"因此，除按照审批、核准和备案管理方式分别完成项目立项所需工作外，还需按照法律、行政法规规定办理其他相关手续，即水利项目开工建设前的其他审批手续，除其他基础设施项目也涵盖的立项内容外，基于水利项目所处行业、投资规模等因素的差异，水利项目在开工建设前的其他审批手续与其他基础设施项目不尽相同，下面有针对性地列举部分实践中相对常见的水利项目立项审批手续的内容。

1. 建设项目用地预审与选址意见书

建设项目用地预审与选址意见书，是按照《自然资源部关于以"多规合一"为基础推进规划用地"多审合一、多证合一"改革的通知》（自然资规〔2019〕

2 号)① 的要求，将原有的建设项目选址意见书和建设项目用地预审合并，由自然资源主管部门统一核发的证照文件。

水利水电枢纽工程建设区、水库淹没区用地原则上应一同报批，但对于工期较长的水利水电项目，可根据建设工期分别按单独选址建设项目用地报批。由建设用地单位向用地所在市、县人民政府国土资源主管部门提出用地申请，移民迁建用地原则上应安排在土地利用总体规划确定的城市和村庄、集镇建设用地范围内，按城市（村庄、集镇）建设用地报批。专项设施复（改）建用地，要根据项目规划选址和土地利用总体规划，确定按单独选址建设项目或纳入城镇建设用地报批。民迁建用地和专项设施复（改）建用地由市、县移民主管部门或具体用地单位按移民安置规划及移民安置年度计划，向用地所在市、县人民政府国土资源主管部门提出用地申请。需报国务院批准的水利水电工程用地，涉及多个省份或在省域内涉及多个市、县的，由有关省（区、市）组织各市、县国土资源主管部门分别准备报批材料，省级国土资源主管部门汇总后，以省（区、市）为单位报批。但对于水利线型工程（包括河道整治、堤防，引、调、排、灌工程等水利设施）用地，可以地（市）为单位分段报批。

对于国家重点水利水电工程，在通过自然资源部用地预审、国务院及国务院有关部门已批准（核准）项目、水利工程初步设计已经批复或初步设计审批单位出具先行建设任务认定意见后，属于工程建设范围内的道路、桥梁、生活营区等施工前期准备工程和控制工期的单体工程，以及因工期紧或受季节影响确需动工建设的其他工程，可申请办理先行用地。考虑到水利水电工程建设的特殊需要，在项目已通过用地预审但尚未正式审批（核准）前，工程论证设计和前期工作必需的道路、桥梁、生活营区等建设，属于永久性建设用地的，在项目审批（核准）部门出具项目立项（或同意开展前期工作）的认定意见，且水利项目在初步设计审批单位、水电项目在行业主管部门出具先行建设任务认定意见的前提下，也可申请办理先行用地。

---

① 《自然资源部关于以"多规合一"为基础推进规划用地"多审合一、多证合一"改革的通知》，载自然资源部网站，http://gk.mnr.gov.cn/zc/zxgfxwj/201912/t20191205_2486669.html，最后访问时间：2023 年 4 月 12 日。

2. 建设项目环境影响评价审批

环境影响评价，根据《环境影响评价法》第2条规定，是指对规划和建设项目实施后可能造成的环境影响进行分析、预测和评估，提出预防或者减轻不良环境影响的对策和措施，进行跟踪监测的方法与制度。

《建设项目环境影响报告书（表）编制监督管理办法》第2条规定，建设单位可以自行或委托技术单位开展环境影响评价，编制建设项目环境影响报告书（表）。《环境影响评价法》第17条规定，建设项目的环境影响报告书应当包括下列内容：（1）建设项目概况；（2）建设项目周围环境现状；（3）建设项目对环境可能造成影响的分析、预测和评估；（4）建设项目环境保护措施及其技术、经济论证；（5）建设项目对环境影响的经济损益分析；（6）对建设项目实施环境监测的建议；（7）环境影响评价的结论。

建设项目的环境影响评价文件经批准后，建设项目的性质、规模、地点、采用的生产工艺或者防治污染、防止生态破坏的措施发生重大变动的，建设单位应当重新报批建设项目的环境影响评价文件。建设项目的环境影响评价文件自批准之日起超过五年项目未开工建设的，其环境影响评价文件应当报原审批部门重新审核；原审批部门应当自收到建设项目环境影响评价文件之日起十日内，将审核意见书面通知建设单位。建设项目的环境影响评价文件未依法经审批部门审查或者审查后未予批准的，建设单位不得开工建设。

3. 重大项目社会稳定风险评估报告及审核意见

建设单位在组织开展重大项目前期工作时，《国家发展改革委重大固定资产投资项目社会稳定风险评估暂行办法》第3条规定，应当对社会稳定风险进行调查分析，征询相关群众意见，查找并列出风险点、风险发生的可能性及影响程度，提出防范和化解风险的方案措施，提出采取相关措施后的社会稳定风险等级建议。社会稳定风险分析应当作为项目可行性研究报告、项目申请报告的重要内容并设独立篇章，主要适用于审批和核准管理方式的基础设施项目。

对于重大项目社会稳定风险评估，《国家发展改革委重大固定资产投资项目社会稳定风险评估暂行办法》第5条规定，由指定主体在组织开展项目前期工作时，自行或委托对社会稳定风险进行调查分析，做出的社会稳定风险分析开展评估论证，根据实际情况可以采取公示、问卷调查、实地走访和召开座谈会、听证会等多种方式听取各方面意见，分析判断并确定风险等级，提出社会稳定风险评估报告。评估报告的主要内容为项目建设实施的合法性、合理性、可行性、可控性，可能引发的社会稳定风险，各方面意见及其采纳情况，风险评估结论和对策建议，风险防范和化解措施以及应急处置预案等内容。

4. 移民安置规划审批

对于涉及移民安置的大中型水利水电工程，根据《大中型水利水电工程建设征地补偿和移民安置条例》的规定，由建设单位或项目主管部门根据经批准的移民安置规划大纲编制移民安置规划。移民安置规划应当对农村移民安置、城（集）镇迁建、工矿企业迁建、专项设施迁建或者复建、防护工程建设、水库水域开发利用、水库移民后期扶持措施、征地补偿和移民安置资金概（估）算等作出安排。

编制移民安置规划应当广泛听取移民和移民安置区居民的意见；必要时，应当采取听证的方式。办理移民安置审批，根据《全国投资项目在线审批监管平台投资审批管理事项申请材料清单（2018年版）》的规定，建设单位应提交以下材料：（1）移民安置规划审核申请函；（2）移民安置规划报告及附件；（3）移民安置规划大纲批复文件。

经批准的移民安置规划是组织实施移民安置工作的基本依据，应当严格执行，不得随意调整或者修改；确需调整或者修改的，应当依照规定重新报批。未编制移民安置规划或者移民安置规划未经审核的大中型水利水电工程建设项目，有关部门不得批准或者核准其建设，不得为其办理用地等有关手续。

5. 洪水影响评价审批

洪水影响评价审批，按照基础设施项目类型和功能的差异，可划分为：（1）在江河湖泊上新建、扩建以及改建并调整原有功能的水工程的洪水影响评价；（2）建设跨河、穿河、穿堤、临河的桥梁、码头、道路、渡口、管道、蓝线、取水、排水等工程设施的洪水影响评价；（3）在洪泛区、蓄滞洪区内建设非防洪建设项目的洪水影响评价；（4）在国家基本水文监测站上下建设影响水文监测的工程的洪水影响评价。

根据《全国投资项目在线审批监管平台投资审批管理事项申请材料清单（2018年版）》的规定，不同类型基础设施的洪水影响评价，要求建设单位编写和提报不同类型的资料。一是在江河湖泊上新建、扩建以及改建并调整原有功能的水工程的洪水影响评价，要求建设单位提交：（1）水工程建设规划同意书申请表；（2）拟报批水工程的（预）可行性研究报告（项目申请报告、备案材料）；（3）与第三者利害关系的相关说明；（4）水工程建设规划同意书论证报告。二是建设跨河、穿河、穿堤、临河的桥梁、码头、道路、渡口、管道、蓝线、取水、排水等工程设施的洪水影响评价，要求建设单位提交：（1）河道管理范围内建设项目工程建设方案审批申请书；（2）项目建设依据（项目建议书等批复文件、项目列入相关规划文件或相关产业政策文件）；（3）建设项目所涉及河道与防洪部分的初步方案；（4）占用河道管理范围内土地情况及该建设项目防御洪涝的设防标准与措施；（5）说明建设项目对河势变化、堤防安全、河道行洪、河水水质的影响以及拟采取的补救措施；（6）重大建设项目的防洪评价报告。三是在洪泛区、蓄滞洪区内建设非防洪建设项目的洪水影响评价，要求建设单位提交：（1）非防洪建设项目洪水影响评价报告审批申请表；（2）洪水影响评价报告；（3）建设项目可行性研究报告或初步设计报告（项目申请报告、备案材料）；（4）与第三者达成的协议或有关文件。四是在国家基本水文监测站上下游建设影响水文监测的工程的洪水影响评价，要求建设单位提交：（1）国家基本水文监测站上下游建设影响水文监测工程的审批申请书；（2）建设工程对水文监测影响程度的分析评价报告；（3）项目实施进度计划。

6. 航道通航条件影响评价审核

航道通航条件影响评价审核，是指在新建、改建、扩建与航道有关的工程前，建设单位根据国家有关规定和技术标准规范，论证评价工程对航道通航条件的影响并提出减小或者消除影响的对策措施，由有审核权的交通运输主管部门或者航道管理机构进行审核。

根据《航道法》和《航道通航条件影响评价审核管理办法》的规定，除临河、临湖的中小河流治理工程，不通航河流上建设的水工程，以及现有水工程的水毁修复、除险加固、不涉及通航建筑物和不改变航道原通航条件的更新改造等不影响航道通航条件的工程外，应当进行航道通航条件影响评价审核的工程包括：（1）跨越、穿越航道的桥梁、隧道、管道、渡槽、缆线等建筑物、构筑物；（2）通航河流上的永久性拦河闸坝；（3）航道保护范围内的临河、临湖、临海建筑物、构筑物，包括码头、取（排）水口、栈桥、护岸、船台、滑道、船坞、圈围工程等。

建设与航道有关的工程，建设单位应当在可行性研究阶段，自行或委托具有相应经验、技术条件和能力的机构编制航道通航条件影响评价报告，根据《航道通航条件影响评价审核管理办法》第6条规定，航评报告应包括下列内容：（1）建设项目概况，包括项目名称、地点、规模、建设单位等；（2）建设项目所在河段、湖区、海域的通航环境，包括自然条件、水上水下有关设施、航道及通航安全状况等；（3）建设项目的选址评价；（4）建设项目与通航有关的技术参数和技术要求的分析论证；（5）建设项目对航道条件、通航安全、港口及航运发展的影响分析；（6）减小或者消除对航道通航条件影响的措施；（7）航道条件与通航安全的保障措施；（8）征求各有关方面意见的情况及处理情况。

建设单位申请航道通航条件影响评价审核时，应当提交以下材料：（1）审核申请书；（2）航道通航条件影响评价报告；（3）项目的规划或者其他建设依据；（4）涉及规划调整或者拆迁等措施的应当提供规划调整或者拆迁已取得同意或者已达成一致的承诺函、协议等材料。

审核部门出具审核意见后，建设单位、项目名称和涉及航道、通航的事项发生变化的，建设单位应当向原审核部门申请办理变更手续。建设单位取得审核意见后，未在审核意见签发之日起三年内开工建设的，或者建设项目开工建设前因重大自然灾害、极端水文条件等引起航道通航条件发生重大变化的，建设单位应当重新申请办理审核手续。

当然，除上述针对性列举的水利项目可能涉及的立项文件外，水利项目也应按照相关法律、行政法规的要求，办理项目从立项到开工建设前所需的其他手续，如项目用地、规划及项目施工所需的审批手续。

第三节　水利项目案例分析

一、水利项目投资建设与生态环境保护相冲突的纠纷

近年来，生态环境的保护日益引起政府、社会公众的重视，水利项目的投资建设，势必会对区域内的生态环境造成影响。水利项目在投资建设过程中，应重视水利项目环境影响评价报告的编制与报批，若水利项目的投资建设将严重影响区域生态环境的，可能面临因生态环境保护要求停止建设的法律风险。

【典型案例】

自某友诉新某公司、昆某院环境污染责任纠纷案

案　　号：（2021）最高法民申 3881 号①

审理法院：最高人民法院

裁判类型：再审民事裁定书

案情摘要：新某公司开发建设云南省某一级水电站。据《云南省生态保护红线》附件 1《云南省生态保护红线分布图》所示，案涉水电站淹没区大部分被划入水土保持生态保护红线范围，在该区域内，绿孔雀为重点保护物种。2017 年 7月，生态环境部责令新某公司就该项目建设开展环境影响后评价，后评价工作完成前，不得蓄水发电。之后，新某公司即停止对案涉水电站建设项目的施工。自某友以案涉水电站一旦蓄水将导致绿孔雀栖息地被淹没、绿孔雀存在灭绝可能，并危害生长在该区域陈氏苏铁、破坏当地珍贵的干热河谷季雨林生态系统为由，提起环境民事公益诉讼，请求判令：新某公司及昆某院共同消除涉案水电站建设对绿孔雀、苏铁等珍稀濒危野生动物、热带季雨林和热带雨林侵害危险，立即停止该水电站建设，不得截流蓄水，不得对该水电站淹没区内的植被进行砍伐等。

裁判要点：云南省昆明市中级人民法院一审认为：本案属于《最高人民法院关于审理环境民事公益诉讼案件适用法律若干问题的解释》（以下简称《环境公益诉讼司法解释》）第 1 条规定的预防性环境公益诉讼。预防性环境公益诉讼其适用对象是可能对环境造成的重大风险，具体表现为危害尚未发生，但如不阻止事件发生，可预知此事件的发生必会造成严重或不可逆的环境损害事实。面对"尚不明朗的事实状态"及"不确定性"，按照《环境公益诉讼司法解释》第 8条之规定，自某友需先提出初步证据证明存在（重大或不可逆转）环境损害可能性，然后再由环境重大风险制造者提供证据，以充分的理由消除合理怀疑或证明其行为的无损性。根据自某友提交的证据、云南省林业和草原局的回函及《某地绿孔雀种群调查报告》可以证实，涉案水电站的淹没区是绿孔雀频繁活动的区域，构成其生物学上的栖息地，一旦该栖息地被淹没，对该区域绿孔雀生存所产

---

① 最高人民法院（2021）最高法民申 3881 号民事裁定书，载中国裁判文书网，https：//wenshu. court. gov. cn/website/wenshu/181107ANFZ0BXSK4/index. html？ docId ＝ 13e93907f6d2466c8df7ae4300ff11e7，最后访问时间：2022 年 3 月 23 日。

生的损害可以直观估测且不可逆转。因此，自某友主张该水电站建设项目将对该区域绿孔雀产生重大风险的主张成立。而新某公司仅凭《环境影响报告书》来抗辩电站建设对绿孔雀的生存环境没有重大风险显然缺乏足够的证明力，《环境影响报告书》只是一种预测性判断，报告书内"由于时间局限和野生动物特点……不可能在短期内通过实地观察得出满意结论"的有关评价并非定论。况且生态环境部也已责成新某公司就项目建设开展后评价，并采取改进措施后报生态环境部备案，进一步说明该水电站建设项目尚需通过环境影响后评价的方式得到验证和改进。同时现有建设方案没有采取任何针对性的保护措施也显现了消除重大风险的迫切性。此外，淹没区内存在的众多数量的极危物种陈氏苏铁此前未进行过环境影响评价，如仍按原定建设方案进行清库砍伐显然不妥。基于此，新某公司不能证明上述重大风险不存在或业已采取合理必要的预防措施，故应承担相应法律责任。

新某公司应针对目前出现的重大风险采取相应的预防性措施。综合考虑预防性措施实施对环境保护的迫切性及对于社会经济的冲击性，兼顾合理性及实效性，对自某友提出立即停止水电站建设，不得截流蓄水，不得对该水电站淹没区域植被进行砍伐的诉请，对消除该水电站建设项目目前所产生的重大风险应予支持。但这种停止建设针对的是基于现有环境影响评价下的建设方案，对于今后是否继续建设的问题，应在新某公司按要求完成环境影响后评价之后，由相关行政部门视情况作出决定。据此判决：新某公司立即停止基于现有环境影响评价下的该水电站建设项目，不得截流蓄水，不得对该水电站淹没区内植被进行砍伐。对该水电站的后续处理，待新某公司按生态环境部要求完成环境影响后评价，提出改进措施并报生态环境部备案后，由相关行政主管部门视具体情况依法作出决定。

云南省高级人民法院二审认为：本案属于预防性环境公益诉讼。预防性环境公益诉讼突破了"无损害即无救济"的诉讼救济理念，是"保护优先、预防为主"原则在环境司法中的重要体现。预防性公益诉讼的核心要素是具有重大风险，重大风险是指对环境可能造成重大损害危险的一系列行为。本案中，自某友已举证证明涉案水电站如果继续建设，势必导致国家Ⅰ级重点保护动物绿孔雀的栖息地及国家Ⅰ级重点保护植物陈氏苏铁的生境被淹没，生物生境面临重大风险的可能性毋庸置疑。此外，从生态环境损害后果的严重性来看，案涉项目淹没区内动植物种类丰富，生物多样性价值及遗传资源价值无法估量，涉案水电站若继续建设所产生的损害将是可以直观预测且不可逆转的。针对该现实上的重大风险，新某公司并未就风险不存在加以有效证实，而仅以《环境影响报告书》予以反驳，缺乏足够证明力。因此，原审判决结合生态环境部责成新某公司对项目开展后评价工作的情况及涉案水电站未对绿孔雀采取任何保护措施等事实，认定淹没区对绿孔雀栖息地存在重大风险的评判恰当，应予肯定。据此判决：驳回上诉，维持原判。

最高人民法院再审认为：依据本案查明事实，案涉项目继续建设势必导致包含国家一级重点保护动物绿孔雀的栖息地及国家一级重点保护植物陈氏苏铁的生境在内的生物生境被淹没，并对案涉淹没区整个生态系统生物多样性和生物安全构成紧迫、严重且不可逆的重大风险，一审、二审法院据此判令新某公司立即停止基于现有环境影响评价下的项目建设，既充分考虑了对案涉淹没区生物多样性予以及时保护的现实需要，又兼顾了采取预防性措施的必要性、合理性和司法介入的适度性，有效防范了案涉区域生物生境面临的重大风险，裁判结果正确，应予肯定。针对已开展的工程建设部分，新某公司所属集团公司已明确决定终止案涉项目投资建设，且新某公司已开始进行善后工作，自某友主张案涉绿孔雀栖息地等生物生境仍存在被破坏的重大风险，缺乏充分事实依据，其该项申请再审理由不能成立，不予支持。因此驳回自某友的再审申请。

案例评析：本案系珍稀野生动植物保护预防性环境民事公益诉讼案件。预防性公益诉讼是环境资源审判落实预防为主原则的重要体现，突破了有损害才有救济的传统理念，将生态环境保护的阶段提升至事中甚至事前，有助于加大生态环境保护力度，避免生态环境遭受损害或者防止损害的进一步扩大。本案中，自某友已举证证明案涉水电站如果继续建设，势必导致国家Ⅰ级重点保护动物绿孔雀和国家Ⅰ级重点保护植物陈氏苏铁的生境被淹没，导致该区域的生物多样性和遗传资源遭受可直观预测且不可逆转的损害。人民法院依法判定新某公司停止基于现有环境影响评价下的水电站建设项目，责令完善相关手续。

在行政主管部门、司法机关支持生态环境保护的情况下，也势必会影响其他水利项目的投资建设。因此，在水利项目的投资建设过程中，应特别注意生态环境保护的需求，重视环境影响评价报告的编制，以及法律、行政法规所要求水利项目办理的审批手续，避免因项目手续问题影响水利项目的投资建设进度。

二、水利项目竣工验收认定的纠纷

如前所述，水利行业形成了相对独立的规范体系，特别是由水利行政职能部门主导制定的水利行业的技术规范、标准，是具体水利项目投资建设过程中不容忽视的规范。下面选取的典型案例即涉及水利项目关于竣工验收的特殊规范的认定与适用。

【典型案例】

西某公司诉弘某公司建设工程施工合同纠纷案

案　　号：（2019）最高法民再 298 号[①]

审理法院：最高人民法院

裁判类型：再审民事判决书

案情摘要：2009 年 1 月 18 日，西某公司与弘某公司签订《水电站动力渠道土建工程施工合同》，对开工、竣工日期，质量标准、工程价款等事项作了约定。双方还签订了《协议书补充条款》和《工程质量保修书》，对于双方的责任、工程价款的结算、工程进度款的支付等进行了约定。《协议书补充条款》第 9 条约定："……工程完工初验合格后，结算款付至 90%，竣工验收后付至 95%，留 5% 的质量保证金等。"第 22 条约定："施工用钢材、水泥、木材由发包方以固定不变价供应至施工现场，承包人负责卸料及保管。钢材 3500 元/吨，水泥 320 元/吨，原木 1200 元/立方米，板方材 1900 元/立方米。"《工程质量保修书》中对于工程质量保修范围和内容、质量保修期、质量保修责任等进行了约定，其中质量保修期约定："土建工程为 2 年……"质量保修金的支付约定："工程质量保修金一般不超过施工合同价款的 5%，本工程约定的工程质量保修金为施工合同价款的 5%。双方约定承包人向发包人支付工程质量保修金金额为 785767.83 元。质量保修金银行利率为当期银行利率。"质量保修金的返还约定："发包人在质量保修期满后 14 天内，将剩余保修金和利息返还承包人。"

合同签订后，西某公司对案涉工程开工建设。2011 年 3 月 18 日，龙某公司

---

①　最高人民法院（2019）最高法民再 298 号民事判决书，载中国裁判文书网，https：//wenshu. court. gov. cn/website/wenshu/181107ANFZ0BXSK4/index. html？ docId = dc94a447d1c543a383bdabfa00c4a6eb，最后访问时间：2022 年 3 月 23 日。

（监理单位）、弘某公司（项目法人单位）及临夏水电局质监站（工程质量监督机构）共同对案涉工程部分施工质量进行了评定，评定等级为合格，并共同确认《工程项目施工质量评定表》，据此，案涉工程部分通过竣工验收。2011年8月16日，临夏水电局质监站对包括案涉工程在内的齐家坪水电站工程出具了《工程质量监督报告》。案涉工程验收后不久即交付弘某公司并投入使用，至起诉前双方未就涉案工程决算达成一致意见。

裁判要点： 甘肃省兰州市中级人民法院一审认为：依法成立的合同，对当事人具有法律约束力。当事人一方不履行合同义务或者履行合同义务不符合约定的，应当承担继续履行、采取补救措施或者赔偿损失等违约责任。本案中，西某公司与弘某公司签订的《水电站动力渠道土建工程施工合同》《协议书补充条款》和《工程质量保修书》是双方的真实意思表示，其内容不违反法律法规的禁止性规定，属合法有效的合同。双方当事人均应按合同约定，全面履行各自的义务。西某公司依约完成了施工任务，并将案涉工程交付弘某公司且已投入使用，弘某公司应按合同约定支付工程款。案涉工程已于2011年3月18日通过验收，评定等级为合格。双方签订的《工程质量保修书》约定"质量保修期自工程竣工验收合格之日算起土建工程为2年"，即从2011年3月18日起至2013年3月17日止，保修期已满。同时，《工程质量保修书》约定："发包人在质量保修期满后14天内，将剩余保修金和利息返还承包人。"弘某公司应于2013年3月31日前将保修金及利息予以返还西某公司。判决支持要求弘某公司支付全部剩余部分的工程价款。

甘肃省高级人民法院二审认为：关于弘某公司应否支付涉诉工程的剩余工程款和质量保证金的问题。经查，按双方合同约定，弘某公司应在工程完成初验合格后，结算款付至90%，竣工验收后付至95%，留5%的质量保证金。一审时，西某公司提交了《工程质量监督报告》，证明其施工的工程已经过竣工验收，但依照《水利水电建设工程验收规程》（SL223-2008）（以下简称《水利水电工程验收规程》）之规定，水利水电建设工程的竣工验收应在工程建设项目全部完成并满足一定运行条件后1年内进行。而且二审中弘某公司提交的新证据《说明》中，监理单位和出具《工程质量监督报告》的临夏水电局质监站均证明涉诉工程只进行了单位工程验收，既未进行合同完工验收，也未进行竣工验收，故按合同约定，弘某公司目前只需支付工程结算款至90%，即16547923.15元。对于弘某公司已付工程款，经二审核对认可一审认定的已付款为 14009728.3 元，故弘某公司目前尚欠西某公司的工程款为 2538194.85 元，剩余的 5% 工程款及 5% 质量保证金待工程竣工验收后和质量保证期满后可另行主张。

最高人民法院于 2015 年 12 月 25 日指令甘肃省高级人民法院再审，甘肃省高级人民法院于 2017 年 6 月 12 日作出（2017）甘民再 1 号民事判决。甘肃省高级人民法院再审认为：双方争议的焦点是案涉工程是否竣工验收以及本案是否适用《水利水电工程验收规程》的规定。双方合同约定："工程完工初验合格后，结算款付至 90%，竣工验收后付至 95%，留 5% 的质量保证金。"而通过本案一审、二审及再审查明的案件事实，案涉工程完工后仅有 2011 年 3 月 18 日的一次验收，那么此次验收属合同约定中的"初验合格"还是"竣工验收"？对此，西某公司认为属于竣工验收，而弘某公司认为是单位验收即初验合格，工程并未进行竣工验收。对于该问题，根据二审弘某公司提交的《说明》以及再审中西某公司提交的《澄清函》和《补充说明》，以上三份证据分别由参与该次验收的监理单位龙某公司和临夏水电局质监站出具，三份证据关于 2011 年 3 月 18 日的验收均表述为"单位工程验收"，其中《说明》和《补充说明》明确提出齐家坪水电站项目未进行竣工验收。以上三份证据能够相互印证 2011 年 3 月 18 日的工程验收并非竣工验收，西某公司认为是竣工验收，但无证据证明，应当认定案涉工程未进行竣工验收。

由于水利水电工程的特殊性，除应当符合一般建设工程的规范外，还应当符合其行业规范，《水利水电工程验收规程》是水利部于 2008 年 3 月 3 日发布的专门针对水利水电建设工程验收管理的行业标准，该规程现行有效。虽然案涉水电站属于小型水电站，但该规程规定"其他水利水电建设工程验收可参照执行"。同时，水利部、工商总局、安监总局、电监会联合下发的《关于加强小水电站安全监管工作通知》[①]明确提出"小水电站建设项目验收应参照执行验收规程的有关标准"，故水电站的验收项目应当适用《水利水电工程验收规程》。西某公司主张涉案工程已竣工验收，要求弘某公司支付全部工程款并退还质量保证金的再审请求无事实和法律依据，不予支持。判决维持甘肃省高级人民法院（2014）甘

[①] 载水利部网站，http://www.mwr.gov.cn/zwgk/gknr/201212/t20121217_1442910.html，最后访问时间：2023 年 4 月 12 日。

民一终字第 185 号民事判决。

最高人民法院再审认为：本案系建设水电站动力渠道土建工程而产生的工程款结算纠纷。因案涉工程发包方弘某公司尚欠部分工程尾款未予支付，施工方西某公司提起本案诉讼。本案争议焦点为弘某公司应否支付全部的工程款项。具体分为：一、本案能否适用《水利水电工程验收规程》；二、弘某公司是否应支付案涉工程的全部款项。案涉水电站装机容量为 1.65 千瓦，属于小型水电站建设，《水利水电工程验收规程》明确规定适用于有中央、地方财政全部投资或部分投资建设的大中型水利水电建设规程（含 1 级、2 级、3 级堤防工程）的验收。虽然水利部、工商总局、安监总局、电监会于 2009 年 11 月 30 日联合下发的《关于加强小水电站安全监管工作的通知》要求"小水电站建设项目验收，应参照执行验收规程的有关标准"，但因齐家坪水电站建设资金全部由弘某公司自筹并且案涉工程的施工内容也仅是齐家坪水电站的动力渠道的部分土建工程，而非整个水电站建设。因此，案涉工程不应当适用《水利水电工程验收规程》。原判决认定案涉工程验收适用《水利水电工程验收规程》错误，予以纠正。在案涉工程于 2011 年已交付使用的情况下，弘某公司虽主张案涉工程未竣工验收，但并未举证证明其参照该规定组织竣工验收。因此，弘某公司不能以其未履行组织验收法定义务而免除其支付工程尾款的合同义务。因案涉工程已于 2011 年 6 月交付使用，且弘某公司未提供证据证明案涉工程在合理使用寿命内存在地基基础工程和主体结构问题，故弘某公司以工程质量存在问题为由不支付工程尾款，不予支持。弘某公司应当按照合同约定支付全部的工程款，原判决关于剩余的 5% 工程款及 5% 质量保证金，西某公司可待工程竣工验收和质量保证期满后另行主张的认定错误，予以纠正。最终维持甘肃省兰州市中级人民法院（2013）兰民一初字第 169 号民事判决。

案例评析：《水利水电工程验收规程》明确规定适用于由中央、地方财政全部投资或部分投资建设的大中型水利水电建设工程（含 1、2、3 级堤防工程）的验收，其他水利水电建设工程的验收可参照执行。因此，在合同未明确约定是否适用《水利水电工程验收规程》时，一般由法院结合水利项目的类型进行认定，若认定属于"中央、地方财政全部投资或部分投资建设的大中型水利水电建设工程（含 1、2、3 级堤防工程）"的水利项目，则应当适用。相反，则由司法机关自由裁量，结合项目实际情况决定是否参照适用。本案的案涉工程不属于中央、地方财政全部投资或部分投资建设的大中型水利水电建设工程（含1、2、3级堤防工程）的水利项目，而合同中未作明确约定，虽然甘肃省高级人民法院主张应参照适用《水利水电工程验收规程》，但最高人民法院不予认可。

应注意的是，《水利水电工程验收规程》将水利水电建设工程验收分为法人验收和政府验收。法人验收应包括分部工程验收、单位工程验收、水电站（泵站）中间机组启动验收、合同工程完工验收等；政府验收应包括阶段验收、专项验收、竣工验收等。验收主持单位可根据工程建设需要增设验收的类别和具体要求。《水利水电工程验收规程》规定竣工验收应在工程建设项目全部完成并满足一定运行条件后1年内进行，不能按期进行竣工验收的，经竣工验收主持单位同意，可适当延长期限，但最长不应超过6个月。且项目的竣工验收由项目法人提出竣工验收申请报告，由确定的竣工验收主持单位组织实施竣工验收。即与一般意义上的项目建设单位主持竣工验收不同，《水利水电工程验收规程》规定的水利水电项目的项目法人只能进行合同完工验收，项目的竣工验收属于政府验收环节的内容，且项目竣工验收有严格的前提条件和程序要求。

因此，在具体水利项目投资建设过程中，当事人应注意结合项目实际情况，确定项目应当予以适用的技术标准、规范，特别是应当重视行业领域的技术标准、规范，避免因对水利行业领域的规范体系不熟悉，在投资建设过程中遭受不利损失。

三、水利工程的主体结构认定纠纷

水利是国民经济和社会发展的重要基础设施，水利项目在技术标准、规范体系方面都有其特征，但水利工程作为建设工程的一部分，也需遵守《建筑法》等法律规范的规定，如《建筑法》第29条规定的建筑工程主体结构的施工必须由总承包单位自行完成，若违背该条规定，将水利工程主体结构的施工通过分包形式交给其他施工单位承接的，可能影响施工合同的效力。因此在水利工程的建设过程中，如何确定水利工程的主体结构，对正确选择施工合同的签订模式也至关重要。下面选取的典型案例即涉及水利工程的主体结构认定的问题。

【典型案例】

葛某公司诉远某公司建设工程施工合同纠纷案

案　　号：（2019）最高法民申 5237 号①

审理法院：最高人民法院

裁判类型：再审民事裁定书

案情摘要：2016 年 4 月 19 日，经电某公司招标，葛某公司与绩某公司签订《机电安装施工合同》，合同总标的为 340181656 元。2016 年 11 月，葛某公司对某抽水蓄能电站机电安装工程土建分包工程进行公开招标，远某公司根据其发布的招标文件，以投标报价 107325158 元成为中标候选人。同年 12 月 5 日，葛某公司与远某公司在葛某公司会议室召开土建工程专业分包项目述标会，并以《会议纪要》的形式记录远某公司将投标报价调整为 105826446.6 元。同月 8 日，双方又在葛某公司会议室就签订土建工程专业分包合同进行谈判，其中对有关技术问题、商务问题等以《谈判备忘录》的形式进行了详细记载。同月 9 日，葛某公司向远某公司发出中标通知书，确定中标价为 105796472 元。同月 24 日，葛某公司与远某公司签订了《土建分包合同》，合同总金额为 105796472 元。同月 28 日，远某公司向葛某公司支付 529 万元履约保证金。同日，远某公司与董某飞签订《远某公司工程内部承包合同》，将案涉工程承包给董某飞组织施工。在施工过程中，董某飞于 2017 年 5 月 15 日与谢某六签订《合伙承包协议书》，合伙承建案涉工程。同年 6 月 26 日，谢某六将持有协议所属股份转让给宋某富。同年 7 月 1 日，董某飞与宋某富签订《合伙承包协议书》，对案涉土建工程合伙承包施工。由于工程人力资源和机械设备投入不足以及个人承包内部存在诸多问题等，工程施工现场管理混乱，施工工艺质量存在问题，造成项目工期滞后，不能按照预定工期完工，且多个合同节点目标未能按照要求进行改进和实现，绩某公司多次对葛某公司予以警告并罚款。为解决工期延误问题，葛某公司与远某公司于 2017 年 8 月 29 日召开项目专题会，双方协商达成远某公司退场合意。后因远某公司内部管理问题以及与实际施工人之间产生纠纷，实际施工人占据葛某公司的

---

① 最高人民法院（2019）最高法民申 5237 号民事裁定书，载中国裁判文书网，https://wenshu.court. gov.cn/website/wenshu/181107ANFZ0BXSK4/index.html？docId = 0d8497cf96a141d88f12ab4800c43b11，最后访问时间：2022 年 3 月 23 日。

钢筋加工厂和职工生活营地不同意退场。同年 9 月 13 日，葛某公司、远某公司又召开协调会，并形成《协调会会议纪要》。同年 9 月 18 日，葛某公司向远某公司送达《关于移交场地的通知》，要求远某公司移交钢筋加工厂和职工活动板房。同年 9 月 25 日，葛某公司书面通知远某公司解除《土建分包合同》，同时函告远某公司"务必于 2017 年 9 月 30 日前退出施工现场"，并保留依法追究远某公司违约责任的权利。同年 10 月 20 日，葛某公司与远某公司办理结算并签署《已完工工程量结算支付表》，双方确认：已完工工程量结算金额为 13012406.96 元，应扣 6639130.13 元（包括甲供材料款、水电费、试验费等），向远某公司支付 3119051.83 元，葛某公司尚应支付工程款 3254225 元（13012406.96 元 - 6639130.13 元 - 3119051.83 元）。

裁判要点：安徽省宣城市中级人民法院一审认为：《建筑法》第 28 条规定，禁止承包单位将其承包的全部建筑工程转包给他人，禁止承包单位将其承包的全部建筑工程肢解以后以分包的名义分别转包给他人。第 29 条规定，建筑工程总承包单位可以将承包工程中的部分工程发包给具有相应资质条件的分包单位；但是，除总承包合同中约定的分包外，必须经建设单位认可。施工总承包的，建筑工程主体结构的施工必须由总承包单位自行完成。本案中绩某公司与葛某公司签订的《机电安装施工合同》中将工程内容注明为抽水蓄能电站机电设备安装、混凝土浇筑等，承包范围为抽水蓄能电站机电设备安装、混凝土浇筑、砌体砌筑、埋件、埋管工程安装、灌浆等。葛某公司中标后，对该工程中的土建工程进行招标，从葛某公司的招标文件中关于土建工程概况和主要工作内容以及远某公司投标文件中关于投标报价工程量清单来看，除机电设备安装不属于土建工程外，其他混凝土浇筑等各项工程均在土建工程范围内。由此可知，抽水蓄能电站机电安装工程的土建工程应属于主体结构的施工，葛某公司违反上述法律规定，对该主体结构工程未自己完成，而是采取招投标的方式进行分包。根据最高人民法院司法解释的相关规定，承包人非法转包、违法分包建设工程的行为应属无效。葛某公司认为土建工程是安徽绩溪抽水蓄能电站机电安装工程的配套工程，无事实依据，不予采信。同时也不能以其将土建工程发包给具有相应资质条件的分包单位来作为认定《土建分包合同》合法有效的充分理由。另外，单就葛某公司在土建工程招投标的过程来看，葛某公司也存在违规行为，在确定中标人前，葛某公司两次通知远某公司就投标价格以及有关技术、商务问题进行协商和谈判，特别是将远某公司的投标价107325158元调整为105826446.6元（降低近150万元），葛某公司发出中标通知书后又以105796472元与远某公司签订《土建分包合同》，属于就实质性内容进行谈判的情形，已对中标结果造成重大影响。综上，葛某公司与远某公司所签订的《土建分包合同》应认定为无效。葛某公司认为该合同为有效，并要求确认其与远某公司签订的《土建分包合同》已解除，无事实和法律依据，不予支持。远某公司诉请确认《土建分包合同》无效，予以支持。

安徽省高级人民法院二审认为：关于案涉《土建分包合同》的效力。《土建分包合同》中约定的地下厂房等地下洞室群的混凝土或钢筋混凝土工程属主体结构工程，葛某公司违法将其承建的主体结构工程分包给远某公司实际施工，应属违法分包，一审法院认定案涉《土建分包合同》无效，并无不当。

最高人民法院再审认为：关于涉案《土建分包合同》效力。根据一、二审查明事实，涉案《土建分包合同》约定的合同总金额为105796472元，占葛某公司与业主方绩某公司所签订的《机电安装施工合同》标的额340181656元的31%，违反了《机电安装施工合同》所约定的葛某公司仅能在合同标的价款30%范围内对外分包的约定。且远某公司基于《土建分包合同》所承包的范围系除机电设备安装之外的混凝土浇筑等土建工程，因水利工程中的土建基础施工往往涉及设备的承载、受力等，根据《水利建设工程施工分包管理规定》① 第6条"水利建设工程的主要建筑物的主体结构不得进行工程分包。本规定所称主要建筑物是指失事以后将造成下游灾害或严重影响工程功能和效益的建筑物，如堤坝、泄洪建筑物、输水建筑物、电站厂房和泵站等。主要建筑物的主体结构，由项目法人要求设计单位在设计文件或招标文件中明确"的规定，结合葛某公司在招投标过程中的违规行为，原审认定涉案《土建分包合同》系违法分包而无效并不缺乏依据。

案例评析：《建筑法》第29条明确规定，建筑工程主体结构的施工必须由总承包单位自行完成。在本案中，法院对比了建设单位与总承包单位签订的总承包协议约定的工程内容和总承包单位与分包单位签订的分包合同约定的工程内容，

---

① 《水利建设工程施工分包管理规定》，载水利部网站，http://www.mwr.gov.cn/zwgk/gknr/201212/t20121214_1443811.html，最后访问时间：2022年3月23日。

依据《水利建设工程施工分包管理规定》等规定，确认总承包单位与分包单位签订的分包合同的内容属于水利工程中的主体结构，因此按照法律、司法解释的规定直接认定了总承包单位与分包单位签订的分包合同无效。

因此，在具体水利项目投资建设过程中，当事人应注意结合项目实际情况，基于技术规范合理确定水利工程项目的主体结构，在此基础上选择恰当的发包、分包方式，避免因发包、分包方式的错误，影响合同的效力。

第十三章　环保项目投资建设法律风险防控

第一节　环保项目投资建设特点

一、行业动态

随着社会发展理念的转变、民众环保需求的增加、国家政策的引导和支持，环保产业已经成为新的拉动经济增长的投资方向，也成为拉动内需的重要引擎。

环保建设项目主要包括水环境治理项目、固体废物污染治理项目、生态环境综合治理项目、土壤污染治理项目、大气污染治理项目、生态环境建设项目等。环保建设项目投资逐年增加，行业前景广阔。

环保建设项目属于公共基础设施建设项目，近年来随着 PPP 模式的大力推广，政府与社会资本合作在环保建设项目领域，尤其在污水处理项目、水环境治理项目、生活垃圾处理项目中普遍应用。从近期招标的环保项目看，少数项目采用 EPC 工程总承包模式进行建设，多数项目采用 PPP 模式进行运作。

二、环保项目特点

1. 环保项目具有民生属性

环境是人民生活的基本条件，是国民生计的基础。环境污染直接威胁人民的生命和健康，环境的状况和品质直接影响人民的生存状态、生活水平，也影响整个社会的发展。

改革开放四十多年来，我国经济飞速发展，但相关问题也开始出现。环保问题和就业、教育、医疗等问题一样是重要民生问题。

保障民生离不开环境保护，环保项目的建设和运营既可以治理污染、改善环境，也可以改善民生。当前国家推动的水污染防治行动计划、土壤污染防治行动计划、大气污染防治行动计划提出新的环保规划和标准，均强调加强环保项目建设。环保项目的建设也有助于拉动投资和消费，有助于推动经济增长。

2. 环保项目的种类不断增多

随着社会的发展和环保需求的增多，环保项目的类别不断增多，由传统的环保项目，如污水处理、垃圾焚烧、环卫建设等，发展到生态环境的综合治理类项目，如水环境治理、河道整治、生态保护区修复、土壤污染修复、大气污染治理、农村环境治理、垃圾分类回收、危险物集中处理、人工湿地、海绵城市等。从最近几年的市场需求和产业发展来看，生态环境综合治理类型项目越来越多，代表着环保项目的发展趋势。从国家规划来看，长三角地区、京津冀地区、粤港澳大湾区、成渝城市群、长江中游城市群将成为环保产业的发展高地，这些地区的环保项目发展潜力和投资需求巨大。

3. 环境保护具有公益性，环保项目需要营利性

生态环境堪称无价之宝，是全人类的共同财产，是人类赖以生存的基础。生态环境具有公众性和开放性，生态环境优美，受益者广泛，生态环境被污染，受害者亦广泛，无论是受益者还是受害者都具有不确定性。因为环境保护的公益性，长期以来环境保护通常是政府买单，比如污水处理、生态公园建设、市政绿化、防风治沙等，其特点是效率低、可持续性差。随着环保项目类型和需求增加，政府难以独自承担环境保护的重任，需要市场介入，探索新的环保模式。"谁污染、谁付费，谁受益、谁补偿"的市场机制是环保项目实现盈利的基础，环保项目的可盈利性是市场介入的前提。能盈利，才能吸引社会资本投资。将污水处理项目的成本分摊到使用者的水费中，将垃圾焚烧项目产生的电能和热能售卖，使污水处理项目、垃圾焚烧项目市场化运作成为可能。因此，污水处理项目、垃圾焚烧项目普遍能吸引社会资本的投资，运营效率较高，可持续性较强。不过，环保项目毕竟具有公益性，即使市场化运作的环保项目的利润率也有天花板，利润率不能过高。

4. 环保项目投资体量大、回收周期长、工艺技术要求较高

环保项目的公益性较强，收入来源较单一，有的项目只能通过政府回购方式回收投资成本，投资回收周期普遍较长，有的项目甚至无法回收投资成本。

三、环保项目投资政策梳理

2021年3月12日国家发布《中华人民共和国国民经济和社会发展第十四个五年规划和2035年远景目标纲要》，在第七章"坚持农业农村优先发展 全面推进乡村振兴"和第十一章"推动绿色发展 促进人与自然和谐共生"均提到环保项目的建设与投资。比如，推进农村生活垃圾就地分类和资源化利用，推进农村生活污水治理，推进农村厕所革命，深入开展村庄清洁和绿化行动，改善农村人居环境；又如，加强长江、黄河等大江大河和重要湖泊湿地生态保护治理，推进水土流失和荒漠化、石漠化综合治理，开展大规模国土绿化行动。前述规划和纲要还提出要全面提升环境基础设施水平，构建集污水、垃圾、固废、危废、医废处理处置设施和监测监管能力于一体的环境基础设施体系，形成由城市向建制镇和乡村延伸覆盖的环境基础设施网络。健全现代环境治理体系，全面实行排污许可制，实现所有固定污染源排污许可证核发，推动工业污染源限期达标排放，推进排污权、用能权、用水权、碳排放权市场化交易。除此以外，近年来国家在环保项目投资建设方面也出台了一系列政策以鼓励和规范环保基础设施的投资建设。

在水处理方面，2020年12月26日《长江保护法》出台，从法律的高度加大对长江流域的水污染防治、监管力度，要求有效控制磷排放总量、提高城乡污水收集处理能力等。2020年4月30日，中国证监会与国家发改委联合发布《关于推进基础设施领域不动产投资信托基金（REITs）试点相关工作的通知》（证监发〔2020〕40号），支持在城镇污水垃圾处理及资源化利用、固废危废医废处理、大宗固体废弃物综合利用项目开展REITs试点，推动在环保项目投资建设形成良性循环。2020年7月28日，国家发改委、住建部印发《城镇生活污水处理设施补短板强弱项实施方案》[①]，明确目标和建设的重中之重，要求到2023年各级城市水处理设施的能力基本满足生活污水处理需求，强调补齐收集管网的短板，解决水处理设施建成后污水进不来的突出问题，解决城中村、老旧城区管网空白的问题，提出在长江流域及以南城市，推进雨污分流管网工程。2020年4月

---

① 《城镇生活污水处理设施补短板强弱项实施方案》，载中国政府网，https：//www.gov.cn/zhengce/zhengceku/2020-08/06/5532768/files/cc6d7d5aff9e43c682a0a4cc3d94356e.pdf，最后访问时间：2023年4月12日。

7 日，国家发改委、财政部、住建部、生态环境部、水利部发布《关于完善长江经济带污水处理收费机制有关政策的指导意见》①，确立"污染付费、公平负担、补偿成本、合理盈利"的基本原则，建立健全覆盖所有城镇、适应水污染防治和绿色发展要求的污水处理收费长效机制，以推动水处理基础设施的可持续发展；要严格开展污水处理项目成本监审调查，以补偿污水处理建设和运行成本为原则，合理制定污水处理收费标准；要建立与处理水质、污染物削减量挂钩的污水处理收费奖惩机制，促进排污单位预处理污水和采取污染物减排措施；开展管网收费模式改革试点，吸引社会资本投资污水收集管网，提高污水收集管网运行效率。

在生活垃圾处理方面，2020 年 4 月《固体废物污染环境防治法》进行了修订，新法增加对商品过度包装的限制，明确要求生活垃圾应"分类投放、分类收集、分类运输、分类处理"。在爱国卫生运动的催化下垃圾分类落地的效果在逐渐增强，垃圾分类带动行业前端（分类）—中端（环卫）—末端（焚烧、湿垃圾、再生资源）需求大幅提升，已有多个地级以上城市启动垃圾分类工作。随着社会需要的提升，对垃圾处理项目的运营标准也在提高，2019 年 11 月生态环境部发布《生活垃圾焚烧发电厂自动监测数据应用管理规定》，对新建和既有垃圾焚烧项目提出更严格的运营要求和监管标准，对垃圾焚烧项目运营中的炉温控制、烟气污染物排放监管进行了详细规定，制定了更为严厉的处罚措施。2020 年 1 月，财政部、国家发改委、能源局联合发布了《可再生能源电价附加补助资金管理办法》（财建〔2020〕5 号）②，该办法是近年来对垃圾焚烧项目最重要的财税激励政策，提出垃圾焚烧发电上网，不限量，全量收购，并且享受国家可再生能源附加补助资金政策。该办法将提高社会资本投资建设垃圾焚烧项目的积极性。

在水处理、垃圾焚烧、垃圾分类、土壤治理等环保项目的投资建设方面，国家鼓励社会资本进入，近年来环保项目的运作主要采用 PPP、BOT、TOT 模式，2020 年也出现了投资人+EPC 和 EPC+运营等新模式。2014 年 11 月 16 日，国务

①　《关于完善长江经济带污水处理收费机制有关政策的指导意见》，载国家发展和改革委员会网站，https：//www.ndrc.gov.cn/xxgk/zcfb/tz/202004/t20200416_1225845.html？code=&state=123，最后访问时间：2022 年 3 月 25 日。

②　《可再生能源电价附加补助资金管理办法》，载财政部网站，http://www.mof.gov.cn/gkml/caizheng-wengao/202001wg/202002wg/202005/P020200522602033481079.pdf，最后访问时间：2023 年 4 月 12 日。

院发布《关于创新重点领域投融资机制鼓励社会投资的指导意见》①，开始鼓励社会资本积极参与生态建设和保护，支持农民合作社、家庭农场、林业企业等投资生态建设项目。对社会资本利用荒山荒地进行植树造林的，允许发展林下经济、森林旅游等生态产业。推动在电力、钢铁等重点行业以及开发区（工业园区）污染治理的市场化，由排污企业向专业公司付费购买环境污染治理服务，提高污染治理的产业化、专业化程度。推进市县污水处理、垃圾处理项目按行业"打包"投资和运营，鼓励实行规模化经营，降低建设和运营成本，提高投资效益。积极推动通过特许经营、投资补助、政府购买服务等多种方式，鼓励社会资本投资污水处理、生活垃圾处理、建筑垃圾资源化利用和处理等环保项目，鼓励采用 TOT 方式，将已经建成的环保项目转交给社会资本运营管理。2015 年 4 月25 日，发改委等发布《基础设施和公用事业特许经营管理办法》，鼓励社会资本通过特许经营方式参与环境保护项目的建设运营，确立了保护社会资本合法权益的原则，规定政府可以提供可行性缺口补助，金融机构可提供长期贷款，鼓励设立产业基金等形式推动特许经营的持续性和稳定性。2016 年 10 月 11 日，财政部发布《关于在公共服务领域深入推进政府和社会资本合作工作的通知》，要求进一步加大 PPP 模式推广应用力度，在垃圾处理、污水处理等项目一般有现金流的领域，要"强制"应用 PPP 模式。要求政府营造公平竞争环境，鼓励国企、民企、外企等各类型企业，按同等标准、同等待遇参与 PPP 项目。要求财政部门制定"风险分担、收益共享、激励相容"PPP 项目实施方案。要求财政部门组织优化 PPP 模式操作流程，减少行政审批环节。财政部、住建部等于 2017 年7 月 1 日发布《关于政府参与的污水、垃圾处理项目全面实施 PPP 模式的通知》②，要求政府参与的污水、垃圾处理项目全面实施政府与社会资本合作（PPP）模式，实现污水处理厂网一体化和垃圾处理清洁一体化。2019 年 3 月 7日，财政部发布《关于推进政府和社会资本合作规范发展的实施意见》③，要求采用公开招标、邀请招标、竞争性磋商、竞争性谈判等竞争性方式选择社会资本

① 《关于创新重点领域投融资机制鼓励社会投资的指导意见》，载中国政府网，http：//www.gov.cn/zhengce/content/2014-11/26/content_9260.htm，最后访问时间：2022 年 3 月 25 日。

② 《关于政府参与的污水、垃圾处理项目全面实施 PPP 模式的通知》，载中国政府网，http：//www.gov.cn/xinwen/2017-07/19/content_5211736.htm，最后访问时间：2023 年 4 月 12 日。

③ 《关于推进政府和社会资本合作规范发展的实施意见》，载中国政府网，http：//www.gov.cn/xinwen/2019-03/10/content_5372559.htm，最后访问时间：2022 年 3 月 25 日。

方。要求加大对民企、外企参与 PPP 项目的支持力度，向民企推介政府信用良好、项目收益稳定的优质项目，并在同等条件下对民营企业参与项目给予优先支持。

社会资本进入环保项目，有利于提高环保项目的投资效率和可持续性，促进环保行业的繁荣。随着社会对生态环境要求的提高，国内经济大循环不断发展壮大，生态环保经济也将繁荣壮大。

第二节　环保项目法律风险防控研究

一、环保项目投资监管政策风险防控

在我国进行环保项目投资没有特别的限制，国家欢迎和鼓励各类资金投资环保项目，特别是鼓励社会资本投资，包括国有企业投资、民营资本投资和外国资本投资。

环保项目按性质分为公益性环保投资项目和经营性环保投资项目。公益性环保投资项目不实行资本金制度，以政府全额投资为主；经营性环保投资项目实行资本金制度，包括政府投资项目、政府和社会资本合作（PPP）投资项目、社会资本投资项目。环保项目投资监管相关的法律和政策性文件有《预算法》等。政府资金投资环保项目需遵守的规定较多，政府资金应遵守《预算法》规定专款专用，项目资本金来源和贷款融资程序应遵守资本金制度和贷款管理办法，政府参与投资和融资时，还需注意避免违法违规举债的风险。

作为政府投资方，其资金来源主要包括财政预算、一般债券、专项债券、金融机构融资等，资金去向包括资本金和其他建设投资。使用财政预算投资的应遵守《预算法》规定，应注重预算使用的管理和监督，规范、公开、透明地使用预算。发行政府债券投资的应遵守政府性债务的管理规定，政府举债应经相关上级机关批准，避免增加政府隐性债务。政府债券只能通过政府及其部门发行，不能通过其他企事业单位举债；一般债券融资只能用于没有收益的公益性环保项目，专项债券融资才能用于有收益的经营性环保项目。使用金融机构融资投资的，应注意遵守固定资产贷款的管理规定，避免不批贷、断贷、抽贷；申报贷款

时，应先自查是否符合国家有关投资项目资本金制度的规定，应说明贷款用途；贷款资金的使用和支付应满足合同和相关规定，支付账户应接受金融机构监控；资本金和贷款资金的使用应接受金融机构的核查和监督。

作为社会资本方，其资金来源主要包括企业自有资金、企业债券和金融机构融资等，资金去向包括环保项目的资本金和其他建设投资。企业自有资金、企业债券资金的收集和使用，是企业自治范围事项，但需遵守《公司法》《证券法》及公司内部投资和资金管理的规定。企业使用金融机构融资投资的，同样应注意遵守固定资产贷款的管理规定，避免不批贷、断贷、抽贷的风险，影响项目投资建设。

实行资本金制度的环保项目应遵守资本金制度的规定，比如：资本金必须是非债务性资金，项目法人不承担资本金的任何利息和债务；以工业产权、非专利技术作价出资的比例不得超过项目资本金总额的 20%；项目资本金只能用于项目建设，不得挪作他用。根据《国务院关于加强固定资产投资项目资本金管理的通知》（国发〔2019〕26 号）[①] 规定，一般环保项目的资本金比例为 20%，投资回报机制明确、收益可靠、风险可控的环保项目的资本金比例可下调至 15%。

二、环保项目投资建设法律风险防控

1. 立项阶段

环保项目在立项阶段应遵守的规范，主要包括《国务院关于投资体制改革的决定》《政府投资条例》《企业投资项目核准和备案管理条例》以及所在地区地方政府发布的核准目录和投资项目管理文件等。

环保项目中使用政府资金直接投资或者政府资金采用资本金注入方式的实行审批制，此类项目未经审批不能进入建设阶段，违规建设将受到严厉的行政处罚；除有特别规定外，一般按照项目隶属关系由当地政府投资主管部门审批；当地政府投资主管部门根据具体规定，审批环保项目的项目建议书/可行性研究报告和初步设计/项目实施方案等。使用政府资金投资补助、贷款贴息的环保项目，需由政府投资主管部门审批资金申请报告。企业投资的环保项目实行核准制或备

---

① 《国务院关于加强固定资产投资项目资本金管理的通知》，载中国政府网，http://www.gov.cn/zhengce/content/2019-11/27/content_5456170.htm，最后访问时间：2022 年 3 月 25 日。

案制，属于政府核准目录中的环保项目按照规定由政府投资主管部门核准，由投资企业提交项目核准申请书；不属于政府核准目录的环保项目，根据项目隶属关系报当地政府投资主管部门备案，备案的内容包括企业基本情况、项目名称、建设地点、建设规模、建设内容、总投资额、项目符合产业政策的声明等。

环保项目使用土地的合法性是环保项目投资建设法律风险防控的重要环节，环保项目用地合法性存在瑕疵，将给投资人带来一连串的法律风险，如不能被审批立项、不能在金融机构融资、不能取得建设工程规划许可证，将导致施工合同无效、不能通过竣工验收、不能办理运营许可手续、不能通过 IPO 或 REITs 或其他模式通过资本市场再融资等。因此，无论是政府投资方还是社会资本方都应当注意环保项目土地使用的合法性。多数情况下，环保项目的土地使用权是通过出让和划拨取得，通过出让方式取得土地使用权的，应当注意履行合法的招标、拍卖或挂牌出让程序；通过划拨取得土地使用权的，应注意完善划拨用地的法定审批手续。有少数环保项目是基于历史原因，没有办理土地使用权手续，土地一直无偿使用、保持现状；也有部分环保项目采用 PPP 模式，土地使用权并不在项目公司名下，而是在土地使用权人默许的情况下使用土地。以上两种情况，均属于土地使用权上的瑕疵，应当采取补救手段，建议投资人或项目公司补办土地出让或者划拨手续，或者签署与项目运营期相适应的土地租赁合同。

环保项目在立项阶段还需依法办理环境评价、安全生产、建设规划等许可手续。违反立项阶段法律和规范的，企业或者相关立项部门将面临行政处罚，处罚方式包括责令停止建设、责令停产、罚款、拆除恢复等，相关工作人员也将面临处分、罚款，甚至被追究刑事责任。下面列举部分有关处罚的规定：

《政府投资条例》第 34 条规定，项目单位有下列情形之一的，责令改正，根据具体情况，暂停、停止拨付资金或者收回已拨付的资金，暂停或者停止建设活动，对负有责任的领导人员和直接责任人员依法给予处分：（一）未经批准或者不符合规定的建设条件开工建设政府投资项目；（二）弄虚作假骗取政府投资项目审批或者投资补助、贷款贴息等政府投资资金……（六）无正当理由不实施或者不按照建设工期实施已批准的政府投资项目。

《政府投资条例》第 35 条规定，项目单位未按照规定将政府投资项目审批和实施过程中的有关文件、资料存档备查，或者转移、隐匿、篡改、毁弃项目有关文件、资料的，责令改正，对负有责任的领导人员和直接责任人员依法给予处分。

《企业投资项目核准和备案管理条例》第 18 条规定，实行核准管理的项目，企业未依照本条例规定办理核准手续开工建设或者未按照核准的建设地点、建设规模、建设内容等进行建设的，由核准机关责令停止建设或者责令停产，对企业处项目总投资额 1‰以上 5‰以下的罚款；对直接负责的主管人员和其他直接责任人员处 2 万元以上 5 万元以下的罚款，属于国家工作人员的，依法给予处分。以欺骗、贿赂等不正当手段取得项目核准文件，尚未开工建设的，由核准机关撤销核准文件，处项目总投资额 1‰以上 5‰以下的罚款；已经开工建设的，依照前款规定予以处罚；构成犯罪的，依法追究刑事责任。

《企业投资项目核准和备案管理条例》第 19 条规定，实行备案管理的项目，企业未依照本条例规定将项目信息或者已备案项目的信息变更情况告知备案机关，或者向备案机关提供虚假信息的，由备案机关责令限期改正；逾期不改正的，处 2 万元以上 5 万元以下的罚款。

《环境影响评价法》第 31 条规定，建设单位未依法报批建设项目环境影响报告书、报告表，或者未依照本法第 24 条的规定重新报批或者报请重新审核环境影响报告书、报告表，擅自开工建设的，由县级以上生态环境主管部门责令停止建设，根据违法情节和危害后果，处建设项目总投资额百分之一以上百分之五以下的罚款，并可以责令恢复原状；对建设单位直接负责的主管人员和其他直接责任人员，依法给予行政处分。建设项目环境影响报告书、报告表未经批准或者未经原审批部门重新审核同意，建设单位擅自开工建设的，依照前款的规定处罚、处分。建设单位未依法备案建设项目环境影响登记表的，由县级以上生态环境主管部门责令备案，处五万元以下的罚款。

《城乡规划法》第 64 条规定，未取得建设工程规划许可证或者未按照建设工程规划许可证的规定进行建设的，由县级以上地方人民政府城乡规划主管部门责令停止建设；尚可采取改正措施消除对规划实施的影响的，限期改正，处建设工程造价百分之五以上百分之十以下的罚款；无法采取改正措施消除影响的，限期拆除，不能拆除的，没收实物或者违法收入，可以并处建设工程造价百分之十以下的罚款。

2. 招标与投标阶段

发包与承包阶段是环保项目投资建设的重要环节，也是法律风险防控的关键环节。涉及招标与投标的规范主要有《招标投标法》《政府采购法》《招标投标法实施条例》等。

发包方式的选择关系合同文件的有效性，选择方式不当将导致合同无效。《民法典》第 153 条规定，违反法律、行政法规的强制性规定的合同是无效的；《最高人民法院关于审理建设工程施工合同纠纷案件适用法律问题的解释（一）》① 第 1 条规定，建设工程必须进行招标而未招标或者中标无效的，施工合同应当认定无效。招标方式的选择影响招标过程是否竞争充分，直接影响环保项目建设成本和投资回报利润。

政府资金投资、国有企业事业单位投资、使用国际组织或者外国政府贷款、援助资金的环保项目达到《必须招标的工程项目规定》规定标准的，必须进行招标〔（一）施工单项合同估算价在 400 万元人民币以上；（二）重要设备、材料等货物的采购，单项合同估算价在 200 万元人民币以上；（三）勘察、设计、监理等服务的采购，单项合同估算价在 100 万元人民币以上。同一项目中可以合并进行的勘察、设计、施工、监理以及与工程建设有关的重要设备、材料等的采购，合同估算价合计达到前款规定标准的，必须招标〕。采用 PPP 运作模式的环保项目选择社会资本方时，应首先选择公开招标的方式，符合《政府和社会资本合作项目政府采购管理办法》（财库〔2014〕215 号）规定的情形时，可以通过竞争性磋商的方式选择社会资本方。环保项目领域属于市场竞争比较充分的领域，采用特许经营方式运作的环保项目应通过公开招标的方式选择特许经营者。当然，基于部分环保项目建设的复杂性、工期紧迫等情况，部分项目需要邀请招标或者直接发包的，也应当按照规定履行审批手续。

民营资本、外资企业投资的环保项目不属于必须招标的项目，招标时应根据企业自身管理规定确定采购方式，可选择公开招标、邀请招标、竞争性谈判、竞争性磋商等方式。

从法律层面看，招标文件是要约邀请，招标文件并不属于合同文件的一部分，但是在建设工程的招标投标过程中，投标人需要响应招标文件，合同条款也包含在招标文件之中，招标后发承包双方应当按照招标文件和投标文件的内容签署合同文件。可见，招标文件是非常重要的。招标文件内容的合法性和完整性是

---

① 《最高人民法院关于审理建设工程施工合同纠纷案件适用法律问题的解释（一）》，载最高人民法院网站，https：//www.court.gov.cn/fabu-xiangqing-282111.html，最后访问时间：2022 年 3 月 25 日。

中标有效、合同有效的基础。招标文件中关于资质的规定非常重要，环保项目属于建设工程，应当受到《建筑法》的规制。《建筑法》第13条关于建筑企业资质的规定是效力性强制性规定，环保项目的设计单位和建设单位应当具备相应的资质才能从业，在招标文件中应当设立相应的资质要求。需要注意的是，2020年11月30日住建部发布的《关于印发建设工程企业资质管理制度改革方案的通知》① 附件《改革后建设工程企业资质分类分级表》对环保项目的资质作出如下调整：环保工程专业承包资质取消，合并为通用专业承包资质，不分等级；环境工程5个分项的设计资质取消，合并为环境工程通用专业设计资质，招标文件在设立资质条件时，应作相应的调整。环保项目的运营同样有资质要求，《危险废物经营许可证管理办法》② 规定从事危险废物收集、贮存和处置经营的企业应当办理危险废物经营许可证，《排污许可管理条例》规定未取得排污许可证的企业，不得排放污染物，因此，招标文件中应对环保项目的运营者作出相应的资格要求。招标文件的内容，一般包括招标公告、投标人须知、招标文件组成、投标文件组成、开标、评标方法、定标方法、合同条款及格式、发包人要求、设计文件等，每一部分都很重要，关系到项目的顺利推进，关系到合同双方的权利义务。基于环保项目的复杂性，招标文件的内容往往非常多，而准备招标文件的时间往往又很短，在招标文件的完整性上容易出纰漏。对于经验不怎么丰富的招标人来说，确保招标文件的完整性难度较大，更需注意招标文件的合法性。建议招标人引入专业团队编制招标文件，再由专业的法律团队对招标文件进行评审以补缺漏。

环保建设项目在招标投标活动过程中，也常常会出现违法、违规的行为和事件，需要在法律风险防控时重点关注。比如：出现发包人与投标人串标、投标人之间串标、投标人弄虚作假、招标人收受贿赂等违法违规行为。下面列举《招标投标法》《招标投标法实施条例》中关于招标投标违法行为的处罚规定：

《招标投标法》第49条规定，违反本法规定，必须进行招标的项目而不招标的，将必须进行招标的项目化整为零或者以其他任何方式规避招标的，责令限期

---

① 《关于印发建设工程企业资质管理制度改革方案的通知》，载住房和城乡建设部网站，https：//www.mohurd.gov.cn/gongkai/zhengce/zhengcefilelib/202012/20201202_248288.html，最后访问时间：2022年3月25日。

② 《危险废物经营许可证管理办法》，载生态环境部网站，https：//www.mee.gov.cn/ywgz/fgbz/xzfg/200701/t20070109_99355.shtml，最后访问时间：2023年7月7日。

改正，可以处项目合同金额千分之五以上千分之十以下的罚款；对全部或者部分使用国有资金的项目，可以暂停项目执行或者暂停资金拨付；对单位直接负责的主管人员和其他直接责任人员依法给予处分。

《招标投标法》第53条规定，投标人相互串通投标或者与招标人串通投标的，投标人以向招标人或者评标委员会成员行贿的手段谋取中标的，中标无效，处中标项目金额千分之五以上千分之十以下的罚款，对单位直接负责的主管人员和其他直接责任人员处单位罚款数额百分之五以上百分之十以下的罚款；有违法所得的，并处没收违法所得；情节严重的，取消其一年至二年内参加依法必须进行招标的项目的投标资格并予以公告，直至由工商行政管理机关吊销营业执照；构成犯罪的，依法追究刑事责任。给他人造成损失的，依法承担赔偿责任。

《招标投标法实施条例》第39条规定，禁止投标人相互串通投标。有下列情形之一的，属于投标人相互串通投标：（一）投标人之间协商投标报价等投标文件的实质性内容；（二）投标人之间约定中标人；（三）投标人之间约定部分投标人放弃投标或者中标；（四）属于同一集团、协会、商会等组织成员的投标人按照该组织要求协同投标；（五）投标人之间为谋取中标或者排斥特定投标人而采取的其他联合行动。

第40条规定，有下列情形之一的，视为投标人相互串通投标：（一）不同投标人的投标文件由同一单位或者个人编制；（二）不同投标人委托同一单位或者个人办理投标事宜；（三）不同投标人的投标文件载明的项目管理成员为同一人；（四）不同投标人的投标文件异常一致或者投标报价呈规律性差异；（五）不同投标人的投标文件相互混装；（六）不同投标人的投标保证金从同一单位或者个人的账户转出。

第41条规定，禁止招标人与投标人串通投标。有下列情形之一的，属于招标人与投标人串通投标：（一）招标人在开标前开启投标文件并将有关信息泄露给其他投标人；（二）招标人直接或者间接向投标人泄露标底、评标委员会成员等信息；（三）招标人明示或者暗示投标人压低或者抬高投标报价；（四）招标人授意投标人撤换、修改投标文件；（五）招标人明示或者暗示投标人为特定投标人中标提供方便；（六）招标人与投标人为谋求特定投标人中标而采取的其他串通行为。

第63条规定，招标人有下列限制或者排斥潜在投标人行为之一的，由有关行政监督部门依照招标投标法第51条的规定处罚：（一）依法应当公开招标的项目不按照规定在指定媒介发布资格预审公告或者招标公告；（二）在不同媒介发布的同一招标项目的资格预审公告或者招标公告的内容不一致，影响潜在投标人申请资格预审或者投标。依法必须进行招标的项目的招标人不按照规定发布资格预审公告或者招标公告，构成规避招标的，依照招标投标法第49条的规定处罚。

3. 施工与安装阶段

环保项目在施工与安装阶段主要的法律风险包括工期方面的法律风险、工程质量方面的法律风险、施工安全方面的法律风险。

（1）工期风险

环保项目具有公益性，往往是急于解决现有的环境污染问题，工期紧迫。环保项目工期违法行为和纠纷主要体现在任意压缩工期和工期延误导致的工期索赔。有关禁止任意压缩工期的规定见于《建设工程质量管理条例》第10条、《建设工程安全生产管理条例》第7条；有关工期延误如何处理的规定和条款见于《民法典》第577条、《建设工程工程量清单计价规范》（GB 50500-2013）第9.2.2条及建设工程各类合同示范文本（包括施工合同、设计合同、勘察合同、监理合同）等。

任意压缩工期还可能引起工程质量和工程安全的事故，投资方、发包人、监理人等应严格按照客观规律和施工规范合理制定工期计划。项目需要赶工期的，应制定合理的赶工期计划，采取合理的赶工措施，也应支付所需赶工费用。承包人也应认真评审工期计划，认为发包人工期指令不合理的，应及时提出反对意见和合理化建议。

发包人应履行好合同约定的义务，防范承包人提出工期索赔的事件发生。承包人提出工期索赔的事件包括：发包人未及时办理施工前许可手续；发包人和监理人未及时审批施工方案或进度计划；发包人提出超出合同约定的质量要求；发包人或监理人未按时下达开工指令；发包人未按合同约定提供图纸和资料；发包人未按约定提供施工现场、施工条件；发包人提供的设计文件、勘察资料存在错误；发包人或监理人发布指示错误；发包人要求中有错误；甲供材供应延误或地点变更；甲供材质量缺陷；发包人延误支付工程款；发包人指定的分包人违约或延误；发包人拖延工序的验收；发包人原因导致暂停施工；监理人延期检查隐蔽工程或重新检查已覆盖隐蔽工程；发包人拖延竣工验收等。

承包人亦应履行好合同约定的义务，防范发包人提出工期索赔的事件发生。发包人提出工期索赔的事件包括：承包人违反安全施工及管理义务；承包人出具的设计文件不符合发包人要求；承包人设备采购延误；承包人违规覆盖隐蔽工程；承包人原因导致暂停施工；不可抗力情形下处置不当；施工组织不当；承包人未能按时完成部分工程；承包人怠于或拒不执行工程师指令等。

发包人和承包人都应做好应对突发事件的预案和准备，避免工期损失扩大。需防范的突发事件包括：异常恶劣的气候、文物和地下障碍物、不可抗力、法律和政策性变化等。

（2）质量风险

"绿水青山就是金山银山。"环保建设项目事关国计民生和生态文明建设，项目质量好坏与生态环境安全和人民生命财产安全密不可分、息息相关。项目质量好坏也与项目投资人的收益密切相关。工程验收不合格、使用年限不达标等质量纠纷也是环保项目常见的纠纷。有关环保工程质量的规范主要有《建筑法》《民法典》《建设工程质量管理条例》以及与环保项目相关的设计规范和施工标准、与环保项目相关的现行的施工和验收规范/标准。

在环保项目工程质量法律风险防控中，发包人、项目管理人、设计单位、施工单位、监理单位、分包单位都应注意资质管理。建筑施工单位、勘察单位、设计单位、工程监理单位和分包单位应在其资质等级许可的范围内从事建筑活动，禁止超越本企业资质等级许可的业务范围或者以任何形式用其他建筑企业的名义承揽工程，禁止出借资质或允许他人以本企业名义承揽工程。从事建筑活动的专业技术人员，应当依法取得相应的职业资格证书，并在职业资格证书范围内从事工作。企业资质代表一个企业的资本、技术人员、技术设备、工作经验等综合实力，发包人选择具有相应资质的企业，才能更好地保证勘察设计质量、工程建设质量。参建各方违反企业资质管理规定的将面临罚款、停业整顿、降低资质、吊销资质等行政处罚，发包人也可能因此遭受工程质量损失。

根据《建设工程监理范围和规模标准规定》[①] 第 7 条的规定，总投资额在3000 万元以上的环保项目是必须实行监理的工程项目。在工程质量管理中，监

_____

① 《建设工程监理范围和规模标准规定》，载中国政府网，http：//www.gov.cn/gongbao/content/2002/content_61875.htm，最后访问时间：2022 年 3 月 25 日。

理人是发包人的委托人。发包人应委托有资质、有经验、有能力的监理单位，在质量管理过程中也应做好对监理单位的监督、检查和考核工作。监理单位应当依照法律、法规以及有关技术标准、设计文件对施工质量实施监理，并对施工质量承担监理责任。监理单位应选任具有相应资格的总监理工程师和监理工程师。监理单位需监督承包商的质量管理体系、质量检验体系的有效运营，应做好分部分项工程的质量监督和验收，应按照工程监理规范，通过有效的巡视、旁站和平行检验等形式对工程实施监理。

勘察、设计单位必须按照强制性标准对环保项目进行勘察、设计，并对其勘察、设计成果的质量负责。注册建筑师、注册结构工程师应当在设计文件上签字，对设计文件负责。

施工单位应当对建设工程的施工质量负责。在环保项目工程质量纠纷中，多数是发包人向承包人主张工程质量违约责任和返修费用。实践中，工程质量问题多产生于施工阶段，施工阶段是工程质量风险防控的关键。施工单位在质量管理中应注意：不得将工程项目转包和违法分包；应当建立质量责任制，明确工程项目的项目经理、技术负责人、质量管理技术人员的质量责任；必须按照设计图纸、施工方案、施工规范进行施工，不得擅自修改设计图纸和施工方案，不得偷工减料；建筑材料、工程设备在使用前应按照施工规范和检验标准进行检验，未经检验或者检验不合格的，不能使用；应严格执行检验批、分项工程、分部工程的检查和验收制度，隐蔽工程在隐蔽前应当通知建设单位、监理单位检查和验收；施工中出现质量缺陷和验收不合格的，应当及时负责返修。在施工过程中，发包人应做好监理单位、施工单位质量管理的监督和检查工作，做好质量检验和验收过程中有关档案的收集整理工作。

竣工验收是检验工程质量的环节，发包人收到竣工报告后，应当组织设计、施工、监理、运营等单位进行竣工验收，检查是否完成了设计图纸和合同约定的各项内容；检查、验收技术档案和施工管理资料；检查工程使用的主要建筑材料、构配件和设备的进场试验报告。竣工验收时，勘察单位、设计单位、施工单位、监理单位应分别签署工程质量合格证书，施工单位还应出具工程保修书。竣工验收后，应及时向建设行政主管部门移交建设项目档案。

我国实行建设工程质量监督管理制度，环保建设项目由地方政府建设行政主管部门或者其他相关部门负责工程质量监督管理。建设单位在环保项目开工前，应按照规定办理工程质量监督手续。施工过程中，各参建单位应当支持和配合建设工程质量监督检查人员依法执行质量监督任务。工程竣工验收后，建设单位应将工程竣工验收报告和规划、消防、生态环境等部门出具的认可文件，上报工程质量监督部门备案。建设工程发生质量事故，参建单位应当在 24 小时内向工程质量监督部门报告，对于重大质量事故，应根据事故类别和等级向上级部门报告。

我国实行建设工程质量保修制度，竣工验收时，发包人应核查质量保修书的主要内容，包括保修范围、保修期限和保修责任等。地基基础工程和主体结构工程的保修期限应为设计文件规定的合理使用年限；防水工程保修期应不少于 5 年；电气、给排水管道、设备安装、装修工程保修期应不少于 2 年。保修期内建设工程发生质量问题的，施工单位应履行保修义务，并承担损失赔偿责任，如果施工单位拒绝履行保修义务，发包人可从质量保证金或质量保函中直接扣除相关维修费用和损失。

（3）安全风险

环保建设项目具有规模大、建设周期长、单体结构多样、安装工艺复杂等特点，建设过程中人员多、工种多、工序交叉作业多、施工机械作业多，施工中常遇到不良地质、恶劣天气等不利因素，具有较高的安全风险。环保项目的安全风险防控应坚持"安全第一、预防为主"的方针，保障安全生产是建设单位、勘察单位、设计单位、施工单位、监理单位等参建单位的法定义务。有关环保建设项目安全生产的规范包括《建筑法》《安全生产法》《建设工程安全生产管理条例》《安全生产许可证条例》《生产安全事故报告和调查处理条例》等。违反安全生产规定的处罚和法律后果也较为严重，包括责令停产、罚款、降低企业资质、吊销资质证书，相关人员构成犯罪的还将追究刑事责任，刑事责任的罪名包括《刑法》第 134 条至第 139 条的重大责任事故罪/强令违章冒险作业罪、重大劳动安全事故罪、危险物肇事罪、工程重大安全事故罪、消防责任事故罪、不报谎报安全事故罪等。环保项目一旦发生安全事故将给发包方、承包方带来不可挽回的损失。环保项目参建各方加强安全管理、预防安全风险，至关重要。

环保项目的发包人应当做好安全风险防控，在项目前期，应保证项目基础资料的真实性、完整性，包括周边建构筑物、管线资料、气象水文资料。发包人的要求应符合安全生产规范和强制性标准规定，不得任意压缩合理工期。发包人编制招标控制价时应包含足额的安全生产措施费。拆除作业、起重作业、水下作业等高危险工作应发包给具有相应资质和经验的施工单位。发包人批准开工报告时应检查是否具备了必要的安全施工措施。

设计单位应严格按照安全规范和强制性标准进行设计，设计时应考虑安全施工距离和安全操作的需要，对于施工安全重点部位和关键环节需做出说明并提出安全措施建议，必要的应进行安全措施的专项设计。

监理单位对安全风险以预防为主，审批施工方案前应检查安全技术措施是否符合强制性规定。施工过程中，应严格监理，发现安全隐患，及时通知整改；必要的，应责令施工单位停工；施工单位拒不执行的，应及时向安全主管部门报告。

在环保项目的建设过程中，施工单位是安全风险防控的主要单位，施工单位的安全风险高、责任大。施工单位应保证安全生产资金投入，安全生产的措施费应专款专用，不得挪作他用；施工单位的项目负责人具有相应的职业资格，项目部应按规定配备专职安全管理人员，安全负责人和安全管理人员应持证上岗，应保证安全生产责任制、安全生产规章和安全生产操作规程的落实；施工单位应规范特种作业人员管理，起重机操作工、爆破工、起重信号工等特种作业人员必须持证上岗；对于危险性较大的施工作业，如基坑支护、深基坑开挖、起重吊装、拆除爆破等，必须有专职安全管理人员现场监督，监督安全措施是否落实到位，符合条件的专项方案应组织专家论证；在车辆出入口、基坑边沿、起重设施、用电设施等危险部位应设置明显的安全警示；由于施工作业人员较多，需将生活区、作业区分开设置，确保必要的安全距离，保证施工人员饮食、用电安全，集体宿舍应配备消防设施；起重机、整体提升脚手架和模板等特种设备使用前，应由具有相应资质的检验检测机构检验合格，还需向相关部门登记；施工单位应做好安全生产教育培训工作，项目管理人员经培训合格后才能任职，施工作业人员进场施工前必须接受安全生产教育培训，采用新工艺、新设备、新技术前必须进行安全生产教育培训；施工单位还需为施工现场从事危险作业的人员办理意外伤害保险，保险期应自开工之日起至竣工验收合格之日止，发生安全事故时，可通过保险理赔降低损失；施工单位应当建立生产安全事故处理应急预案，配备应急救援物资和人员，配备必要的救援器材、设备，并定期组织演练；发生生产安全事故后，施工单位应采取果断措施防止事故扩大，保护事故现场，做好相关记录，妥善保管证物，并按照规定及时向安全生产管理部门如实报告。

（4）工程价款结算、支付风险

环保建设项目的发包人和承包人都应注意工程价款结算、支付的法律风险。与建设项目结算、支付相关的规范有《建筑法》《民法典》《最高人民法院关于审理建设工程施工合同纠纷案件适用法律问题的解释（一）》《建设工程工程量清单计价规范》《建筑工程施工发包与承包计价管理办法》等。环保建设项目使用国家预算资金的，工程价款结算与支付还需遵守《基本建设财务规则》[①]。环保建设项目属于《审计法》审计范围的，其财政收支和财务收支还需接受审计机关审计。

工程价款结算与支付应当以合同双方的约定为准，合同约定违反法律、行政法规的强制性规定导致无效的除外。防范工程价款结算与支付风险，应先保证合同条款的合法性和有效性。工程造价中的不可竞争费应依法计取，如安全文明施工措施费、规费、税金。合同条款约定的价格和计价方式应当与招标文件、投标文件、中标通知书保持一致。发包人和承包人在招投标过程中应注意，合同价格不能低于工程建设成本。发包人提供的招标文件中有排除对方权利和加重对方责任的条款的，应当特别提醒承包人注意，必要时在签订合同前可单独进行澄清。建设过程中，因特殊情况需要签订多份合同的，多余合同应及时解除。进度款结算计价方法应保持一致，应依据发承包双方真实意思表示的合同进行结算。

以国有资金投资或者国有资金投资为主的环保建设项目，应采用工程量清单计价，非国有资金投资的环保建设项目，也建议采用工程量清单计价。工程量建议依据国家标准中相应专业的工程量计算规范计算。在发生争议时，依据国家标准解决争议。

工程价款结算审核的专业性较强，国有资金投资的环保建设项目，应当委托具有专业资质和经验的工程造价咨询公司对结算文件进行审核；非国有资金投资的环保建设项目，也建议委托工程造价咨询公司对结算文件进行审核，以提高结算文件审核的质量和效率。

发承包双方均需注意合同中工程价款结算的"默示条款"的约定。"默示条

[①]　《基本建设财务规则》，载中国政府网，http：//www.gov.cn/gongbao/content/2016/content_5097594.htm，最后访问时间：2022年3月25日。

款"指发包人在收到承包人提交的竣工结算文件后，在约定的时间内未完成审核或者提出异议的，视为发包人认可承包人提交的竣工结算文件。《最高人民法院关于审理建设工程施工合同纠纷案件适用法律问题的解释（一）》第 21 条、《建设工程施工合同示范文本》（GF-2017-0201）、《建设工程工程量清单计价规范》（GB 50500-2013）均有关于"默示条款"的内容。但"默示条款"的生效需发承包双方以专用条款或其他方式进行明确约定，否则发生争议时，"默示条款"可能不被仲裁庭、审判庭认可。发承包双方不设置"默示条款"的，也应对结算的上报和审核的期限进行约定，以明确发承包双方的权利义务。

竣工结算不能及时审核，久拖不结，是发承包双方发生法律纠纷的常见原因。使用国有资金的环保项目竣工结算按照规定需要经过财政评审或者行政审计，发包人为规避行政责任常在合同中约定以财政评审结果作为竣工结算结论，有的还约定承包人应返还超出审计结果的已付工程款。作为发包人应适当履行审核竣工结算和申请竣工结算财政评审或行政审计的合同义务。作为承包人应按合同约定及时提交竣工结算文件并做好文件签收工作，结算文件审核过程中应收集发承包双方往来记录，按时催促发包人办理结算审核工作。如果发包人怠于履行结算审核义务或者财政、审计等部门明确表示无法进行审核、审计或者无正当理由长期未出具审核、审计结论，承包人可向法院起诉，申请通过司法鉴定确定工程价款。

近年来国家大力推广工程总承包模式，环保项目中采用 EPC 工程总承包模式的也逐渐增多。建设内容明确、技术方案成熟的 EPC 项目多采用总价合同，发承包双方均应加强风险管理，合理分担总价合同的风险。价格风险的分配应在合同中明确，如人工、材料价格变动的风险，不可预见的不利地质条件，变更和索赔事件等。总价合同项目出现停工，如何结算是纠纷解决中的难题。建议发承包双方在合同中约定中途停工的价款结算方式，如可以按已完成工程量占全部工程量的比例乘以合同总价得出工程价款，也可以按定额计价计算已完工程款项再乘以一定下浮比例得出工程价款。合同中还可以约定导致中途停工的违约方应承担的违约责任。

发包人支付工程款时，应注意遵守《保障中小企业款项支付条例》《保障农民工工资支付条例》等规定。在合同没有约定的情况下，发包人不能强制中小企业接受商业汇票等非现金支付，不得利用商业汇票等非现金支付方式变相延长付款期限。发包人应监督承包人开设农民工工资专用账户，专项用于支付该工程项目农民工工资。发包人应监督承包人和分包人依法与农民工订立劳动合同并进行用工实名登记。发包人应将人工费用及时足额拨付至农民工工资专用账户，监督承包人按时足额支付农民工工资。

4. 项目验收阶段

竣工验收指发包人、承包人、监理人等，按照设计图纸、技术要求、施工验收规范和质量检验标准等文件，按照验收程序，对已完工的建设工程进行检查和认证的过程。环保项目的验收一般包括分部工程验收、单位工程验收、单机及联动调试、竣工验收、专业验收、试运行、运营移交。竣工验收代表承包人完成了合同约定的建造内容，工程质量满足了合同约定的质量标准。竣工验收合格代表发包人应按照合同约定进行竣工结算并支付相应的工程价款，验收合格代表发包人完成工程接收，风险从承包人转移至发包人。竣工验收合格代表起算缺陷责任期和保修期。

竣工验收合格是环保建设项目投产运营的前提条件。《建筑法》《民法典》《建设工程质量管理条例》均规定，建设工程经验收合格的，方可交付使用，未经验收或验收不合格的，不得交付使用。发包人在验收过程中发现工程质量不合格的，应及时通知承包人整改、维修，不能擅自投产运营。特殊情况需要投产运营的，应保存好工程在交付时存在质量瑕疵的证据，并与承包人确定先运营后维修的作业方案，确保承包人履行应承担的保修义务。

承包人施工完成后应及时准备完整的技术档案和施工管理资料，包括工程使用的主要建筑材料、建筑构配件和设备的进场试验报告。承包人应在约定的时间内向发包人提交竣工验收报告和工程保修书，并做好竣工文件的签收记录。发包人无正当理由拖延验收的，应书面催促，发包人继续恶意拖延的，可向发包人主张违约责任。

环保项目试运营前还需要进行专业验收，包括竣工规划验收、消防验收、人防验收、特种设备验收、环保验收、防雷装置验收等。污水处理、垃圾焚烧等环保项目运营前还应由当地生态环境主管部门组织专项验收，试运营结果需符合国家规定的污染物排放标准。垃圾焚烧和污水处理项目运营前还需安装污染物在线监测系统，监测数据应与生态环境主管部门联网，实时上传。

三、运营法律风险防控

环保建设项目在运营阶段法律风险防控的目标是安全运营、经济运营、环保运营。安全是环保项目运营的第一基础，需放在首要位置。经济是环保项目运营的保障，经济运营能保障投资者获得合理的回报，使环保项目稳定和可持续运营。环保运营是生命线，是环保建设项目的价值所在。

1. 安全运营法律风险防控

环保项目安全运营应遵守的规范包括《安全生产法》《生产安全事故报告和调查处理条例》等。《安全生产法》规定了生产经营单位、主要负责人、相关安全岗位人员的安全生产保障责任，安全生产保障责任包括建立安全生产责任制，制定安全操作规程，组织安全生产教育培训，足额投入安全生产资金，检查、排除生产安全事故隐患，组织生产安全事故应急救援预案，及时报告生产安全事故等。生产安全应以预防为主，发生生产安全事故会给企业带来严重后果，包括人员伤亡、经济损失、停产停业、行政处罚，甚至追究相关责任人的刑事责任。

污水处理厂、垃圾焚烧厂等环保建设项目在运营阶段常见的安全生产事故有密闭空间中毒窒息事故，高空施工作业坠落事故，粉尘、可燃气体爆炸事故，移动和旋转机械伤害事故，触电事故，淹溺事故等。建议运营单位从以下几个方面做好安全事故的防范：（1）建立和完善企业安全管理制度、操作规程、应急预案等；（2）企业负责人、安全管理人员和特种作业人员应经过安全培训和持证上岗；（3）生产中，对关键控制点加强巡检，发现事故隐患及时解决；（4）作业前对员工进行安全警示和教育，密闭空间施工前应进行有害气体监测，作业中注意通风，还需预备应急救援设备；（5）高空作业应配备安全帽和安全带，长期高空作业人员应定期体检，体检合格方可上岗；（6）粉尘、有害气体厂房应安装在线监测设备、通风换气装置；（7）规范易燃易爆物质的储存和运输；（8）厂区应按规范设置消防器材和应急设施。

污水处理厂、垃圾焚烧厂等环保建设项目运营过程还需注意"邻避效应"，防范因群众不满引起的事件。"邻避效应"是指居民或当地单位因担心建设项目（如垃圾场、污水处理厂等）对身体健康、环境质量和资产价值等带来负面影响，从而滋生"不要建在我家后院"的心理。建议在项目运营过程中做到信息公开、规范运行、排放达标、严格监管等，积极宣传，主动化解周边居民和单位的误会。

2. 环保运营的法律风险防范

环保是污水处理厂、垃圾焚烧厂等环保项目的生命线，是环保项目的价值所在。运营过程需遵守的与环保相关规范包括《环境保护法》《水污染防治法》《大气污染防治法》《最高人民法院、最高人民检察院关于办理环境污染刑事案件适用法律若干问题的解释》等。垃圾焚烧厂、污水处理厂属于重点排污单位，运营前应取得排污许可证，应当安装污染物排放的自动监测设备，监测设备需与环保主管部门的设备联网，并保证监测设备正常运行，保证监测数据的真实性和准确性，运营单位还需如实公开自动监测数据。运营单位应保证污染物处理设备的正常运行，禁止利用渗井、渗坑等不正常运行污染物处理设备的手段排放污染物。运营单位收取的处理费用应优先用于保证处理设施的正常运行，不得挪作他用。经处理排放的尾水、尾气、污泥应符合国家标准。违反法律规定排放污染物的，将受到行政处罚，情节严重的，相关责任人将被追究刑事责任。

垃圾焚烧厂、污水处理厂是生态环境主管部门重点监管的对象，生态环境部公布的环境违法案件中，常有垃圾焚烧厂、污水处理厂被处罚的案件。为了防范运营过程中的环保法律风险，应当做好以下几个方面的工作：（1）应保持污染物处理设施正常使用，因维修、故障不能正常使用的，应采取限产停产等措施，并立即向生态环境部门报告；（2）污染物处理设施应与生产工艺设备同步运行，污染物处理设施故障停车的，生产工艺设备应同步停车；（3）运营单位应加强污染处理设施的日常保养、检修；（4）建立污染物处理设施台账并明确运营管理人；（5）制定污染物处理设施运行和操作规程，加强运营管理人员的培训和教育。

3. 经济运营的法律风险防范

近年来，部分环保企业出现债务违约事件，说明环保项目也是有风险的，尤其是地方政府的债务负担较重时，项目会出现现金流压力。

经济运营需要关注环保项目的运营收入和运营成本，收入方面需注意两个关键指标：污染物处理量和综合价格（垃圾焚烧厂包括售电价格和垃圾处理补贴价格）。运营成本主要包括人工费、水电费、物料费、修缮费等，运营收入一般是按照实际污染物处理量计算的，经营者需要关注实际处理量低于预期时收入可能减少的风险。实际处理量低于预期的常见原因包括：工业区入住率低于预期；与污水厂配套的管网未及时建造等。很多环保项目为保证项目具有清偿融资债务的能力，在经营合同中会专门设置保底量条款，即实际处理量低于保底量时，按保底量计算付费。近年来设置保底量的环保项目数量越来越少，投资人在投资环保项目时应考虑当地的经济发展、人口数量、政府债务负担等因素。由于环保项目的运营周期长，人工、物价等运营成本会逐年增长，通过调价机制调整价格能有效保证项目达到预期收益。环保项目的调价通常采用模型调价法，即，通过数学模型建立人工、物价、处理量等因素对价格的影响，当运营成本变动幅度达到调价条件时，根据调价公示对价格进行适当调整。作为运营单位在调价过程中建议注意以下事项：（1）调价时需注意与国家政策是否冲突；（2）运营单位在日常管理工作中，应制定管理计划，注意收集进场量、出场量、材料消耗量、财务流水等重点成本数据；（3）调价时，按照《价格法》规定应当召开听证会的，应遵守听证程序，配合有关部门进行成本审定和公示，确保价格调整的合法性。

运营单位还需加强企业内部监管，提高运营水平，积极探索降低成本的方法，努力降低人工、物料的消耗。因自身积极改善方法、改善管理，产生效益的应做好记录和资料保存工作，防止审计机关认定环保项目利润率高于行业水平是由于收费过高而扣减正常的服务收费。

第三节　环保项目案例分析

【典型案例 1】

某水公司诉甲县国土局征收排污费行政争议案

案　　号：（2014）海南一中环行终字第 5 号[①]

审理法院：海南省第一中级人民法院

裁判类型：二审行政判决书

案情摘要：经过公开招标，2009 年 10 月 20 日，某水公司与甲县人民政府签署《甲县污水处理厂委托运营服务协议》，约定甲县人民政府委托某水公司在委

---

① 海南省第一中级人民法院（2014）海南一中环行终字第 5 号行政判决书，载中国裁判文书网，https：//wenshu. court. gov. cn/website/wenshu/181107ANFZ0BXSK4/index. html？docId = ba914a2a30c4475b9275b23980580cb7，最后访问时间：2022 年 3 月 25 日。

托运营期限内，运营、维护某城污水处理厂，提供污水处理服务，收取污水处理服务费。2010 年 1 月 15 日，某水公司受托接管某城污水处理厂并开始试运营，2010 年 5 月 26 日，某城污水处理厂通过环保预验收，但至起诉时尚未进行正式的验收。因某城污水处理厂的设计及设备存在问题，经某水公司请求，甲县水务局、某省水务厅组织专家对某城污水处理厂存在问题进行了论证，并于 2012 年 6 月 28 日出具《某城污水处理厂存在问题专家论证意见》，在托管运营期间，对存在的问题，某水公司也配备了一些仪器设备并进行了相应的改造。

2012 年 7 月 17 日、2013 年 1 月 6 日、2013 年 6 月 6 日，甲县环境监测站分别对某城污水处理厂出水进行现场采样监测，发现 BOD5 浓度、SS 浓度、大肠菌群数超出国家标准。针对某城污水处理厂超标准排放污水的行为，甲县国土局分别于 2012 年 7 月、2013 年 1 月、2013 年 6 月对某水公司做出行政处罚决定。2013 年 12 月 17 日，甲县国土局根据上述三次监测结果，对某水公司分别做出三份排污核定通知书，2014 年 4 月 17 日，甲县国土局分别做出三份《关于排污费缴纳通知书》，核定某水公司应缴超标准排污费共计 21145 元。某水公司于 2014 年 6 月 5 日向甲县人民政府提起行政复议，甲县人民政府决定维持国土环境资源局做出的《关于排污费缴纳通知书》。某水公司于 2014 年 7 月 21 日向原审法院提起行政诉讼，原审法院作出维持《关于排污费缴纳通知书》的判决。某水公司向海南省第一中级人民法院提出上诉。

某水公司的诉讼请求及主要理由：请求撤销甲县国土局做出的三份《关于排污费缴纳通知书》。某水公司认为，甲县国土局援引《排污费征收标准管理办法》① 第 3 条第 1 项规定，认定某水公司"属于超标排放污水的征收排污费的对象"，事实认定错误、法律适用错误。某水公司仅是某城污水处理厂的运营商，不是项目业主，不能代表某城污水处理厂，因此某水公司不应是排污费缴纳对象。甲县政府与某水公司之间是一种委托合同关系。甲县政府既是委托人又是被代理人，是某城污水处理厂的业主，拥有该厂及相关污水处理设施的所有权，可以完全代表某城污水处理厂。某水公司为受托人和代理人，是污水项目的具体运营商，不能等同于某城污水处理厂。被代理人对代理人的代理行为，承担民事责

---

① 载生态环境部网站，https：//www.mee.gov.cn/ywgz/fgbz/gz/200302/t20030228_86250.shtml，最后访问时间：2023 年 4 月 19 日。该规范现已失效。

任，相关的行政处罚也应由被代理方（即甲县政府）承担。另外，《水污染防治法》第 24 条规定，缴纳排污费的对象为直接向水体排放污染物的企业事业单位和个体工商户。就本案而言，排污者为某城污水处理厂，而项目业主才能代表某城污水处理厂，排污费应由项目业主缴纳。

裁判要点：

1. 根据查明事实，某水公司对其超标排放污水的事实是认可的，说明主要事实清楚，证据充分。甲县国土局在答复某水公司的复核申请的时间上超出《排污费征收使用管理条例》第 8 条规定的答复期限，存在瑕疵，但并不影响《关于排污费缴纳通知书》行政行为的合法性和效力。因此，甲县国土局做出的三份《关于排污费缴纳通知书》事实清楚，程序合法。

2. 某水公司自 2009 年 10 月受托接管甲县污水处理厂以来，一直就是甲县污水处理厂的运营者、管理单位。根据《委托运营服务协议》的有关约定，某水公司的合同义务是："对项目服务区范围内污水收集管网的投资、建设、管理和维护，并始终谨慎运营和维护所有的项目设施，使其处于良好的运营状态。"县政府已按照《委托运营服务协议》的规定，每年向某水公司支付污水处理服务费。县国土环境资源局根据《排污费征收标准管理办法》的有关规定，认定某水公司为排污费缴纳责任主体是正确的，某水公司主张其不是征收对象的理由不能成立。

案例评析：

1. 未经正式验收即运营的风险及法律后果的承担

本案中，某水公司接管某城污水处理厂前未经过正式验收，接管后才发现污水处理厂的设计和设备存在问题。《建筑法》《民法典》《建设工程质量管理条例》分别规定了建设单位、施工单位、设计单位、监理单位等的质量责任。竣工验收不合格的，建设单位可根据法律规定和合同约定要求相关单位承担返修责任和损失赔偿责任。竣工验收合格，有关法律风险转移至建设单位，施工单位还需承担法律和合同约定的保修责任。《最高人民法院关于审理建设工程施工合同纠纷案件适用法律问题的解释（一）》第 14 条规定"建设工程未经竣工验收，发包人擅自使用后，又以使用部分质量不符合约定为由主张权利的，人民法院不予支持"，本案中，污水处理厂未经正式验收即接收运营，相关风险自接收时转移给建设单位/运营单位。接管并运营表示对质量瑕疵的认可，属于风险自担。接管后发现污水处理厂的设计和设备存在问题，想要据此向设计单位、施工单位、设备供货商主张质量责任，将有不被法院支持的风险。因此，建设单位应谨慎对待竣工验收，工程质量存在问题的，原则上应在接管运营前解决；情况特殊需要在运营后解决的，建设单位应做好举证工作，并与施工单位等确定运营后的维修方案。

本案中，某水公司不是建设单位，仅是运营单位，某水公司和县政府之间属于委托合同关系，某水公司作为受托人接管某城污水处理厂时难免受到县政府的影响。某水公司在接管前和运营过程中发现工程质量、污水处理不达标等问题，应及时通知委托人并分析出现问题的原因，收集证据。若排污不达标等问题并非某水公司运营不当的责任，某水公司遭受行政处罚或其他损失后，可以根据法律规定或合同约定向委托人要求赔偿损失，还可向委托人要求解决存在的质量问题或者承担整改费用。

2. 代签的公文来往登记能否作为证据使用

民事诉讼中的证据需要具备合法性、关联性、真实性。证据的合法性，指证据的形式以及证据的来源符合法律规定。证据的关联性，指证据事实应当与待证事实存在联系。证据的真实性，指一份证据的形成过程客观真实，不是出具证据的一方有意伪造的，也可以称为证据的客观性。代签有冒名之嫌，需要代签人证明代签行为有效。有效的代签行为的法律基础主要有法定代理、有权代理、有效委托，也就是说法定代理人、有权代理人、有权受托人的代签行为是有效的。

本案中，某水公司向县国土环境资源局送达《复核申请书》时，申请书的签收时间由某水公司工作人员代填写。行政诉讼过程中，县国土资源环境局主张签收时间是某水公司工作人员单方填写，否认曾委托某水公司工作人员代签。因此，文件往来签收登记没有被法院采信作为证据，不能证明某水公司按时提交了《复核申请书》。

环保项目的建设投资过程中有大量文件需要签收确认，如设计图纸、变更指令、索赔通知、签证文件、结算文件等。建设工程合同中通常有逾期失权的约定。因此，发包人、承包人、监理人等各方均需注意文件来往的签收，原则上应由签收单位签收，不能代签。特殊情况不能当场签收的，也应要求对方事后补签字，或者采用电子邮件、微信等方式确定对方已经实际接收文件资料。

【典型案例2】

某业公司与某科公司合同纠纷

案　　号：（2020）豫 03 民终 2769 号①

审理法院：河南省洛阳市中级人民法院

裁判类型：二审民事判决书

案情摘要：2004 年 8 月 25 日，某业公司（甲方）与本案被告某科公司（乙方）签订《关于建设乙市某污水处理厂一期工程合同书》，某科公司负责工程的总承包建设。合同总价 680 万元，合同工期：施工许可证颁发之日起 3 个月。违约责任：甲方不依合同按时付款，每逾期一天，应支付相应金额的万分之一给乙方；乙方不按合同工期完工，每逾期一天，支付合同总价的万分之一给甲方。合同中关于验收的约定为："工程验收：在乙方提出后 20 日内由甲方组织完成，甲方未按期验收，自验收期满视作验收合格。"2006 年 11 月 16 日，某科公司向某业公司做出《关于乙市某污水处理厂验收的报告》，请某业公司组织工程验收。2006 年 11 月 29 日，某业公司向某科公司发出《乙市某污水处理厂检查整改通知》，要求对工艺、设备、土建部分、电气等方面共计 24 项存在的问题进行整改。2009 年 7 月 16 日，某业公司向被告出具《函》一份，称感谢某科公司积极派员前来进行某污水处理厂通水前调试准备工作，因工程费及药剂费问题需要与市财政局进行沟通，同时考虑到某科公司长期派人驻守工程，费用开支较大，让某科公司先返回，待工程费及药剂费批复后，再通知某科公司完成设备调试工作。

某业公司的主要诉讼请求及理由：一、依法解除双方于 2004 年 8 月 25 日签订的乙市某污水处理厂建设工程合同书。二、判令被告向某业公司移交未经验收的乙市某处理厂建设工程及相关资料。三、判令被告支付逾期交付工程违约金 273 万元。四、判令由被告承担本案的诉讼费等。

该工程自 2005 年 2 月 22 日开工，合同约定工期为 3 个月，应于 2005 年 5 月 22 日完工。某科公司施工进展缓慢，未能按约定完成，某业公司多次、以多种方式催促其加快进度。2006 年 10 月 7 日，某科公司申请对工程进行验收，某业

---

① 河南省洛阳市中级人民法院（2020）豫 03 民终 2769 号民事判决书，载中国裁判文书网，https：//wenshu.court.gov.cn/website/wenshu/181107ANFZ0BXSK4/index.html？docId=03df78f44b59492dbe91ac2800963a10，最后访问时间：2022 年 3 月 25 日。

公司组织相关人员按照国家有关建设工程验收的法律、法规、政策等进行初验后，于 2006 年 11 月 29 日向某科公司下达了整改通知书，要求整改。2007 年 6 月 12 日，某科公司将全部设备、工具、工人、技术资料等撤离，以自己的行为单方终止了双方签订的合同。为此，某业公司通过多种方法试图让某科公司来洛阳解决双方的合同问题，某科公司却一直不理不顾。

裁判观点：关于原被告双方之间的工程合同是否应当予以解除的问题。本案工程某科公司已完成施工并申请发包人验收，某业公司虽然以某科公司施工工程需要整改为由未组织竣工验收，但其已于 2009 年 7 月 16 日实际接收工程。因本案工程已实际交付，某业公司要求解除施工合同于法无据，某业公司对其认为工程存在的质量问题可以通过主张修复及赔偿解决。关于某业公司主张某科公司移交某污水处理厂未经验收的建设工程及相关技术资料的诉求。（一）2009 年 7 月 16 日，某业公司给某科公司出具《函》，表示考虑到某科公司长期派人驻守，费用开支较大，要求某科公司人员返回，可证明某业公司已经接收某污水处理厂。故某业公司再次主张被告移交该工程，无事实根据；（二）依据工程合同书第 8 条约定"工程竣工后乙方交给甲方八套完整的竣工资料"，某科公司应当向某业公司移交八套完整的竣工资料，且庭审中某科公司亦承认相关资料一部分在其公司，另一部分在分包单位，故某科公司应当向某业公司移交八套完整的竣工资料。关于某业公司主张某科公司支付逾期交付工程违约金的诉求。本案工程合同书第 4 条约定工期为"建筑工程自施工许可证颁发之日起三个月内完工"。但原被告均未提供施工许可证，致无法查明施工许可证的颁发日期，对此本院参照（2009）洛龙民初-2 字第 169 号民事判决书中查明确认的开工及竣工日期，适用于本案，开工日期为 2005 年 4 月 30 日，竣工日期为 2009 年 7 月 16 日。显然，实际工期已超出了合同约定的工期，故超出部分某科公司应当承担违约金。依据工程合同书第 9 条第 2 项约定"乙方不按合同工期完工，推迟了验收时间，每逾期一天，按合同确定的总投资额万分之一计付给甲方"，某科公司应当按总投资额 680 万元的日万分之一从 2005 年 7 月 30 日计算违约金至 2009 年 7 月 16 日。

案例评析：

1. 竣工验收过程中，施工单位拒绝执行发包人的《整改通知书》的发包人应如何处理

确保工程质量合格既是承包人的合同义务也是承包人的法定义务。《建筑

法》第61条规定"交付竣工验收的建筑工程，必须符合规定的建筑工程质量标准"，《建设工程质量管理条例》第32条规定"施工单位对施工中出现质量问题的建设工程或者竣工验收不合格的建设工程，应当负责返修"。工程质量不合格承包人又拒绝维修的，属于承包人质量违约，发包人可以拒绝支付工程价款，还可以向承包人主张工程质量的违约金。承包人还可能因工程质量不合格受到建设主管部门的行政处罚，处罚记录或被记入质量信用档案。

竣工日期为竣工验收合格之日，承包人拒绝整改工程质量存在的问题，说明竣工验收不合格，工程未竣工。竣工日期超出合同约定的，发包人可向承包人主张工期违约金或损失赔偿。

《建设工程质量管理条例》第40条第3款规定："建设工程的保修期，自竣工验收合格之日起计算。"同时，建设工程的缺陷责任期也是从竣工验收合格之日起算。通常情况下，建设工程合同都会约定一定比例的预留金作为工程质量保证金，工程质量保证金在缺陷责任期届满后才能返还。承包人拒绝整改质量问题，将导致缺陷责任期和保修期无法起算，进而导致工程质保金无法返还。承包人拒绝维修，发包人又需接管运营的，发包人可以另行委托第三人代为履行维修义务，维修发生的费用可以从承包人的质保金中直接扣除。发包人应做好维修费用证据的收集工作。

2. 建设项目未完成竣工验收流程，竣工日期如何确定

验收合格之日为竣工日期，竣工代表承包人完成了合同义务，可以向发包人主张工程结算，通常情况，承包人会积极要求进行竣工验收。司法实践中，也常有对竣工日期产生争议的情况，比如发包人拖延验收的情况，也有未经验收，发包人将工程投入使用的情况。《最高人民法院关于审理建设工程施工合同纠纷案件适用法律问题的解释（一）》第9条规定："当事人对建设工程实际竣工日期有争议的，人民法院应当分别按照以下情形予以认定：（一）建设工程经竣工验收合格的，以竣工验收合格之日为竣工日期；（二）承包人已经提交竣工验收报告，发包人拖延验收的，以承包人提交验收报告之日为竣工日期；（三）建设工程未经竣工验收，发包人擅自使用的，以转移占有建设工程之日为竣工日期。"因此，承包人完成施工后应积极主张竣工验收，及时提交竣工验收报告，并做好竣工验收报告的签收工作。发包人拖延验收的，应以书面形式催促，做好发包人拖延验收的证据收集；未经验收，发包人擅自使用的，也应做好发包人擅自使用

的证据收集，并催促发包人进行竣工验收程序。作为发包人，未经验收即擅自使用，属于转移占有，即工程的风险转移给发包人。发包人应注意工程存在的质量缺陷，避免出现验收前工程已存在质量问题但未发现，使用后才发现又难以举证是承包人的责任的风险。

【典型案例3】

某科公司诉甲区人民政府建设工程施工合同纠纷案

案　　　号：（2019）川民终453号①

审理法院：四川省高级人民法院

裁判类型：二审民事判决书

案情摘要：2012年12月，甲区人民政府与某科公司就甲区乡镇污水处理设施工程签订了《工程建设合同书》，合同约定由某科公司承建甲区九个乡镇的污水处理厂工程建设。合同约定：污水处理厂的出水水质达到《城镇污水处理厂污染物排放标准》（GB 18918-2002）② 一级A标准；合同价格3538万元，包括地勘、初步方案设计、工艺方案设计、工艺流程设计、施工图设计等勘测和设计费用，工程建设费及施工管理费，专利技术使用费及专利技术服务费等；污水处理设施完整的、系统的设计必须符合国家和省最新实行的和正在执行的相关设计标准、规范和规定；乙方负责按工程总承包方式建设本合同项下的全部工程并负责本工程厂区范围内的施工管理。

2015年12月，某科公司完成一期工程，即除大山铺外的八个污水处理厂。2015年12月22日，甲区人民政府与某科公司签订《补充协议》，针对大山铺污水处理厂的工程建设达成协议：甲方同意支付乙方一期工程中大山铺污水处理厂的勘察、设计费，二期工程实施内容变更为市东北部新城污水处理厂（以下简称新城污水厂）；为加快本项目实施进度，乙方收到新城污水厂前期文件后，甲方预付乙方勘察、设计等前期费用70万元；乙方在50天内完成本项目的施工图设计，完成后甲方支付乙方30万元；双方同意根据审定后的施工图确定本项目工

---

① 四川省高级人民法院（2019）川民终453号民事判决书，载中国裁判文书网，https：//wenshu. court. gov. cn/website/wenshu/181107ANFZ0BXSK4/index. html？docId＝3b05eac5d4d74c91b99fab23016c4288，最后访问时间：2022年3月25日。

② 载生态环境部网站，https：//www. mee. gov. cn/ywgz/fgbz/bz/bzwb/shjbh/swrwpfbz/200307/t20030701_66529. shtml，最后访问时间：2023年4月19日。

程造价，甲乙双方共同委托具有甲级资质的中介机构按照国家市政工程造价规范及省工程定额对本项目工程造价进行评审，评审价格作为本项目的工程造价；本项目土建工程施工单位由甲方负责招标，乙方负责技术支持和过程服务；其他工作仍由乙方负责按工程总承包方式实施；本协议其他内容按原建设合同约定的内容办理。2016 年 8 月 26 日，新城污水厂的施工图设计文件通过审查，并进行了备案。

2016 年 12 月 20 日，省人民政府经批准发布《水污染物排放标准》，要求现有和在建污水处理厂自 2020 年 1 月 1 日起，出水水质必须达到地表水四类的标准。

2017 年 4 月 28 日、2017 年 10 月 18 日、2018 年 1 月 8 日，某科公司分别发函，要求甲区人民政府按照《工程建设合同书》及《补充协议》约定，尽快完成项目前期工作，为新城污水厂开工建设创造条件。

2018 年 1 月 27 日，甲区人民政府、某科公司共同委托造价公司对新城污水厂的工程费用进行造价评审。2018 年 5 月 2 日，某科公司发出《关于中止工程造价评审及下步工作建议的函》，要求采用公开招标方式选定新的工程造价评审单位。

2018 年 6 月 20 日，甲区人民政府召开协调会议，提出按新的《水污染物排放标准》重新修改新城污水厂施工图设计，将污水厂出水指标由一级 A 标提升至地表四类水，双方未达成一致意见，随后，甲区人民政府提出解除合同。

2018 年 9 月，新城污水厂被纳入 PPP 项目，发包给其他单位实施。

某科公司主要诉讼请求及理由：请求判决解除甲区人民政府与某科公司签订的《甲区乡镇污水处理设施工程建设合同书》及《补充协议》。

某科公司认为，新颁布的《水污染物排放标准》属于强制性标准，新城污水厂的出水水质标准仍按原合同履行的话违反上述标准，施工后再进行提标改造在经济上不可行。双方经长时间协商未就上述变更达成一致意见，在协商变更不能的情况下，若继续履行原合同显失公平，构成情势变更。

裁判观点：本案的争议焦点是本案是否构成情势变更；案涉合同及补充协议是否应当解除。

《补充合同》约定由双方共同委托中介机构对新城污水处理厂工程造价进行评审确定合同价格，合同价格是合同的主要条款。自 2016 年以来双方一直未就合同价格达成一致意见，这也是《补充合同》无法继续履行的原因之一。《水污染防治标准》要求自 2020 年 1 月 1 日起污水厂出水水质必须执行新标准，与《补充协议》设想的以现有设计标准使用 15 年的合同目的严重相悖。如按新标准重新设计，某科公司要求的价格甲区人民政府不能接受；如先按现有合同实施再进行升级改造，也涉及费用增加，双方亦未就费用增加协商达成一致。双方在立约时均不能预见《水污染防治标准》规范的具体内容，该变化不属于商业风险，不可归责于双方。因政策性原因导致不能继续履行合同或者不能实现合同目的的，属于合同当事人意志之外的客观情况发生重大变化的情形，属于情势变更。污水处理厂项目涉及保护生态环境和公共利益，甲区人民政府在与某科公司就继续履行合同协商不成并已诉诸法律请求解除合同的情形下，另行通过 PPP 方式将项目发包给他人，不能认定为甲区人民政府恶意构成根本性违约。最终判决解除甲区人民政府与某科公司签订的《甲区乡镇污水处理设施工程建设合同书》及《补充协议》。

案例评析：

1. 国家政策变化的风险包括哪些、风险应由谁承担

国家政策变化指政府机关发布的具有强制性、标准化的文件和要求实行的具体措施。对于环保建设项目来讲，包括环保要求、安全施工措施、税金费率等方面的政策变化，如地方政府及相关部门要求污水排放水质标准提高、安全文明施工标准提高、新增降低施工扬尘的措施、增值税税率调整等。上述政策变化会直接或间接引起施工成本的变化，进而导致合同价格的变化。

《建设工程工程量清单计价规范》第 3.4.2 条规定"国家法律、法规、规章和政策发生变化，影响合同价款调整的，应由发包人承担"。通常情况下，国家政策变化的风险应由发包人承担，但发承包双方也可以在合同中约定国家政策发生变化时的风险分配原则和分配比例。

环保项目的建设投资过程中，发承包双方均应做好国家政策变化风险的应对工作，妥善处理合同争议。尤其是因国家政策的变化导致合同履行困难或者无法继续履行的情况，建议发承包双方本着诚实信用、公平的原则协商处理合同价格的变化，避免因双方长时间不能达成一致意见造成合同无法继续履行。合同无法履行，通常会导致合同解除，将给发承包双方造成更大的损失。

2. 情势变更的构成要件及应对措施

根据《民法典》第533条规定，情势变更的构成要件包括：（1）发生事件是动摇合同基础条件的事件；（2）当事人订立合同时无法预见；（3）不属于商业风险；（4）继续履行合同对于当事人一方明显不公平。环保建设项目的合同履行过程中情势变更的情形有：建设工程验收标准变化，建设成本明显增加；材料、设备价格出现异常波动等。

发生情势变更的事件后，发承包双方应做好证据的收集和记录工作，分析对合同价格和合同履行的影响，并及时通知合同相对方。建议发承包双方客观分析事件对合同价格的影响，合同中有约定的应按合同约定处理，超出合同约定的价格风险，应当在合理的期限内协商解决；如果长时间无法解决且又影响合同继续履行的，当事人可以请求人民法院或者仲裁机构变更或者解除合同。诉讼中，发承包双方均应做好证据举证工作。

3. 本案中的《补充协议》存在哪些法律风险，承包人应如何防范

本案中《补充协议》签订时发承包双方意思表示真实，不违反法律、法规的强制性规定，不违反公序良俗，补充协议应属有效。但《补充协议》存在两个较大开口，直接制约合同的履行，一是"甲乙双方共同委托具有甲级资质的中介机构对本项目工程造价进行评审"，二是"土建工程甲方负责招标"，这说明补充协议的合同价格未确定、施工单位未确定。合同价格、施工单位是《补充协议》的主要条款，主要条款未确定，合同便无法实际履行。本案工程停滞数年，最终合同解除。

发承包合同关系中，承包人往往处于弱势地位，且需要为合同的履行做大量准备工作，合同无法履行，会直接给承包人带来损失，并且造成的损失可能无法追偿。因此，建议承包人做好以下工作：合同价格确定前的准备工作应适当，不能盲目信任；做好证据收集工作，避免发生损失时无法举证；鉴于工程的特殊性，建议在合同中单独约定一定金额的工程准备费用，或者在合同中约定合同解除后对承包人准备工作的补偿条款。

【典型案例4】

甲村民小组与乙市环保局、某能公司行政许可纠纷案

案　　号：（2018）桂12行终137号①

审理法院：广西壮族自治区河池市中级人民法院

裁判类型：二审行政判决书

案情摘要：2015年6月，经过依法招标，某能公司取得乙市城乡生活垃圾焚烧发电BOT项目特许经营权。随即，某能公司开展相关环境影响评价工作，于2016年2月组织包括村群众代表在内的有关人员前往浙江湖州、兰溪对某能公司已运营的垃圾焚烧厂进行参观考察，同年2月24日召开与BOT项目周边的单位、村民代表等的座谈会，介绍项目情况并解答代表疑问。某能公司2016年3月9日委托省环科源科技有限公司编制环境影响报告书。2016年3月10日、2016年5月20日，乙市某能公司在乙市日报上两次刊登了《乙市城乡生活垃圾焚烧发电BOT项目环境影响评价公示》。2016年3月11日、2016年5月25日、2016年9月20日，乙市环保局在其门户网站三次将"乙市城乡生活垃圾焚烧发电BOT项目环境影响评价"公示。在此期间，某能公司向有关公众和团体发放了《公众参与调查表》和《社会团体调查意见表》，征集对建设乙市城乡生活垃圾焚烧发电BOT项目的意见。2016年7月11日，某能公司向乙市环境保护技术中心提出对"乙市城乡生活垃圾焚烧发电BOT项目"进行技术评估申请。乙市环境保护技术中心于2016年7月17日对该项目进行了现场踏勘，并召开了由6名专家和有关单位代表参加的技术审查会议。2016年7月18日，乙市环境保护技术中心发函要求某能公司对《乙市城乡生活垃圾焚烧发电BOT项目环境影响报告书》进行修改和补充完善。在某能公司完成修改和补充完善工作后，2016年10月28日，乙市环境保护技术中心做出《乙市环境保护技术中心关于乙市城乡生活垃圾焚烧发电BOT项目环境影响报告书技术评估意见的函》，该函总结论为"……从环境保护角度分析，本工程的建设是可行的"。2016年10月28日，乙市环保局在其门户网站公示"乙市城乡生活垃圾焚烧发电BOT项目环境影响报

---

① 广西壮族自治区河池市中级人民法院（2018）桂12行终137号行政判决书，载中国裁判文书网，https：//wenshu. court. gov. cn/website/wenshu/181107ANFZ0BXSK4/index. html？docId = 5db8eb885e0442a0bc a8abbd0035ca23，最后访问时间：2022年3月25日。

告书审批"受理情况。2016 年 11 月 1 日，乙市环保局又在其门户网站公示"乙市城乡生活垃圾焚烧发电 BOT 项目环境影响报告书审批"。经上述公示程序后，乙市环保局于 2016 年 11 月 14 日做出《关于乙市某能公司乙市城乡生活垃圾焚烧发电 BOT 项目环境影响报告书的批复》。

甲村民小组村民反对建设垃圾焚烧发电项目工程，于 2017 年 7 月分别向市政管理局、环保局反映情况，市政管理局、环保局已分别作出书面答复。甲村民小组于 2017 年 9 月 7 日向法院提起行政诉讼。经现场测绘鉴定：①乙市城乡生活垃圾焚烧发电 BOT 项目红线范围距离最近居民住宅距离 518.26 米；②乙市城乡生活垃圾焚烧发电 BOT 项目内拟建烟囱范围距离项目红线最近距离 16.60 米。

甲村民小组诉讼请求及理由：撤销被告于 2016 年 11 月 14 日做出的《关于乙市某能公司乙市城乡生活垃圾焚烧发电 BOT 项目环境影响报告书的批复》。

甲村民小组认为，生活垃圾焚烧发电项目在生产过程中会产生有害物质，将严重损害甲村民小组村民的基本生存权利和基本生产权利；乙市环保局批复该项目环境影响报告违反法定程序，环保局既未以公示的方式征集公众意见，又未对甲村民小组村民等居住于项目周边的利害关系人群展开覆盖面 100% 的问卷调查，也没有以座谈会、听证会等形式听取村民的意见，程序严重违法；甲村民小组村民作为受不利影响的调查对象，二屯中有 103 户没有调查、三屯 35 户中只调查了 5 户，故调查问卷数低于有效问卷数的 70%，违反规定；本案项目红线范围距离最近居民点的距离、在建食堂和烟囱的距离均不符合相关规定。

裁判要点：乙市环境保护技术中心于 2016 年 7 月 17 日到该项目现场进行了勘查，并召开了由特邀专家及相关部门代表参加的技术审查会议，乙市环境保护技术中心根据技术审查意见和修改后的报告书做出认定该项目具有科学性和可行性的结论，符合法定程序。乙市环保局依据前述认定做出《关于乙市某能公司乙市城乡生活垃圾焚烧发电 BOT 项目环境影响报告书的批复》，认定事实清楚、证据充分，不存在严重侵害甲村民小组村民基本生存权利和基本生产权利的情形。

乙市城乡生活垃圾焚烧发电 BOT 项目距离最近居民住宅 518.26 米，该距离符合《关于进一步加强生物质发电项目环境影响评价管理工作的通知》附件

《生物质发电项目环境影响评价文件审查的技术要求》① 中"新改扩建项目环境防护距离不得小于 300 米"的规定。

某能公司分别于 2016 年 3 月 10 日、2016 年 5 月 20 日在乙市日报上刊登了《乙市城乡生活垃圾焚烧发电 BOT 项目环境影响评价第一次公示》及《乙市城乡生活垃圾焚烧发电 BOT 项目环境影响评价第二次公示》。乙市环保局分别于 2016 年 3 月 11 日、2016 年 5 月 25 日在其门户网站对"乙市城乡生活垃圾焚烧发电 BOT 项目环境影响评价"作了第一次公示、第二次公示。2016 年 9 月 20 日，乙市环保局又在其门户网站对"乙市城乡生活垃圾焚烧发电 BOT 项目环境影响评价"作了补充公示。某能公司还通过组织包括有甲村民小组组长在内的群众代表前往浙江湖州、兰溪对某能公司已运营的垃圾焚烧厂进行参观考察、召开"乙市城乡生活垃圾焚烧发电 BOT 项目"座谈会、发放《乙市城乡生活垃圾焚烧发电 BOT 项目环境影响公众参与调查表》和《乙市旺能垃圾焚烧发电项目社会团体调查意见表》等方式向社会公众和社会团体征集对建设乙市城乡生活垃圾焚烧发电 BOT 项目的意见。上述环境影响评价程序及审批程序均符合法律法规的规定，不存在上诉人诉称的"严重违反法定程序"的行为。判决：驳回甲村民小组的诉讼请求。

案例评析：

1. 环保项目应确保环境影响评价中公众参与环节的合法性和有效性

环境影响评价是环保项目投资建设的重要环节，《环境保护法》第 19 条规定"未依法进行环境影响评价的开发利用规划，不得组织实施；未依法进行环境影响评价的建设项目，不得开工建设"。有效的公众参与是环境影响评价不可或缺的组成部分，可以消除或者减少项目周边居民和单位的反对情绪，保障环保项目的顺利推进和运营。《环境影响评价法》第 5 条规定了国家鼓励公众以适当的方式参与环境影响评价，2019 年生态环境部发布的《环境影响评价公众参与办法》② 对公众参与环境影响评价进行了比较详细的规定。为确保环保项目环境影响评价中公众参与的合法性和有效性，建议投资人或者建设单位做好以下几方面

---

① 载生态环境部网站，https://www.mee.gov.cn/gkml/hbb/bwj/200910/t20091022_174611.htm，最后访问时间：2023 年 4 月 19 日。

② 载中国政府网，http://www.gov.cn/zhengce/2018-07/16/content_5711437.htm，最后访问时间：2023 年 4 月 19 日。

的工作：

（1）选择有资质、有经验的环境影响评价单位从事公众参与调查环节。环境评价单位应秉持客观公正立场，不应对委托单位盲目顺从，杜绝在公众参与过程中弄虚作假。

（2）合理确定公众参与的地理范围。《环境影响评价公众参与办法》第5条规定，"建设单位应当依法听取环境影响评价范围内的公民、法人和其他组织的意见，鼓励建设单位听取环境影响评价范围之外的公民、法人和其他组织的意见"，环保项目应根据具体工程特点、环境要素、评价技术导则，或者采用数字模拟等技术手段确定环境可能受影响的范围。保证公众参与的地理范围符合规定。

（3）公众参与环境评价的公众范围应具体全面。环境影响评价的公众范围指直接或者间接受到建设项目影响的单位和个人。直接受影响的单位和个人属于重点公众群，包括项目周边的居民、学校、医院、企业、旅游景点等；间接受影响的公众包括与项目运营相关的单位和个人，项目所在地的人大代表、政协委员，项目所在地的环境保护组织及有关环保的专家等。公众参与的范围应以重点人群为主，兼顾间接受影响的公众，保证公众的全面性。

（4）公众参与环境评价的过程和结论应进行信息公开。根据《环境影响评价公众参与办法》规定，建设单位应公开项目信息、环境影响评价单位信息、公众参与的方式和途径等；建设单位应公开征求环境影响报告（征求意见稿）的意见，以及公众提交意见的方式和途径等；建设单位公布环境影响报告（正式文稿）时，还应公布公众参与过程的说明。

（5）合理选择公众参与的方式，确保公众真实、有效地参与环境影响评价。公众参与的方式包括网络调查、现场调查、座谈会、专家论证会、听证会等。根据环保项目的具体特点和公众的特点选择适当的参与方式，确保全面、真实反映公众的意见。对于范围较小的公众调查应优先选择现场调查，对于范围较大的公众调查应选择网络调查，对于非专业的公众应组织座谈会，当反对意见达到一定比例时，应按程序组织听证会。

2. 环保项目应如何防范和妥善处理周边居民的反对意见

环保项目设计或者运营不善时，会产生一定的污染物。比如生活垃圾焚烧厂能处理人们日常生活产生的垃圾，生产人们日常所需的电能，变废为宝，同时垃圾焚烧的过程中也会产生有害物质。当然，焚烧厂规范建设、规范运营的，会将有害物质处理达标后再排放，并不会影响人们正常的生活和身体健康。

"邻避效应"的产生有多种原因，比如在周边建设垃圾焚烧厂，担心房产会贬值；担心对身体健康有潜在的危害等。因此，投资者或建设单位应公开、公正处理"邻避效应"，从规划、建设、运营等多方面保证环境的安全性，也应在补偿措施方面与相关公众达成共识。

环保项目的选址应符合国家政策和相应的技术导则的规定，应尽量远离居住区和水源地等。项目规划应广泛征求公众意见，确保科学，并与公众达成高度的共识。

环保项目的投资者或者建设单位应建立环境信息公开和与公众沟通机制，比如在企业官方网站建立联系方式，便于公众咨询，并且安排专人解答公众的疑问。

环保项目在运营过程中应公开日常监测的污染物的数据，公开污染物处理的相关单位信息，如垃圾运输单位、渗滤液处理单位等。除定期公布项目运营过程的信息外，对于无法达标运营的情况应采取整改措施，相关措施也应当向社会公开说明。

【典型案例 5】

某电公司与乙市人民政府行政补偿案

案　　号：（2018）最高法行申 8174 号①

审理法院：最高人民法院

裁判类型：再审行政裁定书

案情摘要：2004 年 4 月 26 日，某省发改委批复乙市生活垃圾焚烧发电厂项目建议书。2006 年 2 月，某电公司先后与乙市相关部门联系，进行招商引资活动。2008 年 5 月，乙市政府与某电公司及其邀请的合作伙伴，就乙市城市生活垃圾焚烧发电特许经营项目进行会谈，形成《关于投资垃圾焚烧发电项目的会议纪要》（以下简称会议纪要），会议纪要主要内容：1. 2008 年 4 月 7 日投资方第二

---

① 最高人民法院（2018）最高法行申 8174 号行政裁定书，载中国裁判文书网，https://wenshu.court.gov.cn/website/wenshu/181107ANFZ0BXSK4/index.html？docId = 005a148d1e3142b9b6fdaa0e010ebb39，最后访问时间：2022 年 3 月 25 日。

次与乙市政府相关部门就垃圾焚烧发电项目相关问题进行商谈，达成合作共识，愿紧密配合继续做好垃圾焚烧发电项目的后续工作；2. 投资方非常满意乙市政府对该项目的支持，双方讨论很坦诚，达到此行目的，对项目投资意向明确，后期将组织专家和技术人员对该项目进行最终勘察、评估和市场调查等前期工作；3. 乙市政府要求项目方对一些细节事项抓紧完成，配合投资方做好各项前期工作，争取尽快签订合作投资协议，启动项目建设。后期，乙市政府决定，以 BOT 模式采取招投标方式，确定乙市城市生活垃圾焚烧发电厂工程项目的特许经营主体；2013 年 10 月，乙市住建局根据《招标投标法》的有关规定进行公开招投标。2014 年 1 月 14 日，根据评标结果确定某国际有限公司为中标人。某电公司因未能中标，以乙市政府不履行政府特许经营协议造成损失为由，请求赔偿其在该项目上前期投入的经济损失 2553471.81 元。

某电公司认为，乙市政府和某电公司形成的会议纪要，是乙市政府对某电公司的行政允诺，某电公司基于对乙市政府的信赖，为乙市城市生活垃圾焚烧发电特许经营项目进行大量的前期工作，包括可行性研究报告、项目选址、环评、勘察、设计等，耗费大量人力、物力和财力，因此造成的损失，依法属于行政赔偿的范畴。

裁判要点：依据《国家赔偿法》第 2 条规定，存在违法侵权的行政行为，是当事人获得行政赔偿的前提条件。本案中，没有证据证明乙市政府在签订特许经营协议前，对某电公司做出具体明确的承诺，并有违背承诺造成某电公司财产损失的行为，不存在行政赔偿的前提条件。某电公司进行的前期工作，是为获得竞争优势进行的前期投入，属于市场主体的风险投资，并非基于政府信赖而产生的信赖利益损失，请求行政赔偿，于法无据。

《最高人民法院关于适用〈中华人民共和国行政诉讼法〉的解释》第 1 条第 2 款第 6 项规定，行政机关为作出行政行为而实施的准备、论证、研究、层报、咨询等过程性行为，对当事人的权利义务不产生实际影响，不属于行政诉讼的受案范围。本案中，乙市政府与某电公司进行会晤、商谈、召开会议，形成政府会议纪要，仅是对双方开展政府特许经营项目合作的意向性表达，并不存在乙市政府对某电公司做出任何具体承诺的事实根据，对某电公司的权利义务不产生实际影响，属于不可诉的行政行为。

案例评析：

1. 特许经营权的合法性是保证投资人利益的前提

特许经营是指政府采用竞争方式依法授权法人或者其他组织，通过协议明确权利义务和风险分担，约定其在一定期限和范围内投资建设运营基础设施和公用事业并获得收益，提供公共产品或者公共服务。环保项目的投资、建设、运营需获得政府的行政许可，多数项目需要通过特许经营协议取得特许经营权。特许经营权合法是保障投资人合法权益的基础和前提。

特许经营权的取得需要遵守《招标投标法》《政府采购法》《基础设施和公用事业特许经营管理办法》等规范。首先，特许经营权应通过竞争方式依法取得，环保项目属于竞争比较充分的领域，应当通过公开招标的方式取得。其次，招标的过程应有效、合法。招标程序、评标方法、定标方法应符合法律规定；投标人资格条件应根据项目实际情况设置，不能设置不合理的条件，排斥潜在投标人；招标过程中应按照招标文件规定进行信息往来和咨询，避免围标、串标的嫌疑。中标后，中标人应严格按照招标文件和投标文件签订特许经营协议，中标人应积极履行协议义务，推动环保项目的顺利实施，根据进度计划实施融资、设计、建设、运营维护等各项内容，确保持续、稳定、优质、高效地向社会公众提供服务。

以下情形可能导致特许经营权无效，值得环保项目投资人注意：（1）项目公司未取得特许经营所需的资格和许可；（2）特许经营协议中设置了"固定回报"的约定违反相关法律规定；（3）特许经营协议中涉及增加政府隐性债务的约定违反相关规定。

2. 政府会议纪要、战略合作框架协议的性质，环保项目投资者的注意事项

会议纪要和战略合作框架协议通常情况下不属于合同，《民法典》第 460 条规定，合同是民事主体之间设立、变更、终止民事法律关系的协议。第 465 条规定，依法成立的合同，受法律保护。依法成立的合同，仅对当事人具有法律约束力，但是法律另有规定的除外。合同双方对合同的主要条款达成一致意见后，合同成立。合同的主要条款包括合同标的、数量、质量、价款或者报酬等。会议纪要和战略合作框架协议的内容通常较为原则、抽象，不涉及具体的合作内容、数量、价款或者报酬，因此，会议纪要和战略合作框架协议通常不是合同，不具有法律约束力。双方发生争议时，无法通过会议纪要、战略合作框架协议主张违约

责任和损失赔偿。建议环保项目的投资者在实务中应注意以下事项：

（1）分析会议纪要和战略合作框架协议的法律效力，评估前期准备工作的商业风险，做好成本控制。

（2）签订战略合作框架协议后应注意保密，应注意双方来往的方式，尤其是在招标投标阶段，规避串标嫌疑，避免他人质疑中标结果，影响合同效力。

（3）注意会议纪要、战略合作框架协议的具体条款，对于涉及双方权利义务的条款，应当认真对待。如果权利义务具体明确，便具有了合同效力，有的会议纪要、战略合作框架协议构成合同，有的会议纪要、战略合作框架协议构成预约合同。投资人应从战略高度做好框架协议约定义务，推动环保项目落地。

3. 信赖利益包括什么、发生损失时应如何获得赔偿

信赖利益是基于对合同相对人的合理信赖为履行合同做的必要准备而支出的费用。信赖利益损失应当为直接损失，包括：赴约谈判所支付的交通费、差旅费；为签订合同支付的律师费、会计费；为签约所做的必要调查、论证费用。信赖利益赔偿的原则是使信赖方所遭受的利益损失恢复到订立合同之前的水平。我国民法规定对信赖利益的保护主要是在合同订立阶段，信赖利益的赔偿即缔约过失责任。《民法典》第500条规定："当事人在订立合同过程中有下列情形之一，造成对方损失的，应当承担赔偿责任：（一）假借订立合同，恶意进行磋商；（二）故意隐瞒与订立合同有关的重要事实或者提供虚假情况；（三）有其他违背诚信原则的行为。"该条文规定的损失即信赖利益损失。

缔约过失责任采取过错责任原则，如果双方都有过错的，应当各自承担相应的损失。缔约过失责任的构成要件包括：（1）合同相对方有签订合同的意思表示，受害方有合理的理由相信合同能够成立；（2）合同相对方有恶意磋商、隐瞒事实等违反先合同义务或者诚实信用原则的行为；（3）合同相对方主观上有过错；（4）合同相对方的行为与受害方遭受的损失具有因果关系。以上四个要件缺一不可，否则就不构成缔约过失责任，不能获得信赖利益损失。受害方要求信赖利益赔偿应从以上四个构成要件进行判断，并收集相关证据。受害方可先与合同相对方协商赔偿事宜，协商不成的可通过仲裁或者诉讼方式要求赔偿。

本案中乙市政府与某电公司的会议纪要表明双方达成合作共识，表示争取尽

快签订合作投资协议，启动项目建设。乙市政府并没有明确具体地表示会和某电公司签订特许经营协议。后期乙市政府依法采用公开招标方式选择生活垃圾焚烧发电厂的特许经营主体，属于乙市政府的依法履职行为，不能说明乙市政府有过错。因此，不能认定乙市政府应承担缔约过失责任，乙市政府不应赔偿某电公司信赖利益损失。

第十四章　医疗卫生项目投资建设法律风险防控

伴随着经济的高速增长，我国大部分城市发展完成了满足基本需求的道路、桥梁、水利、发电等项目的投资建设，城镇化进程的加快和经济水平的提升开始由外部建设向内部治理转变，交通拥堵、环境污染等城市问题凸显，激发了人们对更加宜居、便捷、安全的城市生活的新追求，基础设施投资建设也逐渐转向改善民生的轨道交通、片区开发、环保、科教、文旅等项目。

近几年，税务、医疗和多点执业等配套政策逐渐就位。以外资办医、PPP模式办医、互联网医疗为代表的新型办医模式也逐渐兴起，市场发展愈加多元化。我国医疗卫生领域具有广阔的市场发展空间，值得各个市场主体深入挖掘其潜力，而医疗卫生项目投资建设中涉及的法律问题也较为繁多复杂。本章中，笔者主要结合医疗卫生项目投资建设的特点，对相关政策、操作模式、法律问题及具体案例进行分析。

第一节　医疗卫生项目投资建设特点

一、医疗卫生机构的概念与分类

医疗行业作为重点监管行业，我国法律法规对于医疗机构的设立及运营设置了严格的准入门槛。医疗卫生机构依其类别不同，受不同的法规规制，对应不同的监管、审批部门，通过梳理医疗卫生机构的分类可以更好地厘清医疗卫生机构设立、运营所涉及的审批流程及资质许可。

1. 医疗卫生机构的概念

根据《基本医疗卫生与健康促进法》（以下简称《卫健法》）、《医疗机构管理条例》等相关法律法规的规定，医疗卫生机构指经登记取得《医疗机构执业许可证》的基层医疗卫生机构、医院和专业公共卫生机构等。根据医疗机构的业务类别和等级不同，基层医疗卫生机构、医院和专业公共卫生机构可以细分为以下几类：

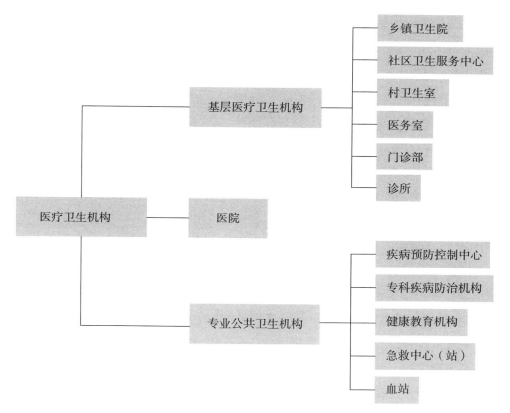

2. 非营利性和营利性医疗卫生机构分类管理

2000 年，原卫生部、国家中医药管理局等部委联合印发《关于城镇医疗机构分类管理的实施意见》（卫医发〔2000〕233 号）①，依据医疗机构的经营目的、服务任务，以及执行不同的财政、税收、价格政策和财务会计制度，将医疗机构划分为非营利性和营利性。《卫健法》中也延续了医疗机构实行非营利性和营利性分类管理制度，具体而言：

（1）非营利性医疗机构是指为社会公众利益服务而设立和运营的医疗机构，

---

① 《关于城镇医疗机构分类管理的实施意见》，载中国政府网，www. gov. cn/gongbao/content/2001/content_60757. htm，最后访问时间：2022 年 3 月 29 日。

不以营利为目的，其收入用于弥补医疗服务成本，实际运营中的收支结余只能用于自身的发展，如改善医疗条件、引进技术、开展新的医疗服务项目等。

（2）营利性医疗机构是指医疗服务所得收益可用于投资者经济回报的医疗机构。

从资金来源方面来说，《卫健法》规定"以政府资金、捐赠资产举办或者参与举办的医疗卫生机构不得设立为营利性医疗卫生机构"，同时规定了"政府举办的医疗卫生机构不得与其他组织投资设立非独立法人资格的医疗卫生机构，不得与社会资本合作举办营利性医疗卫生机构"，也就是说政府投资的医疗卫生机构应当坚持公益性质，不得成为营利性机构。《卫健法》同时鼓励政府的医疗卫生机构与社会力量合作举办非营利性医疗卫生机构。与此同时，社会力量可以选择设立非营利性或者营利性卫生机构。

从收益分配方面来说，营利性医疗机构和非营利性医疗机构的根本差别在于：扣除医疗服务生产成本后，余下的利润是否用于分红。非营利性医疗机构不能分红，《卫健法》同时规定，医疗卫生机构不得对外出租、承包医疗科室。非营利性医疗卫生机构不得向出资人、举办者分配或者变相分配收益。《关于进一步鼓励和引导社会资本举办医疗机构的意见》（国办发〔2010〕58号）规定："非营利性医疗机构所得收入除规定的合理支出外，只能用于医疗机构的继续发展。对违反经营目的、收支结余用于分红或变相分红的，卫生部门要责令限期改正；情节严重的，按规定责令停止执业，并依法追究法律责任。"[①] 社会力量举办的医疗机构，由其自愿选择并经卫生行政等部门核定为非营利性医疗机构或转为营利性医疗机构。城镇个体诊所、股份制、股份合作制和中外合资合作医疗机构一般为营利性医疗机构。

从政策支持方面来说，社会力量举办的医疗卫生机构在基本医疗保险定点、重点专科建设、科研教学、等级评审、特定医疗技术准入、医疗卫生人员职称评定等方面享有与政府举办的医疗卫生机构同等的权利。社会力量举办的非营利性医疗卫生机构按照规定享受与政府举办的医疗卫生机构同等的税收、财政补助、用地、用水、用电、用气、用热等政策，并依法接受监督管理。

---

① 《关于进一步鼓励和引导社会资本举办医疗机构的意见》，载中国政府网，www.gov.cn/zwgk/2010-12/03/content_1759091.htm，最后访问时间：2022年3月29日。

结合以上分析，非营利性医疗机构和营利性医疗机构在经营目的、服务任务、财政补贴、税收政策、价格政策、财务会计制度方面的比较如下：

划分标准	非营利性医疗机构		营利性医疗机构
	政府举办	社会力量举办	
经营目的	为社会公众利益服务，不以营利为目的，其收入用于弥补医疗服务成本，实际运营中的收支结余只能用于自身发展，如改善医疗条件、引进技术、开展新的医疗服务项目等。		医疗服务所得收益可用于投资者经济回报。
服务任务	在基本医疗卫生事业中发挥主导作用，保障基本医疗卫生服务公平可及。	主要提供基本医疗服务，也可以提供少量的非基本医疗服务。	根据市场需求自主确定医疗服务项目。当发生重大灾害、事故等特殊情况时，各类医疗机构均有义务执行政府指令性任务。
财政补助	政府举办的非营利性医疗机构享受同级政府给予的财政补助。	按照规定享受与政府举办的医疗卫生机构同等的税收、财政补助、用地、用水、用电、用气、用热等政策，并依法接受监督管理。	无明确的财政补助政策。
税收政策	享受相应的税收优惠政策。		自主经营，依法纳税。
价格政策	执行政府指导价。		自主定价。
财务会计制度	《医院财务制度》和《医院会计制度》等有关法规、政策。	《民间非营利性组织会计制度》等有关法规、政策。	参照执行企业的财务、会计制度和有关政策。

3. 非营利性医疗卫生机构的特殊规定

政府举办的非营利性医疗卫生机构，其性质属于事业单位。根据职责任务、服务对象和资源配置方式等情况，可将从事公益服务的事业单位细分为两类：

（1）公益一类事业单位，即承担义务教育、基础性科研、公共文化、公共卫生及基层的基本医疗服务等基本公益服务，不能或不宜由市场配置资源的事业单位。这类单位不得从事经营活动，其宗旨、业务范围和服务规范由国家确定。

（2）公益二类事业单位，即承担高等教育、非营利医等公益服务，可部分由市场配置资源的事业单位。这类单位按照国家确定的公益目标和相关标准开展活动，在确保公益目标的前提下，可依据相关法律法规提供与主业相关的服务，收益的使用按国家有关规定执行。

对于非营利性医疗卫生机构，承担公共卫生及基层的基本医疗服务的机构，例如县级医院、基层社区医院、卫生院等，属于公益一类事业单位，其不得从事经营活动。而承担非营利医疗，可部分由市场配置资源的机构，如公立三甲医院、公立二甲医院等，属于公益二类事业单位，其在确保公益目标的前提下，可依据相关法律法规提供与主业相关的其他服务。

根据以上对医疗卫生机构的分类和性质的分析，将我国目前医疗卫生机构分类如下：

类型	形式	性质	举办主体	机构属性
基层医疗卫生机构	乡镇卫生院、社区卫生服务中心（站）、村卫生室、医务室、门诊部和诊所	非营利性	政府	公益一类事业单位
专业公共卫生机构	疾病预防控制中心、专科疾病防治机构、健康教育机构、急救中心（站）和血站	非营利性	政府	公益一类事业单位
医院	县级医院、基层社区医院	非营利性	政府	公益一类事业单位
	公立医院（除县级医院、基层社区医院外）	非营利性	政府	公益二类事业单位
	改制后未转为非公立医院	非营利性	公立医院+社会资本	无明确规定
	非公立医院及其他非公立医疗机构	非营利性	社会资本、外资、公立医院+社会资本/外资/商业保险机构	企业
		营利性	社会资本、外资	企业

二、医疗卫生项目投资建设的发展趋势

随着国家鼓励社会办医，我国民营医疗机构的数量持续上升。互联网医疗及互联网医院近几年在市场+政策的双重刺激下，也得以快速发展。

我国医疗卫生项目的投资建设呈现出如下发展趋势：

1. 社会办医支持力度大，明确社会办医平等地位

国家出台了多项鼓励社会办医的相关政策，从顶层发力逐步放开限制。2010年，《国务院办公厅转发发展改革委卫生部等部门关于进一步鼓励和引导社会资本举办医疗机构意见的通知》（国办发〔2010〕58号）① 放宽对社会资本办医的准入，将符合条件的非公立医疗机构纳入医保定点范围，完善非公立医疗机构土地政策等。针对社会办医进入难、限制多、空间小等问题，2015年国务院办公厅印发《关于促进社会办医加快发展若干政策措施的通知》（国办发〔2015〕45号）②。2017年《国务院办公厅关于支持社会力量提供多层次多样化医疗服务的意见》（国办发〔2017〕44号）③ 等文件的出台，鼓励社会资本进入医疗服务领域，并给予相应的准入管理简化、税收优惠等支持。

上述相关政策逐步放开了社会办医的限制，但是由于文件效力等级较低，存在很多政策与其他法规难以有效衔接的问题。2020年6月，《卫健法》施行，通过基本法的形式明确了社会办医与公立医院的平等地位，《卫健法》第41条第2款明确规定："社会力量举办的医疗卫生机构在基本医疗保险定点、重点专科建设、科研教学、等级评审、特定医疗技术准入、医疗卫生人员职称评定等方面享有与政府举办的医疗卫生机构同等的权利。"除了明确社会办医与公立医院的平等地位之外，该法还在平等享受待遇方面扩大了范围，由原来的主要是政府补助、税收方面扩大到基本医疗保险定点、重点专科建设、科研教学、等级评审、特定医疗技术准入、医疗卫生人员职称评定等方面，社会力量举办的非营利性医疗卫生机构按照规定享受与政府举办的医疗机构同等的税收、财政补助、用地、用水、用电、用气、用热等政策。

2. 互联网医疗快速崛起，新业态迎来发展契机

移动互联网和数字技术正在改变中国居民的生活和消费习惯，也对医疗服务行业产生了深远的影响。政府也出台了一系列政策推进互联网和医疗行业的融

---

① 《关于进一步鼓励和引导社会资本举办医疗机构的意见》，载中国政府网，www.gov.cn/zwgk/2010-12/03/content_1759091.htm，最后访问时间：2022年3月29日。

② 《关于促进社会办医加快发展若干政策措施的通知》，载中国政府网，www.gov.cn/zhengce/content/2015-06/15/content_9845.htm，最后访问时间：2022年3月29日。

③ 《国务院办公厅关于支持社会力量提供多层次多样化医疗服务的意见》，载中国政府网，https://www.gov.cn/zhengce/content/2017-05/23/content_5196100.htm，最后访问时间：2023年7月7日。

合。2014 年，国家卫计委发布《关于推进医疗机构远程医疗服务的意见》（国卫医发〔2014〕51 号）[①]，肯定了远程医疗的重要性。2015 年，国务院发布《国务院关于积极推进"互联网+"行动的指导意见》（国发〔2015〕40 号）[②]，提出要发展基于互联网的医疗卫生服务。2019 年 8 月新修订的《药品管理法》在网售处方药方面有所放宽，对"互联网+医疗"的电子处方带来重大利好。

目前，民营互联网企业主导是互联网医院仍是市场主流。走在"互联网+医疗"前沿的社会办医先行者有望以较低的成本、更精准的临床决策协助医生和患者提升医疗服务价值。

3. 多元化办医格局叠加严监管，投资建设合规难度增加

在严监管的背景下，医疗卫生项目投资建设中的合规问题需要进一步关注，如医院是否合规、土地房产产权是否清晰、经营是否合规都是投资者关注的问题。以近几年实践中采用较多的医疗机构托管模式为例，在协议实际履行过程中构成"科室承包"的，托管方及被托管医院都存在被行政处罚的法律风险。

第二节　医疗卫生项目法律风险分析

我国法律法规对于医疗机构的投资、设立、建设都设置了严格的监管措施，以下通过对医疗卫生项目投资模式、土地取得、设立、建设全过程的梳理，提出医疗卫生项目投资建设法律风险防控建议。

一、医疗卫生项目主要投资模式及风险防控建议

（一）医疗卫生项目主要投资模式

1. 政府投资医疗卫生项目

政府投资医疗卫生项目是专项资金、地方专项债券的重点投资领域。一般而言，政府投资医疗卫生项目有以下几种模式和路径：

---

① 《关于推进医疗机构远程医疗服务的意见》，载中国政府网，www. gov. cn/gongbao/content/2014/content_2792664. htm，最后访问时间：2022 年 3 月 29 日。

② 《国务院关于积极推进"互联网+"行动的指导意见》，载中国政府网，www. gov. cn/zhengce/content/2015-07/04/content_10002. htm，最后访问时间：2022 年 3 月 29 日。

第一，政府直接投资。政府直接投资是指政府从财政预算中进行财政性拨款，直接用于投资建设项目。《政府投资条例》第9条第1款规定："政府采取直接投资方式、资本金注入方式投资的项目（以下统称政府投资项目），项目单位应当编制项目建议书、可行性研究报告、初步设计，按照政府投资管理权限和规定的程序，报投资主管部门或者其他有关部门审批。"《中央预算内直接投资项目管理办法》第3条规定："直接投资项目实行审批制，包括审批项目建议书、可行性研究报告、初步设计。情况特殊、影响重大的项目，需要审批开工报告。国务院、国家发展改革委批准的专项规划中已经明确、前期工作深度达到项目建议书要求、建设内容简单、投资规模较小的项目，可以直接编报可行性研究报告，或者合并编报项目建议书。"采取直接投资的政府投资项目实行审批制，政府管理主要侧重于项目决策、实施过程、资金使用等环节。

第二，专项债模式。专项债的使用领域包括应急医疗救治。医疗卫生领域，如医疗废弃物的处理设施、区县医院的升级改造、医疗卫生共同体建设、公益性养老设施，都可纳入专项债的发行范围。

2. 社会资本投资医疗卫生项目

《卫健法》对于社会力量举办医疗机构持鼓励态度，包括：

（1）鼓励和引导社会力量举办医疗卫生机构，鼓励政府举办的医疗卫生机构与社会力量合作举办非营利性医疗卫生机构；

（2）社会力量举办的医疗机构在资格评定与权利（如基本医疗保险定点、重点专科建设、科研教学、等级评审、特定医疗技术准入、医疗卫生人员职称评定等方面）上与公立医疗机构享有同等待遇；

（3）社会力量举办的非营利性医疗卫生机构在财政优惠政策和公用设施服务（如税收、财政补助、用地、用水、用电、用气、用热等）的适用上与公立医疗机构享受同等的政策。

社会资本可以直接投资设立民办营利性医院，也可与公立医院或国企等通过合作方式设立营利性医院。设立营利性医院具有产权清晰、投资人可进行分红等优势，成为社会资本投资的重要模式，然而设立非营利性医院因国家鼓励可享有税收优惠政策、政府财政扶持等好处，也是社会资本进行投资的另一重要模式。

除了社会资本直接投资设立营业性医院或非营利性医院之外，也有社会资本先设立非营利性医疗机构，再适时将非营利性医疗机构转变为营利性医疗机构的模式。根据《关于城镇医疗机构分类管理的实施意见》（卫医发〔2000〕233号）① 的相关规定，医疗机构如要变更其营利性或非营利性的性质，必须得到原设置机关和卫生行政部门及国有资产管理等相关部门的批准，并按《医疗机构管理条例》规定的程序和手续办理相应的变更手续。非营利性医疗机构变更为营利性医疗机构在国家层面的规定仅有需经批准的要求，并未出台操作性规则，地方层面的规定差异较大。

针对目前社会办医疗机构融资难的问题，《关于促进社会办医加快发展若干政策措施的通知》（国办发〔2015〕45号）② 提出了多项具体措施，包括加强财政资金扶持，将提供基本医疗卫生服务的社会办非营利性医疗机构纳入政府补助范围；丰富筹资渠道，允许社会办医疗机构以股权融资、项目融资等方式筹集开办费和发展资金；优化融资政策，鼓励金融机构根据医疗机构特点创新金融产品和服务方式，扩大业务规模等。

3. 政府和社会资本合作投资医疗卫生项目

《国家发展改革委关于开展政府和社会资本合作的指导意见》（发改投资〔2014〕2724号）③、国务院办公厅转发卫生计生委等部门《关于推进医疗卫生与养老服务相结合指导意见的通知》（国办发〔2015〕84号）④ 等文件中明确支持 PPP 模式在医疗行业中的应用，财政部 PPP 项目库中不乏公立医院 PPP 项目。2017 年国务院办公厅发布的《关于进一步激发社会领域投资活力的意见》（国办发〔2017〕21号）⑤ 提出引导社会资本以政府和社会资本合作（PPP）模式参与医疗机构建设运营。

采用 PPP 模式的医院通过联合多方发挥各自优势，能有效提高投资效率和质量、转移风险，在降低建造成本、避免短期投资决策、弥补公共财力不足方面

---

① 《关于城镇医疗机构分类管理的实施意见》，载中国政府网，www. gov. cn/gongbao/content/2001/content_60757. htm，最后访问时间：2022 年 3 月 29 日。

② 《关于促进社会办医加快发展若干政策措施的通知》，载中国政府网，www. gov. cn/zhengce/content/2015-06/15/content_9845. htm，最后访问时间：2022 年 3 月 29 日。

③ 《国家发展改革委关于开展政府和社会资本合作的指导意见》，载国家发改委网站，https://www. ndrc. gov. cn/xxgk/zcfb/tz/201412/t20141204_963681. html？code=&state=123，最后访问时间：2022 年 3 月 29 日。

④ 《关于推进医疗卫生与养老服务相结合指导意见的通知》，载中国政府网，https://www. gov. cn/zhengce/content/2015-11/20/content_10328. htm，最后访问时间：2023 年 7 月 7 日。

⑤ 《关于进一步激发社会领域投资活力的意见》，载中国政府网，https://www. gov. cn/gongbao/content/2017/content_5181082. htm，最后访问时间：2023 年 7 月 7 日。

发挥着重要作用。但如同前述的分析，医疗机构存在营利性和非营利性的区分。营利性医疗机构所得收益可用于投资回报，但非营利性医疗机构所得收入除规定的合理支出外，只能用于医疗机构的继续发展，且政府不得举办营利性医疗机构。医院 PPP 项目中也不可能突破有关非营利法人不得进行利润分配的限制。因此，传统医疗卫生 PPP 项目存在运作方式单一的问题。但对于公益性的养老设施等项目，则可以突破非营利性医疗机构的限制，通过与社会资本合作的模式，为社会资本提供可行性缺口补助，不仅可以解决资金缺口，还可以解决运营难题。

4. 外资投资医疗卫生项目

外资医疗机构引进先进的经营管理经验，着重关注提升服务水平，在高端医疗服务市场，外资医疗机构市场占有率非常高。根据国家卫生健康委发布的《2019 年我国卫生健康事业发展统计公报》，2019 年我国人均卫生总费用 4656.7元，卫生总费用占 GDP 百分比为 6.6%[①]，与高收入国家相比，我国目前卫生总费用占 GDP 的比重还有相当大的增长空间，而这种巨大的市场空间必然会吸引外资进入。

根据《外商投资准入特别管理措施（负面清单）》（2020 年版）第十一项卫生和社会工作："医疗机构限于合资"。采用合资形式的境内医疗机构适用《中外合资、合作医疗机构管理暂行办法》（卫生部、对外贸易经济合作部令〔2000〕第 11 号）[②]，外商投资医疗机构的主要限制包括：

（1）对申请设立中外合资、合作医疗机构的中外双方的限制[③]：申请设立中外合资、合作医疗机构的中外双方应是能够独立承担民事责任的法人。合资、合作的中外双方应当具有直接或间接从事医疗卫生投资与管理的经验，并符合下列要求之一：能够提供国际先进的医疗机构管理经验、管理模式和服务模式；能够

---

① 《2019 年我国卫生健康事业发展统计公报》，载国家卫健委网站，http：//www.nhc.gov.cn/guihua-xxs/s10748/202006/ebfe31f24cc145b198dd730603ec4442.shtml，最后访问时间：2021 年 5 月 3 日。

② 《中外合资、合作医疗机构管理暂行办法》，载中国政府网，https：//www.gov.cn/zhengce/2000-05/15/content_5713754.htm，最后访问时间：2023 年 7 月 7 日。

③ 《中外合资、合作医疗机构管理暂行办法》第 7 条规定："申请设立中外合资、合作医疗机构的中外双方应是能够独立承担民事责任的法人。合资、合作的中外双方应当具有直接或间接从事医疗卫生投资与管理的经验，并符合下列要求之一：（一）能够提供国际先进的医疗机构管理经验、管理模式和服务模式；（二）能够提供具有国际领先水平的医学技术和设备；（三）可以补充或改善当地在医疗服务能力、医疗技术、资金和医疗设施方面的不足。"

提供具有国际领先水平的医学技术和设备；可以补充或改善当地在医疗服务能力、医疗技术、资金和医疗设施方面的不足。

（2）对设立的中外合资、合作医疗机构的限制：[①] 必须是独立的法人；投资总额不得低于 2000 万元；合资、合作中方在中外合资、合作医疗机构中所占的股权比例或权益不得低于 30%；合资、合作期限不超过 20 年；省级以上卫生行政部门规定的其他条件。

（二）医疗卫生项目主要投资过程中的风险防控建议

医疗卫生项目主要投资过程中，关于医疗卫生等公益设施能否作为抵押财产一直存在争议。2021 年 1 月 1 日起《民法典》正式生效，《物权法》《担保法》同时废止，同日，《最高人民法院关于适用〈中华人民共和国民法典〉有关担保制度的解释》开始施行。争议主要涉及：一是从主体的角度看，应否根据公立或私立、公益性或营利性而作区别对待；二是应否根据公益设施或非公益设施而作区别对待；三是究竟应从主体的担保资格角度还是从财产的可抵押性角度进行阐述，也不无分歧，从体系的角度看，还涉及人保与物保的协调问题。[②]

《民法典》总则编将法人分为营利法人、非营利法人和特别法人，营利法人是指"以取得利润并分配给股东等出资人为目的成立的法人"；非营利法人是指"为公益目的或者其他非营利目的成立，不向出资人、设立人或者会员分配所取得利润"，非营利法人包括事业单位、社会团体、基金会、社会服务机构等。根据《民法典》第 87 条之规定，根据目的的不同，非营利法人又可进一步分为为公益目的的非营利法人（以下简称"公益法人"）和其他非营利法人。其中公益法人是指服务社会不特定多数人为目的的法人，而其他非营利法人是指仅服务于特定成员的非营利法人，如商会、行业协会、学会、俱乐部等。

《民法典》第 399 条第 1 款第 3 项规定，"学校、幼儿园、医疗机构等为公益目的成立的非营利法人的教育设施、医疗卫生设施和其他公益设施"不得抵押。首先，此项中不能设定抵押的主体是公益法人，不包括营利法人以及其他非营利

---

① 《中外合资、合作医疗机构管理暂行办法》第 8 条规定："设立的中外合资、合作医疗机构应当符合以下条件：（一）必须是独立的法人；（二）投资总额不得低于 2000 万人民币；（三）合资、合作中方在中外合资、合作医疗机构中所占的股权比例或权益不得低于 30%；（四）合资、合作期限不超过 20 年；（五）省级以上卫生行政部门规定的其他条件。"

② 最高人民法院民法典贯彻实施工作领导小组编著：《中华人民共和国民法典物权编理解与使用（下）》，人民法院出版社 2020 年版，第 486 页。

法人。如前所述，政府投资的医疗卫生机构应当坚持公益性质，不得是营利性机构，而社会力量可以选择设立非营利性或者营利性卫生机构。医疗机构按《医疗机构管理条例》进行设置审批、登记注册和校验时，需要向卫生行政部门书面申明其性质，由接受其登记注册的卫生行政部门会同有关部门根据医疗机构投资来源、经营性质等有关分类界定的规定予以核定，在执业登记中注明"非营利性"或"营利性"。因此，登记为营利性的医疗机构，其医疗、公益性设施可以进行抵押。其次，禁止抵押的客体是公益法人的医疗卫生设施以及其他公益设施，如医院门诊大楼、化验仪器等，至于非医疗设备，如医院办的农副产品基地，是可以抵押的。① 最后，即便是非公益设施也只能用于为自身债务设定抵押，而不能为他人债务设定抵押。这一点和公益法人不能作为保证人的精神是一致的，即便是以非公益设施作为承担责任的财产，也不应予以允许。

对于医疗卫生项目的投资而言，投资者应注意核查医疗机构登记的性质为"非营利性"还是"营利性"，且是否为公益目的设立的，若登记为非营利法人，应注意核实所提供的财产是否属于公益设施。根据《民法典》等规定，非营利法人除公益设施外的财产权利、登记为营利法人的财产属于允许抵押的范围。

二、医疗卫生项目土地取得及风险防控建议

（一）医疗卫生项目土地取得

《土地管理法》第54条中规定了四类可以通过划拨方式取得的国有建设用地类型，其中就包括"城市基础设施用地和公益事业用地"。原国土资源部制定了《划拨用地目录》（国土资源部令第9号），将《土地管理法》第54条中规定的类别进行了细化。《划拨用地目录》第9条为："（九）非营利性医疗卫生设施用地。1. 医院、门诊部（所）、急救中心（站）、城乡卫生院。2. 各级政府所属的卫生防疫站（疾病控制中心）、健康教育所、专科疾病防治所（站）。3. 各级政府所属的妇幼保健所（院、站）、母婴保健机构、儿童保健机构、血站（血液中心、中心血站）。"因此，非营利性医疗卫生设施用地由建设单位提出划拨用地申请，经县级以上人民政府批准后，可以通过划拨方式供应项目用地。

① 最高人民法院民法典贯彻实施工作领导小组编著：《中华人民共和国民法典物权编理解与使用（下）》，人民法院出版社2020年版，第487页。

除了通过划拨方式取得建设用地，还可以通过出让、租赁等方式取得建设用地，营利性医疗卫生往往需要通过出让或者租赁方式取得建设用地，大额的用地成本成为社会办医的一大阻碍。2017 年国务院办公厅《关于支持社会力量提供多层次多样化医疗服务的意见》（国办发〔2017〕44 号）中强调要合理加强用地保障："鼓励各类投资主体按照统一的规则依法取得土地，提供医疗服务。根据多层次多样化医疗服务社会实际需求，有序适度扩大医疗卫生用地供给。包括私人诊所在内的各类医疗机构用地，均可按照医疗卫生用地办理供地手续。新供土地符合划拨用地目录的，依法可按划拨方式供应；不符合划拨用地目录且只有一个意向用地者的，依法可按协议方式供应。土地出让价款可在规定期限内按合同约定分期缴纳。支持实行长期租赁、先租后让、租让结合的土地供应方式。"

（二）医疗卫生项目土地取得过程中的风险防控建议

对于营利性医疗卫生项目用地包括自有物业和租赁物业。若是自有物业，需核查民营医院的土地，需要特别关注划拨地问题。根据《划拨用地目录》等规定，如相关地块性质为划拨地，应将划拨地用于非营利性医疗机构；将划拨地变更为出让地后，才可用于营利性医疗机构。

若是租赁物业，需核查所租物业是否取得相关权证、是否为出让地或出让地的地载房屋（未经批准划拨地不可出租）；如所租物业未取得相关权证，则需进一步核查所租物业的建设手续是否齐全及合法合规；核查出租方是否为有权出租人；核查租赁期限及租赁到期后的续期是否有障碍，即确认租赁是否具有稳定性；核查租赁物业是否已办理租赁备案。

综上，无论是自有物业还是租赁物业，医疗卫生项目都应当核查土地与房屋的用途，确认是否有改变规划用途的情况。

三、医疗卫生项目设立流程及风险防控建议

（一）医疗卫生项目设立流程

我国医疗机构设立实行证（执业许可资质）、照（法律主体资格）并行的审核制度，除此之外，根据医疗机构的诊疗范围，其还需要取得其他相应的经营资质。一般而言，设立医疗机构的流程如下所示：

第一，医疗机构设置审批：经县级以上地方人民政府卫生行政部门审查批

准，并取得设置医疗机构批准书。县级以上地方人民政府卫生行政部门应当自受理设置申请之日起30日内，作出批准或者不批准的书面答复；批准设置的，发给设置医疗机构批准书。

第二，医疗机构执业登记：医疗机构执业，必须进行登记，领取《医疗机构执业许可证》。县级以上地方人民政府卫生行政部门自受理执业登记申请之日起45日内，根据本条例和医疗机构基本标准进行审核。审核合格的，予以登记，发给《医疗机构执业许可证》；审核不合格的，将审核结果以书面形式通知申请人。

第三，医疗机构主体资格登记：法律主体资格分为事业单位法人（政府、国有企业举办）、企业法人（包括有限责任公司/股份有限公司、外资企业、联营企业、集体所有制企业、私营企业等）、民办非企业单位、个人独资企业、个体工商户、合伙企业等类型。主体资格类型不同的医疗机构，其登记机关、登记条件、审批流程均不同。

第四，校验手续和等级评审：床位不满100张的医疗机构，其《医疗机构执业许可证》每年校验1次；床位在100张以上的医疗机构，其《医疗机构执业许可证》每3年校验1次。校验由原登记机关办理。按照《医疗机构评审办法》《医疗机构评审标准》及《医疗机构基本标准》对医疗机构的执业活动、服务质量和管理水平等进行医疗机构评审。

1. 医疗机构设置审批

《医疗机构管理条例》第9条规定："单位或者个人设置医疗机构，必须经县级以上地方人民政府卫生行政部门审查批准，并取得设置医疗机构批准书。"按照《医疗机构管理条例》的规定，我国医疗机构的规划布局是由县级以上地方人民政府卫生行政部门根据本行政区域内的人口、医疗资源、医疗需求和现有医疗机构的分布状况，制定本行政区域内医疗机构设置规划。医疗机构设置要明确公立医院的设置与发展规划，发挥公立医院的主导地位，为社会力量举办医疗机构预留空间。根据《医疗机构管理条例》的规定，县级以上地方人民政府卫生行政部门应当自受理设置申请之日起30日内，作出批准或者不批准的书面答复；批准设置的，发给设置医疗机构批准书。

2. 医疗机构执业登记

《医疗机构管理条例》第15条规定："医疗机构执业，必须进行登记，领取

《医疗机构执业许可证》。"医疗机构的执业登记，向批准其设置的人民政府卫生行政部门办理。申请执业登记一般需要具备以下条件：有设置医疗机构批准书；符合医疗机构的基本标准；有适合的名称、组织机构和场所；有与其开展的业务相适应的经费、设施、设备和专业卫生技术人员；有相应的规章制度；能够独立承担民事责任。根据《医疗机构管理条例》的规定，县级以上地方人民政府卫生行政部门自受理执业登记申请之日起45日内，根据本条例和医疗机构基本标准进行审核。审核合格的，予以登记，发给《医疗机构执业许可证》；审核不合格的，将审核结果以书面形式通知申请人。

除了以上医疗机构经过设置审批、申请医疗机构执业许可证的一般流程之外，还包含"两证合一""备案制""先照后证"等设置审批的特殊流程。

（1）设置审批与执业登记"两证合一"情形

根据《关于进一步改革完善医疗机构、医师审批工作的通知》①："除三级医院、三级妇幼保健院、急救中心、急救站、临床检验中心、中外合资合作医疗机构、港澳台独资医疗机构外，举办其他医疗机构的，卫生健康行政部门不再核发《设置医疗机构批准书》，仅在执业登记时发放《医疗机构执业许可证》。"也就是说，除三级医院等前述医疗机构外，设立其他医疗机构实施设置审批与执业登记"两证合一"，无需单独进行医疗机构设置审批程序。

（2）备案制情形

根据《医疗机构管理条例》《医疗机构管理条例实施细则》② 等规定，法人和其他组织设置的为内部职工服务的门诊部、诊所、卫生所（室），无需申请《设置医疗机构批准书》，而是按照规定向当地县级卫健部门备案，取得《设置医疗机构备案回执》。

（3）"先照后证"情形

根据国务院2015年10月发布的《关于"先照后证"改革后加强事中事后监

---

① 《关于进一步改革完善医疗机构、医师审批工作的通知》，载国家卫生健康委员会网站，http://www.nhc.gov.cn/yzygj/s3576/201806/bad4e33d8ef34e9ba67979b34aaff8ee.shtml，最后访问时间：2023年4月12日。

② 《医疗机构管理条例实施细则》，载国家卫生健康委员会网站，http://www.nhc.gov.cn/wjw/c100022/202201/03d22f195e1a40edbfeb7e63aea39a59.shtml，最后访问时间：2023年4月12日。

管的意见》①，营利性医疗机构设置审批改为后置审批，实行先照后证，强化事中事后监管。

因此，营利性医疗机构先办理主体资格登记，再办理《医疗机构执业许可证》，而非营利性医疗机构则需先办理《医疗机构执业许可证》，再进行主体资格登记。

3. 医疗机构主体资格登记

医疗机构主体资格登记区分非营利性医疗机构和营利性医疗机构，其法律主体资格分为：事业单位法人（政府、国有企业举办）、企业法人（包括有限责任公司/股份有限公司、外资企业、联营企业、集体所有制企业、私营企业等）、民办非企业单位、个人独资企业、个体工商户、合伙企业等类型。

主体资格类型不同的医疗机构，其登记机关、登记条件、审批流程均不同，以下做简要介绍：

（1）事业单位法人

事业单位，是指国家为了社会公益目的，由国家机关举办或者其他组织利用国有资产举办的，从事教育、科技、文化、卫生等活动的社会服务组织。申请事业单位法人登记，应当具备下列条件：（一）经审批机关批准设立；（二）有自己的名称、组织机构和场所；（三）有与其业务活动相适应的从业人员；（四）有与其业务活动相适应的经费来源；（五）能够独立承担民事责任。②

（2）市场主体

《市场主体登记管理条例》第3条规定，市场主体应当依照本条例办理登记。未经登记，不得以市场主体名义从事经营活动。法律、行政法规规定无需办理登记的除外。

---

① 《关于"先照后证"改革后加强事中事后监管的意见》，载中国政府网，www.gov.cn/zhengce/content/2015-11/03/content_10263.htm，最后访问时间：2022年3月29日。
② 《事业单位登记管理暂行条例》第2条规定："本条例所称事业单位，是指国家为了社会公益目的，由国家机关举办或者其他组织利用国有资产举办的，从事教育、科技、文化、卫生等活动的社会服务组织。事业单位依法举办的营利性经营组织，必须实行独立核算，依照国家有关公司、企业等经营组织的法律、法规登记管理。"第6条规定："申请事业单位法人登记，应当具备下列条件：（一）经审批机关批准设立；（二）有自己的名称、组织机构和场所；（三）有与其业务活动相适应的从业人员；（四）有与其业务活动相适应的经费来源；（五）能够独立承担民事责任。"

（3）民办非企业单位

民办非企业单位，是指企业事业单位、社会团体和其他社会力量以及公民个人利用非国有资产举办的，从事非营利性社会服务活动的社会组织。申请登记民办非企业单位，应当具备下列条件：（一）经业务主管单位审查同意；（二）有规范的名称、必要的组织机构；（三）有与其业务活动相适应的从业人员；（四）有与其业务活动相适应的合法财产；（五）有必要的场所。[①]

（4）其他非法人主体

主要包括个体工商户和合伙企业。个体工商户是指有经营能力的公民，依照规定经工商行政管理部门登记，从事工商业经营的主体。[②] 合伙企业是指自然人、法人和其他组织依法在中国境内设立的普通合伙企业和有限合伙企业。[③]

此外，医疗机构主体资格登记过程中还涉及社会保险登记、税务登记等，随着推进全国统一"多证合一"等举措的出台，医疗机构开设过程中的证照数量大幅减少，办事程序简化、办事成本降低。

4. 校验手续和等级评审

《医疗机构管理条例》第 21 条规定："床位不满 100 张的医疗机构，其《医疗机构执业许可证》每年校验 1 次；床位在 100 张以上的医疗机构，其《医疗机构执业许可证》每 3 年校验 1 次。校验由原登记机关办理。"各级各类医疗机构均应按照《医疗机构评审办法》《医疗机构评审标准》及《医疗机构基本标准》对医疗机构的执业活动、服务质量和管理水平等进行医疗机构评审，医疗机构评审分为周期性评审和不定期重点检查。

5. 其他资质许可

除了上文所述的医疗机构设置审批、执业登记、主体资格登记、校验手续和

---

① 《民办非企业单位登记管理暂行条例》第 2 条规定："本条例所称民办非企业单位，是指企业事业单位、社会团体和其他社会力量以及公民个人利用非国有资产举办的，从事非营利性社会服务活动的社会组织。"第 8 条规定："申请登记民办非企业单位，应当具备下列条件：（一）经业务主管单位审查同意；（二）有规范的名称、必要的组织机构；（三）有与其业务活动相适应的从业人员；（四）有与其业务活动相适应的合法财产；（五）有必要的场所。民办非企业单位的名称应当符合国务院民政部门的规定，不得冠以'中国'、'全国'、'中华'等字样。"

② 《促进个体工商户发展条例》第 2 条规定，有经营能力的公民在中华人民共和国境内从事工商业经营，依法登记为个体工商户的，适用本条例。

③ 《合伙企业法》第 2 条第 1 款规定："本法所称合伙企业，是指自然人、法人和其他组织依照本法在中国境内设立的普通合伙企业和有限合伙企业。"

等级评审之外，还要根据医疗机构的诊疗范围、相关设备设施及运营实际情况，在各细分领域取得执业、使用等方面的资质许可，例如放射性药品使用许可证、特种设备使用登记证等。

（二）医疗卫生项目设立过程中的风险防控建议

医疗机构的设立需遵守多项国家和地方法律法规，相关的法律法规主要涉及医疗机构的设置、医护人员的注册和管理、医疗设施和设备的使用、医疗服务质量的监督和管理、药品和医疗器械的采购和使用、医院环保措施的设置、医疗废弃物、放射性废物及其他危险废物的处理等。医疗机构开展业务需取得医疗机构执业许可证，若涉及使用大型医用设备或放射性同位素与射线装置，则还需要取得大型医用设备配置许可证或放射诊疗许可证、辐射安全许可证。如果医疗机构在经营过程中，未遵守相关法律法规的要求开展业务，可能面临被监管部门行政罚款、暂停营业或吊销营业许可的风险。同时，医疗机构的各项许可证通常存在有效期，需要定期接受监管部门的检查。

除了医疗卫生项目设立过程中必须取得的证照，《医疗机构管理条例》第23条第1款还规定："《医疗机构执业许可证》不得伪造、涂改、出卖、转让、出借。"实践中，有的法院根据这一规定将收购、托管医疗机构直接等同于"变相"转让、出借医疗牌照，使得该等交易面临一些不确定性。例如在颜某与董某合伙协议纠纷①一案中，颜某将钱款支付给董某作为某社区卫生服务站的合作投资款，同时约定颜某为该服务站的主要经营者，该服务站内所有配套设施、药品、办公用品、消耗性材料、房屋租赁协议一并交予颜某掌管，董某须保证服务站现有证照齐全（包括医疗机构执行许可证、组织机构代码证、母婴保健证、民办非企业证、医保定点证、发票购领证），董某在适当时机协助颜某将法定代表人及负责人变更至颜某或其指定的名下，颜某经营该服务站后，董某并未实际参与经营管理。对于双方签订的《社会卫生服务站合作协议》合同效力的认定，法院认为：颜某、董某双方签订的《社会卫生服务站合作协议》名为合作协议实际为转让协议。《医疗机构执业许可证》是卫生服务站赖以经营的必备手续，因此该协议约定转让相关设施设备的同时也包含将《医疗机构执业许可证》转

---

① 湖南省长沙市中级人民法院（2015）长中民二终字第06912号民事判决书，载中国裁判文书网，https：//wenshu. court. gov. cn/website/wenshu/181107ANFZ0BXSK4/index. html？docId＝335b5357dff840418f3d1cad08f430a3，最后访问时间：2022年3月29日。

让给颜某使用的意思表示，且颜某在经营期间也实际使用了董某的《医疗机构执业许可证》。医疗机构执业许可证不得伪造、涂改、出卖、转让、出借。本案双方在上述合作协议履行中体现了董某将《医疗机构执业许可证》转让给颜某使用的事实，故法院确认双方签订的《社会卫生服务站合作协议》无效认定正确。

近年来，部分法院已经明确提出收购医疗机构不违反《医疗机构管理条例》的观点，且进一步提出"法律法规没有禁止医疗机构转让""转让中所附随的医疗机构证照的变更不属于转让医疗牌照的行为""医疗牌照只要由所持有该许可证的机构或个人使用即为符合相关规定"等观点。[①] 收购、托管医疗机构的交易面临的不确定性降低，但是在交易过程中还是应当注意我国严禁"科室外包""科室出租"等行为。[②] 医疗机构对部分科室的外包、出租，由于存在挂靠经营及挂靠方自主管理、自行核算、自负盈亏、自担风险等属性，一般会被认定为属于医疗机构出借《医疗机构执业许可证》。另外，在收购、托管医疗机构的交易安排中，应当配套办理《医疗机构执业许可证》相关信息的变更登记，以此明确权利的顺利过渡。如原经营者仍在医疗牌照上挂名的，可能会被认定为违反规定，从而导致协议无效。[③]

综上，实践中对"《医疗机构执业许可证》不得伪造、涂改、出卖、转让、出借"的适用经历了从限制收购、托管医疗机构到逐步放宽的过程，但是对于"科室外包""科室出租"等国家明令禁止的事项在交易安排中应当予以避免，并注意交易安排中配套办理《医疗机构执业许可证》相关信息的变更登记，以此明确权利的顺利过渡。

四、医疗卫生项目建设过程中的风险防控建议

由于医疗工艺和流程的专业性，相比普通的住宅、写字楼、酒店等建筑工程，医疗卫生项目的特点在于功能性非常突出，配套设施复杂且专业技术性标准较高。然而，作为业主单位的医院投资、经营者，相对房地产开发公司，往往缺

---

① 以上观点为笔者总结整理而得。

② 《国务院办公厅关于支持社会力量提供多层次多样化医疗服务的意见》（国办发〔2017〕44 号）规定："严厉打击非法行医、医疗欺诈，严肃查处租借执业证照开设医疗机构、出租承包科室等行为，加强医疗养生类节目监管，依法严惩虚假违法医疗广告宣传等行为。"

③ 参见许志刚、张扬、郑可欣：《案例启示录 | 医院收购"二三事"》，载"中伦视界"微信公众号，https://mp.weixin.qq.com/s/pCTCJ9xFsiZ0-6sAQQw0sQ，最后访问时间：2021 年 5 月 3 日。

乏工程建设经验，以下将对医疗卫生项目建设过程中的发包模式、招投标等问题进行分析。

（一）招投标问题

根据《招标投标法》第 3 条的规定，在我国境内进行大型基础设施、公用事业等关系社会公共利益、公众安全的项目，全部或者部分使用国有资金投资或者国家融资的项目以及使用国际组织或者外国政府贷款、援助资金的项目，包括项目的勘察、设计、施工、监理以及与工程建设有关的重要设备、材料等的采购，必须进行招标。对于法定必须招标项目的规模，根据《必须招标的工程项目规定》（国家发展和改革委员会令第 16 号）的规定，项目规模达到下列标准之一的，属于法定必须招标项目："（一）施工单项合同估算价在 400 万元人民币以上；（二）重要设备、材料等货物的采购，单项合同估算价在 200 万元人民币以上；（三）勘察、设计、监理等服务的采购，单项合同估算价在 100 万元人民币以上。同一项目中可以合并进行的勘察、设计、施工、监理以及与工程建设有关的重要设备、材料等的采购，合同估算价合计达到前款规定标准的，必须招标。"

因此，医疗卫生项目如使用国有资金投资或者国家融资，达到法定规模标准的，则属于法定必须招标项目，项目的勘察、设计、施工和重要设备、材料的采购，项目业主应依法进行招标。未达到法定规模标准的，项目业主可自行选择招标投标、竞争性谈判、询比价或单一来源采购等方式进行发包。

（二）肢解发包问题

医院工程中会涉及不同的功能单元，如门诊、急诊、手术、住院、配套设施、员工宿舍等，各功能单元可能自成单体，也可能在同一建筑物中以分区方式实现。有时候业主出于工期的考虑，会同时聘请多个施工总承包单位来共同完成工程建设。有时候由于不同功能的建筑对施工工艺、资质的要求不同，业主也会同时聘请多个施工总承包单位来完成工程建设。在平行发包过程中，业主应当关注肢解发包的风险。《民法典》第 791 条第 1 款明确规定："发包人可以与总承包人订立建设工程合同，也可以分别与勘察人、设计人、施工人订立勘察、设计、施工承包合同。发包人不得将应当由一个承包人完成的建设工程支解成若干部分发包给数个承包人。"《建筑法》第 24 条也有类似的原则性规定。《建设工程质量管理条例》第 78 条第 1 款规定："本条例所称肢解发包，是指建设单位将应当由一个承包单位完成的建设工程分解成若干部分发包给不同的承包单位的行为。"《建筑工程施工发包与承包违法行为认定查处管理办法》(建市规〔2019〕1号)进一步明确了肢解发包是指"建设单位将一个单位工程的施工分解成若干部分发包给不同的施工总承包或专业承包单位"。一般应以一个建筑物或构筑物作为一个单位工程,且该建筑物或构筑物同时具备结构独立(具备独立施工条件)和功能独立(能形成独立使用功能)的特征。

肢解发包可能导致施工合同效力瑕疵,并且业主及相关责任人员可能因此受到行政处罚。对于医疗卫生项目的发包,业主应当关注同一建筑物内的专业工程不可分包。例如,虽然医院工程中部分专业工程具有非常特殊的工艺要求,但只要在一栋建筑物内,就只能交给同一个施工总承包单位,再由其进行分包。另外,医院综合楼中可能包括门诊区和急诊区,门诊区又分为不同科室,相关功能单元处于不同楼层,但由于其属于同一建筑物,分包将构成肢解发包。

(三)专业分包问题

医疗卫生项目建设过程中的特点是土建和主体结构工程往往比较简单,但由于在空气流通、洁净度等方面的特殊要求,其专业工程往往体量大,技术标准严格,土建施工总承包单位大多没有能力自行实施。以通风空调工程为例,设计规范对不同功能单元的通风有不同的技术要求,有洁净度要求的房间和严重污染的房间应相互隔绝,且空调分区应相互封闭,避免空气途径的医院感染,这就对通风空调工程的专业化提出了非常高的要求。[①]

业主常常通过指定分包实施专业分包项目,即直接指定特定的分包单位并要求总承包单位纳入自己的工作范围。对于指定分包合同的效力,我国没有法律或行政法规明确规定指定分包无效,但有部分部门规章对指定分包做了禁止性规定。《房屋建筑和市政基础设施工程施工分包管理办法》(建设部令第124号)第7条规定:"建设单位不得直接指定分包工程承包人。任何单位和个人不得对依法实施的分包活动进行干预。"《工程建设项目施工招标投标办法》第66条规定:"招标人不得直接指定分包人。"但是这些都是部门规章,并不是法律、行政法规,不能直接据此来否定指定分包情况下签订的分包合同的效力。

[①] 张炯、张文靖等:《打通经络,一览无余丨建设工程全流程法律服务之合约规划阶段》,载"中伦视界"微信公众号,https://mp.weixin.qq.com/s/zTZl_tqmgZVNLlb7Kz0FYg,最后访问时间:2021年5月4日。

　　虽然法律、行政法规并未直接否定指定分包情况下签订的分包合同的效力，也没有规定指定分包单的处罚措施，但由于分包单位是由建设单位直接指定，总承包单位缺乏有效手段对分包单位进行管理。在此种情况下，当分包工程发生质量问题时，建设单位不承担任何责任显然有失公平。对此，《最高人民法院关于审理建设工程施工合同纠纷案件适用法律问题的解释（一）》第 13 条规定："发包人具有下列情形之一，造成建设工程质量缺陷，应当承担过错责任……（三）直接指定分包单位分包专业工程。"根据该规定，建设单位直接指定分包单位的，应对工程质量缺陷承担一定责任。

　　除了指定分包的模式，业主也可以采用暂估价模式，即业主在选择施工总承包单位时，将整体工程全部发包给施工总承包单位，并将相关专业工程以"暂估价"的形式纳入总包范围，在后续暂估价工程招标时，通过与总包联合招标或控制总包招标的方法，确定分包单位。采用暂估价模式，业主应当关注：在总承包合同中，除对共同招标模式的操作方式进行细化约定外，还应配套设置总承包单位的配合义务及违约责任，保障业主的决定权。另外，在专业分包合同中，除反映总承包合同中总承包单位的相关义务外，建议厘清各方的责任，同时保障业主对分包工程重要事项的决策权。

五、医疗卫生项目的运营过程中的风险防控建议

　　《关于进一步鼓励和引导社会资本举办医疗机构意见的通知》（国办发〔2010〕58 号）[1] 第（八）点规定："将符合条件的非公立医疗机构纳入医保定点范围。非公立医疗机构凡执行政府规定的医疗服务和药品价格政策，符合医保定点相关规定，人力资源社会保障、卫生和民政部门应按程序将其纳入城镇基本医疗保险、新型农村合作医疗、医疗救助、工伤保险、生育保险等社会保障的定点服务范围，签订服务协议进行管理，并执行与公立医疗机构相同的报销政策。各地不得将投资主体性质作为医疗机构申请成为医保定点机构的审核条件。"上述条文解决了困扰社会资本投资医疗机构的一个非常大的问题，那就是如何纳入医保定点服务系统。2015 年国务院办公厅印发的《关于促进社会办医加快发展

---

　　[1] 《关于进一步鼓励和引导社会资本举办医疗机构的意见》，载中国政府网，www.gov.cn/zwgk/2010-12/03/content_1759091.htm，最后访问时间：2022 年 3 月 29 日。

若干政策措施的通知》①规定，不得将所有制性质作为医保定点的前置条件，鼓励放宽准入门槛，将符合条件的社会办医纳入医保定点。2017年《国务院办公厅关于支持社会力量提供多层次多样化医疗服务的意见》②进一步明确，落实将符合条件的社会办医疗机构纳入基本医疗保险定点范围的有关规定，医保管理机构与社会办医疗机构签订服务协议，在程序、时限、标准等方面与公立医疗机构同等对待。

上述规定使得社会办医疗机构与公立医疗机构同等对待，对增强社会办医疗机构的竞争力具有重大影响，但社会办医与公立医疗机构提供的医疗服务及药品的价格存在限制。2009年1月，《中共中央、国务院关于深化医药卫生体制改革的意见》③指出："建立科学合理的医药价格形成机制，完善政府调控与市场调节相结合、客观反映市场供求情况和生产服务成本变化的医疗服务和药品价格形成机制。规范医疗服务价格管理。对于民营营利性医院，并不受公立医院必须遵守的价格限制的约束，可以按照市场化的原则自主定价。中央政府负责制定医疗服务价格政策及项目、定价原则及方法；省或市级价格主管部门会同卫生、劳动保障部门核定基本医疗服务指导价格。"《关于印发改革药品和医疗服务价格形成机制的意见的通知》④指出："医疗服务价格实行政府指导价和市场调节价相结合的管理方式。非营利性医疗机构提供的基本医疗服务，实行政府指导价；营利性医疗机构提供的各种医疗服务和非营业性医疗机构提供的特需医疗服务实行市场调节价。"在实际操作中，医疗服务的定价权分成两种类型：对于非营利性医疗机构实施卫生监督部门统一定价，纳入医疗保险服务范畴，由物价部门进行监督；而对于营利性医疗机构的服务价格，往往是由企业自主定价，报物价局及卫生主管部门审批。

---

① 《国务院办公厅印发关于促进社会办医加快发展若干政策措施的通知》，载中国政府网，http://www.gov.cn/zhengce/content/2015-06/15/content_9845.htm，最后访问时间：2023年4月12日。

② 《国务院办公厅关于支持社会力量提供多层次多样化医疗服务的意见》，载中国政府网，http://www.gov.cn/zhengce/content/2017-05/23/content_5196100.htm，最后访问时间：2023年4月12日。

③ 《中共中央、国务院关于深化医药卫生体制改革的意见》，载中国政府网，http://www.gov.cn/test/2009-04/08/content_1280069.htm，最后访问时间：2023年4月12日。

④ 《关于印发改革药品和医疗服务价格形成机制的意见的通知》，载中国政府网，http://www.gov.cn/zwgk/2009-11/23/content_1470856.htm，最后访问时间：2023年4月12日。

六、互联网医疗风险防控建议

《互联网诊疗管理办法（试行）》《互联网医院管理办法（试行）》① 已于
2018 年 7 月生效，对开展互联网诊疗、设立互联网医院的资质及准入要求做出了
明确规定。2020 年 5 月，《关于做好公立医疗机构"互联网+医疗服务"项目技
术规范及财务管理工作的通知》（国卫财务函〔2020〕202 号）② 指出："按照全
国统一的'互联网+医疗服务'项目技术规范执行本地方案，新增项目须经省级
卫生健康行政部门确认并公布；医疗机构作为提供'互联网+医疗服务'的责任
主体，根据患者的病情说明项目内容、收费标准等情况，征得患者同意。接诊医
疗机构向患者收取医疗服务费用，再向其他机构支付。"2020 年 7 月，《关于支
持新业态新模式健康发展激活消费市场带动扩大就业的意见》（发改高技〔2020〕
1157 号）③ 提出："推进线上预约检查检验；探索检查结果、线上处方信息等互
认制度；建立健全患者主导的医疗数据共享方式和制度；探索完善线上医疗纠纷
处理办法；将符合条件的'互联网+'医疗服务费用纳入医保支付范围；规范推
广慢性病互联网复诊、远程医疗、互联网健康咨询等模式。"随着上述新规的逐
步落实，各地在加快建立互联网医疗体系的同时，对互联网医疗的合规性管理也
将趋于规范化，包括搭建互联网医疗全程留痕的监管平台；加强对互联网医疗从
业人员资质、电子处方真实性等事项的监管；增强互联网医疗的安全性保障；与
此同时，用户的隐私和数据保护也将成为监管的一项重点。

对于开展互联网诊疗或互联网医院等业务的市场参与主体而言，除了需要遵
守上述互联网医疗新规，如互联网医疗涉及病人的个人信息保护问题，根据《网
络安全法》的规定，网络运营者收集及使用个人资料时应当遵循"合法、正当、
必要"的原则。

---

① 《卫生健康委、中医药局关于印发互联网诊疗管理办法（试行）等 3 个文件的通知》，载中国政府
网，http://www.gov.cn/gongbao/content/2019/content_5358684.htm，最后访问时间：2023 年 4 月 12 日。
② 《关于做好公立医疗机构"互联网+医疗服务"项目技术规范及财务管理工作的通知》，载中国政
府网，http://www.gov.cn/zhengce/zhengceku/2020-05/15/content_5511869.htm，最后访问时间：2023 年
4 月 12 日。
③ 《关于支持新业态新模式健康发展 激活消费市场带动扩大就业的意见》，载中国政府网，http://
www.gov.cn/zhengce/zhengceku/2020-07/15/content_5526964.htm，最后访问时间：2023 年 4 月 12 日。

第三节 医疗卫生项目案例分析

一、民营医院担保行为的效力研究

关于医疗卫生等公益设施能否作为抵押财产一直存在争议，根据《民法典》第 399 条第 1 款第 3 项规定，"学校、幼儿园、医疗机构等为公益目的成立的非营利法人的教育设施、医疗卫生设施和其他公益设施"不得抵押。此处"公益设施"是指直接服务于公益目的的设施，其他不服务于公益目的的设施仍可抵押。判断医院等是否具有公益目的，不能仅从该机构是否具有营利性出发，还应当从其所从事的事业的公益性本身出发。

【典型案例】

周某与某医院、赵某等借款合同纠纷案

案　　号：（2015）民一终字第 240 号[①]

审理法院：最高人民法院

裁判类型：二审民事判决书

案情摘要：2011 年 11 月 21 日，周某作为抵押权人，某医院（私立营利性医院）作为抵押人，双方签订了《抵押合同》，约定：借款人邢某因资金周转需要，于 2011 年 4 月 8 日从周某处借款 8000 万元，某医院提供抵押担保，抵押财产为某医院所有国有土地。合同签订后双方当事人未办理抵押登记手续。2012 年 11 月 20 日，周某向呼和浩特市公安局报案，称邢某骗取其 8000 万元。2013 年 1 月 5 日，该局以邢某涉嫌诈骗立案侦查，同年 3 月 30 日，该局刑事拘留了邢某，同年 5 月 6 日呼和浩特市人民检察院决定逮捕邢某。随后，周某向内蒙古高院起诉，要求邢某还本付息，某担保公司承担保证责任，并对某医院提供的抵押物享有优先受偿权。一审法院判决：（1）借款构成合同诈骗罪，故借款合同

[①]　最高人民法院（2015）民一终字第 240 号民事判决书，载中国裁判文书网，https://wenshu.court.gov.cn/website/wenshu/181107ANFZ0BXSK4/index.html? docId=977f48aed0c845e5a2cc9d159abd7cff，最后访问时间：2022 年 8 月 4 日。

无效，但邢某应返还借款及利息；（2）因主合同无效，故抵押合同无效，但因某医院对于抵押合同无效存在过错，故应承担不超过主债权三分之一的损害赔偿责任。一审判决后，某医院不服，上诉至最高人民法院。最高人民法院二审认定借款合同有效，抵押合同无效，但因某医院对于抵押合同无效存在过错，故应承担不超过主债权三分之一的损害赔偿责任。

裁判要点： 2011 年 11 月 21 日，周某与某医院签订一份《抵押合同》，某医院为邢某的借款提供担保，将其所有的国有土地抵押给周某。某医院虽为私人所有的营利性医疗机构，但相较于公办医疗机构，仅是投资渠道上的不同，并不能否定其公益属性，私立医院中的医疗卫生设施仍属于社会公益设施。根据上述法律规定，某医院为邢某的借款提供担保的财产属依法不得抵押的财产。由此，周某与某医院签订的《抵押合同》为无效合同。《最高人民法院关于适用〈中华人民共和国担保法〉若干问题的解释》第 7 条规定："主合同有效而担保合同无效，债权人无过错的，担保人与债务人对主合同债权人的经济损失，承担连带赔偿责任；债权人、担保人有过错的，担保人承担民事责任的部分，不应超过债务人不能清偿部分的二分之一。"① 本案中，周某、某医院在签订合同时均应知悉某医院为邢某所负债务提供担保的财产属依法不得抵押的财产，周某、某医院对案涉《抵押合同》无效均存在过错，对此，周某、某医院应当根据其过错各自承担相应的民事责任。一审法院适用法律不当。但周某并未对某医院的责任分担问题提起上诉，应视为周某对自己权利的处分，本院对此不予审理。综上，某医院有关其不应承担责任的上诉主张，缺乏事实和法律依据，不能获得支持。

案例评析： 私人所有的营利性医疗机构，相较于公办医疗机构，仅是投资渠道上的不同，并不能否定其公益属性，私立医院中的医疗卫生设施仍属于社会公益设施。因此，私立医院的营利性与其社会公益性并不冲突，不能当然地以为私立医院具有营利性，故不再可能具有公益性，继而错误地认为可以接收财产作为

---

① 《最高人民法院关于适用〈中华人民共和国担保法〉若干问题的解释》已废止，《最高人民法院关于适用〈中华人民共和国民法典〉有关担保制度的解释》第 17 条规定："主合同有效而第三人提供的担保合同无效，人民法院应当区分不同情形确定担保人的赔偿责任：（一）债权人与担保人均有过错的，担保人承担的赔偿责任不应超过债务人不能清偿部分的二分之一；（二）担保人有过错而债权人无过错的，担保人对债务人不能清偿的部分承担赔偿责任；（三）债权人有过错而担保人无过错的，担保人不承担赔偿责任。主合同无效导致第三人提供的担保合同无效，担保人无过错的，不承担赔偿责任；担保人有过错的，其承担的赔偿责任不应超过债务人不能清偿部分的三分之一。"

抵押物。

负责医疗卫生项目等以公益为目的的事业单位、社会团体也不能随意对外提供抵押或者充当担保人。虽然根据《民法典》的规定，以上单位提供抵押或者充当保证人的，保证合同、抵押合同可能被确认为无效，但即便担保合同最终被确认为无效，担保人仍应根据不同的情形承担相应的损害赔偿责任，并不能完全免责。

二、医疗机构托管模式的效力研究

医疗卫生项目具有严格的市场准入门槛，根据《医疗机构管理条例》第 22 条规定："《医疗机构执业许可证》不得伪造、涂改、出卖、转让、出借。《医疗机构执业许可证》遗失的，应当及时申明，并向原登记机关申请补发。"第 23 条规定："任何单位或者个人，未取得《医疗机构执业许可证》或者未经备案，不得开展诊疗活动。"第 43 条规定："违反本条例第二十三条规定，未取得《医疗机构执业许可证》擅自执业的，依照《中华人民共和国基本医疗卫生与健康促进法》的规定予以处罚。违反本条例第二十三条规定，诊所未经备案执业的，由县级以上人民政府卫生行政部门责令其改正，没收违法所得，并处 3 万元以下罚款；拒不改正的，责令其停止执业活动。"实践中，投资者大多希望通过医疗机构托管模式，在不改变医疗机构产权性质及经营性质的前提下，进行投资及管理服务，实现医疗机构的管理权及经营权，并通过收取管理费（或伴随供应链模式等）获取收益。但医疗机构托管模式也有可能构成变相分红、科室承包等法律法规禁止的情形。

【典型案例】

甲医院、乙公司合同纠纷案

案　　号：（2017）粤 01 民终 17524 号[①]

审理法院：广东省广州市中级人民法院

裁判类型：二审民事判决书

[①] 广东省广州市中级人民法院（2017）粤 01 民终 17524 号民事判决书，载中国裁判文书网，https://wenshu.court.gov.cn/website/wenshu/181107ANFZ0BXSK4/index.html? docId = 38af45bb4cc5409dab4 fa85600c52ad5，最后访问时间：2022 年 8 月 4 日。

案情摘要：2015 年 5 月 9 日，乙公司（乙方）与甲医院（甲方）签订《技术合作协议书》，约定甲方提供诊疗范围为外科……提供……医疗场地与乙方开展技术合作，在甲方的监管和领导下由乙方管理合法开展医疗诊疗业务；在甲方的监管下乙方负责出资购买所属专科设备的投资及相关专科运营费用；乙方负责引进专业卫生技术人员，人员工资由乙方负担，乙方有人事任免权和管理权，乙方必须全面配合甲方对医院行政和业务日常管理工作，服从甲方监督，严格遵守甲方的各项规章制度；乙方对所属专科，在经济上自负盈亏，甲方适当合理收取乙方的技术合作管理费；在管理期内合作引发的医疗纠纷，甲方配合协助解决，但所有费用由乙方负责支付；乙方负责乙方所聘人员工资发放及日常考勤管理，其聘用的工作人员工资、个税、社保等费用及发生意外情况的所有费用均由乙方负责；乙方属于甲方一个科室，由甲方统一管理；乙方必须向甲方提供其技术人员有关学历、职称和身份证复印件等有效证书，所有人员入职必须向甲方人事科报到……乙方在甲方场地经营过程中如发生医疗事故与纠纷，所有法律责任及赔偿均由乙方负责。

裁判要点：关于合同的效力问题。分析本案的《技术合作协议书》，从合同内容来看，首先，甲医院与乙公司共同管理相关科室。虽然乙公司在聘用人员、发放工资、采购、收取盈利等方面有一定权利，但最终都要接受甲医院的管理。其次，所有涉案科室聘用的医护人员均有执业证书，且将证书办理到甲医院的名下，属于甲医院聘用人员。该些人员的工资亦由甲医院统一发放。从合同履行情况看，甲医院与乙公司签订涉案合同之后，与乙公司对相关科室进行共建共管，符合合作合同的特征，并非出借医疗机构执业资格证给乙公司使用。涉案合同是有效的合同，对甲医院以及乙公司均有约束力。当然，涉案合同也约定了乙公司有人事任免和收取盈利等权利，并同时负有处理医疗纠纷等义务。有关人事任免等约定属于甲医院委托乙公司管理的内容，不能据此认定是出借医疗机构执业资格证的行为。

案例评析：目前相关法规中对于医疗机构托管与"科室承包"并没有明确予以区分，医疗机构托管一旦被认定为"科室承包"，托管方及被托管医院都存在被行政处罚的法律风险。托管方与被托管方应从多角度梳理双方的合作模式，尽可能避免法律风险，如合理安排各自的职责权限，避免将经营管理权"全权委托"；使用持有《医疗机构执业许可证》的主体作为托管方等。

三、医院建设过程中的争议问题

如前所述，医院工程的突出特点是土建和主体结构工程相对简单，但专业工程体量较大，因此常常出现指定分包的情形。在指定分包的情形下，对于分包人要求承包人付款的诉请，根据合同相对性原则，法院一般支持指定分包人要求承包人承担付款义务的诉求，承包人承担责任后再根据总包合同向发包人主张款项。在"暗指"的情况下，承包人对于证明案涉工程系经建设单位指定分包的，承担着较重的举证责任。

【典型案例 1】

甲公司、乙公司建设工程施工合同纠纷案

案　　号：（2018）最高法民申 618 号①

审理法院：最高人民法院

裁判类型：再审审查与审判监督民事裁定书

案情摘要：2010 年 9 月 20 日，甲公司与某医院签订一份《建设工程承包合同》，约定某医院将某病房大楼工程发包给甲公司施工。2012 年 6 月 16 日，甲公司又与乙公司签订一份《病房大楼工程建设装饰施工合同》，约定甲公司（甲方）将其承建的某病房大楼工程的室内外装饰工程分包给乙公司（乙方）；工期 120 天；工程报价预算书系组成合同的文件；工程价款 12294970 元（以最后决算审计为准），合同价以工程预算书为准……乙方每月 25 日前向甲方代表申报当月完成工程量的进度款报表，甲方在 5 日内会同乙方核实计量并检验工程质量……按核定进度款，在次月 5 日付上月完成量价款的 80% 工程款……合同特别约定，如因甲方原因导致连续停工 60 天的，甲方无条件支付所有工程款并全部退还履约保证金。合同签订后某医院在乙公司制作的《装饰工程工程预算书》上加盖了公章，乙公司亦按合同约定履行了部分施工义务。后因乙公司与甲公司产生分歧，乙公司停工。乙公司、甲公司、监理公司及审计部门相关人员共同对乙公司已完成的工程量进行了核实、统计并形成《已完工程量统计表》。该统计

---

① 最高人民法院（2018）最高法民申 618 号民事裁定书，载中国裁判文书网，https://wenshu.court.gov.cn/website/wenshu/181107ANFZ0BXSK4/index.html? docId = 4f9d177f49dc49f5afdca95f01116552，最后访问时间：2022 年 8 月 5 日。

表除载明乙公司已完成工程量的情况外，另载明"一至十层装饰照明管线安装部分现场无法实测"。

裁判要点： 某医院虽然是病房大楼全部工程的发包人，但在甲公司与乙公司签订的《装饰工程施工合同》中并非合同当事人。施工过程中，进度款由嘉业公司接受，再支付给乙公司，符合合同中关于工程款支付的约定，且本案中认定的工程款已经按照合同约定扣除13%管理费。在该案中，承包人甲公司履行了支付工程款的义务、并在工程款中扣除了合同约定的管理费，且并无证据证明案涉工程系建设单位某医院指定分包或另行发包，因此承担付款责任。

案例评析： 对于证明案涉工程系经建设单位指定分包的，承包人承担着较重的举证责任。对于分包人要求承包人付款的诉请，根据合同相对性原则，法院一般支持指定分包人要求承包人承担付款义务的诉求。

【典型案例2】

甲公司、乙公司建设工程施工合同纠纷案

案　　　号：（2020）最高法民终1145号①

审理法院： 最高人民法院

裁判类型： 二审民事判决书

案情摘要： 2013年4月30日，甲公司（甲方）作为发包人与承包人乙公司（乙方）签订一份《公寓楼工程施工合同》，约定甲公司将某国际商贸城批发市场二期1#—3#公寓楼工程交由乙公司进行承建。合同同时约定，甲方指定分包和独立分包的工程需要乙方配合管理的，甲方应另行支付乙方配合费（包括：垂直运输、水源和电源的接驳点的提供、洞口预留封堵、资料汇总备案、现场的全面管理布置、分包协调等），按照其工程承包范围内各指定分包工程造价（不含甲供设备、材料费）的1%计取，乙方不得再向甲方、分包单位收取其他任何费用；甲方供应材料及设备乙方不计取材料保管费，甲供材在税前扣除。关于"17. 甲方指定分包工程和独立分包工程的配合"的约定内容，其中17.1条约定：乙方负责对指定分包单位和独立分包单位进行总承包管理并提供总承包配

---

① 最高人民法院（2020）最高法民终1145号民事判决书，载中国裁判文书网，https://wenshu. court. gov. cn/website/wenshu/181107ANFZ0BXSK4/index. html？docId = baeb718e0f214bda8a71acef00d0be9f，最后访问时间：2022年8月5日。

合；17.3 条约定：乙方负责发放甲方、监理所发出的与指定分包工程和独立分包工程相关的工程指令，并负责督促指定分包单位和独立分包单位执行；17.5 条约定：乙方负责组织和主持与指定分包单位和独立分包单位有关的协调会议并在会议后 3 日内向甲方、监理提交会议纪要；乙方建立每周 1—3 次的指定分包工程和独立分包工程例会，每月一次月计划会议和每季度一次的季计划会议。合同附件四列明了 7 项指定分包工程和 6 项独立分包工程。

之后甲公司向乙公司发出投标邀请书，经过招投标程序后，2013 年 8 月 13 日，乙公司取得中标通知书。2013 年 8 月 19 日，甲公司与乙公司签订一份《建设工程施工合同》。

上述合同签订后，双方按照 2013 年 4 月 30 日签订的施工合同开始履行。2014 年 11 月 17 日，由建设、施工、消防、监理单位参加的案涉 3#楼使用功能变更为医院的专题会议召开，所形成的会议纪要载明：根据甲公司的意见，将批发市场二期 3#公寓楼使用功能变更为医院，土建、电气、消防等作相应性调整，待 2015 年复工前下发正式变更通知。

裁判要点：关于土方工程、基坑支护、降水、室内电梯、建筑智能化工程、室外绿化、检测检验等其他甲公司指定直接发包工程的总承包服务费未计取的问题。原审法院认为，双方实际履行的施工合同附件四列明了 7 项甲方指定分包工程和 6 项独立分包工程，合同对甲方指定分包工程和独立分包工程的约定内容为："甲方指定分包和独立分包的工程需要乙方配合管理的，甲方应另行支付乙方配合费，按照其工程承包范围内各指定分包工程造价（不含甲供设备、材料费）的 1%计取"，"乙方负责发放甲方、监理所发出的与指定分包工程和独立分包工程相关的工程指令，并负责督促指定分包单位和独立分包单位执行"；"乙方负责组织和主持与指定分包单位和独立分包单位有关的协调会议并在会议后 3 日内向甲方、监理提交会议纪要；乙方建立每周 1—3 次的指定分包工程和独立分包工程例会，每月一次月计划会议和每季度一次的季计划会议"，故乙公司应当对"需要乙方配合管理的甲方指定分包和独立分包的工程"承担举证责任，提交发放相关工程指令、组织召开相关协调会议等的证据材料，但乙公司未能提交相关证据予以证明，故对其该项异议不予采信。

案例评析：指定分包项目中，承包人承担对指定分包和独立分包的工程进行了实际管理的举证责任。医疗卫生项目建设过程中，医疗工艺和医疗设备对专业性的要求高，专业工程和专项设备体量大、造价高、技术复杂，使得医疗卫生项目的建设有别于普通的房屋建筑工程。因此，业主、施工总承包单位、专业分包单位都应当结合法律法规、工程特点和管理模式进行综合考虑，通过合理、准确的发包模式和合约规划、恰当的管控手段及采购方式，实现医院工程的商业诉求和医疗服务的功能需要。

第十五章 文化体育项目投资建设法律风险防控

第一节 文化体育项目投资建设特点

一、行业动态

我国一直十分重视文化体育领域的投资建设项目。文化与体育产业日益成为民众的消费热点，围绕文化、体育等重点建设项目领域，国家正逐步引导社会资本加大投入力度，融入国民经济的大循环，并与国计民生接轨。包括 BOT、PPP、ABS 在内的各类基础设施投融资模式作为公共服务领域的体制机制发展方向，可以帮助政府少花钱、多办事、办好事，助力文化体育产业高质量发展；同时可以优化文化体育领域的供给结构，提高文化体育产业的运营水平，缓和资源保护与开发之间的矛盾。本章将结合具体案例，对文化体育项目投资建设领域的行业动态、特点、投资建设政策及法律风险防控等方面进行全面分析。

1. 文化项目

我国的文化基础设施，是指为了建设和繁荣物质文化和精神文化，丰富城乡居民的文化生活内涵而投资建设的各种文化活动场所、文化娱乐设施以及文化团体组织。文化基础设施种类多样，具体包括影视剧场、文化广场、文化广播站、博物馆、图书馆、科技馆以及文化与旅游、体育等其他领域相结合的综合设施等等。根据其属性的不同，文化产业基础设施可以分为公共性文化产业基础设施和商业性文化产业基础设施，其中公共文化基础设施在法律上是指用于提供公共文化服务的建筑物、场地和设备。① 而商业性文化产业基础设施主要是面向消费者提供的有偿文化产品和服务的场所设施，例如社会资本修建的电影院、阅览室、

---

① 参见《公共文化服务保障法》第 14 条。

展览馆、各种与商业房地产项目开发结合的文化旅游场所设施等。本章将重点关注大型公共文化基础设施领域的投资建设运营法律风险防范。

公共文化基础设施建设是我国公共文化服务体系建设的基础平台和首要任务，成为展示文化建设成果、开展群众文化活动的重要阵地。随着我国经济建设的进步，公共文化基础设施建设也蓬勃发展。以近几年热度很高的博物馆为例，改革开放以来，我国博物馆数量不断增多，质量逐渐提高，各方面的功能趋于完善，在文化事业和社会发展中发挥了应有的作用。博物馆事业蓬勃发展、日益繁荣。"十三五"以来，我国平均每两天新增一家博物馆。截至 2020 年底，全国备案博物馆 5788 家，其中国家一、二、三级博物馆达 1224 家。① 而公共文化设施的建设、运营和管理水平，直接关系到人民群众基本文化权益的实现和文化发展成果的共享程度，也越来越成为我国社会进步、文化自信的重要体现。面对人民日益增长的文化需求和推动文化建设的需要，2018 年文化和旅游部、财政部联合下发《关于在文化领域推广政府和社会资本合作模式的指导意见》②（以下简称"指导意见"），在文化领域推广 PPP 模式，有助于推动文化产业高质量发展，以高质量的文化供给增强人民群众的文化获得感、幸福感。同时，让社会资本"敢投""愿投""能投"，激发市场主体活力和发展潜力；有助于形成多元化、可持续的投入机制，弥补文化建设中政府投入的不足；有助于提高文化产品和服务的供给质量和效率，实现社会效益和经济效益相统一。该指导意见明确鼓励社会需求稳定、具有可经营性、能够实现按效付费、公共属性较强的文化项目采用 PPP 模式，重点包括但不限于具有一定收益性的文化产业集聚发展、特色文化传承创新、公共文化服务、非物质文化遗产保护传承以及促进文化和旅游、农业、科技、体育、健康等领域深度融合发展的文化项目。

2. 体育项目

本文对于体育设施概念的界定如下：用于体育竞技、训练、教学和民众健身休闲娱乐的场地、构筑物、公园、绿地等空间场所及有关的固定设施设备。体育基础设施是国家体育事业发展和人民体育活动的重要载体，体育基础设施的建设

---

① 《国家文物局："十三五"以来我国平均每两天新增一家博物馆》，载人民网，http://ent.people.com.cn/n1/2021/0518/c1012-32106588.html，最后访问时间：2022 年 3 月 30 日。

② 载中国政府网，http://www.gov.cn/zhengce/zhengceku/2018-12-31/content_5433075.htm，最后访问时间：2022 年 3 月 30 日。

也是城市化发展的必然要求。根据体育场馆设施的服务对象以及所提供的服务内容，与文化基础设施一样，体育基础设施应属于社会性基础设施。体育场馆设施的分类形式很多。按照体育场馆设施是否以盈利为目的，可将其分为运营性体育场馆设施、非运营性体育场馆设施和准运营性体育场馆设施。运营性体育场馆设施是指可通过市场进行有效配置，具有收费机制、有资金流入，其投资是价值增值过程，其目的是利润的最大化。非运营性体育场馆设施，是指没有收费机制，同时无资金流入的体育场馆设施，是以纯公共物品的形式存在的。而准运营性体育场馆设施是指具有相应的收费机制和资金流入，其有一定的潜在利润，但因政策或收费价格限制等因素，无法完全靠自身利润收回成本和投资利益的体育场馆设施。而按照设施场馆容量大小，体育设施又可以分为超大型体育中心或大型体育场馆、中型体育场馆、小型体育场馆及简易体育设施。本章关于体育基础设施建设投资运营相关问题的研究对象主要是大型的公共体育场馆设施，包含向公众开放的收费性的或非收费性的大型体育场馆设施。

随着我国社会主义市场经济体制的不断完善，国民经济水平得到了大幅提高，民众对精神文化生活的需求也急剧增加，而体育运动在其中扮演着重要的角色。我国体育事业从精英体育向全民体育发展，这样的趋势为便民性、大众性体育基础设施投资建设提供了有利契机。然而，即使各地的体育设施建设都在不断加快，我国人民的体育运动需求仍在不断升高，现有运动场所的面积和数量层面依然不能满足快速上升的需求量，而那些设施完善、条件优越的体育场馆更是供不应求，难以满足人民群众的高品质运动需要。面对现状和需求的矛盾，需要借助 PPP 等模式在政府财力有限投入不足的情况下，推广和使用民间资本来加快体育场馆的建设。只有改革创新全民健身体育场馆建设模式，调动市场和社会力量推行"总体规划、分步实施、政府监督、企业运作"的规划设计，才能进一步实现全民运动、体育强国的目标。

二、项目特点

1. 文化项目

我国公共文化基础设施建设相较于其他设施，在建设、运营中存在其自身特点：

（1）投入清晰，产出模糊

公共文化基础设施的建设流程和一般社会性的基础设施无异，在我国一般由具有专业资质的建筑设计院所负责建筑方案设计，经过政府投资项目的常规流程列入政府项目计划实施，投入较为清晰可见。与之相对的是，单纯就文化项目而言，剧院、博物馆、图书馆、文化中心和公共性文化基础设施或场所并不是维持人们生活和生产的必需品，所以文化基础设施建设运营后的产出存在期间长、度量难的特点，市场需求不稳定，从而导致产出模糊。虽然这类项目缺乏稳定的收益，但是考虑到中国文化的传承、文化产业的发展，以及人们日常的精神需求后，地方政府依法有责任和义务为人民群众提供公共文化设施和场所，关心人们的文化生活，发扬地方优秀传统文化和新时代的先进文化。依据《公共文化服务保障法》第15条规定，县级以上地方人民政府应当将公共文化设施建设纳入本级城乡规划，根据国家基本公共文化服务指导标准、省级基本公共文化服务实施标准，结合当地经济社会发展水平、人口状况、环境条件、文化特色，合理确定公共文化设施的种类、数量、规模以及布局，形成场馆服务、流动服务和数字服务相结合的公共文化设施网络。另外，每个地方都有自己的特色文化，属于当地的精神财富，一些大规模文化项目的开发也是政府为了打造城市标志、发展和带动文旅相关产业的一种创新方式。所以，虽然文化基础设施存在投入和产出的冲突，但并未阻碍各地政府大力建设本地的公共文化基础设施。

（2）供给需求错位，具有独特的价值体系

产出模糊导致政府在衡量文化设施产出时存在技术上的困难，文化供给往往具有较大不确定性。政府在公共文化设施经营管理的主体地位导致其建设、运营管理容易受到政策影响。但公共文化设施的真正受众是人民群众，公共文化基础设施项目对于其所有的使用者都是平等的，也就是说所有的使用者都平等享有文化诉求和使用权利。虽然每个人对文化娱乐的选择方式和偏好都不尽相同，具有比较强的个性化特点，但是具有设施建设主导权的地方政府在提供文化设施和场所时必然要为辖区内全体民众考虑，如文化馆、博物馆、图书馆等，都是面向广大社会群体的，不能只依据一小部分使用者的偏好来规划和建设。政府在供给质量和方向难以衡量的情况下，易产生文化需求和供给的错位，即政府的投入和公众的实际需求存在偏差，导致很多公共文化设施的使用率不高。而成功的公共文化项目具有独特的价值体系，表现在项目的文化价值随着使用逐渐提高。

（3）项目跨期投入，收支平衡能力低

公共文化基础设施属于政府供给的公共物品，本身具有很强的社会公益性，项目将通过或免费或低收费的形式向民众开放。文化基础设施项目先天经济性就比较弱，营利也不是它最主要的目的，其自身从事营利性文化活动的范围极为有限，而且整体规模比较大，建设运营的投资成本很高，这就意味着投资风险也很大，在后期也需要政府不断补贴和投入才能维持运营。项目建设和运营所需的成本，都是依靠市场获得，但项目产出时的定价一般由政府决定，价格具有公益性且不得随意浮动。项目定价与所需弥补的成本存在较大出入，产出的定价远低于其价值。因此，这类基础设施的财务情况具有很多不确定性，收支平衡难度大。所以对于社会资本方来说，他们更看重短期利益，追求项目短时间能带来的利润，文化基础设施项目的高成本和投资的复杂性都会提高他们的投资风险，使其望而却步。

（4）收费限制，社会融资难

非经营性和准经营性的公共文化设施不能像经营类商业项目那样利用市场机制调整定价来获得收入，价格的提高必然带来社会公众对文化项目消费能力的下降，设施使用率的进一步减少，造成公益性损失。社会资本是逐利的，在项目经营管理中只有充分满足其经营利益，企业才会在合作中提高社会公共效益。而文化基础设施建设类项目短期收益低，未来收益没有保障，又不能通过调整价格来增加收益，因此公共文化基础设施项目难以满足社会资本正常的投资回报需求，社会资本参与建设的积极性不强。在公共文化设施对资本的吸引力先天不足的背景下，政府一般要通过财政补贴、税费减免、土地优惠等条件促进达成合作。

2. 体育项目

在经过了长期的发展后，我国体育设施建设投资，尤其是大型公共体育场馆的建设投资呈现出以下特征：

（1）体育场馆运营的经济性与公益性并存

大型公共体育场馆不仅具有一般公共基础设施的公益性，而且具有经济性特征。我国市场经济体制改革逐步完善，体育产业也应该充分利用市场的自由竞争机制以提升场馆建设经营的效率。由于我国大多数大型体育场馆属于国有资产，其设施服务目的具有公益性，因此这些场馆必须为民众持续提供高质量且门槛不高的服务，为满足此种需求，大型体育场馆必须兼顾经济效益和社会效益。政府为保障以上效益的实现，往往在项目建设规划设计期出台相关规定限制投资方的建设行为，在建设的过程中拥有绝对的干预权和指导权，因此大型体育项目投资建设表现出次生特征，即对地方政策的高度依赖性。而大型公共体育场馆在满足民众的体育精神需求的同时，还应对场馆的资源进行优化配置，依据市场需求有效地制定场馆发展战略计划，使得场馆可持续发展，从而保证场馆运营的经济性与公益性的内在统一。[①]

（2）赛事前后应用的系统性

大型体育场馆项目区别于其他基础设施的一个突出特点就是赛事前后应用的系统性。和其他国家一样，我国的大型体育场馆的投资建设大多是满足大型赛事举办的需求并由政府决策建设的，很多情况下并没有充分考虑到场馆赛后的利用问题。由于社会民众才是场馆赛后的目标消费群体，而为举行赛事设计的高规格的场馆设施所要求的消费水平过高，普通民众很难负担其费用。我国大型体育场馆项目在前期规划设计与建设过程中缺少对赛前赛后应用的系统性研究，大部分注意力都集中在赛事本身，较少考虑场馆后期的运营发展。在赛事后期的场馆利用率问题上，国家体育中心"鸟巢"则表现较好。成功举办北京奥运会后，其依靠举办演唱会、大型国际赛事等商业化运作，2016 年场馆主场利用率达到80%以上[②]。

（3）社会发展的物质载体

公共基础设施，尤其是大型体育场馆具有多功能性，它不仅是举办赛事的场所和地方形象的象征，更是民众精神娱乐生活的物质载体。随着我国经济的高速发展，民众的生活水平逐步提升，民众对体育活动的重视度也逐渐增加。对此，国家法律已经明确了公共体育设施建设的责任主体。《体育法》第 40 条规定，县级以上各级人民政府应当将体育事业经费、体育基本建设资金列入本级财政预算和基本建设投资计划，并随着国民经济的发展逐步增加对体育事业的投入。第44 条规定，县级以上地方各级人民政府应当按照国家对城市公共体育设施用地定额指标的规定，将城市公共体育设施建设纳入城市建设规划和土地利用总体规划，合理布局，统一安排。城市在规划企业、学校、街道和居住区时，应当将体育设施纳入建设规划。乡、民族乡、镇应当随着经济发展，逐步建设和完善体育设施。由于运动生活直接影响居民的身体和心灵健康，为当地居民提供足够数量

---

① 赵钢、雷厉：《体育场馆运营管理概论》，北京体育大学出版社 2007 年版，第 55 页。

② 《国家体育场运营：鸟巢主场利用率达 80%以上》，载央视网，http：//news.cntv.cn/2016/02/27/ARTIN5T7FIh6o3cHNyB7z2Zu160227.shtml，最后访问时间：2022 年 3 月 31 日。

和质量的运动空间和设施，已经成为地方政府工作的重中之重，大型的、特色的运动设施建设甚至可成为当地社会文明发展状况的突出宣传点。

（4）投资额度高，风险持续时间长

一般情况下，大型体育场馆项目的建设投资额度大、运营周期较长、运营期间的现金流缺乏稳定性、资金的回收周期漫长；同时，后期的管理运营需要投入高额的维护成本，造成体育场馆后期运营的持续亏损。大型体育场馆项目是一项庞大的系统工程，需要政府在其中发挥重要的作用，但是政府的大量财政支出给其造成了严重的经济负担。在传统模式下的公共大型体育设施项目建设的风险往往体现在项目的规划设计期和建设期。假如使用 PPP 等新模式，则由于建设主体的组成成分众多，组织关系错综复杂，建设和投资风险期则贯穿项目的整个过程中，从项目的立项、规划设计、建设、运行、维护的各个阶段，风险无处不在、无时不在。并且，由于缺乏专业的管理团队使得体育场馆后期很难产生较高经济效益，大型体育场馆的运营入不敷出。

第二节　文化体育项目法律风险防控研究

综合上文关于两个项目的特点研究，较为大型的公共文化基础设施与公共体育基础设施在结构属性上具有以下共同点：（1）都具有公益性或准公益性；（2）政府主导，政策依赖性强；（3）工期长，建设运营难度大；（4）投入大，产出不稳定。本节将从以上共同点出发，探讨文化体育项目的各类投融资模式和其法律风险的防控。

一、现有投融资方式比较

1. 综述

我国大型体育和文化基础设施建设，一般实施的都是以政府为投资主体的投资体制。目前，可选择的融资政策按政府参与的程度可分为财政拨款和间接投资两类：第一，依靠政府拨款。依赖政府直接投资是传统公共基础设施的投资建设模式，它完全以政府通过税收聚集的资金为保证，通过申报、审批、立项，直接纳入政府的财政预算，再由政府组织招标、决标、开工建设，工程的监管和验收到竣工后的运营与维修，所有都是以政府的财政拨款为前提。这种模式导致政府财政压力巨大，同时缺乏市场导向，容易造成国有资金的浪费。第二，政府吸收民间投资。政府吸纳民间投资是相对于政府直接投资而言的间接投资模式。随着市场经济的日益成熟和相关法律法规的逐步完善，政府与私人企业共同投资成为可能。如国家体育场"鸟巢"就是利用 PPP 方式进行投资、建设和运行的大型体育场馆。[①]

在我国经济高速发展进程中，文化体育项目的基础设施建设投资经历了一种不断扩张的历史过程。如果仅仅依靠政府拨款进行投资会给国家财政带来极大的经济压力，因此，政府吸收社会资本投资、引进市场投资机制进行项目融资是公共基础设施投资方式的必然选择。项目融资是一种为大型工程项目的建设开发筹集资金的有效手段，其最大特点是以项目自身的现金流量和资产为主体安排融资结构，而不依赖于项目的投资者和发起人的资信条件。项目融资的核心是归还贷款的资金来自项目本身。大型文化和体育项目常见的融资模式包括 BOT、PPP、ABS 和融资租赁等。

2. BOT 模式

BOT 融资模式是英文 Build-Operate-Transfer（建设、经营、转让）的缩写，又称建造—运营—移交模式。从内容上看，BOT 是私营企业参与基础设施建设，向社会提供公共服务的一种方式，适用于包括文体项目在内的各类基础设施的建设。BOT 投资项目就是政府（或政府授权的机构）通过特许权协议，在规定的时间内，将项目授予国内外营利性组织或个人为特许权项目成立的项目公司，由项目公司负责该项目的投融资、建设、运营和维护，特许期满，项目公司将特许权项目无偿交给政府部门。[②] 这种模式较为成熟，有很多成功案例。

BOT 的优点在于：（1）对政府而言，能减少政府的直接财政预算，缓解政府财政压力。政府能在自有资金不足的情况下，解决资金缺口问题。这样分散了政府投资风险，政府可以集中资源，对那些不被看好但又有重大意义的项目进行投资。（2）把私营企业经营机制引入基础设施，提高了项目的建设和经营效率，同时政府也将项目风险转移给了私营发起人，对私营企业起到一定激励作用。

---

① 肖子亮：《北京奥运体育基础设施与场馆建设的融资法律问题初探》，载《商场现代化》2006 年 7 月（下旬刊）总第 474 期。

② 任波：《BOT 投融资方式特点的再认识》，载《重庆工业管理学院学报》1999 年第 3 期。

（3）政府通过恰当的投资回报，将建设和经营的责任转移到私营企业，既能减轻政府的负担，又能调动私有企业的积极性。（4）能吸引国外投资并引进国外的先进技术和管理方法，对当地经济发展产生积极影响。BOT 模式的主角是政府，政府的优势在于能制定相应的政策法规，对项目的宏观经济和社会效益考虑较多，但现有状态下部分地方资金短缺，管理水平较弱和效率较低；而私有资本则资金足、管理经验丰富、能动性和创新力强，但对盈利的期望较高、承担风险能力有限。BOT 项目融资模式正是结合两者的优势，可以达到双赢的目的。但BOT 模式与传统的项目管理模式相比更复杂，涉及面广，在我国基础设施项目投资建设过程中普遍存在以下问题：（1）采取 BOT 融资模式的项目规模大、涉及面广、融资成本高、风险较大，在大型文体项目的建造和经营全过程中，资格预审及招投标程序也相对复杂；（2）特许期内，政府将失去对项目所有权和经营权的控制，对关系到国计民生的项目可能缺乏必要的公权力监管；（3）项目投资者为早日回收投资并获取足额利润，可能会对项目进行掠夺式经营，对公共文化体育设施的公益性造成损害。

3. PPP 模式

为了弥补 BOT 模式的不足，出现了一种新的融资模式——PPP（Public Private Partnership）融资模式，即政府与民营经济在公共领域的合作伙伴关系。狭义 PPP 模式的特点即利益分享，风险共担，伙伴关系，全程合作，是一种从公共服务的需求出发，利用民营资源的产业化优势，通过政府与民营企业双方合作，共同开发、投资建设并维护运营公共事业的合作模式。PPP 模式的典型结构是：政府部门通过政府采购形式与中标单位组成特殊目的公司，签订特许合同，由特殊目的公司负责项目的筹资、建设及经营。政府通常与提供贷款的金融机构达成一个直接协议，这个协议并不对项目进行担保，而是向借贷机构承诺将按与特殊目的公司签订的合同支付有关费用，它使特殊目的公司能比较顺利地获得金融机构的贷款。[①] 比较 BOT 模式，政府并不是把项目的责任全部转移给民营企业，而是更深度地参与项目合作，由参与合作的各方共同承担责任和融资风险。

PPP 融资模式的优势在于：（1）既减轻政府的财政压力，又满足群众对体育健身的需求，加快文体设施的建设速度，提升公共文体服务的质量；（2）民间资本

---

① 陈柳钦：《PPP：新型公私合作融资模式》，载《建筑经济》2005 年第 3 期。

加入后与政府共担项目风险，从而降低了单个投资主体的项目风险；（3）政府与社会资本方合作建设文体设施，可以发挥各自的优势，实现优势互补。政府可以发挥公权力资源调配的优势，而引入社会资本方建设设施场馆，可以充分发挥社会资本在建设、运营、管理方面的优势。但 PPP 模式也存在以下缺点：（1）在我国目前环境下，大型基础设施项目的建设仍然是政府主导，但随着市场经济的深化改革，以往单靠财政支持的建设项目越来越不能适应市场的需要，政府应当由过去的主导角色转为与民营企业合作的角色，这种角色的变化会使政府权力和企业利益产生发展阶段性的冲突。（2）要实施好 PPP 项目，需要一系列的政策法规和合同文本的支持。现阶段我国对于 PPP 项目投融资项目进行监管的规定散见于国务院及相关部委的规范性文件当中，目前尚无系统应用 PPP 模式的相关政策和法律法规，规范的模糊性导致很多投资者对参与 PPP 项目带来的收益持怀疑态度。（3）现行监管体制不完善，监管人员主要由公职人员和技术人员组成，他们在监管过程中较为注重技术标准和硬性价格限制，可能不注意项目的经济规律和法律关系问题，在制定各项规章制度时，各部门缺乏一致性和协调性，导致服务机构难以为 PPP 模式的应用提供必要的机制和制度。（4）在我国目前的法律框架下，PPP 模式的法律性质难以确定。由于 PPP 协议兼具公法和私法的双重性质，争议解决机制存在不确定性。[1]

　　4. ABS 模式

　　除了上述两种方式，基础设施投融资还有国际上较为流行的 ABS 融资模式。ABS（Assets Backed Securitization）模式，即资产支撑证券化，简称资产证券化。这种模式主要有 3 个参与方：发起人（原始权益人）、特设机构（SPV）和投资人。ABS 的工作流程是先由发起人自身将未来能带来现金流入的金融资产转给SPV，SPV 将这部分资产信用升级后将其在债券市场上发行，供投资人购买。通过这样的方式，SPV 通过证券化金融资产的未来现金流，清偿投资人的债权本息。ABS 模式要求发起人有能够产生稳定现金收入的资产。[2] 以国家体育馆为例：原始权益人（政府）将其所有的财产（国家体育馆）以"真实出售"的方式转让给特设信托机构，特设信托机构获得该资产，发行以该资产的预期收入流

---

　　① 参见曹珊：《PPP 运作重点难点与经典案例解读》，法律出版社 2017 年版，第 146~150 页。
　　② 杨轶：《浅谈 ABS 融资方式在我国基础设施项目融资中的应用》，载《江西师范大学学报（哲学社会科学版）》2002 年第 3 期。

量为基本的资产支撑证券，并凭借对资产的所有权确保未来的现金收入流首先用于证券投资者还本付息。[①] 文化和体育场馆的运营可以产生稳定的资金流，为发行债券进行融资提供了支持，也保证了债券的还本付息。其资金流主要来源于文艺演出和体育赛事的门票、俱乐部席位、豪华包厢、租约支付、停车费、广告收入、场地冠名权等。从国际经验和我国的实践看，大型的体育和文化基础设施、场馆建设比较适合该融资方式。

与一般的融资模式相比，ABS 模式有以下优点：（1）在 SPV 购买发起人的资产后，这部分资产会从发起人的资产负债表中剥离出去，这样 SPV 将不受发起人破产清算或兼并重组的牵连；（2）原本信用等级较低的项目可用一系列信用增级方法在国际证券市场发行债券，减少了筹资成本；（3）使得那些本身具有很高的投资价值、能带来未来现金收入的资产，利用成熟的项目融资改组技巧，将项目资产的未来现金流量包装成高质量的证券投资对象，有利于通过证券化优势筹集资金；（4）由于发行的证券是在国际证券市场发行，以项目资产收益偿还到期债券，本国政府和项目融资公司不承担任何债务。有项目资产的未来收入作为回报，投资人可不直接参与工程建设和管理。

因为这种融资模式一般需要在国际证券市场发行债券，国内很多项目在选择此种模式融资时必须考虑以下几个问题：（1）目前我国基础设施资产证券化的成功案例较少，而《证券法》并未将 ABS 归为证券的一类。在我国目前法律条件下，若发行 ABS 则需经过国务院将其认定为证券，才能依据《证券法》行使相应权利。（2）信用度越高的 SPV，其发行的 ABS 才具有较高的信用等级。如果 SPV 由我国公司控股或组建，信用评级不会很高，只有政府做担保，才能达到发行 ABS 所需要的等级，但我国法律明确规定了不允许政府机构提供融资担保，阻碍了在国内组建高信用度 SPV 的可能性。[②]（3）假设 ABS 要面向境外发行，收益将不可避免地受外汇汇率影响，增加了实际收益的不稳定性。

5. 融资租赁模式

融资租赁，又称金融租赁，是指出租人根据承租人对供应商及租赁物的选

择，向供货商购买租赁物，提供给承租人使用，由承租人支付租金的经济活动。融资租赁在我国发展较快，但这种方式占我国基础设施项目融资比例较小。相较于不动产，在一些动产范围内用此种模式较多。它具有融资和融物双重功能，若用融资租赁方式，场馆建设的全部价款则可以先由出租人垫付，建设主体该支付而未支付的价款则可另作他用，从而增加资金的利用渠道。比如北京奥运会的多个场馆建设就使用了融资租赁的模式。融资租赁在奥运场馆中的运用方式与其他的运用方式是一样的，它表现为这样一个复杂的过程：首先，由承租方（奥运组委会）与供应商协商确定买卖设备的合同条件；其次，承租方向租赁公司提出融资性租赁申请；再次，融资租赁公司作为出租人与承租方订立融资租赁合同，然后由融资租赁公司（出租人）作为买受方与供应商订立买卖合同，供应商向承租方交付设备；复次，承租方向出租人交付物件受领证，支付第一期租金；最后，租赁公司向供货商支付买卖价金。简单来说，就是融资租赁合同是由两个合同、三方当事人组成的民事法律关系：一是融资租赁公司与供应商签订的买卖合同；二是融资租赁公司与使用方签订的租赁合同。[1]

融资租赁模式具有以下优点：（1）便捷和高效，能节省财务费用，减少一次性资金支付压力，使项目保留较多现金流；（2）有助于优化财务管理，提高管理水平；（3）可调节项目财务结构以及资产负债比例，改善项目财务指标；（4）通过租赁的方式，不用担心因技术落后等因素导致项目处于被动地位，而租赁可以使项目不用承担较高的设备费用同时使用先进的技术设备，抓住市场机会，增强文化和体育场馆的市场竞争力。[2] 但是租赁模式一般要求租赁机构按合同约定定期支付租金，当租赁机构出现财务困难的时候，租金将会成为一项较重的财务负担。在较大型的项目中，这种模式一般不会成为主要的融资方式，因为一般情况下，租金比银行借贷或债券所付的利息要高许多，租金总额一般高于设备总值的30%左右，而大型项目涉及面广，复杂性大，若采用租赁模式，会带来很大的风险，不利于项目发展。所以这种模式只适合小规模适用，可以考虑与其他模式结合，为项目更好地开展做补充。

---

① 张建文：《我国奥运场馆建设中融资租赁法律问题探讨》，载《商场现代化》2006年第26期。
② 易萍：《融资租赁——企业长期资金的重要融资方式》，载《财会研究》2001年第9期。

二、法律风险防范措施

我国已经开始建立资本市场的投融资法律体系，但是还没有系统的基础设施投资法，关于项目融资的法律规定也仍需完善，基础设施的投资建设必定会产生各类争议和风险，怎样防范随之而来的法律风险成为不得不面对的问题。下文将针对文化和体育项目中不同的投融资模式所呈现的法律风险进行识别与分析并提出相应的防范措施：

1. 广义 PPP 模式

如今，越来越多大型文化和体育设施的投资建设选择了 PPP 模式。这种模式下的法律风险防范值得重点关注。

（1）模式选择

广义的 PPP 模式基础要素是合同、特许经营权和所有权的归属。在这三个基础架构上，衍生出 BOT、BTO（Build-Transfer-Operate，兴建-转移-运营）、DB（Design-Build，设计-兴建）等多种模式。在 PPP 模式的选择上，有专家认为，针对大型公共文化设施 PPP 模式架构，有两种较为可行的方案：第一种是 BOT+土地使用权。在这种模式下，发起人（一般为政府）需要先委托咨询公司对项目进行初步可行性研究，然后起草文件，公开招标最佳设计方案后进行招标，选出最优社会资本。待确定中标方后，项目实施机构与其签订特许协议，组建项目公司负责项目的建设运营。由于公共文化领域项目收益较之其他领域项目较低，政府在不增加自身财政支出的情况下，通常会配套转让周边土地使用权，用于建设周边收益性较高的项目并给予一定期限的经营权，使社会资本有利可得。经营期内项目公司负责公共文化设施的管理运营，经营期满一并交予政府。这种模式的优点有以下几个方面：（1）BOT 的起源较早，有较多国内外经验可以借鉴，并且目前运作方案相对成熟。（2）大型公共文化设施对技术要求比较高，采用 BOT 模式能够保证社会资本将先进的建设、管理经验投入其中，达到公共利益最大化。第二种是 BTO+运营和维护协议。与第一种模式的不同之处在于，公共部门将公共文化设施的建设与运营分别委托给两个私营部门，颁布特许意向，公开招标项目建设公司和项目运营公司运营阶段的现金流用作偿还项目建设费用和留作运营公司利润。这种模式的优点在于降低了招标单位的进入门槛，引入竞争机制，利于筛选；同时将建设与运营分开，有利于提高建设和管理效率。[①] 虽然以上两种经营模式是针对大型公共文化项目而言的，但是大型公共文化项目和大型体育文化项目存在较多相似性，所以上述模式对两者皆较为合适。

（2）法律风险识别

大型文体场馆设施的 PPP 项目需要多个主体通力合作才能完成，它涉及税收、环境及收入等，需要系统的法律规范调整。但目前我国相关规章制度与规定之间可能存在冲突，导致法律实践中出现争议。

首先是法律制度不完善风险。现有部分法律与 PPP 项目相关政策相互矛盾、存在冲突，也导致了风险的产生。如《特许经营管理办法》第 6 条明确规定特许经营期限最长年限不得超过 30 年，但《民法典》第 705 条规定租赁期限不得超过 20 年。超过 20 年的，超过部分无效。这就导致部分大型文化体育场馆 PPP 项目不能采用土地租赁方式解决土地供应问题，除非特许经营年限不超过 20 年，但这对于大部分投资金额大、回报周期长且具有公益性质的大型文体基础设施 PPP 项目，特许经营期不超过 20 年显然无法实现预期收益。

其次是监管体制风险。监管体制在 PPP 项目中也显得尤为重要，政府部门在 PPP 模式中主要的角色就是监督与管理，但由于部分政府部门缺乏经验，对监管角色未能很好地适应，导致其执行不力的情况偶有发生，给项目造成一定的风险。体育和文化设施的 PPP 项目运营过程中，有些政府部门没有尽到监督管理的责任，对于民营部门提供的服务标准是否达标、定价是否合理等问题并没有实施有效的监管，降低了社会效益。还有些政府因缺乏相关经验，对民营部门限制过多、滥用监管权力，这在一定程度上会增加项目的成本，导致项目无法继续进行。

最后是违约风险。在 PPP 项目中，无论是政府部门还是民营部门都可能因自身和环境因素的变化而发生违约的状况，任何一方逃避责任、违反约定，都会给另一方在经济或社会形象等方面造成损失，这将给 PPP 项目的运作造成一定程度上的影响，严重的会导致项目失败。我国法律规定 PPP 项目最长期限为 30 年，而在大型体育场馆 PPP 项目中，政府与民营部门的合作年限有时要持续比 30 年更长的时间。这需要政府与私有资本双方通过协议来明确权利义务，双方

[①] 曹珊：《PPP 运作重点难点与经典案例解读》，法律出版社 2017 年版，第 481 页。

签订的协议应留有合理的权利义务行为空间：如约定过于详细，则无法适应今后经济、市场、政策或法律的变化；如约定过于笼统，则无法解决实际操作的问题，导致双方扯皮、推诿。同时，合同应前瞻性地具备合适的违约行为对抗条款和争议解决机制，用来降低违约风险。

（3）风险防范路径

基于广义 PPP 视角的大型文化和体育场馆投资、建造和管理体系中，各参与方为防范风险所采取的基本路径主要包括四种，即风险回避、风险减免、风险分担和风险转移。

第一，风险回避。假设项目中存在某种潜在的且发生概率极大的风险，其不利后果也过于严重，同时没有有效的风险控制措施，这种情况下，可以考虑使用风险回避措施来中断风险源，防止风险事件发生，而要从根本上遏制风险就要改变项目目标或实施方案甚至放弃项目，以避免带来巨大的风险后果，造成无法挽回的损失。[①] 当然，在消除了风险的同时，这种极端方法也使投资人丧失了盈利的机会。在 PPP 模式的大型体育场馆建管体系中，在进行了风险预测、识别和分析后，如果发现实施该项目面临巨大风险，且该风险事件一旦发生，不可能有有效的措施来减少风险，将产生无法承受的损失，这时就应该为避免可能发生的损失而放弃该项目，但这在消除风险的同时也丧失了获取利润的机会。综合规范和操作实践，项目风险预测、识别和分析应在项目起始阶段进行，否则项目在采购、执行、移交等阶段再选择风险回避的路径会造成巨大损失。当然，作为项目开始阶段的发起者，政府在风险研判环节中不能逃避其应承担的责任。

第二，风险减免。风险减免措施的采取可以在风险发生前，也可以在风险发生后，所以风险减免措施可以分为事前预防措施和事后减免措施。PPP 模式项下的大型文化和体育场馆投资建设体系中，可以根据项目风险的种类，选择事前控制和事后控制两种方式。事前控制即在项目风险发生前采取预防措施，降低风险发生的可能性或者减少风险所造成的损失；事后控制即在项目风险发生后，采取有效措施缩小风险影响的范围，降低风险所造成的损失。根据财政部、发展改革委、人民银行联合印发的《关于在公共服务领域推广政府和社会资本合作模式的

---

① 杜泽超：《基于 PPP 视角的中国大型体育场馆建管体系研究》，天津大学 2012 年博士学位论文。

指导意见》①，事前预防措施包括择优选择项目合作伙伴，制订有效的项目风险管理制度，提高项目主体自身的抗风险能力；事后减免措施主要有风险应急计划和项目风险金两种。

第三，风险分担。PPP 模式下，最主要的合作就是私有资本与公权力机关所进行的深度合作，对项目风险的合理分担是这种合作的重要内容和突出表现之一。在风险无法回避或是转移时，要确定风险的有利承担人，由其采取风险控制措施并承担风险造成的损失，避免该风险对整个项目造成更大的影响，所以公私双方要在项目合作初期就应建立风险最优应对分担机制。一般情况下，大型文体项目在后期项目的运营阶段往往会出现收益风险。在签订特许运营协议时，私人部门与公共部门应该就最主要的风险达成分担协议，同时，还可以通过与第三人合作的方式将风险转移出去。私有资本通常可以通过股东协议、与债权人的信贷协议、EPC 交钥匙总承包合同或单独的设计、建造与设备供应合同、与长期购买产品者的承购合同、运营运行合同等将相应的风险分担给利益相关人，以实现风险的合理分担。

第四，风险转移。风险转移是指项目风险一方通过技术手段或经济手段将风险部分或全部转嫁给其他承担者。从整个项目角度来说，转移风险只是由一方换成另一方来承担风险，所以并不能减少风险对项目的影响。② PPP 模式项下的大型文化和体育场馆投资建设体系中，可以通过担保将风险转移给信托投资公司、承包商或担保行等担保人，也可以通过购买保险的办法将项目风险转移给保险公司或保险机构，以实现项目风险的转移，保障自己的利益。与其他工程项目风险管理措施相比，工程保险的风险转移成本较高。工程保险一般在遵循保险法规的前提下，由双方协商确定保险合同中所列的保险项目和责任，其使用范围很广，常见的工程保险包括财产一切险、建筑工程一切险、第三者责任险、营业中断险、不可抗力险和工程延误竣工险等。

2. ABS 模式

（1）风险识别

ABS 是相对复杂的基础设施证券化的金融投资模式，通常情况下，ABS 融资

---

① 载中国政府网，http：//www.gov.cn/zhengce/content/2015-05/22/content_9797.htm，最后访问时间：2022 年 3 月 31 日。

② 参见刘新平、王守清：《试论 PPP 项目的风险分配原则和框架》，载《建筑经济》2006 年第 2 期。

模式面临的风险问题有如下几点：

金融风险。ABS 证券化过程是以金融资产作为支撑的，这些金融资产往往具有流动性风险、信用风险、利率风险和货币风险。

政治风险。政治风险是指因项目所在国政治形势发生变化而导致融资方信用结构改变、债务偿还能力改变等方面的风险。

法律风险。在资产证券化过程中，会涉及许多法律文件，虽然这些法律文件及意见书是为了消除外部的风险因素才存在的，但法律的不明确性及条款的变化等可能成为整个交易过程中的风险因素。

建造风险。在 ABS 应用于基础设施建设项目时，还会存在较大的建造风险，包括项目建设费用超支、工期延误等。

经营风险。在项目经营过程中，由于各种原因可能导致项目运营受阻，收益受到影响，这就是经营风险。

其他风险。作为一种证券化融资方式，ABS 还有其他风险：信用等级下降风险、提前偿付风险、交易结构风险、交易管理风险等。

（2）风险防控要点

在文化和体育项目下，为防范 ABS 项目风险，相关法律实践中通常需要注意以下要点：

第一，筛选基础资产。优质的基础资产是规避 ABS 风险的核心要素，在 ABS 项目的前期法律尽调工作中，应当对项目资产做法律界面的筛选。2018 年 6 月 8 日上海证券交易所发布《基础设施类资产支持证券挂牌条件确认指南》（以下简称《基础设施指南》）①，其中第 4 条对基础设施类资产支持证券的基础资产、底层资产及相关资产提出详细要求：①基础资产的界定应当清晰，具有法律、法规依据，附属权益（如有）的内容应当明确，完全可界定，不能含糊不清或存在纠纷或者潜在纠纷。②基础资产、底层资产及相关资产应当合法、合规，已按相关规定履行必要的审批、核准、备案、登记等相关程序。③基础资产、底层资产的运营应当依法取得相关特许经营等经营许可或其他经营资质，且应当能覆盖专项计划期限。经营资质在专项计划存续期内存在展期安排的，管理

---

① 载上证信息网，http：//bond.sse.com.cn/lawrule/sserules/guide/c/4569783.pdf，最后访问时间：2022 年 3 月 31 日。

人应当取得相关授权方或主管部门关于经营资质展期的书面意向函，在计划说明书中披露按照相关规定或主管部门要求办理展期手续的具体安排，说明专项计划期限设置的合理性，充分揭示风险并设置相应的风险缓释措施。④基础资产现金流应当基于真实、合法的经营活动产生，形成基础资产的法律协议或文件（如有）应当合法、有效，价格或收费标准符合相关规定，且基础资产不属于《资产证券化基础资产负面清单》列示的范畴。⑤原始权益人应当合法拥有基础资产。基础资产系从第三方受让所得的，原始权益人应当已经支付转让对价，且转让对价应当公允。⑥基础资产、底层资产应当可特定化，其产生的现金流应当独立、稳定、可预测。基础资产及底层资产的规模、存续期限应当与资产支持证券的规模、存续期限相匹配。另依据《基础设施指南》第6条规定，基础资产、底层资产及相关资产的权属应当清晰明确，不得附带抵押、质押等担保负担或者其他权利限制。

解读以上规定，在面对文化体育ABS项目筛选基础资产可从以下几点着手：首先，需要明确基础资产产权状态的合法性和低风险性。另外，《市政公用事业特许经营管理办法》（建设部令第126号）① 第2条第2款规定，"城市供水、供气、供热、公共交通、污水处理、垃圾处理等行业，依法实施特许经营的，适用本办法"；第3条规定，"实施特许经营的项目由省、自治区、直辖市通过法定形式和程序确定"。文化和体育商业不属于特许经营项目，那么对于这种不需要实施特许经营的项目，应有明确省、自治区、直辖市的法规依据或相关主管部门的书面确认；反之，则应核查是否已取得经营资质、有效期等。其次，真实、合法、稳定的现金流是ABS产品的核心，只有保证现金流持续、稳定，才能从根本上控制该等产品的风险。因此，企业在制定和筛选合格入池基础资产时，要特别关注基础资产现金流来源的真实性、合法性。再次，在基础资产的转让方面应重点关注转让的合法性、转让对价的支付与否，以及转让对价的公允性。最后，查明基础资产的担保状况。基础资产已经存在抵押、质押等担保负担或者其他权利限制的，应当能够通过专项计划相关安排在原始权益人向专项计划转移基础资产时予以解除。

---

① 载住房和城乡建设部网站，https：//www.mohurd.gov.cn/gongkai/zhengce/zhengceguizhang/200404/20040405_763874.html，最后访问时间：2022年3月31日。

第二，原始交易人准入。原始交易人的准入机制是提升项目信用的重要手段，参考《基础设施指南》的规定内容，其对原始交易人的准入做了如下规范：第 16 条规定，开展业务应当满足相关主管部门监管要求、取得相关特许经营等经营许可或其他经营资质；基础资产或底层资产相关业务正式运营满两年，具备资产运营能力；主体评级达 AA 级及以上。专项计划设置担保、差额支付等有效增信措施，提供担保、差额支付等增信机构的主体评级为 AA 级及以上。同时，第 17 条规定，原始权益人最近两年不存在因严重违法失信行为，被有权部门认定为失信被执行人、失信生产经营单位或者其他失信单位，并被暂停或限制进行融资的情形；重要现金流提供方最近两年内不存在因严重违法失信行为，被有权部门认定为失信被执行人、重大税收违法案件当事人或涉金融严重失信人的情形。

第三，其他措施。首先，基础资产或底层资产涉及关联交易的，应查明并披露基础资产或底层资产涉及的关联关系、关联交易的金额及占比情况，并就交易背景的真实性、交易对价的公允性及其对基础资产现金流预测的影响作出说明。其次，基础资产的破产隔离效果，包括但不限于基础资产转让、基础资产交割、基础资产现金流归集和违约处置等方面。破产隔离是 ABS 实现资产信用代替主体信用的一个重要前提，一般是法律意义上通过真实出售来实现。需明确基础资产与原始权益人之间的风险隔离措施，并对其是否可以实现与原始权益人之间的破产隔离进行法律层面的判断。最后，原始权益人和重要现金流提供方（如有）最近两年是否存在失信行为。在进行法律性调查工作的过程中，应当就上述事项是否影响原始权益人进行融资或重要现金流提供方的偿债能力进行核查。

3. 融资租赁模式

（1）风险识别

融资租赁项目的法律风险主要来自租赁物使用权和所有权的分割属性。首先是租赁物的所有权与承租人使用权风险。融资租赁作为一种金融服务，仍然保留了十分典型的租赁特色，即在融资租赁合同履行完毕之前，租赁物自然归出租人所有，即租赁物的所有权归租赁公司所有。在文化体育项目中，整个租赁期间，场馆设施的所有权属于出租人，要求承租人在租期内以支付租金为代价获得的只是使用权。所以，在租赁期间，承租人不得擅自处理租赁物件，对租赁物件正常损耗以外的毁损、灭失、承租人要给予赔偿。并且，即使租赁合同终止，租赁物也存在所有权能否顺利转移的风险。其次是融资租赁合同中多方的违约风险。融资租赁合同中的违约问题主要包括供货商违约风险和出租人违约风险。供货商违约主要是供货商未能按照买卖合同规定的时间发货交货，可能造成承租人能否及时使用租赁物，能否尽早开始运营的风险。假如所交租赁物本身存在瑕疵，或者未提供合同规定的技术服务，势必影响到承租人与出租人之间融资租赁合同的履行，可能发生承租人拒付租金或要求退货、解约的风险。而出租人违约主要是由于出租人资金不足，未能按买卖合同条款如期开出信用证，可能造成供货商拒绝或推迟交货、承租人蒙受损失的风险。

（2）防范措施

为防范租赁物所有权和使用权分割造成的风险，应先明确审核租赁物的义务。结合现有的规定和司法案例，在融资租赁法律关系中，出租人有义务核实租赁物，未履行此义务者，则在合同的订立和履行过程中存在过失，且该过失并不属于一般性的业务瑕疵，直接触及合同的根本，当属重大过失。重大过失不构成善意，承租人对融资租赁法律关系丧失其合理期待性，出租人和承租人之间的合同关系应属于不成立或可解除状态。至于虚构租赁物的情况，《民法典》第737条规定，"当事人以虚构租赁物的方式订立的融资租赁合同无效"，为虚构租赁物的融资租赁合同的性质判定提供了更明确的法律依据。实践中，部分融资租赁公司会在业务操作过程中签署一份《所有权承诺函》，即要求承租人承诺租赁客观存在、无权利瑕疵且其为唯一所有权人，但此种单方承诺函不能免除出租人对租赁物的瑕疵担保责任。此外，租赁物出卖人、出租人和承租人合作关系之间应建立风险控制机制以规避、抑制、分散和转移风险。融资租赁项目的实质是融资关系，而非买卖或借贷法律关系，所以出租人和承租人可以通过调查、研究对方的信用、财务状况、经营能力，对信用风险程度作出准确的判断。而出租人在接受文化体育的融资租赁项目前，可对项目的可行性进行研究分析并对租赁设备的供货商的信誉进行全面的调查评估。在签订买卖合同和融资租赁合同时，严格规范约束条件和责任条款，或者对融资租赁合同设置担保，以达到规避和转移风险的效果。除此之外，引入保险机制也可以对自然灾害、不可抗力等风险加以转移。

第三节　文化体育项目案例分析

一、A 体育中心 BOT 项目

1. 项目背景

大型场馆的赛后运营是一个世界性难题，在大型赛事举办之后，一些主办城市的场馆会出现运营的困境，这个现象被称为"蒙特利尔陷阱"。为规避"蒙特利尔陷阱"，响应某市政府关于探索新筹融资思路的号召，某市 A 体育中心采用 BOT 投融资模式。

2. 项目详情

某区人民政府通过一系列前期招标工作布置，于 2003 年 9 月 30 日举行 A 文化体育中心项目法人招标签约仪式，中关村某投标联合体成为 A 文化体育中心的中标单位。中标人负责 A 文化体育中心的深化设计、投融资、建设、运营。随后与某区政府签署项目开发协议，和 2008 年奥运会奥组委签署篮球馆使用协议。2003 年 11 月 10 日注册成立"某市 A 文化体育中心有限公司"并履行"中关村某投标联合体"具体职能。由于联合体在操作过程中未能拿出满意方案，2006 年华某国际旗下公司收购其控制性股权，联合体仅承担项目建设工作。A 文化体育中心公司改为华某国际子公司，其运营公司则作为场馆群的具体运营管理公司。

A 体育馆的运营方式是该案例的亮点，其主要包括：第一，场馆冠名权。华某国际接手一年之后，万某达卡公司成为五棵松篮球馆的冠名商。2011 年 1 月 6 日，万某达卡国际组织宣布获得 2008 年奥运会篮球馆五棵松体育馆的冠名权，1 月 21 日，A 体育馆更名为万某达中心，万某达中心正式揭幕。2015 年乐某体育与华某国际签署协议，自 2016 年 1 月 1 日起拥有未来五年体育馆冠名权，更名为"乐某体育生态中心"，之后随着乐某体育经营发生困难，乐某体育与华某国际于 2017 年 5 月 16 日宣布体育馆冠名权终止。2017 年 11 月 5 日，华某国际集团和凯某拉克品牌联合在时代美术馆举行凯某拉克中心冠名签约仪式，又将 A 体育馆冠名为"凯某拉克中心"从所属冠名权的过程来看，场馆冠名权为五棵松体育馆运营带来了相当可观的经济收益。

第二，体育赛事收入。华某国际所属 A 运营公司通过与全球第二大场馆运营商 A＊G 谈判进行合作，举办过多次赛事活动，如作为 NBA 职业篮球联赛中国赛某市站赛事固定场馆，2008 年举办 NBA 中国季前赛以及 2019 年男篮世界杯等赛事。职业体育赛事带来的收入包括门票收入、包厢收入、电视转播收入等。

第三，文化娱乐活动演出。A＊G 旗下娱乐公司提供各种形式的演出活动，其中有不少系与华某国际合作在 A 体育馆举办，如 2008 年 10 月 6 日加拿大某歌星中国巡演某市站演唱会、2009 年举行的美国某巨星演唱会、2010 年韩国某偶像团体亚洲巡回演唱会某市站以及 2019 年国内某人气艺人等多个明星个人演唱会都在 A 体育馆进行。以文体相结合的方式，A 体育馆逐步打造成为"以体为主，多元发展"的模式。

第四，广告宣传。A 体育馆篮球比赛经过商业化包装形成品牌，通过各种各样商业活动进行宣传。娱乐活动或者大型演唱会在带来门票收入的同时，还与互联网连接、多媒体挂钩，加快广告宣传推广效率。

第五，其他无形资产带动。除基本赛事活动带来的一些门票收入，广告等方面以及附属商业基础设施都获得进一步发展。停车场、酒店或公寓、食品饮料服务等附属收入都能推动场馆运营。

3. 小结

BOT 模式应用于大型体育场馆方面，既能发挥政府的主导性，体现大型公共体育场馆的公益性，也能实现社会资本在场馆利用和收益上的创造性，实现公私合作的双赢。在上述案例中存在以下因素：项目公司在项目决策选择上灵活度高、创新性强，投资联合主体的资本充足，银行或金融机构提供贷款保障，保险、担保公司的加入和支持，专业性强、经营能力先进的管理公司运营场馆。在多种因素影响下可规避风险，减轻政府压力，同时使体育场馆良性发展。但也存在项目公司负债率高、参与方主体复杂、谈判时间过长、融资困难、收益回报周期过长、投资风险过大、场馆运营没有完善的协议或者法律保障等问题。对于BOT 模式，政府与社会资本成立的项目公司应发挥重要作用，尤其是对于大型文化和体育项目这样投入大、公益性强的项目，政府应在运营初期加大补贴力度，减少运营商的资金压力。

二、B 文化公园美术馆 PPP 项目

1. 项目背景

B 文化公园美术馆项目是某市某区实施的首个 PPP 项目，由民营企业作为社会资本负责投资建设和运营，区政府授予其 20 年的艺术作品展示、拍卖、销售等经营权和低收费门票、文化产品销售、艺术作品衍生服务、餐饮经营等收益权，并根据项目绩效考核结果补贴部分运营成本。根据财政部政府和社会资本合作中心网站"全国 PPP 综合信息平台项目管理库"公开的《B 文化公园美术馆 PPP 项目实施方案》等信息，可以了解到项目概况、投融资结构、合同结构、交易边界、项目运营、项目移交等基本情况。①

2. 项目详情

项目实施模式为 PPP 模式。《PPP 合同》（即特许经营协议）由区绿化市容局（甲方）、区文广局（丙方）、园区办公室（丁方）与社会投资人成立的项目公司（乙方）四方签署，明确各方的权利和义务、特许经营范围和期限、项目建设和运营、项目付费、终止和补偿等事项，为项目主合同。《施工总承包合同》由项目公司和施工总承包单位签署。《勘察合同》《设计合同》《监理合同》《造价咨询合同》《检测合同》等项目前期和项目实施过程中有关的管理、服务类合同，由项目公司与相关服务单位签订。项目的《融资合同》等其他合同，由项目公司按照国家有关法律法规要求和各当事人签署。

本项目中，某市某区绿化和市容管理局为实施机构，授予项目公司特许经营权。区绿化市容局（以下简称区绿容局）通过公开招标进行政府采购，选择社会投资人。社会投资人拥有项目公司 100% 股权，区绿容局不拥有项目公司股权，由社会投资人单独组建 PPP 项目公司，负责项目投资、建设和运营维护。区绿容局授予项目公司特许经营权，在经营期满后，建筑体及建筑设施等不可移动资产移交至政府指定部门或机构。财政局拨付可行性缺口补贴给文广局，由文广局根据考核情况再行拨付资金给项目公司，文广局同时负责业务指导、监管工作。

在项目运营上，按照国家有关法律规定，区绿容局通过与项目公司签署特许

① 参见《［PPP 项目良好实践分享——PPP 提升公共文化服务水平］B 文化公园美术馆项目》，载财政部政府和社会资本合作中心网站，https://www.cpppc.org/PPPtsggwhfwsp/1001634.jhtml，最后访问时间：2022 年 3 月 31 日。

经营协议的方式授权项目公司在特许经营期内独家建设运营 B 文化公园美术馆项目。项目公司应在特许经营期内自行承担费用、责任和风险，负责项目设施的独家投资、建设、运营和维护，并于特许经营期届满时将项目设施完好、无偿移交给政府或其指定机构，并保证能正常运行。特许经营期内，项目的运营维护工作均由项目公司负责。特许经营期内，如项目公司需要对项目进行改建、加建或扩建，具体的规划、设计和建设方案由项目公司提出，经政府方书面同意后，项目公司方可实施。无论处于任何情形，所有改建、加建或扩建的不动产产权及其附着物从建成之日起即属区绿容局所有。特许经营期内，未经政府方书面同意并获有权审批机构的审批，项目公司不得擅自以转让、出租、质押等方式处置特许经营权。

在移交方面，合同约定特许经营期满，项目公司应按照合同约定将除藏品外的所有项目设施无偿移交给区政府或其指定机构。项目公司应确保移交的项目设施不存在任何抵押、质押等担保权益，亦不得存在任何种类和性质的索赔权。区政府成立由国资、财政、建设、行业管理部门及项目公司等组成的移交委员会，办理资产移交工作。

3. 小结

PPP 模式在公共文化项目中的适用，应充分考虑公共文化项目具有的公益性和效率性，同时要考虑项目的投资复杂性。当然，并不是所有公共文化基础设施项目都适用 PPP 模式，对于具有大量的受众需求、产生稳定的"使用者付费机制"的文化项目，如本文提到的 B 文化公园美术馆项目，可以直接选择运用 PPP 模式；受众小且预期收益较低的项目，可通过特许经营权和未来收益权加上政府补助补偿的形式，满足社会资本投资回报；纯公共文化项目则需要通过政府付费的方式，确保项目建设和运营。[1] 同时，在公共文化项目投资建设中使用 PPP 项目，应注意政府是公共文化项目的倡导者、管理者和提供者，在公共文化建设项目中应明确政府的职能，实现政府在公共文化 PPP 项目中的监督管理作用。同时，企业作为公共文化建设项目的参与者、投入者，应发挥社会资本的活力，与政府合作实现互补。而公共文化项目的周期较长，具有较强的公益性，所以在项目设计、运营过程中应充分考虑风险和收益的问题，不但要保证公共服务

---

[1]　参见曹册：《PPP 运作重点难点与经典案例解读》，法律出版社 2017 版，第 480 页。

的落实，还要保护社会企业的利益和积极性。

三、C 俱乐部主场 ABS 项目

1. 项目背景

资金不足、融资困难的足球俱乐部往往无法取得良好成绩，甚至难以生存。C 足球俱乐部作为欧洲足坛英超联赛的一支劲旅在 2006 年以还未建成的俱乐部主场——酋某球场的门票收入作为抵押，采用 ABS 模式融资 2.6 亿英镑，重启欧洲体育产业领域资产证券化融资进程，是现代体育产业 ABS 模式的典型案例。

在融资前，C 俱乐部对自身基本条件进行分析。首先，C 球队在英超联赛中竞技成绩稳定，长期以来在英超联赛方面一直处于前列。其次，球队具有数量庞大且十分忠诚的球迷。球迷是职业体育赛事的主要消费群体，球迷基础不仅影响俱乐部运营业绩，而且一定程度影响球队以及俱乐部文化传承。最后，俱乐部稳步增长的营业收入以及合理的收入来源分布。据统计，2018 年 C 俱乐部收入达到了 4.228 亿英镑，俱乐部首次营收超过 4 亿英镑，这部分得益于英超新的转播收入分配，让 C 俱乐部增加了 5800 万英镑的转播收入。而俱乐部的税前利润也从 2017 年的 290 万英镑激增到了 4460 万英镑。[①]

2. 项目详情[②]

此次证券化结构主要包括发行方、借贷方、担保受托方、开证行、牵头经理行等机构。为保障融资计划实行，俱乐部采用内部信用与外部信用增级手段。内部主要对资产证券化的现金流进行优先级与次级分层，次级收益主要在优先级收益凭证全部本金和收益偿付完毕后再进行分配，并为优先级提供保障。外部增级主要表现为保险公司对按期无条件还本信息作为担保，开证行提供 2000 万英镑进行流动性支持。在资产证券化过程中主要将其中适合证券化的某部分资产（酋某球场门票收入）真实销售给特殊投资机构 SPV 进行证券化，实现资产风险隔离。

融资计划实施后，C 俱乐部明确自身发展理念，重新规划经营理念。第一，将证券化融资所得资金用于修缮场馆、购置先进设备等硬件措施以及球队后备人

---

① 载环球网，https：//sports.huanqiu.com/article/9CaKrnK5ol4，最后访问时间：2022 年 3 月 31 日。
② 参见董新风：《C 足球俱乐部资产证券化融资案例分析》，载《首都体育学院学报》2012 年第 6 期。

才培养，进一步合理规划球员购买方式以及采取支付球员工资等理性措施，进行可持续发展。第二，完善俱乐部法人治理结构。将俱乐部法人结构调整为股东—股东大会—董事—董事会—总经理—部门经理—员工，其中股东大会决定公司经营战略与投资计划，董事会决策日常经营管理，总经理、部门经理执行实施，员工进行工作。第三，理性控制开支，优化财务结构。证券化融资后，新运营理念实施促进了 C 俱乐部营业额增长。

3. 小结

我国大型体育场馆赛后利用一直是困扰学界和业界的问题，收入少、支出大、经营亏损是目前面临的主要问题，同时面临经营资金不足的问题。ABS 模式是文体基础设施项目融资多元模式的重要补充形式，主要运用于资本市场，用于盘活部分场馆资产项目，通过发行债券筹集各项经营所需资金。该融资模式目前多应用于国际资本市场、国内的一些大型公共基础设施项目。在体育产业，资产证券化已经在国外有较成熟的运作经验和模式，体育俱乐部资产证券化的理论和实践水平都比较高。比如欧洲豪门西甲球队皇家马德里足球俱乐部在 1998 年以俱乐部和其主场伯纳乌球场的未来赞助收入作为基础资产发行了 4470 万欧元的资产支持证券。[①] 而在我国职业体育项目中，使用 ABS 融资模式的例子并不多，但拥有优良基础资产、坚实球迷基础以及持续曝光热度的体育俱乐部，同时也可能面临着资金支持减少、市场推广乏力的窘境。那么对于上述俱乐部而言，可考虑效仿欧洲俱乐部的成熟经验，利用球队资源和球场资源进行 ABS 模式融资，以获得充足的资金支持，再以此资金新建或改扩建球场、完善训练设施、招募优秀球员、培养年轻梯队，从而提高竞技水平和成绩并扩大影响力，实现体育俱乐部的正向循环发展。

---

① 参见朱阿丽：《国外体育产业融资模式分析》，载《商业时代》2011 年第 23 期。

后　记

孔子在《论语》中说道："苟有用我者，期月而已可也，三年有成。"我没有孔子这样的大志，但三年的确会有很多变化，也的确可以做成很多事。我从2018年就开始做另一本关于PPP实务问答的书，书稿初稿在2020年已经完成，但因种种原因三易其稿，终因仍不满意而让它至今还躺在我的电脑里。2020年年底，我们学习了党的十九届五中全会公报内容；2021年上半年，又学习了国家的政府工作报告。在《中华人民共和国国民经济和社会发展第十四个五年规划和2035年远景目标纲要》的描绘中，我们看到"交通强国""能源革命""大科学工程""国土空间""乡村振兴"等字眼①，深受震动。这些无一不与基础设施的建设息息相关，那么何不以此为主题再写点东西呢？于是在上海到北京的变化中，我开启了新的写作旅程，经反复修改后交出了本书的初稿。

感谢中国法制出版社编辑王熹从组稿到成书的陪伴！感谢编辑赵律玮负责地完成稿件相关的审校、寄递工作！你们的专业、细心令人印象深刻，是你们的辛苦工作才能让此书付梓问世。

特别感谢我的团队伙伴们——高攀、庹惠铭、何学源、王洋、陈然、朱洁、颜妍、张琦、郭勇初、范项林、李晓航、卢潇翔，还有团队秘书张仪雯！你们的支持和卓有成效的工作是本书成稿的源泉和动力。再次感谢！这世界有那么多人，多幸运我有"我们"。

最后，感恩我的父母、爱人、其他家人和朋友！感谢你们一直以来的宽容和忍耐。我这个一直在路上的人，还有很多美景要看……

曹　珊

2023年8月

---

① 参见《中华人民共和国国民经济和社会发展第十四个五年规划和2035年远景目标纲要》，载中国政府网，https://www.gov.cn/xinwen/2021-03/13/content_5592681.htm，最后访问时间：2023年7月4日。

图书在版编目（CIP）数据

基础设施投资建设全流程项目实务与法律风险防控／曹珊著．—北京：中国法制出版社，2023.8

ISBN 978-7-5216-3828-8

Ⅰ．①基… Ⅱ．①曹… Ⅲ．①基础设施建设-基本建设投资-项目-业务流程-中国②基础设施建设-基本建设投资-法律-风险管理-研究-中国 Ⅳ．①F299.24 ②D922.287.4

中国国家版本馆 CIP 数据核字（2023）第 156539 号

策划编辑：王　熹（wx2015hi@ sina. com）
责任编辑：赵律玮（ayu. 0907@ 163. com）　　　　　　　　封面设计：周黎明

基础设施投资建设全流程项目实务与法律风险防控
JICHU SHESHI TOUZI JIANSHE QUANLIUCHENG XIANGMU SHIWU YU FALÜ FENGXIAN FANGKONG

著者／曹珊
经销／新华书店
印刷／三河市紫恒印装有限公司

开本／730 毫米×1030 毫米　16 开	印张／40.75　字数／613 千
版次／2023 年 8 月第 1 版	2023 年 8 月第 1 次印刷

中国法制出版社出版

书号 ISBN 978-7-5216-3828-8　　　　　　　　　　　　　定价：158.00 元

北京市西城区西便门西里甲 16 号西便门办公区
邮政编码：100053　　　　　　　　　　　　　　传真：010-63141600
网址：http：//www. zgfzs. com　　　　　　　编辑部电话：010-63141793
市场营销部电话：010-63141612　　　　　　印务部电话：010-63141606

（如有印装质量问题，请与本社印务部联系。）